Supplemente zu den Schriften
der Heidelberger Akademie der Wissenschaften
Philosophisch-historische Klasse
Band 14 (2002)

Altägyptische Totenliturgien

von

JAN ASSMANN
unter Mitarbeit von MARTIN BOMMAS

BAND 1

Totenliturgien in den Sargtexten des Mittleren Reiches

UNIVERSITÄTSVERLAG C. WINTER
HEIDELBERG

Die Deutsche Bibliothek – CIP-Einheitsaufnahme

Ein Titeldatensatz für diese Publikation
ist bei der Deutschen Bibliothek erhältlich.

Bibliographischer Hinweis

Neben den *Schriften der Philosophisch-historischen Klasse der Heidelberger Akademie der Wissenschaften* werden *Supplemente zu den Schriften* dieser Klasse herausgegeben. Sie sind Sammelpublikationen und solchen Gesamtdarstellungen vorbehalten, die auch einen größeren Leserkreis interessieren. Die Supplemente werden in unregelmäßiger Folge erscheinen und durchlaufend numeriert sein. Im Buchhandel sind sie nur in gebundener Form erhältlich.

ISBN 3-8253-1199-6
ISSN 0933-5323

Imprimé en Allemagne. Printed in Germany
Satz: Klaus Brecht GmbH, 69123 Heidelberg
Druck: Strauss Offsetdruck GmbH, 69509 Mörlenbach

INHALTSVERZEICHNIS

VORWORT

Der Plan einer Bearbeitung ägyptischer Totenliturgien oder „Verklärungen" geht zurück bis in die Zeit meiner Beschäftigung mit ägyptischen Hymnen und sollte ursprünglich die Fortsetzung meiner „Liturgischen Lieder an den Sonnengott" bilden. Viele Texte hatte ich bereits vor 35 Jahren zusammen mit Sonnenhymnen gesammelt, weil beide Gattungen viele gemeinsame Merkmale aufwiesen, so daß manchmal gar nicht auf den ersten Blick zu entscheiden war, ob ein Sonnenhymnus oder eine „Verklärung" vorlag. Ein gütiges Geschick, d.h. vor allem Eberhard Otto, hat mich davor bewahrt, dieses Projekt zum Gegenstand einer Habilitation zu machen, sonst hätte ich diese Hürde vermutlich bis heute nicht genommen. Denn die Schwierigkeiten, diese Arbeit zu einem publizierbaren Ende zu führen, erwiesen sich als außerordentlich. Die Fülle der Texte wurde allmählich unüberschaubar, und vor allem verschwamm die Grenze zwischen Texten, die ich als zugehörig, und solchen, die ich als nichtzugehörig empfand. Noch jetzt würde ich nicht behaupten wollen, hier zu völliger Sicherheit und Klarheit durchgedrungen zu sein. Daher verbot sich der ursprüngliche Plan, ein auf Vollständigkeit angelegtes Korpus von „Verklärungen" vorzulegen, von selbst. Was hier vorgelegt wird, sind exemplarische Bearbeitungen von Totenliturgien, die das „Zentrum" der Gattung repräsentieren, wobei von den zahllosen Einzelsprüchen abgesehen wird, die ihre „Peripherie" bilden und deren Zugehörigkeit zu den Totenliturgien im Sinne einer Gattung problematisch ist. In der Einführung werden die Besonderheiten dieser Situation eingehender dargelegt werden, da sie mitten hineinführen in die Problematik ägyptischer Totenriten und Totenliteratur.

Obwohl meine Habilitationsschrift ein ganz anderes Thema behandelte, nämlich die Publikation des Grabes des Basa (TT 389) aus der 26. Dynastie[1], konnte sie in entscheidender Weise von meiner Arbeit an den Totenliturgien profitieren. Es zeigte sich nämlich, daß dieses äußerst fragmentarisch erhaltene Grab an seinen Türdurchgängen mit Verklärungssprüchen beschriftet war, die sich auf Grund von in anderen Gräbern erhaltenen Parallelen vollständig ergänzen ließen. Andere Vorarbeiten an dem Verklärungsprojekt gingen in meine Publikation des Mutirdis-Grabes (TT 410)[2], zwei Aufsätze über die Sarkophagdeckel-Inschrift des Merenptah[3] sowie die Publikation von Fragmenten aus dem Grab des Bürgermeisters Amenemhet (TT 163) im Britischen Museum ein.[4] Einen entscheiden-

[1] ASSMANN, *Basa.*

[2] ASSMANN, *Mutirdis.*

[3] ASSMANN, *Merenptah*; DERS., *Neith.*

[4] ASSMANN, *Harfnerlied und Horussöhne.*

den Fortschritt brachte ein Forschungsfreijahr, das mir die Deutsche Forschungsgemeinschaft 1981/82 ermöglichte und das ich dazu verwandte, das bis dahin gesammelte Material zu verzetteln und zu erschließen. Die Ergebnisse dieser Arbeit habe ich in zwei Artikeln vorgelegt, die einen ersten Versuch darstellten, die Gattung der Totenliturgien zu definieren und einen groben Überblick über den Bestand zu geben.[5]

Erst mehr als elf Jahre später konnte ich ein Freisemester zur Wiederaufnahme dieser Arbeiten nutzen. Es führte zu einer Rohfassung des ersten Bandes, vor allem aber zur Einsicht, daß ich allein diese Arbeit nie würde bewältigen können und daß ich auf Assistenz angewiesen war. Die Deutsche Forschungsgemeinschaft stellte ab Sommer 1994 die erforderlichen Mittel bereit. In Martin Bommas, unterstützt von den Hilfskräften Andrea Kucharek, Alexander Manisali und Nadine Moeller, fand sich alsbald der richtige Copilot, um einen Weg durch dieses für mich schwer durchdringliche Dickicht zu bahnen.

Die Alternative zum geschlossenen Korpus, das sich im Falle der Totenliturgien und Verklärungssprüche m. E. verbietet, bildet die offene Reihe, mit der die drei im Rahmen des Projekts erstellten Bände den Anfang machen sollen. Diese Bände sind als eine erste Grundlegung gedacht, die am Beispiel fragloser und zentraler Totenliturgien die Umrisse der Gattung, die typischen Themen und Formen, die fundamentalen Funktionen und Formulierungsverfahren aufzeigen soll. Weitere Bände sollen sich anschließen. Geplant sind Bände von Werner Runge zu den Verklärungen der Pyramidentexte, von Emad Metwally zur Darstellung von Verklärungsrezitationen in Gräbern des Alten Reichs, von Andrea Kucharek zu den Klageliedern von Isis und Nephthys und von Martin Bommas über den Sarg des Anchhapi CG 29301. Wir haben uns entschlossen, die Texte in Umschrift und Übersetzung, und nur in Fällen unpublizierter Texte auch in Hieroglyphen wiederzugeben, um den Umfang nicht über Gebühr zu vergrößern. Es geht uns in erster Linie nicht um eine kommentierte Textedition, sondern um eine Untersuchung der in den Texten greifbaren Vorstellungswelten, vergleichbar den Untersuchungen Miriam Lichtheims zu autobiographischen Grabinschriften.[6] Aus diesem Grunde haben wir auch die Textkritik auf das für unsere Zwecke Unabdingbare beschränkt.

Unser Dank gebührt in erster Linie der Deutschen Forschungsgemeinschaft, die dieses Projekt in den Jahren 1966–1971 im Rahmen eines Habilitationsstipendiums, 1981–1982 im Rahmen eines Forschungsfreijahrs und 1994–1999 im Rahmen des Normalverfahrens unterstützt hat. Die endgültige Ausformulierung des ersten Bandes und die Niederschrift von Bd. III sowie ergänzende Arbeiten an Bd. II konnte ich in München im Rahmen eines mir von der C.F. v. Siemens-Stiftung gewährten Forschungsstipendiums vornehmen, wofür dieser Stiftung und ihrem Direktor, Herrn Prof. Dr. Heinrich Meier, von Herzen gedankt sei. Der

[5] ASSMANN, *„Verklärung“*; ASSMANN, *Mortuary Liturgies.*

[6] LICHTHEIM, *Autobiographies.*

Heidelberger Akademie der Wissenschaften danke ich für die Aufnahme der Arbeit in die Supplemente zu ihrer Schriftenreihe und dem Universitätsverlag C. Winter, Heidelberg für die Sorgfalt und angenehme Zusammenarbeit bei der Drucklegung. Besonderen Dank schulden wir Andrea Kucharek, die sich in selbstloser Weise der komplizierten Endredaktion des Manuskripts angenommen hat.

Heidelberg, im Dezember 2000 *Jan Assmann*

EINFÜHRUNG

Was sind Totenliturgien?

Die Herkunft der Texte: Aufführungsrahmen und Aufzeichnungsorte

„Totenliturgien“ nennen wir Texte, die zur Rezitation im Totenkult bestimmt waren, im Unterschied zu „Totenliteratur“, die dem Toten ins Grab mitgegeben wurde, um ihm im Jenseits von Nutzen zu sein. Totenliturgien sind also kultische Rezitationsliteratur. Ihr Aufführungsort gehört zur Welt der Lebenden, auch wenn ihr Aufzeichnungsort in vielen Fällen die unzugängliche Grabkammer ist. Totenliteratur gehört demgegenüber dorthin, wo sie aufgezeichnet wird: auf den Wänden der Sargkammer (Pyramidentexte), auf dem Sarg (Sargtexte) oder auf dem (im oder am Sarg deponierten) Totenbuch-Papyrus. Die „Totenliteratur“ speist sich aus vielen Quellen, darunter auch Totenliturgien. Die Pyramidentexte sind sogar weitgehend der Rezitationsliteratur des königlichen Totenkults entnommen. Trotzdem müssen wir den Unterschied zwischen Totenliturgien und Totenliteratur beachten. Totenliturgien gehören in das zugängliche „Außen“, Totenliteratur in das unzugängliche „Innen“ des Grabes. Totenliturgien sind bestimmt zur kultischen Aufführung für den Toten, Totenliteratur zur magischen Ausstattung des Toten. Wenn eine Totenliturgie als Totenliteratur, z. B. zur Beschriftung einer Sargkammer, eines Sarges oder eines Totenbuchpapyrus verwendet wird, dann handelt es sich um eine Umfunktionierung.

Bis zum Beginn des Neuen Reichs fehlen uns fast alle Aufzeichnungen von Totenliturgien aus dem Außenbereich des Grabes. Wir haben es also ausschließlich mit zu Totenliteratur umfunktionierten Totenliturgien zu tun und müssen ihre ursprünglich kultische Funktion aus den Texten selbst erschließen. Für die Totenliturgien der Sargtexte wird das im 1. Kapitel ausführlich begründet werden. Aber wenn uns auch aus den Kultkammern der Gräber des Alten und Mittleren Reichs keine Inschriften mit Totenliturgien erhalten sind, so gibt es doch Hinweise, die mit einiger Sicherheit auf die Existenz von Totenliturgien schließen lassen. Dabei handelt es sich 1. um Darstellungen des Totenopferrituals in Gräbern ab dem Alten Reich mit Rezitation von „Verklärungen“, und 2. um Texte aus Gräbern des Neuen Reichs, die schon in den Sarg- und/oder Pyramidentexten belegt sind und auf eine entsprechende Verwendung auch in früherer Zeit schließen lassen.

Darstellungen des Opferrituals mit Verklärungsrezitation gibt es aus allen Epochen, am häufigsten aber finden sie sich in den Gräbern des Alten Reichs. Abgebildet werden meist drei Vorlesepriester (*ẖrj.w-ḥꜣb*), kenntlich an der langen

Haartracht und der Schärpe, die auf dem Boden knien und sich mit beiden Fäusten alternierend gegen die Brust schlagen. Es handelt sich um eine Form der „Körpermusik“; das mit diesem Trommeln erzeugte dumpfe und rhythmische Geräusch soll die Rezitation begleiten. Im Ägyptischen heißt dieser Gestus *hnw*[7], was meist, aber in diesem Fall sicher unpassend, mit „Jubel“ übersetzt wird. *hnw* ist kein Ausdruck der Freude, sondern der Ergriffenheit von der Nähe einer übermenschlichen Macht wie der des Pharao, des Toten oder eines Gottes.[8] Als Beischrift zu diesem Gestus erscheint meist *šd.t s3ḫ.w ʿš3.w jn ẖrj-ḥ3b* „viele Verklärungen rezitieren durch den/die Vorlesepriester“. Aus der besonders detaillierten Darstellung im Grab des Gemnikai geht hervor, daß ein stehender Vorlesepriester die Verklärungen aus einer Schriftrolle rezitiert, wobei die drei knienden Priester ihn mit dem Brusttrommeln im *hnw*-Gestus begleiten (Abb. 1).

Abb. 1: Das Totenopferritual im Grab des Gemnikai, nach GARDINER, *Mansion of Life*, Taf. V. Der untere Bildstreifen ist die rechte Fortsetzung des oberen. Die Szenen von links nach rechts: 1. Libation (ohne Beischrift), 2. Rezitation (Beischrift: „Vorlesepriester“); 3. Rezitation (Beischrift: „Vorlesepriester: Verklärungen rezitieren“); 4. Drei Vorlesepriester im *hnw*-Gestus (Beischrift: „Viele Verklärungen durch den Vorlesepriester“); 5. Verwischen der Fußspur durch einen Vorlesepriester (Beischrift: „Verwischen der Fußspur“); 6. Opferdarbringung (Beischrift: „Umwenden der Opfergaben“); 7. Wasserspende (Beischrift: „Wasser spenden durch den Totenpriester“); 8. *z3t*-Libation (Beischrift: *z3ṯ*), 9. Räucherung (Beischrift: „Weihrauch“); 10. Verklärung durch zwei stehende Vorlesepriester (Beischrift bei jedem: „Vorlesepriester: Verklärung“).

[7] DOMINICUS, *Gesten und Gebärden*, 61–65, 85.

[8] S. hierzu ASSMANN, *Liturgische Lieder*, 45.

„Verklärungen" sind also lange Texte, die aus Schriftrollen vorgelesen werden, damit sich keine Gedächtnisfehler einschleichen können. Freilich verraten uns diese Abbildungen nicht, was für Texte das sind, die hier „Verklärungen" genannt werden. Daher können wir sie nicht mit letzter Sicherheit als Beweis dafür in Anspruch nehmen, daß es sich dabei um Totenliturgien handelt, wie sie in den Pyramiden- und Sargtexten als „Verklärungen" bezeichnet werden. Wir wissen auch nicht, ob das „Verlesen vieler Verklärungen" eine eigene Kultepisode darstellt oder ob es die anderen Kulthandlungen begleitet. In den Gräbern des Neuen Reichs finden wir Sprüche zur Räucherung, Libation und anderen in den Gräbern des Alten Reiches dargestellten Kulthandlungen neben Sprüchen anderer Zweckbestimmung wie z. B. „den Verklärten herbeizuholen", „dem Verklärten sein Herz geben" u. a.m., die keine Entsprechung in den Bildzyklen haben. Solche Totenkultsprüche finden sich vor allem im thebanischen Grab des Rechmire, wo sie offenbar an dem Ort ihrer Aufführung aufgezeichnet wurden. Ähnliche Sprüche finden sich auch in den benachbarten Gräbern 29 und 95.

Die Darstellungen des Opferrituals zeigen uns, wie wir uns die eigentliche und ursprüngliche Aufzeichnungsform von Totenliturgien vorzustellen haben, bevor sie von dort auf Grabwände, Särge und Stelen übertragen wurden. Bislang gab es nur einen einzigen Fall, bei dem man Darstellungen einer kultisch verwendeten Papyrusrolle mit tatsächlich erhaltenen Ritualen identifizieren konnte: das Mundöffnungsritual (äg. *wpj.t-rꜣ*). Bei Darstellungen dieses Rituals sieht man so gut wie immer einen Vorlesepriester aus einer geschlossenen oder aufgerollten Papyrusrolle rezitieren. Das gleiche Ritual ist uns sowohl auf Papyrus als auch auf Grabwänden erhalten.[9] In Analogie zum Mundöffnungsritual haben wir uns offenbar auch die Beziehung zwischen Papyrusrollen mit Totenliturgien und Auszügen oder vollständigen Wiedergaben solcher Liturgien auf Grabwänden, Särgen usw. vorzustellen. Totenliturgien sind Kultrezitationen, die auf Papyrusrollen zum Zweck kultischer Verlesung aufgezeichnet und in Tempelbibliotheken aufbewahrt wurden. Da uns keine einzige solche Bibliothek erhalten ist, nimmt es daher nicht wunder, daß wir auch die Totenliturgien nicht in ihrer eigentlichen Aufzeichnungsform, sondern nur in ihren Rezeptionen für andere Zwecke vorliegen haben. Wir müssen versuchen, durch diese sekundären Aufzeichnungsformen hindurch die Buchrollen des Vorlesepriesters zu rekonstruieren, die als Vorlagen gedient haben müssen.

Glücklicherweise ist die Situation nicht ganz so problematisch wie eben geschildert. Es hat sich nämlich gezeigt, daß uns solche zur kultischen Verlesung bestimmte Schriftrollen durchaus erhalten sind. In der Spätzeit beginnt man, solche Schriftrollen als eine Art liturgischen Annex an Totenbuchpapyri anzukleben oder auch als solche mit ins Grab zu geben. So sind uns von der Saiten- bis in die Römerzeit eine ganze Reihe liturgischer Papyri mit allen möglichen Ritualen erhalten geblieben, die aus der Tempelbibliothek stammen, darunter auch Rituale,

[9] Otto, *Mundöffnungsritual.*

die explizit als „Verklärungen“ überschrieben sind und teilweise dieselben Sprüche enthalten, die, aus ihrem Kontext gerissen, auf Särgen und sonstigen Denkmälern vorkommen. Diese Dokumentation bildet den „harten Kern“, von dem ausgehend sich die Gattung der Totenliturgien rekonstruieren läßt. Zwar liegen zwischen diesen Papyri und den frühesten Darstellungen ihrer kultischen Verlesung bis zu 2000 Jahre; aber es läßt sich doch zeigen, daß manche der in ihnen aufgezeichneten Spruchfolgen auf eine sehr viel frühere Zeit zurückgehen. In einem Fall steht sogar ganz zweifelsfrei fest, daß dieselbe Spruchfolge, die wir aus Papyri der Spätzeit kennen, bereits auf Särgen des Mittleren Reichs vorkommt. Hier haben wir also den Beweis dafür, daß tatsächlich Totenliturgien von den Schriftrollen der Tempelarchive abgeschrieben und zu Totenliteratur umfunktioniert wurden.

Ein besonders wichtiges Beweisstück ist schließlich ein Papyrus im Britischen Museum, der bereits aus der 18. Dyn. stammt und ebenfalls eine solche „Schriftrolle“ des Vorlesepriesters darstellt (pBM 10819[10]). Da er gesondert veröffentlicht wird, haben wir ihn nicht in unsere Textsammlung aufgenommen; er enthält aber weitestgehend dieselben Sprüche, die uns aus Gräbern und Sargtexten bekannt sind und auch in dieser Arbeit behandelt werden (Band II). So können wir uns mit hinreichender Sicherheit ein Bild von den Texten machen, die in einem Grab des Neuen Reichs zum Opferkult rezitiert worden sind, und können davon ausgehen, daß der Opferkult des Alten und Mittleren Reichs nicht viel anders aussah. Dazu kommen zwei beschriftete Schalen aus einem Grab der 17. Dyn. aus Harageh mit einem sehr verbreiteten und auf dem Londoner Papyrus sogar zweimal belegten Totenopferspruch, der hier offenbar zusammen mit der Opfergabe selbst im Grab deponiert wurde (Band II, Text NR.2).

Der Ritualkontext, in den diese Indizien verweisen, ist der tägliche oder festtägliche Totenopferkult im Grabe. Er besteht aus zwei Gruppen von Riten. Die eine dient der Versorgung des Toten mit Nahrungsmitteln; die andere umrahmt diese Totenspeisung mit vorbereitenden und abschließenden Zeremonien wie Räucherungen, Libationen und Verklärungen. Der Totenopferkult stellt aber ganz offensichtlich nicht den einzigen kultischen Verwendungsrahmen für Totenliturgien oder „Verklärungen“ dar.

Wenn man von den Spruchfolgen der Sargtexte und der liturgischen Spätzeit-Papyri ausgeht, die explizit als „Verklärungen“ überschrieben sind, stößt man auf einen ganz anderen kultischen Rahmen: das Balsamierungsritual. Das gilt übrigens nicht nur für die Särge des Mittleren Reichs, sondern ebenso auch für die Sargbeschriftungen späterer Epochen bis zur Ptolemäerzeit. Auch hier läßt sich zeigen, daß die Sprüche aus Totenliturgien geschöpft wurden, die zumindest ihren Schwerpunkt im Balsamierungsritual haben. Offenbar verhalten sich Särge zum Balsamierungsritual genau so, wie die Wände und Pfeiler der Grabkapelle zum Totenopferkult. Sie bilden einen Aufzeichnungsort, der im engsten Bezug

[10] Unveröffentlicht; Publikation durch T.G.H. JAMES in Vorbereitung.

zum Aufführungsort steht. Das bedeutet nicht, daß die Einbalsamierung in der Sargkammer stattfand, sondern daß die Sarglegung in der Balsamierungskammer stattfand und daß der Sarg gewissermaßen die Heilswirkungen dieses Rituals aus der Balsamierungskammer in die Sargkammer mitnahm. Man kann diesen Ritualkontext sogar noch genauer bestimmen. Es handelt sich nicht um die Einbalsamierung insgesamt, einen Prozeß von siebzig Tagen, sondern um die nächtliche „Stundenwache“, die offenbar den Abschluß des Balsamierungsrituals bildete und in deren Mittelpunkt der bereits eingesargte mumifizierte Leichnam des Verstorbenen stand. Das Stundenwachenritual mit seinen umfangreichen Totenliturgien wurde also vermutlich am Sarg vollzogen. All das soll im Kommentar zu den Totenliturgien des ersten Bandes im einzelnen gezeigt und erläutert werden.

Wir haben also mit zwei ganz verschiedenen Ritualkontexten für Totenliturgien oder „Verklärungen“ zu rechnen: mit dem Totenopferkult und mit den Stundenwachen zum Ende der Einbalsamierung. Der erste Band, der die Totenliturgien in den Sargtexten zusammenstellt, bezieht sich daher aufgrund der Einseitigkeit des Aufzeichnungsorts allein auf die nächtlichen Riten in der Balsamierungskammer. In den zugänglichen Grabkammern des Mittleren Reichs sind mit einer Ausnahme keine Totenliturgien aufgezeichnet. Diese Ausnahme hat Jochem Kahl im Grab des *Ḏfꜣj-ḥꜥpj* entdeckt.[11] Sie bestätigt die Regel auf eine höchst eindrucksvolle Weise, denn es handelt sich hier um eine Liturgie, in der die Einbalsamierungs- und Rechtfertigungsthematik, die in den drei CT-Liturgien dominiert, keine Rolle spielt. Dafür geht es hier zentral um die Darbringung von Opferspeisen und die Gemeinschaft mit dem Sonnengott.

Die Situation ändert sich grundsätzlich mit dem Neuen Reich, dem sich der zweite Band widmet. Aus dieser Zeit sind wiederum keine nennenswerten Sargtexte erhalten.[12] So kommt es, daß die im zweiten Band behandelten Texte ausschließlich in den Kontext des Opferkults im Grabe gehören. In der dritten Zwischenzeit und der Spätzeit bilden nun wiederum die Särge unsere Hauptquelle. Entsprechend verlagern sich die Ritualbezüge wieder auf die Stundenwachen der Einbalsamierung. Aus dieser Zeit haben wir auch die Papyrusrollen, wie sie entsprechend bereits für die Beschriftung der Mittleren-Reichs-Särge herangezogen wurden. Die Gräber der Spätzeit bieten einen weniger klaren Befund als die des Neuen Reichs. Es scheint, als seien die Totenliturgien der Stundenwachen auch zu ihrer Beschriftung herangezogen worden. So fand sich im Treppengang des thebanischen Grabes des Padihorresnet, eines Majordomus der

[11] Kahl, *Textidentifizierung.*

[12] Die einzige Ausnahme, den umfangreichen Text auf dem Deckel des äußeren Sarkophags König Merenptahs, zitieren wir in Umschrift und Übersetzung in der Einführung zu Band II. Dieser Text zeigt sehr eindrucksvoll das Fortleben der Stundenwachenmotivik im Neuen Reich und steht den Sargtexten des Mittleren Reichs sehr viel näher als den zeitgenössischen Totenliturgien zum Opferkult.

Gottesgemahlin, eine Spruchfolge von Pyramiden- und Sargtexten, die identisch auf Särgen des Mittleren Reichs vorkommt.[13]

Totenliturgien kommen also zumindest in zwei sehr verschiedenen Ritualkontexten vor. Das erklärt ihre inhaltlichen Verschiedenheiten. Sie sind aber nicht nur, trotz aller formalen Gemeinsamkeiten, inhaltlich weiter voneinander unterschieden als etwa Götterhymnen, sie sind auch viel schwächer abgegrenzt gegenüber anderen Totentexten. Es handelt sich hier um eine Gattung mit verschwimmenden Rändern. Wir haben es hier offenbar nicht mit einer festumrissenen Gattung zu tun, die sich wie eine platonische Idee in der Wirklichkeit der erhaltenen Texte in eindeutigen, klar erkennbaren Konturen ausprägt und allen zugehörigen Texten als ein Fundus gemeinsamer und distinktiver Merkmale zugrunde liegt. Vielmehr muß man sich die gemeinsamen Merkmale der Texte nach dem Modell der „Familienähnlichkeit“ im Sinne Wittgensteins denken. Das bedeutet, daß in einer gegebenen Menge von Elementen alle miteinander durch gemeinsame Merkmale verbunden sind, daß es aber keine Merkmale gibt, die allen Elementen gemeinsam sind. Eine solche Menge bildet innerhalb der Masse der Totenliteratur und sonstiger Totentexte die Gruppe der Totenliturgien. Sie gliedert sich in zentrale und periphere Bereiche, je nach der Anzahl der Gemeinsamkeiten. Die Texte der zentralen Bereiche verdanken die Menge gemeinsamer Merkmale der Funktion oder dem „Sitz im Leben“, der den hierhergehörenden Texten gemeinsam ist. Die peripheren Texte übernehmen manche dieser Merkmale für andere Funktionen. So entsteht diese ausgedehnte „Grauzone“ von Texten, die gattungsmäßig schwer zu bestimmen sind.

Wenn wir unter dem Begriff „Totenliteratur“ alle Texte zusammenfassen wollen, die dem Toten ins Grab mitgegeben wurden, um ihm im Jenseits zur Verfügung zu stehen, und unter dem Begriff „Totenliturgien“ demgegenüber alle Texte verstehen wollen, die den Lebenden zur Verfügung stehen, um mit dem Toten in Verbindung zu treten, dann zeigt sich, daß die meisten unserer Texte an beiden Bereichen partizipieren, indem sie zu Totenliteratur umfunktionierte Totenliturgien darstellen.[14] Ihr erstes Auftreten hat diese Gattung im Bereich der Totenliteratur, der Pyramiden- und Sargtexte, für den sie, wie oben gezeigt, umfunktioniert werden mußte, denn ursprünglich waren diese Texte ja für den Totenkult gedacht, d. h. für den Gebrauch der Lebenden in ihrem Dienst an den Toten. In dem Maße aber, wie sich außerhalb der Totenliteratur in Stelen, Statuen, beschrifteten Grabwänden und sonstigen Objekten der den Lebenden zugänglichen Sphäre der Bereich der Totentexte entfaltet, finden hier die Totenliturgien ihren eigentlichen Ort. In den Sprüchen des Totenbuchs ist der Anteil an Totenliturgien gegenüber den Sarg- und Pyramidentexten stark zurückgegangen.

[13] Publikation durch GRAEFE in Vorbereitung. S. ASSMANN, *Mortuary Liturgies*, 10f.

[14] In der Einführung zu Bd. III kommen wir rückblickend nochmals auf die Unterscheidung zwischen Totenliturgien und Totenliteratur zurück.

Die vorliegende Arbeit beschränkt sich, um erst einmal festen Boden zu gewinnen, auf die als „zentral“ einzustufenden, durch eine Menge gemeinsamer Merkmale miteinander verbundenen und durch äußere Indizien wie Spruchtitel und/oder Aufzeichnungsorte hinreichend als Totenliturgien ausgewiesene Textgruppen und ist chronologisch aufgebaut, um mögliche Entwicklungslinien möglichst scharf herauszuarbeiten. Der erste Band ist dem Mittleren, der zweite dem Neuen Reich und der dritte Band der Spätzeit gewidmet. Aus jeder dieser drei Epochen sollen möglichst typische Beispiele untersucht werden, um dann von diesem gesicherten Terrain aus in späteren Arbeiten weitere Textbereiche angliedern zu können.

Im Lexikon der Ägyptologie habe ich unter dem Stichwort „Verklärung“ einen ersten Überblick über den Bestand an Totenliturgien gegeben, wie er sich mir damals (1986) darstellte. Ich gebe im folgenden eine revidierte Fassung dieser Liste (Fettdruck: die in dieser Arbeit behandelten Liturgien):

AR:
A *PT* [213]-[223]
AI *PT* [213]-[219]
AII *PT* [220]-[222]
B = SZ.2

MR (Band I):
CT.1 *CT* [1]-[29] (LÄ „Nr. 1“) + *CT* [675]; [225]-[226]; [761]-[765] (LÄ „Nr. 4“)
CT.2 *CT* [44]-[61] (LÄ „Nr. 2“)
CT.3 *CT* [63]-[74] (LÄ „Nr. 3“) + *CT* [832]; *PT* [670]; *PT CT* [532]; [837]-[839]
CT.4 TT 353, Eingangswand, dort kombiniert mit CT.3 (LÄ „Nr. 7“)

NR (Band II):
NR.1 TT 100 Sprüche zum Totenopfer (LÄ „Nr. 8“)
NR.2 Totenopferspruch
NR.3 Stelenspruch
Dazu kommen
TT 95 Sprüche zum Totenopfer
TT 29 Sprüche zum Totenopfer (LÄ „Nr. 9“)[15]
pBM 10819 (LÄ „Nr. 11“)[16]
Sowie Hunderte von Einzelsprüchen auf Grabwänden, Stelen, Opferplatten usw., von denen eine Auswahl in Band II behandelt wird:
NR.4 Stelentexte und Opfersprüche der 18. Dynastie vor Amarna
NR.5 Bandzeilentexte, Texte zum Talfest und sonstige Sprüche an den Toten vor Amarna

15 Publikation der Liturgien von TT 95 und TT 29 durch Andrea Gnirs in Vorbereitung.
16 Publikation durch T.G.H. James in Vorbereitung.

NR.6 Totensprüche der Amarna- und Nachamarnazeit
NR.7 Litaneien der Ramessidenzeit
NR.8 Totensprüche der Ramessidenzeit

Spätzeit (Band III):
SZ.1 Verklärungsbuch (*s3ḫ.w*) I (LÄ „Nr. 13")
SZ.2 Verklärungsbuch II (LÄ „Nr. 14")
SZ.3 Verklärungsbuch III (LÄ „Nr. 15")
SZ.4 pBM 10209 „Festrolle zum Talfest" (LÄ „Nr. 12")
Nicht aufgenommen: Verklärungsbuch IV (Klagelieder von Isis und Nephthys) (LÄ „Nr. 16")[17]

Dazu kommen auch hier Hunderte von Einzelsprüchen insbesondere auf Särgen und an den Durchgängen von Gräbern, die einem oder mehreren gesonderten Bänden vorbehalten bleiben.

Was heißt „verklären"?

Totenliturgien sind Rezitationsriten, die den Toten anreden und sein nachtodliches Schicksal mit den Mitteln der sprachlichen Darstellung zugleich ausmalen und fördernd begleiten, ebenso wie die liturgischen Sonnenhymnen den Lauf der Sonne um die Erde zugleich beschreiben und rituell in Gang halten. Die beiden Gattungen sind nicht nur strukturell verwandt. Die Parallele erstreckt sich auch auf Thematisches. Denn der Sonnenlauf wird als ein Lebensprozeß vorgestellt, der in periodischer Folge die Schwellen von Geburt und Tod überschreitet. Der Sonnengott wird jeden Morgen aufs neue geboren, reift im Verlauf des Vormittags zum Mann und altert im Verlauf des Nachmittags zum Greis. Mit Sonnenuntergang passiert er die Todesschwelle, um im Zustand der „Ehrwürdigkeit" bzw. „Jenseitsversorgtheit" (*jm3ḫ.w*) die Unterwelt zu durchlaufen und mit Sonnenaufgang die andere Schwelle der Neugeburt zu überschreiten. Die Sonnenhymnen begleiten diese kritischen Phasen mit Beschreibungen, die den Übergang im Zeichen des Gelingens darstellen und dadurch mitwirkend fördern wollen.

Dieser Kreislauf bildet gewissermaßen den Kern der ägyptischen Heilsgeschichte. Jeder Mensch hofft mit dem Tod in diesen kosmischen Lebenszyklus einzutreten. Dieser Übergang nun, den der Mensch nach seinem irdischen und physischen Tod anzutreten glaubt, wird durch die begleitende Rezitation von Totenliturgien in die richtige Richtung gelenkt und in seinem Gelingen befördert. Aufgrund des Parallelismus zwischen Sonnenlauf und Totenschicksal sehen sich die beiden Gattungen, Sonnenlieder und Totenlieder, nicht nur strukturell, son-

[17] Die Klagelieder von Isis und Nephthys sollen in einem gesonderten Band bearbeitet werden, der von Andrea KUCHAREK vorbereitet wird.

dern auch inhaltlich ähnlich. Totenliturgien begleiten den Übergang des Toten in das kosmische Leben im Sinne einer *imitatio* oder *adaequatio solis*, einer „Anähnlichung an den Sonnenlauf". Der dem Sonnengott in diesem Sinne angeähnlichte Tote heißt „Ach", also „Machtwesen". Das Kausativ dieses Wortes, *s-ꜣḫw*, „Zu-einem-Ach-Machen" bildet die Gattungsbezeichnung für Totenliturgien, die wir auf deutsch mit „Verklärung" wiedergeben.[18] Als Nomen bezeichnet *ꜣḫ.j* die „verklärten Toten", d. h. Verstorbene, die durch den Vollzug der Riten und die erfolgreiche Passage des Totengerichts zu unsterblichen, mächtigen, jenseitigen, aber aus dem Jenseits heraus zu Einwirkungen ins Diesseits befähigten Wesen geworden sind. Die Ägypter unterscheiden neben den Tieren vier Arten von Wesen: Götter, Menschen, „Verklärte" und Tote. Schon daraus ergibt sich, daß die „Verklärten" zwar gestorben, aber nicht tot sind. Für sie war der Tod nur Durchgang zu einem höheren Status. Diese Passage strebten alle an, aber nicht alle mit Erfolg, sonst gäbe es keine „Toten", sondern nur „Verklärte". Bei dieser Unterscheidung scheint das Totengericht bzw. (im Alten Reich) das Jenseitsgericht eine wichtige Rolle zu spielen.

Wie K. Jansen-Winkeln deutlich gemacht hat, muß man zwischen dem zweiradikaligen Stamm *ꜣḫ* „wirksam sein" und dem dreiradikaligen Stamm *jꜣḫ* „glänzen, strahlen" scharf unterscheiden. Es handelt sich hier um zwei von Haus aus vollkommen verschiedene Lexeme, die erst in der Spätzeit phonetisch und semantisch näher zusammenkommen.[19] Nach K. Jansen-Winkeln „bezeichnet die Wurzel *ꜣḫ* in allen Zusammenhängen eine Wirksamkeit besonderer Art, nämlich eine ohne erkennbaren Kausalzusammenhang zwischen Wirkung und Handlung oder Handelndem". Insbesondere bezieht sich *ꜣḫ* auf eine Wirksamkeit aus dem Verborgenen heraus. Man erfährt die Wirkung, kann aber die Ursache nicht erkennen. Prototyp solcher aus der Verborgenheit wirksamen Macht sei der Sonnengott, der die Erde hell macht, bevor er sichtbar aufgegangen ist. Der Ort, von dem aus er diese verborgene Wirksamkeit entfaltet, ist die *ꜣḫ.t*, die also ebenfalls nichts mit „Licht" und „Strahlen" zu tun hat. Die Wurzel *ꜣḫ* impliziert daher die Unterscheidung zwischen dem Sichtbaren und dem Verborgenen, dem „Hier" und dem „Nicht-Hier", oder, etwas spezifischer formuliert, zwischen dem „Diesseits" und dem „Jenseits" und bezeichnet eine Wirksamkeit, die diese Grenze zu überschreiten vermag, also vom Diesseits ins Jenseits und vom Jenseits ins Diesseits wirkt. *ꜣḫ* ist der König für die Götter und die Götter für den König sowie der (lebende) Sohn für den (toten) Vater und der (tote) Vater für den (lebenden) Sohn. *ꜣḫ* ist ein Beziehungsbegriff, wobei die Größen, die er zueinander in Bezie-

[18] Zum Begriff Ach s. die in der folgenden Anmerkung zitierten Beiträge von ENGLUND, FRIEDMAN und JANSEN-WINKELN.

[19] JANSEN-WINKELN, *'Horizont' und 'Verklärtheit'*, 201–215. An älteren Behandlungen der Wurzel *ꜣḫ* sind vor allem wichtig ENGLUND, *Akh*; FRIEDMAN, *The Root Meaning of ꜣḫ*; DIES., *ꜣḫ in the Amarna Period*, 99–106. Weitere Literatur in JANSEN-WINKELN, *a.a.O.*, 208 Anm. 46.

hung setzt, den beiden durch die Grenze zwischen Hier und Nicht-Hier getrennten Sphären angehören. Für den Totenkult und die Gattung der Verklärungen konstitutiv ist die Konstellation von lebendem Sohn und totem Vater, die die Grenze zwischen Diesseits und Jenseits übergreift. Für diese Konstellation gilt eine früh belegte Sentenz; in ihrer vollen Fassung kommt sie in einem häufig belegten Verklärungsspruch vor, in dem die Abwesenheit des Toten und die schwer überbrückbare Ferne des Jenseits eine ganz besondere Rolle spielt:

ꜣḫ zꜣ n jtj=f	*ꜣḫ* ist ein Sohn für seinen Vater,
ꜣḫ jtj n zꜣ=f prjj=sn pw	*ꜣḫ* ist ein Vater für seinen Sohn; das bedeutet, daß sie herauskommen.[20]

Der erste Teil dieses Kehrverses wird bereits in einer Mastaba des Alten Reiches im Rahmen einer Widmungsinschrift des Sohnes für den Vater zitiert.[21] So wie der Sohn dazu berufen und befähigt ist, über die Todesschwelle hinweg den Kontakt zu seinem verstorbenen Vater aufzunehmen, so ist auch der Tote befähigt, aus dem Jenseits heraus zu seinem Sohn in Beziehung zu treten. Auf diesem Kontakt beruht in Ägypten die Institution des Totenkults. Als Eigenschaftsverbum bezeichnet *ꜣḫ* die Fähigkeit zu solcher grenzüberschreitenden Kontaktnahme und fernreichender Wirksamkeit, als Nomen bezeichnet die Wurzel den Verstorbenen, der zu einem aus dem Jenseits heraus wirkungsmächtigen Geistwesen geworden ist. Die feminine Ableitung *ꜣḫ.t* bezeichnet einen Ort, der die Grenze zwischen Diesseits und Jenseits, sichtbarer und unsichtbarer Welt, Hier und Nicht-Hier auf geheimnisvolle Weise übergreift. Das ist vor allem und in einer für alle anderen, eher metaphorisch zu verstehenden Verwendungen des Begriffs paradigmatischen Weise der „Horizont", wo Himmel und Erde zusammentreffen und die Sonne auf- und untergeht. Von hierher wurde der Begriff auf die Pyramidenanlagen der Könige des Alten Reichs übertragen, als Bezeichnung des Ortes, an dem der verstorbene König seine Wirksamkeit aus der Verborgenheit in die sichtbare Welt hinein entfaltet und der Kult, in der sichtbaren Welt vollzogen, den König in seiner jenseitigen Verborgenheit erreicht.

Eine weitere Ableitung der Wurzel *ꜣḫ* ist das mit der Pluralendung *.w* gebildete Wort *ꜣḫ.w* „Zauberkraft". Dieselbe Bedeutung hat auch ein anderes Wort, *ḥkꜣ.w* „Zauber". Der Unterschied zwischen den beiden Lexemen liegt darin, daß sich *ḥkꜣ.w* auf Magie im umfassendsten Sinne bezieht, während *ꜣḫ.w* speziell die Zauberkraft der Sprache bezeichnet.[22] Damit sind wir der Grundbedeutung des Wortes *sꜣḫ* „verklären" und des davon abgeleiteten *nomen actionis sꜣḫ.w* „Verklärung" sehr nahe gekommen. Denn auch diese beiden Wörter beziehen sich auf die Sprache und die ihr eigentümliche Zauberkraft, die Grenze zwischen Hier und Nicht-Hier überschreiten, das Abwesende vergegenwärtigen und auf das

[20] S. hierzu Bd. II, NR.1.1.
[21] MOUSSA/JUNGE, *Two Tombs of Craftsmen*, 24f., Taf. 4a.
[22] S. RITNER, *Magical Practice*, 30–35.

Verborgene einwirken zu können. Diese Wirkungen kommen nicht der Sprache schlechthin zu, sondern der kultischen bzw. magischen Rezitation, die an ganz besondere Voraussetzungen der Person, des Ortes und der Zeit gebunden ist. Verklärungen sind Texte, deren Rezitation einen Verstorbenen in den Zustand eines aus dem Jenseits heraus wirkungskräftigen Macht- und Geistwesens zu versetzen vermag und in der Verborgenheit seines jenseitigen Zustands zu erreichen imstande ist. Daher ist ihr ritueller Ort nicht nur das einmalige Übergangsritual der Einbalsamierung, das dazu dient, den Leichnam zu konservieren und den Verstorbenen in seine Jenseitsform zu überführen, sondern auch das ständig wiederholte Ritual der Opferspeisung, das den Toten in seinem jenseitigen Status bestätigen und den Kontakt zu ihm aufrecht erhalten soll.

Zur Semantik verklärender Rede

Die Unterscheidung zwischen Diesseits und Jenseits, der sichtbaren und der unsichtbaren Welt, prägt die Semantik der Verklärungssprüche und verleiht ihr eine charakteristische Doppelbödigkeit. „Hiesiges" verweist auf „Dortiges" und umgekehrt. Die zentralen Formulierungsverfahren lassen sich in zwei Gruppen einteilen: „Statuscharakteristik" und „sakramentale Ausdeutung". Die Statuscharakteristik schildert den Toten in seinen „Zielgestalten" mit deren Handlungen, Fähigkeiten, Insignien und physiognomischen Eigentümlichkeiten, z.B. als Mensch mit Schakalskopf. Den hierher gehörenden Formulierungsverfahren geht es darum, den Toten in diesen Status zu versetzen oder ihn darin zu bestätigen. Eine besondere Rolle spielt hier die Anerkennung durch die jenseitigen Wesen, die den Toten in seinen Zielgestalten erblicken und mit Jubel, Schrecken, Huldigung, Akklamation usw. auf diesen Anblick reagieren. Was Emerson von der Schönheit sagte, gilt in Ägypten auch für die Verklärtheit: sie ist „in the eye of the beholder" und gewinnt erst in der Reaktion der Anderen ihre Wirklichkeit. In dieser Hinsicht stehen sich Verklärungen und Hymnen ganz besonders nahe, denn in Hymnen spielt das Motiv der Reaktion anderer Wesen auf die erschienene Gottheit ebenfalls eine zentrale Rolle. In dieser Motivik der Reaktion, die von freudigem Entzücken bis zu panischem Entsetzen reichen kann, bilden sich Hymnen und Verklärungen gewissermaßen selbst ab. Der Hymnus reagiert ebenso auf den erschienenen Gott wie die Adoranten, deren Reaktionen er beschreibt. Auch die Verklärung reagiert auf den als Verklärten erschienenen Toten, wobei hier allerdings die Reaktion den „magischen" Sinn hat, diese Erscheinung antizipatorisch zu provozieren. Sie versetzt den Toten in den Zustand, den sie beschreibt.

Während die Verfahren der Statuscharakteristik sich auf den angeredeten Toten selbst beziehen, bezieht sich das Prinzip der „sakramentalen Ausdeutung" auf das Ritual und seine räumlichen, dinglichen und personalen Gegebenheiten und unterlegt ihnen einen götterweltlichen Sinn. Sakramentale Ausdeutung setzt daher die Unterscheidung zwischen „Realwelt" bzw. „Kultwelt" und „Götterwelt" voraus, eine Unterscheidung, die sich sicher erst im Verlauf des Alten Reichs herausgebildet hat. Das allmähliche Auseinandertreten dieser beiden Sinnsphären läßt sich an einem redaktionsgeschichtlichen Detail der Pyramidentexte beobachten, das Schott als „Dehnung der Verweise“ bezeichnet hat. In den frühen Texten verweisen die Demonstrativpronomina auf nah gegenwärtiges, in den späteren auf ein distantes Zeigfeld.[23] Mit dem Auseinandertreten von Kultwelt und Götterwelt zieht in die ägyptischen Kultrezitationen jene „Doppelbödigkeit“ oder Zwei-Ebenen-Semantik ein, die ihr Verständnis erschwert, wenn nicht, wie etwa im Dramatischen Ramesseumspapyrus, explizite Kommentare unserem Verständnis zu Hilfe kommen. Da dieser Text die auch für die Verklärungen fundamentale Zwei-Ebenen-Semantik in unüberbietbarer Weise illustriert, möchte ich auf ihn hier näher eingehen; dafür greife ich zurück auf meine Ausführungen in dem Artikel über „Altägyptische Kultkommentare“[24]. Der Dramatische Ramesseumspapyrus (DRP)[25] enthält die Abschrift eines Rituals für Sesostris I., das entweder im Rahmen seiner Thronbesteigung oder eines Jubiläumsfestes vollzogen wurde. Die Handschrift ist horizontal gegliedert in einen schmalen Bildstreifen (unten) mit Strichskizzen der einzelnen Episoden des Rituals und einen breiteren Textstreifen darüber, der in senkrechten Zeilen beschriftet ist. Die 139 erhaltenen Zeilen - der Anfang des Papyrus ist verloren - enthalten Text zu 47 Szenen, denen unten 31 Bilder entsprechen (manche Bilder beziehen sich auf zwei Szenen zusammen). Die Szenen sind textlich alle nach demselben Schema aufgebaut. Jeder Szenentext umfaßt 5 Elemente, wobei die Elemente 3–5 u.U. mehrfach auftreten können:

1. Handlungsbeschreibung: Infinitivsatz, eingeleitet mit *ḫpr.n* „Es geschah, daß“
2. Deutungssatz mit der Partikel *pw* „das ist, das bedeutet“
3. Redeanweisung (Wer spricht zu wem?)
4. Rede
5. Vermerke bezüglich Rollen, Kultobjekte und Orte
6. ein Bild, das in stark abkürzender Strichzeichnung die Ritualhandlung andeutet, oft auch mit Beischrift einzelner Titel, die klarstellen, daß die Kulthandlung dargestellt wird und kein mythisches (götterweltliches) Ereignis.

Die Punkte 3–5 können mehrfach besetzt sein, d.h. auf die einleitenden Sätze 1–2 können mehrere Götterreden (4) folgen, die dann jeweils mit Redeanweisungen (3) und Vermerken (5) eingerahmt sind.

Schauen wir uns zur Veranschaulichung eine beliebige Szene an:
(Szene 11)[26]

[23] SCHOTT, *Mythe und Mythenbildung*, 33 f.
[24] ASSMANN, *Kultkommentare.*
[25] SETHE, *Dramatische Texte*, 81 ff.
[26] SETHE, *a.a.O.*, 142–146.

<table>
<tr><td>1)</td><td>ḫpr.n jnj.t 3 jmꜣ ḥnꜥ 8 mnsꜣ</td><td>Es geschah, daß drei Ima-Büschel und acht Mensa-Krüge geholt wurden</td></tr>
<tr><td></td><td>r ḥꜣ.t wjꜣ.wj</td><td>in das Vorderteil der beiden Schiffe.</td></tr>
<tr><td>2)</td><td>Ḥr.w pw mdw=f ḫft Stẖ</td><td>Das bedeutet: Horus spricht mit Seth.</td></tr>
<tr><td>3)</td><td>Ḥr.w : Stẖ ḏd mdw.w</td><td>Horus zu Seth, sprechen:</td></tr>
<tr><td>4)</td><td>n wꜣj=k ẖr ꜥꜣ jr=k</td><td>„Du sollst dich nicht entfernen unter dem, der größer ist als du!“</td></tr>
<tr><td>5)</td><td>Stẖ | wjꜣ | ḥꜣb ḏsr dp.t</td><td>| Seth | Schiff | Fest des ḏsr-Machens des Bootes</td></tr>
<tr><td>3')</td><td>ꜣs.t : Nb.t-ḥw.t ḏd mdw.w</td><td>Isis zu Nephthys, sprechen:</td></tr>
<tr><td>4')</td><td>jmꜣ.tj ḫnm bnr.tj sṯj jḫ.t</td><td>„Du bist lieblich an Geruch, du bist süß an Duft von etwas.“</td></tr>
<tr><td>5')</td><td>Wsjr | jmꜣ | ms.w-Ḥr.w</td><td>| Osiris | Ima | Horuskinder</td></tr>
<tr><td>3")</td><td>Ḥr.w : Ḏḥwtj ḏd mdw.w</td><td>Horus zu Thot, sprechen:</td></tr>
<tr><td>4")</td><td>dp sj mn.t=k</td><td>„Kosten soll sie dein Übel.“</td></tr>
<tr><td>5")</td><td>| [Ḏḥwtj] | spr.w | […]</td><td>| Thot | Kellermeister | […]</td></tr>
<tr><td>6)</td><td colspan="2">Ein Bild, das den spr.w genannten „Kellermeister“ mit Napf und Ima-Büscheln vor einer Barke mit dem König darstellt (Beischriften „König“, mnzꜣ 8, spr.w)</td></tr>
</table>

Satz (1) exemplifiziert das Prinzip der Zwei-Ebenen-Semantik. Auf der einen Ebene geht es um realweltliche Substanzen und Objekte, auf der anderen um ein götterweltliches Geschehen. Auf diese Ebene bezieht sich Satz (2), und zwar in der Form eines Kommentars. Dabei wird die gesamte Aussage kommentiert, nicht einzelne Ausdrücke. Das Pronomen *pw* „das (er/sie/es) ist“ referiert auf den Satzinhalt und nicht einen einzelnen Aktanten. Satzinhalt ist eine Handlung, nämlich „Holen“; Objekt dieser Handlung sind drei Ima-Büschel und acht Mensa-Krüge. Als Ziel ist der Schiffsbug angegeben; die Objekte sollen dorthin „geholt“ bzw. „gebracht“ werden. Das Subjekt der Handlung wird nicht genannt. Hier kommt das Bild zuhilfe, das den Kellermeister *spr.w* als Offizianten darstellt.

Das götterweltliche Geschehen auf Ebene 2, das Satz 2 als Deutung des kultweltlichen Vorgangs auf Ebene 1 angibt, scheint auf den ersten Blick völlig unmotiviert und beziehungslos. Was soll die Handlung „Horus spricht zu Seth“ mit dem realweltlichen Vorgang des Bringens von Büscheln und Krügen zu tun haben? Wir finden die Position 2 sehr oft in ähnlicher Weise, nämlich mit einem Sprechakt, besetzt. Um die Beziehung zwischen Ebene 1 (Realwelt) und Ebene 2 (Götterwelt) aufzuklären, müssen wir Sätze 3–5 hinzunehmen. Was Horus zu Seth sagt, spielt auf das ägyptische Wort für „Schiff“ an: „Du sollst dich nicht entfernen unter dem, der größer ist als du“. *wꜣj* „fern sein“ klingt an *wjꜣ* „Barke“ an; vielleicht gehört auch *ꜥꜣ* „groß sein“ in diese Assonanz-Relation. Seth spielt die Rolle des Schiffs. So wird es in den Vermerken des §5 auch klargestellt: Seth | Schiff | ein Fest. Aber damit wird nur *eine* Komponente der Handlung „erklärt“: das Schiff. Die Handlung enthält mindestens zwei weitere solcher Komponenten: die Ima-Büschel und die Mensa-Krüge. Auf sie beziehen sich die beiden Götterreden 3'-5' und 3"-5". Was Isis zu Nephthys sagt, spielt auf die Ima-Büschel an. *jmꜣ* „lieblich sein“ ist homophon mit *jmꜣ*-Palme etc. Die Worte, die Horus zu Thot sagt, enthalten eine Anspielung auf *mnzꜣ*, „Krug“: das Wort *mn.t*,

„Leiden“ klingt ähnlich wie *mnzꜣ*, „Krug“. Hier wird also die Beziehung zwischen den beiden Ebenen über Wortspiele hergestellt.[27]

Wir wollen jetzt ein zweites Beispiel aus demselben Text betrachten, um das zugrundeliegende Schema deutlich zu machen, und greifen die Szene 33 als einen besonders klaren Fall heraus.[28]

(1)	*[ḫpr.n] jnj.w qnj jn ẖrj-ḥꜣb*	[Es geschah], daß gebracht wurde der *qnj*-Papyrusbrustlatz durch den Vorlesepriester.
(2)	*Ḥr.w pw qnj=f jtj=f wḏb=f ḫr Gb*	Horus ist das, der seinen Vater umarmt und sich an Geb wendet.
(3)	*Ḥr.w : Gb ḏd mdw.w*	Horus zu Geb, sprechen:
(4)	*qnj.n<=j> jtj=j pn nnj.w r …*	„Ich habe diesen meinen Vater, der müde geworden war, umarmt, bis …“
(5)	| *Wsjr* | *qnj* |	| Osiris | *qnj*-Brustlatz
(3')	*Ḥr.w : Gb ḏd mdw.w*	Horus zu Geb, sprechen:
(4')	*snb.t=f r=f*	„… er wieder ganz gesund geworden ist.“
(5')	| *Wsjr* | *snb* | *P*	| Osiris | *snb*-Fransen | Buto

(6) Bild:
Ein Priester, nach rechts, darüber Beischrift: *ẖrj-ḥꜣb* „Vorlesepriester“; davor Beischrift: *ḏd mdw.w jnj qnj zp 12 srm.t sjs jfd ḥbs.w jdmj ssf* „Zu sprechen: ‘Bringt 12 Brustlatze, *srm.t*-Bier, 6-Faden-Gewebe, 4-Faden-Gewebe, Kleider aus Purpurstoff und *ssf*-Gewebe!’“.[29]

Auch hier wird die Korrelation von Kultwelt und Götterwelt wieder über Assonanzen hergestellt. Der Umhang, ein Ornatstück, das in dieser Szene gebracht wird, heißt „der Umarmende“, weil er seinen Träger wie schützende Arme umfängt. Es liegt also mehr als nahe, ihn mit einer Umarmung zu verbinden, in der Horus seinen toten Vater Osiris in die Arme nimmt. Dieser Fall ist aufschlußreicher als der vorige, weil wir von dieser Umarmung auch sonst erfahren. Sie ist ein zentrales mythisches Ereignis. Mit dieser Umarmung geht die Lebenskraft des Sohnes in den toten Vater ein und der „Ka“, das legitimatorische dynastische Prinzip, vom toten Vater auf den Sohn über. Wir erfahren davon erstens im Mythos, wie ihn das „Denkmal memphitischer Theologie“ erzählt. Dort schließt die Geschichte mit der Umarmung von Osiris und Horus, der darin „als König erscheint“:

> So geriet Osiris in die Erde in der Königsburg
> auf der Nordseite dieses Landes, zu dem er gelangt war.
> Sein Sohn Horus erschien als König von Ober- und Unterägypten
> in den Armen seines Vaters Osiris
> inmitten der Götter, die vor ihm und hinter ihm waren.[30]

[27] Guglielmi, *Wortspiel*, 491–506.

[28] S. Sethe, *a.a.O.*, 211-213; s. Assmann, *Verborgenheit des Mythos*, spez. 16–18; Parkinson, *Voices*, 124f. Nr. 45.

[29] S. Sethe, *a.a.O.*, 256.

[30] S. Sethe, *a.a.O.*, 76–77.

Zweitens erfahren wir von dieser Umarmung im Ritus der Thronbesteigung, wie ihn die Krönungstexte der Hatschepsut in Deir el-Bahri wiedergeben. Dort ist es der alte König, der seine Tochter und Thronfolgerin bei der Königsproklamation in die Arme nimmt. Und drittens spielen die Totentexte wieder und wieder auf diese Szene an.[31] Wir können an diesem Beispiel klarer als an dem anderen das Prinzip der „Ausdeutung" erkennen, das den Kommentar steuert.

Das Prinzip besteht in der systematischen Unterscheidung und Korrelation der beiden Sinnschichten „Kultwelt" und „Götterwelt". In der Kultwelt gibt es den König, Priester-Beamte und Gegenstände wie Schiffe, Palmwedel, Krüge, Opfertische, Ornatstücke usw. In der Götterwelt gibt es Götter, deren Handlungen und deren Worte. Die Götterrede ist das götterweltlich zentrale Element, so wie in der Kultwelt die Ritualhandlung. Der Kommentar (Satz 2) ist die explizite Korrelation der beiden Sinnschichten. Er verweist mit der Partikel *pw* „das ist" auf die kultweltliche Sinnschicht, und ordnet ihr die götterweltliche Sinnschicht als deren *Deutung* zu. Der Kommentar macht also nur explizit, was die beiden Sinnschichten implizit verbindet. Die götterweltliche Schicht ist die Deutung der kultweltlichen. Die kultweltlichen Handlungen tragen ihren Sinn nicht in sich selbst - es geht also nicht einfach darum, das Schiff mit Palmbüschen und Krügen auszustatten oder den Brustlatz zu bringen - sondern sie erhalten ihren Sinn dadurch, daß sie auf götterweltliche Vorgänge verweisen. Der Kult verweist auf götterweltliche Vorgänge, götterweltliche Vorgänge deuten Kulthandlungen. Durch Verweis und Deutung sind Kultwelt und Götterwelt miteinander verklammert. Diese Klammer wird mit Vorliebe in Form von Wortspielen realisiert.[32] Das Wort *qnj* „Brustlatz" „verweist" auf die *qnj*-Umarmung von Horus und Seth, die mythische Umarmung „deutet" das Kultobjekt. Der „Verweis-Charakter" des kultischen und der „Deutungs-Charakter" des götterweltlichen Geschehens gehören zusammen.

Wenn der Kult seinerseits Verweis-Charakter hat, dann tritt die Deutung nicht als Kommentar sekundär hinzu. Die beiden Seiten bedingen sich vielmehr gegenseitig wie zwei Hälften einer Ganzheit. Die Deutung ist dem Kultgeschehen nicht sekundär, sondern zentral, sie wird mit dem Ritual selbst vollzogen. Dieses Verfahren nenne ich „sakramentale Ausdeutung".[33] Dadurch entsteht die zweischichtige Semantik; man könnte auch in Analogie zum „mehrfachen Schriftsinn" vom „mehrfachen Handlungssinn" sprechen. Das Verfahren der sakramentalen Ausdeutung scheint mir der allegorischen Mythendeutung in vieler Hinsicht vergleichbar. Was die Allegorie für die Mythen, das leistet die sakramentale Ausdeutung (und damit: der Mythos) für die Riten. Die sakramentale Ausdeutung bezieht sich auf den verborgenen, den Augen uneingeweihter Betrachter nicht zugänglichen Sinn der Handlung, ihren „sensus mysticus", wie man im Mittelalter gesagt hätte. Kultweltliches Geschehen und götterweltliche Ausdeutung ver-

[31] Vgl. ASSMANN, *Liturgische Lieder*, Index s.v. „Umarmung". SETHE, *a.a.O.*, 77.

[32] Hierzu zuletzt GUGLIELMI, *a.a.O.*

[33] ASSMANN, *Verborgenheit des Mythos* und DERS., *Semiosis and Interpretation.*

halten sich zueinander wie sensus literalis und sensus mysticus in der mittelalterlichen und frühneuzeitlichen Hermeneutik. Handlungen bedeuten so z.B. „Reinigung“ (sensus literalis) und „Wiedergeburt“ (sensus mysticus), oder „Speisung“ (s.l.) und „Himmelsaufstieg“ (s.m.). Der götterweltliche Sinn der Gegenstände, Personen und Handlungen bildet eine höhere, verborgene, geheime Sinnschicht, ein besonderes Wissen.

Die Beziehung von Kultwelt und Götterwelt wird herkömmlicherweise als das „Verhältnis von Rite und Mythus“ behandelt.[34] Dieses Verhältnis stellt man sich so vor, daß sich der Mythos als eine sekundäre Sinnschicht über die älteren Riten gelegt habe. Unter Mythos versteht man aber gewöhnlich eine zusammenhängende Geschichte, und die Verbindung zu Riten stellt sich dann als eine kultische Aufführung mythischer Erzählungen dar. Genau dies ist jedoch in den ägyptischen Kultrezitationen nicht der Fall. Der Ritus ist das Primäre. Er dient nicht der Aufführung des Mythos, sondern umgekehrt dient der Mythos der Ausdeutung des Ritus. Das bedeutet aber, daß von dem Mythos nur minimale Episoden ohne jeden narrativen Zusammenhang zur Sprache kommen. Der Mythos steht hier also nicht als Geschichte im Blick, sondern als ein Repertoire von Episoden, Handlungen und Akteuren. Daher erscheint ein Ausdruck wie „Götterwelt“ angemessener. Erst wo diese Episoden, Handlungen und Akteure zu größeren narrativen Zusammenhängen verknüpft werden, kann man von „Mythos“ reden.

Aber es geht nicht nur um Ausdeutung, sondern um eine echte Transformation. Das geht doch über die gewöhnlichen Formen und Funktionen des Mythos hinaus. Aus der Speisung wird ein Himmelsaufstieg, und aus der Präsentation des *qnj*-Latzes wird eine Wiederbelebungs-Umarmung. Durch die Herstellung einer Verbindung zwischen Kultwelt und Götterwelt wird eine Verwandlung erzielt, ein kultweltlicher Vorgang in ein götterweltliches Ereignis transformiert. Diese transformative Funktion des Spruchs kommt in dem Wort *sꜣḫ* „verklären“ zum Ausdruck. Die Rezitation des Spruches mit seiner sakramentalen Ausdeutung hat transformierende Wirkkraft, die auf der sprachlichen Komplexion zweier Sinnsphären beruht.[35] Diesseitiges wird auf Jenseitiges hin transparent, Jenseitiges wird in Diesseitigem sichtbar.

Das Prinzip der sakramentalen Ausdeutung beherrscht den gesamten ägyptischen Kult. Die Deutungsrelation der götterweltlichen zur kultweltlichen Sphäre bleibt entweder implizit, oder sie kommt explizit zur Sprache. Das geschieht in verschiedenen Formen. Der kommentierende Satz, wie er im DRP auftritt, ist nur eine unter vielen Möglichkeiten. Eine andere, viel beliebtere, ist die „Namensformel“. Hier wird das kultweltliche Element – ein Gegenstand oder ein Ort – zum „Namen“ der Gottheit, auf die es „verweist“ bzw. die es „deutet“. Aus den verschiedenen Sätzen und Vermerken des Dramatischen Textes wird auf diese Weise

[34] OTTO, *Rite und Mythus*; ALTENMÜLLER, *Begräbnisritual*, bes. 170–172; HELCK, *„Rituale“*.

[35] Die „implizite Sprachtheorie“ der ägyptischen Kultrezitation habe ich in ASSMANN, *Theologie und Frömmigkeit*, 102–135 zu rekonstruieren versucht.

ein fortlaufender Text gemacht. So wird etwa aus einem (als solchen nicht erhaltenen) Text * „Die Götter sprechen zu Seth: 'Trage einen, der größer ist als du'. Vermerk: das *Tfꜣ-wr*-Heiligtum" der Satz „'Trage einen, der größer ist als du!' sagen sie zu ihm in deinem Namen *Jtfꜣ-wr*" (*Pyr.* §627).[36] Auch hier zeigt sich wieder sehr deutlich, daß es die *Sprache* ist, die diese Verklammerung der beiden Sinnsphären und damit die Einheit und Sinnhaftigkeit der Wirklichkeit trägt und leistet.

Die interpersonelle Form der Verklärung

Dramatische Texte bestehen aus Reden und Vermerken. Sie sind also nicht reine Rezitationstexte, sondern wechseln zwischen Rezitation und nicht mitzurezitierenden Informationen, deren Status metatextuell ist. Die Hymnen mit der Namensformel sind reine Rezitationstexte, in die einige Vermerke als „Namen" in den Rezitationstext eingearbeitet sind. Sie beziehen sich auf die götterweltliche Ebene und verweisen nur gelegentlich vermittels der Namensformel auf Gegenstände der Kultwelt. Außerdem – und das ist die entscheidende Transformation – reden nun die Götter nicht mehr selbst, sondern ihre Reden werden ebenfalls in den fortlaufenden Rezitationstext eingearbeitet und dort in direkter Rede zitiert. Die Frage stellt sich, wer hier als Sprecher auftritt. Siegfried Schott hat diese Umsetzung der Dramatischen Texte in fortlaufende Rezitationen und die Veränderung ihrer interpersonellen Form sehr einleuchtend beschrieben:

> In den Hymnen mit der Namenformel sprechen nicht mehr die Götter, das heißt die im Festspiel ihre Rollen tragenden Personen, sondern jemand, der außerhalb des Kreises der mythischen Gestalten steht. Dies ist weder Horus oder Geb – wie vereinzelt zeitgenössisch eingesetzt ist[37] – noch Thoth, sondern jemand, der auch über diese Götter spricht, vermutlich der Vorlesepriester. Er berichtet der gepriesenen Gottheit das, was bisher die im Kult handelnden Personen aus ihrer Götterrolle heraus sprachen, und muß nun sagen, wer das, was erzählt wird, getan hat. Statt „Ich bin gekommen auf der Suche nach dir. Ich bin Horus!" (*Pyr.* §11) der dramatischen Rede, welche Horus bei der Mundöffnung selbst zu Osiris spricht, wird in der Hymne erzählt: „Horus ist gekommen, er sucht Dich!" (*Pyr.* §575). Statt „Dies ist das harte Auge des Horus, tu es in die Hand!" (*Pyr.* §249 Var.) wird nun erzählt: „Horus hat dir sein hartes Auge gegeben, hat es dir in die Hand gelegt!" (*Pyr.* §614) usw. [38]

So entsteht die Form der kultischen Rezitation, die einem anonymen Sprecher in den Mund gelegt ist und den Toten in der 2. Ps. anredet. Die „Anonymität"

[36] ASSMANN, *a.a.O.*, 104f.

[37] „Horus" *Pyr.* §583a (P.), vgl. *Pyr.* §1264a (P.), „Geb" *Pyr.* §779a (P.), vgl. „Isis und Nephthys" *Pyr.* §1280a (P.); alle diese Fälle finden sich in der *Pyr.* P. und dürften so der Redaktion dieser Pyramide entstammen (SCHOTTS Anm.).

[38] SCHOTT, *Mythe und Mythenbildung*, 38. SCHOTT fährt noch eine große Fülle weiterer Beispiele auf, die das geschilderte Verfahren einer Umsetzung dramatischer in monologische Texte ganz außer Frage stellen.

der Sprecherrolle äußert sich nicht nur darin, daß er nicht namentlich erscheint, sondern daß er überhaupt nicht auf sich Bezug nimmt. Das Ich des Sprechers ist diesen Texten fremd. Auch das ist ein Element, das die Verklärungen mit den Hymnen gemeinsam haben, ebenso wie das Motiv der Namensformel.[39] Das läßt sich an einem Hymnus an Sobek des pRamesseum VI veranschaulichen, des einzigen Papyrus eindeutig kultischer Zweckbestimmung, der uns aus dem Mittleren Reich erhalten ist.[40] Ich hebe in den folgenden Zitaten die 2. Ps. Sg. hervor, um diese Eigentümlichkeit der interpersonellen Form deutlich zu machen, die ebenfalls eine Gemeinsamkeit von Hymnen und Verklärungen darstellt.

> Sei gegrüßt, Sobek von Schedet, ...!
> Geb hat **dir dein** Gesicht ausgestattet,
> er hat **dir deine** Augen vereint.
> Starker, groß ist **deine** Kraft!
> **Du** durchziehst das Fayum, **du** durchwanderst den Großen Grünen,
> um **deinen** Vater Osiris zu suchen.
> **Du** hast ihn gefunden, **du** hast ihn belebt,
> **du** sprachst diese Mundreinigung **deines** Vaters
> in seinem Namen „Sokar".
> **Du** befahlst **deinen** Kindern, zu gehen
> und **deinen** Vater in ihm zu pflegen
> in ihrem Namen „Pfleger des Sokar".
> **Du** hast den Mund **deines** Vaters Osiris eingepaßt,
> **du** hast ihm seinen Mund geöffnet,
> **du** bist sein Sohn, den er liebt.[41]

Man fühlt sich hier unweigerlich an Texte erinnert wie

> O Osiris N, steh auf.
> Horus kommt und fordert **dich** von den Göttern.
> Horus hat **dich** lieb gewonnen, er hat **dich** versehen mit seinem Auge,
> Horus hat **dir** sein Auge angepaßt an **dich**.
> Horus hat **dir** dein Auge geöffnet, damit **du** damit wieder sähest.[42]

Das ist aus Spruch [364] der Pyramidentexte; und in Spruch [366] heißt es:

> Zu **dir** kommen deine beiden Schwestern Isis und Nephthys, um **dich** zu bewahren,
> vollständig und groß in **deinem** Namen „Großes Schwarz",
> frisch und groß in **deinem** Namen „Großes Grün".
> ...
> Begrüßt haben **dich** Isis und Nephthys in Sais
> als ihren Herrn in **dir** in **deinem** Namen „Herr von Sais".[43]

[39] S. hierzu Assmann, *ÄHG*, 19 und 85f.
[40] Assmann, *a.a.O.*, Nr. 203.
[41] Assmann, *a.a.O.*, Nr. 203B, Verse 6, 10–23.
[42] Sethe, *Pyramidentexte* I, 327, §§609–610a.
[43] Ibd., §§628, 630.

Dem völligen Verschwinden des Sprechers korrespondiert nun auf der anderen Seite eine ebenso totale Dominanz des Angeredeten. Es ist keineswegs so, daß die Verklärungen dem Angeredeten etwas „erzählen", wie Schott es darstellt.[44] Die Texte haben einen unverkennbaren Appell-Charakter, und das Du des Angeredeten ist fast in jedem einzelnen Vers präsent. Anders als in Sonnenhymnen ist die Grundhaltung eher konativ (auffordernd, wünschend) als deskriptiv:

> **Erhebe dich**, Teti,
> **nimm dir deinen** Kopf, **umfasse dir deine** Knochen,
> **sammle dir deine** Glieder,
> **wische dir** die Erde von **deinem** Fleisch,
> **empfange dir dein** Brot, das nicht schimmeln,
> **dein** Bier, das nicht sauer werden kann.
> Mögest **du** an die Türflügel treten, die die *rḫjj.t* abwehren![45]

Daher haben wir uns entschlossen, die *sḏm=f*-Formen der Verbalsätze durchweg als Wunschsätze zu übersetzen:

> Möge **dir** der Himmel sich öffnen,
> möge **dir** die Erde sich öffnen,
> mögen **dir** die Wege sich öffnen im Totenreich,
> auf daß **du** ausgehst und eingehst mit Re,
> indem **du** frei schreitest wie die Herren der Ewigkeit.
> **Empfange** Opfer als Gabe des Ptah,
> reines Brot vom Altar der Hathor.
> Möge **dein** Ba leben, **deine** Gefäße gedeihen,
> **dein** Gesicht offen sein auf den Wegen der Finsternis.[46]

Die interpersonelle Form der Verklärung ist daher nicht als entspanntes, vielleicht rühmendes „Erzählen" zu beschreiben, sondern eher als ein intensiv appellierendes Wünschen, das in jedem einzelnen Vers den Kontakt zum Angeredeten explizit aufrecht zu erhalten strebt. Ich bezeichne diese Form der Du-Anrede bei ausgeblendetem Sprecherbezug abgekürzt als „0:2".

Aufgrund des fehlenden Sprecherbezugs läßt sich diese Form aber hervorragend in andere Formen des interpersonellen Bezugs transformieren. In den Pyramidentexten gibt es Texte, die sowohl in der Form 0:2 vorliegen als auch in den Formen 1:0 (hier ist der Spruch dem Toten selbst in den Mund gelegt, der

44 SCHOTT, *Mythe und Mythenbildung*, 42.

45 SETHE, *a.a.O.*, 358 ff.

46 Bd. II, Text NR.2. Ich zitiere diesen in über 40 Varr. bezeugten Spruch in der frühesten vollständigen Fassung auf einer Schale des frühen NR aus Harageh ed. GUNN, in: ENGELBACH/GUNN, *Harageh*, Taf. LXXIX. Nach Zitaten in den *CT* und in der Lehre für Merikare zu schließen, geht der Text mindestens auf die 1. Zwischenzeit zurück und ist bis in griech.-röm. Zeit belegt. Vgl. TESTA, *Un 'collare' in faience*, 91–99.

zu ungenannten Adressaten über sich selbst spricht) und 0:3 (ein ungenannter Sprecher spricht über den Toten in der 3. Ps.). Die Änderung eines Textes von 1:0 in 0:3 ist in den *PT* sehr häufig belegt, und auch die Änderung von 0:2 in 0:3 kommt vor.[47] Die interpersonelle Form ist also in den *PT* noch sehr schwankend. Generell aber läßt sich sagen, daß in einzelnen Verklärungssprüchen zwar der Wechsel von 0:2 und 0:3 gang und gäbe ist, aber der Wechsel von 0:2 und 1:0 in ein und demselbem Spruch ausgeschlossen zu sein scheint. So läßt sich die für Verklärungen typische interpersonelle Form als 0:2 mit gelegentlichen Übergängen in 0:3 bestimmen. Damit hebt sie sich klar gegen zwei andere Formen ab, die in dieser Gattung nicht oder nur ausnahmsweise auftauchen: die Form 1:0 und die Form 1:2. In der Form 1:0 redet der Tote von sich selbst, ohne sich (wie z. B. in Gebeten oder Anrufen an die Lebenden) an bestimmte Adressaten zu wenden. Diese Form ist in der Totenliteratur ungeheuer verbreitet; sie kann geradezu als die übliche Form des nicht-liturgischen Totenspruchs gelten. Auch die Form 1:2 (1 = der Tote und 2 irgendwelche jenseitigen Wesen) ist in der Totenliteratur sehr üblich. Interessanter ist in unserem Zusammenhang die Form 1:2, wo 2 = der Tote und 1 jemand anderes ist. Diese Form tritt in zwei verschiedenen Funktionen im Kontext von Totenliturgien auf: als „Schlußtext", in welchem – genau wie in Götterhymnen – der Sprecher abschließend sein Inkognito lüftet und seine Identität sowie seine Beziehung zum Angeredeten klar stellt, und als „Totenklage", die Isis und Nephthys in den Mund gelegt wird und ein typisches Element der Stundenwachenliturgie bildet.

Der typische Verklärungsspruch wendet sich in der Form 0:2 an den Toten, den er mit *hꜣ wsjr N pn* anredet. Die Anrede *hꜣ* scheint so gut wie ausschließlich in Verklärungen vorzukommen und weder für Lebende[48] noch (wenigstens in älteren Texten) für Götter[49] verwendet zu werden. Daher hat die Theorie einiges für sich, die sie von dem Verbum *hꜣj* „herabsteigen" ableiten und in ihrer Grundbedeutung als Aufforderung „Steig herab!" deuten will. Sie wird auch oft mit dem Beinpaar determiniert. Das Wb gibt diese Anrede mit „He!" wieder, was allerdings einen barsch ermahnenden Beiklang hat, der im Zusammenhang zeremonieller, feierlich beschwörender Rede schlecht paßt. Wir haben uns dafür entschieden, *hꜣ* mit „Oh …" wiederzugeben, auch wenn so in der Übersetzung zwischen *jj*, *jꜣ* und *hꜣ* nicht unterschieden werden kann. Es handelt sich jedenfalls nicht um einen Gruß wie *jj.tj* oder *jj-wj-tw* „Willkommen" oder *jnḏ-ḥr=k* „Sei gegrüßt!", sondern um um eine anredende Interjektion. Das Demonstrativpronomen nach dem Eigennamen hat den Charakter eines Vokativs und verweist auf die vorausgesetzte Nähe des Angeredeten. Statt „dieser N" übersetzen wir daher „N hier". Dabei bezieht sich das „hier" auf Gegenstände der realweltlichen

[47] Siehe dazu SETHE, *Totenliteratur*, §§11, 21, 26, 38.

[48] Wb II, 471,4 zit. einige Spätzeit-Belege, die die Besucher des Grabes mit *hꜣ* anreden.

[49] Wb II, 471,3; Belege, die sich auf Osiris und den nächtlichen Sonnengott beziehen, gehören natürlich zur verklärenden Rede.

Kultsituation wie (im Fall der Stundenwachen-Liturgien) den aufgebahrten Leichnam des Verstorbenen oder (im Fall der Totenopfer-Liturgien) auf Repräsentationen des Verstorbenen wie Scheintür, Stele oder Statue.

Die Pragmatik verklärenden Sprechens

Wir haben gesehen, daß die Semantik verklärender Rede auf der Unterscheidung zweier Wirklichkeitsebenen oder Sinnsphären beruht, der „realweltlichen" und der „götterweltlichen" Ebene. In semantischer Hinsicht bedeutet „verklären", diese beiden Ebenen zueinander in Beziehung zu setzen, wobei die götterweltliche als Deutung der realweltlichen fungiert. „Verklären" erscheint hier geradezu als ein hermeneutisches Verfahren, als eine Auslegung der real- bzw. kultweltlichen Gegebenheiten. Das ist aber nicht der pragmatische Sinn der Verklärung. Nach der Pragmatik einer Aussage fragen heißt die sprachliche Äußerung als eine Form sozialen Handelns aufzufassen, die man auf ihre Absicht und ihren Erfolg hin befragen kann. Was für Handlungsziele verfolgt der Sprecher einer Totenliturgie? Hier geht es nicht um die Ausdeutung der kultischen Handlungen. Der Sprecher will mit der Rezitation von Totenliturgien etwas erreichen, und das läuft auf so etwas wie eine Behandlung des Todes hinaus. Der ägyptische Begriff *sꜣḫ.w* bedeutet, wie wir gesehen haben, „in den Zustand eines *ꜣḫ* versetzen", „im Zustand eines *ꜣḫ* bestätigen". Das ist eine Sprachhandlung, die nur in bezug auf Verstorbene sinnvoll ist. Einen Lebenden kann man nicht „verklären". Es kann nur darum gehen, den Zustand, in den der physische Tod einen Menschen versetzt hat, mit den Mitteln des Ritus und der Rezitation im günstigen Sinne zu beeinflussen und zu bearbeiten. Diesen aktiven Sinn der Sprachhandlung „verklären" bringt ein anderes Wort deutlich zum Ausdruck, das oft im Parallelismus membrorum mit „verklären" steht und offenbar als weitgehend synonym verstanden wurde: *sṯz* „aufrichten" und *sṯz.w* „Aufrichtung". So heißt es etwa im Titel des Totenbuchs:

ḥꜣ.t-ꜥ m rꜣ.w nw prj.t m hrw	Anfang der Sprüche vom Herausgehen am Tage,
sṯs.w sꜣḫ.w	der Aufrichtungen und Verklärungen,
prj.t hꜣj.t m ẖr.t-nṯr	aus- und einzugehen im Totenreich,
ꜣḫw.t m jmnt.t nfr.t	magisch Wirksames im schönen Westen,
ḏdw.t hrw n qrs.t	das rezitiert werden soll am Tage des Begräbnisses,
ꜥq m-ḫt prj.t	(sowie) um wieder einzutreten nach dem Herauskommen.[50]

In Spruch [187] der Sargtexte wird von der Weißen Krone des Anubis, in deren Rolle der Tote auftritt, gesagt:

[50] LÜSCHER, *Totenbuch Spruch 1* nach Ani. Es handelt sich hier um den Titel der Schriftrolle, nicht von Spruch 1.

jw prj.n sṯs.w n ḥḏ.t	Aufrichtungen gingen hervor für die Weiße,
sꜣḫ.w n jʿrr.wt	Verklärungen für die Uräusschlangen.[51]

Daß *sṯz* eine Sprachhandlung bedeutet, geht besonders klar aus einer Stelle im Amduat hervor, wo von zwölf Göttinnen gesagt wird:

jrj.t=sn pw m dꜣ.t	Was sie in der Dat zu tun haben:
jrj.t sṯs.w Wsjr	Die Aufrichtung des Osiris zu bewirken
sḫn bꜣ štꜣ m mdw.w=sn	und den Geheimen Ba herabschweben zu lassen mit ihren Worten.[52]

„Aufrichtungen" sind Sprüche, deren kultische Rezitation die Kraft hat, den Toten aufzurichten.[53] Von solchen Sprüchen heißt es z. B. im Denkstein Sethos' I. in der Kapelle für seinen Vater Ramses I.:

> Die Sprüche der Vorfahren erzählen wahre Dinge.
> Wer sie hört, erhebt sich auf seinem Platz.
> Er erwacht und erblickt die Sonne.
> Sie erfreuen sein Herz in der Unterwelt.[54]

Die Rezitation dieser Sprüche richtet den Toten auf und läßt ihn die Sonne sehen. Im Schlußtext einer Totenliturgie der Sargtexte wird die Wirkung ihrer Rezitation folgendermaßen beschrieben:

> *ꜣḫ*-wirksam ist sie, diese Rede,
> ein Auftun des Westens ist sie,
> angemessen im Herzen des Re,
> befriedigend im Herzen seines Götterkreises.[55]

Die Rezitation öffnet die Unterwelt, läßt die Sonne um Mitternacht sehen, macht den Kreis der sie umgebenden Götter sichtbar, richtet die Toten auf und läßt sie in die Gemeinschaft der Götter eintreten. Ein Totenbuchtext ist überschrieben als

> Die Geheimnisse der Unterwelt,
> eine Einweihung in die Mysterien des Totenreichs.
> Die Sonne zu sehen, wenn sie untergeht im Leben, im Westen,
> wenn sie angebetet wird von den Göttern und Verklärten in der Unterwelt.[56]

[51] *CT* [187] = III.88f-g.

[52] Amduat 9. Std., ed. Hornung, *Amduat* I, 157, II, 155f.

[53] Das Wb (IV, 361,6–7 vgl. 5) gibt die Bedeutung von *sṯz.w* als „Lobpreisung, Erhebung mit Worten" wieder. Dieser Sinn verbindet sich eher mit *sqꜣ* . Typische *sṯz.w* sind Sprüche, die den Toten mit *wṯz ṯw* „Erhebe dich!" anreden.

[54] Schott, *Denkstein Sethos' I.*, 80, Zeilen 13–14.

[55] Liturgie CT.1, *CT* [25], s. unten.

[56] Assmann, *Liturgische Lieder*, 28.

In der Totenliteratur werden die Wirkungen, die man der kultischen Rezitation zuschreibt, auf den Verstorbenen übertragen, der sie durch seine Lektüre auch für sich selbst auslösen kann. Im demotischen Roman von dem Zauberer Setna-Chemwese wird Entsprechendes auch von einem magischen Buch gesagt:

> Wenn du die zweite Formel liest, wirst du, wenn du in der Unterwelt bist, wieder auf die Erde zurückkommen in deiner gewöhnlichen Gestalt. Du wirst die Sonne mit ihrem Götterkreis am Himmel aufgehen sehen und den Mond in seinem Schein.[57]

Diese Vorstellungen einer den Tod heilenden Kraft der Sprache verbinden sich mit den Totenliturgien und kommen in Begriffen wie „verklären“ und „aufrichten“ zum Ausdruck.

Hierfür gibt es eine mythische Episode, die in den Verklärungstexten immer wieder als eine „Urszene“ der verklärenden Totenbehandlung beschworen wird und in der sich die Liturgie gewissermaßen selbst abbildet. Das ist das Motiv der „großen Rede“, die Horus an seinen Vater richtet, damit er dadurch lebe. Das Folgende sind drei Belege dieses Motivs aus verschiedenen Epochen: (1) = *PT* [734], (2) = „Spruch zum Bringen des Herzens“, *CT* [29] (CT.1), TT 100, ed. DAVIES, *Rekh-mi-Re*, Taf. 76 (NR.1) und viele Varr., (3) = SZ.1, Spruch 2, 3. Strophe.

jgr jgr	Schweig, schweig!
sḏm sḏm	Höre, höre
mdw pw ḏd.n Ḥr.w	diese Rede, die Horus
n jtj=f Wsjr	seinem Vater Osiris gesagt hat,
ꜣḫ=k jm ꜥꜣ=k jm	damit du dadurch verklärt seist, damit du dadurch groß werdest. (*PT* [734])
jgr jgr rmṯ.w	Schweigt, schweigt, ihr Menschen,
sḏmw sḏmw rmṯ.w	hört, hört, ihr Menschen,
sḏm=ṯn sw mdw pn ꜥꜣ	hört diese große Rede,
jrj.n Ḥr.w n jtj=f Wsjr	die Horus gemacht hat für seinen Vater Osiris,
ꜥnḫ=f[58] *jm bꜣ=f jm wꜣš=f jm*[59]	damit er dadurch lebe damit er dadurch Ba sei, damit er dadurch geehrt sei.
<*hꜣ wsjr N tn ꜥnḫ=ṯ jm*	<O Osiris N, mögest du dadurch leben,
bꜣ=ṯ jm wꜣš=ṯ jm>	mögest du dadurch Ba sein, mögest du dadurch geehrt sein>,

57 Setna-Roman ed. GRIFFITH, *Stories of the High Priests of Memphis*, 92f.

58 T9C hat *ꜣḫ=f*.

59 T9C om. *m*.

sḫm=ṯ m ḏ.t=ṯ jʿr=ṯ n nṯr ʿꜣ	mögest du über deinen Leib verfügen, mögest du zum Großen Gott aufsteigen. (CT.1, Spell [29])
jgr zp fdw nṯr.w	Schweigt, schweigt, schweigt, schweigt, Götter!
sḏm zp sn.wj psḏ.t	Hört, hört, Götterneunheit!
sḏm=ṯn mdw pn nfr jrj.t.n Ḥr.w n jtj=f Wsjr	Hört doch diese schöne Rede, die Horus für seinen Vater Osiris gemacht hat,
rdj.t.n=f ʿḥʿ=f m nṯr	indem er veranlaßt hat, daß er stehe als ein Gott.[60] (SZ. 1,2)

Totenliturgien sind nichts anderes als Ausführungen „dieser großen Rede, die Horus für seinen Vater Osiris gemacht hat". Im Munde des Sohnes bzw. des von ihm bevollmächtigten und seine Rolle übernehmenden Priesters haben sie die Kraft, aus dem Diesseits ins Jenseits hinüberzuwirken und den toten Vater zu erreichen. Diese Kraft kommt den Sätzen, aus denen Totenliturgien bestehen, nicht von sich aus zu. Es handelt sich um Wunschsätze, wie sie z. B. sehr ähnlich, z. T. geradezu identisch, auch in den Einleitungsfloskeln literarischer Briefe vorkommen. In der Einführung zum II. Band werden wir darauf näher eingehen. Ob es sich um Wünsche oder um Aussagen von wirklichkeitsverändernder Kraft handelt, bestimmt sich nicht am Inhalt oder an der „illokutionären Form" der Sätze, sondern allein durch den Kontext. Erst im Munde des Vorlesepriesters, im geheiligten Bereich der Grabkapelle oder der Balsamierungskammer und zum Zeitpunkt des Opferkults oder der nächtlichen Stundenwache hören solche Sätze auf, bloße Wünsche zu sein, und gewinnen die „performative" Kraft, die Vorgänge und Zustände, von denen sie handeln, Wirklichkeit werden zu lassen. Der Unterschied wird hier nur textextern oder kontextuell realisiert.

Im pragmatischen Sinne bedeutet „Verklären", d. h. das jemanden zu-einem-„Ach"-werden-lassen, eine Initiation in die Götterwelt, die natürlich nur ein dazu bevollmächtigter Sprecher, der Vorlesepriester in Götterrolle, vornehmen darf. Die extreme Kontextabhängigkeit ist für das performative, Wirklichkeit schaffende Sprechen charakteristisch. Ein „Ja" kann vieles bewirken, aber nur in der Kirche, als Antwort auf die entsprechende Frage des Pfarrers, hat es z. B. lebenslang bindende, nur unter großen Schwierigkeiten aufhebbare Kraft. Der Glaube der Ägypter an die Wirklichkeit schaffende Kraft performativen Sprechens scheint ungewöhnlich stark gewesen zu sein. Aus welcher anderen Kultur wäre uns ein derart intensiver Diskurs mit den Toten erhalten, und welche andere Kultur wäre davon ausgegangen, den Tod mit den Mitteln der Sprache – in Verbindung mit den Mitteln der Monumentalarchitektur, der chemischen Einbalsamierung und des rituellen Vollzugs – so weitgehend zu behandeln, daß man geradezu von

[60] SZ.1, Spruch 2, 3. Strophe = pKrakau (u.Varr.) 14.1–14.4, ed. SZCZUDLOWSKA, *Sekowksi Papyrus*, 57.

einer Heilung sprechen darf. Denn wenn auch die Toten nicht wieder wie etwa Lazarus zum diesseitigen Leben auferstanden, so führten sie doch nach ägyptischer Vorstellung ein Leben, dessen Möglichkeiten hinsichtlich ihrer Machtfülle den Lebenden vielfach überlegen war. Nach ägyptischer Vorstellung war es nicht der Glaube, sondern der richtige, zur rechten Zeit am rechten Ort vom rechten Sprecher rezitierte Spruch, der Berge versetzte.

ERSTES KAPITEL

Ritualkontext und Aufzeichnungsformen der Totenliturgien in den Sargtexten

Spruch [62] der Sargtexte und die Totenliturgien zur Stundenwache

Weiter habe ich noch den Vorlesepriester *Jnj-jtj=f*, Sohn des *Nj-sw-Mnṯw*, Sohnes des *Jnj-jtj=f*, Sohnes des *Ṯtw*, vertraglich dazu verpflichtet (*ḫtm*), die Liturgie in der Balsamierungsstätte auszuführen (*r jr.t jr.t m wʿb.t*) und meiner Majestät die Litanei (*ḥꜣb.t*) am Monatsfest und Mittmonatsfest zu lesen (*šd.t*), damit mein Name schön sei und die Erinnerung an mich bis zum heutigen Tag bleibe.[1]

Daß sie balsamiert werde in ihrer Balsamierungskammer, daß ihr gemacht werde das Werk des Balsamierers und die Kunst des Vorlesepriesters.[2]

Der Sarg des Gaufürsten Amenemhet von El-Berscheh

In Funktion, Form und Thematik der drei Totenliturgien, die dieser Band behandelt, vermag wohl am besten ein Spruch der Sargtexte einzuführen, der über diese Liturgien und ihre Heilswirkungen für den Toten handelt, ohne selbst einer dieser Spruchfolgen anzugehören. Spruch [62] der Sargtexte kommt nur auf einem einzigen Sarg vor, aber auf diesem gleich fünfmal. Es handelt sich um den äußeren Sarg des Gaufürsten Amenemhet von El-Berscheh, der in DE BUCKS Edition die Sigle B10C trägt. H. WILLEMS datiert ihn in die Zeit Sesostris' I./Amenemhets II.[3] Die Dekoration dieses äußeren Sarges ist auch in anderer Hinsicht einzigartig: Sie enthält ausschließlich Totenliturgien, und zwar vier verschiedene, von denen drei mehrfach, bis zu dreimal, vorkommen.[4] Bei diesen handelt es sich um zwei Spruchfolgen von Pyramidentexten und zwei Spruchfolgen von Sargtexten. Die Sargtext-Sequenzen sind [44]–[61] und [63]–[74], also CT.2 und CT.3 meiner Zählung. CT.2 kommt zweimal vor, einmal am Fußende

[1] Stele des *Jnj-jtj=f*, Sohnes der *Mjjt*, BM [1164], CLÈRE/VANDIER, *TPPI*, §33; BUDGE, *BM Stelae* I, 55; LANGE, *Inschrift aus Hermonthis*, Taf. IV; SCHENKEL, *Memphis - Herakleopolis - Theben*, 235, Nr. 379.

[2] LAPP, *Opferformel*, §329 Beleg 2.

[3] WILLEMS, *Chests of Life*, 74f. „Group C".

[4] LESKO, *Index*, 33f.

und einmal am Rücken. CT.3 tritt einmal auf: am Kopfende. Bei den Pyramidentextsequenzen handelt es sich um die Liturgien AI und AII (= ALTENMÜLLERS Spruchfolge A, zu unterteilen in *PT* [213]–[219] = AI und *PT* [220]–[222] = AII; *PT* [223] ist ein Sonderspruch), sowie um Liturgie B (= ALTENMÜLLERS Spruchfolge D-E-F), die auch in ptolemäischen Papyri begegnet (z. B. pBerlin 3057) und in meiner Zählung als SZ.2[5] geführt wird.[6] AI tritt nicht weniger als dreimal auf: am Fußende, auf der Vorder- und auf der Rückseite. AII erscheint zweimal: auf der Rückseite (unmittelbar vor AI) und auf der Frontseite. PT B (Spruchfolge D-E-F) kommt zweimal vor, auf der Rückseite und auf dem Deckel. Wir haben also fünf Liturgien, die insgesamt zehnmal auftreten und damit die gesamte Dekoration des Sarges bilden. Das Rätsel, das dieser Sarg hinsichtlich seines Beschriftungsprogramms für uns darstellt, besteht aber nicht nur in seiner Beschränkung auf Totenliturgien. Rätselhaft ist auch, warum er sich, wenn schon auf eine einzige Gattung, dann auf diese vier Exemplare beschränkt. Zur Zeit seiner Beschriftung waren in El-Berscheh auch andere bekannt. Besonders denkt man hier an CT.1, die beliebte Spruchfolge [1]–[26], die gerade in El-Berscheh besonders verbreitet war.[7] Warum Amenemhet diese Liturgie nicht in seine Anthologie von Totenliturgien aufgenommen hat, ist mir unerklärlich, umso mehr, als – wie wir noch sehen werden – Spruch [62] sie erwähnt. Auch auf dem inneren Sarg kommt CT.1 nicht vor, dafür eine dritte Version von PT B.

Zu welcher dieser vier Liturgien gehört nun Spruch [62]? Diese Frage läßt sich nicht eindeutig beantworten. Er kommt, wie gesagt, nicht weniger als fünfmal vor, und jeweils in anderer Verbindung: einmal als Schluß von CT.2 (daher hat ihn A. DE BUCK als Spruch [62] hinter Spruch [61] gestellt), ein zweites Mal zwischen Spruchfolge PT A und CT.2, ein drittes und viertes Mal am Anfang und in der Mitte von Spruchfolge PT A und ein fünftes Mal mit Spruch [60] zusammen am Ende von PT B. Der Spruch fungiert dabei als eine Art Rahmen- oder Scharniertext. Er könnte ebensogut zu der Liturgie PT A wie zu CT.2 gehören. Meine These ist daher, daß Spruch [62] gar nicht zu einer bestimmten der vier Liturgien gehört, sondern ein selbständiger Text ist, nicht Teil einer Totenliturgie, und sowohl im Zusammenhang mit PT A wie mit CT.2 auftreten kann. Weiterhin halte ich es für sehr wahrscheinlich, daß Spruch [62] eine individuelle Komposition für den Gaufürsten Amenemhet ist und kein Traditionstext.

Sargtext [62]

Der Text beginnt mit einer Anrede an den Toten, wie sie in Verklärungstexten nicht vorkommt und nur in Götterhymnen gebräuchlich ist. Verklärungen reden den Toten regelmäßig mit *hꜣ N pn* an, eine Anrede, die so gut wie ausschließlich

5 ASSMANN, *„Verklärung"*, 999 (Nr. 14).
6 ALTENMÜLLER, *Begräbnisritual*, 46f. (Spruchfolge A) und 49–51 (D, E und F).
7 Zu dieser Liturgie vgl. JÜRGENS, *Textkritik der Sargtexte*.

auf diese Gattung beschränkt ist.[8] Hymnen dagegen reden die Gottheit mit *jnḏ-ḥr=k* an. Diese Anrede verwendet auch unser Text:

Version a und c:

1 *jnḏ-ḥr=k jtj=j Wsjr*	Sei gegrüßt, mein Vater Osiris!
2 *mk-wj jj.kwj jnk Ḥr.w*	Siehe, ich bin gekommen, ich bin Horus.

Version b,d,e:

jnḏ-ḥr=k wsjr ḥ3tj-ʿ N pn	Sei gegrüßt, Osiris Fürst N hier!

Ich kenne nur einen anderen Text, der den Toten so anredet; das ist die Inschrift auf dem Sarkophagdeckel des Merenptah[9]:

jnḏ-ḥr=k s3=j wsjr	Sei gegrüßt, mein Sohn Osiris,
nsw.t- bj.tj nb t3.wj	König von Ober- und Unterägypten und Herr beider Länder.

Dieser Text ist sogar mit *dw3.w* „Hymnus" überschrieben. Wenn man Sargtext Spruch [62] mit der Sargdeckelinschrift des Merenptah vergleicht, stellt man große Ähnlichkeiten fest. Offenbar handelt es sich um Texte der gleichen Gattung. Beide Texte sind eine große Götterrede, die eine Gottheit an den Toten richtet. Beide malen in dieser Rede die Wohltaten aus, die sie dem Toten zukommen lassen wollen in Form der Veranlassung und Bewirkung „ich gebe, ich bewirke". In beiden Fällen spricht ein Gott, der verspricht, in einem ganz umfassenden, auch die anderen Götter einbegreifenden Sinne für das jenseitige Wohlergehen des Toten zu sorgen. Bei Merenptah tritt Neith in dieser übergeordneten, die ganze Götterwelt repräsentierenden Rolle auf, bei Amenemhet Horus. Bei Merenptah spricht Neith den mit Osiris gleichgesetzten Toten als ihren Sohn an, bei Amenemhet spricht Horus zu seinem Vater. Dabei ist es sehr überraschend, daß in zwei der fünf Fassungen Horus zum Gott Osiris spricht. In diesen Fassungen kommt der Name des Toten gar nicht vor.

3 *wpjj=j r3=k ḥnʿ Ptḥ*	Ich will deinen Mund öffnen zusammen mit Ptah,
4 *s3ḫ=j tw ḥnʿ Ḏḥwtj*	ich will dich verklären zusammen mit Thot.

Horus tritt auf und schildert in prospektiven Worten, was er alles für den Toten tun will. Es handelt sich also nicht um einen „Schlußtext", der in der Ich-Du-Form dem Toten berichtet, was er mit dem Vollzug des Rituals für ihn getan hat; in diesen Texten dominiert die *sḏm.n=f*-Form. Die ersten Handlungen sind Mundöffnung, zusammen mit Ptah, und Verklärung, zusammen mit Thot. Mund-

8 Eine Ausnahme bildet *CT* [28] mit dem Titel *nḏ-ḥr n 3ḫ* „Begrüßung eines Verklärten". Er beginnt: *jnḏ-ḥr=k, nb=j jnḏ-ḥr=k N pn* „Sei gegrüßt, mein Herr, sei gegrüßt, N hier!". Vgl. auch CT [693], wo der Tote immer wieder mit *jnḏ ḥr=k* angeredet wird.

9 Vgl. hierzu ASSMANN, *Merenptah*, 47–73; DERS., *Neith*, 115–139.

öffnung ist eine Sache der Handwerker, weil sie im Goldhaus zum Abschluß der Statuenherstellung vollzogen wird und daher noch in die Domäne der Künstler, Handwerker und ihres Gottes Ptah fällt. Verklärung ist dagegen eine Sache der Schrift und der magischen Rezitation, wofür Thot, der Schreiber, Ritualist und Zauberer zuständig ist. Mundöffnung und Verklärung bilden ein typisches Paar kultischer Handlungen, die oft zusammen erwähnt werden.

Die nächste Handlung ist die Einverleibung des Herzens:

5	*ḏj=j n=k jb=k m-ẖnw ẖ.t=k*	Ich will dir dein Herz in deinen Leib geben,
6	*sḫꜣ=k sḫm.t.n=k*	damit du dich erinnerst an das, was du vergessen hast.

Die Gottheit, die regelmäßig in diesem Zusammenhang genannt wird, ist die Mutter- und Himmelsgöttin Nut. Einige Beispiele für zahllose ähnliche Stellen:

ḏj=s n=k jb=k m ẖ.t=k	Sie gibt dir dein Herz zurück in deinen Leib,
jꜥ=s n=k qs.w=k	sie wäscht deine Knochen für dich,
dmḏ=s n=k ꜥ.wt=k	sie vereinigt deine Glieder für dich.[10]

Nut sagt:

jnj=j n=k jb=k n mw.t=k	Ich bringe dir dein Herz von deiner Mutter,
ḏj=j s<w> ḥr s.t=f m ẖ.t=k	ich gebe es an seinen Platz in deinem Leib,
mꜣw.tj rnp.tj	indem du frisch und verjüngt bist.[11]

Das Besondere unserer Stelle liegt in dem Motiv der Erinnerung. Mit der Einverleibung des Herzens soll dem Toten das Erinnerungsvermögen und damit seine persönliche Identität zurückgegeben werden. Vgl. dazu *CT* [657] = VI.278o-p:

jb=j wṯz ṯw ḥr mk.t=k	Mein Herz, erhebe dich auf deinem Platz,
sḫꜣ=k jmj.t=k	auf daß du erinnerst, was in dir ist.

CT [572] = VI.176f-g:

n ḫm jb=j s.t=f	Mein Herz vergißt seinen Platz nicht,
jw=f mnw ḥr mk.t=f	es bleibt an seiner Stelle,
jw rḫ.kwj rn=j n ḫm=j sw	ich kenne meinen Namen und vergesse ihn nicht.

[10] CG 41044 (ed. Gauthier, *Cercueils*, 33–35); CG 41048 (Gauthier, *a.a.O.*, 143); CG 41050 (Gauthier, *a.a.O.*, 192); CG 41051 (Gauthier, *a.a.O.*, 197, 214–15). Ähnlich *Pyr.* §828b-c und Louvre D 39A: „Sie vereinigt dir deine Knochen, sie verknüpft dir deine Glieder, sie bringt dir dein Herz zurück in deinen Leib."

[11] Sarg Kairo CG 41057 (Gauthier, *a.a.O.*, 300); ähnlich CG 41046 (Gauthier, *a.a.O.*, 86), CG 41053 (Gauthier, *a.a.O.*, 224), CG 41056 (Gauthier, *a.a.O.*, 271).

Andere Stellen, die „Herz“ und Erinnerung verknüpfen, sind weniger klar auf die Kontinuität der Person bezogen.[12]

Nach der Einverleibung des Herzens und der Restitution von Erinnerung und Personalität folgt als erste und wichtigste Lebensgrundlage das Essen:

7	*ḏj=j wnm=k t r mrr=k*	Ich will geben, daß du Brot ißt nach Belieben,
8	*m-ḫꜣw jr.t.n=k tp tꜣ*	über das hinaus, was du auf Erden getan hast.

Hier begegnet zum ersten Mal das Motiv der Steigerung irdischer Lebensmöglichkeiten. Der Tote soll nicht nur wie zu irdischen Lebzeiten leben, sondern wesentlich besser und üppiger. Im folgenden wird das am Motiv der Bewegung ausgeführt:

9	*ḏj=j n=k rd.wj=kj*	Ich will dir deine Beine geben,
10	*jrj=k šm.t sjsj=k ṯbw.tj=kj*	damit du gehen kannst und deine Sohlen ‘sausen’ läßt.
11	*ḏj=j jrj=k hꜣb.t ḥnꜥ rsjw*	Ich will geben, daß du reist mit dem Südwind
12	*sjn=k ḥnꜥ mḥjj.t*	und daß du eilst mit dem Nordwind.
13	*jw nmt.t=k r ptr n ḥr*	Deine Schritte sind (schneller) als der Blick des Gesichts,
14	*ẖꜣẖ ṯw r ṯm n jr.t*	du eilst dahin (schneller) als das Zwinkern des Auges.

Von der Wiederherstellung der Bewegungsfähigkeit des Toten ist in Verklärungssprüchen ständig die Rede. Damit ist aber nie, soweit ich sehe, etwas anderes gemeint als die normale Bewegungsfähigkeit des Lebenden. Ich kenne keine andere Stelle, die die dem Toten verliehene Bewegungsfähigkeit ins Überirdische steigert. Darin liegt das außerordentliche Interesse dieser Stelle, sowie in der ungewöhnlichen poetischen Kraft, mit der diese übermenschliche Bewegungsfähigkeit ausgemalt wird.

Die nächsten 10 Verse schildern die Bewegung zu Wasser:

15	*ḏj=j jrj=k ḫpr.w ḥnꜥ ḏwj.t*	Ich will geben, daß du dich verwandelst in Gesellschaft des *ḏwj.t*-Vogels,
16	*ḏj=j ḏꜣj=k ptr.wj ḏꜣj=k š*	und will geben, daß du über das *ptr.wj*-Gewässer und über den See fährst.
17	*nmj=k wꜣḏ-wr ṯb.wtj*	Du sollst das Meer überqueren zu Fuß,

[12] z. B. *CT* [44] = I.182f: *jb n bꜣ=k sḫꜣ=f ẖꜣ.t=k* „Das Herz deines Ba, es erinnert sich deines Leichnams“; Statue Kairo CG 42167 (*Zꜣ-Rꜣjj*) ed. *KRI* III, 495f.: *jw n=k jb=k sḫꜣ.tw=k swtwt=k tp tꜣ* „dein Herz gehört dir, man erinnert sich deiner (statt „du kannst dich erinnern“?), du spazierst auf der Erde.“

18 *mj jrj.n=k tp tꜣ*	wie du auf dem Lande getan hast.
19 *ḥqꜣ=k jtr.w ḥnꜥ bnw*	Du sollst die Flüsse beherrschen in der Gesellschaft des Phönix,
20 *nn rqw=k r wꜥr.t*	ohne daß sich dir jemand entgegenstellt am Ufer.
21 *ḏj=j wḏ=k m sm n mḥ 40*	Ich will geben, daß du als Tiefenloter agierst[13] mit einer Stange von 40 Ellen,
22 *m srd n ꜥš n Kbn*	die auf einer Zeder von Byblos gewachsen ist,
23 *ꜥḥꜥ.tj m wjꜣ n Rꜥ.w*	indem du stehst in der Barke des Re,
24 *ḏꜣj.n=k š n rẖjj.t*	nachdem du den See der *rẖjj.t* überquert hast.

Die Wunderbarkeit der Bewegung kommt hier vor allem in dem Motiv des „Wandelns auf dem Meere“ zum Ausdruck (wenn wir die Wendung *ṯbw.tj* „besohlt“, „beschuht“ richtig deuten) sowie in den gigantischen Ausmaßen der Lotstange, mit der der Tote am Bug der Sonnenbarke agieren soll. Interessant ist auch, daß der Tote nicht die Gestalten des *ḏwj.t-* und *bnw*-Vogels annehmen soll, sondern „in ihrer Gesellschaft“ die Gewässer kreuzt. Zu *ṯbw.tj* vgl. in ähnlichem, wenn auch nicht ganz klarem Zusammenhang *Bauer*, B 231 (alt 200):

ḏꜣ.t jtrw m-sꜣ ṯbw.tj	Den Fluß queren ‘auf dem Rücken der Sandalen’,
ḏꜣ.t nfr nn	ist das eine gute Überfahrt? Nein.[14]

Damit endet die großartige Ausmalung der Bewegungsfähigkeit, die Horus dem Toten zu verleihen verspricht, und es enden auch die mit *ḏj=j* „ich will geben“ gebildeten Sätze. Was nun kommt, sind nicht Gaben des Horus allein, sondern erfordert den Beistand anderer Götter. Als erstes folgt auf die körperliche und geistige Wiederherstellung die Rechtfertigung im Totengericht, denn dieser Vorgang setzt die personale Identität des Verstorbenen voraus:

25 *smꜣꜥ-ẖrw=k hrw wḏꜥ-mdw*	Du sollst gerechtfertigt werden am Tag des Gerichts
26 *m ḏꜣḏꜣ.t nt nb gm.w*	im Tribunal des Herrn der Starre.
27 *šd n=k ẖbs tꜣ*	Rezitiert werden soll für dich (die Liturgie) „Aufgehackt wird die Erde“,
28 *ẖsf n=k sbj*	abgewehrt werden soll dir der Rebell,
29 *jj.w m grḥ*	der in der Nacht kommt,
30 *ꜥwꜣ.jj n tp dwꜣjj.t*	und der Räuber in der Morgenfrühe.
31 *jrjj ẖꜣwj m jj Ṯhb wr*	Veranstaltet werden soll die Nachtzeremonie in Gestalt (der Liturgie) „Es kommt der große *Ṯhb*“
32 *ẖnm.w n pr ꜣs.t*	und (der Liturgie) „*ẖnm.w*“ des Isis-Hauses.

13 So mit Faulkner, *AECT* I, 58.

14 Ich folge mit dieser Übersetzung Vogelsang, *Klagen des Bauern*, 155–157; Lichtheim, *AEL* I, 177. Zu *nn* vgl. Vernus, *Études (IV.)*, 153.

Wie sich zeigt, ist hier aber gar nicht vom eigentlichen Totengericht die Rede, sondern von seiner rituellen Inszenierung. Diese Strophe ist vielleicht die interessanteste des ganzen Textes: denn sie handelt von den Totenliturgien und ihrer Aufführung für den Toten. Bei der in den Versen 25–27 erwähnten Liturgie kann es sich nur um die Liturgie Nr. 1, die Spruchfolge *CT* [1]–[26] handeln. Jedes einzelne Wort dieser Verse ist ein Stichwort aus dieser Liturgie: die Begriffe „Rechtfertigung" und „Gericht" kommen passim vor, das „Tribunal des Herrn der Starre" ist ein Zitat aus *CT* [13] = I.43b und mit den Stichworten *ḫbs-tꜣ* und *šdj* beginnt die große Gerichtsszene in *CT* [7] = I.19c–20a:

> *Aufgehackt ist die Erde*, nachdem die beiden Gefährten gekämpft haben,
> nachdem ihre beiden Füße *aufgegraben* haben den Gottes-Teich in Heliopolis.

Obwohl hier *šdj* klärlich „graben" bedeutet, und obwohl *šdj* in unserem Text überall mit dem schlagenden Arm determiniert wird, möchte ich es doch als *šdj* „rezitieren" verstehen. „Man gräbt dir ein Erdhacken" ergibt m.E. keinen Sinn; wäre so etwas gemeint, würde man sagen *ḫbs n=k tꜣ* „aufgehackt wird für dich die Erde".[15] Daher nehme ich an, daß *šdj* „lesen, rezitieren" gemeint ist, das ja im Zusammenhang mit der Aufführung von Verklärungen terminologisch verwendet wird (ich meine den Ritus *šdj sꜣḫ.w ꜥšꜣ.w* „Rezitieren vieler Verklärungen" im Totenkult), vgl. auch TT 110: *šdj.tw n=k rꜣ.w sꜣḫ.w* „Man rezitiert für dich die Verklärungssprüche".[16]

Wenn diese Deutung zutrifft, dann wirft diese Stelle ein ganz einzigartiges Licht auf den Zweck und die Aufführungssituation dieser Liturgie. Der Zweck ist die Rechtfertigung des Verstorbenen „am Tag des Gerichts", also eine liturgische Inszenierung des Totengerichts mit glücklichem Ausgang wie später dann *Tb* 125. Das entspricht völlig den überlieferten Titeln der Liturgie. Die Aufführungssituation ist die nächtliche Stundenwache, denn nur dort geht es zentral um die Abwehr des Feindes, von dem man annimmt, daß er in die Balsamierungskammer eindringen und den Leichnam schädigen will.

Diese Interpretation liefert auch den Schlüssel für die drei folgenden Verse, die anderweitig vollkommen dunkel bleiben. Als Beispiel für dieses Dunkel mag etwa FAULKNERs Übersetzung dienen: „who made darkness in coming, the Great Despoiler of the dependants of the house of Isis."[17] Ich schlage statt dessen vor: „veranstaltet wird eine Nachtzeremonie". *ḫꜣwj* „Nachtzeremonie" als Bezeichnung für die nächtliche Stundenwache bei der Einbalsamierung kommt in einer

[15] *PT* [458] = *Pyr.* §863a; *PT* [441] = *Pyr.* §817a; *PT* [719] = *Pyr.* §2234d, *PT* [720] = *Pyr.* §2238c. Ähnl. *PT* [510] = *Pyr.* §1138a; *PT* [509] = *Pyr.* §1120c; *PT* [539] = *Pyr.* §1323c; §1326a; *PT* [560] = *Pyr.* §1394a; *PT* [582] = *Pyr.* §1561c:

ḫbs n=k tꜣ	Dir wird die Erde aufgehackt,
sqr n=k wdn.t	dir wird ein Opfer geweiht („geschlagen").

[16] DAVIES, *Tehuti*, Taf. 37, 40.

[17] FAULKNER, *AECT* I, 58.

berühmten Stelle im Sinuhe vor, so daß es verwundert, daß diese Bedeutung bislang nicht erkannt wurde:

wḏʿ.tw n=k ḫꜣwj m sfṯ jfdw Tꜣjj.t	Man teilt dir eine Nachtwache ein mit Salböl und Vierfadengewebe der Tait.[18]

Gemeint ist die nächtliche Stundenwache als Begleitzeremonie der Einbalsamierung, bei der Salböl und Stoffe verwendet werden. In diesem Sinne ist auch hier zu übersetzen: „Es soll (für dich) durchgeführt werden die Nachtwache mit (der Liturgie) *Jj Ṯhb wr* und mit (der Liturgie) *ẖnm.w*". Das erste sind die rätselhaften Anfangsworte der Liturgie CT.3 *CT* [63], die zwar auch hier unverständlich bleiben, aber es wird doch klar, daß hier die mit ihrem *incipit* zitierte Liturgie gemeint sein muß. Der zweite Begriff ist ebenso dunkel. Das Determinativ verweist auf etwas Sprachliches. Ein Wort *ẖnm.w* „Lieder, Klagelieder" o. ä. ist nicht belegt. Nun kommt aber in den Klageliedern der Liturgie Nr. 2, *CT* [51]–[56] immer wieder ein Refrain vor, der die Wörter *ḫnm* und *ẖnm* verwendet.[19] Wenn man diese Liturgie zitieren möchte, erscheint dieses immer wiederkehrende Stichwort gut geeignet.

Von dieser Strophe her läßt sich verstehen, warum der Text nicht in eine der beiden Totenliturgien hineingehört, in deren Kontext (entweder davor oder danach) er auf dem Sarg des Amenemhet erscheint. Es ist ein selbständiger Text, der unter anderem von drei Totenliturgien handelt, die hier im gleichen Sinne zitiert werden, wie die Merenptah-Inschrift von den nächtlichen Zeremonien spricht:

> Ich bringe dir die beiden Weihen
> mit ihren Sistren und Menit.
> Sie binden dir das Kopftuch um deinen Kopf,
> sie schlagen für dich die beiden Kupfer-Gongs.

Auf die kurze Strophe mit den nächtlichen Stundenwachen, die als Inszenierung des Totengerichts verstanden werden, folgt nun eine breite und farbige Schilderung der Paradiesesfreuden, die den Gerechtfertigten erwarten.

33	*dbn=k ḫꜣs.wt ḥnʿ Rʿ.w*	Du sollst die Steppen durchfahren mit Re,
34	*ḏj=f mꜣꜣ=k sw.t n.wt šms-jb*	er soll dir die Stätten der Lust zeigen.
35	*gmj=k jn.wt mḥj.wt m mw*	Du sollst die Wadis antreffen voll Wasser

18 Sinuhe B 191 f., Koch, *Sinuhe*, 61.

19 [51] = I.238d *Jnpw ḫnm m-ʿ.j ḫnm* (oder *H̱nmw*) *ḫnm m-ʿ.j*
[53] = I.241c-d *Jnpw ḫnm ḫnm H̱nmw ḫnm ḫnm*
[54] = I.244f *Jnpw ḫnm H̱nmw ḫnm m-ʿ (zp 2)*
I.244p/q *[Jnpw ḫnm] H̱nmw ḫnm m-ʿ (zp 2)*
[55] = I.245g *[Jnpw ḫnm H̱nmw ḫnm] m-ʿ (zp 2)*
[56] = I.246c-d *Jnpw ḫnm m-ʿ (zp 2) H̱nmw ḫnm m-ʿ (zp 2)*.

36	*jꜥw=k m qbb.wt=k*	und dich waschen zu deiner Erfrischung.
37	*wḥꜣ=k mnḥ ḥnꜥ ḥnj*	Du sollst Papyrus pflücken und Binsen,
38	*sšn.w ḥnꜥ nḫb.wt*	Lotusblumen mit Knospen.
39	*jw.t n=k qbḥ.w m ḫꜣ.w*	Wasservögel sollen zu dir kommen zu Tausenden,
40	*wꜣḥ (n*[20]*) ḥr wꜣ.t=k*	indem sie auf deinem Weg liegen.
41	*qmꜣ n=k ꜥmꜣ.t=k r=s*	Du hast dein Wurfholz nach ihnen geworfen,
42	*ḫꜣ pw ḫrw ḥr ḫrw ṯꜣw=s*	und schon sind tausend gefallen durch das Geräusch seines Luftzugs
43	*m rꜣ.w wꜣḏ.w-ḥꜣ.t*	an Graugänsen und Grünbrust-Gänsen,
44	*m ṯrp.w kꜣ.w nw zꜣ.wt*	Bläßenten und männlichen Spießenten.
45	*(ḏjj.j)*[21] *jnj.t<w> n=k*	Dir soll gebracht werden
	ẖrd n gḥs	das Junge der Gazelle
46	*wnḏ.w n.w kꜣ ḥḏ.w*	und Herden von männlichen weißen Antilopen(?).
47	*(ḏjj.j)*[22] *jnj n=k jwꜣ.w*	Dir soll das ‘Rind’ des Steinbocks
	nw njꜣ.w wnm.w jt	gebracht werden, mit Korn gemästet,
48	*kꜣ n jbꜣw*	und das Männchen des Mähnenschafs.

Dieser Text ist schon von GRAPOW[23] als Schilderung bestimmter Szenen des Jenseitslebens gedeutet worden, wie sie auch in der Grabdekoration vorkommen: Bootsfahrt und Papyruspflücken im Sumpfdickicht, (Fisch- und) Vogeljagd sowie Wüstenjagd. In den Beischriften zu den Grabdarstellungen werden diese Szenen unter dem Oberbegriff *sḫmḫ-jb* zusammengefaßt, den man wohl als Kausativ von *ḫm* „vergessen" auffassen und als „das Herz (die Sorge) vergessen lassen" verstehen darf. Mit diesem Ausdruck ist der ägyptische Begriff der Muße umschrieben. Wie in anderen Kulturen auch ist in Ägypten Muße ein Charakteristikum der Oberschicht, der „leisure class". Dieser aristokratische Aspekt der Mußekultur wird in einem Zyklus von Bildern veranschaulicht, zu denen vor allem die Wüstenjagd und die Jagd auf Fische und Vögel in den Papyrussümpfen gehören.[24] Die Jagd gilt zu allen Zeiten als die vornehmste Form einer aristokratischen Mußekultur. Das hat schon der Soziologe Thorstein VEBLEN um die Jahrhundertwende in seinem klassischen Werk *The Theory of the Leisure Class* gezeigt.[25] Zugleich gilt sie als eine spezifisch männliche Beschäftigung. In Ägypten haben sich jedoch gerade mit der Jagd im Papyrusdickicht bestimmte erotische Konnotationen verbunden.[26] Davon ist in unserem Text allerdings mit keinem Wort die Rede. Trotzdem erscheint es mir wichtig, auf diesen Zusam-

20 So a und c; b und d om.

21 *ḏjj=j* in c, b; fehlt a in und d.

22 *ḏjj=j* in b und d; fehlt in a und c.

23 GRAPOW, *Vogeljagd*, 132–134, vgl. auch FEUCHT, *Fishing and Fowling*, 157–169.

24 Zur Jagd im Papyrusdickicht s. zuletzt FEUCHT, *a.a.O.*

25 Th. VEBLEN, *The Theory of the Leisure Class*, dt. *Die Theorie der feinen Leute*, München 1981.

26 ASSMANN, *Ikonographie der Schönheit*, 13–32.

menhang zwischen Jagd und Liebe kurz einzugehen. Jagd und Liebe scheinen die beiden Felder zu sein, in denen das Konzept des *sḫmḫ-jb*, der „Herzensbelustigung“ oder aristokratischen Muße, in paradigmatischer Weise entfaltet wird. Der Ausdruck *sḫmḫ-jb* kommt nämlich auch in den Liebesliedern vor, ja er ist geradezu deren ägyptische Gattungsbezeichnung.[27] Liebeslieder gehören in den Horizont der Festkultur, äg. *hrw nfr,* und wurden beim Gastmahl gesungen[28], ebenso wie die Harfnerlieder.[29] Die Harfnerlieder verwenden nun genau wie der Sargtext nicht den Begriff *sḫmḫ-jb* der Grabbeischriften, sondern den weitgehend synonymen, aber umfassenderen Begriff *šms-jb* „dem Herzen folgen“. Über die Bedeutung dieses Ausdrucks gibt es zwei divergierende Ansichten: LORTON deutet ihn als „dem Gewissen folgen“[30], andere sehen darin umgekehrt einen Ausdruck für „sich dem Vergnügen hingeben, sich erfreuen, belustigen“.[31] Die Lehre des Ptahhotep hat dem Konzept des *šms-jb* eine ganze Maxime gewidmet:

> Folge deinem Herzen, solange du lebst,
> und vermehre nicht die Geschäfte.[32]
> Beschneide nicht die Zeit der Muße (*šms-jb*):
> Es ist ein Abscheu für den Ka, wenn ihre Zeit geschmälert wird.
> Verschwende nicht Zeit für die täglichen Bedürfnisse[33]
> über das Bestellen deines Haushalts hinaus.
> Wenn Besitz entstanden ist, dann folge dem Herzen,
> denn nichts nutzt der Besitz, wenn es unwillig ist.[34]

Hier wird das *šms-jb* in Gegensatz gestellt zu den Geschäften, zum Bestellen des Hauses, und es scheint mir völlig eindeutig, daß damit der Begriff der Muße gemeint ist. Allerdings läßt Ptahhotep offen, womit diese den Geschäften entzogene „Freizeit“ gefüllt werden soll: ob sie eher in einem *dolce far niente* oder vielmehr in anders gearteter Aktivität besteht. Der Sargtext weist nun im Einklang

27 Vgl. FOX, *Entertainment Song*, 268–316; DERS., *Song of Songs*, 244–247.

28 FOX, *a.a.O.*

29 ASSMANN, *Der schöne Tag*, 200–237.

30 LORTON, *šms-jb*, 41–54; vgl. DERS., *Note*, 55–57; DERS., *Jrj hrw nfr*, 23–31.

31 ASSMANN, *Fest des Augenblicks*, 73–82; DERS., *Der schöne Tag*, 218–220; DERS., *Ikonographie der Schönheit*, 13–32, bes. 23–25.

32 *m jr ḥ3w ḥr mdd.wt* (Pr), var. *m jr ḥ3w ḥr mdw=k* (L^2). BURKARD, *Ptahhotep*, 203 übersetzt „das, was verlangt wurde“. Es wird sich um *mdw.w* „Worte, Rede“ handeln, das ähnlich wie hebr. *dbarim* auch „Angelegenheit, Sache“ und von daher „Geschäfte“ bedeutet. „Das was verlangt wurde“ unterstellt die Vorstellung vertikaler Abhängigkeit, die in einem so ausgeprägt aristokratischen Kontext nicht paßt.

33 Ich übernehme BURKARDS Übersetzung, die vermutlich den gemeinten Sinn trifft, auch wenn sie mit der Formulierung *m ngb zp ḫrt-hrww* schwer in Einklang gebracht werden kann.

34 BURKARDS Übersetzung „wenn man träge ist“ beruht offenbar auf der Emendation von *jw sf3=f* zu *wsf=f.* Der Begriff der „Trägheit“ paßt aber schlecht in den Kontext einer Warnung vor übermäßiger Geschäftigkeit. Ich beziehe das Suffix *=f* auf *jb* „Herz“ und halte an *sf3* „hassen“, hier in intransitiver Bedeutung „haßerfüllt sein“ fest.

mit den Harfnerliedern und den Grabdarstellungen eindeutig in die aktive Richtung und füllt das Konzept des *šms-jb* mit den Jagdszenen der Grabdekoration, die hier sprachlich entfaltet werden. Die Strophe ist ein schönes Beispiel für das, wofür ich den Begriff „Ikon" vorgeschlagen habe: eine bildlich-anschauliche Artikulation von Szenen, die sich in verschiedenen Medien konkret ausprägen kann: in der bildlichen Darstellung, in der sprachlichen Formulierung und in der rituellen, zeremoniellen oder sonstwie geformten Handlung.[35] Der Text „beschreibt" natürlich keine Grabbilder, sondern er beschreibt ein gedachtes Szenario, das die Grabbilder mit ihren Mitteln ausgestalten. Dabei ist wieder charakteristisch, daß der Text nicht einfach die lebensweltlichen „pleasures of fishing and fowling" schildert, sondern auch diese ins Übernatürliche überhöht. Das Wurfholz des Amenemhet trifft nicht einfach, nein, es erschlägt schon durch das bloße Geräusch seines Fluges „Tausende" von Wasservögeln. Die Jagd gelingt mit übernatürlicher Zauberkraft von selbst (wobei sie freilich vieles von ihrem sportlichen Charakter einbüßt).[36] Vielleicht sind auch die Jagdszenen auf dem Schrein des Tutanchamun im Sinne einer solchen übernatürlichen Mühelosigkeit zu verstehen. Dort macht der junge König im Sitzen auf die Vögel Jagd, was realweltlich wohl ebenso unmöglich ist wie der im Sargtext geschilderte Vorgang.[37] Die realweltliche Unmöglichkeit der Bildszene hat mehrfach dazu herausgefordert, in ihr einen „Hintersinn" zu entdecken: DERCHAIN postulierte einen erotischen Hintersinn[38] und wies auf die evidenten ikonischen Bezüge zu den Liebesliedern und ihrer Sumpfdickicht-Symbolik hin, WESTENDORF arbeitete die „sexuellen" Konnotationen der Szene heraus und postulierte unter Hinweis auf den Doppelsinn von Schlüsselbegriffen wie *sṯj* „schießen, zeugen", *qmꜣ* „Wurfholz, erschaffen, begatten" einen „Wiedergeburtsgedanken"[39] und KESSLER schließlich sucht die tiefere Bedeutung der Szene im ägyptischen Neujahrsfest.[40] Nach FEUCHT dienen aber solche Szenen nichts anderem als „the deceased's wish for pleasure as well as his need of sustenance in the hereafter."[41] Wie leicht zu sehen, bewegen

[35] ASSMANN, *Re und Amun*, 2. Kapitel, vgl. auch DERS. *Zeugung des Sohnes*, 13-61.

[36] Allerdings haftet auch den in dem literarischen Text, den CAMINOS, *Literary Fragments*, 1-21 unter dem Titel *The Pleasures of Fishing and Fowling* ediert hat, geschilderten Jagdvergnügungen etwas Übernatürliches und Zauberhaftes an. „Wir wollen Vögel fangen zu Tausenden", heißt es in Section A, S. 2 Zeile 6 (Taf. 1, S. 8), und in Section B S. 2 Zeilen 7-8 liest man: „Ich töte mit jedem Wurf, mein Speer kennt kein Aufhören" (Taf. 2, S. 10).

[37] Zu diesen Szenen s. EATON-KRAUSS/GRAEFE, *Small golden shrine*. Auch in dem Text *The Pleasures of Fishing and Fowling* scheint der Held seinen Speer im Sitzen auf die Fische zu schleudern.

[38] DERCHAIN, *Perruque*, 62f.

[39] WESTENDORF, *„Kammer der Wiedergeburt"*, 139ff. Mit Recht weist FEUCHT darauf hin, daß die Interpretation der Szene als eine verschlüsselte Liebesbegegnung eigentlich die regelmäßige Anwesenheit der Ehefrau voraussetzen würde; sie fehlt jedoch in einer Reihe von Darstellungen.

[40] KESSLER, *Jagdszenen*, 35-43; vgl. a. DERS., *Szenen des täglichen Lebens* (I), 59-88.

[41] FEUCHT, *a.a.O.*, 168.

sich alle genannten Deutungen im Horizont des ägyptischen *šms-jb* Konzepts, das alle der Belebung des Herzens dienenden Aktivitäten von der Jagd bis zum Fest und von der erotischen Spannung bis zur ehelichen Vereinigung umfaßt. Daher kann dann in der Spätzeit der Ausdruck „das Durchstreifen der Vogelsümpfe", also die Lustfahrt im Sumpfdickicht, geradezu als ein Ausdruck für Muße und Vergnügen dienen: „Ich verwandte noch mehr darauf, in Muße zu sitzen (*ḥmsj m wḥꜥ*) und die Vogelsümpfe zu durchstreifen (*sꜣb sšw*) bei dem, was ich tat" (CG 42231).[42] Bei der Lustfahrt im Sumpfdickicht oder auf dem See handelt es sich daher um eine semantisch überdeterminierte, d.h. in verschiedenen Sinndimensionen bedeutungsvolle Szene. Ähnlich metaphorisch ist auch die Schilderung einer Lustfahrt auf dem „See der Ma'at" zu verstehen, die in den Klagen des Bauern geschildert wird:[43]

jr hꜣjj=k r š n Mꜣꜥ.t	Wenn du hinabsteigst zum See der Ma'at,
sqd=k jm=f m mꜣꜥ.w nfr	mögest du auf ihm fahren in günstigem Wind.
(...) jw n=k rmw šnꜥjj.w	(...) dann mögen die scheuen Fische zu dir kommen,
pḥ=k m ꜣpd.w ḏdꜣ	und du sollst gemästete Vögel treffen.

In einem Spruch zum Totenopfer im Grab des Rechmire (TT 100)[44] wird zum Toten gesagt:

ḏꜣj=k jtr.w nmj=k wꜣḏ-wr	Du sollst den Fluß überfahren und den Großen Grünen durchqueren,
ḫpš n kꜣ m rꜣ=k	einen Stierschenkel in deinem Mund.
<jw n=k> Sḫ.t ẖr rm.w=s	Die Feldgöttin <kommt zu dir> mit ihren Fischen
Nb.t-ḥꜣb ẖr ꜣpd.w=s	und die Herrin des Fischfangs mit ihren Gänsen.
prj=k r p.t	Mögest du aufsteigen zum Himmel,
sd.tj m ṯḥn.t	bekränzt mit dem Fayence-Gehänge,
bnd.tj[45] *m mfkꜣ.t*	bekleidet[46] mit Türkis.

Hier stoßen wir auf das Motiv des Fisch- und Vogelfangs in einem vergleichbaren Zusammenhang. Die Überquerung des Wassers geschieht im Zeichen festlicher Fülle; ebenso festlich gestaltet sich der anschließende Himmelsaufstieg, bei dem der Tote den Festschmuck der Sachmet trägt.[47]

42 JANSEN-WINKELN, *Biographien der 22. und 23. Dynastie*, 196.

43 Die Klagen des Bauern ed. PARKINSON, *Eloquent Peasant*, B1 85–86, 91–93 = R14.3, 15.2–3.

44 So auch im pBM 10819, II,11-III,9.

45 pBM hat *mnd.tj*.

46 Zu *bnd* vgl. Wb I, 465,2–3. pBM 10819 liest *mnd*, s. Band II, NR.1.7.

47 Vgl. den Wunsch „das Fayence-Gehänge zu nehmen am Fest der Sachmet und ein Gewand aus rotem Stoff" TT 49 Decke, Bandzeile ed. DAVIES, *Neferhotep*, Taf. 58f. „Möge ich ein Fayence-Gehänge tragen und Kleider aus rotem Stoff am Fest der Sachmet" (TT 106 (1); Paralleltexte in TT 222 und TT 23). Von einem „*ṯḥnw*-Gehänge auf deiner Brust" ist in TT 158, ed. SEELE, *Tjanefer*, Taf. 4, die Rede im Zusammenhang von Sokarfest und Zwiebelkranz.

Auch im Sargtext folgt auf die große Strophe, die dem *šms-jb* gewidmet ist, zum Abschluß der Himmelsaufstieg:

49	*ṯst n=k mꜣq.t r p.t*	Dir soll eine Leiter zum Himmel geknüpft werden,
50	*ḏj Nw.t ꜥ.wj=s jr=k*	und Nut wird ihre Arme ausstrecken nach dir.
51	*sqdjj=k m š n ẖꜣw*	Du sollst fahren auf dem Gewundenen See
52	*fꜣj=k ṯꜣw m ẖmn.tj*	und Segel setzen in dem 'Acht-boot'.[48]
53	*sqd ṯw js.tj jptnj*	Jene beiden Mannschaften sollen dich navigieren
54	*n.t jẖm.w-sk jẖm.w-wrḏ*	der Unvergänglichen und der Unermüdlichen.
55	*wḏ=sn ṯw jtḥ=sn ṯw*	Sie werden dich staken und dich treideln
56	*ḥr wꜥr.t m nwḥ.w=sn n.w bjꜣ*	am Ufer mit ihren Tauen von Erz.

Himmelsaufstieg, Empfang durch Nut und Einstieg in den Sonnenlauf bilden den Abschluß des Textes. Die Himmelsleiter ist in den Pyramidentexten unzählige Male belegt[49], und ebenso oft ist vom Empfang durch die Himmelsgöttin die Rede. Mit dem „Gewundenen See" ist gewiß das in den *PT mr n-ẖꜣ* genannte Gewässer gemeint, der „gewundene Kanal" oder der „Messersee".[50] Die „Unvergänglichen" und die „Unermüdlichen" sind die typischen Mannschaften des Sonnengottes. Von den „Tauen" des Sonnenschiffes ist in Sonnenhymnen die Rede. Im Stundenritual ist die 11. Tagesstunde die Zeit zum „Richten der Taue".[51]

Zum Aufbau des Textes

Der Text ist ungewöhnlich klar gegliedert. Die Verse sind durchgängig zu Verspaaren zusammengefaßt, die Verspaare zu Strophen von 4, 6 oder 8 Versen verbunden und diese in zwei Fällen noch einmal zu Großstrophen von 16 Versen verknüpft:

8	Selbstvorstellung	2	Begrüßung
		2	Mundöffnung, Verklärung
		2	Einverleibung des Herzens
		2	Speisung
16	Bewegung	6	auf dem Land und in der Luft
		6	auf dem Wasser
		4	in der Sonnenbarke

48 Wb III, 283,5. Zu den Belegen füge *Urk.* IV, 1237,8.

49 Z.B: *Pyr.* §390a; §472a-b; §479a; §542b; §971a; *PT* [478]; §1253a; §1431c; §1474b; §1763a; §2079b; §2082b.

50 *Pyr.* §340d; §343a; §352a; §359b; §469a; §543b; §594b; §594d; §594e; §802a; §1084b; §1102d; §1138d; §1162c; §1228c; §1345c; §1376c; §1377c; §1382a; §1441a; §1541a; §1574c; §1704a; §1736d; §1737a; §2061b. Vgl. Altenmüller, *„Messersee"*, 86–95 und Krauss, *Astronomische Konzepte*, 14–66. Krauss identifiziert den „gewundenen Kanal" mit dem „epliktikalen Streifen".

51 Assmann, *Liturgische Lieder*, 134 und 137f. (3). Ders., *STG*, Nr. 47a = Nr. 163,40; Nr. 230,15; Nr. 244,8; Nr. 267,6. „Taue von Erz" kommen *PT* [214] = *Pyr.* §138 vor.

8	Nachtwache mit Totenliturgien	2 4 2	Rechtfertigung *ḫbs-tꜣ*-Liturgie *Jj Ṯhb-wr* und *ẖnm.w*-Liturgie
16	*šms-jb* in Gemeinschaft mit dem Sonnengott	6 6 4	Durchstreifen der Wüste Vogeljagd mit dem Wurfholz Wüstenjagd
8	Himmelsaufstieg	2 4 2	Himmelsaufstieg Überfahrt in der Sonnenbarke Nachtfahrt

Der Gesamtaufbau ist zentrierend:

24 Handlungen des Horus für den Toten
8 Rezitation von Totenliturgien
24 Handlungen des Toten in Gemeinschaft des Sonnengottes

Die 1. Ps. des Sprechers kommt nur im ersten Teil vor. Die mittlere Strophe ist passivisch formuliert: „man rezitiert ..., man veranstaltet ...“. Im letzten Teil handelt der Tote selbsttätig. Das veranlassende Ich des sprechenden Horus ist jetzt vollkommen zurückgetreten. Die mittlere Strophe markiert die Wende. Durch die „Rechtfertigung“ ist dem Toten die volle personale Souveränität zurückgegeben, sich in der Gemeinschaft der Götter nach Belieben zu bewegen, „frei schreitend wie die Herren der Ewigkeit“, wie es in der Lehre für Merikare heißt. Die Rechtfertigung vor dem Totengericht wird aber ihrerseits, wenn nicht geradezu magisch erzwungen, dann doch fördernd begleitet durch die nächtliche Rezitation der drei Totenliturgien. Für das Verständnis der Funktion dieser Liturgien ist der Text daher grundlegend.

Die Totenliturgien der Stundenwachen

Wir lernen aus *CT* [62], daß alle drei Liturgien ihren kultischen Ort in den Stundenwachen haben, die in der Balsamierungshalle (*wꜥb.t* oder *wrjj.t*) zur Nacht vor der Beisetzung durchgeführt werden. Das überrascht nicht für die Liturgie Nr. 1 (*CT* [1]-[26]), deren Thema die Rechtfertigung des Toten darstellt. Daß der Sinn der Nachtwache nicht nur im Schutz vor, sondern auch in der Rechtfertigung gegen Seth gesehen wird, leuchtet ein. Bei der Liturgie *ẖnm.w* ist der Bezug auf die Stundenwachen völlig evident, da er in *CT* [49] explizit gemacht wird:

216h	*ḏjj zꜣ=ṯn ḥr nb=ṯn*	Gebt Euren Schutz auf euren Herrn,
217a	*pzš wn.wt ḥr nb ḥḏ.t*	teilt die Stunden ein über dem Herrn der weißen Krone.

Weniger evident ist dieser Bezug für die Liturgie Nr. 3 (*CT* [63]-[74]), die hier mit ihrem *incipit* zitiert wird. In ihr würde man lieber ein Ritualbuch des Opferkults im Grab erkennen als eine Verklärung zur Stundenwache. Aber auch sie enthält in ihrem letzten Teil deutliche Anspielungen auf die Balsamierungssituation (*CT* [73] = *PT* [532]) und schließt mit einer Folge von Klageliedern von Isis und Nephthys (*CT* [74]).

Spruch [62] wirft also ein ganz neues Licht auf die Funktion dieser Liturgien im Rahmen der Nacht vor der Beisetzung. Sie dienen der personalen Wiederherstellung des Toten, seiner Rechtfertigung vor dem Göttertribunal und seinem Eintritt in die Gemeinschaft des Sonnengottes, die ihm nicht nur den Aufstieg zum Himmel eröffnet, sondern auch paradiesische Lustbarkeiten auf Erden. Der Spruch wirft aber zugleich auch neues Licht auf die Funktionen der Sargtextbeschriftung. Hier geht es offenbar nicht nur um die Ausrüstung des Toten mit magischem Wissen, sondern auch um die Verewigung der Heilswirkungen, die mit dem Ritual der nächtlichen Stundenwachen verbunden sind. Der Zustand der Rechtfertigung und Verklärtheit, in den der Tote durch die Rezitation der Liturgien versetzt worden ist, soll durch die Beschriftung des Sarges auf Dauer gestellt werden. Dadurch werden die Verklärungen dem Toten nicht nur zeremoniell zugesprochen, sondern gewissermaßen auf den Leib geschrieben. Die Schrift vermag die zeitlichen Begrenzungen des gesprochenen Wortes aufzuheben und die Situation der rituellen Begehung *ad infinitum* auszudehnen. Der Tote soll diese Texte also nicht lesen - wie es der Begriff der „Totenliteratur" irreführenderweise nahelegt - sondern er soll für immer in der Reichweite ihrer durch die Schrift auf Dauer gestellten sakramentalen Heilswirksamkeit verbleiben.

So erklärt es sich, warum die im ersten Band unserer Totenliturgien-Edition versammelten Texte ihren Sitz im Leben weitgehend in der Nachtwache vor der Beisetzung haben, die den Abschluß der Einbalsamierung bildet. Zwischen diesem Ritual und dem Aufzeichnungsort des Sarges besteht ein besonders enges Verhältnis. Die Hauptziele dieses Rituals sind die Rechtfertigung des Verstorbenen (also die Passage des Totengerichts, das, wie sich jetzt zeigen läßt, in diesem Ritual seinen kultischen Ort hat) und die Totenklage durch Isis und Nephthys. Die Liturgie CT.1 *Jj Ṯhb- wr* steht ganz im Zeichen der Rechtfertigung; hier kommen keine Klagelieder von Isis und Nephthys vor. Die beiden anderen Liturgien integrieren dagegen eine Reihe von Sprüchen, die als Klagelieder der beiden Schwestern ausgewiesen sind. Im Neuen Reich differenzieren sich diese Lieder zu einer eigenen Gattung aus (*Tb* 172), die in der Spätzeit in einer ganzen Reihe von Papyri vorkommt. Die „Stundenwachen in den Osirismysterien" der ptolemäischen Tempel zeigen sehr schön, wie solche Klagelieder mit den eigentlichen, vom Vorlesepriester vorzutragenden Verklärungen abwechseln.[52]

[52] ASSMANN, *„Stundenwachen"*, 104-106; JUNKER, *Stundenwachen.*

Überlieferungsgeschichte und Textbestand der Totenliturgien CT.1 – CT.3 auf den Särgen des Mittleren Reichs

Liturgie CT.1: Die Spruchfolge *CT* [1]–[29]

In den Sprüchen, die DE BUCK als [1]–[29] ediert hat, stecken, wie JÜRGENS zeigen konnte[53], drei verschiedene Totenliturgien: zwei ältere, über ganz Ägypten verbreitete, und eine jüngere, die eine sekundäre Kombination dieser beiden älteren darstellt und die nur in El-Berscheh vorkommt.

Die folgende Übersicht gibt den Textbestand der drei Liturgien[54]:

Textbestand der Liturgie A

Die Liturgie A umfaßt die Sprüche [1]–[17], [27], [28]+[29]. Sie findet sich auf folgenden Textzeugen:

Sigle	Herkunft	Datierung	Textbestand
B4C	El-Berscheh	Sesostris II.-III.[55]	[1]+[2]+[4]+[5]+[6]+[7]+[8]+[9]+[10]+[11]+[12]+[13]+[14]+[15]+[27]
S10C	Assiut	Ende 11. Dyn.[56]	[1]+[2]+[4]+[5]+[6]+[7]+[8]+[9]+[10]+[12]+[14]+[15]+[16]+[17]+[27]
T1L[a]	Theben	Ende 11. Dyn.[57]	[7]+[8]+[9]
T2C	TT 103	Ende 11. Dyn.[58]	[7]+[8]+[9]+[10]+[11]+[12]+[13]+[14]+[15]+[16]+[17]
T9C	Deir el-Bahari	Mentuhotep II.[59]	[7]+[8]+[9]+[10]+[11]+[12]+[13]+[14]+[15]+[16]+[17]
MC105	Mentuhotep-friedhof	11. Dyn.	[1a]+[2]+[3]+[4]+[5]+[6]+[7]+[8]+[9]+[10]+[11]+[12]+[13]+[14]+[15]+[16]+[17] und [27] und [28]+[29]
Y1C	-?-	MR	[1]+[2]+[4]

Liturgie A (JÜRGENS „Gruppe III"): Textzeugen mit verschiedenen Spruchfolgen aus der Gruppe der Sprüche [1]–[17], [27], [28]+[29]:

53 JÜRGENS, *Textkritik der Sargtexte.*

54 Abkürzungen: A = *PT* [213]–[222]; AI = *PT* [213]–[217]; AII = *PT* [220]–[222].

55 Zur Datierung vgl. WILLEMS, *Chests of Life*, 77.

56 Vgl. WILLEMS, *a.a.O.,* 103.

57 Vgl. WILLEMS, *a.a.O.,* 115.

58 Möglicherweise datiert dieser Sarg in die Regierungszeit Mentuhoteps II. - Ende der 11. Dyn., vgl. WILLEMS, *a.a.O.*, 112.

59 Vgl. WILLEMS, *a.a.O.*, 114.

a) Liturgien mit Anfang [7]+[8]+[9] ($^{\#}$ = Spruchtrenner, | = fehlt)

<table>
<tr><th>MC105^{a}</th><th>T9C^{a}</th><th>T2C</th><th>T1L^{a}</th></tr>
<tr><td>[7]-[9]</td><td>[7]-[9]$^{\#}$</td><td>[7]-[9]</td><td>[7]-[9]</td></tr>
<tr><td>|</td><td>|</td><td>[10], [11], [13]</td><td></td></tr>
<tr><td>[12], [14], [15]</td><td>[12], [14], [15]</td><td>[12], [14], [15]</td><td></td></tr>
<tr><td>|</td><td>[10], [27], [11]</td><td>|</td><td></td></tr>
<tr><td>[225], [28], [29]</td><td>[225], [28], [29]</td><td>|</td><td></td></tr>
<tr><td>[1a], [2], [3]</td><td>|</td><td>|</td><td></td></tr>
<tr><td>[16], [17]$^{\#}$</td><td>|</td><td>[16], [17]</td><td></td></tr>
<tr><td>|</td><td>[836] + AII</td><td></td><td></td></tr>
<tr><td>[4], [5], [6]</td><td></td><td></td><td></td></tr>
<tr><td>[13]</td><td></td><td></td><td></td></tr>
</table>

Diese Liturgie wird in Spruch [62] als *ḫbs tꜣ* zitiert. Eine vermutlich etwas spätere Fassung (B4C, S10C) schaltet diesen Sprüchen noch eine einführende Spruchfolge vor (*CT* [1], [2], [4], [5], [6]):

b) Liturgien mit der Folge [1]+[2]+[4] ...

<table>
<tr><td>B4C^{a}</td><td>[1]</td><td>[2]</td><td>[4]</td><td>[5]</td><td>[6]$^{\#}$</td><td>[27]</td><td>[7]</td><td>[8]</td><td>[9]</td><td>[10]</td><td>[11]</td><td>[13]$^{\#}$</td><td>[12]</td><td>[14]</td><td>[15]</td></tr>
<tr><td>S10C</td><td>[1]</td><td>[2]</td><td>[4]</td><td>[5]</td><td>[6]</td><td>|</td><td>[7]</td><td>[8]</td><td>[9]</td><td>[10]</td><td>|</td><td>[13]</td><td>[12]</td><td>[14]</td><td>[15]$^{\#}$</td></tr>
<tr><td>Y1C</td><td>[1]</td><td>[2]</td><td>[4]</td><td></td><td></td><td></td><td></td><td></td><td></td><td></td><td></td><td></td><td></td><td></td><td></td></tr>
<tr><td>TT 319</td><td>[1]</td><td>[2]</td><td>[4]</td><td></td><td></td><td></td><td></td><td></td><td></td><td></td><td></td><td></td><td></td><td></td><td></td></tr>
</table>

<table>
<tr><td>B4C^{a}</td><td>|</td><td>|</td><td>|</td><td>[741]</td><td>[225]</td><td>[743]</td><td>[168]</td><td>[744]</td><td>[384]</td><td>[745]</td><td>[649]</td><td>[746]</td></tr>
<tr><td>S10C</td><td>[16]</td><td>[17]$^{\#}$</td><td>[27]</td><td>[627]</td><td>[891]</td><td>[243]</td><td>[892]</td><td></td><td></td><td></td><td></td><td></td></tr>
<tr><td>Y1C</td><td></td><td></td><td></td><td></td><td></td><td></td><td></td><td></td><td></td><td></td><td></td><td></td></tr>
<tr><td>TT 319</td><td></td><td></td><td></td><td></td><td></td><td></td><td></td><td></td><td></td><td></td><td></td><td></td></tr>
</table>

Liturgie A ist als eine rituelle Inszenierung des Totengerichts zu verstehen. Ihr Hauptthema ist die Rechtfertigung des Toten.

Auswertung des Textvorkommens:

Die Liturgie CT.1A ist von der 11. bis 12. Dyn. belegt, wobei alle vier thebanischen Textzeugen in die späte 11. Dyn. datieren. Der einzige bekannte Textzeuge, der die Liturgie A vollständig bewahrt hat, ist MC105 aus Theben, die anderen thebanischen Textzeugen T1L^{a}, T2C und T9C haben jeweils die Sprüche [1]-[6] ausgelassen. Spruch [3] ist nur einmal belegt (MC105), ebenso die Spruchfolge [28]+[29]. Die Liturgie A ist in El-Berscheh, Assiut und Theben gleichermaßen gut bezeugt.

Der Anbringungsort der Liturgie A auf den erhaltenen Textzeugen

Textzeuge	Standort	Textträger	Name des Besitzers	Anbringungsort/Spruchfolge
B4C	C 28086	äußerer Holzsarg	*S3.t-ḥd-ḥtp*	Rückseite/[1]-[15]+[19]-[26][60]
S10C	CJ 44980	Holzsarg	*J.jrj*	Boden/[1]-[10]+[12]-[17]
T1L[a]	BM 6654	äußerer Holzsarg	*Im3*	Oberseite/[7]-[9]
T2C	C 28024	Kalksteinsarg	*D3g*	Vorderseite/[1]-[2]; Boden/[12]-[17]
T9C	C 28027	Holzsarg	*Mnṯw-ḥtp*	Fußteil/[1]+[4]; Rückseite/[7]-[12]+[14]-[15]
MC105	Kairo	innerer Holzsarg	*Šd.j*	Oberseite/[1]-[17]
Y1C	CJ 45237	Holzsarg Boden	–	Boden/[1]+[2]+[4]

Der Anbringungsort der Sprüche und Spruchfolgen auf den Särgen folgt keinem einheitlichen Plan.

Die Verteilung der mit der Liturgie A verbundenen Pyramidensprüche

Textzeuge	Anbringungsort	*PT*
B4C	Rückseite	[649]; Spruchfolge AI [213]-[217]
S10C	Boden	[645]-[648]; [648]; [648]; [648]-[649] (Anf.)
T1L[a]	Oberseite	[670]
T2C	Vorderseite	-
	Boden	-
T9C	Fußteil	-
	Rückseite	Spruchfolge AI - II [219]; [215]; [219] (Anf.); [219] (Anf.) - [221] (Ende)
	Vorderseite	Spruchfolge AI [213]-[219]
MC105	Oberseite	-
Y1C	Boden	-

Liturgie CT.1A ist mit den Spruchfolgen *PT* [213]-[217], [215]-[221] und [645]-[649] sowie [670] verbunden, die auch in den anderen Totenliturgien der Sargtexte belegt sind. ALTENMÜLLER hat die Spruchfolge *PT* [213]-[223] als „A" zusammengefaßt; sie tritt aber nur bei Unas und der davon abhängigen Mastaba des Sesostrisanch in Lischt in dieser Form auf.[61] In den *CT* ist sie meist aufgespalten in die Spruchfolge [213]-[219], die hier als „PT.AI" bezeichnet werden soll, und die Spruchfolge [220]-[222] = „PT.AII". Bei diesen beiden Liturgien handelt es sich um die meistbezeugten Pyramidentexte überhaupt, die bis in die Spätzeit kontinuierlich tradiert werden.[62]

60 Sowie Spruch [27].

61 ALTENMÜLLER, *Begräbnisritual*, 46f.; OSING, *Pyramidentexte des Unas*, 131–144, hier 138–140 („Spruchfolge C").

62 S. dazu ALLEN, *Occurrences*, sowie PATANÈ, *Textes des Pyramides à la Basse Epoque*; GESTERMANN, *Überlieferung*.

Liturgie B

Textbestand und Anbringungsort

Liturgie B umfaßt die Spruchfolge [1]+[20]+[21]+[22]+[23]+[24]+[25]. Sie findet sich auf folgenden Textzeugen:

BH5C	Beni Hassan	CJ 37569	Amenemhet I.	Holzsarg	*H̱nm-nḫt*	Rückseite/[1]+[16]+[20]–[25]; Vorderseite/PT.AII
KH1KH	Kom el-Hisn	*in situ*	fr. MR[63]	Sargkammer a. Kalkst.	*H̱sw-wr*	Rückseite = W-Wand/[1]+[20]–[21]
MC105[b]	Mentuho-tep-Friedhof	Kairo	11. Dyn.	innerer Holzsarg	*Šd.j*	Oberseite/[20]–[22]
Sid1Sid	Sedment	?	sp. 11. Dyn.[64]	äußerer Holzsarg	*H̱ntj-ẖtj*	Fußteil/[20]–[23]; Rückseite/[1]+[20]–[21]; Vorderseite/[23]+[225]
T1L[a]	Theben	BM 6654	sp. 11. Dyn.	äußerer Holzsarg	*Jmꜣ*	Rückseite/[1]+[20]–[25]
T9C[b]	Theben	C 28027	Mentuhotep II.	Holzsarg	*Mnṯw-ḥtp*	Fußteil/[1]+[4]+[20]–[25]

Textbestand und Spruchanordnung:

BH5C Rückseite	Sid1Sid Fußteil	Sid1Sid Rückseite	Sid1Sid Vorderseite	KH1KH	MC105[b] Oberseite	T9C[b] Vorderseite	T1L[a11]
[1]	|	[149]+[1]	…	[1]+[2]	+[1b]	[1]	[1]
[20]	[21]	[20]	…	[20]	[20]	[20]	[20]
[21]	[20]	[21]	…	[21]	[21]	[21]	[21]
[22]–[23]	[22]–[23]		… [23]	[22]–[23]	[22]	[22]–[23]	[22]–[23]
[24]–[25]	Ende	Ende	[225]	*PT*	Ende	[24]–[25]	[25]–[26]
[16]			Ende	Ende		[28]–[29]	|
Ende						PT.AI (*PT* [213]–[219])	|
							[675]
							[225]–[226]
							[761]–[765]

Aus dieser Liturgie geht später das Totenbuchkapitel 169 hervor, das dann seinerseits in der Sargdekoration der Spätzeit eine große Rolle spielt:

Tb 169
Nfr-wbn=f [1]+[20]+[21]+[22]+[23]+[24]+[25]+*Tb* 169(2).[65]

[63] Vgl. ALLEN, *a.a.O.*, 25.
[64] Vgl. WILLEMS, *a.a.O.*, 101.
[65] Nach JÜRGENS, *Textkritik der Sargtexte*, 58.

Ihr Hauptthema ist die körperliche und personale Restitution des Toten, seine Eingliederung in die Götterwelt und seine Versorgung.

Auswertung des Textvorkommens:

Die Liturgie B ist von der 11. Dyn. an bis in das frühe MR belegt. Vollständig bewahrt ist diese Liturgie in den Textzeugen T1L, T9C sowie in BH5C. Wie Liturgie A ist auch Liturgie B über das gesamte Land hinweg belegt.

Die Verteilung der mit der Liturgie B vergesellschafteten Pyramidensprüche

Textzeuge	Anbringungsort	*PT*
BH5C	Rückseite (CT.1B)	–
	Vorderseite	[220]–[222] (PT.AII)
KH1KH	Rückseite = W-Wand	[422] (aus PT.B)
MC105[b]	Oberseite	–
Sid1Sid	Fußteil	–
	Rückseite	–
	Vorderseite	[N 709]+[22]–[26]
T1L[a]	Rückseite	–
	Vorderseite	[213]–[219] (PT.AI)
T9C[b]	Fußteil *CT* [1], [20]–[29], [4]	–
	Rückseite *CT* [7]–[9], [12], [14]–[15], [10], [27], [11], [225], [836]	[219], [215], [219]–[221] (aus PT.AI-II)
	Vorderseite	[213]–[219] (PT.AI)

Genau wie die anderen *CT*-Totenliturgien ist auch die Liturgie 1B vorwiegend mit Sprüchen der *PT*-Liturgien AI und AII verbunden. Die *PT*-Spruchfolge AII = [220]–[222], bei der es sich um zwei eng miteinander verbundene Kronentexte sowie einen Text zur Vereinigung mit dem Sonnengott handelt, ist auf der Vorderseite des Sarges BH5C belegt, während die eigentliche *CT*-Verklärung auf der Rückseite angebracht ist. Der an der Westwand/Rückseite des Grabes KH1KH belegte Verklärungsspruch *PT* [422], der an *CT* [21] anschließt, stammt aus einer Spruchfolge, die auf dem Sarg B10C komplett bezeugt ist und von H. ALTENMÜLLER als drei verschiedene Spruchfolgen (D-E-F) geführt wird. Bei dieser Spruchfolge handelt es sich um eine Liturgie, die nur aus Pyramidentexten besteht und sowohl auf Särgen des MR als auch in Gräbern (TT 196) und Papyri der Spätzeit auftritt. In ihrer Pyramidenversion wird sie hier als PT.B geführt (die Papyrusversion der Spätzeit ist SZ.2).[66]

Die Spruchfolge [N709]+[22]–[26] der Pyramidentexte ist nur auf dem Sarg Sid1Sid belegt, wo sie den Sargtextsprüchen [23] und [225] vorausgeht.

Die beiden thebanischen Textzeugen T1L und T9C enthalten die komplette Liturgie PT.AI.

[66] Siehe ASSMANN, *Mortuary Liturgies*, 36 fig. 6.

Liturgie AB

Die jüngere Totenliturgie AB verbindet die Liturgien A und B miteinander. Sämtliche Textzeugen stammen aus El-Berscheh.

B2Bo	MFA 21.962-63	Ende 11. Dyn.[67]	innerer Holzsarg	*Ḏḥwtj-nḫt*	Boden/[1]-[17]; Oberseite/[25]
B3Bo	MFA 21.964-65	"	äußerer Holzsarg	*Ḏḥwtj-nḫt* (fem.)	Oberseite/[1]-[24]
B4Bo	MFA 21.966-67	"	innerer Holzsarg	*Ḏḥwtj-nḫt* (fem.)	Oberseite/[1]-[17]
B1P	Louvre	Sesostris II.-III.[68]	äußerer Holzsarg	*Spj*	Kopfseite/[1]-[10]; Rückseite/[11]-[16]

Auswertung des Textvorkommens:

Bei Liturgie AB handelt es sich um einen Zusammenschluß der sich nahestehenden Liturgien A und B. Alle Textzeugen stammen aus der von der Regierungszeit Mentuhoteps II. bis Sesostris' III. belegten Nekropole El-Berscheh[69] und datieren in die 12. Dyn./MR. Bemerkenswert ist, daß die Liturgie CT.1A in El-Berscheh überhaupt nur einmal auf dem Textzeugen B4C vorkommt, der ebenfalls in die 12. Dyn. datiert[70]. Es steht daher zu vermuten, daß die Liturgie CT.1 vor dem Mittleren Reich in El-Berscheh nicht zugänglich war, weshalb man in der 12. Dyn., als die Liturgien A und B dort beliebt wurden, gleich einen eigenen Weg der Überlieferung einschlug, indem man die Liturgien A und B zu einer zusammengehörigen Fassung AB vereinte.

Übersicht über Textbestand und Spruchfolge:

B2Bo (Boden)	B3Bo	B4Bo (Oberseite)	B1P	B15C	B6C	B4C[b]
|[71]	PT.AII	PT.AII	|	|	PT.AI	|
[1]-[6]	[1]-[4], [5]#,	[1]-[4], [5]#, [6]#	[1]-[4],[5]#, [6]#	[1]-[6] [6]#	[1]-[4], [5]#, [6]#	|
Titel [7]#, [8], T [9]	[7]#, [8]#, [9]#	[7]#, [8], [9]#	[7], [8]#, [9]#	[7]-[9]	[7], [8]#, [9]#	|
[10]-[12]	[10]-[12]	[10], [11]#, [12]	[10], [11]#, [12]	[10]-[11], [12]	[10], [11]#, [12]	|

67 Zur Datierung der Sarggruppe B2-4Bo vgl. WILLEMS, *a.a.O.*, 70ff.

68 Vgl. WILLEMS, *a.a.O.*, 75.

69 Vgl. WILLEMS, *Deir el-Bersheh*, 77f.

70 Unter den Särgen der 11. Dyn., die die erste Sargtextliturgie jedoch nicht belegen, sind die Textzeugen B1Be und B1L zu nennen.

71 PT.AII steht hier auf der Oberseite.

[13]-[15]	[13], [14]#,[15]#	[13], [14]#, [15]	[13], [14]#, [15]	[13]-[15]	[13], [14]#, [15]	
[16]-[17]	[16]#, [17]#	[16]#, [17]	[16]#, [17]#	[16]-[17]	[16]-[17]	|
Ende	[18]#, [19]-[20]	PT.AI	[18]#, [19]-[20]#	[18], [19]-[20]	[18]-[20]	[19]-[20]
	[21]-[23], [24]#	Ende	[21]#, [21]#, [22]#, [23]#, [24]	[21]-[24]	[21]-[24]	[21]-[24]
	Ende		[25]#, [26]#	[25]-[26]	[25]-[26]	[25]-[26]
			[228]	Ende	[228]	[228]
			[694]		Ende	PT.AI
			[315], [343b], [345]			Ende
			[30]-[36]			
			PT.AI			

Der dreimal als Schlußtext der Liturgie AB verwendete Spruch *CT* [228] ist ein sehr beliebter Nahrungsspruch.[72]

Die Verteilung der mit der Liturgie AB vergesellschafteten Pyramidensprüche:

Textzeuge	Anbringungsort	*PT*
B2Bo	Boden	-
	Oberseite	AII [220]-[222]
B3Bo	Oberseite	AII [220]-[222]
B4Bo	Oberseite	AII [220]-[222]
B1P	Kopfseite	-
	Rückseite	AI [213]-[215]

Die Textzeugen aus El-Berscheh verzeichnen die Liturgie PT.AII ausschließlich auf der Oberseite der Särge, wo sie dreimal belegt ist. Auf den Textzeugen B3Bo und B4Bo geht diese Spruchfolge dem Spruch *CT* [1], auf B2Bo dem Spruch *CT* [25] voraus.

Liturgie CT.2: Die Spruchfolge *CT* [44]–[61]

Textbestand der Liturgie 2

B1Y	Amenemhet II.[73]	[60]+[61]+[44]+[45]+[46]+[47]+[48]+[49]+[50]
B4C	Sesostris II.-III.	[61]+[60]

[72] = *Tb* 70, mit der berühmten Nachschrift, die dem Kenner dieses Spruchs eine hundertzehnjährige Lebenszeit verheißt, s. dazu CT.1 § 12.

[73] Vgl. WILLEMS, *Chests of Life*, 80.

B10C^{a}	Sesostris I.-Amenemhet II.[74]	[44]+[60]+[61]
B10C^{b}	"	[44]+[45]+[46]+[47]+[48]+[49]+[50]+[51]+[52]+[53]+[60]+[61]
B10C^{c}	"	[44]+[45]+[46]+[47]+[48]+[49]+[50]+[51]+[52]+[53]+[60]+[61]
B10C^{d}	"	[60]
B12C	Ende 11. Dyn.-12. Dyn.[75]	[44]+[45]+[46]+[47]+[48]+[49]+[50]+[59]
B12C^{a}	"	[51]
B12C^{b}	"	[51]+[52]+[53]+[54]
B13C	Sesostris II.-III.[76]	[44]+[45]+[47]+[48]+[49]+[50]+[51]+[52]+[53]+[54]+[55]+[56]+[57]+[58]
B16C	Sesostris II-III.[77]	[45]+[46]+[47]+[48]+[50]+[51]+[52]+[53]
B17C	Sesostris II.-III.[78]	[45]+[46]+[48]+[49]+[50]+[51]

Auswertung des Textvorkommens:

Die Liturgie *ẖnm.w* ist ausschließlich auf Textzeugen aus El-Berscheh vom Ende der 11. Dyn. bis Sesostris III. belegt, wobei nur Textzeuge B10C die Liturgie vollständig aufgezeichnet hat. Im Zentrum von Liturgie 2 steht die Spruchfolge [45]-[50], die auf sieben von zwölf Textzeugen vollständig erhalten ist. Spruch [44] haben sechs Textzeugen bewahrt. Die Entstehungszeit kann bereits für das Ende der 11. Dyn. bzw. der Regierungszeit Mentuhoteps II. angesetzt werden, also zu Beginn des Aufkommens der Sargtexte.

Der Anbringungsort der Liturgie 2 auf den erhaltenen Textzeugen

B1Y	Yale Univ.	Holzsarg	Frontseite	*Ḏḥwtj-nẖt*
B4C	C 28086	äußerer Holzsarg	*Sꜣ.t-ḥḏ-ḥtp*	Fußteil
B10C^{a}	C 28092	äußerer Holzsarg	*Jmn-m-ḥꜣ.t*	Kopf[79], Fußteil[80]
B10C^{b}	C 28092	äußerer Holzsarg	*Jmn-m-ḥꜣ.t*	Fußteil[81], Rückseite[82]
B10C^{c}	C 28092	äußerer Holzsarg	*Jmn-m-ḥꜣ.t*	Rückseite[83], Vorderseite[84]
B10C^{d}	C 28092	äußerer Holzsarg	*Jmn-m-ḥꜣ.t*	Oberseite
B12C	C 28089	innerer Holzsarg	*Jḥꜣ*	Vorderseite

74 Vgl. WILLEMS, *a.a.O.*, 75.
75 Vgl. WILLEMS, *a.a.O.*, 78 f.
76 Vgl. WILLEMS, *a.a.O.*, 78 f.
77 Vgl. WILLEMS, *a.a.O.*, 75 ff.
78 Vgl. WILLEMS, *a.a.O.*, 75 ff. sowie ALLEN, *Funerary Texts*, 1.
79 [44].
80 [60]+[61].
81 [44]+[45]+[46]+[47]+[48]+[49]+[50]+[51]+[52]+[53].
82 [60]+[61].
83 [44]+[45]+[46]+[47]+[48]+[49]+[50]+[51]+[52]+[53].
84 [60]+[61].

B12C[a]	C 28089	innerer Holzsarg	*Jḥꜣ*	Rückseite
B12C[b]	C 28089	innerer Holzsarg	*Jḥꜣ*	Unterseite
B13C	C 28090	äußerer Holzsarg	*Jḥꜣ?*	Rückseite
B16C	C 28088	äußerer Holzsarg	*Nfrj*	Rückseite
B17C	C 28087	innerer Holzsarg	*Nfrj?*	Rückseite[85], Vorderseite[86]

Liturgie CT.2 und Pyramidentexte:

Die Liturgie CT.2 tritt auf folgenden Särgen zusammen mit Pyramidentexten auf:

Textzeuge	Anbringungsort	*PT*
B4C	Fußteil	[670][87]
B10C[b]	Fußteil	AI ([213]-[217])[88]
B10C[c]	Rückseite	AII, AI[89], B[90]
	Vorderseite	AI[91]; [670], AII
B10C[d]	Oberseite	[675]-[676][92]

Abgesehen von B4C, wo *PT* [670] (aus PT.B) im Anschluß an *CT* [61]-[60] vorkommt, treten nur auf dem Sarg B10C Pyramidensprüche in Verbindung mit Liturgie CT.2 auf. Hier handelt es sich um die drei kompletten *PT*-Liturgien AI, AII und B. Bei dem Dekorationsprogramm dieses Sarges handelt es sich um ein Kompendium von Totenliturgien.

Innerhalb der Liturgie lassen sich folgende signifikante Ausschnitte aus Pyramidentexten feststellen[93]:

CT	*PT*
[44] = I.182h-183c	[223] = *Pyr.* §216a-c, vgl. auch *PT* [370] = *Pyr.* §645c-d, *PT* [547] = *Pyr.* §1342a
I.185g-186f	[221] = *Pyr.* §196a-198d
I.187d-e	[213] = *Pyr.* §134, vgl. auch *PT* [450] = *Pyr.* §833a-b
I.190g-191a	[223] = *Pyr.* §216a-c

Alle Zitate stammen aus den Liturgien PT.AI und PT.AII.

85 [45]+[46]+[48]+[49].

86 [50]+[51].

87 Folgt auf [61]+[60].

88 Folgt erst auf Spruch [62].

89 Vor Spruch [62].

90 Nach Spruch [61].

91 Nach Spruch [62].

92 Diese finden sich vor Spruch [60]. Bis auf sechs *CT*-Sprüche finden sich auf der Oberseite ausschließlich Pyramidensprüche, vgl. LESKO, *Index*, 33.

93 Bei CT I.234a und CT I.238a-c = *Pyr.* §1002b handelt es sich um die verbreitete Formel mit der Aufforderung, sich von der linken auf die rechte Seite umzuwenden, die natürlich nicht als Zitat zu werten ist.

Liturgie CT.3: Die Spruchfolge *CT* [63]–[74]

Textbestand der Liturgie 3

B10C	El-Berscheh	C 28092 äußerer Holzsarg	Sesostris I.-Amenemhet II.	*Jmn-m-ḥꜣt*	Kopfteil/[63]–[74]
Sq3C	Saqqara	CJ 39014 innerer Holzsarg	fr. MR[94]	*Nfr-smdn.t*	Rückseite/[63]–[74]
Sq6C	Saqqara	CJ 39054[b] äußerer Holzsarg	fr. MR[95]	*Kꜣ-rnn.j*	Fußteil/[69]
T1C	Theben	C 28023 Sargkammer + Sarg aus Kalkstein	Ende 11. Dyn.[96]	*Ḥrw-ḥtp*	Kopfteil/[63]–[74]
T2C	Theben	C 28024 Kalkstein-sarg	Ende 11. Dyn.	*Dꜣg*	Rückseite/[63]–[67]; Fußteil/[72]–[74]; Vorderseite/[67]–[72]
T9C	Deir el-Bahri	C 28027 Holzsarg	11. Dyn.	*Bwꜣw*	Boden/[63]–[73]

Auswertung des Textvorkommens:

Die Liturgie 3 ist wiederum in allen Landesteilen belegt, in Unterägypten durch zwei Särge aus Saqqara, in Mittelägypten durch einen Textzeugen aus El-Berscheh und in Oberägypten in Theben durch drei Textzeugen. Die ältesten Textzeugen sind in Theben vom Ende der 11. Dyn. belegt, der jüngste in El-Berscheh aus der fortgeschrittenen 12. Dyn. Diese Beobachtung scheint die von SCHENKEL formulierte These zu stützen, wonach die Sargtexte von der königlichen Familie in Theben initiiert und von Theben ausgehend zu Beginn der 12. Dyn. über das ganze Land verbreitet wurden.[97] Ein vergleichbares Bild zeigen auch die Liturgien A und B.

Im Gegensatz zu den anderen Sargtextliturgien ist die Liturgie 3 auf nahezu allen Textzeugen[98] vollständig vertreten:

[94] Vgl. WILLEMS, *a.a.O.*, 106, Anm. 216a.

[95] Vgl. WILLEMS, *a.a.O.* Anders JÜRGENS, *Grundlinien*, 79, der T1L (vgl. Abschnitt I.1) auf eine Vorlage aus Saqqara (Sq6C) zurückführt, weshalb seiner Ansicht nach T1L älter sein muß.

[96] Vgl. WILLEMS, *a.a.O.*, 113.

[97] Vgl. SCHENKEL, *Repères chronologiques*, 32 ff.

[98] Die beiden Ausnahmen sind Sq6C, der nur *CT* [69] bewahrt hat, und T1C, bei dem die Spruchfolge *CT* [70]–[71] ausgelassen wurde.

Sprüche	T2C	T1C	T9C	Sq3C	B10C	TT 353
	-	-	-	*PT* [579]	*PT* [579]	-
	-	-	-	*PT* [358]	*PT* [358]	
[63]/§1	72-82	1-8	293-296	32-36	2-3	SE2-5
[64]/§2	82-87	8-11	296-297	37-39	3-4	SE6-7
[65]/§3	87-101	11-18	297-301	39-44	4-6	SE7-11
[66]/§4	101-110	18-22	301-304	44-48	6-7	SE12-13
[67]/§§5-7	110-140	22-37	304-315	48-60	7-12	SE13-15
	142-148				12-14	NE1-9
[68]/§8	148-159	37-43	315-318	60-64		NE9-12
[69]/§9	159-177	43-51	318-325	65-72	14-16	NE12-15
[70]/§10	178-181	-	325-326	72-73	16-17	-
[71]/§11	181	-	326	73	17	-
[72]/§12	182-196	51-63	327-331	74-81	17-20	NE16-19
	23-32					
[73]/§13	32-46	63-71	331-333	81-86	20-22	NE19-22
[74]/§§14-19	48-68	71-92	334-349	86-88	22-28	NE22-N3
[832]/§20	68-71	92-100	349-354	-	29-31	N18-21
aus *PT* [670]/§21	-	100-106	354-365	-	31-35	-
aus *PT* [532]/§22	-	-	365-368	-	35-36	N17-18
[837]/§23	-	-	368-380	-	36-40	N18
[838]/§24	-	-	381-383	-	40-42	-
[839]/§25	-	-	384-391	-	42-49	-

Die mit der Liturgie 3 verbundenen Pyramidensprüche sind in obige Übersicht mitaufgenommen worden. In B10C und Sq3C gehen der Liturgie CT.3 jeweils die *PT*-Sprüche [579] und [358] voran. *PT* [579] ist ein Botenspruch, vgl. CT.3 Spruch 3, und *PT* [358] ist eine kurze Anrufung an den Toten mit dem Motiv des Lösens der Mumienbinden, vgl. CT.3 Spruch 1.

Innerhalb der Liturgie CT.3 treten ganz besonders häufig Passagen auf, die sich mit Pyramidentexten identifizieren lassen. Bei den betreffenden *CT*-Sprüchen handelt es sich um [63]-[68] sowie [71]-[73][99].

CT	*CT* I	*Pyr.* §
[63]	274c,d	940a
	274e,f	1204a
[64]	275b,c	22a
	275h-j	22b
[65]	277h-278c	1860a-1862a
	279d,e	1867a
[66]	281f	1119a

99 Vgl. LAPP, *Papyrusvorlagen*, 177f.

[67]	284e,f	1752c
	286a,b	1950a,b
	287d,e	875a,b
	287g	875c
	288b	1140a
	289a	1921
[68]	289e-290a	655b,c
[71]	297e	64b
[72]	300g,h	874a,b
	302b	1204a
[73]	303b-g	1255a-d
	303h-305b	1257-1258b
	305g	1258c

Die Verwendung von Pyramidensprüchen in Liturgie CT.3 läßt die Vermutung zu, daß diese Liturgie möglicherweise auf eine *PT*-Liturgie zurückgeht, die uns nur durch Zufall nicht in den Pyramiden selbst erhalten ist. Dabei ist zu bemerken, daß von den sechs Textzeugen, die diese Spruchfolge aufweisen, drei Textträger aus Theben stammen und drei aus Unterägypten (B10C, Sq3C und Sq6C), was zunächst auf eine unabhängige Tradierung dieser Texte schließen ließe. Bis auf T2C stehen alle Textträger auch sonst noch stark in der *PT*-Tradition[100]. Zum anderen wird deutlich, daß sich bereits während des Aufkommens der Sargtexte in der 11. Dyn.[101] die unterägyptischen und oberägyptischen Textzeugen sehr nahe stehen. Wie JÜRGENS feststellen konnte, stammen die thebanischen Textzeugen jedoch von herakleopolitanischen/memphitischen Vorlagen ab[102], die damit etwa zur gleichen Zeit im ganzen Land zugänglich waren.

Zusammenfassung

Mit JÜRGENS, *Grundlinien*, 83 ist anzunehmen, daß die Liturgien CT.1-3 der jüngeren Sargtextüberlieferung zuzurechnen sind, da alle Textzeugen frühestens in die ausgehende 11. Dyn. datieren. Gerade für die Textzeugen aus El-Berscheh hat JÜRGENS einen hypothetischen Textzeugen κ postuliert[103], von dem die gesamte neuere Überlieferung mittelbar abhängt[104].

100 Vgl. LESKO, *a.a.O.*, 33 (B10C), 91 (Sq3C), 93 (Sq6C), 100 (T1C) und 103 (T9C).

101 Unter den älteren Vorlagen sind insbesondere die Gardiner-Papyri zu nennen, die generell in das AR datiert werden, vgl. WILLEMS, *a.a.O.*, 246, Anm. 24. JÜRGENS, *Grundlinien*, 81 hält gerade diese Papyri jedoch für keine Sargtextvorlage, sondern allgemein für eine Grabbeigabe.

102 Vgl. JÜRGENS, *a.a.O.*, 78-81.

103 Vgl. JÜRGENS, *a.a.O.*, 57f.

104 Vgl. dazu insbesondere das Stemma der Verklärungsspruchgruppe *CT* [225]+[226] in JÜRGENS, *a.a.O.*, 60 und 63, das die indirekte Abhängigkeit der El-Berscheh-Särge B2Bo und B4Bo, die die Liturgie CT.1AB belegen, von dem hypothetischen Textzeugen κ verdeutlicht. Ob dieser Textzeuge tatsächlich aus El-Berscheh stammt, ist dagegen fraglich.

El-Berscheh scheint für die neuere Sargtextüberlieferung einen auf ein ausgezeichnetes Textarchiv gestützten Brennpunkt gebildet zu haben. Tatsächlich sind auch die Liturgien CT.1–3 sehr stark in El-Berscheh vertreten, zwei sogar ausschließlich, die Liturgie CT.1AB und die Liturgie CT.2[105]. Dies wird indirekt durch den Umstand bestätigt, daß sich, anders als die Liturgie CT.3, die Liturgien CT.1–2 weitgehend von den älteren Pyramidentexten emanzipiert haben und daher einer eigenständigen oder neuen Überlieferung folgen.

Insofern keine ortsspezifische Tradition vorliegt[106], wie dies für den Schwerpunkt El-Berscheh festgestellt werden kann, sind die ältesten Textzeugen für den oberägyptischen Raum (Theben) belegt, während erst im fortgeschrittenen MR einzelne ober- und mittelägyptische Textzeugen die Verklärungen in einem größeren Zusammenhang bezeugen.

Die Häufigkeit der mit den Sargtextliturgien CT.1–3 vergesellschafteten Pyramidensprüche stellt sich wie folgt dar:

Spruch/ Spruchfolge	belegt auf Textträger	Vorkommen insgesamt
[22]–[26]	Sid1Sid	1
[213]–[215]	B1P	1
[213]–[217]	B4C, B10C[a]	2
[213]–[219]	B10C[b], B10C[c]	2
[215]	T9C	1
[219]	T9C (2x)	2
[220]–[222]	BH5C, B2Bo, B3Bo, B4Bo, B10C[b], B10C[c]	6
PT.B	B10C[b]	1
daraus: [422]	KH1KH	2
daraus: [670]	T1L[a], B4C, B10C[c], T1C	4
daraus: [670]+[532]	T9C	2
[579]+[358]	B10C, Sq3C	2
[645]–[648]	S10C	1
[648]	S10C	1
[648]–[649]	S10C	1
[649]	B4C	1

Aus dieser Tabelle ist ersichtlich, daß die Liturgie PT.AII (*PT* [220]–[222]) mit sechs Belegen die im Kontext der Sargtext-Liturgien am häufigsten zitierte Spruchfolge darstellt. Entscheidend ist, daß diese Spruchfolge sowohl im Zusammenhang der Liturgie 1B und AB als auch in Liturgie 2 belegt ist. Für die Ver-

105 Als Ausnahme ist möglicherweise *CT* [51] zu werten, der mit dem Ausruf *jm ḥr njsw.t* (*CT* I.233a) beginnt. In diesem Fall ist nicht auszuschließen, daß es sich um einen bislang unbekannt gebliebenen Pyramidenspruch handeln könnte.

106 Dieses Bild einer ortsgebundenen Tradierung mag trügen und ist aufgrund des reduzierten Textvorkommens mit Vorsicht zu behandeln.

klärungstexte des MR ist das Thema des Herrschaftsantritts von zentraler Bedeutung, weshalb auf die älteren, jedoch wegen ihrer Herrschaftsthematik stets aktuell gebliebenen Pyramidentexte zugegriffen[107] wird.

An zweiter Stelle steht mit vier Bezeugungen der Verklärungsspruch *PT* [670] aus der Liturgie PT.B, der mit den Verklärungssprüchen aller drei Sargtextliturgien verknüpft ist. Auch hier ist die Häufigkeit der Zitierung auf die allgemeingültige und zeitlose Behandlung des Themas Verklärung zurückzuführen[108].

Sieben weitere *PT*-Einzelsprüche oder Spruchfolgen kommen zweimal vor: hierunter fällt insbesondere die in verschiedenen Kombinationen von Einzelsprüchen belegte Liturgie PT.AI (*PT* [213]–[219]).

Die restlichen zwei Drittel entfallen auf Pyramidensprüche und -spruchfolgen, die in der belegten Form nur einmal innerhalb der Sargtextliturgien vorkommen.

Darüber hinaus ist die Liturgie PT.AII als Spruch 7–8 eingebunden in eine Totenliturgie des Mittleren Reichs, die auf Särgen nicht belegt ist, aber im verborgenen Grab des Senenmut TT 353 auf eine höchst merkwürdige Weise mit der Liturgie CT.3 kombiniert worden ist. Nachdem J. KAHL sieben Sprüche daraus im Grab des *Ḏfꜣj-ḥꜥpj* in Assiut identifizieren konnte, ist die Datierung dieser Liturgie ins frühe Mittlere Reich sichergestellt.[109] Diese Liturgie, der wir die Sigle CT.4 zugewiesen haben, obwohl sie im Corpus der Coffin Texts selbst nicht belegt ist, wird im 5. Kapitel behandelt. Sie steht CT.3 in vieler Hinsicht nahe und belegt auf eine besonders eindrucksvolle Weise die Einbeziehung von Pyramidentexten in die Totenliturgien der Sargtexte. Es handelt sich regelmäßig um Sprüche derselben Gattung, die ihre Weiterverwendung im Mittleren Reich daher nicht etwa archaisierenden Rückgriffen auf die Pyramiden des Alten Reichs verdanken (dieser Fall liegt höchstens bei der Grabdekoration des Sesostrisanch in Lischt vor), sondern ihrer kontinuierlichen Funktion als Totenliturgien im Totenkult.

PT.AI kann als die klassische Totenliturgie gelten; allerdings hat sie, wie im folgenden gezeigt werden soll, einen anderen „Sitz im Leben", der dem erschließbaren Aufführungskontext der drei *CT*-Liturgien zur Stundenwache diametral entgegengesetzt ist. PT.AI ist eine Totenliturgie zur Opferspeisung, die sich an eine Serie von Sprüchen zur Übergabe von Opfergaben (Sprüche *PT* [23]–[203])[110] sowie von Versorgungssprüchen ([204]–[212]) anschließt. PT.AII ist eine Liturgie

107 Bewußt ist hier nicht von einem Rückgriff die Rede, da die Pyramidentexte auch im MR noch zum aktuellen Textbestand gezählt wurden. Die Tradierung der Pyramidentexte ist fließend und endet nicht etwa abrupt, als die Sargtexte in Gebrauch kommen, in die die Pyramidentexte vielmehr eingeflochten werden. Dies zeigen gerade die Sargtextliturgien überdeutlich.

108 Weshalb *PT* [482], zu dem *PT* [670] in weiten Teilen eine Variante darstellt, in die Sargtextliturgien keinen Eingang gefunden hat, bedarf einer gesonderten Untersuchung.

109 KAHL, *Textidentifizierung.*

110 S. hierzu BARTA, *Opferliste.*

zur Vereinigung mit dem Sonnengott, die mit einer Anrufung der Kronengöttin beginnt und sich in einer langen Litanei mit Anrufungen des Sonnengottes fortsetzt. Auch sie hat, nach ihrer Verbreitung zu schließen, einen geradezu kanonischen Rang. Auf Denkmälern des Mittleren Reichs ist sie nicht weniger als 37mal belegt.[111] Beide Liturgien haben, nach ihrem Inhalt zu schließen, einen deutlich anderen Aufführungskontext als die Liturgien CT.1–3. Während diese eindeutig in den Kontext der Stundenwachen in der Balsamierungskammer gehören, gehören jene zum Opferkult in der zugänglichen Kultkammer des Grabes. Für PT.AII ist sogar an eine Aufführungssituation unter freiem Himmel zu denken, wie sie für den Totenkult (Riten an der Mumie) in den Gräbern des Neuen Reiches ikonographisch reich belegt ist. An einen entsprechenden Aufführungskontext kann man auch für CT.4 denken, in die PT AII als Spruch 7–8 integriert ist.[112] Diese Liturgien gehören ebenso eindeutig zum Tag, zur Oberwelt und zur Gemeinschaft mit dem Sonnengott, wie die Liturgien CT.1–3 zur Nacht, zur Sargkammer und zur Geborgenheit in der Gemeinschaft der Schutzgottheiten der Totenwache gehören. Das Verhältnis der *CT*-Liturgien und der beiden *PT*-Liturgien ist daher als komplementär zu bestimmen:

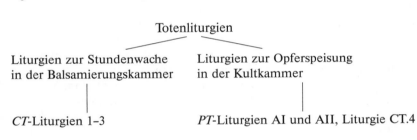

Totenliturgien

Liturgien zur Stundenwache in der Balsamierungskammer	Liturgien zur Opferspeisung in der Kultkammer
CT-Liturgien 1–3	*PT*-Liturgien AI und AII, Liturgie CT.4

[111] KAHL, *Siut - Theben*, 107–118.
[112] S. hierzu Kap. 5, Sprüche 7 und 8.

ZWEITES KAPITEL

Die Liturgie *ḫbs-tꜣ*: Eine rituelle Inszenierung des Totengerichts

Vorbemerkung:
Übersetzung und Kommentar folgen der Fassung AB, die zwar nicht den ursprünglichsten, aber den vollständigsten Text bietet und die von A. DE BUCK für seine Edition als Leitversion verwendet wurde.

I. Teil: Vorbereitende Anrufungen vor dem Gericht

Titel
Liturgie CT.1 beginnt in vier Hss. mit einer Überschrift:
MC105[a] : in einer horizontalen Titelzeile

ḏd mdw.w sꜣḫ.w	Zu rezitieren. Verklärungen.

Dieser Titel bezieht sich auf die Liturgie 1A (Rechtfertigung). Derselbe Titel erscheint auch auf demselben Sarg als horizontale Titelzeile über den Sprüchen der Liturgie 1B (Einbalsamierung) (MC105[b]).

Y1C: Rubrum vor Spruch 1

ḥꜣ.t-ꜥ m mḏꜣ.t n.t smꜣꜥ-ḫrw sj m ḫr.t-nṯr	Beginn der Schriftrolle zur Rechtfertigung eines Mannes im Totenreich.

Dasselbe Titelrubrum ist in S10C vor Spruch 1 zu ergänzen.

In S10C bezieht sich dieser Titel auf die Liturgie 1A (Rechtfertigung), die mit 1–2–4 beginnt. In Y1C ist diese Liturgie (wie auch in TT 319) nur mit der Spruchfolge 1–2–4 vertreten.

T1L: Rubrum vor Spruch 1

[ḥꜣ.t-ꜥ m mḏꜣ.t n.t sꜣḫ.w(?)]	[Beginn der Schriftrolle zur Verklärung(?)]
tm šmj sḏḫd jn bꜣ m ḫr.t-nṯr	Nicht kopfunter zu gehen seitens eines Ba im Totenreich.

Dieser Titel bezieht sich auf die Liturgie 1B (Einbalsamierung).

Spruch 1: Vorbereitung zur Rechtfertigung

a) Erste Sequenz: Strophen 1–3 = *CT* [1]–[3]: Erweckung und Ausstattung

[1]			
1	2a	*hꜣ wsjr N pn*	O Osiris N hier:
2	b	*ntk Rw ntk Rw.tj*	Du bist Ru, du bist Ruti,
3	c	*ntk Ḥr.w nḏ.w jtj=f*	du bist Horus, der seinen Vater schützt!
4	e–4a	*ntk fdn.w n nṯr.w jp.w ꜣḫ.w jtp.w*	Du bist der Vierte jener verklärten und erwählten[1] Götter,
5	4b–d	*jnn.w mw jrr.w Ḥꜥpj*	die Wasser bringen, die die Nilüberschwemmung erschaffen,
6	e–6a	*jrr.w hy-hnw m ḫpš n jtj.w=sn*	die Jubel veranstalten über die Kraft ihrer Väter.
7	6b	*wsjr N pn wṯs ṯw ḥr jꜣb.j=k*	Osiris N, erhebe dich von deiner linken Seite,
8	c	*ḏj ṯw ḥr wnm.j=k*	gib dich auf deine rechte Seite!
[2]			
9	8a	*jw wḏ.n Gb wḥm.n Rw.tj*	Geb hat befohlen, Ruti hat verkündet,
10	c	*rḏj.t n=k bꜣ=k jm.j tꜣ*	daß dir dein Ba, der in der Erde ist, gegeben werde
11		*šw.t=k jmj.t štꜣ.w*	und dein Schatten, der im Geheimen ist.
12	d–9a	*hꜣ wsjr N pn wṯs ṯw*	O Osiris N, erhebe dich,
13	c	*mꜣꜥ- ḫrw=k r ḫftj.w=k*	auf daß du gerechtfertigt werdest gegen deine Feinde!
[3]			
14	10a–b	*hꜣ wsjr N šsp n=k mdw=k*	O Osiris N, nimm dir deinen Stab,
15	b	*dꜣj.w=k ṯbw.tj=k*	deinen *dꜣjw*-Schurz[2], deine Sandalen,

[1] Ein Verb *jtp* ist im Wb nicht belegt, vgl. aber KEES, *Totenbuch Kapitel 69 und 70*, 24; MEEKS, *AnLex* 2, Nr. 780546 und DORET, *Phrase nominale*, 52 m. Anm. 32. DORET verweist auf *CT* III.270–1b–d und *CT* V.34g für *ꜣḫ jtp*. Ob mit *stp* „auswählen" zusammenhängend? Vgl. auch *CT* [694] = VI.327a, eine Anrufung an die *nṯr.w jp.w ꜣḫ.w jtp.w*. JÜRGENS, *Textkritik der Sargtexte*, 61, übersetzt „effizient".

[2] Zum *dꜣjw*-Schurz als Gewand des Verstorbenen vgl. die Gefäßaufschrift der Schale 16 der Qubbet el-Hawa ed. EDEL, *Hieratische Liste*, Taf. 8, Kol. 7. Entgegen der Ansicht EDELS, *a.a.O.*, 10–13, es handele sich bei der Schale um einen Fund des AR, muß aufgrund archäologischer und paläographischer Überlegungen als Zeitpunkt der Beschriftung der Beginn der 12. Dynastie angenommen werden, s. BOMMAS, *Briefe an die Toten*, 57f.

16 c	*hꜣ.y=k r ḏꜣḏꜣ.t*	um hinabzusteigen zum Tribunal,
17 d	*mꜣꜥ-ḫrw=k r ḫftj.w=k ḫftj.wt=k*	auf daß du gerechtfertigt werdest gegen deine Feinde und Feindinnen,
18 e	*r jrj.w jr=k jrj.wt jr=k*	die gegen dich handeln (männlich und weiblich),
19 f	*jrj.tj=sn wḏꜥ-mdw ḫft=k*	die gerichtlich gegen dich vorgehen werden
20	*m hrw pn nfr m ḏꜣḏꜣ.t*	an diesem schönen Tag im Tribunal.

Erste Strophe: Erweckung

[1]
Faulkner, *AECT* I, 1
Barguet, *Textes des sarcophages*, 94

Erste Teilstrophe (Verse 1–6)

Spruch [1] hat eine lange Überlieferungsgeschichte. Sie weist einerseits zurück auf *PT* [260] und andererseits voraus auf *Tb* 169. Die Liturgie beginnt mit einer Erweckung des Toten. Dazu wird er als erstes mit Götterrollen identifiziert.

§1 „*Rw, Rw.tj*, Horus, Horussohn" – Götterrollen des Toten oder des Offizianten?

Die Bedeutung der Sequenz *Rw, Rw.tj – Ḥr.w* (Var. dazu *Ḏḥwtj*) – vier Horussöhne bleibt mir dunkel. Sie hat möglicherweise einen kosmogonischen Sinn und leitet die angestrebte Identität eines der vier Horussöhne aus dem Urgott Atum (= *Rw*) her.[3] In *PT* [301] werden Atum und Ruti, Schu und Tefnut zusammen mit den Gottheiten der Vorwelt angerufen: Niu und Naunet, Amun und Amaunet. Diese Anrufung geht einer Anrufung des Sonnengottes am Morgen voraus, denn sie verkörpern das urweltliche Chaos, aus dem der Sonnengott an jedem Morgen aufs neue hervorgeht. Daher kann man Atum und Ruti als eine „kosmogonische Konstellation"[4] auffassen:

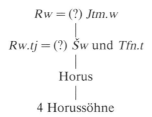

Rw = (?) *Jtm.w*
|
Rw.tj = (?) *Šw* und *Tfn.t*
|
Horus
|
4 Horussöhne

[3] Im „Buch vom Atmen" setzt sich der Tote mit *Rw* und *Rw.tj* gleich, s. Goyon, *Rituels funéraires*, 259.

[4] Auch in *PT* [688] = *Pyr.* §2081 treten Atum und Ruti gemeinsam auf. In *CT* [173] = III.56a, einem Nahrungsspruch, stellt sich der Tote als Ruti vor, „der älter ist als Atum".

Da es um die Erweckung des Toten geht, könnte sich die in der Sequenz der Anreden angedeutete Kosmogonie auf das Erwachen aus dem Schlaf beziehen, der ja in einem späteren ägyptischen Text als ein Zurücktauchen in das Urwasser Nun ausgedeutet wird:

> Wie schön bist du, wenn du aufgehst im Lichtland,
> wir leben wieder von neuem,
> nachdem wir eingegangen waren in das Urwasser
> und es uns verjüngt hat zu einem, der zum erstenmal jung ist.
> Der alte Mensch wird abgestreift, ein neuer angelegt.[5]

Die Identifikation mit einem der „vier" (Horussöhne?) stammt aus *PT* [260].[6] Dieser Text redet Geb an, stellt den Toten als Horus vor und identifiziert ihn als (*PT* [260] = *Pyr.* §316b–c)

fdn.w n fd.w jpw nṯr.w	den Vierten jener vier Götter,[7]
jnn.w mw ḏj.w ʿbʿb.t	die Wasser bringen, die Reinigung verursacht haben,[8]
jrr.w hy m ḫpš n jtj.w=sn	die Jubel veranstalten über die Kraft ihrer Väter.

Die Sargtexte ersetzen lediglich das ungewöhnliche Wort *ʿbʿb.t* „Reinigung" durch das gebräuchliche *ḥʿpj* „Nilüberschwemmung" bzw. *bʿbʿ.t* „Nilflut"[9], wobei sich die Form *bʿbʿ* von 5e bei MC105 als *jbjb* u.ä. bis ins *Tb* 169 hält.[10] Viel entscheidender aber als diese wörtlichen Übereinstimmungen ist, daß auch das Thema der beiden Sprüche identisch ist. Auch im Pyramidentextspruch tritt der Tote mit dem Wunsch nach Rechtfertigung vor ein Gericht:
(*PT* [260] = *Pyr.* §316d)

jmr=f mꜣʿ-ḫrw=f m jrj.t.n=f	Er will sich rechtfertigen lassen in dem, was er getan hat.[11]

Das Gericht wird aber in dem Pyramidentextspruch vollkommen anders inszeniert als in der Sargtext-Liturgie. Der tote König beruft sich auf sein eigenes Richteramt in der Form eines mythischen Präzedenzfalles: Er hat Recht gespro-

[5] pChester Beatty IV rto. XI, 8–9; Assmann, *ÄHG*, Nr. 195, Verse 274–78; *TUAT* II/6, 891. Siehe dazu de Buck, *Godsdienstige opvatting.*

[6] Sethe stellt in *ÜK* I, 395f eine Menge von Stellen zusammen, wo der Tote als „Vierter", d.h. einer von Vieren, der sie zur Vierheit vollmacht, angesprochen wird: *Pyr.* §§1457a, 1510a, 1483a, 2057, 1041a. Vgl. auch Doret, *a.a.O.* Eine Sargtextfassung des Spruchs *PT* [260] wurde von de Buck als *CT* [575] aufgenommen.

[7] *CT* [575] = VI.185f: *ꜣḫw* „Verklärten".

[8] *CT* [575] = VI.185h: *ḏd.w bʿbʿ.t* „die die Nilflut geben".

[9] Zu *bʿbʿ.t* s. Ward, *Miscellanies*, 276.

[10] *PT* [260] = *CT* [575] kommt im NR in einer Deckeninschrift des thebanischen Grabes TT 131 vor, vgl. Dziobek, *Denkmäler*, 71–74.

[11] *CT* [575]VI.186a: *J-mrj=j mꜣʿ-ḫrw=k m jrj.t.n=k* und ähnlich.

chen zwischen *Tfn* und *Tfn.t*, in denen man vielleicht Schu und Tefnut erblicken darf, wobei „die beiden Ma'at verhört haben" - eine eindeutige Präfiguration der späteren Totengerichtsszene - und „es an einem Zeugen mangelte" (*jw šw m mtr.w*, was natürlich auch übersetzt werden kann: „Schu war Zeuge"; in diesem Fall kann sich *Tfn* nicht auf Schu beziehen).

Allerdings gilt es auch zu berücksichtigen, daß im Ägyptischen die Bedeutung von „du bist" in Richtung auf „dir steht zur Verfügung" changiert. Diesen Sinn haben wir in einigen Versionen von Liturgie A (MC105[a], Y1C, S10C). Hier wird [1] zu einem Schlußtext, in dem sich der Priester in Götterrolle vorstellt:

jnk Rw jnk Rw.tj	Ich bin Ru, ich bin Ruti,[12]
jnk Ḥr.w nḏ.w jtj=f	ich bin Horus, der für seinen Vater eintritt,
jnk fdn.w n nṯr.w fdn.w jp.w	ich bin der Vierte jener vier Götter,
jnn.w mw jrr.w b῾ḥ.w jnn.w Ḥ῾pj	die Wasser bringen, die die Überschwemmung schaffen, die die Nilüberschwemmung bringen,
jrr.w hy-hnw m ẖpš.w n.w jt.w=sn	die Jubel veranstalten mit den Opferschenkelstücken ihrer Väter.

Liturgisch gibt diese Fassung einen besseren Sinn. Der Tote sollte in seiner durchgängigen Osirisrolle nicht mit Horus-der-für-seinen-Vater-eintritt gleichgesetzt werden noch mit Schu und Tefnut, die als Schutzgottheiten in den Stundenwachen eine Hauptrolle spielen. Als Selbstvorstellung des Priesters, der von ihm angeführten Konstellation - Horus (eine Var. nennt dazu noch Thot), Schu, Tefnut und die „Vier" - und der von ihm durchgeführten Handlung, eine einleitende Libation, ist der Text aber gut verständlich. Diese 7 bzw. 8 Gottheiten bilden eine typische Konstellation der Stundenwachen.

Wir können diesen Sinn aber auch für die Fassung A geltend machen, wenn wir in dem „du bist" ein „dir stehen zur Verfügung" mithören.

Zweite Teilstrophe (Verse 5–6): Weckruf

§2 Umwendung von der linken auf die rechte Seite

An den identifizierenden Weckruf schließt sich die traditionelle Aufforderung an den Toten an, sich von der linken auf die rechte Seite zu wenden, also sich dem

[12] Das gleiche sagt der Sonnengott von sich in der unter dem Namen „List der Isis" bekannten Geschichte, in der es um seinen wahren Namen geht:

jnk Rw jnk Rw.tj	Ich bin Ru, ich bin Ruti,
jnk Bnw ḫpr(.w) ḏs=f	ich bin der Phönix, der von selbst entstand,
s n ḥḥ.w nn rḫ=tw rn=f	der Mann von Millionen (Ellen), dessen Namen man nicht kennt.

pChester Beatty VII, 5.4; BORGHOUTS, *Papyrus Leiden I 348*, 55 Nr. 85; VITTMANN, *Riesen*, 15.

Offizianten zuzuwenden, der sich ihm von dort nähert. Dazu einige Beispiele aus den Pyramidentexten:

1. Spruch *PT* [482] = *Pyr.* § 1002a–1003c, zur Übergabe von Wasser und „warmen Brot“ (Spruchanfang)

jꜣ jtj N	O (mein) Vater N,
ṯsj ṯw ḥr gs=k jꜣb.j	erhebe dich von deiner linken Seite,
ḏj ṯw ḥr gs=k wnm.j	gib dich auf deine rechte Seite
jr mw jpn rnp.w rḏj.w n<=j> n=k	zu diesem frischen Wasser, das ich dir gegeben habe!
jꜣ jtj N	O (mein) Vater N,
ṯsj ṯw ḥr gs=k jꜣb.j	erhebe dich von deiner linken Seite,
ḏj ṯw ḥr gs=k wnm.j/jmn	gib dich auf deine rechte Seite
jr t=k pn srf jrj.n<=j> n=k	zu diesem warmen Brot, das ich dir bereitet habe!

Ähnlich:
2. Spruch *PT* [487] = *Pyr.* § 1047a, zur Übergabe von Brot:

ꜥḥꜥ ḥr gs=k jꜣb.j ḏj ṯw ḥr gs=k wnm.j/jmn	Steh auf von deiner linken Seite und gib dich auf deine rechte Seite.

3. Spruch *PT* [619] = *Pyr.* § 1747b, zur Libation (Himmelsaufstieg):

ṯsj ṯw ḥr jꜣb.j=k ḏj ṯw ḥr jmn=k	Erhebe dich von deiner linken Seite und gib dich auf deine rechte Seite.

4. Spruch *PT* [662] = *Pyr.* § 1878c zur Libation, typischer Schlußtext:

ṯsj ṯw ḥr gs=k jꜣb.j srw ṯw ḥr gs=k jmn	Erhebe dich von deiner linken Seite und entferne dich auf deine rechte Seite.

5. Spruch *PT* [667] = *Pyr.* § 1938b (Faulkner), zur Speisung („1000“):

jdr ṯw ḥr gs=k jꜣb.j ḥmsj jr=k ḥr gs=k jmn	Entferne dich von deiner linken Seite und setze dich auf deine rechte Seite.

6. Spruch *PT* [700] = *Pyr.* § 2182b:

ṯsj ṯw ḥr gs=k jmn srw ṯw ḥr gs=k jꜣb.j	Erhebe dich von deiner rechten Seite und entferne dich auf deine linke Seite.

7. Aus der Pyramide der Neith N 22h–i:

jꜣ N ṯsj ṯw ḥr gs=k jꜣb.j ḏj ṯw ḥr gs=k jmn	Oh N, erhebe dich von deiner linken Seite und gib dich auf deine rechte Seite.

Als typische Aufforderungsformel zur Totenspeisung kommt sie auch in dem klassischen Totenopferspruch der Sargtexte *CT* [225] = III.248a–b vor:

ḏj ṯw ḥr jmnt.j=k ṯsj ṯw ḥr jꜣb.j=k	Gib dich auf deine rechte (Seite) und erhebe dich von deiner linken (Seite).

Hierzu gehört der Spruchtitel *CT* [343] = IV.348a (B2Bo):

ṯsjt=f ḥr gs=f jmn.j r gs=f jꜣb.j	Daß er sich erhebe von seiner rechten Seite auf seine linke Seite.

Spruch *CT* [219] fängt nicht nur mit dieser Aufforderung an, sondern ist auch so überschrieben: „Aufrichten von der linken Seite, Geben auf die rechte Seite" (*CT* III.200g).

Die Aufforderung an den Toten, sich aufzurichten, spielt aber auch eine zentrale Rolle in den Balsamierungs- und Stundenwachenriten, vgl. *wṯs-ṯw*-Litaneien in: Assmann, *Mutirdis*, 100ff.; Koemoth, *„Le rite de redresser Osiris"*; Burkard, *Osiris-Liturgien*, 8–10, 23–46 = Pleyte, *Chapitres supplémentaires*: Zusatzkapitel zu *Tb* 169; Dendara: s. Cauville, *Chapelles osiriennes, transcription et traduction,* 125–131; *commentaire,* 122–126; *index*, 629. Diesen Sinn hat die Anrufung auch im gegenwärtigen Zusammenhang. Der auf der Bahre liegende Tote wird aufgefordert, sich zu beleben und aufzurichten. Dieser Aufrichtung dienen die folgenden Sprüche.

Zweite Strophe (Verse 9–13)

[2]
Faulkner, *AECT* I, 1f.
Barguet, *Textes des sarcophages*, 94

§3 Ausstattung mit „Ba" und „Schatten"

Der erste Schritt zur Wiedergewinnung der Lebenskräfte ist die Ausstattung mit Ba und Schatten. Jetzt tritt Geb auf, der auch schon in *PT* [260] angeredet wird und in dieser ganzen Szene der geistig-leiblichen Restitution des Toten die Hauptrolle spielt. Auf seinen Befehl, den Ruti verkündet, werden dem Toten Ba und Schatten übergeben. Dabei werden Ba und Schatten der unterirdischen Sphäre (*tꜣ* bzw. *štꜣ.w*) zugewiesen, anders als etwa in dem späten Text[13]: *ẖnj bꜣ=k r p.t ḫt bꜣ n Rꜥ.w šm šw.t=k ḥr tp tꜣ* „möge dein Ba fahren zum Himmel im Gefolge des Ba des Re, möge dein Schatten wandeln auf Erden", oder in einem Text in Grab TT 216: *wnn šw.t=f rwḏ.w m dꜣ.t jw bꜣ=f m p.t mj* … „möge sein Schatten fest dauern

[13] Maspero/Gauthier, *Sarcophages des époques persane et ptolémaïque*, 47.

in der Unterwelt, während sein Ba im Himmel ist wie [...]“[14] wo sie, was doch wohl das Übliche darstellt, auf Oben (Ba) und Unten (Schatten) verteilt werden.

Ba und Schatten gehören auch sonst oft zusammen. *Tb* 92 ist überschrieben *rꜣ n wn jz n bꜣ n šw.t N* „Spruch, das Grab zu öffnen für den Ba und den Schatten des N“. In den zugehörigen Vignetten wird der Grabeingang dargestellt mit dem Schatten und dem Ba-Vogel des Verstorbenen.[15] Man denkt ferner an die Darstellungen des Ba mit Schattenwedel, wie sie in den Unterweltsbüchern, z. B. im Buch von der Erde, begegnen.[16] In der Sonnenlitanei, wird der Sonnengott als *nb bꜣ šw.t* angerufen:

> Heil, Ausgestatteter Ach,
> der aus Tatenen hervorgegangen ist,
> der mit Erscheinungsformen versehen ist, reich an Gestalten,
> der über Ba und Schatten verfügt.[17]

Im Amduat sagt der Sonnengott:

ꜥnḫ bꜣ.w=ṯn	Leben mögen eure Bau,
sḫn=sn ḥr šw.wt=ṯn	sie mögen sich niederlassen auf euren Schatten.[18]

Vgl z. B. in einem Anruf an die Lebenden auf einer Stele des MR in Stuttgart: „... die vorbeigehen werden an diesem *špss*, den ich gemacht habe zum Schutz (*šw.t*) für meinen Ba und zum Ruheplatz (*sḫn*) für meinen Schatten“.[19]

Nach den Untersuchungen von Beate GEORGE treten Ba und Schatten vor allem in zwei Zusammenhängen regelmäßig zusammen auf: wo es um die Bewegungsfreiheit des Verstorbenen[20] und wo es um die Wiederbelebung des Leichnams[21] geht. Zu den Jenseitsstrafen gehört die Trennung von Ba und Schatten[22] und zu den Totenwünschen deren Vereinigung: „Daß der Ba zu seinem Schatten gehe, zu seinem Grabe in der Nekropole täglich“.[23] Ba und Schatten sind die beiden Formen, in denen der Tote sein Grab am Morgen verlassen und nachts

14 Unveröff., eigene Abschrift. Zur Vorstellung vom Ba in der Erde s. ZABKAR, *Ba Concept*, 110 f.

15 Vgl. bes. SALEH, *Totenbuch*, 52–54.

16 GEORGE, *Schatten*, 81 Abb. 7.

17 HORNUNG, *Sonnenlitanei* I, 183 f. und DERS., *Sonnenlitanei* II, 84.

18 HORNUNG, *Amduat* I, 182.2–3; II, 176.

19 STEINDORFF, *Grabstein*, 118; BRUNNER, *Chrestomathie*, Taf. 11. Vgl. KEES, *Totenglauben*, 53–54 mit Verweis auf viele andere Nebeneinandernennungen von Ba und Schatten, z. B. pBerlin 6910.

20 GEORGE, *Schatten*, 71–86.

21 GEORGE, *a.a.O.*, 87–106.

22 Höhlenbuch 31, 32 und 26; pBremner-Rhind 24.3; GEORGE, *a.a.O.*, 61.

23 SCHEIL, *Montou-m-hat*, 614 Z. 3.

dahin zurückkehren möchte. In den Sprüchen [101] und [413] der Sargtexte sendet der Tote seinen Ba und seinen Schatten aus:

jsj jsj	Eile, eile,
bꜣ=j šw.t=j ḫr nṯr pf	mein Ba und mein Schatten[24], zu jenem Gott!
ḏj mꜣ ṯw m bw nb ntw=f jm	Zeige dich an jedem Ort, wo er ist![25]

In Spruch [413] wird Anubis angerufen:

sꜣḫ=k bꜣ=j šw.t=j	Mögest du meinen Ba und meinen Schatten verklären,
mꜣn= sn Rꜥ.w m jn.w=f	damit sie Re sehen mit dem, was er bringt.
dbḥ=f šmj=f jw=f	Möge er (mein Ba bzw. mein Schatten) fordern, zu gehen und zu kommen,
sḫm=f m rd=f	Macht zu haben über seine Beine,
r mꜣꜣ sw s pf m bw nb ntf jm	damit jener Mann ihn sieht, wo immer er ist
...	...
jsk rḏj.n=k šm bꜣ=j šm šw.t=j	denn du hast ja gegeben, daß mein Ba und mein Schatten gehen
m rd.wj=sn r bw ntj s pf jm	auf ihren Füßen zu dem Ort, wo jener Mann ist.

Anschließend wird die Aufforderung, sich zu erheben, noch einmal wiederholt.

Dritte Strophe (Verse 14–20): Ausstattung mit Stab und Kleidung

[3]
FAULKNER, *AECT* I, 2
BARGUET, *Textes des sarcophages*, 94

Der Tote wird aufgefordert, sich mit Stücken seiner Grabausstattung auszurüsten: *dꜣjw*-Schurz, Sandalen, *mdw*-Stab, und sich auf den Weg zum Tribunal zu begeben. „Hinabsteigen zum Tribunal“ ist die terminologische Bezeichnung für den Eintritt ins Totengericht. So sind z. B. *Tb* 124 und 127 überschrieben. Hier endet die erste Großstrophe der Liturgie.

24 So nach der El-Berscheh-Fassung, vertreten durch B1C, B2L und B2P. Die anderen (älteren) Varr. S1C, G2T und wohl auch S2C (zerstört) haben nur die Anrede an den Ba.

25 Die älteren Varr. haben: „Zeige dich jenem Mann mit deinem Gesicht eines Lebenden, wo immer du bist!“. GEE erklärt die Spruchfolge *CT* [89] und [99]–[104] als ein Ritual zur Aussendung des Ba, um vor jemand anderem („jenem Mann“) zu erscheinen, offenbar im Traum (Vortrag auf dem 8. Internationalen Orientalistenkongress in Kairo, 31. 3. 2000). Die Sprüche sollen über einer Figur aus Lehm rezitiert werden, die mit dem Namen des Mannes beschriftet ist

§4 Der Ankläger

Das Ende ist markiert durch den Refrain, der für die Liturgie kennzeichnend ist. Die Fassung B wiederholt diesen Refrain öfter und vollständiger; hier werden noch die männlichen und weiblichen Hasser aufgeführt. Wichtig ist die pauschale, unspezifische Nennung der Feinde. Es sind potentielle Feinde, ähnlich wie in den Drohformeln, in denen es ja auch um mögliche zukünftige Übeltäter geht und die sich zu ihrer Kennzeichnung regelmäßig der *sḏm.tj=f*-Form bedienen.

Dadurch unterscheidet sich dieses Gerichtsverfahren vom mythischen Rechtsstreit zwischen Horus und Seth, wo der Feind bekannt ist, sowie vom späteren Totengericht des 125. Totenbuch-Kapitels, wo es gar keinen Feind mehr gibt, weil der Gott selbst die Rolle des Anklägers übernimmt. Von diesem göttlichen *srḫ.w* „Ankläger“ spricht schon die Lehre für Merikare. In den Sargtexten läßt sich diese spätere Form jedoch noch nicht feststellen. Die Rechtfertigung gegenüber dem potentiellen Feind entspricht aber genau der Totengerichtskonzeption, die Diodor berichtet (s. dazu u., S. 164). Nach der Einbalsamierung wird der Tote, Diodor zufolge, auf eine Insel übergesetzt, wo das Totengericht stattfindet mit einem Tribunal von 42 Richtern, wie im 125. Kapitel dargestellt. Jetzt kann jeder vortreten, der etwas gegen den Verstorbenen vorzubringen hat. Wenn sich der Vorwurf bestätigt, wird dem Toten die Beisetzung verweigert, wenn nicht, wird der Ankläger bestraft. Im Falle eines Freispruchs oder fehlender Anklagen wird der Verstorbene von den Anwesenden gepriesen und anschließend festlich bestattet.[26]

b) Zweite Sequenz (Groß-Strophe): Der Gang zum Gericht

CT [4] und [5] bilden den zweiten Abschnitt bzw. Groß-Strophe des vorbereitenden Teils der Liturgie.

[4]

21	11a	*wsjr N wn n=k tꜣ rꜣ=f*	Osiris N, möge die Erde für dich ihren Mund auftun,
22	b	*sn n=k Gb ꜥr.tj=f ḥr=k*	möge Geb vor dir seine Kiefer öffnen,
23	e	*wnm=k t=k šsp=k bꜥḥ=k*	mögest du dein Brot essen und dein Überschwemmungswasser empfangen.
24	12a	*sḏꜣ=k r rd-wr*	Mögest du dich zur Großen Treppe begeben,
25	b	*jw.t=k r njw.t wr.t*	mögest du zur Großen Stadt kommen!

[26] Vgl. zu Diodor: MERKELBACH, *Diodor*, 71–84; ASSMANN, *Ma'at*, 130f.

26	12c	*sṯj n=k srf=k r tꜣ*	Mögest du dir deine Wärme zu Boden gießen,
27	d	*ḫpr=k m Wsjr*	mögest du zu (einem) Osiris werden!
28	14b	*ꜥḥꜥ n=k wr.w=sn*	Mögen ihre Großen vor dir aufstehen,
29	c	*sdꜣ n=k sš.w ḥr tmꜣ.w=sn*	mögen die Schreiber auf ihren Matten vor dir erzittern,
30	d	*ṯsj.n=k n=k tp.w sꜣb.wt m Jwnw*	denn du hast dir die Köpfe der bunten Schlangen angeheftet in Heliopolis.
[5]			
31	15b	*jṯj n=k p.t*	Ergreife dir den Himmel,
32		*jwꜥ n=k tꜣ*	nimm dir die Erde in Besitz.
33	c	*njm jr=f nḥm p.t tn m-ꜥ=k*	Wer wird dir den Himmel wegnehmen
34	c–16a	*m nṯr pn rnpj.w nfr jm*	als einem Gott, der sich verjüngt hat und schön ist dadurch?
Refrain			
35	16b	*mꜣꜥ-ḫrw=k r ḫft.wj.=k ḥmt-rꜣ*	Gerechtfertigt seist du gegen deine[27] Feinde usw.

Erste Strophe: Aufbruch

Faulkner, *AECT* I, 2
Barguet, *Textes des sarcophages*, 95

Versgruppen 1 und 2: Öffnung und Bewegung

Erste und zweite Versgruppe (Verse 21–25)

§5 Öffnung der Erde

Die Strophe beginnt mit der klassischen Öffnungsformel, freilich in einer ungewöhnlichen Form, die deutlich macht, daß sie hier nicht im konventionellen Sinn verwendet wird. Normalerweise „öffnet“ sie die Scheintür, um den Toten zum Empfang der Totenspeisung einzuladen. Hier öffnet sie das Grab bzw. die Erde, um ihm für den Gang zum Gericht freie Bewegung zu verschaffen. In den *CT* werden normalerweise die Himmelstüren geöffnet, später (z. B. in *CT* [225] = III.214b, 215b, [226] = III.251c–d) die Türen von Himmel und Erde. Hier ist nur von dem Mund (der Tür) der Erde und dem Kiefer des Geb die Rede. In dieser

[27] Das Suffix *=k* in B3Bo, B15C, B6C. Ohne Suffix: B2Bo, B4Bo, B1P.

Form kommt die Formel auch in *CT* [510] = VI.95h–96f Var. *CT* [515] vor, ein Spruch, der auch deswegen hierher gehört, weil er Schu und Ruti erwähnt:

95h	*wn tꜣ rꜣ=f*	Möge die Erde ihren Mund auftun,
	sn.n Gb ꜥr.tj=f ḥr=j	möge Geb seine Kiefer über mir öffnen,
i	*ṯsj wj Ḥr.w ḫnt.j P ḥr sꜣp.wt=f*	möge Horus, der Erste von Buto, mich aufrichten auf seinen Lotusblumen;
j–k	*šsp=j bꜥḥ.w šꜣs=j r rd wr ḥr wr.t*	möge ich Überschwemmungswasser empfangen, möge ich fahren zur großen Treppe (...),
l	*n ḫsf wj ꜣkr*	ohne daß Aker mich abweist,
m	*n ḫsf wj Šw Rw.tj* (Var. *Rw*)	ohne daß Schu und Ruti/Ru mich abweisen.
n	*sṯj.n=j npḏ.n=j ḫnt.j=j*	Ich habe meinen (Feind?) getroffen und getötet.
96a	*jw nh.n wj mwt*	Der Tod hat mich verloren,[28]
b	*jw ꜥnḫ=j jr=j m mꜣꜣ Rꜥ.w Jtm.w*	vielmehr lebe ich vom Anblick des Re-Atum;
c	*šm=j jwj=j m jm.j.tw=snj*	ich gehe und komme zwischen ihnen beiden.
d	*šn=j m ḥr(t)=j*	Mein Haar ist auf mir:
e–f	*jnk nb ḥtp.w bw.t=j jsf.t*	ich bin ein Herr von Opfergaben, mein Abscheu ist das Unrecht.

Die Var. *CT* [515] steht unserem Text sogar noch näher. Auch hier geht es um die Öffnung der Erde, nicht nur zum Empfang von Brot und Wasser, sondern vor allem zum Aufbruch, und zwar in Richtung auf dasselbe Ziel:

	[4]		[515] (B3L, B1L)
11a	*wn n=k tꜣ rꜣ=f*	102e	*wnm=j tꜣ*
b	*sn n=k Gb ꜥr.tj=f ḥr=k*	b	*sn n=j Gb ꜥr.tj=f ḥr=j (...)*
e	*wnm=k t=k šsp=k bꜥḥ=k*	e–f	*wnm=j t šsp=j bꜥḥ*
12a	*sḏꜣ=k r rd-wr*	g	*šsp=j rd-wr*
b	*jwj.t=k r njw.t wr.t*	h	(B3Bo *sḏꜣ.s r jwj.t wr.t*)

Die letzten beiden Verse kommen auch in *CT* [66] = I.280d–e vor:

280d *šm=k r rd-wr*
e *šꜣs=k r njw.t wr.t*

Zu *rd-wr* vgl. *PT* [674] = *Pyr.* §1999a, zu *njw.t wr.t PT* [690] = *Pyr.* §2108b in Parallele mit *Ndj.t.* Gemeint ist die „Große Treppe" in Abydos. Abydos gilt hier offenbar als Ort des Gerichts. In der Tat sind die Osirisfeste von Abydos in doppelter Weise mit dem Totengericht verbunden. Erstens umfassen sie nicht nur die Beisetzung des Osiris (den „Großen Auszug" und die Überfahrt der Neschmet-Barke nach U-Peqer), sondern auch die triumphale Thronbesteigung des Horus, der eine gerichtliche Auseinandersetzung mit Seth in der Nacht des Hakerfests vorausgeht. Zweitens verbindet sich mit eben diesem Hakerfest die Vorstellung

[28] Vgl. *CT* I.284g *jr mwt nh=k sw.*

einer „Zählung“ und Aussonderung der Toten, also eines allgemeinen Totengerichts:
So heißt es in *Tb* 20:

jj Ḏḥwtj smꜣꜥ- ḫrw Wsjr r ḫftj.w=f	O Thot, der Osiris rechtfertigt gegen seine Feinde,
smꜣꜥ-ḫrw N r ḫftj.w=f	rechtfertige auch N gegen seine Feinde
m ḏꜣḏꜣ.t ꜥꜣ.t jm.jt ꜣbḏ.w	im großen Tribunal, das in Abydos ist,
grḥ pwy n hꜣkr	in jener Nacht des Hakerfests,
m ṯnw mwt.w m sjp.t ꜣḫ.w	wenn die Verdammten ausgesondert und die Seligen abgezählt werden,
m ḫpr jhb.w m Ṯnj	wenn getanzt wird in This.[29]

In späten Texten ist vom Hakerfest als „jenem Tag des Zählens der Toten“ die Rede.[30]

Dritte Versgruppe (Verse 26–27)

§ 6 „Wärme“ und „Werden zu Osiris“

sṯj r tꜣ „zu Boden schütten“, s. Wb IV, 328,3. pButler, Z. 10. Der Tote soll seine Wärme abstreifen, um zu (einem) Osiris zu werden.

Die Stelle ist von Kees[31] und Faulkner falsch verstanden worden. Kees versteht unter *srf* „Fäulnis“, es ist aber wohl wie in den biographischen Texten „Leidenschaft“ gemeint. Die Stichworte *sṯj* und *srf* kommen auch, wenn auch in rätselhaftem Zusammenhang, zum Schluß von *CT* [515] = VI.102n–o vor:

102n *sṯj.n=j ḫr=k*
o *srf.n=j r ḥnt.j*

Zweite Strophe: Empfang

Erster Teil: Huldigung (Verse 28–30)

Diese Verse beschreiben den Empfang, der dem Toten am Ziel seiner Reise bereitet werden soll. Das Suffix „ihre Großen“ hat kein Beziehungswort. Gemeint sein können nur die Bewohner des Ortes, der mit „Große Treppe“ und „Große Stadt“ umschrieben ist, der Ort des Gerichts. Ihre Großen sind wohl die Richter, die das „Tribunal des Herrn der Starre“ bilden, die „Schreiber auf ihren Matten“ sind die Protokollanten der Gerichtsverhandlung.

[29] Budge, *Coming Forth* I, 100 (Ani). Vgl. *CT* [338] = IV.336e und *CT* [339] = IV.338g.
[30] Herbin, *Livre de parcourir l'éternité*, 99.
[31] Kees, *Totenglauben*, 184.

§7 *s3b.wt* „bunte Schlangen"

Die bunten Schlangen (*s3b.wt*) werden in *PT* [519] erwähnt. Dort geht es nicht um das Anknüpfen, sondern um das Abschneiden ihrer Köpfe:
PT [519] = *Pyr.* §1211a–c:

N pw nw wnn jm.jtw mn.t Ḫntj-jr.tj	N ist das, was zwischen den Oberschenkeln des Chenti-irti ist,
grḥ pw n sšp=f t	in jener Nacht, da er das Brot zu glätten hat,
hrw pw n snj.t tp.w s3b.wt	an jenem Tag des Abschneidens der Köpfe der bunten Schlangen.[32]

Vgl. damit *CT* [686] = VI.316:

e *sjꜥr ꜥmꜥ3.wt n N pn jn jmnt.t wr.t*	Wurfhölzer wurden diesem N gegeben von der großen Westgöttin.
f *nḏm jb=ṯn n nṯr.w m33=sn N pn*	Die Götter freuen sich, wenn sie diesen N sehen
g *hrw pw n snj.t tp.w s3b.wt*	an jenem Tag des Abschneidens der Köpfe der bunten Schlangen
m ꜥmj3.wt jptn n.wt N pn	mittels dieser Wurfhölzer dieses N.

In seinem Kommentar zur *PT*-Stelle verweist SETHE auf die Abydos-Stele Ramses' IV., in der es heißt: „O Isis und Nephthys, ich habe eure Köpfe zu euch aufsteigen lassen und eure Hälse wieder befestigt

m grḥ pwy n snj.t tp.w s3b.wt m Ḫnt.j-ḫm	in jener Nacht des Abschneidens der Köpfe der bunten Schlangen in Letopolis".[33]

Es handelt sich allem Anschein nach um einen letopolitanischen Ritus. Im Horusmythos von Edfu spielt die Szene „das Erschlagen der *s3b.wt*-Schlangen für seine Mutter Isis" in Letopolis.[34] Isis erscheint in Edfu als die „Herrin (*šps.t*) der bunten Schlangen".[35] Da *ṯsj tp terminus technicus* für das Wiederanknüpfen abgeschnittener Köpfe ist, wird auch der Sinn unserer Stelle darin zu suchen sein, daß der Verstorbene es vermocht hat, die in Letopolis abgeschnittenen Köpfe in Heliopolis wieder anzufügen, also im Vollbringen einer Staunen und Ehrfurcht

[32] SETHE, *ÜK* V, 111.

[33] *KRI* VI, 24, Z. 3–5. Der Text fährt fort: *jw sm3ꜥ.n=j ḫrw Ḥr.w hrw wḏꜥ-mdw* „Ich habe Horus gerechtfertigt am Tag des Gerichts". Wenn hier ein Zusammenhang zwischen den bunten Schlangen und dem Gericht zugrundeliegt, dann könnte das die Erwähnung der bunten Schlangen an unserer Stelle erklären.

[34] BLACKMAN/FAIRMAN, *Myth of Horus* II, 15.

[35] CHASSINAT, *Edfou* V, 258,11; CHASSINAT, *Edfou* VII, 167,11. Vgl. BLACKMAN/FAIRMAN, *a.a.O.*, 36 Anm. 33 (auf diese Stelle verweist FAULKNER, *AECT* I, 2, Anm. 4 zu seiner Übersetzung von *CT* [4].

erregenden Zaubertat, und nicht in der Verwendung dieser Köpfe als Rangabzeichen, die er sich selbst angeknüpft hat.

Zweiter Teil: Herrschaft (Verse 31–34)

Aufforderungen, die Weltgebiete zu „ergreifen“ und die Herrschaft über sie anzutreten, gehören in den Kontext der Rechtfertigung als der Ausstattung des Toten mit Herrschaftsgewalt (*sḫm*) sowohl über den Feind als auch über die Weltgebiete. Zu „Himmel und Erde“ in diesem Zusammenhang s. ROEDER, *Auge*, 118ff.

Refrain (Vers 35)

16b *mꜣʿ-ḫrw=k r ḫftj.w=k ḥmt-rꜣ* Gerechtfertigt seist du gegen deine Feinde usw.

Mit diesen Aufforderungen an den Toten, an die sich noch einmal der Refrain „mögest du gerechtfertigt werden gegen ...“ anschließt, endet der erste Teil der Liturgie. Er dient der Vorbereitung des Toten für das Gericht und gliedert sich in zwei Abschnitte. Der erste umfaßt die Sprüche [1] bis [3]. Sein Thema ist die Erweckung und Ausstattung des passiv und liegend vorgestellten Toten. Der zweite umfaßt Sprüche [4] und [5]. Er beginnt mit dem Öffnungsthema: Der Tote verläßt das Grab und begibt sich zum Ort des Gerichts (Große Treppe, Große Stadt). Die zweite Strophe beschreibt seinen Empfang und seine Macht. In metrischer Gliederung stellt sich der Aufbau folgendermaßen dar:

19	Ausrüstung	7	Erweckung	2	Identität: *Rw, Rw.tj*
				3	der Vierte der Vier
				2	„Erhebe dich“
		5	Ausstattung	3	mit Ba und Schatten
				2	„Erhebe dich“
		7	Ausstattung	3	mit Stab, Gewand, Sandalen
				4	Refrain: *mꜣʿ-ḫrw=k*
14	Reise und Ankunft am Gerichtsort	7	Aufbruch	2	Öffnung der Erde
				3	Aufbruch nach Abydos
				2	Werden zu Osiris
		7	Empfang	3	Empfang
				4	Macht über Himmel und Erde

Refrain ? *mꜣʿ-ḫrw=k*

Die Strophengrenzen fallen genau mit DE BUCKS Spruchgrenzen zusammen. Das heißt, daß einige Handschriften die Strophengrenzen graphisch indiziert haben. Es handelt sich aber ganz offensichtlich nicht um unabhängige „Sprüche“. Die übergreifende thematische Kohärenz ist evident.

Anders steht es mit *CT* [6]. Dieser Spruch setzt eine andere Situation voraus.

Spruch 2

[6]
FAULKNER, *AECT* I, 3
BARGUET, *Textes des sarcophages*, 95f.

1	16c	*wr-w[j] ꜣbd n qꜣꜣ p.t*	Wie groß ist das Fest des zweiten Monatstages, wenn der Himmel hoch ist,
2	c–d	*psḏn.tj.w sfḫ.[t]<w>*[36] *ḏbꜥ ḥr=k*	und das Neumondsfest, wenn der Finger von dir gelöst wird.
3	17a–b	*dr dꜣw.t=k ḏr srd.t=k šw.t r ꜣḫ.t*	Vertreibe dein Zittern, bevor du eine Feder wachsen läßt zum Lichtland,
4	c	*r bw nt.j rḫ.w ṯw jm*	zum Ort, wo der ist, der dich kennt[37].
5	d	*snq=k m mw.t=k Spd.t*	Mögest du saugen[38] an deiner Mutter Sothis,
6	e	*mnꜥ.t=k js jm.jt ꜣḫ.t*	deiner Amme, die im Lichtland ist;
7	18a–b	*pgꜣ ꜣs.t ḥr=k sšp=s ṯw*	möge Isis sich über dir ausbreiten, auf daß sie dich hell mache,
8	c	*jrj=s n=k wꜣ.wt nfr.wt n.t mꜣꜥ-ḫrw*	möge sie dir die schönen Wege der Rechtfertigung bereiten[39]
9	d–e	*r ḫftj.w=k ḫftj.wt=k ḥm.t-rꜣ*	gegen deine Feinde, Feindinnen usw.,
10	19a	*jrj.tj=sn wḏꜥ-mdw ḫft=k*	die gerichtlich gegen dich vorgehen werden
11		*m ḫr.t-nṯr m hrw pn nfr*	im Totenreich an diesem schönen Tage.

36 GOEDICKE, *Coffin Text Spell 6*, 58f. Er lehnt diese Ergänzung ab und versteht *sfḫ.t* als Infinitiv.

37 B1P, B15C, MC105, S10C: Plural „die, die dich kennen“.

38 GOEDICKE, *a.a.O.*, 62, 64 wehrt sich energisch gegen die Übersetzung von *snq* als „saugen“ und meint, daß „avoiding images of wet-nursing goddesses might in this case be a step forward towards understanding this short text“. Daher sei zu übersetzen „may you gain strength“. Diese Argumentation zeugt von erstaunlicher Unvertrautheit mit der Sprache und Vorstellungswelt ägyptischer Ritual- und Totentexte.

39 Vgl. hierzu GRIESHAMMER, *Jenseitsgericht*, 42.

Erste Strophe: Einleitung

Erste Versgruppe (Verse 1–2)

Das „Monatsfest“ ist das Fest des Zweiten Monatstages, der auf *psḏntj.w*, den Neumondstag, folgt.[40] Es sind die beiden Tage der Wiedergeburt des Mondes, der beginnenden Heilung des verletzten Auges, worauf möglicherweise im nächsten Vers angespielt wird. Die Mondtage sind „Feste des Himmels“; darauf wird sich die Aussage über den Himmel beziehen. GOEDICKE versteht mit Recht *n qꜣꜣ p.t* als *n* + geminierendes *sḏm=f* „because heaven is high (again)“, mit Verweis auf EDEL, *Altäg. Gramm.* I, §503 und Wb V, 4,1–7, wo das Wort „Höhe“ als *qꜣ.w* angegeben wird.[41]

Warum GOEDICKE zufolge *psḏntj.w* nicht parallel zu *ꜣbd* von *wr-wj* abhängig sein kann, ist nicht ganz einzusehen. Er übersetzt den zweiten Vers als einen unabhängigen Satz: „the new-moon-day is the removal of the ‘finger’ above you“, versteht *psḏntj.w* aber als Zeitadverb, was zu dieser Übersetzung nicht paßt (das müßte vielmehr heißen „am Neujahrstag des Lösens des Fingers über dir“).

ḏbꜥ heißt „Finger“ und „Siegel“. Lesen wir „Finger“, dann erhalten wir eine Anspielung auf den Mythos von der Verletzung des Horusauges durch Seth. So verstehen KEES[42], MÜNSTER[43] und BORGHOUTS[44] den Text. KEES deutet die abnehmende Mondphase als Verletzung des Auges und den Neumondstag daher als den Zeitpunkt, an dem der „Finger des Seth“, die Ursache der Verletzung, entfernt wird. GOEDICKE möchte in „Finger“ eine Metapher für die Spitze der Mondsichel sehen, die am zweiten Monatstag im Osten wieder sichtbar wird. In der Liturgie CT.2 wird in Spruch 8 [47] das Fest des sechsten Tages als Datum des Himmelsaufstiegs nach erfolgter Rechtfertigung im Totengericht genannt:

I.205e	*prj=k r p.t hrw ssn.t*	Mögest du zum Himmel aufsteigen am Fest des sechsten Tages,
f	*sdꜣ n=k ꜣḫ.t mj Rꜥ.w*	möge das Lichtland vor dir zittern wie vor Re.
g	*ḥsj.w qd=k m-ẖnw wsḫ.t m-bꜣḥ sḫm-jrj=f*	Möge dein Charakter gelobt werden in der Halle vor dem[45] *sḫm-jrj=f*.

[40] PARKER, *Calendars*, 11.

[41] GOEDICKE, *a.a.O.*, 58.

[42] KEES, *Totenglauben*, 282.

[43] MÜNSTER, *Isis*, 78 f. „weil gelöst wird der Finger von dir“. Sie folgt B1P, B15C und B6C, die *n sfḫ.tw* „weil gelöst wird“ oder „wegen des Lösens“ lesen. „Der Tote ist offenbar der Mond. Der Finger wird vom Toten gelöst. Das ist der Finger des Seth, der das Horusauge verletzte“ (mit Verweis auf KEES, *a.a.O.*, 282 Anm. 137 und *CT* VII.61 i-k).

[44] BORGHOUTS, *Papyrus Leiden I 348*, 85.

[45] B10C[b] hat *r-gs* „zur Seite des …“.

Zweite Versgruppe (Verse 3–4)

Die Form *ḏr sḏm.t=f* wird von EDEL[46] als „bevor er hört“ aufgefaßt. Alle Beispiele stammen aus „Reden und Rufen“, überall gehen Imperative voraus: „mach x, bevor y eintritt“. Wenn wir die gleiche Konstruktion hier einsetzen, ergibt sich eine Aufforderung zur Ermutigung, „fürchte dich nicht“, ähnlich wie die Aufforderungen „erhebe dich“, „nimm dir“ usw. im ersten Teil. Die Feder ist das Symbol der Rechtfertigung, das der Tote trägt, zugleich aber im Rahmen der Mond-Interpretation auch eine Anspielung auf die Mondsichel, die am *ꜣbd*-Fest wieder am Horizont erscheint und die dem Toten als seine Feder, Symbol seiner Rechtfertigung, zugesprochen wird. GOEDICKE lehnt die Übersetzung „Feder“ ab, weil sie in seinen Augen „does not make much sense“, und schlägt statt dessen vor: „since you establish the sign (of light) at the horizon“. Der Gewinn an Sinn scheint jedoch nicht so erheblich, daß es sich lohnte, von der üblichen Bedeutung des Wortes *šw.t* (Feder als Zeichen der Rechtfertigung) hier abzugehen, die im übrigen in *CT* [8] wieder aufgenommen und dadurch bestätigt wird (vgl. §21).

rḫ.w ṯw „der dich kennt“ bezieht sich wohl auf den Gott Geb, der als Vorsitzender des Gerichts fungiert und von dem es in 26a heißt „jener Gott, der ihn richtet gemäß dem, was er weiß“. So versteht zumindest die Gruppe B3Bo, B2Bo und B4Bo den Text. Die beiden anderen Gruppen B1P, B15C, B6C, B4C und MC105, S10C haben den Plural *rḫ.w.w ṯw* „die dich kennen“, was sich dann auf das gesamte Tribunal bezieht.[47]

Zweite Strophe: Götterbeistand

Erste Versgruppe (Verse 5–7)

Mit MÜNSTER muß man annehmen, daß Sothis und Isis hier identisch sind. Isis tritt als Sothis auf, um in dieser Gestalt den (als Mond wiedergeborenen) Toten am Horizont säugen zu können. MÜNSTER versteht den Satz „sie macht dich hell“ ganz wörtlich: „sie vermittelt dem Toten die Leuchtkraft eines Gestirns, des Mondes“; sie erneuert das Leuchten des Mondes, der verletzt und dunkel war. Sie kann es, weil sie selbst ein Stern ist. Nach dem Zusammenhang unseres Textes vermittelt sie dieses Leuchten dadurch, daß sie den Toten ‘säugt’.[48] So ergibt sich in der Tat eine kohärente Lesung des gesamten Spruchs. *pgꜣ* ist ein Problem; KEES und MÜNSTER übersetzen „Isis müht sich um dich“, schließen sich also der Gruppe MC105, S10C an, die *bꜣg.j* hat. Die anderen haben *pꜣg*, was noch

46 EDEL, *Altäg. Gramm.* I, 369f. §735.

47 GOEDICKE, *a.a.O.* glaubt sich auch gegen diese Auffassung der Stelle wehren zu müssen und übersetzt „at the place of which you are a knowledgeable one“.

48 Vgl. MÜNSTER, *a.a.O.*, 79.

am ehesten mit *pgꜣ* in Verbindung zu bringen ist. Man denkt an die Handlung der Nut, die sich über dem Toten „ausbreiten“ soll, wofür allerdings immer das Verb *pšš* „ausspreizen“ verwendet wird. GOEDICKE vermutet in *pgꜣ* „the idea of languishing, i.e. resting without motion“.

Zweite Versgruppe (Verse 8–11)

Mit diesem Schluß wird der Refrain des ersten Teils wiederaufgenommen und der Spruch in die übergreifende Thematik der Liturgie eingebunden. Das *ḥm.t-rꜣ* in *CT* [6] = I.18e B3Bo, B1P wird in B4Bo als *r jrj.w jrj=ṯ jrj.wt jrj=ṯ* aufgelöst, andere haben *r msḏḏ.w ṯw.*

GOEDICKE, der den Ritualkontext dieses Spruchs völlig außer acht läßt, möchte in ihm einen astronomischen Text sehen bzw. „a masterly crafted piece of funerary literature based on astronomical observation“.

II. Teil: Die Inszenierung des Totengerichts

Spruch 3: Die Gerichtsszene

[7]

Titel a	(B2Bo):	
19b	*rḏj.t mꜣꜥ-ḫrw sj r ḫftj.w/ḫftj.wt=f m ẖr.t-nṯr*	Einen Mann zu rechtfertigen gegen seine Feinde/Feindinnen im Totenreich.
Titel b	(MC105):	
19b	*ḏd mdw.w rꜣ.w n.w sꜣḫ.w*	Zu rezitieren Sprüche der Verklärung,
	mꜣꜥ-ḫrw m ẖr.t-nṯr	Rechtfertigung im Totenreich.
1 19c	*ḫbs tꜣ ꜥḥꜣ.n rḥ.wj*	Aufgehackt ist die Erde, nachdem die beiden Gefährten gekämpft haben,
2 d	*šd.n rd.wj=sn šd.yt nṯr m Jwnw*	nachdem ihre Füße aufgegraben haben den Gottes-Teich in Heliopolis.
3 20b	*jyj Ḏḥwtj ḏbꜣ m sꜥḥ=f*	Thot kommt, ausgerüstet mit seiner Würde,
4 c	*sꜥḥ.n sw Jtm.w m ẖr.t pḥ.tj*	nachdem Atum ihn ausgezeichnet hat mit dem Bedarf der Kraft[49]

49 B3Bo, B2Bo, B1P: *m ḫrt*; B4Bo, S10C: *m*; übrige: *ẖr.*

5		*wr.tj ḥtp.tj ḥr=f*	und die beiden Großen (Neunheiten) zufrieden sind über ihn.
6	21a	*tm ꜥḥꜣ ḥtm ẖnn.w*	Beendet ist der Kampf, zuende der Streit,
7	b	*ꜥḫm sḏ.t prj.tj*	gelöscht die Flamme, die herausgekommen war.
8	c	*jd dšr.w tp-ꜥ.wj ḏꜣḏꜣ.t*	Beweihräuchert (= besänftigt?) ist die Rötung (= Zorn) vor dem Tribunal des Gottes.
9	d	*ḥmsj=s r wḏꜥ-md.w m-bꜣḥ Gb*	so daß es Platz nimmt, um Recht zu sprechen vor Geb.
10	22a	*jnḏ-ḥr=ṯn sr.w-nṯr.w*	Seid gegrüßt, ihr Magistrate der Götter!
11	b	*mꜣꜥ-ḫrw wsjr N pn ḫr=ṯn m hrw pn*	Möge Osiris N durch euch gerechtfertigt werden an diesem Tage[50],
12	d	*mj mꜣꜥ-ḫrw Ḥr.w r ḫftj.w=f*	wie Horus gerechtfertigt wurde gegen seine Feinde
13		*hrw=f pw nfr n ḫꜥ.w*	an jenem seinem schönen Tage der Thronbesteigung.
14	23a	*nḏm-jb=f ḫr=ṯn*	Möge sein Herz erfreut werden durch euch,
15	b	*mj nḏm-jb n ꜣs.t*	wie das Herz der Isis erfreut wurde
16		*hrw=s pw nfr n ḫn.t*	an jenem ihrem schönen Tag des Sistrenspiels,
17	c	*jṯj.n sꜣ=s Ḥr.w tꜣ.wj=f m mꜣꜥ-ḫrw*	als ihr Sohn Horus seine beiden Länder in Besitz nahm im Triumph.
[8]			
18	24a	*jnḏ-ḥr=ṯn ḏꜣḏꜣ.t nṯr*	Seid gegrüßt, Tribunal des Gottes,
19		*wḏꜥ.tj=sj N pn*	das Osiris N richten wird
20	b	*ḥr ḏd.t.n=f ḫm.w*	wegen dessen, was er gesagt hat, als er unwissend war,
21		*nḏm.w n qsn.t=f*	als es ihm gut ging, bevor er elend wurde.
22	25a	*pẖr ḥꜣ=f ꜥḥꜥ m-sꜣ=f*	Schart euch um ihn, stellt euch hinter ihn,

[50] I.22c / B4C hat zusätzlich:
[...] m wnw.t tn m jbd pn m rnp.t tn „[...] zu dieser Stunde, in diesem Monat, in diesem Jahr".

23 b	*mꜣꜥ-ḫrw wsjr N m-bꜣḥ Gb*	möge gerechtfertigt sein dieser Osiris N vor Geb,
24	*jr.j-pꜥ.t nṯr.w*	dem Erbfürst der Götter,
25 26a	*ḫr nṯr pf wḏꜥ(.w) sw ḫft rḫ=f*	bei jenem Gott, der ihn richtet entsprechend dem, was er weiß,
26 b	*ꜥḥꜥ.n=f šw.t=f m tp=f*	nachdem er vor Gericht aufgetreten ist, seine Feder an seinem Kopf,
27	*Mꜣꜥ.t=f m ḥꜣ.t=f*	seine Ma'at an seiner Stirn.
28 c	*ḫftj.w=f m qm.w*	Seine Feinde sind in Trauer,
29 27a	*jṯj.n=f jš.wt=f nb m mꜣꜥ-ḫrw*	denn er hat von all seinen Sachen Besitz ergriffen in Triumph.

[9]

Titel (nur B2Bo):

30 27c	*nḏ-ḥr n Ḏḥwtj ḥnꜥ ḏꜣḏꜣ.t=f*	Begrüßung des Thot und seines Tribunals.
31 27b	*jnḏ-ḥr=k Ḏḥwtj jm.j ḥtp nṯr.w*	Sei gegrüßt, Thot, über den die Götter zufrieden sind,
32 d–28a	*ḥnꜥ ḏꜣḏꜣ.t nb.t nt.t ḥnꜥ=k*	mit jedem Tribunal, das bei dir ist!
33 b	*wḏ=k prr=sn m ḫsf.w wsjr N pn*	Mögest du befehlen, daß sie herauskommen ihm entgegen, diesem Osiris N,
34 c	*sḏm=sn ḏd.t=f nb.t nfr m hrw pn*	damit sie alles gut hören, was er sagt an diesem Tage.
35 29a	*ntt ṯwt js šw.t tw wbn.t m tꜣ nṯr*	Denn du bist ja jene Feder, die aufgeht im Gottesland,
36 b	*jnj.t.n Wsjr n Ḥr.w*	die Osiris dem Horus gebracht hat,
37 c	*smn=f sj m tp=f r mtn.wt mꜣꜥ-ḫrw*	damit er sie an seinem Kopf befestige zum Zeichen der Rechtfertigung
38 30a	*r ḫftj.w=f r ḫftj.wt=f*	gegen seine Feinde und Feindinnen.
39 b	*swt ꜥfꜣ ḫr.wj Stš n=f*	Er ist es, der dem Seth die Hoden ausgepreßt hat,
40 c	*n sk=f n mwt=f*	er ist nicht untergegangen, er ist nicht gestorben.
41 30d–31a	*ṯwt sbꜣ pw ms.w Jmnt.t*	Du bist jener Stern, den die Westgöttin geboren hat,
42 b	*jw.tj sk=f jw.tj ḥtm=f*	der nicht untergeht, der nicht vernichtet wird;

43 c	*n sk N pn n ḥtm=f*	so ist auch dieser N nicht untergegangen, nicht vernichtet worden,
45 d–32a	*n wdj sḏb nb ḏw*	ist keinerlei böse Belastung vorgebracht worden
	r wsjr N pn j jn Jtm.w	gegen diesen Osiris N, so sprach Atum.
46 32b	*jr jḫ.t nb.t ḏw.t ḏd.t=sn jrj.t*	Was alles Böse angeht, das sie zu tun planen („sagen“)
47	*r wsjr N pn m-bꜣḥ Gb*	gegen diesen Osiris N vor Geb:
48 33a	*jw n=sn r=sn wnn=sn r=sn*	Es ist ihnen gegen sie (selbst gerichtet), es bleibt gegen sie (selbst gewendet).

Erste Strophe: Einleitung

[7]
Faulkner, *AECT* I, 3f.
Barguet, *Textes des sarcophages*, 96

Beide Titel beziehen sich auf die Funktion der Liturgie, den Toten gegenüber seinen Feinden zu rechtfertigen, die ja auch inhaltlich deutlich genug zum Ausdruck kommt. Titel b nimmt darüberhinaus auch auf die Gattung Bezug: *rꜣ.w n.w sꜣḫ.w* ist das exakte ägyptische Äquivalent für den Begriff „Totenliturgie“. Ein entsprechender Titel steht in MC105 auch vor [1]: *ḏd md.w sꜣḫ.w.*

Erste Teilstrophe

Erste Versgruppe (Verse 1–2): ḫbs-tꜣ

§ 8 *ḫbs-tꜣ*

ḫbs-tꜣ ist das Stichwort, das der Liturgie ihren Namen gegeben hat. So wird sie zumindest in Spruch [62] zitiert:
CT I.268

d	*smꜣʿ- ḫrw=k hrw wḏʿ-mdw*	Du sollst gerechtfertigt werden am Tag des Gerichts
d–e	*m ḏꜣḏꜣ.t n.t nb gm.w*	im Tribunal des Herrn der Seufzer.
f	*šd(.w) n=k ḫbs- tꜣ*	Rezitiert werden soll für dich (die Liturgie) „Aufgehackt wird die Erde“,
g	*ḫsf n=k sbj*	abgewehrt werden soll dir der Rebell,
	jyj.w m grḥ	der in der Nacht kommt,
h–i	*ʿwꜣ.y n tp dwꜣy.t*	und der Räuber in der Morgenfrühe.

Der Ritus *ḫbs-tꜣ* „das Aufhacken der Erde" wird in den *PT* oft erwähnt, immer zusammen mit *sq wdn.t* „die Darbringung (w. das Schlagen) des *wdn.t*-Opfers", vgl.
PT [441] = *Pyr.* §817a (Spruchanfang):

ḫbs n=k tꜣ sq n=k wdn.t tp ꜥ.wj=k	Möge dir die Erde aufgehackt, dir ein Opfer dargebracht werden vor dir.

PT [458] = *Pyr.* §*863a (restituierter Text):

ḫbs n=k tꜣ sq n=k wdn.t	Möge dir die Erde aufgehackt, dir ein Opfer dargebracht werden,
rḏj n=k ꜥ.wj hꜣ n=k rw.t	mögen dir die Arme gereicht werden und der Tanz zu dir hinabsteigen.

Ähnlich *PT* [720] = *Pyr.* §2238c (Faulkner):

ḫbs n=k tꜣ sqr n=k wdn.t	Möge dir die Erde aufgehackt, dir ein Opfer dargebracht werden,
rḏj n=k ꜥ.wy [h]ꜣ n=k rwj	mögen dir die Arme gereicht werden und der Tanz zu dir hinabsteigen.

PT [509] = *Pyr.* §1120c:

ḫbs tꜣ sq wdn.t tp ꜥw.j=j	Möge die Erde aufgehackt und ein Opfer dargebracht werden vor mir.

PT [510] = *Pyr.* §1138a:

ḫbss n=j tꜣ sq n=j wdnt	Möge mir die Erde aufgehackt, ein Opfer mir dargebracht werden.

PT [539] = *Pyr.* §1322a–1323c, *Pyr.* §1325a–1326c; (Drohung den nicht hilfsbereiten, Verheißung den hilfsbereiten Göttern):

1322a	*nṯr nb tmt=f sq n=f rdw n N pn*	Jeder Gott aber, der nicht eine Treppe aufschlagen wird für diesen N,
1322b	*prjj=f r=f šw=f r=f jr p.t*	wenn er aufsteigt, wenn er aufschwebt zum Himmel,
1322c	*nj pꜣq=f nj mnqb=f*	der soll keinen Opferkuchen, keinen Schattenschirm haben,
1323a	*nj jꜥ=f sw m ḫꜣw*	der soll sich nicht in einer Schüssel waschen,
1323b	*nj sn=f ḫpš nj ḏꜣ=f jwꜥ*	der soll den Vorderschenkel nicht riechen und den Hinterschenkel nicht kosten,
1323c	*nj ḫbss n=f tꜣ nj sqjj n=f wdn.t*	dem soll die Erde nicht aufgehackt, das Opfer ihm nicht dargebracht werden.
…		…

1325a	*nṯr nb sqtj=fj rdw n N*	Jeder Gott aber, der dem N eine Treppe aufschlagen wird,
1325b	*prjj=f r=f šwjj r=f N jr p.t*	wenn er aufsteigt, wenn N aufschwebt zum Himmel,
1325c	*nṯr nb ḏbꜣtj=fj nst=f m wjꜣ=f*	jeder Gott, der seinen Sitz bereiten wird in seiner Barke,
1325d	*prjj=f r=f šwjj r=f N pn jr p.t*	wenn er aufsteigt, wenn er, dieser N, aufschwebt zum Himmel,
1326a	*ḫbss n=f tꜣ sq n=f wdn.t*	dem soll die Erde aufgehackt, dem ein Opfer dargebracht werden,
1326b	*jrj.t n=f nmt.t*	eine *nmt.t*-Schale soll ihm gemacht werden,
1326c	*j.sn=f ḫpš ḏꜣ=f jwꜥ*	der soll den Vorderschenkel riechen und den Hinterschenkel kosten.

Diese Stelle ist interessant, weil sie das Aufhacken der Erde und das Darbringen des Opfers unter die fundamentalen Gaben für die Götter (bzw. die vergöttlichten Toten) rechnet.

PT [560] = *Pyr.* §1394a–b:

ḫbs tꜣ jn ḥnn	Möge die Erde aufgehackt werden von der Hacke,
sq wdn.t sq tꜣ tbj	möge ein Opfer dargebracht, *tꜣ tbj* dargebracht werden.

PT [582] = *Pyr.* §1561c:

ḫbs tꜣ n N	Möge die Erde aufgehackt werden für N,
sqr n=f wdn.t	möge ihm ein Opfer dargebracht werden.

PT [719] = *Pyr.* §2234e–f (Faulkner):

ḫbs.t n=k tꜣ sq.t n=k wdn.t	Möge die Erde dir aufgehackt, ein Opfer dir dargebracht werden,
nḏr.t ḫfꜥ=k jꜣḫw rḏ n=k ḥnmm.t	möge [deine Hand] ergriffen werden, mögest du den Lichtglanz packen, den dir das Himmelsvolk gibt.

Es handelt sich dabei vermutlich um einen vorbereitenden Ritus zum Totenopfer. Offenbar wird die Erde aufgehackt, um das Blut des Opfertiers aufzunehmen. Davon ist in späteren Texten ausdrücklich die Rede:

grḥ pwy n ḫbs tꜣ m snf=sn	In jener Nacht, in der die Erde aufgehackt wird mit ihrem Blut (*Tb* 18).[51]

In den Sargtexten dagegen bilden „Erdhacken“ und „Rechtfertigung“ eine feste Verbindung. Dafür sind besonders die Sprüche [337] und [339] heranzuziehen, die Frühformen von *Tb* 18. Hier wird der Gott Thot litaneiförmig angerufen als der-

[51] Budge, *Coming Forth* I, 101.

jenige, der Osiris gerechtfertigt hat vor dem Tribunal in der Stadt X in jener Nacht des Y. Eine dieser Anrufungen bezieht sich auf „das Kollegium in Herakleopolis in jener Nacht des Erdhackens“ (*CT* [339] = IV.338a–b; [337] = IV.333b):

338a	*j Ḏḥwtj smꜣꜥ-ḫrw Wsjr r ḫftj.w=f*	O Thot, rechtfertige Osiris gegen seine Feinde
a–b	*m ḏꜣḏꜣ.t n.t Nn-nsw.t*	im Tribunal von Herakleopolis
	hrw pwy n ḫbs tꜣ n sštꜣ tꜣ m Nꜣrf	an jenem Tag des Erdhackens, des Geheimmachens der Erde in Naref.

Diese Anrufung wird ins 18. Kapitel des Totenbuchs und auch noch in dessen Variante im späten „Buch vom Atmen“ übernommen.[52]

Als speziell herakleopolitanischer Ritus wird das Erdhacken auch in *Tb* 175 erwähnt: „Da floß Blut aus seiner Nase, und da vergrub Re das Blut, das aus ihm geflossen war - so entstand das ‘Erdhacken’ in Herakleopolis“.[53] Auch hier finden wir den Zusammenhang von „Blut“ und „Erdhacken“, wie in *Tb* 18.[54] Vor allem aber ist „Erdhacken“ der Name der Riten am 22. Khoiak im Rahmen des Sokarfests.[55]

In unserem Text ist aber das Erdhacken weder mit Herakleopolis noch mit dem Sokarfest verbunden, sondern mit dem mythischen Kampf zwischen Horus und Seth in Heliopolis, der zur Entstehung des dortigen *šdj.t*-Gewässers als eines heiligen Sees geführt haben soll.[56] Damit ist der thematische Zusammenhang mit der Gerichtssituation gegeben.

ḫbs ist entweder *sḏm.w*-Passiv „aufgehackt wurde …“ oder Partizip Passiv „eine aufgehackte ist sie, die Erde“. Normalerweise wäre bei einer Zustandsbeschreibung der Stativ zu erwarten: *tꜣ ḫbs.w* „die Erde ist aufgehackt“. Im Kontext der hier vorliegenden Stilform (s. dazu u.) steht jedoch immer das Verb voran.

Zweite Versgruppe (Verse 3–5): Auftritt des Thot

§ 9 Vorgangsverkündigung

Die Übersetzung von *jyj* ist problematisch. Normalerweise wäre hier die prospektivisch-optativische Form zu erwarten: „Thot soll bzw. möge kommen“.

[52] Goyon, *Rituels funéraires*, 250; Budge, *Coming Forth* I, 145.

[53] Hornung, *Totenbuch*, 369 (*Tb* 175).

[54] Vgl. auch *CT* IV.95q–r, wo ebenfalls das *ḫbs tꜣ* als herakleopolitanisches Fest erwähnt wird.

[55] Schott, *Festdaten*, 970; Bleeker, *Festivals*, 75 ff.; Gaballa/Kitchen, *Festival of Sokar*, 39; Wohlgemuth, *Sokarfest*, 83; Thausing, *Aufhacken der Erde*, 7–17; Goyon, *Glorification d'Osiris*, 113 Nr. 41; Guglielmi, *„Erdaufhacken“*, 1261–1263; Traunecker/Le Saout/Masson, *Chapelle d'Achôris à Karnak* II, 120–124; Graindorge-Héreil, *Le dieu Sokar*, 196 ff, 290.

[56] Griffiths, *Conflict*, 61 f.; s. dazu auch die Bemerkungen von Faulkner, *J. Gwyn Griffiths*, 171 f.; Geßler-Löhr, *Heilige Seen*, 28 f.

Möglich erscheint aber auch, daß hier eine archaisierende Stilform vorliegt, die aus den *PT* bekannt ist: die Schilderung der Erscheinung eines Gottes in der Abfolge Zustand – Auftritt, z.B. *PT* [477] = *Pyr.* §956a–c:

ʿḏ p.t nwr tꜣ	Aufgewühlt ist der Himmel, die Erde bebt:
jyj Ḥr.w ḫʿj Ḏḥwtj	Horus kommt, Thot erscheint,
ṯsj=sn Wsjr ḥr gs=f	daß sie Osiris aufrichten auf seiner Seite,
ḏj=sn ʿḥʿ=f m (ḫnt) psḏ.tj	daß sie ihn auftreten lassen vor den Neunheiten.

Ich möchte annehmen, daß es sich um eine feste Form handelt, die „Evokation einer mythischen Szene". Ihre formalen Merkmale sind 1. die Stellung am Anfang eines Spruches oder größeren Abschnitts, 2. die Abfolge (kosmischer) Zustand – (auslösendes) Ereignis: Die häufigste Anwendung der Form ist die Schilderung der Theophanie[57]; im vorliegenden Fall ist aber die logische Folge etwas anders. Der Auftritt des Thot hat den Zustand nicht ausgelöst. Die Abfolge ist nicht kausal (Wirkung – Ursache), sondern temporal: die Erde ist aufgehackt infolge des Kampfes, Thot tritt auf, um den Streit zu schlichten. Die gleiche Bedeutung haben wir aber auch beim Spruch [477] der *PT* anzusetzen, der sich gleichfalls auf das Gericht gegen Seth bezieht. Auch hier sind die eingangs geschilderten kosmischen Störungen nicht durch das Erscheinen von Horus und Thot hervorgerufen, sondern durch die (typischerweise als solche nicht geschilderte) Ermordung des Osiris.

Thot ist von Atum selbst zum Schlichter des Streites bestimmt worden: das ist mit der „Würde" (*sʿḥ*) gemeint. Darauf muß sich wohl auch die Aussage beziehen, daß Thot ausgezeichnet wird *m ḫr.t pḥ.tj* „mit dem Bedarf der Kraft". Die Gruppen A und B lesen *m-ḫr.t*, was am Sinn nichts ändert.

Auch beim folgenden Vers gehen die Gruppen auseinander. Gruppen AB und B (z.T.) lesen *wr.tj ḥtp.tj ḥr=f*, A liest *wr.tj ʿꜣ.tj ḥtp.tj ḥr=f.* MC105 zieht *wr.tj* zu *pḥ.tj* und fügt danach *psḏ.tj* ein. Ich nehme an, daß auch dies am Sinn nichts ändert, weil auch mit dem *wr.tj* bzw. *wr.tj ʿꜣ.tj* der anderen Varr. die beiden Neunheiten gemeint sind, die das Richterkollegium bilden und von deren Einverständnis daher die Korrektheit des Gerichtsverfahrens abhängt. Auch Atum kann Thot nur mit Einverständnis der beiden Neunheiten zum Schlichter bestimmen.

Zweite Teilstrophe (Verse 6–9)

§ 10 Situationsbeschreibung und Vorgangsverkündigung

Diese Verse führen die Schilderung der mythischen Szene weiter und beschreiben den durch Thots Auftritt bewirkten Zustand der Befriedung, der die Gerichts-

57 ASSMANN, *Liturgische Lieder*, 257 ff.

sitzung überhaupt erst möglich macht. An die Stelle der Brachialgewalt tritt das Recht. Thot hat mit seinem Eingreifen diese Transformation herbeigeführt.

Wieder wird der eingetretene Zustand in einer Form beschrieben, die die Verben voranstellt, also keine Stativ-Konstruktion verwendet. Dabei handelt es sich wieder entweder um *sḏm.w*-Passiva oder um Partizipien. Die vier Sätze sind streng parallel gebaut:

Verb	Nomen
tm	*ʿḥꜣ.w*
ḥtm	*ẖnn.w*
ʿẖm	*sḏ.t pr.tj*
jd	*dšr.w*

Die ersten beiden Sätze beschreiben die Szene im Klartext, die beiden folgenden in metaphorischen Wendungen, wobei „das Löschen der Flamme" eine übliche Umschreibung für das Schlichten von Streit ist, die Wendung *jd dšr.w* „beweihräuchert ist die Rötung" jedoch m.W. nur hier vorkommt. Der letzte Vers leitet zur Gerichtssitzung über, die unter dem Vorsitz des Geb stattfindet.

Der ganze Abschnitt evoziert den mythischen Thronfolgeprozeß zwischen Horus und Seth vor den beiden Neunheiten im „Fürstenhaus" von Heliopolis unter dem Vorsitz des Geb.

Zweite Strophe (Verse 10–17): Anrufung der Richter

Mit dieser Strophe wird der Parallelismus zwischen der mythischen Szene des Thronfolgeprozesses zwischen Horus und Seth, die die erste Strophe geschildert hatte, und der aktuellen Szene, der Rechtfertigung des N vor dem Jenseitsgericht, durch die Präposition „wie" explizit hergestellt. Damit wird zugleich klar, daß sich die erste Strophe nicht auf die aktuelle Szene „an diesem Tage" bezieht, sondern auf die mythische Szene „an jenem Tage", die im Sinne der mythischen Präzedenz beschworen wird. Die mythische Szene ist der Triumph des Horus, der in die beiden typischen Aspekte „Thronbesteigung des Horus" und „Jubellied der Isis" zerlegt wird, die z.B. auch den Abschluß des pChester Beatty I mit der neuägyptischen Erzählung vom Streit zwischen Horus und Seth bilden.

Dritte Strophe: Anrufung des Kollegiums

[8]
FAULKNER, *AECT* I, 4f.
BARGUET, *Textes des sarcophages*, 96

Erste Teilstrophe (Verse 18–21)

§ 11 Unwissenheit, Jugend und Schuld

In diesem Abschnitt gehen die Varr. stark auseinander. Den obigen Text haben B3Bo und B2Bo. B4Bo hat dasselbe mit Wechsel zur 1. Ps.: *ḥr ḏd.t wsjr N tn ḫm.tj nḏm.kwj n qsn.t=j*. Ganz in der 1. Ps. findet sich die Fassung A in B1P. Dort ist der Begriff der Unwissenheit durch den der Jugend erläutert:

24b *ḥr ḏd.t.n=j ḫm.kwj nḫn.kwj*	Wegen dessen, was ich gesagt habe, als ich unwissend und jung war,
nḏm.kwj n qsn.t=j	als es mir gut ging, bevor ich elend wurde.

Die gleiche Verbindung von *ḫm* und *nḫn* findet sich auch in den übrigen Varr. von Fassung A und B. Fassung B differenziert auch noch zwischen „Sagen“ und „Tun“ (nach MC105):

ḥr ḏd.t.n=s ḥr jrj.t.n=s ḫm<.tj> nḫn<.tj>	Wegen dessen, was sie gesagt hat, wegen dessen, was sie getan hat, als sie unwissend und jung war.

Nach T1L: *ḥr ḏd.t.n=f nḫn.w ḥr jrj.t.n=f ḫm.w* „wegen dessen, was er gesagt hat, als er jung war, wegen dessen, was er getan hat, als er unwissend war“. Unwissenheit wird durch Jugend begründet und als mildernder Umstand eingeführt, ähnlich wie im Schlußgebet eines Sonnenhymnus aus dem Neuen Reich: *jw=j m nḫn jw bw rḫ=j [...]* „als ich ein Kind war und [...] nicht kannte“,[58] und eines Osirishymnus auf dem Sarg der Anchnesneferibre sowie im Grab des Petosiris:

ḏd.n=s n=k bꜣ.w=k	Sie hat dir deinen Ruhm gesagt,
ḫm=s nn jr N nn m rḫ=s	und wenn sie etwas unterlassen hat, so hat N dies nicht mit ihrem Wissen getan,
mj ḥwn.w sf n Ḥw.t-Ḥr.w	wie der Jüngling, das Kind der Hathor.
n ḏbꜥ.tw ḥr bꜣ ḫm.w	Man hat keinen Anstoß genommen an einer unwissenden Seele,
nn rḫ.tw ḥr nḫn	(vieles) kann man wegen der Jugend nicht wissen.[59]

[58] Assmann, *STG*, 92, vgl. dort (u).

[59] Sander-Hansen, *Anchnesneferibre*, 56f., Z. 128ff.; Lefebvre, *Petosiris* II, 39f., Nr. 63. Vgl. Otto, *Biogr. Inschr.*, 53, Anm. 1, der auch auf unsere Stelle verweist. Die Fassung bei Petosiris lautet:

ḏd=f n=k bꜣw ḫm=f	Er hat dir (deine) Macht verkündet, indem er unwissend war.
nn jrj N nn m rḫ	Nicht hat N das wissentlich getan
mj ḥwn.w [...]	wie der Jüngling [...]
nn srḫ=tw ḥr nḫn	man klagt nicht an wegen der Jugend.

In diesem Sinne ist auch die Seligpreisung der „unwissenden Seele“ (*bȝ ḫm.w*) zu verstehen, mit denen ein Totenspruch im ramessidischen Grab TT 259 schließt:

ḫy rȝ bȝ jḫm	O (wie glücklich ist) eine unwissende Seele,
nn sḏb=f sw Wsjr	nicht wird er sie belasten, Osiris.[60]

Zur „unwissenden Seele“ vgl. auch Mundöffnungsritual Sz. 74A, OTTO, *Mundöffnungsritual* I, 204, II, 167.

jnk Ḏḥwtj jḫm.w ꜥq jm	Ich bin Thot, der den, der dort eintritt, nicht kennt.
jr.n=j m jḫm.w	Ich habe mich zu einem Unwissenden gemacht,
rḫ=j nn rḫ bȝ jḫm bw.t=f	ich weiß, daß eine Seele, die seinen (des Gottes?) Abscheu nicht kennen darf, unwissend sein soll.[61]

In der Autobiographie der Tatothis (Wien 5857, ptolemäisch) heißt es: „Mein Herz leitete mich zu einem von glücklicher Art, (schon) als ich ein Kind war und das Gute nicht kannte. Mein Herz (aber) gebot mir, es nicht zu verfehlen.“ VITTMANN geht in seiner Neubearbeitung des Textes[62] auf den Topos der moralischen Unmündigkeit des Kindes ein und führt eine Stelle aus dem demotischen Papyrus Berlin 15660, 18–20 an: „... als ich noch klein war, bevor man festgestellt hatte meine Fehler und meine Tugenden, bevor ich den Unterschied erkannt hatte zwischen [Unrecht] und Recht, zwischen Gestern und Heute“.[63]

Auch das Motiv des Wohlergehens bzw. der Sorglosigkeit (*nḏm*) gehört zu den Kennzeichen der Kindheit bzw. Jugend. Dahinter steht die Vorstellung, daß man erst im Alter die nötige Reife und Einsicht gewinnt, um die im Totengericht inkriminierten Fehler zu vermeiden, und die Angst, für Vergehen zur Rechenschaft gezogen zu werden, die man vor dieser Altersstufe, im Zustand der Unreife und Unwissenheit begangen hat. Die Nachschrift zu *CT* [228] = III.292c–293c (= *Tb* 70) setzt diese Phase der Unzurechnungsfähigkeit mit zehn Jahren an:

292c	*jr sj nb rḫ.w rȝ pn*	Was jeden anbetrifft, der diesen Spruch kennt:
293a	*jw=f jrj=f rnp.wt 110 m ꜥnḫ*	der wird 110 Lebensjahre verbringen,
b	*jw rnp.(w)t 10 m-ḏr sḏb=f m-ḏr ꜥb.w=f*	indem 10 Jahre im Bereich seiner Belastung und seiner Unreinheit,
	m-ḏr ḫbn.t=f m-ḏr grg=f	seiner Verfehlungen und seiner Lüge liegen,
c	*m jrj.t sj ḫm.w rḫ.w*[64]	wie sie ein Mensch begeht, der unwissend war und wissend wird.

60 Unveröffentlicht, nach eigener Abschrift. Publikation durch E. FEUCHT in Vorbereitung.

61 Übersetzung nach OTTO.

62 VITTMANN, *Tathotis*, 283–323.

63 VITTMANN, *a.a.O.*, 308f.

64 Fehlt in B3L.

KEES[65] hatte diese zehn Jahre am Ende der Lebenszeit angesetzt und als höchstes Greisenalter verstanden; demzufolge gab er *m-ḏr* mit „an der Grenze“ (im Sinne von „jenseits der Grenze“) wieder. 100 Jahre soll der Mensch in Unwissenheit, Schuld, Unreinheit, Verfehlungen und Lüge leben, um sich dann im letzten Lebensjahrzehnt von all dem zu reinigen. Das widerspricht nicht nur der Bedeutung von *m-ḏr*, sondern auch den ägyptischen Vorstellungen von Verantwortung und Lebensführung.[66] Soweit ist die „Diesseitsbezogenheit der religiösen Totenliteratur“ (KEES, *Totenglauben*, 38) denn doch nicht gegangen, daß sie mit magischen Mitteln ein Leben in Lüge und Verfehlungen ermöglichen sollte. Nun zwingt aber nichts dazu, diese 10 Jahre ans Lebensende zu verlegen. Wenn wir sie als Kindheitsphase auffassen, erhalten wir einen sehr viel besseren Sinn. Dann werden dem Menschen 10 Kindheitsjahre als moralische Schonfrist zugestanden. Was er in dieser Zeit an Lügen, Verfehlungen, Befleckungen und Tabuverletzungen begangen hat, wird seiner Unwissenheit zugute gehalten. Wir stoßen hier auf eine Vorstellung von Kindheit, die dem (später auch in ägyptischen Texten bezeugten[67]) Bild kindlicher Unschuld diametral widerspricht. Aufgrund seiner Unwissenheit hat das Kind im Gegenteil ganz besonders viel „Schuld“ auf sich geladen. Sie wird ihm jedoch nicht angerechnet.

Zweite Teilstrophe (Verse 22–29)

§ 12 Die Gerichtskonstellation

pẖr ḥꜣ=f ꜥḥꜥ m-sꜣ=f „Schart euch um ihn, stellt euch hinter ihn“: Ich fasse *pẖr* und *ꜥḥꜥ* als Imperative auf, im Gegensatz zu FAULKNER, der die Formen als Partizipien deutet: „O you who surround me and stand at my back“. Die Verben *pẖr* und *ꜥḥꜥ m-sꜣ* implizieren Beistandshandlungen und lassen sich daher eher als Aufforderungen deuten. Wichtig ist die Unterscheidung, die hier getroffen wird zwischen Geb als dem Vorsitzenden des Gerichts, „vor“ (*m-bꜣḥ*) dem die Sitzung stattfindet, und „jenem Gott“, der offenbar als Richter fungiert und „bei dem“ oder „durch den“ (*ḫr*) der Tote gerechtfertigt wird. Das Verständnis von *ḫr* als Präposition ziehe ich FAULKNERS Vorschlag vor, hier eine sonst nicht belegte Konstruktion *ḫr S sḏm.w* „dann soll S hören“ anzusetzen. Stellen wir dazu noch in Rechnung, daß der Tote ja zugleich auch noch „gegen“ (*r*) jemand, nämlich seine Feinde und Feindinnen, gerechtfertigt wird, erhalten wir eine sehr komplexe Konstellation:

[65] KEES, *Totenbuch Kapitel 69 und 70*, 31–39. Vgl. dagegen ASSMANN, *Unschuld*, 19–26.

[66] Vgl. Merikare E 54: *m mḥ jb=k m ꜣw rnp.wt* „Vertraue nicht auf die Länge der Jahre“, was soviel heißen wird wie „verschiebe nicht deine moralische Besinnung aufs Lebensende, als sei dann immer noch Zeit zur Besserung und Sühne“.

[67] OTTO, *Biogr. Inschr.*, 135, 175. FEUCHT, *Kind*, 374–377.

(A)	*m-bꜣḥ* :	„vor Geb“ als dem Präsidenten
(B)	*ẖr* :	„durch jenen Gott“ als dem obersten Richter
(C)	*r* :	„gegen“ Feinde und Feindinnen

Die Rollen A und C sind im mythischen Thronfolgeprozeß präfiguriert und durch Geb und Seth besetzt. Die Rolle B dagegen gibt es dort nicht. Geb fungiert als Vorsitzender und Richter zugleich. Im Totengericht des Totenbuchs dagegen fehlen A und C. Hier spielt Osiris die Rolle des Richters. Die Rolle des Anklägers (*srẖ.w*) wird in der Totengerichtsschilderung der Lehre für Merikare erwähnt:

ḏꜣḏꜣ.t wḏꜥ.t sꜣr.w	Das Tribunal, das die Belasteten richtet,
rẖ.n=k tm=sn snf	du weißt, daß sie nicht milde sind
hrw pfj n wḏꜥ mꜣr.w	an jenem Tag des Gerichts des Bedrängten,
wnw.t n.t jrj.t n.t-ꜥ.w	der Stunde, da die Vorschrift vollzogen wird.
qsn pw srẖ.j m sꜣꜣ.w	Schlimm ist ein Ankläger, der als Wissender auftritt.[68]

In der Gerichtsverhandlung, wie sie hier konzipiert wird, treten nicht „Feinde“ auf, die den Toten vor einem Jenseitsgericht verklagen. Vielmehr hat sich der Tote gegenüber Anklagen zu rechtfertigen, die von göttlicher Seite gegen ihn vorgebracht werden. Nur so ergibt auch die Angst vor unbewußten Verfehlungen einen Sinn. Hier sind spezifisch religiöse Verfehlungen, Verunreinigungen, Tabu-Verletzungen gemeint, eine „Schuld“, für die man sich vor einer beleidigten Gottheit verantworten zu müssen fürchtet. Ich nehme an, daß mit „jenem Gott, der ihn richtet gemäß dem, was er weiß“ der als „Wissender“ auftretende „Ankläger“ der Lehre für Merikare gemeint ist. Wir hätten es dann mit einer Zwischenform zu tun zwischen dem Jenseitsgericht des Alten Reichs bzw. seinem mythischen Vorbild, dem Rechtsstreit zwischen Horus und Seth um das Erbe des Geb einerseits, und dem allgemeinen Totengericht des Neuen Reichs andererseits.

§ 13 Die Feder als Siegeszeichen (vgl. § 15)

Der Verstorbene trägt die Feder als Zeichen seiner Rechtfertigung, so wie es gelegentlich auch bildlich dargestellt wird[69]. Vgl hierzu auch *CT* [280] = IV.281 : *prj.n N pn jm šw.t=f m tp=f* „daß dieser N daraus hervorging, war, indem er seine Feder an seinem Kopf trug“. Die Sätze „seine Feder an seinem Kopf, seine Ma’at an seiner Stirn“ hat man als einen Parallelismus der Identität aufzufassen. Nur so erklärt sich die ungewöhnliche Spezifizierung „seine Ma’at“; im Gegensatz zum Hebräischen, wo *ṣᵉdaqa* häufig mit Suffix konstruiert und als eine Tugend des

68 QUACK, *Merikare*, 34f.

69 SEEBER, *Totengericht*, 39: in beiden Händen gehalten beim Jubelgestus; 92, 94: in einer Hand eine Feder; 100, 102: zwei Federn im Haar; 106: vier Federn im Haar.

Einzelnen („seine Gerechtigkeit“) aufgefaßt wird, ist diese Verbindung für Ma'at (außer im Sinn von „Opfer“) ungewöhnlich. Vgl. Spruch *CT* [44] = I.187 b–c:

187b	*ʿḥʿ mȝȝ=k Mȝʿ.t*	Steh auf, daß du die Ma'at siehst!
c	*m=k sj m ḥȝ.t=k*	Siehe, sie ist an deiner Stirn,
	mj wbn Rʿ.w rʿ.w nb	wie Re aufgeht Tag für Tag.

Zur Ma'at „an der Stirn“ des Triumphators vgl. ähnliche Wendungen in Sonnenhymnen.[70]

§ 14 Die Trauer der Unterlegenen

Für das im Wb nicht belegte *qm.w* verweist FAULKNER auf *PT* [670] = *Pyr.* § 1988b–1989a:

sj.n=k N sd.tj jw=k ḥbs.tj	Du bist gewandet gegangen, N, und gekleidet zurückgekommen.
jwʿ.n N tm jqm.w ḫpr sbṯ	N hat das Erbe angetreten. Der Kummer ist beendet, Lachen entsteht.

Auch unser Text spricht vom Antreten eines Erbes: *jṯj.n=f jš.wt=f nb* „er hat alle seine Habe in Besitz genommen“; entsprechend ist der Kummer auf seiten der in diesem Erbstreit Unterlegenen. Damit mündet der Text am Schluß der Strophe wieder in die Begriffswelt der mythischen Szene ein, des Rechtsstreits um die Königsherrschaft, das Erbe des Geb. Ähnlich verteilen sich in Spruch [44] die Affekte auf beide Seiten (*CT* [44] = I.186i–187a):

ȝw-jb=k ḥwʿ jb n jrj.w jr=k	Weit sei dein Herz, ‘eng’ sei das Herz dessen, der gegen dich gehandelt hat.

Für den Kummer der Feinde vgl. die Schilderung der Trauer, die die Stätten des Seth ergreift nach dessen Niederlage im Rechtsstreit *Urk.* VI, 14–17:

Sw ḥr nḫwj	Su ist in Klage,
Wns m jkb.w	Wenes ist in Trauer,
jm.w pḫr.w m Spȝ.wt-mrw	Wehklage durchzieht Oxyrhynchos.
knm ḏsḏs m jhȝ.y	Die große und die *ḏsḏs*-Oase rufen Wehe,
ḏbʿ pḫr.w m ḫnt=sn	Unheil läuft um in ihnen.
Ḥsb-jḥ m jm nn nb=f m qȝb=f	Kynopolis wehklagt, sein Herr ist nicht in ihm,
Ḥnw m s.t šw.t	Hypselis ist eine öde Stätte,
whn Nbtj	Ombos ist niedergerissen,
ḫbj ḥw.wt=sn	ihre Häuser sind zerstört,
jm.wj.=sn nb m tm wn	alle ihre Einwohner sind nicht mehr.

[70] ASSMANN, *Liturgische Lieder*, 177–179; DERS., *Ma'at*, 177–195.

Vierte Strophe: Anrufung des Thot

[9]
FAULKNER, *AECT* I, 5f.
BARGUET, *Textes des sarcophages*, 97

Erste Teilstrophe (Verse 31–34): Bitte

jm.j ḥtp nṯr.w ist wohl zu verstehen als „in dem das *ḥtp* der Götter ist", wobei *ḥtp* dann so etwas wie „Zufriedenheit, Friede" bedeuten könnte. Was man erwarten würde, wäre allerdings *ḥtp(.w) nṯr.w jm=f.* Geminierendes *prr* im Objektsatz[71] belegt GARDINER ebenfalls nach *wḏ* „befehlen" in einer Inschrift aus dem Wadi Hammamat:

jw grt wḏ.n ḥm=f prr<=j> r ḫ3s.t tn	Seine Majestät befahl, daß ich auszöge gegen dieses Fremdland.[72]

Zweite Teilstrophe (Verse 35–40): Thot als Feder

§ 15 Die Feder des Triumphs

Hier wird Thot mit jener „Feder" gleichgesetzt, die der Tote sich in *CT* [8] an den Kopf gesteckt hat und die er in *CT* [6] „zum Lichtland wachsen ließ", wobei dort wie an der vorliegenden Stelle der Mond mit der Feder des Triumphes gleichgesetzt wird. *mṯn.w* wird hier nicht „Belohnung" heißen, sondern „Auszeichnung" bzw. „Zeichen" von *ṯnj* „auszeichnen, unterscheiden". Horus wird mit der Feder ausgezeichnet, weil er Seth besiegt hat, indem er ihm die Verletzung an seinen Hoden zufügte.[73] Der letzte Vers unterstreicht die Bedeutung des Sieges von Horus über Seth als eines Sieges über den Tod. Einige Varr. setzen daher für „er" den Namen des Verstorbenen ein: so wie Horus über Seth siegte, siegt N über den Tod. B2Bo, B1P und T1L verwenden die *n sḏm.n=f*-Form, verstehen die Aussage also habitativ-futurisch „kann/wird/soll nicht sterben, nicht untergehen", was am Sinn wenig ändert.

[71] Zum Gebrauch der geminierenden Formen vgl. DE CENIVAL, *La forme sḏm.f*, 40–45.

[72] Hamm. 113, 10; GARDINER, *EG*, § 442.

[73] GRIFFITHS, *Conflict of Horus and Seth*, 35, bezieht die Aussage auf Osiris. Das ist jedoch grammatisch wie semantisch unwahrscheinlich. Zu *ʿf3* vgl. Wb I, 41. Zur Verletzung des Seth vgl. TE VELDE, *Seth*, 53–59, bes. 58. Er deutet „ausquetschen" als homosexuellen Akt, nicht als gewaltsame Kastration, die als „abschneiden" bezeichnet wird.

Dritte Teilstrophe (Verse 41–45): Thot als Stern

ṯwt sbꜣ pw ms.w Jmnt.t „Du bist jener Stern, den die Westgöttin geboren hat“: Wie in Teilstrophe 2 als Mondsichel mit der Feder der Rechtfertigung, wird Thot in der dritten Teilstrophe mit einem Zirkumpolarstern gleichgesetzt. Wie dieser ist auch der Tote im Prozeß nicht untergegangen. Da diese Bekräftigung Atum in den Mund gelegt wird, haben wir in ihr den entscheidenden Freispruch im Gericht zu erblicken. Der Tote wird freigesprochen, weil gar keine Anklage erhoben wurde. Für die Anrede Thots als Stern kenne ich keine Parallelen.

Fünfte Strophe: Freispruch

§ 16 Drohformeln, Bannsprüche

Dieser Abschnitt setzt den Urteilsspruch des Atum fort. Es handelt sich um eine Drohformel im Sinne von MORSCHAUSER bzw. um eine ediktförmige Bestimmung im Sinne von ROEDER[74], die möglichen Zuwiderhandelnden eine bestimmte Strafe androht oder auch, wie im vorliegenden Fall, ein unbestimmtes Verhängnis: die Untaten, die sie planen, sollen auf ihr eigenes Haupt kommen. Damit läßt sich der entsprechende Urteilsspruch des Geb in der Sargdeckelinschrift des Merenptah vergleichen, in der es heißt:

ḏw ḏw šw šw.y	Schlecht ergehe es dem Schlechten, Mangel erleide der Mangelhafte.
jṯj m jwḥ n ḫr.w=f	Gepackt von der Vernichtung, nicht gebe es seinen Lebensunterhalt![75]

Zur Grammatik: *ḏd.t=sn* ist Relativform, bezogen auf *jḫ.t nb.t ḏw.t*. *jrj.t* ist Infinitiv und Objekt zu *ḏd.t*: (alles Böse,) „das sie anzutun sagen (= planen)“. Die Grundform des Satzes wäre *jw ḏd=sn jrj.t jḫ.t nb.t ḏw.t* „sie planen, alles (mögliche Böse) anzutun“.

Hier endet die eigentliche Gerichtsszene, die in Spruch 3 = *CT* [7]-[8]-[9] inszeniert wird. Den Aufbau verstehe ich folgendermaßen:

		5 Vorgangsverkündigung: Auftritt Thot
	9 Einleitung	
		4 Situationsbeschreibung: Frieden hergestellt
17		

[74] ROEDER, *Auge*, Kap. 3, 7 u. 10.
[75] ASSMANN, *Merenptah*, 54 f.

		8 Anrufung der Richter	4 Bitte um Rechtfertigung 4 Bitte um Freude
46 Drei Anrufungen	12	12 Anrufung des Kollegiums	6 Bitte um Beistand 6 Rechtfertigungswunsch
	17	12 Anrufung des Thot	4 Bitte 6 Thot als Feder 2 Thot als Stern
		5 Freispruch	2 Urteil des Atum 3 Bannspruch des Atum

Der Text ist durch drei Einschnitte gegliedert, die jeweils mit der Anrede *jnḏ-ḥr* anfangen und dadurch als Strophen markiert sind. Auf die Verszahl ist im einzelnen nicht zu viel Gewicht zu legen. Die Varianten unterscheiden sich auch hinsichtlich der Metrik. Die Übersicht soll nur den Aufbau in großen Zügen deutlich machen. Der von DE BUCK als drei Sprüche gezählte Text fällt durch seine eigene interpersonelle Bezugsform aus dem Ganzen der Liturgie heraus: hier wird nicht „verklärend“ zum Toten gesprochen, sondern es werden Götter angerufen. Vom Toten ist in der 3. Ps. die Rede. Der Rezitant interveniert also zugunsten des Toten bei den Göttern.

III. Teil: Anrufungen an den Toten nach dem Gericht: Bekräftigungen seines erworbenen Rechts-Status

Spruch 4: Das siegreiche Hervortreten des Gerechtfertigten

[10]

1	33d	*hꜣ wsjr N wḏꜥ n=k sbꜣ jn Sšꜣ.t*	O Osiris N, aufgetan sei dir das Tor durch Seschat,
2	34a	*wp(j.w) n=k wꜣ.wt nfr.wt jn Wpj-wꜣ.wt*	geöffnet seien dir die schönen Wege durch Upuaut!
3	34b	*nn nṯr wḏb sw r ḏd.t.n=f*	Es gibt keinen Gott, der sich abkehrt von dem, was er gesagt hat.
4	c–d	*ḏd.t.n=f pw mꜣꜥ-ḫrw wsjr N pn*	Das ist es, was er gesagt hat: Gerechtfertigt ist Osiris N
5	d	*r ḫftj.w=f r ḫftj.wt=f*	gegen seine Feinde und Feindinnen,

6	d–35c	*r jrj.tj=sn wḏꜥ mdw ḫft<=f>*[76] *m hrw pn*	gegen die, die gerichtlich gegen ihn vorgehen wollen an diesem Tage.
[11]			
7	35e	*jwj=k jwj=k jnn=k ṯw*	Mögest du kommen, mögest du kommen, mögest du wiederkehren (wörtl. dich bringen),
8		*y jwj=k jwj=k*	o mögest du kommen, mögest du kommen,
9	36a	*jnn=k ṯw wr*	mögest du wiederkehren, Großer!
10	36b–c	*pḫr ḥꜣ wsjr N pn jrj.w ḏd.t=f nb*	Schart euch um diesen N, tut alles, was er sagt!
11	d–e	*ḏj n=f jꜣw nṯr.w*	Gebt ihm Lobpreis, Götter,
12	e	*my jr=ṯn nṯr.w*	kommt doch, Götter,
13	37a	*mꜣꜣ=ṯn sw prj.w m ḥtp*	schaut ihn, wie er herausgekommen ist in Frieden,
14	b	*mꜣꜥ-ḫrw r ḫftj.w=f r ḫftj.wt=f*	gerechtfertigt gegen seine Feinde!
15	37c–d	*jṯj.n=f Wrr.t ḫnt.n=f ns.wt Gb*	Er hat die Große ergriffen, er hat die Stätten des Geb durchfahren,
16	38a	*nḥm.n=f ḥḏ s<j>ky*	nachdem er verhindert hat, daß ein anderer sie schädige.
[12]			
17	38b	*wsjr N prj n=k wr.tj ꜥꜣ.tj*	Osiris N, komm („dir“) heraus, indem du groß und gewaltig bist,
18	c	*mj prj.t Rꜥ.w wr.w ꜥꜣ.w*	wie das Herauskommen des Re, indem er groß und gewaltig ist
19	39a	*ḥr gs jꜣb.tj n p.t*	auf der östlichen Seite des Himmels.
20	b	*nṯr.w mdw.w ḥrj-tp Ḥr.w*	Die Götter, die zugunsten von Horus gesprochen haben,
21	c	*sḫr=sn n=f Stš*	damit sie Seth für ihn fällen,
22	d	*ntsn mdw.w ḥr tp n wsjr N pn*	sie sind es, die zugunsten dieses Osiris N gesprochen haben,
23	40a	*sḫr=sn n=f ḫftj.w=f ḫftj.wt=f*	damit sie seine Feinde und Feindinnen für ihn fällen.
[13]			
24	41a–b	*hꜣ wsjr N pn prj n=k m pr=k*	O Osiris N, komm („dir“) heraus aus deinem Haus,

[76] Die verkürzte Schreibung haben B2Bo, B4Bo, B18, B6C und T9C. Daß das Suffix der 3. Ps. gelesen werden muß, verdeutlicht B3Bo.

25	b	*m s.t=k m bw nb ntk jm*	aus deiner Stätte, aus jedem Ort, an dem du bist,
26	c	*m Ḥr.w mȝʿ-ḫrw*	als Horus, der gerechtfertigt ist,
27	d–42b	*jwʿ.n=f jwʿ ḫpš.n=f ḫpš*	nachdem er das Erbe in Besitz genommen und den Rinderschenkel ergriffen hat.
28	c	*prj mȝʿ-ḫrw m-bȝḥ ḏȝḏȝ.t tw*	Komm heraus, gerechtfertigt vor jenem butischen und heliopolitanischen Tribunal der Götter
29		*n.t nṯr.w P.t Dp.t Jwn.t*	Tribunal der Götter
30	43a	*mj prj.t Ḥr.w mȝʿ-ḫrw=f r Stš*	wie Horus herauskam, gerechtfertigt gegen Seth,
31	b	*m-bȝḥ ḏȝḏȝ.t tw n.t nb gm.w*	vor jenem Tribunal des Herrn der Erstarrung.[77]

[14]

32	43c	*prj m šnt*	Es kommt heraus aus dem Prozeß,
33	44a	*prj.w m šnt*	wer herauskommt aus dem Prozeß:
34	b	*Ḥr.w pw prj.w m šnt*	Horus ist es, der herauskommt aus dem Prozeß.
35	c	*ḥr.tj r N pn ntj ḥrw jr=f*	Du bist fern von diesem N, der du fern sein sollst von diesem N
36	d	*m jʿr n N pn ntj jʿr.w n=f*	Nähere dich nicht diesem N, der du dich ihm nähern willst!
37	e–45a	*jw wsjr N pn wḏʿ=f jmr=f m Jwnw*	Dieser Osiris N pflegt zu richten ‘wen er will’ in Heliopolis.

[15]
Fassung AB: B3Bo, B2Bo, B4Bo, B1P, B15C, B6C.

38	45b	*y bn kȝ y bn kȝ*	O Sproß des Stiers, o Sproß des Stiers,
39	c	*jtḥ nṯṯ.w kȝ*	der du ziehst die Fesseln des Stiers,
40	46a	*ḫʿj r wḏ-mdw=f*	erscheine auf seinen Befehl
41		*r ḫftj.w=f ḫftj.wt=f jpt=f*	gegen jene seine Feinde und Feindinnen[78],

[77] Spruchtrenner finden sich nur in den Hss., die nicht mit *CT* [14] fortfahren: MC105 (folgt: [1]), B4C, S10C (folgt [12]).

[78] *r wḏ-mdw=f* Eine Verwechslung mit *wḏ-mdw* „richten“ ist wohl ausgeschlossen, da sich alle Varr. einig sind. *=f* kann sich nur auf den Stier beziehen, wenn man nicht eine Pronominalisierung über die Spruchgrenze hinweg annehmen will. Der „Stier“ wäre dann eine Bezeichnung des Toten, die Anrufung würde an dessen Sohn ergehen.

42 b	*šn.tj=sn wsjr N pn*	die prozessieren wollen gegen diesen Osiris N,
43 c	*jrj.tj=sn ḏw.t nb.t r wsjr N pn*	die Böses tun wollen gegen diesen Osiris N!

Fassung A[79]: B4C, MC105, S10C, T9C, T2C.

38* 45b	*j bn kꜣ j bn kꜣ*	O Sproß des Stiers, o Sproß des Stiers,
39* c	*jtḥ(.w) nṯṯ.w kꜣ*	der du ziehst die Fesseln des Stiers:
40* d	*ḫꜥj Nj.t r mdw pf ḏw*	Neith erscheine gegen jenes böse Wort,
41*	*r ḫftj.w=f ḫftj.wt=f*	gegen seine Feinde und Feindinnen,
42*	*msḏḏ.w sw jrj.tj=sn wḏ-mdw*	die ihn hassen, die gerichtlich vorgehen wollen
43*	*ḫft N pn m hrw pn*	gegen N an diesem Tage.

Erste Strophe: Öffnung und Ankunft

[10]
Faulkner, *AECT* I, 5f.
Barguet, *Textes des sarcophages*, 97

Erste Teilstrophe: Öffnung

Erste Versgruppe (Verse 1–2)

§ 17 Freispruch und Öffnung

Mit Spruch [10] beginnen die verklärenden Anrufungen an den Toten nach dem Gericht, die das Ziel haben, dessen glücklichen Ausgang zu bekräftigen und den Triumph des Toten zu bestätigen. Das Thema der „Öffnung" gehört in diesen Zusammenhang, denn freies Ausschreiten (*wsṯn*) ist das wichtigste Kennzeichen

[79] B4C, MC105, S10C, T9C, T2C.
S10C hat einen abweichenden Text:
Neith erscheine gegen jenes böse Wort,
Neith erscheine gegen jene böse Gewalt,
Neith erscheine gegen die, die diesen Osiris N schlagen wollen,
Neith erscheine gegen die, die diesen Osiris N vertreiben wollen.
Daß Horus überfuhr aus Heliopolis zu seinem Vater,
der der *ṯnn.t*-Kapelle vorsteht, war wegen der Verschwörer.

des Gerechtfertigten, vgl. die Totengerichts-Perikope in der Lehre für Merikare E 56–57:

> Wer es aber erreicht, ohne Böses zu tun,
> der wird dort sein wie ein Gott,
> frei schreitend wie die Herren der Ewigkeit.[80]

§ 18 Götterbeistand: Seschat und Upuaut

Seschat gehört als Göttin der Schriftkunst in den Kontext der Gerichtsszene, während Upuaut hier in seiner angestammten Funktion als „Wegöffner" in Aktion tritt, wie etwa auch in *CT* [24] = I.74i:

> *jw Wpj-wꜣ.wt wpj.n=f n=k wꜣ.wt nfr.wt* Upuaut hat dir die schönen Wege geöffnet.

Ähnlich in *CT* [345] = IV.376a–b (B1P), einem „Spruch zur Rechtfertigung bei Thot, dem Erbfürsten der Götter":

376a	*wpj n=k Wpj-wꜣ.wt*	Möge Upuaut dir
	wꜣ.wt=k nfr.wt n.t mꜣꜥ-ḫrw	deine schönen Wege der Rechtfertigung öffnen
b	*m hrw pn ḫftj.w=k r ḫftj.wt=k*	an diesem Tage gegen deine Feinde und Feindinnen
	m p.t m tꜣ m ẖr.t-nṯr	im Himmel, auf Erden und im Totenreich.

In Spruch *CT* [346], einer Variante zu *CT* [345], tritt Thot gemeinsam mit *Ddwn* als Öffner der „Wege der Rechtfertigung" auf (*CT* IV.377d–f).

Seschat ist als Göttin der Architektur (sie spannt den Strick für die Grundsteinlegung) auch dafür zuständig, daß das Grab den Toten nicht ein- bzw. aussperrt, sondern ihm freie Kommunikation mit der Welt der Lebenden, der Himmlischen und der Weltlichen gewährleistet. Zu diesem Aspekt der Seschat s. NR.1.1 Vers 8, §3.

Zweite Versgruppe (Verse 3–6): Der göttliche Urteilsspruch

Vers 3 ist eine allgemeine Sentenz, die besagt, daß das von „Gott" – es kann sich nur um Geb oder Atum handeln – gefällte Urteil ein für allemal Bestand hat: *nn nṯr wḏb sw r ḏd.t.n=f* „Es gibt keinen Gott, der sich abkehrt von dem, was er gesagt hat." In den Versen 4–6 taucht der Refrain wieder auf, der in der vorgerichtlichen Sequenz die Spells [2], [3], [4] und [5] abgeschlossen hat. An dieser Stelle hat er aber ein ganz besonderes Gewicht: denn er ist Teil des göttlichen Urteils, das hier noch einmal in seiner Unwiderruflichkeit ausdrücklich zitiert wird.

[80] QUACK, *a.a.O.*, 36f.

Zweite Teilstrophe (Verse 7–9): Heimkehr

[11]
FAULKNER, *AECT* I, 7f.
BARGUET, *Textes des sarcophages*, 98

§ 19 Heimkehr

Hier nehmen die Anrufe an den Toten, aus dem Prozeß gerechtfertigt „herauszukommen", eine besondere Wendung an und fordern ihn zur „Heimkehr" auf. Die ihm durch den Freispruch geschenkte Bewegungsfreiheit soll er vor allem dazu nutzen, die Verbindung zu den Lebenden wieder aufzunehmen. Der Tod ist ein Fortgehen, wenn auch „nicht tot, sondern lebendig", wie es die berühmten, vielzitierten Anfangsverse von *PT* [213] beteuern, aber die Riten um den Leichnam und am Grabe setzen die Wiederkehr und die Wiederaufnahme der Kommunikation voraus. Aus der Tatsache, daß einige Handschriften nach *jnj n=k ṯw* das Determinativ des sitzenden Gottes einfügen, haben die bisherigen Übersetzer auf das Wort *twt* „Bild" geschlossen. B1P schreibt auch bei der Wiederholung in *CT* [11] = I.36a geradezu *twt wr* „großes Bild". Diese Handschriften verstehen aber *jnj ṯw* als ein Appellativum „der du dich bringst", vermutlich in assoziativer Verbindung mit dem Appellativ *jnj(.w)=f sw* „Der sich Bringende", von dem im *Lebensmüden* die Rede ist:

ꜥḥꜥ=f ḥr pf gs mj jrj.n Nḥp.w	Möge er stehen an jener Seite, wie es Nehepu getan hat:
pꜣ js pw prr jnj=f sw jr=f	Das ist jener, der herauskam, damit er sich bringe (zurückkehre) zu ihm (bzw. „zu dem 'Der sich Bringende', d.h. der Zurückkehrende, herauskam").[81]

An dieser Stelle ist ebenfalls von „Herauskommen" und „Wiederkehr" die Rede, wenn auch unklar ist, worauf sich der Name (?) Nehepu bezieht.

Dritte Teilstrophe (Verse 10–16): Empfang

Vgl. Spruch 3, Vers 22 (*CT* [8] = I.25a): *pẖr ḥꜣ=f ꜥḥꜥ m-sꜣ=f* „Schart euch um ihn, stellt euch hinter ihn!". Dort ging es um Beistand, jetzt, nach dem Triumph, geht es um Akklamation.

Die Verse kommen auch in einer sehr ähnlichen Fassung in *CT* [33] = I.113a–d vor:

[81] pBerlin 3024, 16–17.

113a	*ḏj n=f jꜣw nṯr.w*	Gebt ihm Lobpreis, Götter,
b–c	*my jr mꜣꜣ=ṯn sw*	kommt, schaut ihn,
	prj.w m ḥtp ḫrw=f-mꜣꜥ.w	wie er herausgekommen ist in Frieden, gerechtfertigt!
d	*ḥꜥꜥ.w m ḫsf.w=f*	Jubelt ihm entgegen!

§ 20 *jṯj Wrr.t*

Auch Spruch 3, Vers 29 (*CT* [8] = I.27a) endet mit der Aussage *jṯj.n=f* „er hat ergriffen“:

jṯj.n=f jš.wt=f nb m mꜣꜥ-ḫrw	Denn er hat von all seinen Sachen Besitz ergriffen in Triumph.

Hier wird der Triumph des Verstorbenen im Totengericht in der Begrifflichkeit des Thronfolgeprozesses zwischen Horus und Seth ausgedrückt, in welchem dem Sieger die Krone über Ägypten (*Wrr.t*) zufällt. Die Wendung „die Stätten des Geb durchfahren“ bezieht sich auf die „Königsreise“ bei Herrschaftsantritt, ein symbolischer Akt der Inbesitznahme des Landes.

Die Übersetzung des letzten Verses ist nur ein Vorschlag. Wie die zahlreichen Varianten zeigen, haben schon die Kopisten den Sinn nicht mehr ganz durchschaut. Das zu fordernde, auf *Wrr.t* bezogene *sj* hat keine einzige Handschrift; B3Bo (♀), B4Bo (♀) und MC 105 (♀) schreiben *ḥḏ s*, was problemlos als *s<j>* verstanden werden kann, vom Kopisten aber offensichtlich auf die Tote bezogen wurde, ebenso wie bei B2Bo (♂), der *ḥḏ=f* schreibt. B1P und B6C haben *ḥḏ sw*. Es wird sich um einen Fall von Pronominalverwirrung handeln.

Zweite Strophe

§ 21 Zur Anordnung von *CT* [12] und [13]

Die Sprüche *CT* [12] und [13] bilden die beiden Teilstrophen der zweiten Strophe von Spruch 4 und sind so parallel gebaut, daß sie nur gemeinsam kommentiert werden können. Beide beginnen mit der Aufforderung an den Toten, „herauszukommen“. Die Aufforderung an den Toten, „herauszukommen“, versteht sich von der Wendung *prj m wp.t* her: „Herauskommen aus dem Gericht“, was so viel heißt wie „den Prozeß siegreich bestanden haben“. Ich verstehe *n=k* als *dativus ethicus* „für dich“; eine andere Möglichkeit wäre *prj.n=k* als emphatische Form: „groß und gewaltig bist du herausgekommen“, „aus deinem Haus bist du herausgekommen“. Beide Sprüche vergleichen dieses Herauskommen mit einer göttlichen Erscheinung. In *CT* [12] wird das Herauskommen des gerechtfertigten Toten mit dem Sonnenaufgang verglichen, d. h. mit einer Überwindung des Todes und einer Auferstehung aus der Unterwelt. *CT* [13] verwendet die übliche Gleichsetzung des Toten mit Horus, der „das Erbe angetreten“ hat; rätselhaft ist die parallel zu dieser Aussage gebildete Wendung *ḫpš.n=f ḫpš*, die vermutlich mit dem Doppelsinn von *jwᶜ* - „Erbe“ und „Knochenstück mit Fleisch“ - und von *ḫpš* - „Kraft“ und „Rinderschenkel“ - spielt. Im zweiten Teil der beiden Sprüche wird dann jeweils der Parallelismus zwischen dem Thronfolgeprozeß Horus contra Seth als mythischem Präzedenzfall und dem Totengericht des verstorbenen N ausgeführt, der ja der gesamten Liturgie zugrunde liegt. *CT* [13] verwendet dabei eine chiastische Verschränkung, um die Identität der beiden Vorgänge noch stärker hervorzuheben: Er läßt den Verstorbenen vor den mythischen Kollegien des Thronfolgeprozesses gerechtfertigt werden und Horus vor dem aktuellen Kollegium des Totenrichters, der als „Herr der Starre“ umschrieben wird. Das wird völlig klar, wenn man die Stelle *CT* [62] = I.268d–e hinzunimmt, die auf unsere Totenliturgie anspielt:

268d	*smꜣᶜ-ḫrw=k hrw wḏᶜ-mdw*	Mögest du gerechtfertigt werden am Tage des Gerichts
d–e	*m ḏꜣḏꜣ.t n.t nb gm.wt*	im Kollegium des Herrn der Starre.

Angesichts dieses parallelen Aufbaus der beiden Sprüche ist es nun um so überraschender, daß sie nur in der späten Fassung AB in dieser Anordnung vorkommen. Die ältere Fassung A ordnet die Sprüche anders:

B4C[a]:	[1]+[2]+[4]+[5]+[6]+ [27]+	[7]+[8]+[9]+	[10]+[11]+[**13**]+ [**12**]+[14]+[15]	
MC105[a]:		[7]+[8]+[9]+	[**12**]+[14]+[15]+[10]+	[27]+[11]+[225]+ [28]+[20]+
MC105[b]:	[1]a+[2]+[3]+ [4]+[5]+[6]+			[16]+[17]+ [**13**]
S10C:	[1]+[2]+[4]+[5]+[6]+	[7]+[8]+[9]+	[10]+[**13**]+[**12**]+[14]+ [15]+	[16]+[17]+[27]+
T9C[a]:	[4]+	[7]+[8]+[9]+	[**12**]+[14]+[15]+[10]+	[27]+[11]+[225]+ [836] + AII
T2C:			[**13**]+[**12**]+[14]+[15]+	[16]+[17]

Immerhin stehen die Sprüche auch in B4C, S10C und T2C nebeneinander; lediglich die Reihenfolge ist vertauscht. Ich möchte die Zusammengehörigkeit der beiden Sprüche als zwei Strophen desselben Textes für ursprünglich halten, ebenso wie ihre Funktion als bestätigende Beantwortung der Gerichts-Sequenz [7]+[8]+[9].

Dritte Strophe: Bannsprüche gegen mögliche Anfechtung

Erste Teilstrophe (Verse 32–37)

[14]
FAULKNER, *AECT* I, 9
BARGUET, *Textes des sarcophages*, 99

Mit dieser Strophe endet die Reihe von drei Strophen, die alle mit *prj* „Herauskommen“ anfangen und die Erscheinung des Verstorbenen nach siegreich bestandenem Totengericht zum Thema haben. Sie hat deutlich resümierenden und abschließenden Charakter. In allen Handschriften der Fassung A folgt sie auf Spruch [12], also auch dort, wo Spruch [13] fehlt. Die erste Versgruppe ist in der Stilform *qāla qā'ilun* gehalten, die in den Pyramidentexten so beliebt ist und im Ägyptischen einen feierlich-liturgischen Charakter hat.[82]

§22 Bannspruch

Die zweite Versgruppe stellt eine Art Bannspruch dar. B2Bo und B1P haben ihn in die 1. Ps. transponiert, was aber sicher sekundär ist. Der im Totengericht gerechtfertigte, freigesprochene Tote ist sakrosankt: Er ist in die Götterwelt aufgenommen, selbst zu einem Richter des heliopolitanischen Kollegiums und damit unangreifbar geworden. Mögliche Feinde haben gegen ihn keine Chance. Der apotropäische Charakter dieses Bannspruchs ergibt sich aus dem Ritualkontext der Liturgie, den man wohl mit der nächtlichen Stundenwache in der Balsamierungshalle in Verbindung bringen darf. Hier geht es zentral um die Abwehr des Feindes, dessen Annäherungsversuche man fürchtet und dessen Zugriffsmöglichkeiten auf den Leichnam des Verstorbenen man durch die Riten der Stundenwache ein für allemal ausschließen will. Die Balsamierung und Mumifizierung konserviert nicht nur den Leichnam, sondern restituiert auf dieser Grundlage die Person des Toten.

Zur Grammatik: Der Bannspruch verwendet das Pseudopartizip *ḥr.tj* „du bist fern“, und zwar im performativen Sinne, genau wie das vom König gesprochene *wḏꜣ.tj* „du bist heil“ in der Biographie des Ra-wer (*Urk.* I, 232). Es handelt sich also nicht um einen Wunschsatz, sondern um einen Aussagesatz, der aufgrund der performativen Kraft des königlichen – hier: des rituellen – Wortes den Sachverhalt, den er beschreibt, herstellt.[83] Wie in den ediktförmigen Bannsprüchen üblich wird die Identität des Gebannten offengelassen. Sie richten sich gegen potentielle Feinde.

[82] Vgl. SETHE, *ÜK*, zu *Pyr.* §136b; §140b; §256b; §482a; §493a; §680a; §819c; §826c; §898b; §915a; §939c; §940c; §964a; §971a; §973b; §1129a/b; §1142 a/b; §1280c; §1296b; §1328a.
[83] Vgl. ASSMANN, *Liturgische Lieder*, 366f.

Zweite Teilstrophe: Anrufung an bn kꜣ

[15]
FAULKNER, *AECT* I, 9
BARGUET, *Textes des sarcophages*, 99

In beiden Fassungen kommt Spruch [15] ausschließlich nach [14] vor. Daraus ergibt sich ein wichtiger Hinweis auf seinen ansonsten ziemlich dunklen Sinn. Er setzt die Verwünschung fort, die in der zweiten Versgruppe von Spruch [14] ausgesprochen wird. Auf wen sich die Anrufung als „Sproß des Stiers“ bezieht, ist kaum zu ergründen. Vermutlich handelt es sich um eine bewußte Verrätselung. In Fassung AB wird er selbst aufgefordert, als Hüter des Verstorbenen gegen seine Feinde zu „erscheinen“. In Fassung A wird ihm gesagt (?), daß Neith in dieser Funktion erscheinen soll. Fassung A hat nach JÜRGENS als die ältere zu gelten.

Unklar ist auch, was *wḏ-mdw* in diesem Zusammenhang zu bedeuten hat. Fassung A liest überwiegend *ḫꜥj r wḏ-mdw=f*, was wohl nur „erscheine auf seinen (des Stiers?) Befehl“ heißen kann. Fassung AB läßt hier keine einheitliche Lesung zu, zumal B4C, MC105 und T2C an der fraglichen Stelle zerstört sind und S10C einen ziemlich abweichenden Text bietet:

> Neith erscheine gegen jenes böse Wort,
> Neith erscheine gegen jene böse Gewalt,
> Neith erscheine gegen die, die diesen Osiris N schlagen wollen,
> Neith erscheine gegen die, die diesen Osiris N vertreiben wollen.
> Daß Horus überfuhr aus Heliopolis zu seinem Vater,
> der der *ṯnn.t*-Kapelle vorsteht, war wegen der Verschwörer.

So bleibt nur T9C übrig, wo von einem Befehl gar keine Rede ist:

> Der Ka der Neith erscheine gegen die Feinde des (...),
> die ihn hassen und die gegen diesen N prozessieren wollen an diesem Tage.

Spruch 5: Abschließende Status-Charakteristik des Toten I: Auf der Erde

[16]

1	47a–b	*ḥmsj wsjr N m-bꜣḥ Gb jrj-pꜥ.t nṯr.w*	Osiris N sitzt vor Geb, dem Erbfürsten der Götter.
2	c	*ṯwt Ḥr.w ḥḏ.t=f m tp=f*	Du bist Horus, seine weiße Krone auf seinem Haupt,
3	d	*Mꜣꜥ.t m ḥꜣ.t=f*	Ma’at an seiner Stirn!
4	48a	*jw msj.n sw ꜣs.t*	Isis hat ihn geboren,
5	b	*jw šd.n sw Ḫꜣb.t*	Chabit hat ihn aufgezogen,
6	c	*jw ꜣṯ.n sw ꜣṯy.t Ḥr.w*	die Horus-Amme (*ꜣṯy.t-Ḥr*) hat ihn gesäugt,

7	d–49a	*pḫr n=f sḫm.w Stš m ḥꜣ.w sḫm.w=f*	indem die Mächte des Seth ihm dienten über seine eigenen Mächte hinaus.
8	b	*jw rḏj.n n=f jtj=f Wsjr*	Sein Vater Osiris hat ihm
9		*jꜣ.tj=f jptn.tj*	diese seine beiden Stäbe gegeben.
10	c–50a	*jyj.n wsjr N pn ḥkn=f jm=sn m mꜣꜥ-ḫrw*	Osiris N ist gekommen, indem er mit ihnen jubelt in Triumph.
[17]			
11	50b	*jw rḏj n=f psḏ.tj=f jptn.tj*	Diese seine beiden großen, gewaltigen
12		*wr.tj ꜥꜣ.tj*	Neunheiten haben ihm verliehen,
13	c–51a	*ḏnḏn=f nṯr.w m sḫm=f*	die Götter zu bedrohen mit seinem Sechem-Szepter.
14	b	*jw=f sšm ꜥnḫ n nṯr.w*	Er ist es, der den Göttern Leben zuführt[84]
15	c	*pr.t-ḫrw n Rꜥ.w m Mꜣꜥ.t*	und Rezitationsopfer für Re in Gestalt von Ma'at.
16	d	*jw Ḥr.w ḫnt.j ꜥnḫ.w*	Horus, der Erste der Lebenden, ist es,
17		*nḏ.n=f jtj=f Wsjr*	der seinen Vater Osiris schützt;
18	52a	*snḥm.n=f nmt.t snꜣ jtj=f*	er hat die Schritte dessen gehemmt, der seinen Vater Osiris getötet hat.
19	b	*jr jrj.tj=sn ꜥwꜣ nb ḏw*	Was angeht diejenigen, die irgendeinen üblen Raub begehen werden
20		*r wsjr N pn*	an diesem Osiris N,
21	c–53a	*jr kꜣ N pnꜥ ḥrj m ḫr.w*	Dann wird dieser N das Obere zuunterst kehren unter ihren Großen
22		*m wr.w=sn*	
23		*m Jwnw r gs Wsjr ḫꜥ.w*	in Heliopolis zur Seite des Osiris, wenn er erschienen ist.
24	b	*jw wsjr N pn jṯj.n=f tꜣ.wj=f*	Dieser N, er hat seine beiden Länder
25		*m mꜣꜥ-ḫrw*	im Triumph ergriffen.
26	c	*ṯwt Ḥr.w nb Mꜣꜥ.t*	Du bist Horus, der Herr der Ma'at.

Erste Strophe (Verse 1–10): Horus als Erbe

[16]
Faulkner, *AECT* I, 10f.
Barguet, *Textes des sarcophages*, 99

Der abrupte Wechsel des interpersonalen Bezugs in den ersten Versen, von „er" zu „du" und zurück zu „er", ist ein Problem. Die Fassung A liest hier *Ḥr.w js*, bleibt also in der 3. Ps., was sicher der bessere Text ist. Die Möglichkeit, mit Faulkner *ḥmsj* als Imperativ zu lesen („be seated") und so wenigstens die bei-

84 *sšm ꜥnḫ* „Leben zuführen", vgl. dazu Otto, *Gott und Mensch*, 55, 152–53.

den ersten Verse einheitlich als Anrede an den Toten zu konstruieren, ist nicht auszuschließen. Der Satz „Du bist Horus …" steht in deutlichem Parallelismus zum letzten Satz von Spruch *CT* [17] = I.53c: „Du bist Horus, der Herr der Maat". Zwischen diese beiden Du-Prädikationen ist eine lange Status-Charakteristik des mit Horus gleichgesetzten Toten in der 3. Ps. eingeschoben. Diese Beschreibung des gerechtfertigten Horus in *jw*-Sätzen entwirft eine Kurzbiographie von Geburt und Aufzucht bis zur Ausstattung mit den beiden *jꜣ.t*-Stäben durch Osiris. Sie wird in Spruch [17] bruchlos weitergeführt. Das „Sitzen vor Geb" hat man sich als Ausübung des Richteramtes vorzustellen, in das der Verstorbene mit seiner Rechtfertigung vor dem Tribunal berufen wurde.[85] In dieser Rolle wird er abschließend als „Herr der Maat" angesprochen. Bei den beiden *jꜣ.t*-Stäben wird es sich um Machtabzeichen handeln, ähnlich wie bei dem *sḫm*-Szepter, von dem in der nächsten Strophe die Rede ist.

Zweite Strophe (Verse 11–26): Horus als König

[17]
FAULKNER, *AECT* I, 10f.
BARGUET, *Textes des sarcophages*, 99f.

Sprüche [16] und [17] sind Strophen eines einzigen Abschnitts und werden auch von FAULKNER in seiner Übersetzung als ein zusammenhängender Spruch behandelt. Die in Spruch [16] begonnene Status-Charakteristik des Horus wird in Spruch [17] fortgesetzt:

1. (*ṯwt*): Horus in der weißen Krone
2. geboren, gesäugt, aufgezogen: von Isis, Chabit, Atjit-Hor
3. die *sḫm.w* des Seth dienen ihm, zu seinen eigenen hinzu
4. erhält die beiden *jꜣ.t*-Stäbe von Osiris
5. erhält *sḫm*-Vollmacht von den beiden Neunheiten
6. ist der Versorger der Götter und Maat-Priester des Sonnengottes
7. ist König (*ḫnt.j ꜥnḫ.w*)
8. der Rächer des Osiris
9. (*ṯwt*): Horus, Herr der Maat

Bemerkenswert ist vor allem Nr. 6, wo die Rolle des „Königs als Sonnenpriester" angesprochen wird. *pr.t-(r)-ḫrw* ist normalerweise das typische Wort für „Totenopfer" im Gegensatz zu *ḥtp.w-nṯr* „Gottesopfer".[86] Hier muß aber etwas anderes

[85] Im NR „sitzt" der im Totengericht gerechtfertigte Tote so vor Osiris, vgl. die entsprechenden Darstellungen in Totenpapyri (Ani, Hunefer, Qenna usw.) und Gräbern (z. B. TT 1, TT 41, s. dazu ASSMANN, *Amenemope*, 103f.).

[86] Vgl. die Formel „Gottesopfer den Göttern, Totenopfer den Verklärten", ASSMANN, *Sonnenpriester*, 36, 59, Anm. 2.

gemeint sein. Ich nehme an, daß hier an die ursprüngliche Bedeutung des Ausdrucks „Herausgehen auf die Stimme hin“ bzw. „Herauskommen der Stimme“ gedacht ist, die Verlesung der Opferliste als „Rezitationsopfer“. Auch dem Sonnengott wird in Gestalt der liturgischen Sonnenhymnik ein rein sprachliches Opfer dargebracht, das als solches „Ma'at“ heißt.[87]

In diese Status-Charakteristik wird gegen Ende wiederum eine ediktförmige Strafandrohung eingeschoben in der typischen *jr jrj.tj=sn*-Form. Das unterstreicht den apotropäischen Charakter des Rituals als Bestandteil der Stundenwachen. Von „Raub“ ist auch in Spruch *CT* [62] = I.268g–h die Rede, wo dieses Ritual zitiert wird:

268g	*ḫsf(.w) n=k sby jyj.w m grḥ*	Abgewehrt werden soll dir der Rebell, der in der Nacht kommt,
h	*ꜥwꜣ.y n tp dwꜣy.t*	und der Räuber in der Morgenfrühe.

Damit ist auf mythischer Ebene Seth gemeint, der den Leichnam des Osiris zu rauben droht; auf realweltlicher Ebene könnte sich die Drohformel gegen Grabschänder wenden. Was mit der Wendung *jrj ꜥ ḥrj m ẖr.w* genau gemeint ist, entgeht mir. Vgl. *jrj ꜥꜣ r nḏs* „Großes zu Kleinem machen(?)“ in *Tb* 175.

Spruch 6: Abschließende Status-Charakteristik II: Im Himmel

[18]

1	53d	*hꜣ wsjr N pn*	O Osiris N hier,
2	d–e	*ḏꜣj=k p.t nmj=k bjꜣ*	mögest du über den Himmel fahren und den Ehernen durchwandern,
3	f–g	*dwꜣ ṯw jm.jw mr nḫꜣ*	mögen dich die Bewohner des Gewundenen Kanals anbeten,
4	54a	*mꜣꜣ=sn ṯw wbn=k m ꜣḫ.t jꜣbt.t*	wenn sie dich sehen, wie du aufgehst im östlichen Lichtland.
5	b	*jm.jw dꜣ.t ḥr rḏj.t ḫꜥ.w=k nfr*	Die Unterweltlichen stimmen „Dein Erscheinen ist schön“ an,
6	c	*prj=k m Mskt.t*	wenn du herauskommst aus der Mesektet-Barke
7	d	*hꜣj=k m Mꜥnḏ.t*	und einsteigst in die Mandjet-Barke,
8	e	*m wḏ n=k Ḥr.w ḏs=f nb pꜥ.t*	wie es dir Horus, der Herr der Pat, selbst befohlen hat.
9	f	*hꜣ wsjr N pn prr=k ḥr jm.j-wr.t ꜥꜣ.t n.t p.t*	O Osiris N hier, daß du aufsteigst, ist über der großen Steuerbordseite des Himmels,

[87] Vgl. dazu ASSMANN, *Liturgische Lieder*, 161 f., 154–157; DERS., *Ma'at*, 184–195.

10	g	*hꜣꜣ=k ḥr tꜣ-wr ꜥꜣ n tꜣ*	daß du absteigst, ist über der großen Backbordseite der Erde
11	h–i	*m-m n.w n nṯr.w jm.jw šms.w Wsjr*	unter jenen Göttern im Gefolge des Osiris.
12	j	*m ḥtp m ḥtp ḫr Rꜥ.w jm.j p.t*	Willkommen, willkommen bei Re, dem Himmelsbewohner.

[19]

13	55a	*hꜣ wsjr N pn*	O Osiris N hier,
14	b	*jw=k m nṯr wnn=k m nṯr*	du bist ein Gott, du währst als Gott,
15	c	*nn ḫft.j=k nn tp.j-mꜣꜥ=k*	du hast keinen Feind, du hast keinen Rivalen
16	d	*ḫr Rꜥ.w jm.j p.t*	bei Re, der im Himmel ist,
17	e	*ḫr Wsjr nṯr ꜥꜣ jm.j ꜣbḏw*	bei Osiris, dem großen Gott, der in Abydos ist.

Erste und zweite Strophe (Verse 1–12)

[18]
Faulkner, *AECT* I, 11
Barguet, *Textes des sarcophages*, 166f.

Die Sprüche *CT* [18] und [19] sind ein Zusatz der Fassung AB zur alten Liturgie A.

§23 Der Tote im Sonnenlauf

ḏꜣj p.t nmj bjꜣ oder umgekehrt, *nmj p.t ḏꜣj bjꜣ*, ist eine formelhaft festliegende Wendung für die Vorstellung der Himmelsüberquerung des Sonnengottes und zugleich ein „Leitsatz" (Kees) des ägyptischen Totenglaubens.[88] Dabei handelt es sich um die „sakramentale Ausdeutung" der Beisetzungsprozession als Himmelsüberquerung. Diese Beziehung kommt vor allem in denjenigen Formeln zum Ausdruck, die *ḏꜣj bjꜣ* „den Ehernen überqueren" in Parallele setzen zu *smꜣ tꜣ* „sich mit der Erde vereinigen" = „beigesetzt werden" wie z.B. in einer typischen Totenformel der Assiutsärge.[89] Gern beginnen mit entsprechenden Wendungen auch Varianten der sog. „Abydos-Formel"[90] (nicht diese selbst), vgl. etwa

[88] Vgl. Kees, *Totenglauben*, 180f.

[89] Kees, *a.a.O.*, 179f. Vgl. auch die Opferformel *CT* V.166a:
ḏꜣj=f p.t nmj=f bjꜣ ḫpj=f m ḥtp ḥr wꜣ.t nfr.t ḫpp.t jmꜣḫ.w jm „Möge er den Himmel queren und den Ehernen durchwandern, möge er in Frieden dahinziehen auf dem schönen Wege, auf dem die Versorgten dahinziehen."
Zum Bezug dieser Formeln auf die Beisetzung vgl. auch Lapp, *Opferformel*, 89–90.

[90] Vgl. hierzu Lichtheim, *Autobiographies*, 129ff. sowie *Totenliturgien* Bd. II, Einleitung.

Möge er den Ehernen überqueren und den Himmel durchwandern,
möge er sich mit der Erde vereinen am westlichen Lichtland,
möge er aufsteigen zum Großen Gott.[91]

So ist es gewiß nicht zufällig, daß auch dieser Spruch mit dieser Formel beginnt. Am Anfang des Einstiegs in den Sonnenlauf steht die Himmelsüberfahrt, die in Form der Beisetzungsprozession rituell begangen wird.

Die Akklamation des Toten durch jenseitige Wesen schließt sich an: die Bewohner des „Gewundenen Kanals“, der offenbar dem Osthorizont vorgelagert ist, und die „Bewohner der Unterwelt“. Der Sonnengott durchquert den „Gewundenen Kanal“ in den letzten Nachtstunden.[92] *ḫ‘.w=k nfr* muß heißen: „Dein Erscheinen ist schön“; nach den Schreibungen in B3Bo, B1P und B6C handelt es sich um ein *nomen actionis*, nicht um einfaches *sḏm=f*. Daher muß *rḏj* hier soviel wie „anstimmen“ heißen (im Wb in diesem Sinne nicht belegt). Der Tote wird wie der Sonnengott begrüßt, von den Anrainern des Gewundenen Kanals beim Aufgang, von den Unterweltlichen beim Untergang. Diese und die folgenden Verse beschreiben den Kreislauf des Toten im Sonnenlauf anhand polarer Begriffe, die für die beiden Phasen des Sonnenlaufs stehen:

jmj.w mr n ḫ3	- *jmj.w d3.t*
Mskt.t „Nachtbarke“	- *M‘nḏ.t* „Tagbarke“,
jm.j-wr.t „Steuerbord“	- *t3 wr* „Backbord“.

Auch die Verben *prj* „aufsteigen“ und *h3j* „absteigen“ beziehen sich auf den solaren Kreislauf[93], hier (wie oft) wohl in absichtlicher Vertauschung der Zuordnung[94]:

prj „aufsteigen“ - *Mskt.t* „Nachtbarke“ - *jm.j wr.t* „Westen“
h3j „absteigen“ - *M‘nḏ.t* „Tagbarke“ - *t3 wr* „Osten“

Ebenso in *CT* [118] = II.139c–140b:

139c	*jnk jyj.w m Rw.tj*	Ich bin es, der als Ruti gekommen ist,
d	*prj=j m Mskt.t*	auf daß ich aufsteige in der Nachtbarke,
140a	*h3j=j m M‘nḏ.t*	auf daß ich absteige in der Tagbarke,
b	*wḏ‘=j mdw m M‘nḏ.t*	auf daß ich Recht spreche in der Tagbarke
	m jz.t R‘.w m nw n mšr.w	in der Mannschaft des Re an jenen Abenden.

In *CT* [44] = I.184g werden Nachtbarke und Tagbarke in offenbar ebenfalls vertauschter Zuordnung mit Südfahrt (sonst = Osten = Tag) und Nordfahrt (= Westen = Abend/Nacht) verknüpft.

91 Stele des Qemnen-Sobeknacht ed. PIEHL, *Inscriptions* I, LXXXII, ähnl. Stele des Tjeti, LICHTHEIM, *a.a.O.*, 48, und Henenu, ibd., 60.

92 ALTENMÜLLER, *„Messersee“*, 86–95; DERS., *Sonnenlauf*, 10; WILLEMS, *Chests of Life*, 151 f.

93 ASSMANN, *Re und Amun*, 72 f.

94 DERCHAIN, *Perpetuum Mobile*, 153 ff.

Der Schluß des Textes betont nochmals, daß die Aufnahme unter die „Gefolgsleute des Osiris" gleichbedeutend ist mit dem Eintritt in die Gemeinschaft des Sonnengottes.

Dritte Strophe (Verse 13–17)

[19]
FAULKNER, *AECT* I, 11
BARGUET, *Textes des sarcophages*, 167

§ 24 Göttlichkeit und Feindlosigkeit

Die Formel *wnn=k m nṯr n ḫft.j=k* geht auf die Pyramidentexte zurück, wo sie in einer älteren und einer jüngeren Form begegnet. Die ältere Form liest anstatt der Negation *n* den Dativ *n* als hieße es „du bist ein Gott für deinen Feind", d. h. „deinem Feind zum Trotz" (vgl. dazu SETHE, *ÜK* III, 86f.):

580b	
ḏj.n ṯw Nw.t m nṯr n Stš m rn=k n nṯr	Nut hat dich zum Gott eingesetzt dem Seth zum Trotz in deinem Namen „Gott".
765c = 25b	
ḏj.n mw.t=k Nw.t wn=k m nṯr n ḫft.j=k	Deine Mutter Nut hat dich zum Gott eingesetzt deinem Feind zum Trotz.
638a/b = 1607b	
rḏj.n=s wn=k m nṯr n (Negation) *ḫft.j=k*	Sie hat veranlaßt, daß du existierst als Gott ohne einen Feind von dir.

Die Form mit Negation setzt sich später allgemein durch und wird formelhaft. Zugleich wird aus dem ursprünglichen Singular „Feind", der sich auf Seth bezieht, der Plural „Feinde".[95] Unser Text hat den Singular und spezifiziert „Feind" mit

[95] Besonders häufig in Nut-Texten und anderen Götterreden auf Särgen, vgl. Louvre D 39A (*Tꜣ-nt-Ḥp*) ed. DE ROUGÉ, *Notice*, 198ff.; PIEHL, *a.a.O.*, XXVI; BUHL, *Sarcophagi*, 65ff., Ea 27:

wnn=k m nṯr nn ḫftj.w=k nb	Du währst als Gott, ohne irgendeinen Feind,
wnn=sn ḫr.w ḫr ṯbw.tj=kj m dꜣ.t	indem sie gefallen sind unter deine Fußsohlen in der Unterwelt.

CG 29305 ed. MASPERO/GAUTHIER, *Sarcophages des époques persane et ptolémaïque*, 169:

ḏj.n=j wnn=k m nṯr ḫnt.j nṯr.w	Ich (Nut) habe veranlaßt, daß du existierst als Gott an der Spitze der Götter,
n ḫftj.w=k m-ꜥb nṯr.w jḫm.w-sk	ohne daß es Feinde von dir gibt unter den Göttern, den Unvergänglichen.

Anubis: CG 41009 ed. MORET, *Sarcophages de l'époque bubastite à l'époque saïte*, 125; CG 41015, MORET, *a.a.O.*, 168; CG 41047, GAUTHIER, *Cercueils*, 123; CG 41048, GAUTHIER, *a.a.O.*, 152; CG 41057, GAUTHIER, *a.a.O.*, 308; CG 41058, GAUTHIER, *a.a.O.*, 336; CG 41068, GAUTHIER, *a.a.O.*, 479:

dem von der Präposition *tp-mꜣꜥ* „neben“, eigentl. „an der Schläfe“ abgeleiteten Wort *tp.j-mꜣꜥ* „Nebenbuhler, Rivale“. Die Begriffe „Göttlichkeit“ und „Feindlosigkeit“ gehören zusammen als Heilswirkungen der Gerichtszeremonie. Indem das Gericht den Toten gegenüber seinem Feind/seinen Feinden rechtfertigt und ihn damit von ihnen befreit (Feindlosigkeit), vermittelt es ihm den Status eines Gottes.

Die Schlußformel *ẖr Rꜥ.w jm.j p.t ẖr Wsjr nṯr ꜥꜣ jm.j ꜣbḏw* stellt noch einmal und endgültig fest, daß dieser Status dem freigesprochenen und vergöttlichten Toten die Gemeinschaft des Re und des Osiris, im Himmel und im Gerichtsort Abydos vermittelt. Am Ziel der Passage durch das Totengericht steht der Eintritt in den Sonnenlauf und die Zugehörigkeit zum Kollegium des Osiris.

Übersicht über den III. Teil:

1. Das siegreiche Hervortreten (*prj*) des Toten (46 Verse):

	6 Öffnung	
16 Öffnung und Ankunft		
		3 „Komm!“
	10 Ankunft	
		7 Empfang durch die Götter, Rechtsspruch der Götter
		7 Herauskommen wie Re, Rechtsspruch der Götter
16 „Herauskommen“		
		9 Herauskommen als Horus, Freispruch vor den Kollegien

rḏj n=ṯ wnn=ṯ m nṯr	Ich will bewirken, daß du existierst als Gott,
nn ḫftj.w=ṯ m bw nb šm=ṯ	ohne daß du irgendwelche Feinde hast, wo immer du gehst.

Isis: CG 29304 ed. Maspero/Gauthier, *a.a.O.*, 160:

ḏj.n=j wnn=k m nṯr	Ich habe veranlaßt, daß du existierst als Gott,
ḫftj.w=k ḫrw ẖr ṯbw.tj=kj	indem deine Feinde gefallen sind unter deine Sandalen.

CG 41009 ed. Moret, *a.a.O.*, 123; CG 41004, Moret, *a.a.O.*, 79–80; CG 41013, Moret, *a.a.O.*, 155; CG 41017, Moret, *a.a.O.*, 180; CG 41044, Gauthier, *a.a.O.*, 71; CG 41047, Gauthier, *a.a.O.*, 136; CG 41048, Gauthier, *a.a.O.*, 156–57; CG 41053, Gauthier, *a.a.O.*, 232; CG 41056, Gauthier, *a.a.O.*, 282; CG 41057, Gauthier, *a.a.O.*, 310; CG 41058, Gauthier, *a.a.O.*, 341; CG 41062, Gauthier, *a.a.O.*, 393; CG 41064, Gauthier, *a.a.O.*, 423; CG 41068, Gauthier, *a.a.O.*, 481; CG 41070, Gauthier, *a.a.O.*, 504; CG 41011, Moret, *a.a.O.*, 141; Bologna 1957 ed. Kminek-Szedlo, *Museo Civico di Bologna*, 222:

jw rḏj<=j> wnn=ṯ m nṯr	Ich veranlasse, daß du existiert als Gott,
ḫftj.w=f ẖr ṯbw.tj=kj	indem deine Feinde unter deinen Sohlen sind.

Vgl. für weitere Stellen Assmann, *Basa*, 73 f. mit Anm. 94.

14 Bannsprüche gegen mögliche Anfechtung	8 Bannspruch
	6 Anrufung an *bn kꜣ*

2. Abschließende Status-Charakteristik des Toten

26 Erde: Der Tote als König	13 Horus als Erbe	3 (*ṯwt*): Horus in der weißen Krone, geboren, gesäugt, aufgezogen:
		3 von Isis, Chabit, Atjit-Hor
		4 die *sḫm.w* des Seth und die beiden *jꜣ.t*-Stäbe von Osiris
		3 *sḫm*-Vollmacht von den beiden Neunheiten
	13 Horus als König	2 Versorger der Götter Maat-Priester des Sonnengottes
		3 König (*ḫnt.j ꜥnḫ.w*) der Rächer des Osiris
		5 Bannspruch
		3 (*ṯwt*): Horus, Herr der Maat
19 Himmel: Der Tote im Sonnenlauf	5	3 Himmelsüberfahrt
		2 Anbetung bei Auf- und Untergang
	9	3 Barkenwechsel
		3 Auf- und Untergang
		3 im Gefolge des Osiris und in der Gemeinschaft des Sonnengottes
	5	3 Göttlichkeit und Feindlosigkeit
		2 bei Re und bei Osiris

Damit schließt der Teil III der Liturgie, wie sie als rezitatorische Inszenierung des Totengerichts gedacht ist. Die folgenden Sprüche gehören in einen anderen thematischen Zusammenhang.

Liturgie B: Sprüche zur Einbalsamierung (Vorstufe von *Tb* 169: Spruch zum Aufstellen der Bahre)

Spruch 1: Erweckung

[1] (nach T9C, BH5C, MC 105[b])
FAULKNER, *AECT* I, 1
BARGUET, *Textes des sarcophages*, 94

1	3a	*hꜣ wsjr N pn*	O Osiris N hier:
2	b	*ntk Rw ntk Rw.tj*	Du bist Ru, du bist Ruti,
3	c	*ntk Ḥr.w nḏ(.w) jtj=f*	du bist Horus, der seinen Vater schützt,
4	d	*ntk Ḏḥwtj mꜣꜥ-ḫrw*	du bist Thot, der Gerechtfertigte.[96]
5	e–5a	*ntk fdn.w n fd.w nṯr.w jp.w ꜣḫ.w jtp.w*	Du bist der Vierte jener vier verklärten und erwählten Götter,
6	e	*jrj.w hy jrj.w hnw*	die Jubel veranstalten,
7	7a	*jrj.w bꜥbꜥ.w m ḫpš n jtj.w=sn*	die zu trinken verschaffen mit der Kraft ihrer Väter.[97]
8	b	*wsjr N pn wṯs ṯw ḥr jꜣb.j=k*	Osiris N hier, erhebe dich von deiner linken Seite,
9	c	*ḏj ṯw ḥr wnm.j=k*	gib dich auf deine rechte Seite!

Zum Kommentar s. oben, § 1.

Spruch 2: Mumifizierung

[20]
FAULKNER, *AECT* I, 11 f.
BARGUET, *Textes des sarcophages*, 167

1	55f	*hꜣ wsjr N pn*	Oh Osiris N hier,
2	56a[98]	*wnn=k Gb jr.tj=k šp.tj*	möge dir Geb deine blinden Augen öffnen,
3	b	*dwn{n}{n}=f n=k mꜣs.wt=k qrf.wt*	möge er dir deine gekrümmten Knie ausstrecken.[99]

[96] Fehlt in BH5C.

[97] Var. BH5C:

jrr.w hnj hy	Die jubeln,
jrr.w jꜣw jrr.w sꜣṯ.w	die Lobpreis machen und Libation machen,
nhm.w m ḫpš.w m bꜥbꜥ.w	die jubeln über die Kraft, über das Trinken (?)
nj.w jrr.w jr jtj.w=sn	derer, die gegen ihre Väter gehandelt haben.

[98] B3Bo etc. beginnt: *hꜣ wsjr N pn* „O Osiris N hier."

[99] Fehlt BH5C.

4	56c	*ḏj.tw*[100] *n=k jb=k n mw.t=k*	Möge dir dein *jb*-Herz deiner Mutter gegeben werden
5		*ḥꜣ.tj=k n ḏ.t=k*	und dein *ḥꜣ.tj*-Herz deines *ḏ.t*-Leibes,
6	56d	*bꜣ=k ḥr.j tꜣ*	dein Ba, der auf der Erde ist,
7		*ẖꜣ.t=k ḥr.t sꜣṯw*	dein Leichnam, der auf dem Boden ist.
8	56e	*t n ẖ.t=k*	Brot für deinen Leib,
9		*mw n ḫḫ=k*	Wasser für deine Kehle,
10	f	*ṯꜣw nḏm n šr.t=k*	süßer Lufthauch für deine Nasenlöcher.
11	57b[101]	*ḥtp n=k nb.w js.w*	Mögen die Grabbesitzer[102] dir gnädig sein,
12	c	*wn n=k nb.w qrs.t*[103]	mögen die Sargbesitzer dir aufmachen.[104]
13	d	*jnj.t=sn n=k ꜥ.wt=k wꜣ.wt jr=k*	Mögen sie dir (alle[105]) deine Glieder bringen, die sich von dir entfernt hatten,
14	58a	*smn.tj ḥr jt.t=k*	indem du bleibend befestigt bist[106] in deinem Eigentum.

Erste Strophe

Erste Versgruppe (Verse 1–3): Augenöffnung, Gliederstreckung

§ 25 Augenöffnung, Gliederstreckung

Vgl. *CT* [226] = III.255a–256a:

255a	*dr=sn jꜣrr n ḥr=k*	Sie mögen die Trübheit deines Gesichts vertreiben
	qrf.w jrj.w ꜥ.wt=k	und die Krümmung an deinen Gliedern.
256a	*wn=sn jr.tj=k šꜣb.tj*	Sie mögen deine blinden[107] Augen öffnen
b	*dwn=sn dbꜥ.w=k qrf.w*	und deine gekrümmten Finger ausstrecken.

100 Fassung A hat *rḏj.w n=k.*

101 Fassung A ins. *hꜣ wsjr N pn.*

102 Fassung A liest *jm.jw js.w=sn* „die in ihren Gräbern."

103 So nach T9C, wo aber, sicher fehlerhaft, *jz.w* anstatt *qrs.w* steht. Vgl. MC105 und BH5C: *wn n=k nb.w qrs(.w) ḥtp n=k nb.w <jz.w>* „es öffnen dir die Sargbesitzer, es seien dir gnädig die <Grab->Besitzer."

104 B3Bo liest *jwj.t n=k* „zu dir kommen".

105 Nur T9C.

106 T9C liest *j<w>=k smn.tj* „du bist bleibend befestigt".

107 Alle Varr. schreiben *šꜣb* anstatt *šp*, wie BH5C in *CT* I.56a.

Tb 26 (nach Ani):

sn n=j Gb jrj-pꜥ.t nṯr.w ꜥr.tj=fj r=j	Möge Geb, der Erbfürst der Götter, mir seine Kiefer öffnen vor mir[108],
wn=f n=j jr.tj=j šp.w	möge er mir meine blinden Augen öffnen,
dwn=f n=j rd.wj=j qrf.yw	möge er mir meine gekrümmten Beine ausstrecken.

In diesem Spruch mit dem Titel „Dem N sein Herz zu geben" geht es um die körperliche und personale Restitution.

Zweite Versgruppe (Verse 4–5): Die beiden Herzen

§26 Die beiden Herzen

Die Unterscheidung eines „*jb*-Herzens von der Mutter" und eines „*ḥꜣ.tj*-Herzens des *ḏ.t*-Leibes" ist vor allem durch den verbreiteten Spruch *Tb* 30 bekannt, der verhindern soll, daß das Herz bei der Wägung gegen den Toten Zeugnis ablegt und der auch auf den Herzskarabäen steht.[109] Außerhalb von *Tb* 30 und *Tb* 169 ist diese Vorstellung nur selten belegt, z.B. auf dem Würfelhocker des *Ṯꜣwj* im BM Inv. 1459 (eigene Abschrift):

ḏj.tw n=k jb=k n mw.t=k	Möge dir dein *jb*-Herz deiner Mutter gegeben werden
ḥꜣ.tj=k n wnn=k tp tꜣ	und dein *ḥꜣ.tj*-Herz deines Erdendaseins.

Wo solche Wünsche auf (späten) Särgen vorkommen, handelt es sich meist um Varianten von *Tb* 169, z.B. auf dem Sarg des Ahmose (Cairo JE 51945, eigene Abschrift):

wn n=k Gb jr.tj=k šp.tj	Möge Geb dir deine blinden Augen öffnen,
dwn=f n=k rd.wj=k qrf.w	möge er dir deine gekrümmten Beine ausstrecken,
ḏj n=k jb=k n mw.t=k	möge dir dein *jb*-Herz deiner Mutter gegeben werden
ḥꜣ.tj=k n ḏ.t=k	und dein *ḥꜣ.tj*-Herz deines *ḏt*-Leibes.
bꜣ=k r p.t	Dein Ba zum Himmel,
ẖꜣ.t=k r tꜣ	dein Leichnam zur Erde!

Vgl. hierzu die Inschrift auf dem Sarg des *Ḥr.w-sꜣ-ꜣs.t,* CG 41026 ed. MORET, *Sarcophages de l'époque bubastite à l'époque saïte*, 261:

wn n=k Gb jr.tj=k šp.w	Möge Geb dir deine blinden Augen öffnen,
ḏj.tw n=k jb=k n mw.t=k	möge dir dein *jb*-Herz deiner Mutter gegeben werden
ḥꜣ.tj=k n ḏ.t=k	und dein *ḥꜣ.tj*-Herz deines *ḏt*-Leibes.

108 Vgl. *CT* [4] = I.11b *zn n=k Gb ꜥr.tj=fj ḥr=k* „möge Geb vor dir seine Kiefer öffnen", sowie *CT* [226] = II.253a: *wn n=k Gb ꜥr.tj=fj ḥr=k rpꜥ.t nṯr.w* „möge Geb seine Kiefer vor dir auftun, der Erbfürst der Götter".

109 MALAISE, *Scarabées de coeur*, 19ff.

Vom „*jb*-Herz deiner Mutter“, ohne parallele Nennung des *ḥꜣ.tj*-Herzens, ist in einem Spruch die Rede, der auf den Särgen CG 41046, 41053, 41056, 41057, 41065 belegt ist:

jnj=j n=k jb=k n mw.t=k	Ich will dir das *jb*-Herz deiner Mutter bringen
ḏj=j s<w> ḥr s.t=f m ẖ.t=k	und es auf seinen Platz in deinem Leibe setzen.

In der Dekoration von Spätzeitsärgen wird dieser Abschnitt von *Tb* 169 zu einem Geb-Text umgeformt: CG 41002, MORET, *a.a.O.*, 54f. = CG 41009, MORET, *a.a.O.*, 127:

ḏd md.w jn Gb jrj-pꜥ.t nṯr.w	Worte zu sprechen von Geb, dem Erbfürsten der Götter:
hꜣ wsjr N jnk Gb	O Osiris N, ich bin Geb,
wn=j n=k jr.tj=k šp.wy	ich öffne dir deine blinden Augen,
dwn.n=j n=k rd.wj=k qrf.w	ich strecke dir deine gekrümmten Beine aus,
ḏj.n=j n=k jb=k n mw.t=k	ich gebe dir dein *jb*-Herz deiner Mutter
ḥꜣ.tj=k n ḏ.t=k	und dein *ḥꜣ.tj*-Herz deines *ḏt*-Leibes.

(zum Rest des langen Spruches vgl. unten, §33)

Zum Sinn dieser Unterscheidung s. vor allem Thierry BARDINETS Untersuchung *Les papyrus médicaux de l'Égypte ancienne*, Paris 1995, 68–80. BARDINET versteht *jb* als das „Innere“ und als Sammelbegriff für die innersten Organe („Innereien“) wie Lunge, Herz, Leber, Milz und Magen. Daher bezeichnet *jb* metaphorisch oder besser metonymisch (*pars pro toto*) das emotionale und kognitive Innenleben des Menschen, sein „innerstes Wesen“. Von diesem Komplex innerer Organe nimmt man an, daß es dem Kinde von der Mutter durch biologisch-physische Übertragung bei der Geburt vererbt wird. Auf dieser physiologischen Annahme beruht die Wendung *jb n mw.t=j* „Herz meiner Mutter“. Demgegenüber bezeichnet *ḥꜣt.j* das Herz im engeren und eigentlichen Sinne. *ḥꜣt.j* bezeichnet daher metonymisch geistige Phänomene wie Bewußtsein und Erinnerung, die dem Menschen nicht biologisch vererbt werden, sondern sich in ihm im Lauf seines Erdendaseins entwickeln. Das *ḥꜣt.j*-Herz verbindet sich mit Vorstellungen der Individualität, des Bewußtseins und der personalen, verantwortlichen Identität, des „moralischen Selbst“. Daher wird es im Totengericht auf der Waage gewogen. Das *jb*-Innere wird bei der Balsamierung entfernt und in Kanopen beigesetzt, das *ḥꜣt.j*-Herz dagegen wird dem Toten restituiert. Auch BRUNNER versteht den Gegensatz von *jb* und *ḥꜣt.j* im Sinne der Unterscheidung zwischen angeborenen und erworbenen Eigenschaften.[110] So wird in Spruch *Tb* 30 das *ḥꜣ.tj*-Herz spezifiziert als *ḥꜣ.tj=j n ḫpr.w=j* „mein Herz meiner *ḫpr.w*“ var. *Tb* 30A *hꜣ.tj=j n wn=j tp-tꜣ* „mein Herz meines Erdendaseins“.[111] Gewöhnlich wird der Ausdruck *ḫpr.w* auf die Phasen der irdischen Entwicklung bezogen;

[110] In: BRUNNER, *Herz im ägyptischen Glauben*, 38.
[111] Vgl. FÁBIÁN, *Heart Chapters*, 249–259, bes. 258.

Buchberger hat jedoch in seiner Tübinger Dissertation *Transformation und Transformat. Sargtextstudien I*, Kap. 5 plausibel machen können, daß diese Deutung auf sehr schwachen Füßen steht. Wahrscheinlich wird man auch hier „Gestalt" übersetzen müssen. Es gilt also festzuhalten, daß dort, wo das *jb*-Herz als „von der Mutter her" spezifiziert wird, das *ḥ3.tj*-Herz in Kontradistinktion dazu auf den *ḏ.t*-Leib, die *ḫpr.w*-Gestalt und das Erdendasein bezogen wird. Das *jb*-Herz gewährleistet die biologische Kontinuität, die einen Menschen mit seinen Eltern und seinen Kindern verbindet und das Weiterleben in den Nachkommen ermöglicht, das *ḥ3t.j*-Herz dagegen gewährleistet die geistige und personale Identität, die es dem Toten ermöglicht, sich seines irdischen Lebens zu erinnern und im Jenseits seine Personalität zu bewahren.

Dritte Versgruppe (Verse 6–7): Ba und Leichnam

§ 27 Ba und Leichnam

Die normale Zuordnung von Ba und Leichnam ist Ba - Himmel, Leichnam - Erde bzw. Unterwelt.[112] So erscheinen die Verse auch in der späteren Fassung von *Tb* 169:

b3=k r p.t	Dein Ba zum Himmel,
ẖ3.t=k r ẖr.j s3ṯw	dein Leichnam unter den Erdboden.

In der ursprünglichen Fassung werden beide der Erde zugeordnet. Žabkar, der die Stelle kurz erwähnt[113], versteht die Präposition *ḥr* als „in" der Erde bzw. dem Erdboden. Das ist nicht möglich; wenn „in" gemeint ist, steht *m*, wie in Spruch [2]. Beide, Ba und Leichnam, sind hier „auf" der Erde; die Verse beziehen sich auf die Balsamierungssituation, in der der Leichnam noch nicht bestattet und der Ba noch nicht zum Himmel aufgestiegen ist, so wie es z. B. die bekannte Szene im Grab des Paser (TT 106) darstellt.[114] Žabkar sieht in der Verteilung von Ba und Leichnam auf Himmel und Unterwelt eine spezifisch solare Konzeption; in der Tat begegnet sie ständig in den Unterweltsbüchern. Entsprechend versteht er die Aussage in Spruch [20], wo beide der Erde zugewiesen werden, als Ausdruck einer „Osirianisierung". Das ist wohl ein Mißverständnis. Auch im Rahmen eines „osirianisierten" Totenglaubens werden der Ba dem Himmel und der Leichnam der Unterwelt zugeordnet, aber diese Trennung in verschiedene Weltbereiche wird nicht bei der Einbalsamierung, sondern erst bei der Beisetzung vollzogen.[115]

112 Žabkar, *Ba Concept*, 111 f., 127 ff.
113 Žabkar, *a.a.O.*, 110, 127, Anm. 15.
114 PM I^2, 223 F(c).
115 Vgl. hierzu Assmann, *Tod und Jenseits,* 120–128.

Vierte Versgruppe (Verse 8–10): Brot, Wasser, Luft

§ 28 Brot, Wasser, Luft

Diese Verse kommen, wie nicht weiter verwunderlich, auch anderweitig vor. Es scheint sich aber überall um Übernahmen aus *Tb* 169 zu handeln:
TT 279 (15) des Pabasa (nach eigener Abschrift):

Jnp.w nḏr.n=f ꜥ=k ḏs=f	Anubis ergreift selbst deinen Arm,
ḏj=f bꜣ=k m p.t ḫr Rꜥ.w	er gibt deinen Ba in den Himmel zu Re
wsr ẖꜣ.t=k m tꜣ ḫr Gb	und läßt deinen Leichnam in der Erde stark sein bei Geb.
t m ẖ.t=k	Brot ist in deinem Leib,
mw <m> ḫḫ=k	Wasser in deiner Kehle,
ṯꜣw n ꜥnḫ r šr.tj=k	Lebenshauch an deinen Nasenlöchern.

Auch in diesem Text haben wir, im eindeutigen Kontext der Einbalsamierung durch Anubis, die Verteilung von Ba und Leichnam auf Himmel und Erde sowie die Versorgung mit Brot, Wasser und Luft. Noch eindeutiger eine Variante von *Tb* 169 ist der schon erwähnte Text auf den Särgen CG 41011 (MORET, *a.a.O.*, 146), 41033 (MORET, *a.a.O.*, 285), 41004 (MORET, *a.a.O.*, 82) und 41002 (MORET, *a.a.O.*, 52; PIEHL, *Inscriptions* I, 59–60):

bꜣ=k m p.t	Dein Ba ist im Himmel,
ẖꜣ.t=k m dꜣ.t	dein Leichnam ist in der Unterwelt.
t=k m ẖ.t=k	Brot ist in deinem Leib,
mw n ḫḫ=k	Wasser ist in deiner Kehle,
ṯꜣw n ꜥnḫ r šr.tj=k	Lebenshauch ist an deinen Nasenlöchern.

Außerhalb dieser Tradition steht der Text CG 29301 MASPERO/GAUTHIER, *Sarcophages des époques persane et ptolemaïque,* 36, der Lufthauch durch Salböl ersetzt:

t n ẖ.t=k	Brot für deinen Leib,
mw n ḫḫ=k	Wasser für deine Kehle,
jbr n nṯr=k	Salböl für ‘deinen Gott’ (deine Nase?).[116]

Dies ist ein Auszug aus der Spätzeitliturgie SZ.1 Spruch 5, Verse 37–39:

t r ẖ.t=k	Brot in deinen Leib,
mw r ḫḫ=k	Wasser in deine Kehle,
jbr-nṯr r šn.w=k	Gottessalbe an deine Haare.

[116] Lies: *jbr-nṯr r fnḏ*=k?
Vgl. ASSMANN, *Liturgische Lieder*, 189, V. 65–68, vgl. 201 (25):
O Re, gib alles Leben dem Pharao,
gib Brot in seinen Leib,
Wasser in seine Kehle,

In diesem Text geht es um eine Aufzählung von Opfergaben, nicht um Einbalsamierung, vgl. Bd. III SZ.1, § 19.[117]

Zweite Strophe (Verse 11–14): Sozialisation

In diesen Versen geht es vermutlich um die Eingliederung des Toten in die Gemeinschaft der Verstorbenen, die als „Grabbesitzer“ und „Sargbesitzer“ (Fassung A: „Die in ihren Gräbern/die Besitzer ihrer Särge“) bezeichnet werden. *wn* „öffnen“ ohne direktes Objekt ist auffällig, aber wohl nicht ungrammatisch. B3Bo normalisiert den Text durch Ersetzung von *wn* durch *jwj* „kommen“. Das Herbeibringen der Glieder bezieht sich wieder auf den Balsamierungskontext. Die Toten sollen bei der Gliedervereinigung behilflich sein. Der bereits erwähnte Text auf den Särgen CG 41011, CG 41033, CG 41004 und CG 41002 macht daraus:

ḥtp n=k jm.jw kȝr=sn	Die in ihren Kapellen mögen dir gnädig sein,
zwj=k mw m-ʿ=sn	mögest du mit ihnen Wasser trinken.
n jrj=k šm m jwd jr=sn	Nicht mögest du von ihnen fortgehen,
šm=k ḥr rd.wj=k m ḥr.j-jb=sn	sondern du mögest auf deinen Beinen gehen in ihrer Mitte.

Deutlich wird jedenfalls, daß sich das Thema „Vergemeinschaftung mit den anderen Toten“ auch in dieser späten Fassung durchgehalten hat.

Spruch 3

[21]
FAULKNER, *AECT* I, 12 f.
BARGUET, *Textes des sarcophages*, 167 f.

1	58d	*prj=k r p.t*	[118]Mögest du doch aufsteigen zum Himmel:
2	e	*ṯs.t<w> n=k mȝq.t r gs Rʿ.w*	Eine Leiter soll dir geknüpft werden neben Re.[119]

Salböl an sein Haar!

117 Vgl. auch die Stele Rio de Janeiro 643 [2433] des Seqed (Schemra) aus dem MR ed. KITCHEN, *Rio de Janeiro*, 55–61, Taf. 37–38.

118 Fassung A beginnt mit *hȝ wsjr N pn jw jr=k* „Oh Osiris N hier, komm doch“, mit dem seltenen Imperativ *jw* anstatt *mj*, s. EDEL, *Altäg. Gramm.* I, § 609.

119 Fassung A fährt fort *m-m nṯr.w* „inmitten der Götter“.

3	59b	*ḫsr n=k jꜣd.t jr.t jtr.w*	Entfernt wird für dich das Fangnetz, das zu den Flüssen gehört,
4	d	*swr=k mw jm=sn*	damit du aus ihnen Wasser trinken kannst.
5	59f–60a	*jrr=k šm ḥr rd.wj=k*	Daß du gehst, ist auf deinen Füßen,
6	b	*nn jr=k šm sḫdḫd.tj*	mögest du nicht auf dem Kopf gehen.
7	60c	*prr=k r ḥrj.w-jb tꜣ*	Daß du herauskommst, ist an der Mitte der Erde,
8	d	*n prj.n=k r ꜥr.t*	aber nicht kommst du heraus an der Torhalle,
9	e	*whn n=k jnb.wt=k ḥꜣ.w ḥꜣ.t=k*	so daß einstürzen würden für dich deine Mauern, die dein Grab umgeben,
10	61b	*jrj.t.n n=k nṯr.w=k njw.tjw*	das dir deine Stadtgötter gebaut haben.
11	61b	*jw=k wꜥb.tj jw=k wꜥb.tj*	Du bist rein, du bist rein,
12	c	*ꜥnḫ Rꜥ.w jw=k wꜥb.tj*	so wahr Re lebt, du bist rein!
13	e–62a	*ḥꜣ.t=k m ꜥbw*	Deine Stirn ist in Reinheit,
14	b	*pḥ.tj=k m ṯwr*	dein Hinterteil ist in Reinheit,[120]
15	c–d	*jw s.t=k swꜥb.tj m hsmn m nṯr.t*	deine Stätte ist rein durch Natron und Weihrauch
16	e–63b	*m jrṯ.t Ḥp.w ḥnq.t Ṯnm.w*	mit Apis-Milch und Tenemet-Bier.

Erste Strophe

Erste Versgruppe (Verse 1–2): Himmelsaufstieg

§ 29 Die Himmelsleiter

Das Motiv der Himmelsleiter kommt in den *PT* passim vor.[121] In den Sargtexten ist von ihr nur noch selten die Rede: in Spruch *CT* [62], der unseren Text zitiert,

[120] Vgl. Buch vom Atmen, BUDGE, *Coming Forth* III, 133:

jw=k wꜥb.tj ḥꜣ.tj=k wꜥb.w	Du bist rein, dein Herz ist rein,
ḥꜣ.t=k m ꜥb.w	deine Stirn ist in Reinheit,
pḥ.tj=k m twr	dein Hinterteil ist in Reinheit,
ḥrj-jb=k m bd.w ḥsmn	deine Eingeweide sind in Natron,
nn ꜥ.t jm=k m jsf.t	kein Glied an dir ist in Unreinheit.

[121] Von der Leiter wird gesagt, daß sie „geknüpft" wird (*Pyr.* §§472a–b, 995c) oder „aufgerichtet wird" (*Pyr.* §§542b, 995b), oder „befestigt" wird (*Pyr.* §§2079b, 2082b) oder daß der Tote auf ihr „zum Himmel aufsteigt" (*prj jr p.t*) (*Pyr.* §§390a, 479a, 978b, 979b, *1763a). Auch im etymologischen Wortspiel mit *ꜣq* „aufsteigen" (*Pyr.* §§1431c, 1474b, 941b, 468b). Anrufung an die „Leiter des Gottes/des Seth": *Pyr.* §§971a ff., 980a, 980c, 995a, 995d, 1253a.

in den Schu-Sprüchen *CT* [76]ff. und in dem kurzen Spruch *CT* [550] mit dem Titel „Spruch zum Aufstellen der Leiter". Denselben Titel hat Spruch *CT* [551] in G1T (in der El-Berscheh-Fassung: *h3j r wj3 n Rˁ.w* „Einsteigen in die Barke des Re") und Spruch *CT* [629] in S10Cᵇ. Das Knüpfen der Himmelsleiter ist unter diejenigen Handlungen zu rechnen, die als rituelle Handlungen des Beistands den Handlungsraum des Toten – hier: Himmelsaufstieg ermöglichen bzw. erweitern sollen.

Zweite Versgruppe (Verse 3–4)

Die Stelle ist dunkel und ich kenne keine Parallelen, weder zur Verbindung von *ẖsr* „vertreiben" und *j3d.t* „Fangnetz", noch zu der von „Fangnetz" und „Fluß". Die Varianten gehen hier auch stark auseinander. Die Übersetzung folgt MC105. BH5C hat:

sẖn n=k j3d.wt ḥ3.wt jtr.w	Aufgestellt werden für dich die Fangnetze an (wörtl. „hinter") dem Fluß.

Ähnlich auch *Tb* 169 (*sẖt n=k j3d.t jtr.w*). Version A liest ziemlich einhellig *ẖsr n=k j3d.wt jtr.w* „entfernt werden für dich die Fangnetze der Flüsse". Das Fangnetz, dem der Tote entgehen möchte, ist zwischen Himmel und Erde ausgespannt.[122] *ẖsr.n=k* kann natürlich auch *sḏm.n=f*-Form sein „nachdem du entfernt hast".

Faulkner übersetzt „who remove (bezogen auf *m-m nṯr.w* „unter den Göttern") the pestilence of the streams so that you may drink water from them", und merkt an, daß sich die Ägypter nach Ausweis dieser Stelle über die Folgen des Trinkens verseuchten Wassers bewußt gewesen seien. Das Determinativ spricht aber für *j3d.t* „Fangnetz".

Tb 169 ersetzt *ẖsr* durch *sẖt* und erhält auf diese Weise einen ganz anderen Sinn:

sẖt=k j3d.t jtr.w swr=k mw jm=s	Du webst das Fangnetz des Flusses, damit du darin/damit Wasser trinkst.

Zweite Strophe

Erste Teilstrophe (Verse 5–6): Nicht kopfunter gehen

§ 30 Nicht kopfunter gehen

Die Angst, im Jenseits auf dem Kopf zu gehen, kennzeichnet die Jenseitsvorstellung der Sargtexte. In den *PT* ist dieser Gedanke noch nicht greifbar. In

122 Vgl. Bidoli, *Sprüche der Fangnetze*, 13.

den *CT* dagegen ist diese Vorstellung passim belegt, und zwar immer im Zusammenhang mit Nahrungsabscheu (Kot essen, Urin trinken). Besonders viele Belege finden sich daher in *CT* Band III, der den Nahrungssprüchen gewidmet ist. Meistens wird das Verb *sḫdḫd* var. *sḫd* „kopfunter gehen" im Stativ an vorhergehendes *šm=j* „gehen" angeschlossen, zuweilen aber auch mit *m* + Inf., z. B. im Titel von *CT* [203] = III.130a, selten auch mit Hilfe der *sḏm.n=f*-Form: *n šm=j sḫdḫd.n=j* (*CT* [202] = III.128j). Als Gegensatz von *sḫdḫd* erscheint neben *ḥr rd.wj* „auf den Füßen" wie in unserem Text auch *šm ꜥḥꜥ*:

CT [1014] = VII.233c–d:

233c–d *šm=j ꜥḥꜥ.kwj n šm=j js sḫdḫd.kwj*	Daß ich gehe, ist aufrecht; nicht gehe ich kopfunter.

Für die vorliegende Stelle ist die Tatsache von Belang, daß T1L das Motiv des Nicht-Kopfuntergehens im Titel der Liturgie aufführt (*CT* [I] = I.1a). Auch *Tb* 51, wo es um die richtige Nahrung geht, trägt den Titel „Nicht kopfunter zu gehen im Totenreich".

In T1C (Lacau, *Sarcophages* I, 49 ff.) kommt ein Auszug aus diesem Spruch vor:

hꜣ Ḥrḥtp pn jrj.t=k šm.t ḥr rd.wj=k	O Harhotep hier, daß du gehst, ist auf deinen Füßen,
n jrj=k js šm.t sḫd.tj	nicht gehst du kopfunter.
prj=k jr=k r ḥr-jb.w n.w tꜣ	Mögest du doch herauskommen an der Erdmitte.

Zweite Teilstrophe (Verse 7–10): Austritt aus dem Grab

prj r heißt „herausgehen zu ..., nach ... mit Angabe des Zieles"[123], auch „ausziehen mit *r* des Ortes"[124] sowie „ausziehen zum Kampf, mit *r* gegen jmd."[125]. Auch in der Bedeutung „aufsteigen" verbindet sich *prj* mit der Präp. *r* als Angabe der Richtung: *r p.t* „zum Himmel", *r ḥrw* „nach oben" usw.[126] Unsere Stelle wirft zwei Fragen auf: 1. ist an das Herauskommen des Toten aus einem „Innen" gedacht wie in den Sprüchen *CT* [10]ff., die vom Herauskommen oder Hervorgehen aus dem Prozeß handeln, oder an das Aufsteigen aus einem „Unten"? 2. Ist das Ziel dieser Bewegung räumlich oder personal zu verstehen? Das Ziel des unerwünschten Aufsteigens/Herauskommens, *ꜥry.t* „Torhalle", ist eindeutig räumlich; das Ziel des erwünschten Aufsteigens/Herauskommens

[123] Wb I, 519,5–7.
[124] Ibd., 21.
[125] Ibd., 520,1.
[126] Ibd., 520,15–521,2.

dagegen legt eher ein personales Verständnis nahe. In *PT* [587] erscheinen unter den Bewohnern der Weltgegenden hinter den Westlichen, Östlichen, Südlichen und Nördlichen die *ḥrw-jb tꜣ* als fünfte und letzte Gruppe: die Bewohner der Erdmitte.[127] Ist gemeint, daß der Tote zu den Bewohnern der Erdmitte aufsteigen/herausgehen soll?

Das Verspaar setzt die Reihe „emphatisch" konstruierter Positiv-Negativ-Wünsche fort:

jjr=k šm.t …	*- n jrj=k šm.t …*
prr=k …	*- n prj.n=k …*

Die ungewünschte Weise des Auszugs ist mit dem Wort *ꜥry.t* „Torhalle" verbunden. Ich nehme an, daß die folgenden Verse die Folgen dieses unerwünschten Auszugs oder Vorgehens beschreiben. Die Mauern um das Grab würden zusammenstürzen. Das Einreißen von Mauern kommt vor allem in den Sprüchen [38] und [39] vor, als eine Maßnahme des Toten gegen seine Feinde (so auch in Spruch [149]) oder seiner Feinde gegen ihn. Die Vorstellung, daß die Stadtgötter dem Toten das Grab bauen, kenne ich sonst nicht. „*Deine* Stadtgötter" ist ein Charakteristikum von Fassung A.

In *Tb* 169 wird daraus:

prj=k r ḥr.w-tꜣ	Mögest du vorgehen gegen die auf Erden.
nn prj=k r ẖr.w jnb.w	Nicht sollst du vorgehen gegen die unter den Mauern,[128]
nn whn jnb.w=k jm.jw=k	nicht sollen einstürzen die Mauern, die um dich sind
m jrj.t n=k nṯr njw.t.j=k	als etwas, das dein Stadtgott für dich gemacht hat.

Dritte Strophe (Verse 11–16): Reinheit

Ein Reinheitsspruch, wie er zu Räucherungen typisch ist. Vermutlich haben wir es auch hier mit einem Räucherungsspruch zu tun, zu dem das Motiv der Himmelsleiter gut passen würde (der zum Himmel aufsteigende Rauch wird sakramental ausgedeutet als Himmelsleiter, d. h. als Mittel rituellen Beistands beim Himmelsaufstieg des Toten).

127 So auch in einem Deckenzeilenspruch des Grabes TT 81, ed. DZIOBEK, *Ineni*, 64f.: *nn ꜥwꜣ.t=f jn rsw.t.jw/ nn nḥm=f jn mḥt.jw/ nn ḥw.t=f jn jꜣbt.jw/ nn [ꜥ]ḏꜣ=f jn jmnt.jw/ nn jr.t jḫ.t nb.t jr=f jn ḥr.jw-jb tꜣ* „nicht gibt es das ihn Rauben von den Südbewohnern, nicht gibt es das ihn Fortnehmen durch die Nordbewohner, nicht gibt es das ihn Schlagen durch die Ostbewohner, nicht gibt es das ihm Unrecht tun durch die Westbewohner, nicht gibt es das irgendetwas Böses gegen ihn Tun von denen, die in der Mitte der Erde sind".

128 HORNUNG, *Totenbuch*, 345, übersetzt:
„Du gehst heraus über die Erde,
und sollst nicht herausgehen unter die Mauern."
Wenn *prj r* diese Bedeutung annehmen kann, ist seine Übersetzung zweifellos vorzuziehen.

Faulkner übersetzt „your cleanliness is by means of natron and incense“ und liest mit B1P *jw s.t-swꜥb=k m ḥsmn m snṯr*, unter Verweis auf Abstraktbildungen mit *s.t-*. Meine Übersetzung folgt der älteren Fassung, die ziemlich einhellig *jw s.t=k swꜥb.tj* liest.

Der letzte Teil von Spruch [21] erscheint auf Spätzeitsärgen als Amset-Spruch, vgl. z. B.[129]

ḏd mdw.w jn Jms.t	Worte zu sprechen von Amset:
hꜣ wsjr N pn	O Osiris N hier!
jnk sꜣ=k Ḥr.w mrj=k	Ich bin dein geliebter Horussohn,
wnn=j m sꜣ=k rꜥ.w nb	ich bin zu deinem Schutz da Tag für Tag,
srwḏ=j n=k pr=k mn mn	ich mache fest für dich dein Haus, bleibend und dauernd,
m wḏt.n Ptḥ m wḏt.n Rꜥ.w ḏs=f	auf Befehl des Ptah und auf Befehl des Re selbst.
mꜥḥꜥ.t=k rwḏ n nḥḥ	Deine Kapelle ist fest für immer
m jrj.t.n nṯr njw.tj=k	als etwas, was dein Stadtgott gemacht hat.
wꜥb.tj wꜥb.tj	Du bist rein, du bist rein,
ḥꜣ.t=k wꜥb pḥ.tj=k m ṯwr	deine Stirn ist rein, dein Hinterteil ist rein
bd ḥsmn	(mit) *bd*-Natron und *ḥsmn*-Natron,
swꜥb.tj m jrṯ.t n.t Ḥp.w	du bist gereinigt mit Apis-Milch
m ḥnq.t n.t ṯnmmt	und mit Tjenemet-Bier,
m ḥsmn ḫsr ḏw	mit Natron, das das Schlechte vertreibt.
wsr jr=k nḫt jr=k	Sei doch mächtig, sei doch stark,
wḥm n Ptḥ mꜣꜥ-ḫrw=k	Herold des Ptah, mögest du gerechtfertigt sein,
ḥm n=k ḫftj.w=k	möge dein Feind vor dir zurückweichen,
mj ḥm ꜥpp n Rꜥ.w	wie Apopis vor Re zurückwich
grḥ pf n nḏ.t	in jener Nacht des Schutzes.
mꜣꜥ-ḫrw=k wsjr N	Mögest du gerechtfertigt sein, Osiris N!

Die Motive „Grab“ und „Reinheit“ wurden in diesen Text übernommen. Wir sehen daraus, daß es in den Versen *CT* [21] = I.60c–61a um die Sicherung des Grabes geht.

[129] CG 41002, Moret, *Sarcophages de l'époque bubastite à l'époque saïte*, 53; CG 41008, Moret, *a.a.O.*, 197; CG 41057, Gauthier, *Cercueils*, 304; CG 41062, Gauthier, *a.a.O.*, 388; CG 41044, Gauthier, *a.a.O.*, 39f.; CG 41048, Gauthier, *a.a.O.*, 148; CG 61016, Daressy, *Cercueils des cachettes royales*, 22; CG 61010, Daressy, *a.a.O.*, 12; CG 61017, Daressy, *a.a.O.*, 24. Viele weitere Kurzfassungen.

Spruch 4

[22]
Faulkner, *AECT* I, 13 f.
Barguet, *Textes des sarcophages*, 168 f.

1	63c	*rpy.t n.t mnḥ ḫsr.t ḏw*	(Vermerk:) Ein Göttinnenbild aus Wachs, das das Böse vertreibt.
2	63d–64a	*drp ṯw Tfn.t sꜣ.t-Rꜥ.w*	Möge dich Tefnut beschenken, die Tochter des Re,
3		*m rḏj.t.n n=s jtj=s Rꜥ.w*	mit dem, was ihr Vater Re ihr gegeben hat.
4	b	*rḏj n=k Jn.t t*	Möge die Talgöttin dir Brot geben
5		*m qrs.w jtj=s Wsjr*	von den Grabbeigaben ihres Vaters Osiris.
6	64c–65a	*psḫ Rꜥ.w m jḫ.t nḏm*	Wenn Re in etwas Süßes beißt,
7	b	*ḏd=f n=k st*	dann wird er es dir geben.
8	c	*ḫmt=k r ḥr.t ḫr Rꜥ.w*	Deine drei (Mahlzeiten) sind im Himmel bei Re
9		*n.t j.t mḥ snḥ*	aus Unterägyptischer *snḥ*-Gerste.
10	d	*jfd.t=k r tꜣ ḫr Gb*	Deine vier (Mahlzeiten) sind auf der Erde bei Geb
11		*n.t j.t mḥ jbw*	aus Unterägyptischer *jbw*-Gerste.
12	66a	*nḏ.tj nḏ=sn n=k*	Die beiden Müllerinnen (mahlen)[130] es für dich,
13	b	*sḫ.tj-ḥtp ḏd=sn m-bꜣḥ=k*	die beiden Opfergefilde, sie opfern vor dir.
14	66c–d	*hꜣ wsjr N pn prj=k m hrw*	O Osiris N hier, mögest du herauskommen/aufsteigen am Tage,
15	e–67a	*sḫm=k m rd.wj=k dwꜣ-dwꜣ*	indem du Gewalt hast über deine Füße am Morgen[131],
16	c	*sḫm=k m rd.wj=k ḫft tkꜣ*	[132]indem du Gewalt hast über deine Füße beim Fackelschein,
17	68a	*sḫm=k m rd.wj=k*	[133]indem du Gewalt hast über deine Füße

[130] Nur die Gruppe T9C, T1L, BH5C, T1C wiederholt richtig den Stamm *nḏ*, die anderen haben: *nḏ.tj=sn n=k* „ihre Müllerinnen gehören dir".
[131] T1C ins. 67c „indem du über deine Füße Gewalt hast am Abend".
[132] B1P und B6C ins. 67b „O Osiris N hier".
[133] B1P ins. 67e „Osiris N hier".

18	*r tr nb r wnw.t nb.t*	zu jeder Zeit und zu jeder Stunde,[134]
19 c	*sḫm=k m rd.wj=k*	[135]indem du Gewalt hast über deine Füße
20 69a	*m ḏꜣḏꜣ.t-nb.t m rꜣ-ꜥ nb*	in jedem Tribunal und in jedem Tor,

Nur Fassung A:

21*69c	*sḫm=k m rd.wj=k m bw nb*	[136]indem du Gewalt hast über deine Füße an jedem Ort,
22*d	*mrr jb=k prj.t jm m nw nb*	an den dein Herz wünscht, herauszugehen zu jeder Zeit.

[23]

21 70a	*hꜣ wsjr N pn n jp.tw=k n ḫnr.tw=k*	O Osiris N hier, du wirst nicht geprüft, du wirst nicht eingesperrt,
22 b	*n jnṯ.tw=k n ḏdḥ.tw=k*	du wirst nicht gebunden, du wirst nicht bewacht,
23 d	*n rḏj.tw=k m ḫb.t tw dd.t sbj.w jm=s*	du wirst nicht auf den Richtplatz gestellt, an den die Rebellen gegeben werden,
24 71a	*n rḏj.tw šꜥ.w n ḥr=k*	man gibt keinen Sand auf dein Gesicht,
25 b	*sꜣ.w wdn jr=k*	damit du nicht beschwert wirst,[137]
26 c	*n rḏj.tw ḫsf n ḥr=k*	man sperrt nicht zu vor dir,
27 d	*sꜣ.w tm=k prj*	damit du nicht am Ausgang gehindert wirst.[138]
28 71h	*šsp-n=k šṯ=k mdw=k*	Nimm dir deinen Ranzen und deinen Stab,
29 72a	*dꜣjw=k ṯbw.tj=k*	dein *dꜣjw*-Gewand, deine Sandalen
30	*ꜥḥꜣ.w=k n wꜣj.t*	und deine Waffen für die Straße!
31 b	*šꜥ=k ḏꜣḏꜣ jnn=k nḥb.t*	Mögest du den Kopf abschneiden und den Nacken abtrennen
32	*n mwt.w mwt.wt nb.t*	allen männlichen und weiblichen Toten,[139]

[134] B3Bo fügt an: „zu der du herausgehen willst".

[135] Nur B1P, B6C, B4C: „O Osiris N".

[136] Nur B1P, B4C (mit „O …")(„Osiris N hier").

[137] FAULKNER, *AECT* I, 14, übersetzt: „Be watchful, be weighty, and no one will cause you to be opposed. Beware that you do not go forth", was wohl den Sinn der Stelle gründlich mißversteht.

[138] T9C, T1C ins. 71a–b.

[139] Var. A: „deiner Feinde und Feindinnen."

33 c–73a	*sj'r.w mwt=k stbn.w jyj=k*	die deinen Tod herbeiführen, dein Kommen beschleunigen,
34 b	*ḏd.w n nṯr jn sw hrw ẖbn.t*	die zu dem Gott sagen: „Bring ihn her" am Tag der Hinrichtung.

Vermerk (Vers 1)

Hier muß es sich um einen Vermerk handeln, der auf ein bei der Rezitation zu verwendendes Kultobjekt, eine Wachsstatuette der Tefnut, Bezug nimmt.[140] Offenbar ist der Spruch über einer Wachsstatuette der Göttin zu rezitieren. In *Tb* 169 wurde das nicht mehr verstanden und *rpy.t nt mnḥ* in *ḥsmn* „Natron" abgewandelt.

Erste Strophe

Erster Teil (Verse 2–5): Speisung durch Göttinnen

Tefnut und die Personifikation des Wüstentals *Jn.t* treten hier gemeinsam als Speisenbringer des Toten auf. Tefnut bringt die Speisen ihres Vaters Re, Inet die Brote ihres Vaters Osiris, und zwar aus dessen Grabausstattung. Die beiden Göttinnen nehmen gewissermaßen die Rolle der Baumgöttin im Neuen Reich vorweg. Auf sie bezieht sich das weibliche Wachsbild, über dem der Spruch rezitiert werden soll.

Zweite Strophe (Verse 6–13): Die Mahlzeiten des Toten

§31 Die Mahlzeiten des Toten

Die Aufzählung der Mahlzeiten des Toten ist ein typisches Thema der „Nahrungssprüche" in den Sargtexten. Meist sind es fünf Mahlzeiten (*jẖ.t*), drei im Himmel bei Re und zwei auf der Erde bei Geb (*CT* [201] = III.125g, [211] = III.167d, [215] = III.184c, [218] = III.197c, [660] = VI.282q-r, [667] = VI.295p usw.), aber auch sieben kommen vor (*CT* [195] = III.113k, [198] = III.122a, [1011] = VII.225p). Die Spezifierung der Getreidearten ist mir sonst nicht bekannt. Die Verteilung der Mahlzeiten auf Himmel (bei Re) und Erde (bei Geb) ist ebenfalls kanonisch; sie zeigt, daß der Tote bei der Einnahme dieser Mahlzeiten im Sonnenlauf vorgestellt wird. Daher wird auch oft hinzugesetzt, daß es die Sonnenbarken sind, die

140 Zur Bedeutung von Wachsfiguren im ägyptischen Kult s. RAVEN, *Wax*, 7–47.

dem Toten diese Mahlzeiten bringen.[141] Hier treten die beiden „Opfergefilde“ in dieser Rolle auf; möglicherweise sind damit die beiden Göttinnen Tefnut und Inet gemeint, die für Himmel und Erde bzw. Unterwelt stehen und die Versorgung des Toten oben und unten sichern sollen.

Der Duamutef-Text auf den späten Särgen[142] hat das Thema „Versorgung“ zum Schwerpunkt, greift aber zum Ende noch auf das Thema „Bewegung“ über, dem ansonsten der Geb-Text gewidmet ist:

hꜣ wsjr N jnk Dwꜣ-mw.t=f	O Osiris N, ich bin Duamutef,
jnk sꜣ=k Ḥr.w mrj=k	ich bin dein geliebter Horussohn.
jyj.n=j nḏ.n=j tw m-ꜥ nkn	Ich bin gekommen, dich zu schützen vor Verletzung.
ḏj=j ꜥḥꜥ=k ḥr rd.wj=k ḏ.t	Ich will bewirken, daß du immer auf deinen Beinen gehst
mj jtj=j Wsjr	wie mein Vater Osiris.
rḏj.tw n=k mꜣꜥ-ḫrw	Dir soll Rechtfertigung gegeben werden
jn Rꜥ.w nb p.t	von Re, dem Herrn des Himmels,
psḏ.t ꜥꜣ.t m mtrj	wobei die große Neunheit Zeuge ist,
ꜥnḫ.tj nn wn ḫftj.w=k	indem du lebst, ohne daß du Feinde hast.
drp ṯw Tfn.t	Tefnut soll dich versorgen
m jrj.n=s n jtj=s Rꜥ.w	mit dem, was sie für ihren Vater Re getan hat.
wṯs <tw n>[143]=k jn.t twy šps.t	Jenes erlauchte Wüstental soll dich für dich tragen,
qrs.t Wsjr jm=s	in dem Osiris begraben ist.
psḫ Rꜥ.w m jḫ.t nḏm	Wenn Re in etwas Süßes beißt,
ḏj=f n=j jm	dann soll er mir (>dir) davon abgeben.
jḫ.t 3 n ḥr=k ḫr Rꜥ.w	Drei Mahlzeiten sollen dir vorgesetzt werden bei Re,
jḫt 4 (?) n ḥr=k ḫr Gb	vier Mahlzeiten (?) sollen dir vorgesetzt werden bei Geb
nj-sw btj snḥw	aus *snḥ*-Gerste.
jnj.tw n=k sḫ.t-ḥtp m bꜣḥ=k	Das Opfergefilde soll vor dich gebracht werden.
prj <m> hrw sḫm <m> rd.wj=k	Komm heraus am Tage, verfüge über deine Füße,
ḫft n=k t=k	nimm (?) dir dein Brot.
rḏj.tw n=k ns.t m wjꜣ ꜥꜣ	Dir soll ein Sitz gegeben werden in der Großen Barke,
dwꜣ.tw ḥr=k wsjr N	dein Angesicht soll angebetet werden, Osiris N!

Vgl. damit *Tb* 169:

drp ṯw Tfn.t sꜣ.t Rꜥ.w	Tefnut, die Tochter des Re, soll dich versorgen
m rḏj.t n=s jtj=s Rꜥ.w	mit dem, was ihr Vater Re ihr gegeben hat.
wṯs ṯw n=k jnj.t twy	Jenes Wüstental soll dich für dich tragen,

141 Z.B. *CT* III.75b; 122b; 152a; 161f; 168c; 172f; 197e usw.

142 CG 41002, Moret, *a.a.O.*, 53f.; CG 41044, Gauthier, *Cercueils*, 40f.; CG 41067, Gauthier, *a.a.O.*, 119f.

143 So nach *Tb* 169.

qrs.t Wsjr jm=s	in dem Osiris begraben ist.
psḫ.n=j m jḫ.t nḏm	Ich habe in etwas Süßes gebissen,
ḏj=f n=j jm	dann soll er Osiris N davon abgeben.
t 3 ḥr.w ḫr Rꜥ.w nj-sw jt jbw	Drei Mahlzeiten oben bei Re aus *jbw*-Gerste,
t 4 ẖr.w ḫr Gb	vier Mahlzeiten unten bei Geb
nj-sw btj šmꜥ.w	aus oberägyptischer Gerste.
jn njw.tjw jnj n=k sḫ.t-ḥtp	Die Stadtbewohner sind es, die dir das Opfergefilde bringen,
ḏḏ=f (lies *sj*) *m-bꜣḥ=k*	indem es vor dich gegeben wird.

Text auf der Duamutef-Kanope für *Ḥr.w-smꜣ-tꜣ.wj-m-ḫꜣ.t* Wien ÄS 5182 (26.Dyn):[144]

ḏd mdw.w jn Dwꜣ-mw.t=f	Rezitation durch Duamutef:
hꜣ wsjr N	Oh Osiris N!
jnk sꜣ=k mrj=k	Ich bin dein Sohn, den du liebst.
jyj.n=j nḥm.n=j ṯw m-ꜥ nkn=k	Ich bin gekommen, dich zu erretten aus deiner Verletzung.
ḏj=j ꜥḥꜥ=k ḏ.t mj jtj=k Rꜥ.w	Ich will veranlassen, daß du aufrecht stehst ewiglich wie dein Vater Re,
psḏ.t ꜥꜣ.t m mtry	wobei die große Neunheit Zeuge ist,
ꜥnḫ=k n wn ḫftj.w=k	indem du lebst, ohne daß du Feinde hast.
drp ṯw Tfnw.t	Tefnut soll dich versorgen
m jrj.n=s n jtj=s Rꜥ.w	mit dem, was sie für ihren Vater Re getan hat.
ṯsj=k jn.t twy špss Wsjr jm	Mögest du aufsteigen (zu) jenem Tal, in dem Osiris begraben ist.
psḫ Rꜥ.w m jḫ.t nḏm	Wenn Re in etwas Süßes beißt,
ḏj=f n=k jm	so soll er dir davon abgeben:
t.w 3 n ḥr=k ḫr Rꜥ.w nj-sw bšꜣ.w	Drei Mahlzeiten sollen dir bei Re vorgesetzt werden aus Gerste,
t.w 7 n ḥr=k ḫr Gb nj-sw b.tj 7	sieben Mahlzeiten sollen dir bei Geb vorgesetzt werden aus Emmer.
{s.t}jn t<w> n=k[145] *sḫ.t ḥtp n bꜣḥ=k wsjr N*	Man möge ein Opfergefilde vor dich bringen, Osiris N.

Dritte Strophe (Verse 14–20)

Nur Fassung AB (Verse 21*–22*)

Mit dieser Strophe beginnt ein neuer Abschnitt. Es ist zwar richtig, daß der Abscheu vor dem Kopfunter-Gehen in einer Reihe erscheint mit dem Abscheu vor Kot und Urin, so daß auch der Wunsch, über seine Beine verfügen zu können, zu dem Ideal der fünf bzw. sieben Mahlzeiten im Himmel und auf Erden

144 REISER-HASLAUER, *Kanopen* II, 1/6–6/6. Vgl. SATZINGER, *Zwei Wiener Objekte*, 255–259; ASSMANN, *Kanopentext*, 1–8.

145 *nb* ist eine (übliche) Verschreibung für *=k*.

zu passen scheint. Dennoch gehört das Thema der Verfügung über die Beine nicht zum Repertoire der Nahrungssprüche. Es gehört vielmehr in den Zusammenhang von Öffnung und Befreiung.

Tb 169:

prj=k <m> Rꜥ.w (!) sḫm=k m Rꜥ.w	Komm heraus am Tage, mögest du Macht haben am Tage,
sḫm=k <m> rd.wj=k	verfüge über deine Füße,
sḫm wsjr N m rd.wj=f	möge Osiris N über seine Füße verfügen
m tr nb m wnw.t nb.t	zu jeder Zeit und zu jeder Stunde.

Vierte Strophe: Befreiung und Ausstattung

[23]
Faulkner, *AECT* I, 14f.
Barguet, *Textes des sarcophages*, 168f.

Erste Teilstrophe: Befreiung (Verse 21–27)

§32 Befreiung

Diese Verse negieren einen Aspekt des Todes, den Zandee treffend als „Fesselung und Einkerkerung“ bezeichnet hat.[146] Mumienbinden und hermetisch abgeschlossene Sargkammer können als Fesseln und Kerker wirken; daher muß diese Wirkung explizit negiert werden. Die vorliegende Stelle geht besonders weit in der lexikalischen Entfaltung dieser Idee:

jp	kontrollieren[147]
ḏdḥ	einsperren[148]
ḫnr	einsperren[149]
sꜣw	bewachen[150]
rḏj m ḫb.t	an die Richtstätte geben[151]
rḏj šꜥw n ḥr	Sand aufs Gesicht geben
rḏj ḫsf n ḥr	eine Absperrung anbringen vor jemand[152]

146 Zandee, *Death as an Enemy*, 78ff., Kap. II §7. Unsere Stelle wird S. 133 Anm. 1 zitiert als Beispiel für „Freiheitsberaubung“.
147 Zandee, *a.a.O.*, 278.
148 Zandee, *a.a.O.*, 132. In den Sargtexten nur hier belegt. Vgl. Allam, *Pap. CGC 58053-5*, 12 (kk).
149 Zandee, *a.a.O.*, 127. Sehr oft, das gewöhnliche Wort für diesen Begriff.
150 Zandee, *a.a.O.*, 128.
151 Zandee, *a.a.O.*, 170.
152 Vgl. Zandee, *a.a.O.*, 284.

In der Verwendung dieser Vokabeln variieren die Kopien erheblich voneinander. Die obige Wiedergabe folgt T1L. Die frühe Fassung ist hier ganz uneinhellig. T9C und BH 5C haben nur *jp* und *ḫnr*. In der späteren Fassung haben B3Bo, B1P und B4C *jp, ḏdḥ, ḫnr, jnṯ* und *sꜣw*.

Auf den späten Särgen wird dieser Abschnitt mit Geb verbunden.
(Zum Anfang des Spruches s. oben, §27)

sḫm=k m rd.wj=k m tr.wj	Mögest du über deine Beine verfügen
n mrr m wnw.t nb.t	zu jeder beliebigen Zeit, in jeder Stunde.
nn jp ṯw nn ḫnr ṯw	Keiner kontrolliert dich, sperrt dich ein,
n šnʿ ṯw r ʿrj.t tw dd sbj.w jm=s	du wirst nicht eingesperrt an jenem Tor, in das die Verbrecher gegeben werden.
n rdj.t(w) n=k šʿ.w ḥr=k	Dir wird kein Sand aufs Gesicht gegeben,
sꜣw wdn jr=k	damit du nicht beschwert wirst.
n rdj.t ḫsf n ḥr=k	Vor dir wird keine Absperrung angebracht,
sꜣw {dj=k} tm=k prj{=k}	damit du nicht am Ausgang gehindert wirst.

(Zur Fortsetzung s. den folgenden §)

Tb 169

nn jp.tw=k nn ḫnr.tw=k	Keiner kontrolliert dich, sperrt dich ein,
n sꜣw.tw=k nn ḏdḥ.tw=k	du wirst nicht bewacht, du wirst nicht eingekerkert,
nn dj.tw=k r ʿry.t twy ntj sbj.w jm	du wirst nicht zu jenem Tor gegeben, in dem die Verbrecher sind.
n rdj.t(w) n=k šʿw ḥr=k	Dir wird kein Sand aufs Gesicht gegeben,
sꜣw wdn jr=k	damit du nicht beschwert wirst.
n rdj.t(w) ḫsf n ḥr=k	Vor dir wird keine Absperrung angebracht,
sꜣw {dj=k} tm=k prj	damit du nicht am Ausgang gehindert wirst.

Zweite Teilstrophe (28–34): Ausstattung für den Gang zum Gericht

Dasselbe Thema wie *CT* [3]:

O Osiris N, nimm dir deinen Stab,
deinen *dꜣjw*-Schurz, deine Sandalen,
um hinabzusteigen zum Tribunal,
auf daß du gerechtfertigt werdest gegen deine Feinde und Feindinnen,
die gegen dich handeln (männlich und weiblich),
die gerichtlich gegen dich vorgehen werden an diesem schönen Tag im Tribunal.

št wird im Wb als „eine Art Kleid" geführt.[153] FAULKNER schlägt „Ranzen" vor.[154] Zum Thema „Kleidung" und „Gericht" vgl. auch Spruch *CT* [149].[155]

§ 33 Die Todesursache als „Feind"

Hier werden nun die Begriffe „Feind" und „Todesursache" in eindeutiger Weise identifiziert. Die Konzeption ist dieselbe wie in den Sprüchen zur Vermeidung eines vorzeitigen Todes *CT* [38]–[41], vgl. *CT* [38] = I.158b–d:

158b	*sjw.n=f wj m ḏꜣḏꜣ.t*	Er hat mich verklagt im Kollegium,
c	*ḏd.n=f jnj.tw=j tp-rꜣ=ṯn*	er hat gesagt, daß ich gebracht werden solle auf eure Weisung hin,
d	*sjʿr.w hrw.w=j m tꜣ pn n ʿnḫ.w ntj wj jm=f*	daß meine Tage verkürzt werden sollen in diesem Land der Lebenden, in dem ich bin.

CT [39] = I.167a–f:

167a	*sḏm.n=f m rꜣ n jr.w*	Er (mein Ka) hat gehört aus dem Mund der Zuständigen (?),
b	*wn.t ṯs.n wj jtj=j pf jm.j jmnt.t*	daß jener mein Vater, der im Westen ist, mich aufgebracht hat,
c–d	*r jnj.t=j sjʿr.t hrw.w=j*	um mich zu bringen, um meine Tage zu verkürzen
	m tꜣ pn n ʿnḫ.w	in diesem Lande der Lebenden,
e–f	*n šd.t=j ṯꜣ.w=j*	bevor ich meine Nestlinge aufziehen
	n sḫn.t=j jm.jw swḥ.t=j	und meine Embryos jung sein lassen konnte.

Die Stichworte sind *sjʿr* „aufsteigen lassen, melden, ankündigen", hier vielleicht „beschleunigen, verkürzen", und *jnj* „bringen". In den Sprüchen [38] und [39] ist es der eigene Vater, von dem der Sprecher befürchtet, er könne den Tod des Sohnes beschleunigen, um ihn im Jenseits bei sich zu haben, während es hier unidentifizierte Feinde sind, die den Tod des N verursachen wollen. Das Wort *stbn*, Kausativ von *tbn*, *ṯbn* „eilen, schnell sein" ist nur hier belegt.[156] Später (*Tb* 169 und Särge) wird daraus *tkn* „angreifen".

[153] Wb IV, 558,5–14. Dazu das Verb *št* „schmücken". Aufgrund des Determinativs erwägt das Wb auch die Bedeutung „gekreuzte Bänder?".

[154] Vgl. FAULKNER, *AECT* I, 14; 15, Anm. 8, mit Verweis auf unsere Stelle. Vgl. *CT* VI.64h „ihr *št* auf ihrem linken Arm ist aus Falkenhaut", vgl. ähnl. *CT* VII.234a.

[155] Vgl. WILLEMS, *Chests of Life*, 149 Anm. 108.

[156] FAULKNER, *AECT* I, 14, übersetzt: „'Hasten and come' are the words of the god who brings him on the day of accusation".

Vgl. die Fortsetzung des Geb-Textes auf Spätzeitsärgen:[157]

šsp=k mdw jꜣꜣ.t=k	Nimm dir deinen Stab und deine Keule,
ʿḥꜣ.w nb šʿ.t	alle Waffen des Gemetzels,
dj=k tp.w ʿn=k nḥb.wt	daß du die Köpfe ‘gibst’ und durchtrennst die Kehlen
n(j)=k ḫftj.w	deiner Feinde
jp sjʿr m sbj=k	...
nn tkn jr=k	Keiner soll dir zu nahe treten.

Tb 169

šsp n=k sdb=k tbw.tj=k	Nimm dir dein *sdb*-Kleid, deine Sandalen,
mdw=k dꜣjw=k	deinen Stab und dein *dꜣjw*-Gewand,
ʿḥꜣ.w=k nb n šʿ.t=k tp.w	alle deine Waffen, daß du die Köpfe abschlägst
ʿn=k nḥb.wt n ḫftj.w=k jp.w	und die Hälse abschneidest jener deiner Feinde,
n sbj.w sjʿr.yw mwt=k	der Rebellen, die deinen Tod herbeigeführt haben.
nn tkn jr=k jw ḏd.n nṯr ʿꜣ jr=k jn sw	Niemand soll dir nahekommen, denn der Große Gott hat über dich gesagt „Bringt ihn“
hrw n ḫpr.wt	am Tage der Geschehnisse.

Die Ersetzung von *ḫbn.t* durch *ḫpr.t* findet sich schon in BH5C. Gemeint ist wohl der Tag der Gerichtssitzung.

Spruch 5

[24]
FAULKNER, *AECT* I, 15 f.
BARGUET, *Textes*, 169

1	73c–74a	*hꜣ wsjr N jw ḥꜣj.n n=k bjk*	Oh Osiris N hier, es klagte über dich der Falke,
2	b	*jw ng.n n=k smn*	es schnatterte über dich die Gans.
3	c	*jw ḏꜣ n=k ʿ jn Ḏḥwtj*	Es wurde dir ein Arm ausgestreckt von Thot,
4	d	*jw sḫ n=k ḫpš n ḫft.j=k*	es wurde für dich der Vorderschenkel deines Feindes abgeschnitten.
5	e	*jw ḥꜣj.n n=k ḏr.tj*	Es klagten über dich die beiden Weihen,
6	f	*ꜣs.t pw ḥnʿ Nb.t-ḥw.t*	das sind Isis und Nephthys,

157 CG 41002, MORET, *Sarcophages de l'époque bubastite à l'époque saïte*, 55; CG 41009, MORET, *a.a.O.*, 126.

7	g	*jw sqr(.w) n=k m bjꜣ.wj m-bꜣḥ nṯr.w*	es wurden die beiden Bleche für dich geschlagen vor den Göttern.
8	h	*jw ꜥ.wj Jnp.w ḥr=k m zꜣ=k*	Die beiden Arme des Anubis sind auf dir zu deinem Schutz,
9	i	*jw Wpj-wꜣj.wt wpj=f n=k wꜣj.wt nfr.wt*	Upuaut, er öffnet dir die schönen Wege.
10	75a	*hꜣ wsjr N pn*	Oh Osiris N hier,
11	b	*wn(.w) n=k ꜥꜣ.wj p.t jn Rꜥ.w*	mögen dir aufgetan werden die Türflügel des Himmels durch Re,
12	c	*sn(.w) n=k ꜥꜣ.wj ḥr=k jn Gb*	mögen geöffnet werden die Türflügel vor dir durch Geb.
13	d	*jw wn(.w) n=k ꜥꜣ.wj m ꜣbḏw*	Geöffnet sind für dich die Türflügel in Abydos,
14	e–f	*jw zn(.w) n=k ꜥꜣ.wj qbḥ.w*	aufgetan sind für dich die Türflügel des ‘Kühlen’
15		*jn mw.t=k Nw.t*	durch deine Mutter Nut;
16	g	*n wr pw n ꜣḫ=k*	das ist wegen der Größe deiner Ach-Kraft.
17	h	*sn(.w) n=k sbꜣ.w*	Aufgetan sind dir die Tore
18		*m tꜣ jn Gb*	in der Erde durch Geb;
19	i	*n jqr n rḫ rn=k*	das ist wegen der Vortrefflichkeit der Kenntnis deines Namens.

[25]

20	76a	*hꜣ wsjr N pn*	Oh Osiris N hier,
21	b	*jw rḏj(.w) n=k šd jn jn.t*	dir wurde ein Grundstück gegeben im Wüstental[158]
22	c	*wnm=k t n jmn.tj.w*	damit du das Brot der Westlichen ißt.

Nachschrift:

23	76e–f	*ꜣḫ pw mdw pw wbꜣ jmn.t.t pw*	Ach ist sie, jene Rede, ein Auftun des Westens ist sie,
24	g	*twt ḥr jb n Rꜥ.w*	angemessen im Herzen des Re,
25	h–i	*hrw ḥr jb n ḏꜣḏꜣ.t=f sꜣw(.w) rmṯ.w*	zufriedenstellend im Herzen seines Tribunals, das die Menschen bewacht.

[158] So nach B1P; B6C hat „vom Wüstental“, die übrigen „des Wüstentals“.

Fortsetzung in Fassung A:

26 76j	*jmj n=f jn Rꜥ.w sšm sw*	„Gebt ihm“ sagt Re, „geleitet ihn“.
27 77a	*ḥtp=f n=k r rdw r ḏꜣḏꜣ.t*	Möge er dir gnädig sein an der Treppe, am Tribunal,
28	*r rꜣ ꜥry.t r sms.tj-wꜣ.tj*	am Tor, an der Wegkreuzung (?),
29 b	*r bw nb ḥtp.n n=k nṯr jm*	an dem Ort, an dem dein Gott[159] dir gnädig ist.

Die ältere Fassung B liest:

26*76j	*jmj n=f Rꜥ.w sšm=f sw*	„Gebt ihm“ sagt Re, „geleitet ihn“.
27*77a	*jw ḥtp=f n=f <r> rdw r ḏꜣḏꜣ.t*	Er (Re) war ihm (dem Verklärten) gnädig an der Treppe, am Tribunal,
28*	*r rꜣ ꜥry.t r sms.tj-wꜣ.tj*	am Tor, an der Wegkreuzung (?),
29*b	*r bw nb ḥtp.n n=k nṯr=k jm*	an dem Ort, an dem der Gott dir gnädig ist.

Erste Strophe (Verse 1–9): Balsamierung und Totenklage

Fassung B:

73c–74a	*hꜣ wsjr N jw ḥꜣj.n n=k bjk*	O Osiris N hier, es klagte über dich der Falke,
b	*jw ng.n n=k smn*	es schnatterte über dich die Gans.
76b	*jw rḏj(.w) n=k šd jn jn.t*	Dir wurde ein Grundstück gegeben im Wüstental,
c	*wnm=k t n jmntj.w*	damit du das Brot der Westlichen ißt.

Fassung T9C:

73d–74a	*jw ḥꜣj.n n=k bjk*	Es klagte über dich der Falke,
b	*jw ng.n n=k smn*	es schnatterte über dich die Gans.
75b	*wn(.w) n=k ꜥꜣ.wj p.t jn Rꜥ.w*	mögen dir aufgetan werden die Türflügel des Himmels durch Re,
g	*wr pw n ꜣḫ=k*	das ist wegen der Größe deiner Ach-Kraft.
h	*sn(.w) n=k sbꜣ.w m tꜣ jn Gb*	Aufgetan sind dir die Tore in der Erde durch Geb;
i	*jqr pw n rḫ rn=k*	das ist wegen der Vortrefflichkeit der Kenntnis deines Namens.
76b	*jw rḏj(.w) n=k šd n jn.t*	Dir wurde ein Grundstück gegeben im Wüstental,
c	*wnm=k t n jmntj.w*	damit du das Brot der Westlichen ißt.

[159] So B1P, B6C; T9C, T1L, BH5C haben „der Gott“.

Tb 169

ḥꜥꜥ n=k bjk	Es jubelt über dich der Falke,
ngg n=k smn	es schnattert über dich die Gans.
wn n=k p.t jn Rꜥ.w	Möge der Himmel dir aufgetan werden durch Re,
sn n=k tꜣ jn Gb	möge die Erde dir geöffnet werden durch Geb
wr pw ꜣḫ=k	<wegen> der Größe deiner Verklärtheit,
jqr pw n rḫ rn=k	<wegen> der Vortrefflichkeit der Kenntnis deines Namens.
bꜣ=k wbꜣ jmnt.t	Dein Ba, der den Westen öffnet,
bꜣ pn jqr n N	dieser vortreffliche Ba des N.
mdw pw jw twt ḥr jb n Rꜥ.w	Jene Rede ist vollkommen im Herzen des Re,
hrw ḥr jb n ḏꜣḏꜣ.t=f n.t smꜣ.tj wꜣ.tj	sie ist zufriedenstellend im Herzen seines Kollegiums des Kreuzwegs,
sꜣw(.w) rmṯ.w sšm Rw.tj	das die Menschen bewacht und Ruti geleitet
r bw sḥtp.n=f kꜣ=f jm	an den Ort, den dem er seinen Ka zufriedengestellt hat (bzw. an dem ihm sein Ka zufriedengestellt wurde).

Horus Chenti-irti-Text auf späten Särgen:[160]

ḏd mdw.w jn Ḥr.w ḫnt.j n jr.tj	Worte zu sprechen von Horus Chenti-irti:
hꜣ wsjr N jnk sꜣ=k Ḥr.w mrj(.w)=k	O Osiris N, ich bin dein geliebter Horussohn
wnn=j m sꜣ=k ḥr sḫr ḫftj.w=k	ich möchte deinen Schutz bilden beim Niederwerfen deiner Feinde,
ꜥnḫ(.w) tw mꜣ(.w) tw rnp(.w) tw	indem du lebst, erneuert und verjüngt bist
mj Rꜥ.w rꜥ.w nb	wie Re Tag für Tag,
ḏd tw m p.t ḫr Rꜥ.w	indem du dauerst im Himmel bei Re
mꜣꜥ-ḫrw=k ḫr bꜣ.w Jwnw	und gerechtfertigt bist bei den Bas von Heliopolis,
ḥꜥꜥ tw m bjk ngg m smn	die dich bejubeln als Falke und schnattern als Gans.
nn sk=k r nḥḥ m Nḥb-kꜣw	Du vergehst nicht in Ewigkeit als Nehebkau.
wn(.w) n=k p.t jn Rꜥ.w	Möge der Himmel dir aufgetan werden durch Re,
zn(.w) n=k tꜣ jn Gb	möge die Erde dir geöffnet werden durch Geb
<n> wr n ꜣḫ=k	<wegen> der Größe deiner Verklärtheit,
n ꜥꜣ pw n jqr=k	wegen der Größe deiner Vortrefflichkeit,
n rḫ rn=k ꜣḫ jqr wbꜣ jmnt.t	<wegen> der Kenntnis deines Namens als ein vortrefflicher Verklärter, der den Westen öffnet.
mdw=k nfr ḥr jb n Rꜥ.w	Deine Rede ist gut im Herzen des Re,
hrw ḥr jb n ḏꜣḏꜣ.t=f	sie ist zufriedenstellend im Herzen seines verklärten Kollegiums.
ꜣḫ<=k> jqr=k wsjr N	Mögest du verklärt und vortrefflich sein, Osiris N!

[160] CG 410002, Moret, *a.a.O.*, 55; 41009, Moret, *a.a.O.*, 127; 41044, Gauthier, *a.a.O.*, 41 f.

§ 34 Die Zusammenfassung der Stundenwachen-Riten

Wichtig zum Verständnis dieses Abschnitts ist die sprachliche Form. Es handelt sich um Aussage-, nicht um Wunschsätze. Hier werden Handlungen aufgezählt, die resümierend den Vollzug des Rituals bestätigen. Die Aussagen sind also als Summierung der Stundenwachen zu verstehen.

Zum einzelnen:

1. Falke und Gans: als Ausführende der Totenklage sonst m.W. nicht belegt. Es sind die typischen Gestalten, die der Tote annehmen möchte, um an „jenes Ufer", den Ort der ewigen Nahrung, zu gelangen, vgl. hierzu Band 3, SZ.1, Spruch 7, Verse 37–42 sowie vor allem Spruch 10 mit § 33.

2. *ḏꜣj ꜥ* „die Hand ausstrecken", vgl. *CT* [45] = I.193e; [154] = II.272c, 273c; [312] = IV.83d; [400] = V.172g; [517] = VI.106c (= *PT* [722]); älter *ḏꜣm ꜥ* vgl. *PT* [553] = *Pyr.* § 1366b; [676] = *Pyr.* § 2014a; *CT* [63] = I.272d; [902] = VII.109a; Grab des Rechmire, TT 100: DAVIES, *Rekh-mi-Re*, Taf. 96; MÜNSTER, *Isis*, 56 Anm. 714.

3. *sḫ ḫpš* „einen Vorderschenkel abschneiden" als Schlachtopfer für den Toten[161]: s. Band 2, Liturgie NR.1.7 § 27 *sḫ.tw ḫpš n kꜣ=f* „Man schneidet für seinen Ka einen Schenkel ab".[162] Die Formel bezieht sich auf die Darreichung von (Herz und) Schenkel bei der Mundöffnung der Mumie am Grabeingang (die „Kuh-Kalb-Szene").

   Text NR.8.3.14, Stele des *Pꜣ-Rꜥ.w-(ḥr)-wnm=f*, Cairo JE 3299[163]:

sḫ=tw n=k ḫpš	Man schneidet für dich einen Schenkel ab,
sḫ=tw ḫpš n kꜣ=k	man schneidet für deinen Ka einen Schenkel ab.

   Text NR.1.7, Grab des Rechmire, TT 100, Längshalle, Südwand, westl. Hälfte[164]:

sḫ=tw ḫpš n kꜣ=k	Man schneidet für deinen Ka einen Schenkel ab
ḥꜣtj.w n sꜥḥ=k	und Herzen für deine Mumie.

   Text NR.8.1.4, Stele des Hormin, Louvre C 213[165]:

rḫs(.w) ḫpš n bꜣ=k	Ein Schenkel wird geschlachtet für deinen Ba.

161 Wb III, 467,5 mit Verweis auf *Tb* 172, 31; TT 50, s. jetzt HARI, *Neferhotep*, 47–49.
162 Im Zusammenhang der vor dem Grab vollzogenen Mundöffnung an der Mumie („Kuh-Kalb-Szene"), s. ASSMANN, *Tod und Jenseits*, 425–29.
163 MARIETTE, *Monuments divers*, Taf. 61. Weitere Literatur bei BERLANDINI, *Varia Memphitica* VI, 41, Anm. 2.
164 DAVIES, *Rekh-mi-Re at Thebes*, Taf. 86.
165 GABRA, *Conseils de fonctionnaires*, 41 ff., Taf. II; PIERRET, *Recueil* II, 10.

pBerlin 3057 XXIVb, 29:

ḥnk=f n=k ḫpš n Nbḏ	Er möge dir den Schenkel des Nebedj darbringen.

sḫ ḫpš „den Arm jemandes abschlagen" wird in der Inschrift des Anchtifi von Mo'alla[166] und in einer Steleninschrift aus dem Heqaib-Heiligtum in Elephantine[167] als Strafe für Grabschänder angedroht.

4. Das Schlagen der Gongs
sqr bjꜣ.wj vgl. *CT* [60] = I. 248b:

248b *sḏm=f sqr n=f m bjꜣ.wj*	Er hört, wie für ihn die beiden Kupfer-Gongs geschlagen werden.

Inschrift des Merenptah[168]:

jnj=j n=k ḏr.t ḥꜣ.t	Ich bringe dir die beiden Weihen
sšš.w=sn mnj.wt=sn jr=sn	mit ihren Sistren und Menit.
mr=sn n=k ꜥfn.t ḥr tp=k	Sie binden dir das Kopftuch um deinen Kopf,
sḫj=sn n=k m bjꜣ.wj	sie schlagen für dich die beiden Kupfer-Gongs.

5. *ḏr.tj* „die beiden Weihen" als Bezeichnung für Isis und Nephthys als Klagefrauen: vgl. *CT* [67] = I.282c; [72] = I.299f:

282c *ḏr.t=k ꜣs.t ḥnꜥ Nb.t-ḥw.t*	Deine 'Weihe' ist Isis, zusammen mit Nephthys.

Zu Belegen in der Inschrift des Merenptah s. oben, (4).

6. Die Arme des Anubis - die typische Haltung des Anubis, der die Mumie versorgt: vgl. *CT* [50] = I.223 f–g:

223f *Jnp.w m-ẖnw ꜥḥ=f*	Anubis in seinem Palast
m wnw.t=f n.t sḥ-nṯr	in seiner Stunde des Gotteszeltes,
g *dj=f ꜥ.wj=f ḥr nb nṯr.w*	er gebe seine Arme auf den Herrn der Götter.

Text NR.8.3.6, Grab des *Ṯꜣy*, TT 23, Längshalle[169]:

wꜣḥ Jnp.w ꜥ.wj=f ḥr=k	Anubis lege seine Arme auf dich.

166 Vgl. dazu VANDIER, *Mo'alla*, 212; WILLEMS, *Crime*, 30(c)f. Eine ausführliche weiterführende Literaturliste gibt FRANKE, *Heqaib*, 172, Anm. 25.

167 HABACHI, *Heqaib*, 36, No. 9, Zeilen 22–23; WILLEMS, *a.a.O.*, 30f.

168 ASSMANN, *Merenptah*, 53, Z. 65; 65 (38).

169 Nach eigener Abschrift. Zum Anbringungsort s. PM I.1^2, 50, (9)–(12).

Text NR.8.2.1, Grab des *Ḏḥwtj-msj*, TT 32, Längshalle[170]:

ḏj Jnp.w ˁ.wj=f ḥr ḥˁ.w=k	Anubis gebe seine Arme auf deine Glieder.

MÖLLER, *Totenbuchpapyrus Rhind*, II, 9ff.:

wꜣḥ=j ˁ.wj=j ḥr ḏ.t=k	Ich lege meine Arme auf dich,
mj jrj=j n jtj=j Wsjr	wie ich es für meinen Vater Osiris getan habe,
swḏꜣ=j ˁ.wt=k m tp.j-ḏw=f	ich mache alle deine Glieder heil als Der-auf-seinem-Berge
m ḫprw=j tp.j n wtj	in meiner ersten Erscheinungsform als Balsamierer.

Zweite Strophe (Verse 10–19): Öffnung: Der Auszug zur Nekropole am Morgen der Stundenwache

Bei dieser nur in der späten Fassung AB bezeugten Strophe handelt es sich um einen typischen Öffnungstext nach Art der für dieses Thema klassischen Sprüche *CT* [225] und [226]. Die ersten beiden Wunschsätze mit prospektiv-optativischem *wn/sn* stellen die Türflügel des Himmels und die Türflügel des Grabes („auf dir") sowie Re (Himmel) und Geb (Erde) gegenüber. Die folgenden Aussagesätze mit *jw wn/jw sn* konfrontieren die Türflügel von Abydos und die Türflügel des „Kühlen", ein anderes Wort für den Himmel. Der Parallelismus Abydos - Himmel wird gestört durch die nur beim zweiten Glied angefügte Angabe, durch wen und warum diese Öffnung geschieht. Diese Angabe wird aber in der folgenden Versgruppe parallelistisch weitergeführt, die den Türflügeln des Himmels, geöffnet durch Nut wegen der großen Verklärtheit des Toten, die Türflügel der Erde gegenüberstellt, geöffnet durch Geb wegen der Berühmtheit des Toten.

Himmel - Re
Erde - Geb

Abydos	
Qebehu-Himmel	durch Nut wegen „Ach"
Erde	durch Geb wegen „Name"

Ich nehme an, daß es im wesentlichen um drei Bereiche geht: Himmel, Erde und Unterwelt. Für die Unterwelt, und zwar nicht als *dꜣ.t*, sondern als *ẖr.t-nṯr* „Gottesgebiet" steht Abydos, der Ort des Gerichts und der Rechtfertigung, das Reich des Osiris. Dem durch die Riten der Mumifizierung in seiner Personalität wiederhergestellten Toten stehen alle drei Bereiche offen. Er ist nun, wie es die im Neuen Reich hundertfach belegte Formel ausdrückt, „Ach im Himmel bei Re,

[170] Nach eigener Abschrift. Zum Anbringungsort s. PM I.1^2, 40, (31)-(32).

mächtig (*wsr*) auf Erden bei Geb und gerechtfertigt in der *ḫr.t-nṯr* bei Osiris". Dieser Status wird dem Toten in dieser abschließenden Strophe resümierend zugesprochen.

Dritte Strophe (Verse 20–22): Ein Grundstück im Wüstental

§ 35 Ein Grundstück im Wüstental

Die Sicherstellung der Versorgung des Toten durch Zuweisung eines Grundstücks im Jenseits ist als Resultat seines Triumphs im Jenseitsgericht zu verstehen. Ganz explizit wird dieser Zusammenhang zwischen Freispruch und Versorgung in der Beischrift zur Herzwägungsszene im Totenbuchpapyrus des Ani gemacht. Dort lautet der Urteilsspruch der Götter:[171]

jm ḏj.tw n=f sn.w	Laß ihm Speisen gegeben werden,
prj.wt m-bꜣḥ Wsjr	die von der Tafel des Osiris kommen,
sꜣḥ mn.w m sḫ.t-ḥtp.w mj šms.w Ḥr.w	und ein Grundstück auf Dauer im Opfergefilde wie für die Gefolgsleute des Horus.

Durch den Freispruch im Totengericht wird der Verstorbene in den jenseitigen Adel der Gefolgsleute des Horus aufgenommen. Als solcher erhält er Anspruch auf Speisen „aus der Gegenwart", d.h. von der Tafel des Osiris, und auf Grundbesitz. Diese Form der Jenseitsversorgung ist deutlich nach dem irdischen Modell des ägyptischen „Königsdienstes" geformt. Osiris tritt an die Stelle des Königs, Altar und Tempelversorgungsbetriebe an die Stelle der königlichen Tafel und Küche.

In dem Verklärungsspruch NR.3, der seit der 18. Dyn. weit verbreitet ist und daher eine Art kanonischer Geltung besaß, werden Rechtfertigung und Versorgung durch ein Grundstück gleichfalls zusammengebracht:[172]

ḫnm=k wsḫ.t n.t mꜣʿ.tj	Mögest du betreten die Halle der beiden Maat,
wšd ṯw nṯr jm.j=s	und der Gott, der in ihr ist, möge dich begrüßen.
jrj=k ḥmsj m-ḫnw jmḥ.t	Mögest du deinen Wohnsitz einnehmen im Inneren der Unterwelt
wsṯn=k m njw.t n.t Ḥʿpj	und frei ausschreiten in der Stadt der Nilüberschwemmung.
ꜣwj jb=k m skꜣ=k	Mögest du Freude haben an deinem Pflügen
m šd=k n sḫ.t-jꜣr.w	auf deinem Grundstück des Binsengefildes.
ḫpr ḫr.t=k m jrj.t.n=k	Möge deine Versorgung gelingen mit dem, was du geschaffen hast.
jwj.t n=k šm.w m wꜣḥ.yt	Möge die Ernte zu dir kommen als Getreidefülle.

[171] BUDGE, *Coming Forth* I, 15f. „the speech of the gods". DONDELINGER, *Papyrus Ani*, Taf. 3.
[172] *Urk.* IV, 116; vgl. FECHT, *Form*, 22f.

Die Zuweisung eines Grundstücks im Jenseits wird in Totenwünschen oft erwähnt; regelmäßig ist hier vom „Binsengefilde“ (*sẖ.t-jꜣr.w*) die Rede.[173]

In den Sargtexten spielt das „Opfergefilde“ dieselbe Rolle, die im Totenbuch und anderen Quellen des Neuen Reichs das Binsengefilde übernimmt: die immerwährende Versorgung des Toten im Jenseits sicherzustellen.[174]

Nachschrift:

Erste Versgruppe (Verse 23–25)

Die wohl nächstliegende Erklärung dieser Verse ist, sie als einen metatextuellen Vermerk zu verstehen, der als solcher von den Sargbeschriftern nicht erkannt wurde, da er nicht, wie es für solche metatextuellen Aussagen üblich wäre, rot geschrieben und auch nicht ans Ende der Liturgie gesetzt wurde. Er stand vermutlich in einer der Quellen, aus denen die Kompilatoren dieser Liturgie geschöpft haben. Wenn diese Erklärung zutrifft, dann ist mit *mdw pw* die Totenliturgie selbst als Rezitationsritus gemeint. Ein vergleichbarer Text ist das Präskript zu *Tb* 15B III, in dem es u.a. heißt:

sjqr ꜣḫ ḥr jb n Rꜥ.w	Einen Verklärten *jqr* machen im Herzen des Re,
rḏj.t sḫm=f ḫr Jtm.w (...)	bewirken, daß er Macht hat bei Atum (...)
sd ḏw.w wbꜣ jn.wt	die Berge aufbrechen, die Täler öffnen.[175]

Auch hier geht es um dieselben beiden Ziele, die mit der Durchführung einer Rezitation verbunden werden: Beliebtmachen bei Re und Öffnung des Westens.

Zweite Versgruppe (26–29)

Die Fortsetzung ist mir nur in der Fassung A verständlich:

jmj n=f jn Rꜥ.w sšm sw	„Gebt ihm“ sagt Re, „geleitet ihn“.
ḥtp=f n=k r rdw r ḏꜣḏꜣ.t	Möge er dir gnädig sein an der Treppe, am Tribunal,
r rꜣ ꜥry.t r sms.tj-wꜣ.tj	am Tor, an der Wegkreuzung (?),
r bw nb ḥtp.n n=k nṯr jm	an dem Ort, an dem dein Gott dir gnädig ist.

Die ältere Fassung B liest:

jmj n=f Rꜥ.w sšm=f sw	„Gebt ihm“ (sagt) Re, möge er ihn geleiten.
jw ḥtp=f n=f <r> rdw r ḏꜣḏꜣ.t	Er (Re) war ihm (dem Verklärten) gnädig an der Treppe, am Tribunal,
r rꜣ ꜥry.t r sms.tj-wꜣ.tj	am Tor, an der Wegkreuzung (?),
r bw nb ḥtp.n n=k nṯr=k jm	an dem Ort, an dem der Gott dir gnädig ist.

173 Vgl. hierzu die Belege im Kommentar zu Text NR.3 § 10.

174 Vgl. MUELLER, *Guide*, 99–125.

175 ASSMANN, *Liturgische Lieder*, 28; 31 f., Nr. 4; 32, Nr. 6.

In der Vorlage, die in beiden Fassungen wohl mißverstanden wurde, müssen diese Sätze zu dem metatextuellen Vermerk dazugehört haben. Sie erläutern vermutlich das Wohlgefallen des Re an dem Toten, das durch die Rezitation der Liturgie bewirkt werden soll, indem sie das Verdikt zitieren, das Re zugunsten des Toten äußert. Wenn diese Deutung zutrifft, dann ist die zweite Person erst sekundär eingedrungen. Ursprünglich bezog sich das „er“ auf den Adressaten der Rezitation: „Derjenige, für den diese Rezitation vollzogen wird, mit Bezug auf den sagt Re: „Gebt ihm, geleitet ihn …“. Nachdem der metatextuelle Bezug nicht mehr verstanden wurde, mußten diese Sätze natürlich für den konkreten Osiris N umformuliert werden. Der erste Schritt ist die Ersetzung des Suffixes durch den Namen wie BH5C:

> Re war dem Osiris N hier gnädig
> in jedem Kollegium und in jedem Torweg,
> an dem Ort, an dem dir Gott gnädig war.

Mit „Treppe“ ist der Ort des Gerichts gemeint, auf den sich auch die Wörter *ḏꜣḏꜣ.t* „Tribunal“ und *ꜥry.t* bzw. *rꜣ-ꜥry.t* beziehen. Das folgende Wort ist mir unbekannt. *Tb* 169 hat dafür *smꜣ.tj wꜣ.tj* „Wegkreuzung“, was ich versuchsweise auch für die älteren Fassungen übernommen habe.

In den späteren Fassungen (*Tb* 169, Chentechtai-Text) ist die ursprüngliche Nachschrift voll in den Verklärungstext integriert worden (s. o., Spruch 5).

Schlußtext: Nur Fassung AB

[26]
Faulkner, *AECT* I, 16f.
Barguet, *Textes des sarcophages*, 170

30	77c	*hꜣ wsjr N pn*	O Osiris N hier,[176]
32	f–g	*jw rḏj.n=j ꜣ.t=k m-m ꜣḫ.w*	ich habe deine Angriffskraft gegeben unter die Verklärten,
33		*n wr n pḥ.tj=k*	weil deine Kraft so groß ist,
34	78a	*n mrw.t wnn snḏ=k m ẖw.t=sn*	damit die Furcht vor dir dauere in ihren Leibern.
35	b	*hꜣ wsjr N pn*	O Osiris N hier,
36	c	*jw rḏj.n=j šfšf.t=k m ḥꜣtj.w=sn*	ich habe die Ehrfurcht vor dir in ihre Herzen gegeben.
37	d–e	*jw ḥnmm.t m ꜣw.t-jb n N pn*	Das Himmelsvolk ist in Herzensweite wegen dieses Osiris N,

[176] B4C ins. 77d–e „ich habe die Ehrfurcht vor dir in ihre Herzen gegeben.“ = 78c.

38	f	*ḫrw=f mꜣꜥ.w r ḫftj.w=f r ḫftj.wt=f*	denn er ist gerechtfertigt gegen seine Feinde und Feindinnen.
39	g	*hꜣ wsjr N pn*	O Osiris N hier,
40	h	*sqd=k m š.w n.w dꜣ.t*	du fährst dahin auf den Seen der Dat,
41	i	*ẖnj=k m nw.t*	du ruderst auf der Flut
42	i–j	*n.t nṯr pw ꜥꜣ jm.j Jwnw*	jenes Großen Gottes in Heliopolis,
43	k	*ntj bꜣ=f m Ḏdw*	dessen Ba in Busiris,
44	l	*sꜥḥ=f m Nn-njswt*	dessen Würde in Herakleopolis,
45	m	*šfšf.t=f m ꜣbḏw*	und dessen Hoheit in Abydos ist.

§ 36 Schlußtexte

Der Schlußtext ist eine Zutat der späten Fassung AB, der nicht mehr ins Totenbuch übernommen wurde. Schlußtexte sind wie Nachschriften metakommunikativ, gehören aber im Gegensatz zu jenen noch zum Rezitationstext hinzu. Sie machen den Kontakt zwischen Sprecher und Angeredetem explizit, der in den einzelnen Verklärungssprüchen meist nur implizit zugrundegelegt wird. Daher haben sie gegenüber diesen Sprüchen eine andere interpersonelle Form. In den Verklärungssprüchen spricht ein anonym bleibender und nie auf sich Bezug nehmender Sprecher zu einem in der 2. Ps. angeredeten Hörer (0:2), in den Schlußtexten redet dagegen ein Sprecher von sich zum Angeredeten (1:2). Meist beginnen diese Texte mit einer Selbstvorstellung (z. B. „Ich bin dein Sohn Horus“) und explizieren dann die Handlungen des Sprechers für den Angeredeten. Dieser Text besteht nur aus solchen Handlungsexplikationen. Aus ihnen erfahren wir, welche Heilswirkungen man sich von der Rezitation dieser Liturgie für den Toten versprach. Es geht vor allem darum, ihm dadurch bei den anderen Toten Respekt zu verschaffen. Dieser Respekt wird in vier Begriffen ausgedrückt: *ꜣ.t*, *pḥ.tj*, *snḏ* und *šfšf.t*. Vgl. damit folgende Passage aus *CT* [694] = VI.327d–1:

327d	*jw rḏj.n=j snḏ=k m jm.jw-tꜣ*	Ich habe die Furcht vor dir verbreitet unter denen, die in der Erde sind,
	mj Ḥr.w m-m nṯr.w	wie vor Horus unter den Göttern.
e	*jw rḏj.n=j šfšf.t=k m ꜣḫ.w*	Ich habe den Respekt vor dir verbreitet unter den Verklärten
	mj Stš m-m nṯr.w	wie vor Seth unter den Göttern.
f	*hꜣ wsjr N pn*	O Osiris N hier,
g	*jw rḏj.n=j snḏ=k m jmj.w-tꜣ*	ich habe die Furcht vor dir verbreitet unter denen, die in der Erde sind
	pḥ.tj=k m jmj.w dꜣ.t	und deine Kraft gegeben unter die, die in der Unterwelt sind.
h	*hꜣ wsjr N pn*	O Osiris N hier,
i	*jw rḏj.n=j ꜣ.t=k m ẖꜣk.w-jb*	ich habe deine Angriffswut gegeben unter die Krummherzigen.

j	*jwj n=k jmj.w-tꜣ m ksw mj [...]*	Die in der Erde kommen zu dir in Verneigungen wie vor [...]
k	*ḥnmm.t [...] n=k jꜣw m mꜣꜥ-ḫrw*	Das Himmelsvolk [gibt] dir Lobpreis in Rechtfertigung,
l	*mꜣꜣ=sn ṯw*	wenn sie dich sehen.

Wir haben hier in einem Textstück, das man ebenfalls als Schlußtext und als eine Reihe von Handlungsexplikationen auffassen muß, genau dieselbe Vierheit von Begriffen.[177] Besonders auffällig ist, daß auch hier die Henmemet in Verbindung mit der Rechtfertigung erwähnt werden.

Die zweite Strophe des Schlußtexts gibt noch einmal eine abschließende Status-Charakteristik des Toten in Wunschsätzen. Der „Große Gott“, von dem hier die Rede ist, ist natürlich Osiris.

Spruch [27]

Spruch [27] kommt nur in Varianten der Fassung A vor. In B4C[a] steht er zwischen [6] und [7], trennt also die erste und die zweite Sequenz. In MC105 und T9C steht er zwischen [10] und [11]. In S10C bildet er das Ende der Spruchfolge [1]–[17]. In jedem Falle gehört der Spruch eng zur Gerichtsszene.

(Nach T9C)

1	79a	*Jsds m mdw n wsjr N pn*	Isdes, auf[178], sprich doch zu diesem Osiris N hier,
2	b	*jn Mꜣꜥ.t=f jrj.t sḫm=k*	(denn) seine Maat ist es, die deine *sḫm*-Macht schafft,
3	c	*jn snṯ.t=f jrj.t špss=k*	und sein Fundament ist es, das deinen Adel schafft.
4	d–e	*ꜥnḫ wsjr N pn m bšw bjk.t nṯr.t*	Dieser Osiris N lebt von dem Erbrochenen des göttlichen Falkenweibchens.
5	f–g	*wsjr N pn ṯwt mtw.t wr*	Osiris N hier, du bist der Same des Großen,

[177] *CT* [694] steht auf dem Sarg B1P in unmittelbarem Kontext unserer Liturgie. Nach *CT* [26] folgt dort [228]–[694]. In B15C folgt auf den Schluß von [26] noch ein Satz, den man als den Anfang von *CT* [694] identifizieren kann: *jnḏ-ḥr=ṯn nṯr.w jp.w wr.w ꜥꜣ.w* „Seid gegrüßt, jene großen und gewaltigen Götter“, vgl. damit [694] *jnḏ-ḥr=ṯn nṯr.w jp.w ꜣḫ.w jtp.w* „Seid gegrüßt, jene verklärten und erwählten Götter“.

[178] *m* „nun denn, auf“, vor Imperativ, vgl. *CT* I.71h (T1L, BH5C) *m šzp n=k št=k mdw=k.*

6	h	*mk jtj=k m ḫnt.j jtr.tj*	siehe, dein Vater ist der Vorsteher der beiden Landeskapellen.
7	i-j	*wsjr N pn n=k jm.j mꜣꜥ-ḫrw n hrw pn*	Osiris N hier, dir gehört die Rechtfertigung heute,
8	l-m	*mj jṯj.t <ḫnt.j>*[179] *ṯnn.t wr.t pḫr […]*	wie dem, der die Spitze der *ṯnnt* ergreift und die […] durchläuft.
9		*rḏj.n Rꜥ.w ṯsj=k ꜥ.wt=k*	Re hat gegeben, daß du deine Glieder aufrichtest.[180]
10	n	*wṯs ṯw wsjr N pn n mwt=k*	Erhebe dich, Osiris N hier, du bist nicht gestorben.
11	80c–d	*wsjr N pn ṯwt snḏ pr m ꜣs.t*	Osiris N, dir gehört die Furchtbarkeit, die aus Isis hervorging,
12	e	*snḏ n Ḥr.w*	die Furchtbarkeit des Horus,
13		*mꜣꜥ- ḫrw=f r ḫftj.w=f*	wenn er gerechtfertigt ist gegen seine Feinde,
14		*jrj.tj=sn wḏꜥ-mdw ḫft=f m hrw pn*[181]	die ein Gericht mit ihm halten werden heute.

Isdes gehört mit Osiris und Anubis zu den „Bas" von Nechen (*CT* [155] = II.308b, 309b).[182] Diese Konstellation weist jedenfalls auf den Balsamierungskontext. Dem *Lebensmüden* zufolge spielt er auch eine Rolle beim Totengericht:

> Möge Thot mich richten, der die Götter befriedet,
> möge Chons mich verteidigen, der in Wahrheit schreibt,
> möge Re meine Aussage anhören, der das Sonnenschiff zur Ruhe weist,
> möge Isdes mich verteidigen (*ḥsf Jsds ḥr=j*) in der heiligen Kammer.[183]

Der Ausdruck *ꜥt ḏsr.t* bezieht sich auf die Balsamierungskammer und zugleich auf den Ort des Gerichts.

B. ALTENMÜLLER hält Isdes für „eine Mischform aus Thot und Anubis".[184]

[179] *ḫnt.j* nach MC105, fehlt in T9C. S10C läßt durch Homoioteleuton *jtr.tj wsjr N pn n=k jm.j=j mꜣꜥ-ḫrw n.w hrw pn mj jṯ.t ḫnt.j* aus, woraus zu schließen ist, daß in der Vorlage *ḫnt.j* stand.

[180] So nach S10C. T9C hat: *rḏj.w n=f ṯzj=f ꜥ.wt=f* „dem gegeben wurde, daß er seine Glieder aufrichtet". B4C hat anstelle von l-n einen offenbar stark abweichenden Text:
79o *jw(?)[…]* […]
80a *[…] n=ṯ ṯnn.w ꜥ.wt=ṯ* […] dir […] die Zahl deiner Glieder.

[181] Abschnitt e nach S10C. T9C hat nur *snḏ mꜣꜥ-ḫrw=f.* B4C: *n Ḥr.w snḏ* (lies: *snḏ n Ḥr.w*) *ḫrw=f mꜣꜥ snḏ n wsjr N [tn ḫrw=s mꜣꜥ].*

[182] Vgl. *Tb* 18, 23–24.

[183] Vgl. pBerlin 3024, 23–27, ed. BARTA, *Gespräch*, 13, 21.

[184] ALTENMÜLLER, *Synkretismus*, 21, 241.

Die Sätze b–c konstruieren eine Abhängigkeit des Isdes von der „Maat" und der „Gründung" (im Sinne von: wohlfundierter Anspruch auf Rechtfertigung?) des N. Die Verbindung von Maat mit dem Possessivsuffix ist ungewöhnlich.

Die Wendung „Das Erbrochene des Falkenweibchens" ist dunkel; vielleicht ist der *lectio facilior* von B4C der Vorzug zu geben: *šb.w n bjk.w* „die Speisen der Falken".

Der zweite Teil des Spruchs ist an Osiris gerichtet und spricht ihm die Rechtfertigung „heute" zu. Der Spruch gehört daher inhaltlich eng in den Kontext dieser Liturgie.

Gliederung:

	4	4 Anrufung an Isdes
14		5 Zuspruch der Rechtfertigung
	10	5 Zuspruch der „Furchtbarkeit"

Gliederung Fassung B:

	4 Identität: *Rw*, *Rw.tj*, Horus, Thot
9 Erweckung	3 der Vierte der Vier
	2 „Erhebe dich"
13 Handlungen des Geb	6 Augen, Beine, Herzen, Ba & Leichnam
	3 Versorgung: Brot, Wasser, Luft
	4 Sozialisation unter den Grabherrn
	5 Himmelsaufstieg, Trinken aus den Flüssen
17 Heraus-kommen	6 Bewegung, Herauskommen
	6 Reinigung
	1 Vermerk
20 Versorgung und Bewegung	6 Versorgung durch Tefnut, Inet, Re
	6 Zyklus der 7 Mahlzeiten
	7 Bewegung (*sḫm m rd.wj*)
11 Bewegung und Triumph	5 Verhütung von Gefangenschaft
	6 Ausrüstung und Aufbruch
	4 Totenklage, Grundstück
12 Schlußtext	4 Vermerk über die Wirkung der Rede
	4 (?) Verdikt des Re (?)

ANHANG 1

Totenbuch 169

	rꜣ n sꜥḥꜥ ḥnky.t ḏd mdw.w	Spruch zum Aufstellen der Bahre. Zu rezitieren.
1	*wsjr N*	Osiris N:
2	*ntk Rw ntk Rw.tj*	Du bist Ru, du bist Ruti,
3	*ntk Ḥr.w nḏ(.w) jtj=f*	du bist Horus, der seinen Vater schützt.
4	*ntk Ḏḥwtj mꜣꜥ-ḫrw*	Du bist Thot, der Gerechtfertigte.[185]
5	*ntk fdn.w n nṯr.w jp.w ꜣḫ.w jtp.w*	Du bist der Vierte jener Götter, der vollendeten (?) Achu,
6	*jrj.w hy jrj.w hnw jrj.w bꜥbꜥ.w*	die Jubel veranstalten, die zu trinken verschaffen,
7	*jnj.w mw m ḫpš.w=sn n jt.w=sn*	die Wasser holen mit ihren Armen …
8	*wṯs ṯw ḥr jꜣb.j=k*	Erhebe dich von deiner linken Seite,
9	*wṯs ṯw ḥr wnm.j=k*	richte dich auf auf deiner rechten Seite!
10	*wnn=k Gb jr.tj=k šp.tj*	Möge dir Geb deine blinden Augen öffnen,
11	*dwn{n}{n}=f n=k mꜣs.wt=k qrf.wt*	möge er dir deine gekrümmten Knie ausstrecken.
12	*ḏj.tw n=k jb=k n mw.t=k*	Möge dir dein *jb*-Herz von seiten deiner Mutter gegeben werden
13	*ḥꜣ.tj=k n ḏ.t=k*	und dein *ḥꜣ.tj*-Herz, das zu deinem *ḏ.t*-Leib gehört.
14	*bꜣ=k ḥr.j-tꜣ*	Dein Ba, der auf der Erde ist,
15	*ẖꜣ.t=k ḥr.t-sꜣṯw*	dein Leichnam, der auf dem Boden ist.
16	*t n ẖ.t=k*	Brot für deinen Leib,
17	*mw n ḫḫ=k*	Wasser für deine Kehle,
18	*ṯꜣw nḏm n šr.t=k*	süßer Lufthauch für deine Nasenlöcher.
19	*ḥtp n=k nb.w js.w*	Mögen die Grabbesitzer[186] dir gnädig sein,
20	*wn n=k jmj.w qrs.t*	mögen die Sargbewohner dir aufmachen.
21	*jnj.t=sn n=k ꜥ.wt=k wꜣ.wt jr=k*	Mögen sie dir (alle[187]) deine Glieder bringen, die sich von dir entfernt hatten,

[185] Fehlt in BH5C.

[186] Fassung A liest *jm.jw js.w=sn* „die in ihren Gräbern."

[187] Nur T9C.

22	*jw=k smn.tj ḥr jt.t=k n wnn=k*	du bist bleibend befestigt in deiner Gestalt deines (früheren) Seins.
23	*prj=k r p.t*	Mögest du doch aufsteigen zum Himmel:
24	*ṯs.t<w> n=k mꜣq.t r-gs Rꜥ.w*	Eine Leiter soll dir geknüpft werden neben Re[188].

Totenbuch 169, Fortsetzung:

(In der folgenden Übersetzung sind diejenigen Passagen durch Fettdruck hervorgehoben, die für Götterreden auf Spätzeitsärgen verwendet wurden)

25	*sẖt jr=f jrj.n=k jn tꜣ tmm.w*	'„Fallenstellen ist, was du tatest", sagen die beiden Länder' (???)
26	***ꜥnḫ n=k wḏꜣ n bꜣ=k***	**Leben gehört dir, Heil deinem Ba,**
27	***wꜣḥ ẖꜣ.t=k mꜣn=k tkꜣ ssn=k ṯꜣw***	**dein Leichnam möge dauern, mögest du die Fackel sehen und Luft atmen,**
28	***wbꜣ ḥr=k m pr kk.w***	**möge dein Gesicht geöffnet sein im Haus der Finsternis.**[189]
29	***wꜣḥ ḥr pgꜣ n mꜣꜣ qrj***	**Bleibe auf dem Kampfplatz, ohne Unwetter zu sehen(?),**
30	***šms.n=k ḥqꜣ jdb.wj***	**nachdem du dem Herrscher der beiden Ufer gefolgt bist(?).**
31	***qbḥ(.w)=k ḥr ḫt n mry.t***	**Mögest du erfrischt werden auf dem Zedernbaum**
32	***ḥr gs.wj n wr ḥkꜣ.w***	**am Ufer des Zauberreichen,**
33	***jw Sšꜣ.t ḥmsj.tj m-bꜣḥ=k***	**während Seschat vor dir sitzt**
34	***jw Sjꜣ m sꜣ ḥꜥ.w=k***	**und Sia der Schutz deiner Glieder ist.**
35	*sẖr n=k Nrw ḥm.t=f*	Der Kuhhirt möge seine Kuh für dich melken.
36	*šmsw.t Sšꜣ.t-Ḥr.w ṯn*	Die Dienerin dieser Sechat-Hor.
37	*jꜥ=k ṯw ḥr rꜣ mw Ḫr-ꜥḥꜣ*	Mögest du dich waschen an der Wassermündung von Babylon,
38	***ḥsj ṯw wr.w P Dp***	**mögen die Großen von Pe und Dep dich loben.**
39	***gmḥ n=k n Ḏḥwtj***	**Blicke auf Thot,**

188 Fassung A fährt fort *m-m nṯr.w* „inmitten der Götter".

189 Die Var. im späten Hapitext liest *wꜣ.t kk.w* „Weg der Finsternis", eine gebräuchliche Wendung, vgl. Anm. 196.

40	***wḥm.tj n Rꜥ.w m p.t***	**den Herold des Re am Himmel.**
41	***prj=k ꜥq=k m jwn.yt***	**Mögest du aus- und eingehen in der Pfeilerhalle,**
42	***wḥm n=k rḥ.wj***	**mögen die beiden Gefährten dir Meldung erstatten,**
43	***kꜣ=k ḥnꜥ=k n ḥꜥꜥ.wt=k***	**möge dein Ka mit dir zusammen sein zu deiner Freude**
44	***ḥꜣ.tj=k n ḫpr.wt=k***	**und das Herz deiner (irdischen) Form.**
45	*srs ṯw sḏm.w=k nfr*	Mögen deine schönen (...) dich wecken,
46	***snḏm psḏ.t jb=k***	**möge die Neunheit dein Herz erfreuen.**
47	***prj n=k t 4 m Ḫm.w***	**Mögen vier Mahlzeiten für dich hervorgehen aus Letopolis,**
48	***t 4 m Ḫmn.w***	**vier Mahlzeiten aus Hermupolis**
49	***prj n=k 4 m Jwnw***	**und vier aus Heliopolis**
50	***ḥr wḏḥ.w n nb tꜣ.wj***	**auf dem Tisch des Herrn der beiden Länder.**
51	***srs ṯw grḥ n sbꜣ.w***	**Möge die Nacht der Sterne dich aufwecken,**
52	***qbḥ ṯw nb.w Jwnw***	**mögen die Herren von Heliopolis dich erfrischen.**
53	***ḥw m rꜣ=k nn tnm rd.wj=k***	**Das Machtwort sei in deinem Mund, deine Beine sollen nicht irre gehen,**
54	***ꜥnḫ n ꜥw.t=k***	**Leben gehöre deinen Gliedern.**
55	*ḫfꜥ=k sm m ꜣbḏw*	Mögest du die Geißel ergreifen in Abydos,
56	*jw sšm.n=k šb.w n wr.w*	denn du hast Speisen zugeführt den Großen
57	*mḥ.wt n ḥr.jw smꜣ.w*	und Opferschalen den vereinigten Oberen (?)
58	*m ḥꜣb n Wsjr*	am Fest des Osiris,
59	*dwꜣ.t n.t Wꜣg ḥr sštꜣ.w*	am Morgen des Wag-Festes[190] auf dem Geheimnis.
60	*ḫkr.w=k m nbw*	Dein Schmuck sei aus Gold,
61	*wg=k smtr.y m pq.w*	dein Gewand geprüft aus feinstem Leinen.[191]
62	*ḥwj ḥꜥpj ḥr šnb.t=k*	Möge die Nilüberschwemmung Wellen schlagen auf deiner Brust,[192]

[190] Morgen des Wag-Festes: vgl. SETHE, *ÜK* IV, 1912; BARTA, *Opferformel*, 125 Bitte 138e.

[191] Gemeint ist das festliche Ornat, in dem der Tote am Wag-Fest in Abydos teilnehmen soll.

[192] Vgl. pBM 10819, iv, 7; DAVIES, *Rekh-mi-Re*, Taf. 86.

63 *ꜣḫ n=k str ḫt.w ḥr ꜥb*	möge die Duftpflanze dir heilswirksam sein, die auf der Stele graviert ist.[193]
64 *swr ḥr gs.wj mr nḫꜣ.wj*	**Trinke am Ufer des Messersees,**
65 *ḥs ṯw nṯr.w ntj.w jm*	**mögen die Götter, die dort sind, dich loben.**
66 *prj=k r p.t ḥnꜥ nṯr.w*	**Mögest du aufsteigen zum Himmel mit den Göttern,**
67 *sjꜥry.w Mꜣꜥ.t n Rꜥ.w*	**die die Ma'at aufsteigen lassen zu Re.**
68 *sṯꜣ.tw=k m-bꜣḥ psḏ.t*	**Mögest du der Neunheit vorgeführt werden,**
69 *jrj.tw=k mj wꜥ jm=sn*	mögest du zu einem von ihnen gemacht werden.
70 *ntk ḫꜣr jtj n rꜣ*	Dir gehört die Syrische Gans, der Vater der Graugans,
71 *wdn=k sw n Ptḥ rsj jnb=f*	mögest du sie opfern dem Ptah südlich seiner Mauer.[194]

Der Anfang kommt schon in einem Stelentext des Mittleren Reichs vor[195]:

sḫt jr=f jrj.n=k nfr	„Fallenstellen aber ist es, was du Gutes tatest" (???)
jn tꜣ.wj tmm.w	sagen die beiden Länder.
ꜥnḫ n=k wḏꜣ n bꜣ=k	Leben gehört dir, Heil deinem Ba,
wꜣḥ ꜥꜣ ḥꜥw=k	große Dauer deinem Leib,
t.w n ẖ.t=k	Brot deinem Bauch,
mw n ḫḫ=k	Wasser deiner Kehle,
ṯꜣw mḥy.t n šr.t=k	Hauch des Nordwinds deiner Nase.
ssn=k snṯr wrḥ=k ꜥntj.w	Mögest du Weihrauch atmen und (dich mit) Myrrhe salben,
wbꜣ ḥr=k m pr kk.w	möge dein Gesicht geöffnet sein im Haus der Finsternis.[196]

193 Vielleicht verlesen aus *ꜣḫ n=k st r ḫtw ḥr ꜥb* „heilswirksamer ist es für dich als das, was auf der Stele graviert ist". So übersetzt HORNUNG, *Totenbuch*, 348.

194 „Syrische Gans" und „*rꜣ*-Gans" gehören nach *Tb* 109 zum Osthorizont. An der südlichen Seite des östlichen Himmelstores liegt der „See der syrischen Gänse", an der Nordseite „das Wasser der *rꜣ*-Gänse".

195 Vorausgeht eine Variante der „Abydosformel".

196 Stele des (Seqedi) Shemre, Rio de Janeiro, Inv. 643 [2433], s. KITCHEN, *Rio de Janeiro*, 3 Nr. 17, Z. 9, S. 57 f., Taf. 37, 38.

Götterreden auf Spätzeit-Särgen

(die aus *Tb* 169 übernommenen Passagen sind durch Fettdruck hervorgehoben):

1. Die Texte

Als Hapi-*Text auf Spätzeit-Särgen:*[197]

ḏd mdw.w jn Ḥpj	Worte zu sprechen von Hapi:
hꜣ wsjr N jnk Ḥpj	O Osiris N, ich bin Hapi,
jnk sꜣ=k Ḥr.w mrj(.w)=k	ich bin dein geliebter Horussohn.
jyj.n=j r mꜣꜣ=k	Ich bin gekommen, nach dir zu sehen.
jw Jnp.w[198] *<ḫr> sḫr ḫftj.w=k*	Anubis wirft deine Feinde nieder,
wṯs=f ṯw dwꜣ=f nfr.w=k	er soll dich aufrichten und deine Schönheit anbeten,
dwn=f ꜥ.wj=k r ꜣḫ.t jꜣb.t.jt n.t p.t	er soll deine Arme ausstrecken zum östlichen Lichtland des Himmels.
šsp=k sꜥḥ n Rꜥ.w	Mögest du die Würde des Re empfangen
m jꜣb.t.jt n.t p.t	am Osten des Himmels.
ꜥnḫ=k wḏꜣ n bꜣ=k	**Mögest du leben, Heil deinem Ba,**
wꜣḥ{nꜥn}ḫꜣ.t=k mꜣꜣ=k tkꜣ ssn=k ṯꜣw	**möge dein Leichnam dauern, mögest du die Fackel sehen und Luft atmen,**
wbꜣ{=k} ḥr=k m wꜣ.t kk.w	**möge dein Gesicht geöffnet sein auf dem Weg der Finsternis.**[199]
wꜣḥ=k ḥr pgꜣ n mꜣꜣ qrj.t=f	**Mögest du dauern auf dem Kampfplatz, ohne sein Unwetter zu sehen.**
šms.w=k ḥqꜣ jdb.w	**Mögest du dem Herrscher der Ufer folgen(?) ...**
sqbḥ ḥr ḫt n mr.yt	**erfrischt unter dem Zedernbaum**
r gs.wj n wrḥ.w (?)	**am Ufer der Salbung (?),**
jw Sšꜣ.t ḥmsj.tj m-bꜣḥ=k	**während Seschat vor dir sitzt**
jw Sjꜣ m sꜣ ḥꜥ.w=k	**und Sia der Schutz deines Leibes ist.**
jw Ḥr.w ḥr jrj.t mk.t=k	Horus sorgt für deinen Schutz,
ḫwj ṯw Rꜥ.w Nb-r-ḏr	und Re, der Allherr, behütet dich.

Als Heqa-maa-jotef-*Text:*[200]

ḏd mdw.w jn Ḥqꜣ-mꜣꜣ-jtj=f	Worte zu sprechen von Heqa-maa-jotef:
hꜣ wsjr N	O Osiris N,

[197] CG 41002, Moret, *Sarcophages de l'époque bubastite à l'époque saïte*, 49f.; CG 41009, Moret, *a.a.O.*, 124f.; CG 41044, Gauthier, *Cercueils*, 42–43; CG 41046, Gauthier, *a.a.O.*, 90; CG 41068, Gauthier, *a.a.O.*, 478.

[198] Var. CG 41046 *Ḏḥwtj*.

[199] Vgl. hierzu Assmann, *Liturgische Lieder*, 194 Anm. 18 sowie den Text NR.2.

[200] CG 41002, Moret, *a.a.O.*, 50f.; CG 41004, Moret, *a.a.O.*, 81; CG 41048, Gauthier, *a.a.O.*, 153.

jnk Ḥqꜣ-mꜣꜣ-jtj=f wnn=j m sꜣ=k	ich bin Heqa-maa-jotef, ich bin zu deinem Schutz da,
ḥr sḥr ḏꜣ.t ḥr=k mj jrj.n=j	indem ich das Widrige von dir fernhalte, wie ich getan habe
n jtj=j Wsjr m wꜥb.t	für meinen Vater Osiris in der Wabet.
jp.n=j ṯw m-m nṯr.w	Ich habe dich reklamiert unter den Göttern
ḏj.n=j n=k ḫftj.w=k ẖr tbw.tj=k	und habe dir deinen Feind unter deine Sohlen gelegt,
nn prj=f m-ꜥ=k ḏ.t	nicht soll er dir entkommen auf ewig.
ḏj=j n=k ꜥnḫ ḥnꜥ ꜣw.t jb	Ich habe dir Leben und Freude gegeben,
mj jrj.n=j n jtj=j Wsjr	wie ich getan habe für meinen Vater Osiris.
ḏj.n=j mꜣꜣ=k nṯr.w jp.w	Ich habe dir jene Götter gezeigt.[201]
ḥsj ṯw wr.w n.w P Dp	**Die Großen von Pe und Dep sollen dich loben,**
s(...) ṯw Ḏḥwtj	**Thot soll dich (...)**
ḏd=f pr(r)=k m jwꜣ.t	**Er soll sagen, daß du ausziehst aus der (...)**
kꜣ=k r ḥnꜥ bꜣ=k m-ḫt=k	**Dein Ka sei mit deinem Ba zu deiner Verfügung**
ḥꜣtj=k n ḫpr.wt=k	**und dein Herz deiner (irdischen) Formen.**
jw=k ꜥnḫ.tj m wnn=k jm	Du lebst von dem, worin du dauerst,
mj Rꜥ.w r nḥḥ ḏ.t	wie Re für immer und ewig.

Als Ir-renef-djesef-*Text:*[202]

ḏd mdw.w jn Jr-rn=f-ḏs=f	Worte zu sprechen von Ir-renef-djesef:
hꜣ wsjr N mꜣꜥ-ḫrw	O Osiris N, gerechtfertigt,
jnk Jr-rn=f-ḏs=f jyj<.n>=j	ich bin Ir-renef-djesef, ich bin gekommen
m ꜥḥ ḥr wḏ Rꜥ.w	aus dem Palast mit einem Dekret des Re,
r jrj.t sꜣ=k mk.t=k	um deinen Schutz und Obhut auszuüben.
wnn=j m-ḫt=k ḥr stp sꜣ ḥr=k	Ich will bei dir sein und deinen Schutz bewirken,
mj jrj.n=j n Wsjr m wꜥb.t	wie ich getan habe für meinen Vater Osiris in der Wabet.
srs=j ṯw grḥ r ḥnꜥ dwꜣ.t	**Ich will dich aufwecken zur Nacht und am Morgen.**
ḥsj ṯw nb.w Jwnw	**Die Herren von Heliopolis sollen dich loben.**
ꜥnḫ n=k ḥꜥ.w=k	**Dein Leib soll dir leben,**
snḏm psḏ.t ḥr=k	**die Neunheit soll über dich[203] froh sein.**
prj n=k t m Ḫm	**Mahlzeiten sollen für dich aus Letopolis kommen,**
t m Ḫmnw	**Mahlzeiten aus Hermupolis,**
prj n=k t m Jwnw	**Mahlzeiten sollen für dich kommen aus Heliopolis**
ḥr wḏ n=k Nb-r-ḏr ḏs=f	**auf das hin, was der Allherr selbst für dich angeordnet hat.**
swr mw ḥr gs.wj mr nḫꜣ.wj	**Trinke Wasser am Ufer des Messersees.**
ḥsj ṯw nṯr.w n.tj.w jm	**Mögen die Götter, die dort sind, dich loben.**

[201] Vgl. den Horustext *ḏj=j mꜣꜣ=f nṯr.w jp.w* „ich will ihm jene Götter zeigen" auf den Särgen CG 41009, Moret, *a.a.O.*, 125; CG 41047, Gauthier, *a.a.O.*, 125; CG 41048, Gauthier, *a.a.O.*, 152–153; CG 41057, Gauthier, *a.a.O.*, 303.

[202] CG 41002, Moret, *a.a.O.*, 51; CG 41048, Gauthier, *a.a.O.*, 153.

[203] Dieser Text liest *ḥr* statt *jb*. Die beiden Zeichen werden leicht verwechselt.

prj=k r p.t r ḥnʿ nṯr.w	**Mögest du zum Himmel aufsteigen mit den Göttern,**
sjʿr=sn nṯr	**wenn sie den Gott aufsteigen lassen.**
sṯꜣ.n=k m-m psḏ.t=f	**Mögest du ziehen mit seiner Neunheit,**
jrj=k mj wʿ jm=sn	**mögest du handeln wie einer von ihnen.**

2. Götterreden und Stundenwachen

Götterreden auf Särgen sind eine sehr typische Gattung, die vom Alten Reich bis in die römische Kaiserzeit belegt ist. Je nach der Bedeutung der Gottheiten im Rahmen der ägyptischen Totenreligion treten hier einzelne Gestalten stärker oder schwächer hervor. Die zentrale Figur ist mit weitem Abstand die Himmelsgöttin Nut; für sie dürften über hundert verschiedene „Nut-Texte" bezeugt sein. Für andere Zentralfiguren wie Isis und Nephthys gibt es Dutzende verschiedener Texte. Andere Gottheiten treten höchstens mit kurzen Formeln auf. Auf den von Moret und Gauthier edierten thebanischen Särgen der Dritten Zwischenzeit und der Spätzeit werden jedoch auch allen anderen Gottheiten der Einbalsamierung, Mumifizierung und Stundenwache lange Reden in den Mund gelegt. Der Zyklus von Götterreden auf diesen Särgen umfaßt folgende Texte:

1. Isis: dieser Text fußt in seinem zweiten Teil auf *Tb* 151.[204]
   Hauptthema: Atemluft, Rechtfertigung, Augenöffnung
2. Nephthys (*Tb* 151) [205]
   Hauptthema: Rechtfertigung (*mꜣʿ-ḫrw=k ḫr psḏ.t*)
3. Anubis *Jm.j-w.t*[206]
   Hauptthema: Gliedervereinigung

[204] CG 41002, Moret, *a.a.O.*, 46f.; CG 41004, Moret, *a.a.O.*, 79–80; CG 41006, Moret, *a.a.O.*, 97; CG 41009, Moret, *a.a.O.*, 122; CG 41004, Moret, *a.a.O.*, 79–80; CG 41011, Moret, *a.a.O.*, 141; CG 41013, Moret, *a.a.O.*, 155; CG 41017, Moret, *a.a.O.*, 180; CG 41044, Gauthier, *a.a.O.*, 71; CG 41047, Gauthier, *a.a.O.*, 136; CG 41056, Gauthier, *a.a.O.*, 282; CG 41057, Gauthier, *a.a.O.*, 310; CG 41058, Gauthier, *a.a.O.*, 341; CG 41062, Gauthier, *a.a.O.*, 393; Bietak/Reiser-Haslauer, *Anch-Hor* I, 106 Abb. 29; Bologna 1957 (Sarg des *Wsꜣy*) ed. Kminek-Szedlo, *Museo Civico di Bologna*, 222.

[205] CG 41002, Moret, *a.a.O.*, 45; CG 41004, Moret, *a.a.O.*, 79; CG 41006, Moret, *a.a.O.*, 93; CG 41008, Moret, *a.a.O.*, 103 (als Isis-Text); CG 41044, Gauthier, *a.a.O.*, 32; CG 41047, Gauthier, *a.a.O.*, 112f.; CG 41048, Gauthier, *a.a.O.*, 141; CG 41057, Gauthier, *a.a.O.*, 299; CG 41058, Gauthier, *a.a.O.*, 325f.; CG 41059, Gauthier, *a.a.O.*, 357. Bietak/Reiser-Haslauer, *a.a.O.*, 106 Abb. 29; Bologna 1957, Kminek-Szedlo, *a.a.O.*, 221f.

[206] CG 41002, Moret, *a.a.O.*, 54; CG 41008, Moret, *a.a.O.*, 107f.; CG 41009, Moret, *a.a.O.*, 126; CG 41011, Moret, *a.a.O.*, 146f.; CG 41015, Moret, *a.a.O.*, 167; CG 41044, Gauthier, *a.a.O.*, 41; CG 41046, Gauthier, *a.a.O.*, 91; CG 41048, Gauthier, *a.a.O.*, 149; CG 41057, Gauthier, *a.a.O.*, 305; CG 41058, Gauthier, *a.a.O.*, 332; CG 41068, Gauthier, *a.a.O.*, 471.

4. Anubis *ḫnt.j sḥ nṯr*[207]
Hauptthema: Gliedervereinigung
5. Horus[208]
Hauptthema: Eintreten gegen Feinde (*nḏ*); Gemeinschaft mit dem Ka; Rechtfertigung
6. Horus Chenti-irti (s. oben)
Hauptthemen: Falke und Gans; Öffnung von Himmel, Erde, Unterwelt
7. Amset (s. oben)
Hauptthema: Schutz des Grabes; Reinheit; Rechtfertigung
8. Hapi (s. oben)
Hauptthemen: Lebensfunktionen (*sʿḥ*; *bꜣ*; *ḫꜣ.t*); Göttergemeinschaft
9. Duamutef (s. oben)
Hauptthemen: Versorgung, Mahlzeiten
10. Qebehsenuf[209]
Hauptthemen: Lebensfunktionen (*kꜣ*; *bꜣ*; *ḏ.t*; *ḥʿ.w*); Sonnenlauf; *jrj ḫpr.w*
11. Geb (s. oben)
Hauptthemen: Augenöffnung; Bewegungsfreiheit gegen Feinde
12. Ir-renef-djesef (s. oben)
Hauptthemen: Mahlzeiten aus heiligen Orten; Himmelsaufstieg
13. Heqa-maa-jotef (s. oben)
Hauptthemen: Göttergemeinschaft; Lebensfunktionen (*kꜣ*; *bꜣ*; Herz)

Etwas mehr als die Hälfte dieser Götterreden sind aus dem Material von *Tb* 169 gebildet. Das verweist auf einen gemeinsamen „Sitz im Leben“. *Tb* 169 trägt den Titel *rꜣ n sʿḥʿ* (var. *sṯs*) *ḥnk.yt* „Spruch zum Aufstellen des Totenbettes“.[210] Damit ist das Bett der Einbalsamierung gemeint. Die Liturgie wird am Bett der Einbalsamierung und Mumifizierung rezitiert und soll die verklärenden und vergöttlichenden Heilswirkungen des Balsamierungsrituals bekräftigen und auf Dauer stellen. Der rituelle Rahmen dieser zum Abschluß der Mumifizierungsarbeit rezitierten Liturgien ist die Nachtwache in der Balsamierungshalle. Diese Nachtwache wird schon im MR, wie wir aus Spruch *CT* [49] = I.217a erfahren, in der Form einer Stundenwache durchgeführt. Man muß sich also vorstellen, daß

[207] CG 41009, Moret, *a.a.O.*, 125; CG 41015, Moret, *a.a.O.*, 168; CG 41047, Gauthier, *a.a.O.*, 123; CG 41048, Gauthier, *a.a.O.*, 152; CG 41057, Gauthier, *a.a.O.*, 308; CG 41058, Gauthier, *a.a.O.*, 336; CG 41068, Gauthier, *a.a.O.*, 479.

[208] CG 41002, Moret, *a.a.O.*, 48; CG 41011, Moret, *a.a.O.*, 143. Sonst nicht in extenso belegt.

[209] CG 41002, Moret, *a.a.O.*, 50; CG 41004, Moret, *a.a.O.*, 81; CG 41008, Moret, *a.a.O.*, 105; CG 41009, Moret, *a.a.O.*, 125; CG 41024, Moret, *a.a.O.*, 230f.; CG 41015, Moret, *a.a.O.*, 167f.; CG 41041, Gauthier, *a.a.O.*, 43f.; CG 41047, Gauthier, *a.a.O.*, 123; CG 41048, Gauthier, *a.a.O.*, 151f.; CG 41057, Gauthier, *a.a.O.*, 307; CG 41068, Gauthier, *a.a.O.*, 478.

[210] Schott, *Bücher und Bibliotheken*, Nr. 868b.

die einzelnen Gottheiten, die auf den Särgen mit Anreden an den Toten dargestellt werden, einen Stundendienst ausführen. Ihre Gesamtheit gewährleistet die lückenlose und immerwährende Durchführung dieses Schutzes. Durch die Sargdekoration soll das Ritual der Stundenwache in seiner Schutzwirkung verewigt werden.

Diese Funktion läßt sich bereits für die Sargtext-Fassung (Liturgie B) voraussetzen. Aber Liturgie A (*ḫbs-tꜣ*), deren Hauptthema die Rechtfertigung des Toten vor dem Totengericht darstellt, gehört gleichfalls in den Funktionszusammenhang der nächtlichen Stundenwachen in der Balsamierungskammer. Das geht aus dem Zitat in Spruch [62] in aller Eindeutigkeit hervor. Daß diese Liturgie nicht ins Totenbuch übernommen wurde, erklärt sich aus der gewandelten Konzeption des Totengerichts. In den Sargtexten haben wir es mit einer Zwischenstufe zwischen dem Jenseitsgericht des Alten Reichs und dem allgemeinen Totengericht des Neuen Reichs zu tun. Das Jenseitsgericht des Alten Reichs tritt nur auf Bedarf zusammen, dann nämlich, wenn eine Anklage vorliegt. Das Totengericht des Neuen Reichs hat man sich wohl permanent tagend gedacht, und jeder Tote hat sich nach seinem Tode unverzüglich dorthin zu begeben und dort zu rechtfertigen, um in das Totenreich eingelassen zu werden. In Liturgie A wird das Totengericht ebenfalls auf den Todestag gelegt und als ein Schwellenritual zum Eintritt in die Jenseitsexistenz bei Osiris und Re verstanden. Der Tote hat sich aber nicht „vor“ (*ḫr*) Osiris zu rechtfertigen, sondern „gegen“ potentielle Gegner („Feinde und Feindinnen“), die als Ankläger auftreten könnten.[211] Daher gehört hier das Totengericht oder vielmehr seine rituelle Inszenierung in den Kontext der Nachtwachenriten hinein, deren wichtigstes Ziel neben der Belebung des Toten die Abwehr des mythischen Feindes (Seth) bzw. aller möglichen aktuellen Feinde und Feindseligkeiten ist. Das Ritual soll die Hilflosigkeit des Toten kompensieren, der seinen Feinden wehrlos ausgeliefert ist und zugleich den Tod in gewisser Weise überwinden, der auf feindliche Einwirkung zurückgeführt und in der Gestalt des mythischen Feindes personifiziert wird. Rechtfertigung bedeutet also zweierlei: einmal den Triumph über mögliche Gegner, die den Toten vor Gericht anklagen könnten, zum anderen aber auch den Triumph über den mythischen Feind, den der Tote selbst vor Gericht bringt und anklagt, seinen Tod verschuldet zu haben. Die gerichtliche Verurteilung des Seth ist also als Wiedergutmachung des Todes zu verstehen. Diesen im Osirismythos gefaßten Sinn wendet das Ritual auf den mit Osiris gleichgesetzten N an.

Solange die Rechtfertigung des Toten als integraler Teil seiner rituellen Wiederbelebung verstanden wird, wie sie durch die Riten der Einbalsamierung, Mumifizierung, Mundöffnung, Sarg- und Grablegung bewirkt wird, gehört auch die rituelle Inszenierung des Totengerichts in diesen Zusammenhang. Erst im Neuen Reich verselbständigt sich der Totengerichtskomplex zu einem eigenen

[211] Das ist eigenartigerweise auch die Form, in der Hekataios von Abdera bei Diodor die Durchführungsform des Totengerichts als Teil des Beisetzungsrituals referiert.

Zyklus von Texten und Bildern. Ob auch dieser Zyklus noch einen rituellen Sitz im Leben im Zusammenhang der Balsamierungs- oder Beisetzungsriten hat, ist umstritten. Reinhold MERKELBACH hat die These vertreten, daß Diodors Bericht (I 91–93) einer in der ägyptischen Spätzeit tatsächlich praktizierten Sitte entspricht.[212]

Diodor zufolge, der Ägypten im Jahr 57 v. Chr. bereist hat, wird am Ende der Einbalsamierung und vor der Beisetzung ein Totengericht abgehalten. Sein Bericht erinnert an jene Darstellungen, die als „Totenfeier im Garten" zusammengefaßt werden.[213] Der Leichnam wird über einen Teich gerudert, jenseits dessen 42 Richter Platz genommen haben. Nun kann jeder, der etwas gegen den Toten vorzubringen hat, Anklage erheben. Ist die Schuld erwiesen, darf der Leichnam nicht bestattet werden. Tritt dagegen kein Ankläger vor oder ist die Anklage ungerechtfertigt, wird der Tote von allen Anwesenden gerühmt und anschließend in Ehren bestattet. MERKELBACH vergleicht diesen Bericht mit den Texten in den beiden Totenpapyrus Rhind, die er als Protokoll der Begräbniszeremonien für Menthesuphis und seine Frau versteht, beide verstorben im Jahre 9 v. Chr. Aus ihnen geht der Ablauf der Zeremonien in der Art einer dramatischen Vorführung, in der Priester in Götterrollen auftreten, in aller Deutlichkeit hervor. Wenn man diesen Bericht mit der Schilderung der Bestattungszeremonien bei Diodor zusammennimmt, gewinnt man das Bild einer „barocken Schaustellung".

Der Ablauf der ägyptischen Balsamierungs- und Begräbniszeremonien gliedert sich – wie viele andere ägyptische Rituale auch[214] in geheime und öffentliche Abschnitte. Öffentlich – natürlich immer im Sinne einer repräsentativen, paradigmatischen und rituell bestimmten Öffentlichkeit – waren der Auszug aus dem Haus, die „Westfahrt" über den Nil, die Beisetzungsprozession vom Balsamierungshaus zum Grab und die Mundöffnung im Vorhof. Geheim dagegen waren die Riten der Einbalsamierung inklusive der nächtlichen Stundenwachen (*Tb* 169) und die Riten in der Sargkammer (*Tb* 151). Die Frage ist nun, in welchen Abschnitt des Gesamtablaufs die rituelle Inszenierung des Totengerichts gehört. Wenn Diodors Beschreibung wirklich beobachtetes Brauchtum wiedergibt und mit den Darstellungen der Totenpapyrus Rhind in Verbindung gebracht werden darf, wie MERKELBACH das vorschlägt, dann haben wir für die Spätzeit eine öffentliche Darstellung der Gerichtszeremonie anzusetzen. Im Mittleren Reich dagegen gehört die rituelle Inszenierung der Rechtfertigung ganz eindeutig zu den geheimen Riten der nächtlichen Stundenwache.

212 MERKELBACH, *Diodor*, 71–84.

213 GESSLER-LÖHR, *Exkurs: Die Totenfeier im Garten*, in: ASSMANN, *Amenemope*, 162–183.

214 Vgl. ASSMANN, *Liturgische Lieder*, Index S. 389 s.v. „Wendung nach außen".

ANHANG 2

Ein alternativer Schlußtext: *CT* [28]+[29]

Spruch [28]+[29] kommt nur in MC105 und T9C^{b} vor, beide Male im Kontext der Liturgie CT.1. In T9C^{b} beschließt dieser Spruch die Spruchfolge im Anschluß an [25], in MC105 steht er zwischen der ersten Sequenz, die hier mit [7] beginnt, und der zweiten, die mit [1] anfängt.

Es handelt sich um einen selbständigen Spruch, der von diesen beiden Textzeugen in die Liturgie CT.1 übernommen wurde. Im Grab des Rechmire TT 100 trägt er den Titel *rꜣ n jnj.t jb n ꜣḫ n=f* „Spruch, einem Verklärten sein Herz zu bringen".

Paralleltexte:
Davies, *Rekh-mi-Re*, 70 ff., Taf. 76
Opferritual des Neuen Reichs („Ritual für Amenophis I.") Turin XVII, 8 ff. ed. Bacchi, *Il rituale di Amenhotpe I*, 37 ff.
Fragment Kairo (C) col. 11–21 ed. Daressy, *Stèle de la XIXe dynastie*, 58 f.
Anfang: *PT* [1640]
Fragment: Opfertisch des *Ṯꜣwj* ed. Clère, *Table d'offrandes*, 224

CT [28] = I.80g–o; [29] = I.81a–p

1	80g	*ḏd mdw.w nḏ ḥr n ꜣḫ*[215]	Zu sprechen. Einen Verklärten begrüßen.
2	h	*jnḏ-ḥr=k nb=j*	Sei gegrüßt, mein Herr,
3	i	*jnḏ-ḥr=k N pn*	sei gegrüßt, Osiris N hier.
4	j	*jwj.n=j ḫr=k m hrw pn ḏr ḫꜣw*	Ich bin heute zu dir gekommen zur Nacht
5	k	*rḏj.n=j n=k Nwtk-nw*	und habe dir *Nwtknw* gegeben.
6	l	*jnj<=j> n=k jb=k m ẖ.t=k*	Ich bringe dir dein Herz in deinen Leib,
7	m	*mj jnj.t Ḥr.w jb n mw.t=f*[216]	wie Horus das Herz seiner Mutter gebracht hat,
8	n–o	*mj jnj.t ꜣs.t jb n sꜣ=s Ḥr.w*	wie Isis das Herz ihres Sohnes Horus gebracht hat.
9	81a	*jgr jgr rmṯ.w*	Schweigt, schweigt, ihr Menschen,
10	b	*sḏm.w sḏm.w rmṯ.w*	hört, hört, ihr Menschen,
11	c–d	*sḏm=ṯn sw md.w pn ꜥꜣ*	hört diese große Rede,
12		*jrj.n Ḥr.w n jtj=f Wsjr*	die Horus gemacht hat für seinen Vater Osiris,

[215] Nur in MC105, in horizontaler Titelzeile.
[216] Dieser Vers fehlt in T9C.

13	e	*ʿnḫ=f*[217] *jm bꜣ=f jm wꜣš=f jm*[218]	damit er dadurch lebe, damit er dadurch Ba sei, damit er dadurch geehrt sei.
14	f–g	*<hꜣ wsjr N tn ʿnḫ=ṯ jm*	<O Osiris N, mögest du dadurch leben,
15		*bꜣ=ṯ jm wꜣš=ṯ jm>*	mögest du dadurch Ba sein, mögest du dadurch geehrt sein.>[219]
16	h	*sḫm=ṯ m ḏ.t=ṯ jʿr=ṯ n Rʿ.w*	Mögest du über deinen Leib verfügen, mögest du zu Re aufsteigen.[220]
17	j	*<sḏm=ṯ md.w n.w mꜣʿ-ḫrw*	<Mögest du die Worte der Rechtfertigung hören
18	k	*ḫr Rʿ.w ḫr nṯr ʿꜣ*	von Re, vom Großen Gott.
19	l	*n tm.ṯ n ḥtm.t ʿ.wt=ṯ n snnw=ṯ*	Du bist nicht zuende, dein Körper ist nicht vernichtet, du bist nicht müde gemacht,
20	m	*n sk=ṯ n ḏ.t ḏ.t*	du gehst nicht zugrunde an deinem *ḏ.t*-Leib ewiglich.
21		*ʿnḫ.tj nḫḫ.tj*	Du bist lebendig und verjüngt,
22	n	*wꜣs.tj ḏd.tj m bꜣḥ=ṯ*	du bist mächtig und dauernd vor dir,
23	o	*ʿnḫ=ṯ m-ḫt nḫḫ*	du lebst nach dem Alter
24		*m jrj n=ṯ Ḥr.w ḏs=f nb pʿ.t*	durch das, was Horus, der Herr der *pʿ.t*, selbst für dich getan hat.
25	p	*jʿr=ṯ n Rʿ.w> m ꜣḫ.t*	Mögest du zu Re> im Lichtland <aufsteigen>.

Die Fassung von TT 100 lautet:

	ḏd mdw.w	Zu sprechen:
	hꜣ N	O N,
(6)	*jnj<=j> n=k jb=k m ẖ.t=k*	Ich bringe dir dein Herz in deinen Leib,
	rḏj.n=j sw m s.t=f	ich habe es an seinen Platz gegeben,
(7)	*mj jnj.t jb n Ḥr.w*	wie das Herz des Horus gebracht wurde
	[jn mw.t=f] ꜣs.t	seitens seiner Mutter Isis,
(8)	*mj jnj.t jb n ꜣs.t*	und wie das Herz der Isis gebracht wurde
	jn sꜣ=s Ḥr.w	seitens ihres Sohnes Horus.
(9)	*gr.w nṯr.w*	Schweigt, ihr Götter,
(10)	*sḏm.w psḏ.t*	höre, Neunheit,
(11)	*smt.w wḏ pn jrj.n Ḥr.w*	beachtet diesen Befehl, den Horus gemacht hat

217 T9C: *ꜣḫ=f.*
218 T9C om. *jm.*
219 Der Text in < > nur in MC105.
220 In T9C in der 3. Ps., mit Bezug auf Osiris.

(12)	*n jtj=f Wsjr*	für seinen Vater Osiris,
(13)	*ꜥꜣ n=f jm.j=f wsr n=f jm.j=f*	damit er dadurch groß werde, damit er dadurch stark werde,
(15)	*ḫpr.n=f jm.j<=f> m ḫnt.j-jmn.tjw*	damit er dadurch zum Ersten der Westlichen werde.
(14)	*ḏd.n swt r wsjr N*	Ich habe ihn aber auch in Bezug auf Osiris N gesagt,
(13)	*ꜥꜣ=f jm.j ꜣḫ=f jm.j wsr=f jm.j*	damit er dadurch groß werde, damit er dadurch verklärt werde, damit er dadurch stark werde,
	ḫpr=f jm.j m ḫnt.j-jmn.tjw	damit er dadurch zum Ersten der Westlichen werde.

Der erste Abschnitt (*CT* [28] = I.80h–k) hat eine genaue Entsprechung in *PT* [595] = *Pyr.* § 1639a–1640c:

	jnḏ-ḥr=k wsjr N pw	Sei gegrüßt, Osiris N hier,
a	*jwj.n=j ḫr=k hrw=k pn ḏr ḫꜣw*	ich bin zu dir gekommen an diesem deinem Tage zur Nachtzeit,
b	*rḏj.n=j n=k Nwtk-nw*	und habe dir *Nwtknw* gebracht.
(6)	*jnj<=j> n=k jb=k*	Ich bringe dir dein Herz,
(6)	*rḏj.n=j n=k sw m ẖ.t=k*	ich habe es dir in deinen Leib gegeben,
(7)	*mj jnj.t Ḥr.w jb*	wie Horus das Herz gebracht hat
(7)	*n mw.t=f ꜣs.t*	seiner Mutter Isis,
(8)	*mj jnj.t ꜣs.t jb*	wie Isis gebracht hat das Herz
(8)	*n zꜣ=s Ḥr.w*	ihres Sohnes Horus.

Vgl. Mariette, *Abydos* I, Taf. 90a:

	ḏd mdw.w jn nsw.t Mn-mꜣꜥ.t-Rꜥ.w	Zu sprechen von König Sethos I.
	n jtj=f Skr ḥr.j-jb ḥw.t-Mn-Mꜣꜥ.t-Rꜥ.w	zu seinem Vater Sokar im Tempel des Sethos I.:
	jnḏ-ḥr=k Ptḥ-Skr rs.j jnb=f	Sei gegrüßt, Ptah-Sokar südlich seiner Mauer!
a	*<j>wj.n<=j> ḫr=k m hrw pn ḏr ḫꜣw=f*	Ich bin zu dir gekommen an diesem Tage zu seiner Nachtzeit,
b	*jnj<=j> n=k Nwtk-nw*	ich bringe dir *Nwtknw.*
(12)	*mj jr.y=j n=k n.w jrj.n Ḥr.w n jtj=f Wsjr*	Komm, damit ich dir das tue, was Horus getan hat für seinen Vater Osiris,
(13)	*ꜥꜣ n=f jm.j wꜣš n=f jm.j*	damit er dadurch groß sei, damit er dadurch geehrt sei,
(13)	*ḫpr.n=f jm m ḫnt.j jmn.tjw*	damit er dadurch zum Ersten der Westlichen werde.

Für den Kommentar s. Band 2 zu NR.1.4 (TT 100).

Der Spruch hat die interpersonelle Form 1:2. Ein Sprecher, der sich allerdings nicht namentlich, d.h. in einer Götterrolle, vorstellt, spricht über seine Handlungen. Diese bestehen aus dem „Bringen des Herzens" und dem Rezitieren des

„Großen Wortes“. Der Spruch eignet sich daher vorzüglich als Schlußtext einer Totenliturgie, die ja in erster Linie in der Darbringung von Rezitationen besteht. Zweifellos erfüllt er auch in den Spruchfolgen von MC105 und T9C diese Funktion. Daher fehlt in diesen Varianten Spruch [26], der in anderen Varr. als Schlußtext fungiert.

ANHANG 3:

Die Liturgie in T1L [675]+[225]+[226]+[761]–[765][221]

Die Liturgie findet sich nur in T1L und schließt dort unmittelbar an [25] als letzten Spruch der Liturgie CT.1 Fassung B an.

Spruch 1: CT [675] = VI.303s-x

1	303s–t	*Jnp.w Jnp.w Jnw.w Jnw.w*	Anubis, Anubis! *Jnw*[222], *Jnw*!
2	u–v	*wḥꜥ(.w) wḥꜥ=k*[233] *N pn*	Löser, mögest du diesen N lösen,
3	w–x	*sfẖ(.w) sfẖ(.w) N pn*	Ablöser, der diesen N ablöst[224].

Der Spruch bleibt in seiner Kürze und Kontextlosigkeit vollkommen rätselhaft. Als Eröffnungsspruch einer Liturgie könnte er sich auf einen Wasserguß *sꜣṯ* beziehen, zu dem das Stichwort „lösen“ gehört. Vgl. hierzu CT.3, Spruch 1. Zum Parallelismus von *wḥꜥ* und *sfẖ* vgl. besonders Spruch *CT* [691], in dem er ständig vorkommt. Zum Lösen der Mumienbinden s. u., §38.

Spruch 2: CT [225], [226]

Titel:
T1L

1	212 b	*sẖm m mw*	<Spruch,> um Macht zu haben über Wasser,
2	c	*prj.t m hrw m grḥ*	und um am Tage und in der Nacht herauszugehen
3	d	*jn ꜣḫ r bw nb mrr.w jb=f jm*	durch einen Verklärten zu jedem Ort, an dem sein Herz zu sein wünscht[225].

[221] ASSMANN, *„Verklärung“*, 999.
[222] Ob mit Wb I, 94,8 als Beiname des Sokar?
[223] Zum Ablösen (*wḥꜥ*) der Fesseln vgl. *CT* VII.44b, *PT* [665] = *Pyr.* § 1904a.
[224] Es folgt Spruch [225].
[225] Die Passage *CT* III.212b–d ist nur in T1L erhalten.

Varianten des Titels:
S2C^{b}, B2Bo, B1Y, pBerlin, YiC, M2NY:

212a	*rꜣ*[226] *n smꜣꜥ-ḫrw s r ḫftj=f m ẖr.t-nṯr*	Spruch, um einen Mann gegen seinen Feind im Totenreich zu rechtfertigen.

B2L:

213b	*rꜣ n sḫm s m ḫftj.w=f m tꜣ m ẖr.t-nṯr*	Spruch, damit sich ein Mann seiner Feinde bemächtige auf Erden und im Totenreich.
c	*ḥtm ḥkꜣ.w nb ḏw*	Um zu vernichten jeden schlechten Zauber[227].

Vgl. auch die Nachschrift in B2L:

250	*sḫm s m jb=f m ḥꜣ.tj=f*	<Spruch>, daß ein Mann Macht habe über sein *jb*-Herz, sein *ḥꜣ.tj*-Herz,
	m ꜥ.wj=f m rd.wj=f	seine Arme und seine Beine
	m tꜣ m ẖr.t-nṯr	auf Erden und im Totenreich.

B1C:

212d	*rꜣ n sḫm s m ḫf.tjw=f*	Spruch, damit ein Mann Macht habe über seine Feinde,
e	*m jb=f ḥꜣ.tj=f ꜥ.wj=f(j) rd.wj=f(j)*	über sein *jb*-Herz, sein *ḥꜣ.tj*-Herz, seine Arme und seine Beine[228].

B4C:

212e	*rꜣ n wn wꜣ.t n [...]*	Spruch, um den Weg zu öffnen [für einen Mann im Totenreich][229].

B1L:

213a	*rḏj.t šsp s prj.t-ḫrw t ḥnq.t n=f*	Um zu veranlassen, daß ein Mann ein Totenopfer an Brot und Bier für sich empfange
m	*dwꜣ sp sn.w m mšr.w*	am Morgen, zweimal, und am Abend[230].

226 Textzeuge S2Cb hat *ḏd mdw.w*, M2NY hat *ḏd mdw.w rꜣ n*. Bis auf die Textzeugen B2Bo und pBerlin haben alle übrigen Textzeugen das *incipit* in roter Tinte.

227 *CT* III.213b–c hat nur B2L.

228 *CT* III.213d–e hat nur B1C.

229 Ergänzungsvorschlag JÜRGENS, *Grundlinien*, 305 (dort *ẖr.t-nṯr* mit „Nekropole" übersetzt).

230 Diese Passage hat nur B1L.

Nach Ausweis der verschiedenen, stark divergierenden Titel wird der Spruch vor allem mit drei Funktionen verbunden:

1. Bewegungsfreiheit, Verfügen über 'Herz' usw. (T1L, B4C, B2L)
2. Rechtfertigung gegen Feinde ($S2C^b$, B2Bo, B1Y, pBerlin, YiC, M2NY, vgl. auch B2L und B1C) – die weitaus häufigste und verbreiteste Zweckbindung
3. Entgegennahme von Totenopfern (B1L)

Peter JÜRGENS ordnet die Sprüche [225]–[226] einer Totenliturgie zu, die insgesamt die Sequenzen [30]–[32], [33]–[37], [225]+[226] und [343]+[345] umfaßt. Es handelt sich um eine Totenliturgie, die teils in dramatischer Form, teils in der typischen Form 0:2 gehalten ist. Thematisch geht es um die Einbindung des Verstorbenen in den „schönen Westen" und seine Anerkennung durch Osiris und die Westgöttin als Sohn.[231] Dieses Rahmenthema wird in den Sprüchen [225]+[226] in Richtung Macht, Bewegungsfreiheit und Versorgung, und in den Sprüchen [343]+[345] in Richtung Vermeidung des Fangnetzes ausgestaltet, ein Motiv, das ebenfalls in den Zusammenhang „Bewegungsfreiheit" gehört. Da diese Spruchverbindung in zwei frühen und selbständigen Überlieferungssträngen auftritt, die von T1L(a und b) einerseits und S1C, S2C und M25C andererseits vertreten werden, muß sie alt sein; allerdings wurde sie in der weiteren Überlieferungsgeschichte auch wieder aufgelöst, so daß die Spruchgruppen auch in anderen Verbindungen auftreten. Dabei stellt JÜRGENS fest, daß auch diese veränderten Spruchsequenzen fast ausnahmslos aus Verklärungssprüchen bestehen. Eine besonders typische solche Verbindung stellt die Verknüpfung mit CT.1 dar, die wir hier im Anhang zu CT.1 wiedergeben:

$T1L^a$: [33], [30]–[32]+[343](+[345])+[1]+[20]–[25]+[675]+[225]–[226]+[761]–[765]

Weitere Verbindungen mit CT.1 finden sich auf den Särgen:

Sid1Sid	[1]+[20]–[25]+[225]
„β"	[7]–[9], [12], [14], [15]+[10]+[27]+[11]+[225]

Wir haben dieser Verbindung hier den Vorzug gegeben gegenüber der wesentlich verbreiteteren und älteren Verbindung mit der Spruchgruppe [30]–[37], weil wir diese im Hinblick auf ihre abweichende (dramatische) Form und eine zu erwartende monographische Bearbeitung durch Harco WILLEMS nicht in diesen Band aufgenommen haben.

[231] Vgl. dazu ASSMANN, *Tod und Jenseits*, 169–81.

Abschnitt 1

Nach T1L:

1	214a	*hꜣ N*[232]	O N!
2	b	*wn(.w) n=k p.t*	Geöffnet ist für dich der Himmel,
3		*wn(.w) n=k tꜣ*	geöffnet ist für dich die Erde,
4	c	*wn(.w) n=k qꜣꜣ.wt Gb*	geöffnet sind für dich die Türriegel des Geb,
5		*wn(.w) n=k tp ḥw.t ptr.tj*	geöffnet ist für dich das Dach, die beiden Himmelsfenster.[233]
6	216a	*jn sꜣꜣ=ṯw sfḫ ṯw*	Der dich bewacht ist es, der dich löst,
7	b	*jn mr ꜥ=f jm=k stt ꜥ=f jm.j=k N tn {r tꜣ}*	der seinen Arm[234] an dich bindet, ist es, der seinen Arm nun von dir abläßt, oh N!
8	218a	*hꜣ N pn*	O N hier!
9	b	*wn n=k rꜣ n ḥnt*	Der Schnabel des Pelikan[235] öffnet[236] sich für dich,
10	c	*sn n=k rꜣ n ḥnt*	der Schnabel des Pelikan tut sich auf für dich[237],

[232] Das *incipit* ist durch 20 Textzeugen belegt, von denen vier durch Verbindungen wie *j mn=j pn* (B2Bo) bzw. *j jnk* (S2C[a]) eindeutig auf die 1. Ps. Sg. bezogen sind: „Oh, ich!“. Andere haben das häufigere *hꜣ wsjr N pn* (B1L etc.).

[233] *CT* III.215d–e hat nur B4C:

d *N tf [...]w=sn*	Diese N [...] ihre [...]
e *rḏj n=ṯ tp.t-ḥw.t ptr<.tj>*	Gegeben ist dir das Dach des Himmelsgewässers.

Es folgt 214c.

f–g nur in B10C:

f *[...]w wn(.w) n=k rw.tj wr.tj*	[...] geöffnet sind für dich die beiden großen Türflügel,
g *sn(.w) n=k rw.tj ptr.tj*	geöffnet sind für dich die beiden Türflügel des Himmelsgewässers.

Fährt mit 219b fort.

[234] Das Suffix der 3. Ps. Sg. bezieht sich auf einen ungenannten Feind, der für den schlechten Zauber (213c) verantwortlich ist. Dieser dämonenhafte Widersacher ist es, der mit eigener Hand bindet und schießt.

[235] S. Otto, *Pelikan-Motiv*, 15–22; Zandee, *Rezension Vergote*, 395; Hornung, *Sonnenlitanei* II, 139 (425), (mit Verweis auf die Szene in Mariette, *Abydos* II, Taf. 15), wo die Pelikan-Göttin dargestellt ist, wie sie den messerbewehrten Türhütern des Jenseits zuruft „leitet diesen Ba des trefflichen Ach, den Osiris N, wie Re“. Vgl. auch *CT* [243].

[236] Anders T9C: *wn n=k ḥnt rꜣ=s*, „Der Pelikan öffnet für dich seinen Schnabel“ B4C hat lediglich: *rꜣ n ḥnt* „der Schnabel des Pelikans“, während pBerlin und Y1C die 1. Ps. Sg. schreiben. Diametral entgegengesetzt haben B1L und B2L: *wn rꜣ=k jn ḥnt* „Dein Mund ist durch den Pelikan geöffnet“. B10C hat: *wn ḥnt rꜣ=k*, „Der Pelikan öffnet deinen Mund.“

[237] Entsprechend 216–217b verhalten sich auch die Varianten der Textzeugen von 216–217c.

11	d	*rḏj.n ḥnt prj=k m hrw m grḥ*	denn der Pelikan hat veranlaßt, daß du herausgehest am Tage und in der Nacht[238]
12	220a	*r bw mrr.w jb=k jm*	an den Ort, an dem dein Herz zu sein wünscht.[239]
13	b–c	*hꜣ N pn*	O N[240] hier!
14		*sḫm=k m jb=k*	Du sollst Macht haben über dein *jb*-Herz,[241]
15	222a	*sḫm=k m ḥꜣ.tj=k*	du sollst Macht haben über dein *ḥꜣ.tj*-Herz,[242]
16	c	*sḫm=k m ʿ.w=k*	du sollst Macht haben über deine Arme,
17	d	*sḫm=k m rd.wj=k*	du sollst Macht haben über deine Füße.
18	226a	*sḫm=k m mw*	Du sollst Macht haben über das Wasser,
19	b	*sḫm=k m ṯꜣw*	du sollst Macht haben über die Luft,
20	d	*sḫm=k m n.wt š.w*	du sollst Macht haben über die Flut,
21	228a	*sḫm=k m wḏb.w*	du sollst Macht haben über die Ufer,
22	b	*sḫm=k m jtr.w*	du sollst Macht haben über die Flüsse!
23	c	*sḫm=k*[243] *m prj.t-ḫrw n=k jm.j*	Du sollst Macht haben über das Totenopfer, das dir gehört.[244]
24	230a	*sḫm=k m ḫftj.w=k*	Du sollst Macht haben über deine Feinde,[245]
25	c	*sḫm=k m jrr.w r=k m ẖr.t-nṯr*	du sollst Macht haben über die, die im Totenreich gegen dich vorgehen,[246]

238 Nach T1C. T9C hat *r nw nb*, „zu jedem Zeitpunkt“. B4C vermerkt keine spezifische Zeitangabe.

239 Die wichtigsten Varianten sind folgende: T9C hat *mrr=k jm* „indem du dort zu sein wünschst“; B4C hat *mrrw jb=s prj.t jm* „wo ihr Herz herauszugehen wünscht“; Y1C hat *r bw mry=j jm* „der Ort, an dem ich zu sein wünsche“; B1L hat *r bw mrr.w jb=k prj.t jm m grḥ* „der Ort aus dem dein Herz in der Nacht herauszugehen wünscht“; B2L hat *r bw mrr.w jb=k jm prj.t jm m grḥ m hrw* „an dem Ort, an dem dein Herz zu sein wünscht, um dort herauzugehen in der Nacht und am Tage“.

240 Die Textzeugen S2C[a], pBerlin und Y1C haben die Selbstanrede *hꜣ jnk* „Oh ich!“, während B2Bo *hꜣ mn=j pn* „Oh, so einer (wie) ich!“ hat.

241 S2C[b] läßt das Suffix der 2. Ps. Sg. hinter *jb* fort. B2Bo, B4Bo und pBerlin stellen dem *jb*-Herz das *ḥꜣ.tj*-Herz zur Seite, lassen aber in 222a die Erwähnung des *ḥꜣ.tj*-Herzens aus. S2C[a], pBerlin und Y1C haben wiederum die 1. Ps. Sg.

242 T9C wiederholt *jb=k*.

243 In der *lacuna* dürfte das Determinativ des schlagenden Mannes gestanden haben, vgl. 221c, T2L.

244 Dieser Satz folgt in den anderen Varr. nach *sḫm=k m rd.wj=kj* (224c) und ist in T1L umgestellt.

245 Nur auf T1L und teilweise zerstört auf M25C bezeugt.

246 Die böswillige Absicht der Handlung ist durch das Determinativ in B1C verdeutlicht.

26	232a	*sẖm=k m wḏ.w jrj.t r=k tp tȝ*	du sollst Macht haben über die, die befehlen, daß auf Erden[247] gegen dich vorgegangen wird.
27	b	*jwms r=f mj ḏd=k N*	Lüge ist es[248], wie du sagst, N,[249]
28	234a	*ʿnẖ=k js m t n Gb*	daß du von dem Brot des Geb lebst[250]:
29	b–c	*bw.t=k pw n wnm=k st*	Dein Abscheu ist es! Nicht ißt du es!
30	236a	*ʿnẖ=k m t n bd.t dšr.t*	Mögest du (vielmehr) von Brot aus rotem Emmer leben[251]
31	b	*sʿm=k*[252] *m ḥnq.t n.t bd.t ḥḏ.t r bw wʿb*	und mögest du Bier aus weißem Emmer[253] trinken an einem reinen Ort[254].
32	238a	*ḥmsj=k r=k ẖr smȝ.w nh.wt ʿn.tjw*	Du mögest unter den Zweigen des Myrrhenbäume sitzen
33	b–e	*m sȝḥ.t Ḥw.t-Ḥr.w ẖntj.t Jtnws*	in der Nähe von Hathor an der Spitze von *Jtnws*,[255]
34	d	*js sḏȝ=s r Jwnw* *ẖr sš n mdw.w-nṯr* *mḏȝ.t n.t Ḏḥwtj*	denn sie geht nach Heliopolis mit der Schrift der Gottesworte, dem Buch[256] des Thot.
35	242a–b	*hȝ N pn*	O N hier,
36		*sẖm=k m jb=k*	du sollst Macht haben über dein *jb*-Herz[257],
37	c	*sẖm=k m ḥȝ.tj=k*	du sollst Macht haben über dein *ḥȝ.tj*-Herz,
38	d	*sẖm=k m ʿ.wj=k*	du sollst Macht haben über deine beiden Arme,
39	e	*sẖm=k m rd.wj=k*	du sollst Macht haben über deine beiden Beine,

247 Die meisten Varr. haben *m ẖr.t-nṯr* „im Totenreich"; B1L hat *tp tȝ*, B2L, B1C haben *m tȝ*.

248 S. Wb II, 142,5.

249 Für diesen Vers macht JÜRGENS, *Grundlinien*, 313 den einleuchtenden Vorschlag, *ḏd=k* in *ḏd n=k* zu emendieren und zu übersetzen: „Lüge ist es, so zu dir, N, zu sprechen …". In *Tb* 68 ist der Satz auch so verstanden worden: „Es ist doch eine Lüge, wenn ihr zu mir sagt …".

250 B4C hat *n wn=k t n Gb* „Nicht hast du das Brot des Geb gegessen".

251 T1L setzt diesen und den folgenden Satz in die 3. Ps. und hat *wnm* statt *ʿnẖ*: *wnm N pn m t n bd.t ḏšr.t sʿm N pn m ḥnq.t n.t bd.t dšr.t <r> bw wʿb*.

252 B4C hat das gebräuchlichere *swr*.

253 Von gelbem Spelt (*bd.t dšr.t*) sprechen die Textzeugen S2C^{b}, T1L, MC105, T9C und B4C.

254 Anders ALLAM, *Hathorkult*, 106, der hierin einen Komparativ erkennen will.

255 ALLAM, *a.a.O.*, 106. Vgl. *CT* [186] = III.87c.

256 M2NY hat irrig *ḥtp* „Opfer". B1L, B2L sowie B1C haben *Ḏḥwtj nb H̱mn.w*.

257 B4C schreibt den Plural *jb.w*.

40	g	*sḫm=k m mw*	du sollst Macht haben über das Wasser,
41	244a	*sḫm=k m ṯꜣw*	du sollst Macht haben über die Luft,
42	d	*sḫm=k m nw.t š.w*	du sollst Macht haben über die Flut,[258]
43	246a	*sḫm=k m wḏb.w*	du sollst Macht haben über die Ufer,
44	247e	*sḫm=k m jtr.w*	du sollst Macht haben über die Flüsse,[259]
45	f	*sḫm=k m prj.t-ḫrw n=k jm.y*	du sollst Macht haben über deine dir zugehörigen Totenopfer.
46	b	*sḫm=k m ḫftj.w=k*	Du sollst Macht haben über deine Feinde,
47	247g	*sḫm=k m jrr.w r=k m ẖr.t-nṯr*	du sollst Macht haben über die, die im Totenreich gegen dich vorgehen,[260]
48	h	*sḫm=k m wḏ.w jrj.t r=k tp tꜣ*	du sollst Macht haben über die, die befehlen, daß auf Erden[261] gegen dich vorgegangen wird[262].
49	246c–d	*ḥꜣ wsjr N pn*	O Osiris N hier,
50		*ṯs ṯw jrj=k ḥr jꜣb.j=k*	erhebe dich von deiner linken Seite,[263]

[258] B1L fügt hier an:

g	*sḫm=k m jsr.w šꜥj*	Du sollst Macht haben über die Tamarisken des Sandes.
i	*sḫm=k m sḫ.t=k m*[sic] *nb.t*	Du sollst Macht haben über alle deine Felder.

[259] S. 226/227d–228/229a–b, die die wohl ursprünglichere Reihenfolge bewahrt haben.

[260] Die böswillige Absicht der Handlung ist durch das Determinativ in B1C verdeutlicht.

[261] Die Varr. haben „in der Nekropole“.

[262] T1L und B1L haben (wörtl.) *sḫm=k m wḏ.w jrj.t r=k tp tꜣ* „Du sollst Macht haben über die Befehlshaber des Vorgehens gegen dich auf Erden“, T9C hat *sḫm=k m wḏ.w jr=k m wḏ.w jr=k m wḏ.w* „Du sollst Macht haben über die Befehlshaber gegen dich, die Befehlshaber gegen dich (fehlerhafte Wiederholung?) und die Befehlshaber“. B2Bo hat *sḫm m jrj.t wḏ.w jrj.t jr=k m ẖr.t-nṯr* „Macht zu haben über das Tun der Befehlshaber und das Vorgehen gegen dich in der Nekropole“. B2L hat irrig *sḫm=k m wḏ jrj.t=k jr=s<n> m tꜣ,* „Du sollst Macht haben über den Befehl deines Vorgehens gegen sie auf Erden“. T1Be hat *sḫm=k m jrj.w wḏ.w m ẖr.t-nṯr ḫꜣs.t* „Du sollst Macht haben über die, die in der Nekropole und im Fremdland handeln und befehlen“.

[263] Nach T1L. Der Wechsel zwischen *jmnt.(j)t*, rechts und *jꜣb.t*, links ist fließend. Textzeuge T1L fügt an dieser Stelle ein:

247e	*sḫm=k m jtr.w*	Du sollst Macht haben über den Fluß,
247f	*sḫm=k m prj.t-ḫrw n=k jm.yt*	du sollst Macht haben über das dir zugehörige Totenopfer.

Es folgt der Textzeuge T1L mit MC105:

247g	*sḫm=k m jrj.w jr=k m ẖr.t-nṯr*	Du sollst Macht haben über die, die in der Nekropole gegen dich vorgehen und
247h	*sḫm=k m wḏ.w jrj.t jr=k tp tꜣ m ẖr.t-nṯr*	du sollst Macht haben über die, die befehlen, gegen dich auf Erden und in der Nekropole vorzugehen.

51	248a	*ḏj ṯw ḥr jmn.j=k*	begib dich auf deine rechte Seite,[264]
52	b	*ṯsj ṯw ḥr jmn.j=k*	erhebe dich von deiner rechten Seite[265],
53	c	*ḏj ṯw <ḥr jꜣb.j=k>*	begib dich <auf deine linke Seite>.
54	c–d	*ḥmsj.t ꜥḥꜥ wḫꜣ=k ḫmy.w=k*	Setz dich und steh auf[266], schüttele deinen Staub ab!
55	250a	*ns=k r=s m sꜣꜣ spd*	Möge deine Zunge darüber verständig und scharf sein!

Themenkomposition und Gliederung

		1 Anrede
	7 Öffnung	4 Öffnung
		2 Lösung
12 Öffnung (a)		
	5 Pelikan	1 Anrede
		4 Pelikan gibt Bewegungsfreiheit
14 Erste *sḫm*-Litanei (b)		1 Anrede
		4 Herzen, Arme, Beine
		6 Wasser, Luft, Totenopfer
		3 Feinde
10 Versorgung (c)		5 Leben von der richtigen Nahrung
		5 Baumgöttin
14 Zweite *sḫm*-Litanei (b)		1 Anrede
		4 Herzen, Arme, Beine
		6 Wasser, Luft, Totenopfer
		3 Feinde
7 „Erhebe dich“ (d)		Weckruf zum Opferempfang

Thema c verbindet diesen Spruch mit der Gattung der „Nahrungssprüche“, denen DE BUCK in seiner Edition den III. Band gewidmet und zu denen er auch diesen Spruch gezählt hat. Thema b, die Vermittlung von „Verfügungsgewalt“, findet seine Einheit in dem ständig wiederholten Begriff *sḫm*, der hier auf drei ganz verschiedene Größen angewendet wird: Körperteile, Lebenselemente bzw. -mittel und Feinde. In bezug auf die Körperteile und -funktionen verbindet sich das Macht-Thema mit der Balsamierungsthematik, in bezug auf Lebenselemente und -mittel mit der Opferthematik und in bezug auf die Feinde mit der Recht-

264 B4C endet hier.

265 Vermutlich befand sich die Redaktion hier in Verwirrung. S. zur Rekonstruktion FAULKNER, *AECT* I, 178 Anm. 16.

266 Zu *ḥmsj ꜥḥꜥ* s. *CT* I.186h, 330/1a, *CT* II.33g, 94e, 97g, 99a, 104a, 108c, *CT* III.90g, 114f, *CT* V.243b, *CT* VI.45h, 168d, *CT* VII.111u.

fertigungsthematik. Dieser *sẖm*-Abschnitt wird wiederholt, er bildet also das eigentliche Kernstück des Spruchs. Daher bilden auch körperliche Restitution (Bewegungsfreiheit), Opferversorgung und Rechtfertigung die thematischen Hauptaspekte. An das Thema Bewegungsfreiheit schließt sich Teil a an, an das Thema Opfer Teil c. d verbindet beide. Dieser Multifunktionalität entspricht die Beliebtheit und Verbreitung des Spruchs.

Spruch [226] folgt in T1L ohne Trennungsstrich.

Abschnitt 2: CT [226] = III.251a–259g

Titel nach S2C

251a		*rꜣ n rḏj.t ẖr[t n]*[267] *s m grḥ*	Spruch, um [einem] Mann in der Nacht den Be[darf] zu geben.
		[...ꜥꜣ] p=f ḏd.t n[=f] nb.t msw ꜥꜣ wꜣg	[...] dieses [... To]r (?)[268] und um ihm alles zu geben an dem [großen[269]] *msw*-Fest und *wꜣg*-Fest.
1	b–c	*hꜣ wsjr N pn*	O Osiris N![270]
2		*wn n=k rw.tj wr.tj*	Geöffnet sind für dich die beiden großen Türflügel,
3	252a	*sn n=k rw.tj rẖy.t*	geöffnet ist für dich das Doppeltor der *rẖyt*,[271]
4	253a	*wn Gb ꜥr.tj=f*[272] *ḥr=k jr.j-pꜥ.t nṯr.w*	Geb öffnet deinetwegen seine Kiefer, der Fürst der Götter.
5	254a	*sḏꜣ ṯw bꜣ r wdḥ.w=f*	Der Widder geleitet dich zu seinen Altären
6		*Spd.w r ṯr.w=f*	und Sopdu zu seinen Weiden.[273]

[267] Diese Rekonstruktion füllt die *lacuna* hinreichend aus. FAULKNER, *AECT* I, 179, Spruch [226], übersetzt „quiet(?)".

[268] Das Wortende wird durch das Determinativ des Türriegels angezeigt.

[269] DE BUCK konnte hier noch Spuren erkennen.

[270] Eine Gruppe hat

c	*wn(.w) n=k p.t tꜣ*	Geöffnet sind für dich der Himmel und die Erde.

[271] Gemeint ist das „Doppeltor, das die *rẖy.t* abwehrt", s. dazu CT.3 §20.

[272] S. V. DEINES/WESTENDORF, *Wörterbuch*, 146f.

[273] So vielleicht mit BARGUET. JÜRGENS, *Grundlinien*, 321 Anm. 8 macht aber mit Recht darauf aufmerksam, daß *ṯr.w=f* im Parallelismus mit *wdḥw=f* ebenfalls eine Opferstelle bezeichnen muß. Zur engen Beziehung zwischen Sopdu und dem Widder von Mendes verweist JÜRGENS auf SCHUMACHER, *Sopdu*, 253.

7	255a	*dr=sn jꜣꜣr n ḥr=k*	Sie vertreiben die Trübung[274] deines Blickes
8		*qrf.w jr.w ꜥ.wt=k*	und die Krümmung an deinen Gliedern.
9	256a	*wn=sn jr.tj=k šꜣb.tj*	Sie öffnen deine blinden[275] Augen und
10	b	*dwn=sn ḏbꜥ.w=k qrf.w*	sie strecken deine gekrümmten Finger aus.[276]
11	e	*ṯz ṯw ḥr jꜣb=k*[277]	Erhebe dich von deiner linken Seite[278]
12	f	*ḏj ṯw ḥr jmn.t=k*	und gib dich auf deine rechte Seite.
13	257a	*wnm=k jḫw.t=k m nw n bw wꜥb.w*	Mögest du deine Mahlzeit von diesen reinen Dingen[279] einnehmen,
14		*prj.w ḥr sꜣq.w n.w nṯr ꜥꜣ jwt rḫ rn=f*	die herauskommen von der Sammlung[280] des großen Gottes, dessen Namen man nicht kennt.
15	c	*swr=k {jš.t=k}*[281] *m nw mw wꜥb*	Mögest du {von deiner Mahlzeit an} von diesem reinen Wasser trinken,
16		*prj.w ḥr wꜥr.t tw n.t njw.tjw*	das aus jenem Quartier der Städter hervorgeht,
17	258a	*rḏj.n n=k bꜣ pf*	das dir dieser Widder gegeben hat
18	a–b	*jm.j dšr.w=f jm.j dšr.t=f hꜣ <wsjr N>*	in seiner Röte, seinem Blute[282], oh <Osiris N>,
19	c	*rḏj.n n=k Ptḥ rs.j jnb=f*	das dir Ptah-südlich-seiner-Mauer,
20		*Skr ḫꜥ.y m ḥnw*	Sokar, erschienen in der Barke,
21		*Gb jr.j-pꜥ.t nṯr.w*	und Geb, Fürst der Götter gegeben haben[283].

[274] S. v. Deines/Westendorf, *a.a.O.*, 19.

[275] S. Wb IV, 443,3. In *CT* [20] = I.56c schreibt BH5C *šꜣb.tj* als Var. für *šp.tj*.

[276] Nur B1L fügt noch an:
c *wn=sn n=k rꜣ=k* Sie öffnen für dich deinen Mund.

[277] Die anderen schalten hier den Anruf „Oh (Osiris) N hier" vor.

[278] S2C hat *ṯsj ṯw ḥr gs=k jꜣb.*

[279] Die Varr. haben *nw n t wꜥb* „diesem reinen Brot".

[280] Wörtl. „das Zusammengetragene". Jürgens, *a.a.O.*, 323 mit Anm. 14 übersetzt „Opferberg".

[281] Diesen Zusatz hat nur T1L.

[282] Jürgens, *a.a.O.*, 323 mit Anm. 20 vermutet darin eine Bezeichnung des Herischef oder auch des Re, mit Verweis auf Altenmüller, *Re und Herischef*, 9–13, bes. 10 und Zandee, *Death as an Enemy*, 209.

[283] Auf der Suche nach einem Objekt erkennt Faulkner, *a.a.O.*, 179 in dem Verbum *ḫꜥj* den substantivierten Infinitiv, der jedoch ein *.t*-Suffix erwarten läßt. Stattdessen ist das Partizip *ḫꜥj* Teil eines gebräuchlichen Epithetons für Sokar.

22	259a	*<hꜣ wsjr N>*	<O Osiris N,>[284]
23	259b	*prj=k m hrw m grḥ*	mögest du herausgehen am Tage und in der Nacht.
24	d–e	*wnm=k t swr=k ḥnq.t=k*	Mögest du Brot essen, mögest du Bier trinken.
25	g	*sḫm=k*[285] *m prj.t-ḫrw n=k jm.jt*	Mögest du Macht haben über[286] das dir gehörige Totenopfer[287].

Themenkomposition und Gliederung

24	12 Erste Strophe	4 Öffnung 4 Geleit durch Widder und Sopdu 4 Beistand (Heilung) durch Widder und Sopdu
	12 Zweite Strophe	4 Essen und Trinken 4 von Gaben durch Widder, Ptah, Sokar, Geb 4 Aus- und Eingehen zum Opferempfang

Spruch *CT* [226] nimmt die Themen von *CT* [225] mit Ausnahme der *sḫm*-Litanei wieder auf (nur im letzten Vers). Der Bezug zur Balsamierungsthematik wird hier explizit hergestellt. Vgl. den Anfang von *CT* [20] = I.56a–b:

56a	*wn n=k Gb jr.tj=k šp.tj*	Möge dir Geb deine blinden Augen öffnen,
b	*dwn{n} {n}=f n=k mꜣs.wt=k qrf.wt*	möge er dir deine gekrümmten Knie ausstrecken.

Diesem Anklang verdankt diese Liturgie offenbar bei T1L ihre Assoziation mit der Liturgie CT.1.

Das Nahrungsthema wird hier vor allem im Hinblick auf die Erwähnung nahrungsspendender Götter ausgeführt. Als solche erscheinen *bꜣ pf* (vgl. dazu die Liturgie CT.3 §2, wo *bꜣ pf* eher negativ erscheint), Ptah, Sokar und Geb.

[284] Die Anrede an den Toten fehlt in T1L.

[285] Die Varr. haben *šsp=k.*

[286] Alle anderen haben statt *sḫm=k*: *šsp=k* „mögest du empfangen".

[287] S2C und S1C enden hier; es folgt jeweils Spruch [30]. Während bei T1L ein neuer Spruch folgt, schließt an B1L und B15C der Nachsatz *mj prj.t-ḫrw* „Komm, Totenopfer". B15C endet zudem mit dem Rezitationsvermerk *sp fd.w* „vier Mal".

Spruch 3: CT [761] = VI.391a–392f, [762] = VI.392g–p: Gliedervergottung

Titel:

391a	*dmḏ ꜥ.t n.t ꜣḫ n=f m ẖr.t-nṯr*	Die Glieder eines Verklärten für ihn im Totenreich zu vereinigen.

Der Titel stellt klar, daß es hier bei der „Gliedervergottung“ um eine „Gliedervereinigung“ geht. Die Vorstellung der Gliedervereinigung beruht auf der Deutung des physischen Todes als Disintegration der im Leben zu einer organischen Einheit verbundenen Körperteile. Es geht also nicht etwa um eine buchstäbliche „Zergliederung“ und Zerstreuung der einzelnen Körperteile, die dann rituell wieder zusammengesucht und zusammengefügt werden[288], sondern um ein metaphorisches Todesbild, dem die Verklärung ein Gegenbild entgegensetzt.[289] Genau wie im Fall der götterweltlichen Sozialsphäre, die die Verklärungen dem Toten zusprechen, als Todesbild die Vorstellung der Einsamkeit erschlossen werden kann, hat man im Fall der Gliedervereinigung als Todesbild die körperliche Disintegration vorauszusetzen.[290] Das Motiv der Gliedervergottung bringt diese beiden Todesbilder zusammen. Indem die Körperteile einzelnen Gottheiten gleichgesetzt werden, wird nicht nur der Körper wieder zu einer organischen Gesamtheit zusammengesetzt, sondern zugleich in eine Sphäre schützender Gottheiten hineingestellt, die sich in diesem Körper nicht nur inkarnieren, sondern die ihn auch schützend umgeben.[291]

Abschnitt 1:

1	391b	*rs rs wsjr N pn rs*	Erwache, erwache, dieser Osiris N, erwache,
2	c	*mꜣꜣ=k jrj.t.n n=k sꜣ=k Ḥr.w*	damit du siehst, was dein Sohn Horus für dich gemacht hat,
3	d	*sḏm=k jrj.t.n=k jtj=k Gb*	und damit du vernimmst, was dein Vater Geb für dich gemacht hat:
4	e	*ḏj.n=f n=k ḫftj.w=k ẖr=k*	Er hat für dich deine Feinde unterworfen[292].

[288] So Hermann, *Zergliedern und Zusammenfügen*, 81–96; Wright, *Egyptian Sparagmos*, 345–358.

[289] S. Assmann, *Tod und Jenseits*, 29–53.

[290] Assmann, *Neith*, 115–139; Ders., *Tod und Initiation*, 336–359, bes. 339f.

[291] Beinlich, *„Osirisreliquien“*, 290–301.

[292] Wörtl.: „Er hat für dich deine Feinde unter dich gegeben“.

5	f	*prj r=k qbḥ=k m šj n ʿnḫ*	Komm heraus, damit du dich im See des Lebens erfrischst!
6	g	*ḫsr.t ḏw.t=k m šj qbḥ.w*	Vertrieben wird das, was übel auf dir lastet[293] im See des *qbḥ.w*-Himmels.

Die erste Strophe des Textes wendet sich an den schlafenden Toten, der zur kultischen Kommunikation aufgeweckt werden muß. Vgl. damit *PT* [670] = *Pyr.* § 1976a–b:

ʿḥʿ mꜣ(ꜣ)=k jrj.t.n n=k sꜣ=k	Steh auf, daß du siehst, was dein Sohn für dich getan hat,
jrs sḏm=k jrj.t.n n=k Ḥr.w	wach auf, daß du hörst, was Horus für dich getan hat.

Ähnlich *PT* [482] = *Pyr.* § 1007a–b:

ʿḥʿ mꜣ(ꜣ)=k nn ʿḥʿ sḏm=k nn	Steh auf, daß du dies siehst, steh auf, daß du dies hörst,
jrj.n n=k s;ꜣ=k jrj.n n=k Ḥr.w	was dein Sohn für dich getan hat, was Horus für dich getan hat.

Auch hier wird im Anschluß an diesen Anruf auf die Bestrafung des Feindes verwiesen. Vgl. auch die ähnlichen Formulierungen von Schlußtexten in Sonnenhymnen: ASSMANN, *Liturgische Lieder*, 154 f., insbesondere pBremner Rhind 28,4, wo ebenfalls auf die Vertreibung der Feinde verwiesen wird:

mꜣꜣ jr=k Rʿ.w	Sieh doch, Re,
sḏm jr=k Rʿ.w	hör doch, Re:
m=k dꜣr.n=j ḫftj.w=k	Siehe, ich habe deine Feinde vertrieben!

Zu den beiden Seen vgl. *PT* [670] = *Pyr.* § 1979a:

prj.n=k m š n ʿnḫ wʿb.tj m š n qbḥ.w	Du bist herausgestiegen aus dem See des Lebens, indem du dich gereinigt hast im See des *Qbḥw*.

Abschnitt 2:

7	391h	*ḫpr.n=k tm.tj m nṯr nb*	Du hast dich verwandelt, indem du vollständig bist,[294] in jeden Gott:
8	i	*tp=k m Rʿ.w*	Dein Kopf ist Re,

[293] Paraphrase wegen erheblicher Schwierigkeiten in der deutschen (wörtlichen) Wiedergabe.

[294] Oder: „indem du Atum bist".

9		*ḥr=k m Wpj-wꜣ.wt*	dein Gesicht ist Upuaut,
10	j	*fnḏ=k m sꜣb*	deine Nase ist der Schakal,
11		*sp.t=k m sꜣ.tj*	deine Lippe ist das Kinderpaar.
12	k	*ꜥnḫ.wj=k m ꜣs.t ḥnꜥ Nb.t-ḥw.t*	Deine beiden Ohren sind Isis und Nephthys.
13		*jw jr.tj=k m sꜣ.tj Rꜥ.w-Jtm.w*	Deine beiden Augen sind das Kinderpaar des Re-Atum,
14	l	*ns=k m Ḏḥwtj*	deine Zunge ist Thot,
15	m	*ḥt(y).t=k m Nw.t*	deine Kehle ist Nut
16		*nḥb.t=k m Gb*	und dein Nacken ist Geb,[295]
17	n	*rmn.wj m Ḥr.w*	deine Schultern sind Horus,[296]
18		*šnꜥ=k m Ḥtp-kꜣ-n-Rꜥ.w*	deine Brust ist Der-der-den-*kꜣ*-des-Re-erfreut,[297]
19		*nṯr ꜥꜣ jm.j=k*	der große Gott, der in dir ist.
20	o	*ḏrw=k m Ḥw Ḫprr*	Deine Rippengegend ist Hu und Chepri,
21	p	*ẖpꜣ=k m sꜣb Rw.tj*	dein Nabel ist der Schakal[298] und die beiden Ruti,
22	q	*psḏ=k m Jnp.w*	dein Rücken ist Anubis[299]
23		*ẖ.t=k m Rw.tj*	und dein Bauch ist Ruti.[300]
24	r	*jw ꜥ.wj=k m sꜣ.wj Ḥr.w*	Deine beiden Arme sind die beiden Söhne des Horus
25		*Ḥꜥpj Jm<s>.tj*	Hapi und Imseti,
26	s	*ḏbꜥ.w=k ꜥn.tw=k m ms.w Ḥr.w*	deine Finger und deine Fingernägel sind die Horuskinder,
27	392a	*psḏ=k m Dwn.w n jꜣḫ.w*	dein Rücken ist Der-Verbreiter-des-Sonnen-glanzes,
28	b	*wꜥr.t=k m Jnp.w*	dein Bein ist Anubis,
29	c	*mn.t=k m ꜣs.t ḥnꜥ Nb.t-ḥw.t*	deine Brüste[sic] sind Isis und Nephthys.
30	d	*jw rd.wj=k m Dwꜣ-mw.t=f Qbḥ-sn.w=f*	Deine Beine sind Duamutef und Qebehsenuef.
31	e	*nn ꜥ.t jm.j=k šw.t m nṯr*	Nicht gibt es ein Körperglied an dir, das frei ist von einem Gott.
32	f	*ṯsj ṯw wsjr N pn*	Erhebe dich, Osiris N hier!

295 *Tb* 42: der göttliche Ibis.

296 *Pyr.* § 1309: Seth.

297 *Tb* 42: „Der mit großer Autorität“.

298 Die Verbindung Schakal/Ruti ist mir nicht klar. Zu einer Aufzählung ohne verbindende Präposition vgl. 392d.

299 *Tb* 42: Seth.

300 *Pyr.* § 1311: Nut.

§ 37 Gliedervergottung[301]

Als „Gliedervergottung" bezeichnen wir eine systematische, vom Kopf zu den Füßen fortschreitende Gleichsetzung von Körperteilen und Gottheiten. Von einer Gattung oder Textsorte kann man nicht sprechen, da sich diese Aufzählungen offenbar mit ganz verschiedenen Funktionen verbinden. Es handelt sich daher um eine, wenn auch sehr elaborierte, „Topik", die besonders häufig in Totentexten und magischen Texten begegnet.

Die folgende Tabelle stellt einige Körperteile und Götterzuordnungen in Totentexten zusammen.[302] Die Listen geben nur Auszüge aus den zugrundegelegten Texten. Sie sollen vor allem die enorme Variation veranschaulichen. Es gibt hier keine kanonischen Zuordnungen. Sogar das Repertoire der Körperteile varriiert stark von Liste zu Liste. Manche Listen gehen sehr ins Einzelne, zählen z.B. nicht nur Arme und Beine auf, sondern Hände und Füße, Finger und Zehen, Finger- und Fußnägel usw., oder begnügen sich nicht mit dem „Bauch", sondern führen noch eine Reihe von inneren Organen auf wie Leber, Lungen, Magen, Herz usw. (besonders Sonnenlitanei). Andere Listen sind eher summarisch.

Die Gliedervergottungsliste in *CT* [761] wird eingeleitet mit dem Satz

391h	*ḫpr.n=k tm.tj m nṯr nb*	Du hast dich verwandelt, indem du vollständig bist, in jeden Gott.

Dem liegt *PT* [215] = *Pyr.* § 147b zugrunde:

ḫpr=k jtm.t nṯr nb	Verwandle dich, indem du vollständig bist in bezug auf jeden Gott.

Zu dieser Stelle ist zunächst der ausführliche Kommentar von SETHE heranzuziehen (*ÜK* I, 38–40). SETHE übersetzt „und so wirst du wie Atum zu jedem Gotte". Er liest *ḫpr=k* (FAULKNER, der imperativisch übersetzt, „come into being, an Atum to every god", liest wohl *ḫpr jr=k*) und verweist auf die Variante Udjebten, die *ḫpr=j jr=k* hat. Die Auffassung des *jtm.t* als Stativ von *tm* „vollständig sein" weist er mit dem Argument zurück, daß „das scheinbare *Aleph prostheticum* gerade im Stativ der 2rad. Verben sonst ostentativ vermieden erscheint und demgemäß in den *PT* auch bei *tm* (und speziell in *tm.tj*) in dieser Verbalform nie zu finden ist". Er denkt daher an ein Verbum „atumartig sein", oder an ein Substantiv „Gesamtheit". ALLEN, *Inflection of the Verb*, 535 Nr. 404,

[301] Vgl. hierzu ALTENMÜLLER, *„Gliedervergottung"*, 624–627; HORNUNG, *Sonnenlitanei* II, 142 Anm. 467.

[302] Vgl. die Aufstellung bei MASSART, *Listes*, 227–246. MASSART stellt aus diesen Listen 89 Körperteile mit ihren Zuordnungen zusammen.

hat der Stelle eine informative Anmerkung gewidmet. Er versteht *nṯr nb* als „accusative of respect“ als Ergänzung eines Stativ (Belege in *a.a.O.*, §587) und übersetzt (§586C):

ḫpr=k jtm.t nṯr nb „that you may become complete with respect to every god“.

Mit SETHES Argumenten gegen die Deutung als Stativ setzt er sich nicht auseinander. In der Tat kommt man wohl um diese Deutung nicht herum. Jedenfalls haben die Ägypter selbst die Stelle spätestens seit dem MR so verstanden. Die MR-Versionen fügen vor *nṯr nb* ein *m* ein. Alle lassen das *j* vor *tm.t* weg. Einige verdeutlichen zu *tm.tj*.

Die Semantik des Satzes war immer klar, ob man nun *jtm.t* von „vollständig sein“ oder „atumartig sein“ ableitet. SETHE schreibt: „Denn der Sinn der Stelle ist doch wohl, daß der Angeredete eben wie Atum, dessen Glieder ja auch die Neunheit sein soll, einen Teil jedes Gottes in sich vereinige (vgl. die Angabe über die Sonnentochter in pd'Orbiney 9,8 *jw nṯr nb.t jm.j=s*)“[303]. VAN DER LEEUW ist dieser „pantheistischen“ Vorstellung von Atum als Gesamtheit aller Götter in einem Aufsatz nachgegangen.[304] Da Atum die Gesamtheit aller Götter verkörpert, laufen die Begriffe „atumartig sein“ und „vollständig sein in bezug auf jeden Gott“ auf dasselbe hinaus.

Tabelle 1: Gliedervergottungen in Totentexten

	CT [761]	*PT* [215]	*PT* [539]	*CT* [945]	*CT* [822]	*Tb* 42	SL[305]
Kopf	Re[306]	*Ḥr.w dꜣ.tj*	Geier	Re			Scheitel: Re
Haare				Horus	*Wr nb*	Nun	
Gesicht	Upuaut		Upuaut	Re		Re	Falke
Nase	Schakal	Schakal	Thot			*nb ḫm*	*Ḥr.w dꜣ.tj*
Lippen	Kinderpaar					Anubis	
Ohren	Isis und Nephthys	*sꜣ.tj Jtm.w*	*sm-wr*			Upuaut	
Augen	*sꜣ.tj Jtm.w*	*sꜣ.tj Jtm.w*	*wr.t ḫnt.t bꜣw Jwnw*	Heka		Hathor	
Zunge	Thot		*mꜣꜥ.j jr mꜣꜥt*				
Zähne		Sopdu	*bꜣw P*	Sopdu	Sopdu	Selkis / Chepri	
Kehle	Nut				Nehebkau		Nun
Nacken	Geb					Isis	

303 SETHE, *ÜK* I, 38–40.

304 VAN DER LEEUW, *Rudolf Otto*.

305 HORNUNG, *Sonnenlitanei* II, 87f.

306 Vgl. pTurin 125,5, ALTENMÜLLER (*a.a.O.*, 626 Anm. 17) deutet diese Gleichsetzung über die Stellung des Re als Haupt der Neunheit. Typischer ist aber die Gleichsetzung von Re mit dem Gesicht. Vgl. auch *Sonnenlitanei* (Re = Scheitel).

Schultern	Horus		Seth				
Brust	*ḥtp kꜣ n Rꜥ.w*					Neith	Chepri
Herz			Bastet	Nehebkau			Horus
Rippen	Hu Chepri			Neith			Horus und Thot
Arme	Hapi und Amset	Hände: Duamutef und Hapi				Ba von Mendes	der Umfangende
Rücken	Anubis		Geb			Seth	*Wrḏ-jb*
Bauch	*rw.tj*		Nut	*sšm Rꜥ.w*			
Nabel	Schakal						
Hintern	Isis und Nephthys		Heqet	Heqet		Horusauge	die große Flut
Beine	Anubis						
Schenkel			Neith und Selkis	Schu und Tefnut		Nut	die beiden Göttinnen
Füße	Duamutef und Qebehsenuef	Duamutef und Qebehsenuef				Ptah	der die Geheimnisse durchwandert
Phallos			Apis		Babi	Osiris	Tatenen
Finger			Babi	*nꜥw*-Schlangen		lebendige Uräen	
Fingernägel	Horuskinder		Geb				
Brüste	Isis und Nephthys			Isis und Nephthys		*ḫr … Wr.t-ḥkꜣw*	

Berücksichtigt sind ausschließlich die Körperteile gemäß ihrer hieroglyphischen Entsprechung, die in *CT* [761] genannt sind. Für alle anderen in den nachfolgend aufgeführten Quellen berücksichtigten Körperteile s. MASSART, *Listes*, 227–246.

Tabelle 2: Gliedervergottungstexte in magischen Texten[307]:

	Mutter und Kind vs.[308]	Mutter und Kind rt.[309]	*Tb* 151	pLeiden I 348 rt.[310]
Kopf	Scheitel: Re / Hinterkopf: Osiris		Scheitel: Anubis / Hinterkopf: Horus	Atum
Haare			Haarlocke: Ptah-Sokar	
Gesicht				
Nase	Götterernährer			
Lippen				Ober: Isis Unter: Nephthys
Ohren	beide Königs-schlangen			
Augen	Herr der Menschheit		re.: Nachtbarke li.: Tagesbarke	
Zunge		große Schlange am Loch ihrer Höhle		
Zähne				*sšꜣ.w*[311]
Kehle				
Nacken				*Nṯry.t*
Schultern		lebende Falken		
Brust		Hathor		
Herz	*jb*: Month *ḥꜣtj*: Atum			
Rippen				
Arme	lebende Falken			Atum
Rücken				
Bauch		Nut		Nut
Nabel	*sbꜣ wꜥ.tj*	*sbꜣ wꜥ.tj*		
Hintern				die zwei Affen
Beine	Isis und Nephthys			
Schenkel				Isis und Nephthys
Füße				Fußsohlen: Schu
Phallos				Baba
Finger			Thot	Lapislazuli-Schlangen
Fingernägel				
Brüste				

307 Vgl. auch pLeiden I 343 + 345 rt., den wir aufgrund seines fragmentarischen Zustands nicht in die Tabelle aufgenommen haben.

308 ERMAN, *Zaubersprüche*, verso 4,8–5,6.

309 ERMAN, *a.a.O.*, recto 3,6–5,5.

310 BORGHOUTS, *Papyrus Leiden I 348*, recto IV.10-VI.1.

311 Vgl. FAULKNER, *Bremner-Rhind Papyrus* IV, 50 (30,17–18).

Tabelle 3: Gliedervergottungstexte in magischen Texten:

	pGenf MAH 15274[312]	Metternichstele[313]	Djed - Her[314]	Socle Behague[315]
Kopf		*Rꜥ.w nb tꜣwj*	*Rꜥ.w nb tꜣwj*	Re-Harachte
Haare				
Gesicht				Nefertem
Nase		Thot	Thot	
Lippen		Mund: Atum	Mund: Atum	
Ohren		*nb-ḏr*	*nb-ḏr*	
Auge		Herr des herrlichen Auges	Herr des herrlichen Auges	
Zunge				
Zähne				
Kehle				
Nacken		Nehebkau	Nehebkau	eine Säule aus Fayence
Schultern				
Arme			Rächer Horus	Ober: Vögel Ptahs Unter: zwei Brüder
Finger				
Fingernägel				
Brust		Month	Month	Neith
Herz		Ptah	Chentechtai	*Sšm jb n Ptḥ*
Rippen				
Rücken	Sachmet			Geb
Bauch		Osiris	Osiris	Nut
Nabel				
Hintern	Min			Herrin von Chemmis, Frau des Horus
Phallos				Herr von Herakleopolis
Beine		Schienbeine: Chons		Schienbeine: Upuauts von Ober- und Unterägypten
Schenkel	Month	Month / Rächer Horus	Month	Nechbet und Wadjit von Dep
Füße		Amun / Sohlen: Re	Amun / Zehen: Month / Sohlen: Isis und Nephthys	Zehen: Schakale des Seth

312 MASSART, *Geneva Papyrus MAH 15274*, 174f., Taf. 25.

313 S. GOLENISCHEFF, *Metternichstele*, 15–32.

314 S. JELINKOVA-REYMOND, *Djed-her-le-Saveur*, 78–80.

315 KLASENS, *Socle Behague*, 41, 60, 103ff.

Tabelle 4:

	pLeiden I 348[316]	pTurin 1996[317]	pChester Beatty[318]	pChester Beatty[319]	mag. pVatikan[320]
Kopf	Horus - Min	Re		Stirn: Hekayet (?)	Thot
Nase		Thot		*ḫnm-ṯ3.w*	
Lippen	Die beiden Hügel des Landes	Ober-L.: Neri Unter-L.: Weret		Anubis	
Ohren		Ba-neb-Djedet		Geb	
Augen		rechts: Nub links: -		Horus - Mechenti-irtj	Haroeris
Zunge				Sefech-abui	Nefertem
Zähne	Kinder der Renenutet	Wep-her („Gesichtsöffner")			
Kiefer		Nefertem			
Kinn		Selket			
Kehle		Sechem		Meret	Hals: Sängerin am Mittag
Nacken	Nechebkau	Weret-Hekau	Nechebkau	Buto	Wadjit
Schultern					re.: Horus li.: Seth
Arme			Horus	Month	Nut
Ellenbogen		Nun			
Finger					Ptah / Nut
Fingernägel				Anukis	
Brust			Brustwarzen: Kralle Thots	Brustwarzen: Nut	
Herz		(ḥ3.tj) Chepri	Herz des Chepri		Atum
Rippen					geheime Tore, erster des Harachte
Rücken					Wirbel: heliopolitanische Schlange
Rückenwirbel		Satet und Anuket			
Wirbelsäule		Month		Re	
Bauch		Neith und 4 Horussöhne	Nut		Magen: Harachte

316 BORGHOUTS, *Papyrus Leiden I 348*, recto I.8–II.5.

317 PLEYTE/ROSSI, *Papyrus de Turin* I, 125, 5–11.

318 pChester Beatty VIII recto 7–9, ed. GARDINER, *Hieratic Papyri*, 69–70, Taf. 41–42. 7, 1–9, 7.

319 pChester Beatty VII verso 2,5–5,6, ed. GARDINER, *a.a.O.*, 63–64, Taf. 36–37.

320 SUYS, *Papyrus magique du Vatican*, 66ff. (II–IV).

Nabel			einzelner Stern vor der Sonnenscheibe		
Hintern		Geb	Isis	Hathor	
Phallos		Chnum-Kamutef		Horus	Min
Beine		Schenkel: Isis Wade: Nephthys r. Schenkel: Horus l. Schenkel: Seth		Schienbein: Nefertem	
Füße		Zehen r.: Schu l.: Chons		Sohlen: Nebet-Debwet	

Wie H. ALTENMÜLLER bereits vermutet hat, liegt der Ursprung der Gliedervergottungstexte gewiß in der Einbalsamierung und hat sich von diesem Ursprung aus in viele anderen Kontexte, von magischen Texten bis zu Liebesliedern,[321] ausgedehnt.

Dabei ist zu beobachten, daß bei fast allen Texten der Gliedervergottung die Aufzählung am Kopf bzw. am Scheitel beginnt und sich bis zu den Füßen fortsetzt. Die Zuordnung der Gottheiten zu den einzelnen Körperteilen ist nicht kanonisch und beruht zu einem nicht geringen Anteil auf Götterfunktionen[322], Vergleichen[323], Wortspielen[324] und dualistischen Zuweisungen[325]. Die Spontaneität der Auswahl kommt besonders im Totenbuch der Gautsescheni[326], Kap. 181, aus der 21. Dyn. zum Tragen, wo aus Rücksicht auf die weibliche Verstorbene anstelle von *ns.wj*, „Hoden", das ähnlich lautende *jnḥ.w*, „Augenbrauen" eingesetzt wird[327].

Auch eine Bevorzugung bestimmter Körperteile oder Organe kann nicht festgestellt werden.

321 Vgl. hierzu HERMANN, *Liebesdichtung*, und insbesondere KEEL, *Blicke*, 28f.

322 ALTENMÜLLER, *„Gliedervergottung"*, 626, Anm. 17.

323 ALTENMÜLLER, *a.a.O.*, Anm. 18.

324 ALTENMÜLLER, *a.a.O.*, Anm. 19.

325 Z.B. werden die beiden Ohren Isis und Nephthys zugeordnet (*CT* [761]), die beiden Schenkel Neith und Selkis (*PT* [539]).

326 ALLEN, *Book of the Dead*, 195, sowie DE WIT, *Spell 181*, 93, Taf. XIII.

327 HORNUNG, *Sonnenlitanei* II, 144, Anm. 485.

Abschnitt 3:

33	392g–h	*hꜣ wsjr N pn twt Nḥb-kꜣ.w*	O Osiris N hier! Du bist Neheb-kau,
34	i	*sꜣ Gb ms(.w) n mw.t=f Rnnwt.t*	Sohn des Geb, Geborener seiner Mutter Renenutet.
35	j	*twt jr=f kꜣ n nṯr nb*	Du bist tatsächlich der *kꜣ* eines jeden Gottes,
36		*sḫm(.w) m jb=f*	einer, der sich seines *jb*-Herzens bemächtigt.
37	k–l	*ꜥḥꜥ n=k nḏ.n ṯw Ḥr.w*	Steh auf[328], Horus hat dich geschützt,
38	m	*jp.n=f*[329] *ṯw m kꜣ n nṯr.w nb.w*	er hat dich als den *kꜣ* eines jeden Gottes erkannt,
39	n	*nn nṯr nb jw.t kꜣ=f jm=k*	denn nicht gibt es irgendeinen Gott, der nicht seinen *kꜣ* in dir hätte.
40	o	*ḫpr.n=k qꜣ.n=k ḥnꜥ jtj=k*	Du hast Gestalt angenommen und du bist hoch gekommen zusammen mit deinem Vater,
41	p	*Ḥr.w jm.j p.t*	Horus, der sich im Himmel befindet,
42		*ꜥꜣ jm.j nṯr.w*	Großer, der sich unter den Göttern befindet!

In allen Gliedervergottungstexten folgt auf die Aufzählung eine summierende Bestätigung. In unserem Text ist das zunächst die Formel

31	*nn ꜥ.t jm=k šw.t m nṯr*	Nicht gibt es ein Körperglied an dir, das frei ist von einem Gott.

In *PT* [215] = *Pyr.* § 147b heißt es zu Beginn der Gliedervergottung

ḫpr=k jtm.t (m) nṯr nb	Verwandle dich, indem du vollständig bist in bezug auf jeden Gott.

Am Ende der Gliedervergottungslitanei ist das auf den einen Satz verkürzt: *twt kꜣ*. Gemeint ist: „du bist der Ka jeden Gottes", wie *PT* [589] = *Pyr.* § 1609a; *PT* [592] = *Pyr.* § 1623a; *PT* [649] = *Pyr.* § 1831c. Daraus erklärt sich in unserem Text die Gleichsetzung mit *Nḥb-kꜣ.w*, die der zweite Abschnitt vornimmt. Im weiteren

[328] So eher als „Du bist aufgestanden".

[329] Lesung nach FAULKNERS Emendation, *AECT* II, 293, vgl. DE BUCK, CT VI.392 Anm. 2*. Die Ligatur *n=f* ist jedoch deutlich zu erkennen; der obere Teil dieser Ligatur ist nur schwerlich als Standfläche der *p*-Hieroglyphe zu erkennen. Möglicherweise ist der über diesem Zeichen befindliche Strich als ein verkürztes *p* zu lesen. Andernfalls wäre ein *n* zu ergänzen, um den imperfektischen Charakter des Vorangegangenen und Folgenden nicht zu unterbrechen.

heißt es auch hier ausdrücklich, daß der Tote der Ka jeden Gottes sei und es keinen Gott gibt, der seinen Ka nicht in ihm hat. Besonders aufschlußreich ist in dieser Hinsicht der Schlußtext der Sonnenlitanei zur Gliedervergottung:

> Meine Glieder sind Götter,
> ich bin gänzlich ein Gott,
> kein Glied an mir ist ohne Gott.
> Ich trete ein als Gott,
> und ich komme heraus als Gott.
> Die Götter haben sich in meinen Leib verwandelt/sind aus meinem Leib entstanden,
> ich bin es, dessen Gestalt sich wandelt, der Herr der Verklärtheit.
> Meine Glieder führen mich,
> mein Fleisch bahnt mir die Wege.
> Die aus mir entstanden/zu mir geworden sind, schützen mich,
> sie sind zufrieden mit dem, der sie geformt hat.
> Ich bin ja jener, der sie geformt hat,
> ich bin ja jener, der sie erzeugt hat,
> ich bin ja jener, der sie entstehen ließ.
> Meine Geburten sind die des Re im Westen,
> er formt mich, er formt meine Formen.[330]

Die „innere Vielheit" der Körperteile des Toten wandelt sich in die „äußere Vielheit" einer götterweltlichen Sozialsphäre, die ihn schützend in ihre Mitte nimmt.

Spruch 4 : CT [763] = VI.393a–i

1	393a–b	*hꜣ N pn šm r=k r-ḫnt ꜣḫ.t*	O N hier, mögest du doch zum Horizont gehen,
2	c	*ẖnm=k -?-*[331] *ḥnꜥ Rꜥ.w*	damit du dich mit Re zusammen zu -?- gesellst.
3	d	*ḥmsj=k ḥnꜥ Ḫprj*	Du nimmst zusammen mit Chepre Platz,
4	e	*šm=k sj dbn=k sj ḥnꜥ Jtm.w*	und du durchziehst sie[332] und du umwandelst sie mit Atum.
5	f	*rḏj.n n=k Rꜥ.w wꜣ.wt=k nfr.t jm.jt*	Re hat dir deine schönen Wege in ihr gegeben;
6	g	*sn(.w) n=k sbꜣ.w p.t*	die Tore des Himmels werden dir aufgetan,

[330] Nach HORNUNG, *Sonnenlitanei* II, 88f., vgl. auch ASSMANN, *Liturgische Lieder*, 348.
[331] Direktes Objekt zu *ẖnm*. FAULKNER, *AECT* II, 294, liest *šn.wt* „(Sonnen-)lauf".
[332] Gemeint ist das in 393c genannte Femininum.

7	h	*jw wḏ.n Rꜥ.w wnn=k jm m ḥqꜣ ns.wt=f*	denn Re hat angeordnet, daß du dort der Herrscher seiner Throne sein sollst.
8	i	*swt ḥr.j-tp n sꜥḥ.w=f*	Er ist der Oberste seiner Vornehmen.

Leider ist die Lesung des Ortes, an den der Tote sich zusammen mit Re begeben soll, unklar. Es handelt sich um ein feminines Wort, das im Parallelismus mit *ꜣḫ.t* steht, vielleicht eine Ableitung von *nḫn* „Heiligtum“. Es muß sich um einen himmlischen Zielort des Toten handeln. Er ist dort mit dem Sonnengott in seinen drei Gestalten Re, Chepre und Atum zusammen. Der Tote geht als von Re eingesetzter Herrscher in den Himmel ein.

Spruch 5: CT [764] = VI.393j–394p

1	393j–k	*hꜣ N pn ꜥḥꜥ n=k wrš.w nṯr.w*	O N hier, die Wächter der Götter stehen auf vor dir,
2	l	*snḏ n=k jm.jw pꜣ.wt=sn*	die in ihrer Urzeit fürchten sich vor dir,
3	m	*nr <n>=k jm.jw njw.t=sn*	und die in ihren Städten schaudern vor dir.
4	n	*jwj.t n=k nṯr.w r rwḏ s.t=k*	Die Götter kommen zu dir an den Treppenabsatz deines Thronsitzes,
5	o–p	*ḥꜥw n=k*[333] *ḫnmm.t ꜥšꜣ.t jm.jt ꜥḥ-nṯr*	und es jubelt dir das zahlreiche Sonnenvolk zu, das sich im Gottespalast befindet.
6	393q	*ṯs ṯw wr r wrš*	Erhebe dich, der du zu groß bist zum Wachen
7	394a	*ꜥꜣ r sḏr*	und zu gewaltig, um zu schlafen[334].
8	b	*ṯwt nṯr ꜥꜣ*	Du bist der große Gott.
9	c	*sꜣq.n n=k Ḥr.w ꜥ.wt=k*	Horus hat für dich deine Glieder zusammengesammelt.
10	d	*ṯwt sꜣb ḥr gs=f sn*[335] *jr=f r ḫftj.w=f*	Du bist der Schakal auf seiner Seite, wenn seine Gestalt an seinen Feinden vorübergeht.
11	394e–f	*n=k jm.j p.t rḏj.w n=k tꜣ*	Dir gehört der Himmel, die Erde ist dir gegeben,

333 *ḥꜥw n* + Suffix auch in der Bedeutung „sich über jmd. freuen“.

334 Das Gegensatzpaar Wachen/Schlafen interpretiert FAULKNER, *AECT* II, 294 als einen Gegensatz von den Tag/die Nacht zubringen.

335 Circumstantielles *sḏm=f* oder Partizip in Verwendung als adjektivisches Prädikat.

12		*n wsḫ.w n rmn=k*	so weit deine Arme reichen.[336]
13	g	*j(w)=k r sḫ.tj-ḥtp.w ḥnꜥ Nb.t-Ḥw.t Wsjr*	Du bist (auf dem Weg zu) den beiden Opfergefilden zusammen mit Nephthys und Osiris.[337]
14	394h	*jꜥr=k n Rꜥ.w m p.t*	Du steigst zu Re in den Himmel auf
15	i	*sḏm n=k nṯr jm.jw=s*	und es gehorchen dir die Götter, die in ihm sind,
16	j	*rḏj.n n=k sḫm n ḫnt.j jmn.tj.w*	denn dir wurde die Macht des Vordersten-der-Westlichen gegeben.
17	k	*t=k nfr m-bꜣḥ nṯr.w*	Dein Brot ist gut vor den Göttern,
18	l	*šbw=k m-bꜣḥ psḏ.tj ꜥꜣ.tj*	und deine Nahrung ist vor den beiden großen Neunheiten
		m-bꜣḥ Jnp.w ḥr nṯr.w	und vor Anubis, der über den Göttern ist.
19	394m	*nfꜥ=k qꜣs.w nb.w*	Mögest du alle <deine> Fesseln entfernen,
20	n	*wḏꜥ n=k sꜣꜣ.wt=k*	löse dir deine Binden,
21	o	*wḫꜣ n=k rḏw.w jr jwf=k r tꜣ*	wisch dir die Ausflüsse an deinem Fleisch ab zu Boden.
22	p	*jw wḏ.n Ḥr.w-ꜣḫ.tj rḏj.t n=k Mꜣꜥ.t tw*	Harachte hat befohlen, daß dir jene Ma'at, die du liebst, gegeben werde
23		*mrr.t=k r bw nb šm=k jm*	an jedem Ort, an den du gehst.

Verse 1–5:
Diese erste Strophe gehört noch zum vorhergehenden Spruch. Sie behandelt das Thema „Empfang", das mit dem Thema „Erscheinung" korrespondiert, wie es die zweite Strophe von Spruch 4 als Erscheinen auf dem himmlischen Herrscherthron darstellt.

Verse 6–10:
Vgl. hiermit den Abschnitt aus CT.3 [67] = I.278:

278c	*wrš.n=k wrš.tj*	Du hast den Tag vollbracht, indem du gewacht hast,
d	*wr wrš ꜥꜣ sḏr*	Großer an Wachsamkeit, Gewaltiger an Schlaf,

336 Das Wb II, 419,3 spricht von „einer halben Arure", was im vorliegenden Fall wohl zu kurz gegriffen ist. Eine solche Domäne wurde im freien Feld mit Fahnen und Wimpeln abgesteckt, wie das Koptos-Dekret L, das den Begriff *rmn* allerdings nicht explizit verwendet, verdeutlicht, s. GOEDICKE, *Königliche Dokumente*, 165 ff. BARGUET, *Textes des sarcophages*, 141, übersetzt „de ton bras".

337 Vgl. 395 f., S. 195.

e	*bꜣn.n=k m rn=k pw Bꜣ*[338]	du schlummertest in deinem Namen: ‘Ba’.
f	*n rḏj bꜣn=k m rn=k Bn.w*	Ich werde nicht zulassen, daß du schläfst in deinem Namen ‘Phönix’.

Sicher geht die etwas paradox klingende Formulierung *wr r wrš ꜥꜣ r sḏr* „zu groß zum Wachen, zu gewaltig zum Schlafen“ auf ursprüngliches *wr wrš ꜥꜣ sḏr* zurück. Die Erwähnung der Gliedervereinigung durch Horus greift auf Sprüche 3-4 zurück. Zur Zielgestalt des Toten als „Schakal auf seiner Seite“ vgl. *PT* [374] = *Pyr.* §659b *Ḥr.w js sꜣb js ḥr gs=f zn jr.w=f jr ḫftj.w=f.*

Vgl. auch die Liturgie CT.3 Spruch 9 §26: *CT* [69] = I.293f-h:

393f	*n twt js wp.w*	Denn du bist der Schakal[339]
g	*ḥr gs=f m Jwnw*	auf seiner Seite in Heliopolis,
h	*ꜥnḫ m sn.w=f*	der von seinen Brüdern lebt.

Verse 11–13:
Das Thema „Zuspruch der Weltherrschaft“ bildet das Zentrum dieses Spruches. Zur Konstruktion *j<w>=k r* „du bist in Richtung auf“ vgl. *CT* [765] = VI.395f., auch dort + *ḥnꜥ*. Zum Thema „Zusprechung der Weltgegenden“ s. ROEDER, *Auge*, 118ff.

Verse 14–18:
Himmelsaufstieg und Speisung. Wiederum erscheint das Motiv des Himmelsaufstiegs als sakramentale Ausdeutung der Totenspeisung.

Verse 19–23:

§38 Die Lösung der Mumienbinden

Zum Thema „Lösung“ vgl. CT.3 §2, s. besonders die folgenden Stellen:
CT.3 Spruch 1: *CT* [63] = I.272f:

f	*sfḫḫ=k ꜥ.wt=k*	Mögest du doch deine Glieder lösen,[340]
g	*sfḫḫ=k qꜣs.w=k*	mögest du doch deine Binden lösen.

338 Nur T9C und B10C haben die zweifellos richtige Lesung *bꜣn* „schlummern“. Das sind auch die einzigen Varr., die *Bꜣ* als Namen angeben. Die anderen haben *bn* „erzeugen“, „aufquellen“ o.ä., und als Namen *Bn.w* „Phönix“.

339 T9C fügt irrtümlich *CT* I.293k ein (Dittographie): *ꜥnḫ bꜣs n=k ḥꜣw.t=sn swr n=k snf=sn nt.wt js wp.jw.*

340 *sfḫḫ=k* hat nur T2L. T1C liest *snfḫfḫ* „bewirkt wird, daß sich lösen“; *snfḫfḫ* ist Kausativ einer *n*-Bildung des reduplizierten Stamms *fḫ* „lösen“. Das *n*-Präfix hat reflexive Bedeutung („sich lösen“), das gesamte Schema hat iterative Bedeutung („sich nach und nach lockern“). Sq3C und B10C lesen *sfḫḫ* „gelöst werden“. Zu *snfḫfḫ* vgl. *CT* II.112c; *CT* VI.102b; *Pyr.* §852e.

Spruch 7: *CT* [67] = I.288h–289a:

288h	*wḏꜥ sꜣr.w=k Ḥr.w jm.j pr=f js*	Trenne ab deine Binden wie Horus, der in seinem Haus ist!
289a	*sḫn mḏ.wt=k Stš Ḥn.t js*	Löse (?)[341] deine Fesseln wie Seth von *Ḥn.t* !

Spruch 25: *CT* [839] = VII.44a–b:

44a	*wḏꜥ sꜣr.w=k Ḥr.w js jm.j pr=f*[342]	Deine Bande werden gelöst wie die des Horus-in-seinem-Haus,
b	*wḥꜥ jnt.t=k*[343]*r Stš Ḥn.t js*	deine Fesseln werden gelöst wie die des Seth von *Ḥn.t*[344].

Vgl. *PT* [665] = *Pyr.* § 1904d–e (FAULKNER):

wḥꜥ.n=k zꜣr.w=k Ḥr.w js jm pr=f	Löse dir deine Binden wie Horus in seinem Hause,
sšm n=k mḏ.wt=k Stš/nṯr js jm Ḥn.t	wirf ab(?) deine Fesseln wie Seth in *Ḥnt.*

Zur Entfernung der Ausflüsse vgl. CT.3 Spruch 25 : *CT* [839] = VII.44j:

44j	*sḥm.n n=s ꜣs.t jwf=f rḏw=f r tꜣ*	Isis hat für sich sein Fleisch und seinen Ausfluß zu Boden weichen lassen.[345]

Zur Bedeutung des Motivs s. HORNUNG, *Mumifizierung.*

Aufbau und Themenkomposition

5 Verse: Die Huldigung der Himmlischen
5 Verse: Der „Erhebe-dich"-Anruf an den Schlafenden
3 Verse: Zuspruch der Weltherrschaft
6 Verse: Himmelsaufstieg und Speisung
5 Verse: Lösung und Reinigung

[341] Vielleicht *sḫn* „zerstören" (von Bauwerken)? *sšn* „weben" hat den gegenteiligen Sinn des hier offenbar Gemeinten.

[342] Vgl. *CT* [67] = I.288h. Das Zeichen des Schweines in T9C kehrt wieder in *CT* I.288h/T9C und scheint auf diesen Sarg beschränkt zu sein.

[343] *k* ist in *r* verschrieben.

[344] Zu Seth von *Ḥn.t* in vergleichbarem Zusammenhang s. *CT* I.289a.

[345] Statt dieses Satzes hat pBerlin 3057 nur *rḏ.w=f jrj* „und seiner Ausflüsse daran".

Spruch 6: CT [765] = VI.395a–l

1	395a–b	*hꜣ N pn ṯwt sꜣ ꜥꜣ*	O N hier, du bist der älteste Sohn,
2		*wr m ꜥb wr.w jr=f*	der Große im Kreise derer, die größer sind als er,
3	c	*m ḏꜣḏꜣ.t jm.jt skt.t*	im Kollegium in der Nachtbarke!
4	d	*ḫpr n=k qꜣj n=k ḥnꜥ Jtm.w*	Entstehe doch, komm hoch zusammen mit Atum
5	e	*m s.wt=k nfr.wt jmj.wt bꜥḥ*	an deinen schönen Stätten im Überschwemmungswasser.
6	395f	*jw=k ḥnꜥ Rꜥ.w r sḫ.t-Jꜣr.w*	Du bist zusammen mit Re (auf dem Weg) zum Binsengefilde
7	g	*gmj=k nṯr.w ḥꜥ.yw m ḫsf=k*	und findest die Götter jubelnd bei deinem Nahen
8		*mj Rꜥ.w nb tp.w*	wie bei Re, dem Herrn der Köpfe.
9	h	*jw ṯsj ṯw Nw.t ꜥꜣ.t m nfr.w=k*	Nut, die Große, erhebt dich in deiner Schönheit,
10	i	*šnn=s ṯw m-ḫn.w ꜥ.wj=s*	sie umfängt dich in ihrer Umarmung.
11	j	*ꜣṯ ṯw nb.tj Dp*	Die beiden Herrinnen von Buto säugen dich
12		*mj Ḥr.w sꜣ Wsjr*	wie Horus, den Sohn des Osiris;
13	k	*ꜣw=sn n=k ꜥ.wj=sn*	sie strecken dir ihre Arme aus
14	l	*ḏj=sn n=k jb=k m ḫ.t=k*	und geben dir dein Herz in deinen Leib.

Verse 1–5:

§ 39 *ḫpr* „entstehen“ und *qꜣj* „hochkommen“

Zur typischen Kollokation von *ḫpr* „entstehen“ und *qꜣj* „hochkommen“ vgl. *PT* [222]:
Pyr. § 199b: *ḫpr=k ḥr=f qꜣ=k ḥr=f*
Pyr. § 207c: *ḫpr=k ḥnꜥ jtj=k tm qꜣ=k ḥnꜥ jtj=k Jtm*
Pyr. § 212a: *ḫpr.n=k qꜣ.n=k ꜣḫ.n=k*

PT [587] = *Pyr.* § 1587b–d:

jnḏ-ḥr=k Ḫprr ḫpr(.w) ḏs=f	Sei gegrüßt, Chepre, Selbstentstandener!
qꜣj=k m rn=k pw n qꜣ	Mögest du hoch kommen in deinem Namen ‘Anhöhe’,
ḫpr=k m rn=k pw n Ḫprr	mögest du entstehen in deinem Namen ‘Chepre’.

Vgl. auch *PT* [599] = *Pyr.* § 1652a:

Jtm.w Ḫprr qꜣ.n=k m qꜣꜣ	Atum Chepre, du kamst hoch auf dem Hügel.

Sowie oben, Spruch 3, Vers 40:

ḫpr.n=k qꜣ.n=k ḥnʿ jtj=k	Du hast Gestalt angenommen und du bist hoch gekommen zusammen mit deinem Vater.

Mit dieser Wortverbindung wird auf eine spezifisch Atum-hafte Form der Entstehung angespielt.

Verse 6–8:
Der erste Satz dieser Versgruppe steht in deutlichem Parallelismus mit einem Satz aus Spruch 5, Vers 13:

j(w)=k r sḫ.tj-ḥtp.w ḥnʿ Nb.t-ḥw.t Wsjr	Du bist (auf dem Weg zu) den beiden Opfergefilden zusammen mit Nephthys und Osiris.[346]

Die gemeinsame Struktur ist: *j(w)=k ḥnʿ Gott N r sḫ.t X* „du bist zusammen mit Gott N (auf dem Weg) zum Gefilde X".

In diese Struktur trägt Spruch 5 als Gott „Nephthys und Osiris" ein, was eine Umstellung der Wortfolge bedingt, und als Gefilde *sḫ.tj ḥtp.w*. Spruch 6 nennt als Gott Re und als Gefilde *Sḫ.t-Jꜣr.w*.

Das Beiwort des Sonnengottes „Herr der Köpfe" ist mir sonst nicht bekannt. Man denkt an die Gleichsetzung des Kopfes mit Re in Spruch 3, sowie an die Formel „Re richtet deinen Kopf auf" in CT.3 Spruch 24 und 25.

Verse 9–14:
Die Schlußstrophe fährt die zentralen Themen der ersehnten Verklärtheit auf: Die Umarmung durch Nut (vgl. 3. Kapitel, §17), die Säugung durch Kronengöttinnen (vgl. 4. Kapitel, §8) und die Einverleibung des Herzens ([28]–[29] s. oben Anhang 2).

346 Vgl. 395f.

Zusammenfassung

Wir können nicht davon ausgehen, daß die nur auf einem einzigen Sarg (T1L) im Anschluß an Liturgie CT.1B überlieferte Spruchfolge eine vollständige Totenliturgie wiedergibt. Die Komposition der Sprüche ergibt aber einen einigermaßen kohärenten Ablauf. Die Mitte der Spruchfolge bildet der große Spruch *CT* [761] mit der Gliedervergottung. Die Gliedervergottung ist eine sakramentale Ausdeutung der Einbalsamierung und paßt damit gut in den Zusammenhang der Thematik von Liturgie B, die bei T1L vorangeht. Voraus gehen die zwei eng zusammengehörenden und daher hier als Abschnitte eines einzigen Spruches gezählten Sprüche *CT* [225]–[226], die zu den beliebtesten Sargtexten überhaupt gehören und den Verstorbenen der Verfügungsgewalt über Nahrung im Jenseits, aber auch der Rechtfertigung gegenüber seinen Feinden versichern, dem Generalthema der Liturgie CT.1. Die nachfolgenden drei Sprüche *CT* [763]–[765] kreisen alle um das Thema Himmelsaufstieg, Empfang im Himmel und Vereinigung mit dem Sonnengott, das als sakramentale Ausdeutung der Opferspeisung (Spruch 2) fungiert.

DRITTES KAPITEL

Die Liturgie *ẖnmw*

Vorbemerkungen zu Alter, Verbreitung und Aufbau

Die Liturgie kommt nur auf Särgen aus El-Berscheh vor, darunter allein dreimal auf Sarg B10C sowie auf den Särgen B12C, B13C und B1Y, B16C, B17C. B4C hat nur Sprüche [60] und [61].

Der Anfang ist schwer zu bestimmen; es ist sicher nicht Spruch [44]. Das Pronomen *=k* setzt vorherige Namensanrede voraus. In B1Y gehen [60] und [61] voraus, in B10C^c [62]. Sowohl [60] wie [62] weisen geeignete Anfänge auf. Auf der anderen Seite hat die mit [44] beginnende Spruchfolge aber auch mit den in der Edition DE BUCK vorhergehenden Sprüchen nichts zu tun. Diese bilden vielmehr drei eigene, offenbar mehr oder weniger eng verbundene Spruchfolgen. Sprüche [30]–[37] führen den Verstorbenen bei Osiris und der Westgöttin ein; man könnte sie sich sehr gut im Zusammenhang der Beisetzungsprozession und Grablegung vorstellen. Sprüche [38]–[41] haben wiederum das Ziel, den verstorbenen Vater von dem Wunsch abzubringen, den hinterbliebenen Sohn zu sich in den Westen nachzuholen. Was beide Spruchgruppen verbindet, ist eine Formel, die den verstorbenen Vater als „jenen Beistand, jenen Fürsprecher, zu dem ich herabgestiegen bin" kennzeichnet.[1] Diese Formel tritt nur in einer bestimmten, von JÜRGENS als λ zusammengefaßten[2] und in die Zeit Sesostris' II.-III. datierten, also verhältnismäßig späten Quellengruppe auf, die beide Spruchgruppen zu einer einzigen Liturgie kombiniert und damit deren Zusammengehörigkeit deutlich macht.[3] Sprüche [42] und [43] folgen in B2Bo und B3Bo bzw. dem von JÜRGENS als ρ bezeichneten Überlieferungsstrang unmittelbar auf [30]–[37] und bildeten mit diesen zusammen eine Einheit. In B2Bo schließt sich CT.1 an ([1]–[26]), in B3Bo folgen Sprüche [723]–[725].[4] Beide Quellengruppen, λ und ρ beschränken sich auf El-Berscheh; davon ist ρ die ältere Gruppe.

[1] Von den fünf Särgen, die die Spruchfolge [38]–[41] enthalten (B4L hat nur den ersten Teil von [38]; B12Cb und B20C enden in Spruch [39]; B16C endet in Spruch [40] und Spruch [41] erscheint nur auf B13Cb) haben vier vorher die Spruchgruppe [30]–[37]. Diese vier schalten die genannte Formel ein (*CT* I.93b; I.103a; 108a; 114a; 116b; 121; 135b; 145e; 151c–152a (+*mḥy* „Fürsorger"); nur in I.127b haben alle Varr. diese Formel. Von B20C ist zu wenig erhalten.

[2] S. JÜRGENS, *Grundlinien*, Teil III Kap. 3.

[3] Eine Bearbeitung dieser Spruchgruppe durch H. WILLEMS ist in Vorbereitung.

[4] Diese Spruchfolge hatte ich in meinem LÄ-Artikel *„Verklärung"* als Nr. 6 gezählt.

Die Liturgie umfaßt vier Spruchsequenzen: [44]-[48], [49]+[50], [51]-[59] und [60]+[61]. Wie die vier Sequenzen aufeinander folgen, ist nicht zu bestimmen. Jede bildet in sich die Abfolge Nacht - Morgen ab. Die Sequenzen sind voneinander getrennt durch Belegstatus und sprachliche Form. Sequenz I ist genau wie II in zwei Fassungen belegt:

B10C[b,c] (ältere Fassung)[5]

B12C, B13C, B1Y, B17C, B16C (jüngere Fassung)

Die Sequenzen unterscheiden sich formal. Sequenz II ([49] und [50]) ist „dramatisch", während Sequenz I ([44]-[48]) die normale Form der Verklärung aufweist. Sequenz III hebt sich als eine Sammlung von Klageliedern der Isis und Nephthys heraus. Die vollständigste Sammlung bietet B13C mit 12 Sprüchen. Leider ist dieses Textexemplar sehr zerstört. Die vierte Sequenz fehlt in B12C, B13C, B16C, B17C. Dafür hat B4C nur diese Sequenz. In B10C kommt sie viermal vor. Sequenzen I und III sind Serien von 10 bzw. 12 verhältnismäßig kurzen Sprüchen. Sequenzen II und IV dagegen bestehen jeweils aus nur zwei sehr umfangreichen Sprüchen. Wahrscheinlich sind I und III in II und IV eingebettet zu denken. Dabei könnte man sich gut vorstellen, daß III - die Totenklagen von Isis und Nephthys - eher zu II (Stundenwache) gehören und I - die Sprüche zur Rechtfertigung - eher zu IV.

Außerdem unterscheiden sich die vier Sequenzen durch ihre Sprecher. I ist vom „Sohn" zu sprechen, wie aus den zahlreichen Schlußtexten hervorgeht. II hat ebenso eindeutig den Vorlesepriester in der Rolle des Thot zum Sprecher, der hier als Enkel, d.h. als Horussohn auftritt. III ist von den Darstellerinnen von Isis und Nephthys zu rezitieren, und für IV ist kein Sprecher angegeben.

[5] Die Gruppe λ wird von JÜRGENS, *Grundlinien*, 58, 61 in die mittlere bis späte 12. Dyn. datiert (Sesostris II.-III.); der Sarg B10C stammt aus der fortgeschrittenen frühen 12. Dyn. (Sesostris I.-Amenemhet II.).

Erste Sequenz: Rechtfertigung
Sprüche 1–10 *CT* [44]–[48]

Erste Spruchgruppe (Sprüche 1–4)
Spruch 1

[44]
FAULKNER, *AECT* I, 35–37
BARGUET, *Textes des sarcophages*, 185 f.

1	181a	*wn ꜥꜣ.wj p.t n nfr.w=k*	Die Himmelstüren sollen sich öffnen für deine Schönheit,
2	b	*prj=k mꜣꜣ=k Ḥw.t-Ḥr.w*	mögest du hervortreten, um Hathor zu schauen!
3	181c	*dr.w jww=k sjn.w ẖbn.t=k*	Niedergeschlagen wurde die Klage gegen dich[6], abgewischt die Beschuldigung gegen dich
4	d–e	*jn fꜣ.w mꜣꜥ-mḫꜣ.t hrw ḥsb qd.w*	durch die, die mit der Waage wiegen am Tag der Berechnung der Eigenschaften.
5	181f	*ḏy.w dmj=k r ntj.w m wjꜣ jn jm.jw šms.w*	Möge veranlaßt werden, daß du dich zu den Insassen der Barke gesellst durch die im Gefolge,
6	g	*sꜣḫ(.w) m sṯ.t mj Rꜥ.w*	(als) einer, der verklärt wurde[7] durch Strahlen wie Re,
7	182a	*ḫꜥj.tj m sbꜣ wꜥ.tj*	indem du erschienen bist als Einzelner Stern.
8	182b	*ꜥnḫ n=k wn n-[...]=k*	Leben gehöre dir, Sein gehöre deinem [...]
9		*wḏꜣ n ꜥ.wt=k*	und Heil deinen Gliedern,
10	c	*rs.tj ḥr ẖꜣ.t=k*	indem du wachst über deinem Leichnam

6 *jww* als Objekt von *dr* „vertreiben“, s. auch *CT* I.121e: „Unrecht“, sowie *CT* I.144c, 153b; *CT* IV.208c; *CT* VI.384m, 370l, oder *jww* „Klage“, oft als Verb „klagen, beweinen“, und als Nomen z.B. *CT* I.148a (auch als Objekt von *dr*), 189b; *CT* VI.166m.

7 FAULKNER, *AECT* I, 36, bezieht *sꜣḫ<.w>* auf das vorhergehende *jmj.w šms.w* und übersetzt: „they having been made spirit-like with lustration like Re“.

11	d–e	*n šnꜥ=k jn sḏ.t.jw jm.jw ꜥft.t*	und nicht ausgesperrt wirst durch die *sḏ.tjw* im Jenseits.
12	f	*jb n bꜣ=k sḫꜣ=f ẖꜣ.t=k*	Das Herz deines Ba, es möge sich deines Leichnams erinnern,
13	g	*smꜥr=f swḥ.t qmꜣ.t ṯw*	damit er das Ei glücklich mache, das dich hervorgebracht hat.
Schlußtext			
14	182h–183a	*ms ṯw jr=j sjꜥr ṯw jr=j*	Begib dich zu mir, nähere dich mir,
15	b	*m ḥrj jr js=k*	halte dich nicht fern von deinem Grab.
16	c–d	*mḏr=k jr=j jnk sꜣ=k*	Wende dich zu mir, ich bin dein Sohn,
17		*wr(.w) qdd.w ꜥꜣ(.w) bꜣg*	der du groß bist an Schlaf und reich an Ermüdung,
18	e	*qrs.w jtj=f nb jmnt.t*	der seinen Vater bestattet, den Herrn des Westens.

1. Strophe: Wünsche

Erste Teilstrophe: Erscheinung

Erste Versgruppe (Verse 1–2)

§ 1 Öffnung und Auszug

Das Verspaar mit *wn* und *prj*, also die Themenverbindung von „Öffnung“ und „Auszug“ zu einem „thought couplet“, bildet ein festes Schema als Beginn von Kultliedern, insbesondere zur Prozession. So beginnt etwa das verbreitetste Kultlied:

> Die Türflügel des Himmels öffnen sich:
> Der Gott tritt hervor.[8]

Inhaltlich handelt es sich also um einen feierlichen Anfang. Er bezieht sich entweder auf das reale, rituelle Heraustreten des Toten in Form einer Statue bzw. in Form des Sarges mit dem mumifizierten Leichnam, oder um sein imaginiertes Hervortreten aus dem Totengericht. Formal gesehen müßte ein Spruch- oder Spruchfolgenanfang dagegen anders formuliert sein, entweder als Vorgangsverkündigung wie in dem zitierten Kultlied:

> * Die Himmelstüren öffnen sich für die Schönheit des N,
> er tritt hervor, um Hathor zu schauen.

[8] Vgl. ASSMANN, *„Kultlied“*, 852–855 mit Anm. 15.

Oder mit einer namentlichen Anrede des Verstorbenen:

> * Oh Osiris N hier,
> die Himmelstüren öffnen sich für deine Schönheit …

Da keine dieser beiden Formen vorliegt, kann es sich nicht um den Anfang einer Spruchfolge handeln.

Zum Thema „Öffnung“ s. NR.2 § 1.

Zweite Versgruppe (Verse 3–4)

§ 2 Reinigung und Rechtfertigung

Die Wendung *dr jw* „das Unrecht bzw. die Klage vertreiben“ ist typisch für die Liturgie [30]-[37], vgl. *CT* I.121e; 144c; 148a; 153b und kommt sonst, soweit ich sehe, nur noch einmal in *CT* [335] = IV.208/9c vor. Obwohl die Bedeutung „Unrecht“ besser zu *ẖbn.t* „Verbrechen“ paßt, scheint an den anderen Stellen die Bedeutung „Wehklage(n)“ näher zu liegen.

fꜣj mḫꜣ.t auch *CT* [47] = I.209d. Dort führt der Tote die Waage „wie Thot“. Gemeint ist offensichtlich bereits die Wägeszene des Totengerichts. Zu dieser und weiteren Stellen, die in den *CT* die Waage erwähnen, vgl. GRIESHAMMER, *Jenseitsgericht*, 46 ff. Die Wendung „Tag der Berechnung der Eigenschaften“ bezeichnet in *Tb* 125 den Tag des Totengerichts (GRIESHAMMER, *a.a.O.*, 49 f.).[9]

Das Totengericht hat den Charakter einer Reinigung, in der der Tote von seinen Sünden befreit wird. Der Titel des 125. *Tb*-Kapitels lautet *pẖꜣ s m ẖw.w jrj<.w>.n=f r mꜣꜣ ḥr.w nṯr.w* „Einen Mann befreien von den Sünden, die er begangen hat, damit er das Antlitz der Götter schauen kann“.

Der „Auszug“ des Toten könnte sich daher auf sein Herauskommen aus dem Gericht beziehen, das Thema der Sprüche *CT* [10]ff.

Dritte Versgruppe (Verse 5–7)

§ 3 Aufnahme in die Sonnenbarke, Erscheinung als „Einzelstern“

Das Totengericht trägt hier bereits nicht mehr die Kennzeichen eines jenseitigen Appellationsgerichts, vor dem sich der Tote mit seinen Feinden auseinanderzusetzen hat, sondern die einer „Aufnahmeprüfung“, der er sich in jedem Falle zu unterziehen hat, gleichgültig, ob Ankläger gegen ihn auftreten oder nicht. Die Aufnahme in die Sonnenbarke ist Folge und Lohn des Freispruchs im Totengericht. Der von seinen Sünden gereinigte Tote darf nun in die Gottesnähe des

[9] S. auch CLÈRE, *Antef*, 425–447.

Sonnengefolges eintreten. Der „einzelne Stern“ als Erscheinungsform des Toten kommt mehrfach in den *PT* vor, vgl. z. B. *ṯwt sbꜣ pw wꜥ.tj prr m gs jꜣb.tj n p.t* „Du bist jener einzelne Stern, der aus der Ostseite des Himmels hervorkommt“ (*PT* [463] = *Pyr.* § 877c); *sšd=k m sbꜣ wꜥ.t ḥr jb Nw.t* „Du strahlst als einzelner Stern am Leib der Nut“ (*PT* [488] = *Pyr.* § 1048b); *sk ꜥḥꜥ r=f jtj m sbꜣ wꜥ.tj m gs pf jꜣb.j n p.t*, „Siehe, (mein) Vater steht auf als der einzelne Stern an jener östlichen Seite des Himmels“ (*Pyr.* § *1384b); *sbꜣ js wꜥ.tj wnm.n=f ẖft=f* „(du bist erschienen als ...) der einzelne Stern, der seinen Feind gegessen hat“ (*Pyr.* § *1899d); *jṯj n=k wrr.t m sbꜣ wꜥ.tj sk=f ẖft=f* „Nimm dir die *wrr.t*-Krone als einzelner Stern, der seinen Feind vernichtet“ (*Pyr.* § *1921) *jrj.n<=j> n=f jrj.t m sbꜣ wꜥ.tj jwt snn.w=f m ꜥb=sn nṯr.w* „Ich habe für ihn getan, was getan werden muß als ein einzelner Stern, der keinen Gefährten hat unter ihnen, den Göttern“ (*Pyr.* § *1949c). In *CT* [343] = IV.357b wird der Tote als *sḥd wꜥ.tj* bezeichnet:

sḥd.kꜣ=k jr=k r sḥd.w ꜣḫ.t n.t p.t	Dann wirst du hell sein bei der Helle des Horizonts des Himmels
m sḥd.w pw wꜥ.tj jmj-wr.t n p.t	als jener einzelne Stern der Backbordseite des Himmels
tꜣ-wr n tꜣ	und der Steuerbordseite der Erde.

In späteren Totensprüchen begegnet diese Erscheinungsform des Toten z. B. im Grab des Chaemhet, TT 57 (Zeit Amenophis’ III.):

jw N ẖꜥ.w m sbꜣ wꜥ.tj	N ist erschienen als einzelner Stern.[10]

Zweite Teilstrophe (Verse 8–13)

§ 4 Ba und Leichnam

Im ersten Vers ist in der Lücke eine Personkonstituente zu ergänzen in Parallele zu *ꜥ.wt* „Gliedern“; das kann *ẖꜥ.w* „Leib“ sein, oder auch *kꜣ*, *sꜥḥ* usw. Worum es geht, ist die durch das Balsamierungsritual inklusive Stundenwachen und Rechtfertigung bewirkte Wiederherstellung der personalen Integrität, und in diesem Zusammenhang insbesondere die Kommunikation zwischen „Leichnam“ und „Ba“. Žabkar hat daher in seinem Buch über den Begriff „Ba“ diesem Abschnitt besondere Aufmerksamkeit gewidmet, der nach seiner Meinung „more clearly than any quoted thus far emphasizes the interdependence of the Ba and the corpse“.[11]

[10] Loret, *Khâ-m-hâ*, 130.
[11] Zabkar, *Ba Concept*, 108 f.

Zu Ba und Herz vgl. insbesondere SZ.1 Spruch 10, Abschnitt 6b:

jyj n=k jb=k nn ḥrj=f jr=k	Dein Herz kommt zu dir, es entfernt sich nicht von dir,
sḫꜣ ṯw bꜣ=k smꜣ.n=f ṯw	dein Ba erinnert sich an dich und vereinigt sich mit dir.

Sehr oft ist davon die Rede, daß diese Kommunikation von Ba und Leichnam nicht behindert werden möge, dadurch, daß der Ba ein- oder ausgesperrt wird:

CT [333] = IV.178 m–n:

n sꜣw.n.tw bꜣ=j ḥr ẖꜣ.t=j	Möge mein Ba nicht bewacht (= eingesperrt) werden auf meinem Leichnam,
n šnʿ.tw=j r swr m nwy	möge ich nicht gehindert werden, Wasser zu trinken von der Flut.

Der Bewegungsfähigkeit des Ba dienen insbesondere die Sprüche *CT* [94] ff. sowie *CT* [489]–[493]. Spruch [94] hat in der Var. B1C[a] den Titel „Den Ba sich entfernen zu lassen vom Leichnam“, in genauer Umkehrung der später immer wieder geäußerten Furcht, daß der Ba sich vom Leichnam entfernen könnte. Diese Entfernung soll aber hier dem „Herausgehen am Tage“ dienen. Später wird die Gefahr weniger darin gesehen, daß der Ba nicht vom Körper freikommt, sondern daß er nicht zu ihm zurückfindet.

CT [229] = III.296 i–l:

sḏr bꜣ=j rs.w ḥr ẖꜣ.t=j	Mein Ba soll die Nacht verbringen wachend über meinen Leichnam;
n snm ḥr=j n mh jb=j	mein Gesicht soll nicht traurig sein, mein Herz soll nicht vergeßlich sein,
n ḫm=j wꜣ.t r ẖr.t-nṯr	ich soll des Wegs nicht unkundig sein zum Totenreich.

Aus dem frühen NR stammt dieser Passus aus dem verbreiteten Totenspruch NR.3 (Vers 13):

ḫpr ʿnḫ=k m wḥm-ʿ	Es geschieht, daß du zum zweitenmal lebst;
nn rwj(.w) bꜣ=k r ẖꜣ.t=k	nicht wird dein Ba vertrieben von deinem Leichnam.[12]

Aus dem NR:

nn šnʿ(.w) bꜣ=j m ẖꜣ.t=j	Nicht soll mein Ba abgesperrt werden von meinem Leichnam;
nn mwt m wḥm	möge (ich) nicht zum zweiten Mal sterben.[13]

[12] S. hierzu Bd. II.

[13] FEUCHT, *Nefersecheru*, 62 f., Text 77.

nn ḫnr bꜣ=j r ẖꜣ.t=j	Möge mein Ba nicht von meinem Leichnam abgesperrt werden,
nn šnꜥ=j ḥr nṯr ꜥꜣ	möge ich nicht abgewehrt werden beim Großen Gott.[14]
ꜥq ḥr prj.t m Rꜣ-sṯꜣw	Ein- und auszugehen in Ra-Setau,
nn ḫnr.tw bꜣ=j ḥr ẖꜣ.t=j	ohne daß mein Ba ausgesperrt wird von meinem Leichnam.[15]

In späteren Texten:

ḏj=f ḏd ẖꜣ.t=k jmj.wt ḥtp.w	Er möge geben, daß dein Leichnam dauert unter den Opferversorgten,
n ḥrj bꜣ(=k) jr=k	ohne daß dein Ba von dir ausgesperrt wird.[16]
qrs.t nfr.t smnḫ(.w) m ḏ.t=k	Ein schönes Begräbnis wird deinem Leib bereitet,
bꜣ=k ḥr ẖꜣ.t=k nn ḥrj=f jr=k ḏ.t	dein Ba ist auf deinem Leichnam und entfernt sich ewig nicht von dir
m ꜣw n ḏ.t	in der Länge der Ewigkeit.[17]
jw=k mn.tj m-ẖnw n ḏbꜣ.t=k	Du bleibst in deinem Sarg,
jw bꜣ=k ḥr ẖꜣ.t=k	dein Ba ist auf deinem Leichnam,
nn ḥrj=f jr=k ḏ.t	er entfernt sich ewig nicht von dir[18].
ḏd ẖꜣ.t=k m jmnt.t nfr.t	Dein Leichnam dauere im schönen Westen,
ḫnj bꜣ=k ḥr ẖꜣ.t=k rꜥ.w nb	dein Ba lasse sich nieder auf deinem Leichnam Tag für Tag,
nn šnꜥ.tw=f m p.t tꜣ dꜣ.t	ohne daß er abgewiesen wird in Himmel, Erde und Unterwelt.[19]
ꜥpj bꜣ=k n šnꜥ.tw=f	Dein Ba möge aufschweben, ohne abgewiesen zu werden,
ḫnj=f ḥr ẖꜣ.t=k nn ḫsf(.w) ꜥ=f	er möge sich auf deinem Leichnam niederlassen, ohne daß sein Arm abgewehrt wird.[20]
jnj.w n=k bꜣ=k m-ḫt=k	Dein Ba werde dir zu dir gebracht,
ḥtp=f ḥr ẖꜣ.t=k	auf daß er ruhe auf deinem Leichnam,
n ḥrj=f jr=k rꜥ.w nb	er möge sich nicht von dir entfernen Tag für Tag.[21]

[14] Aus einem sehr verbreiteten Nuttext, vgl. CG 61022, DARESSY, *Cercueils des cachettes royales*, 37; CG 61027, DARESSY, *a.a.O.*, 80; CG 61032, DARESSY, *a.a.O.*, 180; CG 61034, DARESSY, *a.a.O.*, 206f.; CG 6023, CHASSINAT, *Seconde trouvaille*, 75; CG 6015, CHASSINAT, *a.a.O.*, 50; CG 6014, CHASSINAT, *a.a.O.*, 46–47.

[15] BAUD/DRIOTON, *Roy*, 38.

[16] Libationstext: PIERRET, *Recueil* II, 113f.

[17] pBerlin 3162 VI,5, Buch vom Atmen.

[18] pBerlin 3162, V,3.

[19] CG 29301 ed. MASPERO/GAUTHIER, *Sarcophages des époques persane et ptolémaïque*, 45.

[20] Ibd., 39.

[21] Kairo, Sarg des Imhotep, eigene Abschrift.

prj=k h3j=k ḥnʿ psḏ.t	Du steigst auf und ab mit der Neunheit,
nn šnʿ.tw b3=k r ẖ3.t=k	dein Ba wird nicht abgesperrt von deinem Leichnam,
m bw nb šm=k jm	wohin auch immer du gehst.[22]
nn ẖnr.tw b3=j m jmnt.t	Mein Ba soll nicht ausgesperrt werden im Westen,
jyj n=j b3=j m m3ʿ-ḫrw	sondern mein Ba soll zu mir kommen in Rechtfertigung,
ḥtp=f ḥr ẖ3.t=j m ḥtp	damit er ruht auf meinem Leichnam in Frieden.[23]

Ich nehme an, daß der Wunsch, nicht ausgesperrt zu werden (*šnʿ*) sich bereits auf diese Vorstellung bezieht. Die Identität der *sḏ.tjw jmj.w ʿft.t* „Zerbrechende(?) im Jenseits" ist mir unbekannt. *ʿft.t* ist ein in den Sargtexten nicht selten belegtes Wort für „Jenseits". In *CT* [302] = IV.54d, 59a steht *ʿft.t* als Variante für *ʿfd.t*, das aus dem pWestcar als Wort für „Jenseits" bekannt ist: *rḫ b3=k w3.wt ʿfd.t r sbḫ.t n.t ḥbs-b3g* „Möge dein Ba die Wege der *ʿfd.t* kennen, die zur Pforte des *ḥbs-b3g* führen".[24] Von den „Wegen der *ʿft.t*" ist in *CT* [47] = I.208c die Rede. In *CT* [243] = III.329b geht es darum, die *ʿft.t* der *ẖr.t-nṯr* auszurüsten.

In den Sargtexten fürchtet sich der Tote vor allem vor denen, „die die Bas der Verklärten fortnehmen zur Schlachtbank des Essers von rohem Fleisch" (*CT* [229] = III.296b), und vor denen „an den Gliedern des Osiris, die alle Bas bewachen, die die Schatten aller männlichen und weiblichen Toten einsperren" (*CT* [491] = VI.70a).

Zu „Ba und Herz" vgl. noch *CT* [45] = I.197g–198c:

wnn wnn.t b3=k wn jb=k ḥnʿ=k	Wahrlich, solange dein Ba existiert, soll dein Herz existieren mit dir.[25]
sḫ3 ṯw Jnp.w m Ḏdw	Möge Anubis an dich denken in Busiris,
ḥʿj b3=k m 3bḏw	möge dein Ba jubeln in Abydos,
rš.w ẖ3.t=k jm.jt wʿr.t	möge dein Leichnam sich freuen, der in der Nekropole (von Abydos) ist.

Für die Vorstellung vom „Ei, das dich hervorgebracht hat" kenne ich keine direkte Parallele. Wahrscheinlich wird hier auf den Sarg in seiner sakramentalen Ausdeutung als Mutterschoß, Uterus, angespielt. Die Sarglegung wird ja als ein *regressus in uterum* ausgedeutet.[26] Die Gleichsetzung der Mumie mit dem Ei „das dich geschaffen hat", also dem Symbol und Inbegriff des Ursprungs, läge völlig auf derselben Linie. Der Ba „beglückt" die Mumie, wenn er zu ihr zurückkehrt.

22 CG 41057, ed. GAUTHIER, *Cercueils*, 300f.

23 CG 29301, ed. MASPERO/GAUTHIER, *a.a.O.*, 64.

24 pWestcar 7, 25f ed. ERMAN, *Papyrus Westcar* II.

25 Vgl. ZABKAR, *Ba Concept*, 107f., Anm. 113.

26 Vgl. ASSMANN, *„Muttergottheit"*, 267. Dazu jetzt HERMSEN, *Regressus ad uterum*, 361–382 sowie ASSMANN, *Tod und Jenseits*, 220–34.

2. Strophe: Schlußtext (Verse 14–18)

§5 Schlußtext: Das Grab als „Schnittstelle“ und als Grenze

Bei den ersten drei Versen handelt es sich um eine feste liturgische Formel, die zuerst als Schlußtext von *PT* [223] = *Pyr.* §216a–b belegt ist:

hꜣ Wnjs jsꜥ.kw n.<=j> jmskw jr<=j>	O Unas, nähere dich mir, begib dich zu mir,
m ḥr jr js	halte dich nicht fern vom Grab!
jmḏr=k jr<=j>	Mögest du dich mir zuwenden!

FAULKNER übersetzt „raise yourself up to me, betake yourself to me, do not be far from me, for the tomb is your barrier against me“, aber die Annahme einer Form des Verbs *mḏr* „zuwenden“ mit Vorschlags-*j* ist sehr viel einfacher.[27] Das Wort *ḏr* „Grenze“ liegt aber wohl vor in *PT* [224] = *Pyr.* §221c:

sꜣ ṯw ḏr=k pw jm.j tꜣ	Hüte dich vor jener deiner Grenze in der Erde.

Dieselbe Formel begegnet in einem Schlußtext des Papyrus BM 10819 VIII 3–4:

hꜣ wsjr N	O Osiris N,
sjꜥr ṯw jr=j ms ṯw jr=j	nähere dich mir, begib dich zu mir,
m ḥrj jr js=k jmḏr=k jr=j	sei nicht fern von deinem Grab, wende dich mir zu!

Die Formel kommt noch einmal in *CT* [44] = I.190h–191b als Schlußtext vor, dort allerdings in der Fassung *m ḥrj jr=j*, die hier nur von B12C vertreten wird: „Halte dich nicht von mir und von deinem Grab fern“. Ebenso auch in *CT* [51] = I.238a–c als Schlußtext von Spruch I der Klagelieder-Sequenz. Auch NR.1.5 Vers 44 (= *PT* [223] in TT 100[28] sowie pBM 10819 verso 55ff.).

Ähnliche Aufforderungen mit *ms* „sich begeben zu“, *sjꜥr* „sich nähern“ begegnen öfter in den *PT*, vgl. z.B.

hꜣ N pw sjꜥk w n Ḥr.w	O N hier, nähere dich Horus,
jms kw jr=f m ḥr jr=f	begib dich zu ihm, halte dich nicht von ihm fern! (*Pyr.* §586a–b)
hꜣ jtj wsjr N pn sjꜥ.n<=j> kw	O (mein) Vater Osiris N, nähere dich mir,
wsjr N pn jms kw jr<=j>	Osiris N, begib dich zu mir! (*Pyr.* §1342a–b)

Das Grab bildet die Grenze zwischen der Welt der Lebenden, dem „Diesseits“ (*tp tꜣ*) und dem „Totenreich“ (*ẖr.t-nṯr*) und zugleich eine Kontaktzone zwischen

27 Vgl. *Pyr.* §484b: *mḏr ḥr n N r=k dwꜣ=f ṯw* „das Gesicht dieses N wendet sich dir zu, auf daß er dich anbete“.
Pyr. §498b: *mḏr N jr=k jw N ẖr=k* „N wendet sich zu dir, N kommt zu dir“.

28 DAVIES, *Rekh-mi-Re*, Taf. 108.

diesen beiden Welten. Daher konnte die Formel, deren ursprünglicher Sinn sicher „begib dich zu mir!“ ist, auch als „(dein Grab) ist deine Grenze gegen mich“ aufgefaßt werden. Wichtig ist die in dieser Formel zum Ausdruck kommende Vorstellung, daß der Tote nicht im Grab wohnt, sondern erst (von wo auch immer) dorthin kommen muß, um mit dem Sohn in Verbindung zu treten.

Zur Anrede des Toten als *wr(.w) qdd.w ꜥꜣ(.w) bꜣg* vgl. *Pyr.* §1915f (*1917a) = 2224c:

hꜣ N pw wr(.w) qdd ꜥꜣ(.w) sḏr	O N, groß an Schlaf, reich an Ruhe.

Sonst sind Schlaf und Mattigkeit eher der Abscheu des Toten, vgl. *Pyr.* §721d = *Pyr.* §1500c: *bw.t=f qdd msḏ=f bꜣgj* ähnl. *CT* [838] = VII.40c. In *PT* [690] = *Pyr.* §2092a wird der Tote allerdings als *nṯr jbꜣg.y* „müder Gott“ angeredet. Der letzte Vers scheint sich eher auf den redenden Sohn als auf den angeredeten Vater zu beziehen.

Gliederung von Spruch 1

				2	Öffnung
		7	Auszug	2	Totengericht
				3	Aufnahme in die Sonnenbarke
	13 Wünsche				
				4	Leib
18 Spruch 1		6	Person-Restitution	2	Ba
	5 Schlußtext („Begib dich zu mir“)				

Spruch 2

1	183f	*ḥsj ṯw ꜣs.t ḥnꜥ Nb.t-Ḥw.t*	Isis und Nephthys sollen dich loben,
2	g	*ḫꜥj.tj m Wr.t-ḥkꜣ.w*	indem du erschienen bist, gekrönt mit der Zauberreichen.
3	183h–i	*sjn ṯms=k nwḥ.w tp=k*	Abgewischt werde deine Rötung, gebunden (?) werde dein Kopf
4		*n rpj.t Jm.t*	durch die/für die (?) Herrin von Imet (?).
5	184a	*ḏr.w sḏb=k ḫr Ḥw.t-Ḥr.w*	Vertrieben werde deine Schuld durch Hathor.
6	b	*ṯwt sꜣ Gb*	Du bist der Sohn des Geb.
7	184c	*sḥḏ n=k tꜣ*	Die Erde möge für dich erleuchtet werden,
8		*psḏ n=k p.t*	der Himmel möge für dich strahlen,
9	d	*jwj.t n=k sms.w jm.jw ꜣḫ.t*	die Ältesten im Lichtland sollen zu dir kommen,

10	e	*ḫꜣm n=k wr.w ʿ.wj=sn*	die Großen sollen vor dir ihre Arme beugen
11	f	*m ḏd.w ꜣqs Ḥpḥp*	gemäß dem, was Aqes und Hephep gesagt haben.
12	184g	*ḫntj=k m Mskt.t*	Mögest du südwärts fahren in der Nachtbarke
13		*ḫdj=k m Mʿnḏ.t*	und nordwärts in der Tagbarke,
14	185a	*sjp=k bꜣ=k m p.t ḥr.jt*	mögest du deinen Ba kontrollieren am oberen Himmel
15	b	*jwf=k ẖꜣ.t=k m Jwnw*	und dein Fleisch und deinen Leichnam in Heliopolis.
16	185c	*ḥsj ṯw Nb.t-Ḥw.t*	Möge Nephthys dich loben,
17	d	*ḏj=s ky.t=k mj ky.t=s*	möge sie den Schrecken vor dir wie den Schrecken vor ihr sein lassen,
18	e	*ḏj=s šʿ.t=k n ꜣḫ.w*	möge sie das Entsetzen vor dir den Verklärten einflößen,
19	f	*mj wbn Rʿ.w m sbꜣ.tj*	wie wenn Re in den beiden Toren aufgeht.
20	185g–186a	*hy N.t hy Jnw*	O *N.t*-Krone! Oh *Jnw*-Krone!
21		*hy Nsr.t hy Wr.t-ḥkꜣ.w*	O Flammenschlange! O Zauberreiche!
22	b–c	*msj.n=ṯ wsjr N pn prj.n=f jm.j=ṯ*	Du hast Osiris N geboren und er ist aus dir hervorgegangen,
23		*ṯsj pẖr*	und umgekehrt.
24	d	*hꜣ wsjr N pn msj.n ṯw Wt.t*	O Osiris N hier, Utet hat dich geboren,
25	f	*wtṯ.n ṯw Wr.t*	die Große hat dich hervorgebracht.

1. Strophe: Wünsche

Erste Teilstrophe: Erscheinung

Erste Versgruppe (Verse 1–2): Gekrönte Erscheinung

Auch dieses Verspaar bildet keinen normalen Spruchanfang, weil es den Angeredeten nicht namentlich anruft. Es bezieht sich, genau wie der Anfang der ersten Strophe, auf den Akt der Erscheinung des Toten. Ging es dort um sein „Hervortreten“ (aus dem Prozeß des Totengerichts?), so hier um seine Gestalt im Schmuck der Kronen.

Zweite Versgruppe (Verse 3–6): Heilung und Rechtfertigung

§ 6 Reinigung und Rechtfertigung

Auch die Fortsetzung entspricht, so dunkel sie ist, der Fortsetzung in Strophe 1:

dr.w jww=k sjn.w ẖbn.t=k	Niedergeschlagen wurde die Klage gegen dich, abgewischt die Beschuldigung gegen dich
jn fꜣ.w mꜣꜥ-mḫꜣ.t hrw ḥsb qd.w	durch die, die mit der Waage wiegen am Tag der Berechnung der Eigenschaften.

Für 183i verweist FAULKNER auf *PT* [222] = *Pyr.* § 207e: *tp=k n rpw.t Jwn.t* „dein Kopf gehöre der Herrin von Heliopolis". Diese Parallele könnte dafür sprechen, die Verse anders abzutrennen:

sjn ṯms=k nwḥ.w	Abgewischt werde deine Rötung der Taue,
tp=k n rpj.t-Jm.t	dein Kopf gehöre der Herrin von Imet (?).

In Strophe 1 ist an entsprechender Stelle vom „Vertreiben" und „Abwischen" der Schuld im Totengericht die Rede. Die beiden Verben kommen auch hier vor. Die Herrin von Imet ist Hathor.

§ 7 Hathor

Das Auftreten der Hathor in Verklärungen ist ganz ungewöhnlich. Die Belege beschränken sich praktisch auf diese Liturgie:

wnḫ.n n=k Ḥw.t-Ḥrw	(Diese deine Würde ...), die Hathor dir angelegt hat (*CT* [44] = I.190f)
wrḥ.n sw Ḥw.t-Ḥr.w	Nachdem Hathor ihn gesalbt hat (*CT* [45] = I.192c)
jw rdj.n=j n=k nn m ḥtp.wt *rdj.t.n n=k Ḥw.t-Ḥr.w nb.t Pwn.t*	Ich habe dir dies als Opfergaben gegeben, die Hathor dir gegeben hat, die Herrin von Punt (*CT* [47] = I.204 d–e)
wnḫ=k m wꜥb n Ptḥ *m sfḫ n Ḥw.t-Ḥr.w*	Du kleidest dich in ein reines Gewand des Ptah und in ein Gewand, das Hathor abgelegt hat (*CT* [61] = I.258f)
sꜣḫ ṯw jꜣy.wt Qjs *jmj.wt šms.w Ḥw.t-Ḥr.w*	Mögen dich die Greisinnen von Qusae verklären, die im Gefolge der Hathor sind. (*CT* [61] = I.259 d–e)
Ḥw.t-Ḥr.w nb.t Kbn jrj=s ḥm.w n wjꜣ=k	Hathor, die Herrin von Byblos, sei der Steuermann deiner Barke. (*CT* [61] = I.262b)

Sonst tritt Hathor nur noch in sehr späten Verklärungsliturgien auf wie dem Balsamierungsritual des pBoulaq 3 und dem Totenpapyrus Rhind (VI, 6–7; 10–11) und den Dokumenten vom Atmen. In jener Zeit ist sie längst mit Isis verschmolzen, die natürlich seit jeher eine zentrale Rolle in Totenliturgien und Verklärungssprüchen spielt. Die prominente Rolle, die Hathor in dieser Liturgie spielt, hängt wohl mit deren Herkunft aus dem Hasengau zusammen.

Zur abschließenden Gleichsetzung des Angeredeten mit Osiris ist zu bemerken, daß solche Gleichsetzungen den Gott so gut wie immer umschreiben und niemals direkt den Namen nennen (**ṯwt Wsjr* „Du bist Osiris" – so etwas kommt nicht vor).

Zweite Teilstrophe (Verse 7–11): Huldigung: Licht und Öffnung

Das Thema „Licht" hat man als Variante des Themas „Öffnung" zu verstehen, das Spruch 1 einleitet. Auf die Erscheinung des Toten folgt der Empfang: die Huldigung der Ältesten und Großen. Sie kommen auf Geheiß von Aqes und Hephep, ein Götterpaar, das als Schutzgötter des Toten fungiert und in *CT* [313] = IV.90a z. B. dem Nordende des Sarges zugeordnet ist (Süden: Satet, Osten: Sopdu, Westen: Ha). In Spruch *CT* [36] = I.140g treten die beiden auf als Wächter des Osiris, denen der aus der Oberwelt herabsteigende Tote eine Weissagung verkündet.[29]

Dritte Teilstrophe: Sonnenlauf

Erste Versgruppe (Verse 12–13)

Vgl. PIANKOFF/CLÈRE, *Letter to the Dead*, 157 f.:

ḫdj=k m Mskt.t ḫntj=k m Mʿnḏ.t	Mögest du stromab (nordwärts) fahren in der Nachtbarke und stromauf (südwärts) in der Tagbarke.

Diese Zuordnung von Fahrtrichtungen und Barken ist die normale. Die Tagesfahrt ist dem Süden, die Nachtfahrt dem Norden zugeordnet. Die Formulierung unseres Textes erklärt sich als Kombination zweier Wortpaare in der für sie typischen Abfolge, also *ḫntj-ḫdj* „Stromauf-/Stromab-Fahren" (nach der Regel Süd vor Nord) und *Mskt.t-Mʿnḏ.t* „Nacht-/Tagbarke" (nach der Regel Nacht vor Tag).[30]

[29] S. die bei BARGUET, *Textes des sarcophages*, 176 Anm. 32 angegebene Literatur.

[30] So schon KEES, *Totenglauben*, 234, gegen SETHE, *Lauf der Sonne*, 25, der darin eine bewußte Vertauschung der kosmischen Gegebenheiten erkennen will.

Zweite Versgruppe (Verse 14–15): Personale Restitution

§ 8 Ba und Leichnam, nach dem solaren Modell

Der in die Sonnenbarken eingestiegene, am Sonnenlauf teilnehmende Tote vollbringt auf solare Weise die Reintegration seiner Person in Form der auch in Spruch 1 behandelten Vereinigung von Ba und Leichnam. Sonnenlauf und Totenschicksal werden in die Beziehung einer mutuellen Modellierung gesetzt: Man stellt sich den Sonnenlauf nach dem Modell des Totenschicksals vor und imaginiert ihn als einen „Ba“, der bei Tage über den Himmel zieht und des Nachts in der Unterwelt von Heliopolis seinen dort ruhenden Leichnam Osiris besucht, und man wünscht dann dem Toten, nach dem Vorbild des Sonnengotts als Ba am Himmel zu kreisen und als Leichnam in „Heliopolis“ zu ruhen. Die Vorstellung, daß der Leichnam des Sonnengottes in Heliopolis ruht, wird auch in den Unterweltsbüchern und Sonnenhymnen des Neuen Reichs greifbar.[31] In den Sargtexten wäre noch auf *CT* IV.64c–d (*ḏ.t*); *CT* VI.376e; *CT* VII.19h–i zu verweisen, wo ebenfalls vom Leichnam in Heliopolis die Rede ist. Vielleicht darf man sich den Sonnentempel von Heliopolis so vorstellen, daß auch eine Krypta in der Art eines Osirisgrabes wie in Abydos und im Gebäude des Taharqa am Heiligen See in Karnak dazugehörte.

2. Strophe: Krönung

Erste Teilstrophe (Verse 16–19)

§ 9 Die Kronen und die Strahlkräfte

Vgl. *ḥsj.n sw Nb.t-Ḥw.t* „Nephthys hat ihn gelobt“ in *PT* [222] = *Pyr.* § 203b. Hier beinhaltet dieses „Loben“ die Verleihung von „Strahlkräften“, wie sie typischerweise mit der Vorstellung der Krone und ihrer affektiven Ausstrahlung verbunden sind. Davon ist in den Pyramidentexten oft die Rede; der zentrale Text ist *PT* [221] = *Pyr.* § 196–97d, der im folgenden fast wörtlich zitiert wird. Aus diesem Spruch stammt die Passage

197a	*ḏj=ṯ šʿ.t N pn mr šʿ.t=ṯ*	Mögest du das Entsetzen vor diesem N sein lassen wie das Entsetzen vor dir,
b	*ḏj=ṯ snḏ N pn mr snḏ=ṯ*	mögest du die Furcht vor diesem N sein lassen wie die Furcht vor dir,
c	*ḏj=ṯ kj.t N pn mr kj.t=ṯ*	mögest du den Schrecken vor diesem N sein lassen wie den Schrecken vor dir,
d	*ḏj=ṯ mrw.t N pn mr mrw.t=ṯ*	mögest du die Liebe zu diesem N sein lassen wie die Liebe zu dir.

[31] Vgl. ASSMANN, *STG*, 213 f. Anm. (n) zu Text 158, 39 „Re geht zur Ruhe in Heliopolis“.

In diesem Spruch wird das ganze Wortfeld der „Strahlkräfte“ mit seinen Polen des *„mysterium tremendum“* und *„fascinans“* umrissen; im Sargtext werden dagegen nur zwei Begriffe angeführt, die zum *tremendum* gehören.[32]

„Strahlkräfte“ sind Affekte, die im Ägyptischen nicht der Person zugeschrieben werden, die sie empfindet, sondern derjenigen, die sie anderen einflößt. *snḏ=f* „seine Furcht“ bezieht sich also nicht auf die von ihm empfundene, sondern die von ihm ausgehende, anderen eingeflößte Furcht; ebenso *mrw.t=f* „seine Liebe“, was immer „die Liebe zu ihm“ bedeutet. Ausdrücke wie *nb snḏ* oder *nb mrw.t* schreiben solche Ausstrahlung einem Individuum zu: als „Herr der Furcht“ gilt ein Wesen, das Furcht einflößt. Diese Konstruktion gilt nicht für alle Affekte. Als *nb ꜣw.t-jb* „Herr der Herzensweite“ wird bezeichnet, wer Herzensweite empfindet, nicht, wer sie anderen einflößt. Daher empfiehlt es sich, zwischen „Strahlkräften“ und „Affekten“ bzw. „transitiven“ und „intransitiven“ Affekten zu unterscheiden.[33] Als Sitz der Strahlkräfte gelten nun in ganz besonderem Maße die Kronen, die vielleicht aus diesem Grund auch als „Auge“ bezeichnet werden. Die Kronen sind Symbole der Strahlkräfte des Königs. Dabei wird die Gesellschaft, d.h. die Gesamtheit der vom König beherrschten Individuen, als eine durch „vertikale Affekte“ zusammengehaltene Gemeinschaft konzipiert, die im König gebündelt sind und von ihm nach außen und unten ausstrahlen. Genau darin ist er ein „Bild Gottes“, denn diese Konzentration einer Ausstrahlung, die sich - wie in das Licht in der Spektralanalyse - zwischen den Polen des *tremendum* und des *fascinans* in ein Spektrum verschiedener Affekte auffächert, kennzeichnet den ägyptischen Begriff des Numinosen. Diese Ausstrahlung gehört zum „Amtskörper“ des Königs, den er in Form des Ornats und insbesondere des Kopfschmucks anlegt (Kronen, Diademe, Kopftuch und vor allem Uräusschlange). Die Vorstellung eines königlichen Amtskörpers läßt sich offenbar auf den Totenglauben übertragen. Die entsprechenden Insignien bilden dann einen Teil der Grabausstattung und werden dem Toten im Beigabenritual überreicht.

Interessant ist die Tatsache, daß die Strahlkraft der Person nicht nur in den Kronen symbolisiert, sondern auch durch beistehende Gottheiten vermittelt wird. Nephthys bewirkt mit ihrer „lobenden“, d.h. Gunst erweisenden Intervention dasselbe, was die Kronen leisten.

Von den beiden Toren als Ort des Sonnenaufgangs[34] ist in dieser Liturgie öfter die Rede, vgl. *CT* [48] = I.213d und *CT* [50] = I.223b.

[32] Nach OTTO, *Das Heilige*, 29–30; vgl. ZANDEE, *Papyrus Leiden I 350*, 7–8.

[33] Vgl. ASSMANN, *„Furcht“*, 359–367; DERS., *Liturgische Lieder*, 59(4); 65–67.

[34] Vgl. ASSMANN, *Sonnenpriester*, 30 (vier, drei Tore, ein Tor).

Zweite Teilstrophe (Verse 20–25)

§ 10 Anrufung an die Kronen nach *PT* [221]

Es handelt sich hierbei um eine Kurzfassung von *PT* [221]:

196a	*hj N.t hj Jnw hj Wr.t*	O *N.t*-Krone, o *Jnw*-Krone, o „Große" Krone,
b	*hj Wr.t-ḥkꜣ.w hj Nsr.t*	O Zauberreiche Krone, o Flammende (Schlange)!
197a	*dj=ṯ šꜥ.t N pn mr šꜥ.t=ṯ*	Mögest du das Entsetzen vor diesem N sein lassen wie das Entsetzen vor dir,
b	*dj=ṯ snḏ N pn mr snḏ=ṯ*	mögest du die Furcht vor diesem N sein lassen wie die Furcht vor dir,
197c	*dj=ṯ kj.t N pn mr kj.t=ṯ*	mögest du den Schrecken vor diesem N sein lassen wie den Schrecken vor dir,
d	*dj=ṯ mrw.t N pn mr mrw.t=ṯ*	mögest du die Liebe zu diesem N sein lassen wie die Liebe zu dir,
e	*dj=ṯ ꜥbꜣ=f ḫnt.j ꜥnḫ.w dj=ṯ sḫm=f ḫnt.j ꜣḫ.w*	mögest du sein *ꜥbꜣ*-Szepter an die Spitze der Lebenden setzen und sein *sḫm*-Szepter an die Spitze der Verklärten,
f	*dj=ṯ rwḏ ds=f r ḫftj.w=f*	mögest du sein Messer fest sein lassen gegen seine Feinde.
198a	*hj Jnw prj.n=ṯ jm=f prj.n=f jm=ṯ*	O *Jnw*-Krone, du bist aus ihm hervorgegangen, er ist aus dir hervorgegangen.
b	*msj.n ṯw Jḫ.t-wr.t sškr.n ṯw Jḫ.t-wt.t*	*Jḫ.t-wr.t* hat dich geboren, *Jḫ.t-wt.t* hat dich geschmückt,
c	*msj.n ṯw Jḫ.t-wt.t sškr.n ṯw Jḫ.t-wr.t*	*Jḫ.t-wt.t* hat dich geboren, *Jḫ.t-wr.t* hat dich geschmückt,
d	*n ṯwt js Ḥr.w šn m sꜣ jrj.t=f*	denn du bist Horus, der umschlossen ist vom Schutz seines Auges.

In den *PT* gehört dieser Spruch zusammen mit *PT* [222] zu der Totenliturgie AII, die zusammen mit der Liturgie PT AI [213]–[219] als die verbreitetste, älteste und daher „klassische" Totenliturgie gelten kann. In diese ist er möglicherweise aus einem Kronenritual übernommen worden, das man sich als Teil der königlichen Ankleidezeremonie vorstellen kann. Im Kontext unserer Totenliturgie geht es vermutlich nur noch um die Erscheinung des Toten als Fortsetzung der beiden seine Epiphanie preisenden Strophen. Spruch *PT* [221] gehört nicht nur als Teil der *PT*-Liturgie AII zu den auf Särgen des MR meistbezeugten Pyramidentexten, sondern kommt auch im Rahmen anderer Liturgien vor wie etwa CT.4 und NR.5.

Gliederung von Spruch 2

			2 Isis & Nephthys, Krone
		5 Erscheinung	3 Heilung und Rechtfertigung
	14 Wünsche	5 Huldigung	2 Licht
			3 Huldigung
27 Spruch 2		4 Sonnenlauf	
		4 Nephthys: Strahlkräfte	
	13 Krönung	4 an die Krone	
		3 an N	

Spruch 3

1	186g–h	*hꜣ wsjr N pn ꜥḥꜥ ḥmsj*	O Osiris N hier, steh auf und setz dich
2		*r ḫꜣ=k m t ḥnq.t*	an dein Tausend an Brot und Bier,
3		*kꜣ ꜣpd*	Rind und Vogel!
4	j–187a	*ꜣwj jb=k ḥwꜥ jb n jrj.w jr=k*	Möge dein Herz weit sein, möge das Herz dessen, der gegen dich gehandelt hat, eng sein.
5	b	*ꜥḥꜥ mꜣꜣ=k Mꜣꜥ.t*	Du sollst aufstehen, um die Ma'at zu schauen,
6	c	*m=k sj m ḥꜣ.t=k mj wbn Rꜥ.w*	siehe, sie ist an deiner Stirn, wie wenn Re aufgeht.
7	187d–e	*hꜣ wsjr N pn šm.n=k ꜥnḫ.tj*	O Osiris N hier, lebendig bist du fortgegangen,
8		*n šm.n=k js mwt.tj*	nicht tot bist du fortgegangen.
9	187f–g	*hꜣ wsjr N pn hꜣj=k wꜥb=k*	O Osiris N hier, mögest du hinabsteigen, um dich zu reinigen
10		*ḥnꜥ Rꜥ.w m š.w sššn*	zusammen mit Re in den Lotusteichen.
11	188a	*wnḫ=k wꜥb.w n tp jb.w*	Mögest du ein reines Gewand anlegen von bestem Leinenstoff des Reinigungszelts
12		*ḥnꜥ ꜥnḫ(.w) m tꜣy.t=f*	zusammen mit dem, der in seinem Gewebe lebt.
13	188b	*šn wsjr N pn jn Sꜣḥ*	Umfangen wird dieser Osiris hier von Orion,
14		*jn Spd.t jn nṯr-dwꜣy*	von Sothis und vom Morgenstern.

15	c	*ḏj=sn ṯw m-ḫnw ꜥ.wj mw.t=k Nw.t*	Sie mögen dich in die Arme deiner Mutter Nut legen.
16	188d	*nḥm=sn ṯw m-ꜥ ḏnḏn*	Sie mögen dich erretten vor dem Zorn
17		*n mwt.w šm.yw sḫd.y*	der Toten, die kopfunter gehen.
18	e–189a	*nn ṯw m-m=sn n wnn m-m=sn*	Du bist nicht unter ihnen, gehörst nicht zu ihnen.
19	b	*nn hꜣj=k r ḫry.t n.t tp-mḏw*	Du sollst nicht in den Schlachthof gehen des Ersten der Dekade
20		*m-m ḫr.w jw.w n.w jmnt.t*	unter den Klagenden des Westens.
21	189c	*ꜥḥꜣ=j ḥr=k m mdw<=j>pn*	Ich will für dich kämpfen mit diesem <meinem>[35] Stab!
22	d–e	*jnk sꜣ=k wr qdd.w ꜥꜣ bꜣg*	Ich bin dein Sohn, du Großer an Schlaf, reich an Ermüdung,
		jwꜥ=k jm.j nṯr.w	dein Erbe unter den Göttern.

Erste Strophe: Speisung

Erste Versgruppe (Verse 1–3): Aufforderung zum Totenmahl

Die Aufforderung, „aufzustehen und sich niederzusetzen zum Mahl“ bildet auch den Abschluß der Totenliturgie AII [220]-[223]. So beginnt Spruch *PT* [223], der hier möglicherweise nur in einer Kurzfassung zitiert wird. Aus *PT* [223] stammt auch der hier mehrfach auftretende Schlußtext (vgl. *Pyr.* §§5, 22, 26).

PT [223] begegnet auch in pBM 10819 *recto* VII, 12-VIII,7 sowie *verso* Z. 49–57 mit der Überschrift *rꜣ n wꜣḥ ꜥ.wj ḥr ḥtp.w bs.w ky* „ein anderer Spruch“ (bezogen auf den vorhergehenden „Spruch zum Umwenden der Opfergaben“ *verso* 47–49), also als ein Spruch zum Niederlegen des Totenopfers. *CT* [225] = III.248d dreht die Reihenfolge um: *ḥmsj.tj ꜥḥꜥ* „Setz dich und steh auf“.[36]

[35] Nur B13C schreibt das Suffix-Pronomen, läßt dafür das Demonstrativpronomen weg.

[36] Wb I, 219,11 „stehen und sitzen“, „aufstehen und sich setzen“, mit den Belegen *Pyr.* § 1219; 473; *Tb* 68,14; pPrisse, 2,7; 8,2 ed. ZÁBA, *Ptahhotep*; GRIFFITH/NEWBERRY, *El Bersheh* II, Taf. XXI oben, Kol. 9; Edfu: PIEHL, *Inscriptions* II, LXXXIII; Wb I, 219,12: „oft im Sinne von: sich zur Mahlzeit niederlassen“. An Belegen werden außer *Pyr.* §214 angegeben: *Pyr.* §2026; pBerlin 7293^{sp}; *Edfou* I 579. Vgl. auch pLouvre 3279, IV, 53 ed. GOYON, *Louvre N. 3279*, 56, 57 n. 2; ŽÁBA, *a.a.O.*, 110; DE WIT, *Temple d'Opet*, 199.

Zweite und dritte Versgruppe (Verse 4–6):

§ 11 Sieg als Epiphanie der Ma'at

Herzensweite bezeichnet die Emotion des Siegers[37], *ḥwꜤ-jb* muß sich dementsprechend auf das Gefühl des unterlegenen Gegners beziehen.[38] In diesen Versen wird auf die Gerichtssituation angespielt, die ja auch in 181c–e und 183h–184a angeklungen ist. Ganz deutlich wird das in den folgenden Versen. Der Sieg im Gericht gilt als Epiphanie der Gerechtigkeit (Ma'at), sie erscheint „vor dem" bzw. „an der Stirn des" Siegers. Für eine Belegsammlung aus Sonnenhymnen, aber auch Totentexten vgl. ASSMANN, *Liturgische Lieder*, 177–179, sowie DERS., *Ma'at*, 180–184.

Vgl. auch Liturgie CT.1, § 14:

*Ꜥḥ*Ꜥ*.n=f šw.t=f m tp=f*	Nachdem er vor Gericht aufgetreten ist, seine Feder an seinem Kopf,
*M*ꜣꜤ*.t=f m ḥꜣ.t=f*	seine Ma'at an seiner Stirn.

Zweite Strophe: Reinigung, Kleidung

Erste Versgruppe (Verse 7–8)

§ 12 Lebendiger Abschied, nach *PT* [213]

Vgl. *PT* [213] = *Pyr.* § 134a:

hꜣ N nj šm.n=k js mwt.tj šm.n=k Ꜥ*nḫ.tj*	O N, du bist nicht tot weggegangen, lebendig ist es, daß du weggegangen bist.

sowie *PT* [450] = *Pyr.* § 833a–b:

hꜣ N pw šm.n=k Ꜥ*nḫ=k nj šm.n=k js mwt=k*	O N, du bist weggegangen, indem du lebst, und nicht ist es, indem du tot bist, daß du weggegangen bist.
*šm.n=k j*ꜣ*ḫ=k ḫnt.j* ꜣ*ḫ.w sḫm=k ḫnt.j* Ꜥ*nḫ.w*	Du bist weggegangen, indem du verklärt bist an der Spitze der Verklärten und indem du mächtig bist an der Spitze der Lebenden.

[37] Vgl. ASSMANN, *Liturgische Lieder*, 277 f. Anm. 75.; DERS., *Re und Amun*, 73–75; ZANDEE, *Papyrus Leiden I 344, Bd.* II, VI.8–9, 552–55 (ꜣ*w.t-jb*).

[38] Zur Trauer der Unterlegenen vgl. Liturgie 1, § 14.

Handelt sich an unserer Stelle um ein Zitat aus Spruch *PT* [213], wie oben um ein Zitat aus [221], oder eher um eine liturgische Formel, die in *PT* [213], [450] und *CT* [44] zitiert wird? Jedenfalls handelt es sich um eine zentrale Aussage des ägyptischen Totenglaubens. *šmj* „fortgehen" ist hier wie anderswo im prägnanten Sinn von „sterben" zu verstehen. Der Tod wird als Entfernung gedeutet. Aus dieser Ferne wird der „Tote", der weiterhin lebt, nur eben woanders, zum Empfang der Opfergaben herbeigerufen. Die Gegenwart, Vorbedingung der Opferkommunikation, muß erst wieder rituell hergestellt werden. In *PT* [213] folgt daher auf diese Bestätigung des lebendigen Abschieds die Beschreibung der Gestalt, in der N gegenwärtig sein und dem Opfer beiwohnen soll. Möglicherweise sind auch die im folgenden erwähnten Motive der Reinigung und Bekleidung so zu deuten.

Zweite und dritte Versgruppe (Verse 9–12)

§ 13 Reinigung mit Re, Bekleidung mit Osiris

Vgl. ähnlich in *CT* [48] = I.212f–g:

212f	*h3y=k w'b=k m ẖnw sšn.t*	Mögest du hinabsteigen und dich reinigen im Lotusteich,
g	*ṯsj ṯw Ḥḥ.w m '.wj=sn*	mögen die Heh-Götter dich aufheben auf ihren Armen.

In den *PT* liest man des öfteren davon, daß sich der tote König „zusammen mit Re" reinigt, zumeist in einem „Binsensee" genannten Gewässer:

PT [323] = *Pyr.* § 519a–c:

w'b.n N ḥn' R'.w m š j3r.w	N hat sich gereinigt zusammen mit Re im Binsensee,
Ḥr.w sjn=f jwf=k N	Horus wischt dein Fleisch ab, N,
Ḏḥwtj sjn=f rd.wj=k	Thot wischt deine Füße ab.
Šw f3j(=f) N jr ḥr	Schu, trage den N!
Nw.t jm '=ṯ n N	Nut, gib dem N deine Hand!

PT [526] = *Pyr.* § 1247a–b:

w'b.n N m š j3r.w	N hat sich gereinigt im Binsensee,
w'b.n R'.w jm=f	in dem Re sich gereinigt hat.

PT [564] = *Pyr.* § 1421a–c:

w'b w'b(.w) m š j3r.w	Es reinigt, wer sich reinigt im Binsensee,
w'b R'.w m š j3r.w	Re reinigt sich im Binsensee,
w'b N ḏs=f m š j3r.w	N selbst reinigt sich im Binsensee.

Oft ist auch von einer Reinigung im „Binsengefilde“ die Rede, die Re und N gemeinsam durchführen:

PT [253] = *Pyr.* §275a–e:

wꜥb.n wꜥb.n m sḫ.t-jꜣr.w	Es reinigte sich, wer sich reinigte im Binsengefilde,
wꜥb.n Rꜥ.w m sḫ.t-jꜣr.w	Re reinigte sich im Binsengefilde.
wꜥb.n wꜥb.n m sḫ.t-jꜣr.w	Es reinigte sich, wer sich reinigte im Binsengefilde,
wꜥb.n N pn m sḫ.t-jꜣr.w	N reinigte sich im Binsengefilde.
ꜥ n N m ꜥ Rꜥ.w	Die Hand dieses N ist in der Hand des Re.

PT [470] = *Pyr.* §918a–919b:

wꜥb N m sḫ.t-jꜣr.w	N möge sich reinigen im Binsengefilde,
wnḫ N m sḫ.t-ḫprr	N möge sich ankleiden im Chepre-Gefilde,
gmj N Rꜥ.w jm	N möge Re dort finden.
prr Rꜥ.w m jꜣb.t gm=f N jm/m ꜣḫ.t	Wenn Re aus dem Osten aufgeht, möge er N dort finden,
jwj Rꜥ.w jr jmn.t gm=f N jm	wenn Re zum Westen geht, möge er N dort finden,
bw bw nfr jšm Rꜥ.w jm gm=f N jm	an (jedem) schönen Ort, an den Re geht, möge er N dort finden.

PT [567] = *Pyr.* §1430a–c:

wꜥb.n Rꜥ.w m sḫ.t-jꜣr.w	Re hat sich gereinigt im Binsengefilde,
wꜥb.n Ḥr.w m sḫ.t-jꜣr.w	Horus hat sich gereinigt im Binsengefilde,
wꜥb.n N pn m sḫ.t-jꜣr.w	N hat sich gereinigt im Binsengefilde.

Andere Reinigungsseen des toten Königs sind der „See des Lebens“, der „See des Qebehu-Gewässers“, der „unterweltliche See“ und der „Schakalssee“:

PT [670] = *Pyr.* §1979a:

prj.n=k m š n ꜥnḫ	Du bist hervorgegangen aus dem See des Lebens,
wꜥb.tj m š n Qbḥ.w	du hast dich gereinigt im See des Qebehu.

PT [671] = *Pyr.* §1987b:

wꜥb=k m š dꜣ.tj	Mögest du dich reinigen im See der Dat.

PT [697] = *Pyr.* §2170a:

wꜥb=k m š sꜣb	Mögest du dich reinigen im See des Schakals,
sfḫ=k m š dꜣ.tj	mögest du dich säubern im See der Dat.

PT [512] = *Pyr.* § 1164c:

wꜥb=k m š sꜣb	Mögest du dich reinigen im See des Schakals,
sntr=k m š dꜣ.tj	mögest du beweihräuchert werden im See der Dat.

PT [268] = *Pyr.* § 372b–c:

sꜥb=f N pn m š sꜣb	Möge er N hier reinigen im See des Schakals,
sfḫ=f kꜣ n N pn m š dꜣ.tj	möge er den Ka dieses N säubern in See der Dat.

Ähnlich auch *CT* [35] = I.129f:

jw wḏ.n Wsjr wꜥb.tw=f m š sꜣb	Osiris hat befohlen, daß er gereinigt werde im See des Schakals,
(...) sfḫ.tw=f m š dꜣtj.w	(...) und daß er gesäubert werde im See der Unterweltlichen.

Auch im Amduat wird der Schakalsee als Ort der Reinigung erwähnt.

Ein Lotussee *zšn.t* wird in den Sargtexten gelegentlich als Ziel der Überfahrt erwähnt, z. B. *CT* [162] = II.403c–d:

jnk jrj=j wjꜣ=j ḏs=j	Ich aber, ich baue meine Barke selbst,
ḏꜣj=j jm r sšn.t	damit ich damit überfahre zum Lotusteich.

§ 14 Kleidung

tpj jb.w „bester Leinenstoff des Reinigungszelts"; zu *jbw* s. YOUSSEF, *Purification Tent*, 155 ff.; HOFFMEIER, *Origins of the Tent of Purification*, 167 ff.[39]

„Der in seinem Gewebe lebt" wird eine Umschreibung für Osiris sein. Der Tote soll sich reinigen in Gemeinschaft mit Re und ankleiden in Gemeinschaft mit Osiris.

Zu *wnḫ (m) wꜥb* „ein reines Gewand anlegen" vgl.

CT [61] = I.258f:

wnḫ=k m wꜥb.w n Ptḥ	Mögest du ein reines Gewand des Ptah anlegen[40]
m sfḫ n Ḥw.t-Ḥr.w	und ein abgelegtes Gewand der Hathor.

[39] Zu *tpj* „Spitzenprodukt" mit Bezug auf Kleidung s. Wb V, 292,14–16 vgl. z. B. *Pyr.* § 1079b: *wrḥ=j m ḥꜣt.t ḥbs=j m tp.jw mnḫ.t*, Möge ich mich mit Spitzenöl salben und mit erstklassigen Gewändern kleiden.

[40] Vgl. PIANKOFF, *Chapelles de Tout-Ankh-Amon*, 24: ... *wꜥb.w m Ptḥ ḥbs.w m ꜥ.wj Tꜣ.yt* „[mögest du empfangen] reine Gewänder von (?) Ptah und Kleider aus den Armen der Tait".

Ähnlich NR.1.4 = TT 100, Grab des Rechmire:[41]

wnḫ=k ḥbs.w n ḏd.w n=k Ptḥ m sfḫ n Ḥw.t-Ḥr.w	Mögest du Gewänder anlegen, die Ptah dir gibt als (?) Abgelegtes der Hathor.

NR.4.1.1.1, TT 110:[42]

wnḫ wꜥb.w m pꜣq.t	(Sie mögen geben), sich zu kleiden in feines Leinen.[43]

NR.2:[44]

wnḫ=k wꜥb.w sfḫ=k ky	Mögest du ein reines Gewand anlegen und ein anderes ausziehen,
ḥbs.n ṯw ꜥ.wj Tꜣy.t	nachdem die Arme der Tait dich verhüllt haben.[45]

NR.8.3.7, TT 158:[46]

sfḫ=k wnḫ=k wꜥb.w=k	Mögest zu dich ausziehen und dein reines Gewand anziehen.

Dritte Strophe: Schutz

Erste Teilstrophe (Verse 13–15)

šn in der Verbindung *šn dꜣ.t* ist ein astronomischer Terminus und bezieht sich auf den heliakischen Untergang der Dekansterne, die „von der Unterwelt umschlossen werden".[47] Hier ist wohl gemeint, daß die drei Sterne bzw. Sternbilder den Toten in ihre Mitte nehmen, um ihn in die Arme seiner Mutter Nut zu legen. Die Umarmung des Toten durch Nut ist eine der Zentralideen der ägyptischen Totenreligion, vgl. dazu unten, § 17 zu *CT* I.191c. Hier tritt aber Nut nicht selbst handelnd auf. Vielmehr handeln die drei Sterngottheiten als beistehende Helfer. Man hat den Eindruck, daß es sich um eine sakramentale Ausdeutung der Sarglegung handelt.

41 Davies, *Rekh-mi-Re*, Taf. 76.
42 Davies, *Tehuti*, Taf. 40.
43 Barta, *Opferformel*, 101 Bitte 157.
44 Engelbach/Gunn, *Harageh*, Taf. 78 (s. Bd. II, NR.2 § 7).
45 Ähnlich TT C.1 (4), Hermann, *Stelen*, *47-*49: *wnḫ=k mnḫ wꜥb.w sfḫ ky ḥbs ṯw ꜥ.wj Tꜣy.t* „mögest du ein reines Gewand anlegen und das andere ablegen, mögen die Arme der Tait dich verhüllen".
46 Seele, *Tjanefer*, Taf. 35.
47 Vgl. Leitz, *Astronomie*, 49.

Zweite Teilstrophe (Verse 16–20)

§ 15 Rettung und Distanzierung

Zwischen „Verklärten" und „Toten" wird im Ägyptischen streng unterschieden.[48] Die Verklärungsriten vermitteln dem Verstorbenen einen Status, der ihn gegenüber den normalen Toten distanziert. Das in den Totenliturgien in Wunschform entworfene Totenschicksal beschreibt also einen Ausnahmezustand. Im Alten Reich besteht diese Distanz zwischen dem himmlischen Jenseits des Königs, der zum Himmel aufsteigt, und den anderen Toten, die „sich verstecken", d. h. in ihren Gräbern ruhen.[49] Auch den in dieser Textgruppe noch gelegentlich auftretenden Sprüchen gegen Osiris liegt die Idee dieser Distanzierung gegenüber dem allgemeinen Totenschicksal zugrunde.[50] In *PT* [93] = *Pyr.* § 63b ist es aber Osiris, der den König „vor der Wut der Toten schützt" (*ḫwj=f kw m-ʿ ḏnd ub nj mwt.w*). In der Ersten Zwischenzeit wird der Status des verstorbenen Königs generalisiert und durch die Verklärungsriten grundsätzlich jedem zugänglich. Das Motiv der Distanzierung wird aber noch gelegentlich beibehalten.

Die Formulierungen dieses Textstücks scheinen sich auf die Unterscheidung zwischen Zirkumpolarsternen und Dekan-Sternen zu beziehen: diese müssen in den Westen hinab, jene nicht.

Schlußtext (Verse 21–22)

Der Schlußtext interpretiert in der Form einer Selbstvorstellung des Sprechers den Zweck, d. h. den pragmatischen Sinn der kultischen Rezitation. Hier spricht demnach der hinterbliebene Sohn zum verstorbenen Vater in der Horus-Rolle des Beistands und Rächers im Toten- bzw. Jenseitsgericht. *mdw* wird in fast allen Varr. mit dem Holzstück determiniert, heißt also „Stab", nicht „Rede". Trotzdem ist vermutlich die Bedeutung „Rede" zumindest als Wortspiel mitintendiert, denn es ist ja in der Form der „Rede", der Rezitation, daß der Sohn für den Vater „kämpft". Die Rolle des Sohnes als „Erbe" entspricht genau der in 183d–e formulierten Rolle als „Bestatter seines Vaters".

48 Diese Unterscheidung wurde von Hornung herausgearbeitet, s. *Höllenvorstellungen.*

49 *Pyr.* § 459a „Die Menschen verbergen sich, die Götter fliegen empor". Vgl. Assmann, *„Himmelsaufstieg"*, 1206–11.

50 Drioton/Vandier, *L'Égypte*, 96–98.

Gliederung von Spruch 3

			3 Setz dich zum Mahl
		8 Speisung	3 Triumph
			2 Maat
			3 Refrain (Leben, nicht Tod)
		8 Aufbruch	3 Reinigung
27 Spruch 3	24 Wünsche		2 Kleidung
			3 Schutz, Umarmung,
		8 Schutz	3 Rettung
			2 Distanzierung
	3 Schlußtext		

Spruch 4

1	189f	*jw=k ḫʿj.tj m nb jmnt.t*	Du bist erschienen als Herr des Westens,
2	g	*ḥqꜣ.n=k km.t tpj.w-tꜣ*	nachdem du Ägypten und die auf Erden beherrscht hast.

Refrain:

3	190a	*ʿḥʿ jr=k n ʿnḫ n mwt=k*	Steh auf zum Leben, du bist nicht gestorben,
4	b	*wṯs ṯw n ʿnḫ n mwt=k*	erhebe dich zum Leben, du bist nicht gestorben.[51]

5	190c	*wṯs ṯw ḥr gs=k jꜣb.j*	Erhebe dich von deiner linken Seite,
6		*ḏj ṯw ḥr gs=k jmn.j*	gib dich auf deine rechte Seite,
7	d–e	*šsp n=k sʿḥ.w=k jpn*	nimm dir deine Würdeabzeichen,
8		*rḏj.w.n n=k jtj=k Gb*	die dir dein Vater Geb gegeben hat,
9	f	*wnḫ.n n=k Ḥw.t-Ḥr.w*	mit denen dich Hathor bekleidet hat.

Schlußtext

10	190g	*jms kw jr=j sjʿr kw jr=j*	Begib dich zu mir, nähere dich mir.
11	h	*jm=k ḥr jr=j js=k*	Halte dich nicht fern von mir und von deinem Grab.

[51] Dieser Vers nur bei B12C, B13C, nicht in den beiden B10C-Fassungen und in B1Y.

12	191a–b	*mḏr=k jr=j jnk sꜣ=k*	Wende dich mir zu, ich bin dein Sohn,
13	c	*šnj.n<=j> ṯw*	ich habe dich umschlossen
14		*m-ẖnw ꜥ.wj mw.t=k Nw.t*	mit den Armen deiner Mutter Nut,
15		*ꜥnḫ.tj ḏ.t*	indem du ewiglich lebst.

Erste Strophe: Erscheinung

Erste Versgruppe (Verse 1–2): Erscheinung als Osiris

Wie Sprüche 1 und 2 beginnt auch 4 mit der Erscheinung des Toten als Osiris (hier umschrieben als „Herr des Westens“). Die Verbindung von PsP und *sḏm.n=f*-Form ist hier sicher nicht wie in Sonnenhymnen als Koinzidenz von intransitivem Vorgang und transitiver Handlung aufzufassen (Du bist erschienen …, und hast gleichzeitig …)[52], sondern als Vorzeitigkeit: „Du bist erschienen …, nachdem du beherrscht hast.“ Das ist als *imitatio Osiridis* zu verstehen, der zuerst als König über Ägypten geherrscht hat und dann, nach seiner Ermordung durch Seth, als Herrscher der Unterwelt eingesetzt wurde, aber auch als *imitatio regis*: der nichtkönigliche Tote muß zum König werden, d.h. über Ägypten geherrscht haben, um zu einem Verklärten werden zu können.

Vgl. *CT* [47] = I.205b:

jw=k ḫꜥj.tj m nb jmnt.t ḥrj-tp nṯr.w nb.w	Du bist erschienen als Herr des Westens und Oberhaupt aller Götter.

Zweite Versgruppe (Verse 3–4): Weckruf. Aufrichtung und Distanzierung vom Tod

Die ausdrückliche Verneinung des Gestorbenseins, wie in § 12 (nach *PT* [213]), gehört zur Topik der Distanzierung des Verklärten von den Toten. Vgl. hierzu SZ.I Spruch 4[53]:

wṯs ṯw Wsjr Ḫntj jmn.tjw	Erhebe dich, Osiris Chontamenti!
wḫꜣḫ jr=f Wsjr Ḫntj jmn.tjw tꜣ jrj jwf=f	Osiris Chontamenti aber streift die Erde ab von seinem Fleisch,
msḏ Wsjr Ḫntj jmn.tjw qrs	Osiris Chontamenti haßt das Begräbnis,
nn mrj.n=f mwt	er liebt den Tod nicht.
mrj jr=f Wsjr Ḫntj jmn.tjw ꜥnḫ ꜥnḫ=f	Osiris Chontamenti liebt aber das Leben, und er lebt.

[52] Vgl. dazu ASSMANN, *Liturgische Lieder*, 292–295.

[53] S. dazu Bd. III.

§ 16 Ausrüstung mit Mumienwürde

Zum Motiv der Umwendung von der linken auf die rechte Seite vgl. Liturgie CT.1, § 2.

Die Aufforderung an den Verstorbenen, „seinen *sꜥḥ*“ entgegenzunehmen, findet sich öfter in Verklärungssprüchen, besonders in der auf die Pyramidentexte zurückgehenden Liturgie SZ.1.

Aus *PT* [365] = *Pyr.* § 622a–623a:

ṯs ṯw N pw	Richte dich auf, N!
wn ṯw ꜥꜣ pḥ.tj	Eile, Großer an Kraft,
ḥmsj=k ḫnt nṯr.w	damit du sitzt an der Spitze der Götter
jr=k n.w jrj.n Wsjr	und tust, was Osiris getan hat
m ḥw.t sr jmj.t Jwnw	im Fürstenhaus in Heliopolis.
šsp n=k sꜥḥ	Empfange dir deinen *sꜥḥ*,
nj ḏr rd=k m p.t	denn dein Fuß soll nicht behindert werden im Himmel,
nj ḫsf=k m tꜣ	noch sollst du abgewehrt werden auf Erden,
n ṯwt js ꜣḫ.j msj.w Nw.t snq.w Nb.t-Ḥw.t	denn du bist ja ein Verklärter Geist, den Nut geboren und Nephthys gesäugt hat.

Aus *PT* [677] = *Pyr.* § 2020a–2021a:

hꜣ N pw ṯs ṯw	O N, richte dich auf,
šsp n=k sꜥḥ=k jrj.n n=k psḏ.tj	empfange dir deinen *sꜥḥ*, die dir die beiden Neunheiten bereitet haben,
wn=k ḥr ns.t Wsjr m stj ḫnt jmnt.j	auf daß du dauerst auf dem Thron des Osiris als Statthalter des Ersten der Westlichen.

Auf spätzeitlichen Särgen:

wṯs ṯw šsp n=k sꜥḥ=k	Richte dich auf, empfange für dich deinen *sꜥḥ*,
wnn=k ḥr ns.t jtj=k Gb	damit du dauerst auf dem Thron deines Vaters Geb.[54]
wṯs ṯw šsp n=k sꜥḥ=k	Erhebe dich, empfange für dich deinen *sꜥḥ*,
jrj n=k nṯr.w ꜥꜣ.w	den dir die großen Götter gemacht haben.[55]
šsp n=k sꜥḥ=k	Empfange für dich deinen *sꜥḥ*,
n dꜣr rd.wj=k m p.t	deine Füße mögen nicht abgewehrt werden im Himmel.[56]

[54] CG 29301 ed. MASPERO/GAUTHIER, *Sarcophages des époques persane et ptolémaïque*, 60 = SZ.1, 11, 21 f.

[55] Ibd., 70 = I *sꜣḫ.w* 12(a) *PT* [677].

[56] Ibd., 67 = I *sꜣḫ.w* 12, *PT* [365].

Die auf spätzeitlichen Särgen typischerweise dem Horussohn Hapi in den Mund gelegte Rede fordert den Toten auf, „den *sꜥḥ* des Re“ in Empfang zu nehmen:

šsp n=k sꜥḥ n Rꜥ.w	Empfange für dich den *sꜥḥ* des Re
m ꜣḫ.t jꜣbt.t n.t p.t	im östlichen Lichtland des Himmels.[57]

sꜥḥ heißt in diesen Zusammenhängen „Würde“. Es handelt sich um den Akt einer Investitur. Der Verstorbene wird mit der königlichen Würde des Osiris bzw. des Re ausgestattet. In den *PT* wird diese Ausstattung zuweilen als ein Sprechakt dargestellt. Die Würde, die dem Toten zuteil wird, „kommt aus dem Munde“ eines Gottes:

PT [437] = *Pyr.* § 800a–d:

prr=k jr p.t	Mögest du zum Himmel aufsteigen
m Ḥr.w ḥr.j šdšd p.t	als Horus auf dem *šdšd* des Himmels
m sꜥḥ=k pn prj m rꜣ n Rꜥ.w	in dieser deiner Würde, die aus dem Munde des Re kam,
m Ḥr.w ḫntj ꜣḫj.w	als Horus an der Spitze der Verklärten,
ḥmsj.tj ḥr ḫndw=k bjꜣ(w)	indem du auf deinem erzenen Thron sitzt.

PT [483] = *Pyr.* § 1015a:

sꜥḥ=k prj m rꜣ n Jnp.w	Deine Würde, die aus dem Mund des Anubis kam,
Ḥr.w Ḫnt.j-mn.wt=f	ist die des Horus *Ḫntj-mn.wt=f.*

PT [610] = *Pyr.* § 1720d:

m sꜥḥ=k pw prj m rꜣ n Rꜥ.w	... in dieser deiner Würde, die aus dem Mund des Re kam.

Hier bezeichnet *sꜥḥ* ein Amt, einen Rang oder einen Ehrentitel, der vom Herrscher durch sprachliche Proklamation verliehen wird. Der Verstorbene wird mit diesem Rang „bekleidet“ (*ḏbꜣ*):

PT [419] = *Pyr.* § 743a–c:

jnḏ-ḥr=k jtj /N m hrw=k pn	Sei gegrüßt, (mein) Vater, heute,
ꜥḥꜥ.tj ḫft Rꜥ.w prj=f m jꜣb.t	wenn du stehst vor Re, wenn er aus dem Osten aufsteigt,
ḏbꜣ.tj m sꜥḥ=k pn jm ꜣḫ.jw	indem du bekleidet bist mit dieser deiner Würde unter den Verklärten.

57 CG 41002, Moret, *Sarcophages de l'époque bubastite à l'époque saïte*, 49; CG 41009, Moret, *a.a.O.*, 124 f.; CG 41024, Moret, *a.a.O.*, 230; CG 41044, Gauthier, *Cercueils*, 42 f.; CG 41046, Gauthier, *a.a.O.*, 90; CG 41047, Gauthier, *a.a.O.*, 122; CG 41048, Gauthier, *a.a.O.*, 151; CG 41057, Gauthier, *a.a.O.*, 307; CG 41068, Gauthier, *a.a.O.*, 478.

Der sprachlich verliehene Rang wird durch Ornat - Kleidung, Insignien usw. - sichtbar gemacht. Die Würde des Verstorbenen ist etwas, das in die Augen fällt, sichtbar und eindrucksvoll in Erscheinung tritt. Daher heißt es in Spruch *CT* [45] = I.195b–e:

nḏm jb n jmj.w ꜣḫ.t	Die Lichtlandbewohner freuen sich,
mꜣꜣ=sn ṯw m sꜥḥw=k pn	wenn sie dich in dieser deiner Würde sehen,
jrj n=k jtj=k Gb	die dir dein Vater Geb gemacht hat.

„Machen“ heißt hier soviel wie „verleihen“, aber dieser Akt der Verleihung beschränkt sich nicht auf die sprachliche Proklamation, die nur zu „hören“ wäre, sondern verbindet sich mit einer Art Einkleidung, die man sehen kann. Im vorliegenden Text wird dieser Aspekt der Investitur, die Einkleidung, mit dem eindeutigen Verb *wnḫ* „mit einem Gewand bekleiden“ ausgedrückt und mit Hathor verbunden.

sꜥḥ heißt aber auch Mumie. Die Mumifizierung wird als Investitur ausgedeutet. Der mumifizierte, umwickelte Leib gilt als ein königlicher Ornat, der dem Verstorbenen angelegt wird.[58]

Schlußtext (Verse 10–15)

Vgl. oben §5:

m ḥrj jr=j js=k	Halte dich nicht fern von mir und deinem Grab.
mḏr=k jr=j jnk sꜣ=k	Wende dich zu mir, ich bin dein Sohn.

Da hier alle Varr. *jr=j* anstatt *r* schreiben, kann sich *r* nicht wie in 183b auf *js* „Grab“ beziehen. Daher übersetzt FAULKNER: „Dein Grab soll deine Grenze gegen mich sein“. Ich halte diesen Sinn jedoch, wie in §5 näher begründet, für höchst unwahrscheinlich. Daher nehme ich an, daß *js=k* hier als Badal-Apposition an *jr=j* angeschlossen ist. Der Sinn ist also praktisch derselbe wie in I.183b, und das ist bei Varianten ja auch zu erwarten.

§ 17 Umarmung durch Nut

Mit der Wendung *šnj.n=j ṯw m-ẖnw ꜥ.wj mw.t=k Nw.t* „ich habe dich umschlossen mit den Armen deiner Mutter Nut“ wird wiederum, wie in Schlußtexten üblich, die rituelle Handlung des Sprechenden in ihrem götterweltlichen Sinn expliziert. Wie in I.188b–c wird auch hier die Umarmung durch Nut nicht von der Göttin

[58] Vgl. ŽABKAR, *Ba Concept*, 108 Anm. 116: “although *sꜥḥ* with the mummy determinative does not occur before the New Kingdom, when the art of mummification reached its perfection, there seems to be little doubt that the meaning of *sꜥḥ* in these texts is ‘mummy’.”

selbst spontan vollzogen, sondern rituell bewirkt, dort durch beistehende Sterngottheiten, hier durch den Sohn. Allerdings schreibt nur B10C^c das Suffix *=j* aus. B12C läßt *m-ẖnw* weg und versteht den Vers offenbar anders: *šnj.n ṯw ʿ.wj mw.t=k Nw.t* „die Arme deiner Mutter Nut haben dich umfangen", wie es eigentlich das Normale wäre.

Das Motiv der Umarmung kommt in religiösen Texten in verschiedenen Zusammenhängen vor. Hier soll nur von der Umarmung des Toten durch Nut als Mutter die Rede sein.

Verklärungen des MR:
CT [60] = I.248f:

jw ʿ.wj Nw.t ḥꜣ=k	Die Arme der Nut sind um dich,
msj.t ṯw wṯs.t nfr.w=k	die dich geboren hat und deine Schönheit trägt.

CT [765] = VI.395h-i:

jw wṯs ṯw Nw.t ʿꜣ.t m nfr.w=k	Die große Nut trägt dich in deiner Schönheit,
šnn=s ṯw m jm.j-ẖnw ʿ.wj=s	sie umfängt dich in ihrer Umarmung.

Die Umarmung durch Nut hat den Sinn der Belebung und Gliedervereinigung:

Nw.t ʿ.wj=ṯ ḥꜣ sꜣ=k wsjr N	Nut, deine Arme um deinen Sohn, Osiris N!
ṯs=ṯ qs.w=f sꜣq=ṯ ʿw.t=f	Du mögest seine Knochen zusammenknüpfen und seine Glieder zusammenfügen.[59]

Besonders häufig kommt das Motiv in Nut-Texten vor:

PT [222] = *Pyr.* §208b-c:

šnj(.n) ṯw ẖnw ʿ.wj mw.t=k Nw.t	Es umarmt dich deine Mutter Nut,
wʿb=k m ꜣḫ.t sfḫ=k ʿbw=k m š.w Šw	du reinigst dich im Horizont und du streifst deine Unreinheit in den Seen des Schu ab.

PT [593] = *Pyr.* §1629a-c:[60]

Nw.t jḫr.t ḥr sꜣ=s jm=k ḫw=s ṯw	Nut hat sich über ihren Sohn gelegt, der du bist, um dich zu schützen,
šnm=s ṯw jnq=s ṯw ṯsj=s ṯw	sie nimmt dich in sich auf, sie umarmt dich,
ṯwt wr jm ms.w=s	du bist der Größte unter ihren Kindern.

59 CG 28094 (= B6C), ed. LACAU, *Sarcophages* II, 68. Ähnlich CG 28085 (= B3C), DERS. *Sarcophages* I, 203.

60 Ähnlich *Pyr.* §825a-d, *Pyr.* §638a-d, *Pyr.* §1607-8.

PIANKOFF, *Chapelles de Tout-Ankh-Amon*, 24:

jnk mw.t=k Nw.t	Ich bin deine Mutter Nut,
šnn ṯw ꜥ.wj=j m ꜥnḫ snb	meine Arme umschließen dich in Leben und Gesundheit.

Louvre, Sarkophag D39a, nach PIEHL, *Inscriptions hiéroglyphiques*, XXV-XXVI:[61]

ꜥ.wj=j ḥꜣ=k m rn=j pwy n ḏry.t	Meine Arme sind um dich in jenem meinem Namen „Weihe“.
jnq<=j> ṯw m rn=j pwy n qrs.t	Ich umarme dich in jenem meinem Namen „Sarg“,
ꜣḫ.n=k m-ẖnw ꜥ.wj=j m rn=j n ꜣḫ.t	du bist verklärt in meinen Armen in meinem Namen „Lichtland,
prr.t Rꜥ.w jm=s	aus dem Re aufgeht.“[62]

CG 29306, ed. MASPERO/GAUTHIER, *Sarcophages des époques persane et ptolémaïque*, 237:

jnk mw.t=k sḫn.n=j nfr.w=k	Ich bin deine Mutter, ich habe deine Schönheit umarmt,
wnn=j m sꜣ=k	ich bin dein Schutz.

Kairo CG 41055, ed. GAUTHIER, *Cercueils*, 65:

šnj=j sw m-ẖnw ꜥ.wj=j n ꜥnḫ	Ich will ihn in meinen Armen umfangen zum Leben
stp=j sꜣ=j ḥr sꜣ=j	und will meinen Schutz ausüben für meinen Sohn.

[61] BUHL, *Sarcophagi*, 65ff, Ea 27.

[62] Vgl. *PT* [364]:

Pyr. §616d	*(r)ḏj.tj n mw.t=k Nw.t*	Indem du deiner Mutter Nut gegeben bist
	m rn=s n qrs.wt ḏr.wt	in ihrem Namen „Sarkophag“.
Pyr. §616e	*jnq.n=s ṯw m rn=s n qrs.w*	Sie hat dich umarmt in ihrem Namen „Sarg“,
Pyr. §616f	*jsjꜥ.tj n=s m rn=s n jꜥ*	indem du zu ihr gebracht bist in ihrem Namen „Grab“.

Zur *ꜣḫ.t* vgl.

Pyr. §621b	*ꜣḫ.tj m rn=k*	Du bist verklärt in deinem Namen
	n ꜣḫ.t prr.t Rꜥ.w jm=s	„Lichtland, aus dem Re aufsteigt“.
Pyr. §636c, *Pyr.* §1886b	*ꜣḫ.n=f ꜥn ḫr=k*	Es ist ihm wieder wohl bei dir
	m rn=k n ꜣḫ.t prr.t	in deinem Namen „Lichtland, aus dem Re
	Rꜥ.w jm=s/k	aufsteigt“.
Pyr. §585a	*ꜣḫ.n Ḥrw ḫr=k*	Wohl ist es Horus bei dir
	m rn=k n ꜣḫ.t prr.t	in deinem Namen „Lichtland, aus dem Re
	Rꜥ.w jm=(s)	aufsteigt“.

Kairo CG 41065, ed. GAUTHIER, *a.a.O.*, 457:

hꜣ wsjr N ḥpt ṯw mw.t=k Nw.t	O Osiris N, deine Mutter Nut umarmt dich,
šsp=s ṯw m ꜣw.t-jb	sie empfängt dich in Herzensweite.
šm=k ḥr jtj=k Gb	Mögest du zu deinem Vater Geb gehen,
dj=f ʿ.wj=f ḥꜣ=k m ꜣḫ.t	damit er seine Arme um dich lege im Lichtland.

Kairo CG 41065, ed. GAUTHIER, *a.a.O.*, 458; Kairo CG 41070, ibd., 510f.:

sꜣ=j wsjr N šsp.n=j ṯw m ʿ.wj=j	Mein Sohn Osiris, ich empfange dich in meinen Armen,
ḫwj=j ṯw <m-ʿ> ḏw nb	um dich zu schützen vor allem Übel.

In den Stundenwachen:

wṯs ṯw ḥpt ṯw mw.t=k	Erhebe dich, deine Mutter umarmt dich,
ẖnm=s ṯw m ʿnḫ	sie vereinigt dich mit Leben.[63]

ẖnm ṯw mw.t=k Nw.t dr=s jꜣkb=k	Deine Mutter Nut nimmt dich in sich auf, sie vertreibt deinen Kummer,
wrš=s m hrw ḥr hꜣ=k	sie verbringt den Tag, dich zu beklagen,
sḏr=s m grḥ ḥr sꜣḫ=k	sie verbringt die Nacht, dich zu verklären,
jmn=s s.t=k r nṯr.w wr.w	sie verbirgt deine Stätte vor den großen Göttern,
ꜣḫ.w ꜣḫ.wt	den Verklärten und Toten,[64]
rdj.n=s ʿ.wj=s ḥr=k jnq=s ṯw	sie gibt ihre Arme um dich und umarmt dich.[65]

Nut ist die „Allumfasserin", eine Vorstellung, die ja auch andere Religionen mit dem Himmel verbinden.[66]

tꜣ ẖr=ṯ r-ḏr=f jṯj.n=ṯ sw	Die Erde ist unter dir, du hast sie ergriffen,
šnj.n=ṯ tꜣ jḫ.t nb.t m-ẖnw ʿ.wj=ṯ	du hast die Erde umfaßt und alle Dinge in deiner Umarmung,
dj n=ṯ N pn m jḫm.w-sk jm=ṯ	so gib auch diesen N als unvergänglichen Stern in dich.[67]

[63] JUNKER, *Stundenwachen*, 45.

[64] Vgl. hierzu SZ.1: SZCZUDLOWSKA, *Sekowski Papyrus*, 68:

rdj.n mw.t=k Nw.t ʿ.wj=s ḥr=k	Deine Mutter Nut hat ihre Arme um dich gelegt,
jmn.n=s ṯw r nṯr.w P Dp	um dich zu verbergen vor den Göttern von Buto.

[65] JUNKER, *a.a.O.*, 99.

[66] Vgl. die Charakterisierung des jüdischen Monotheismus bei Hekataios von Abdera, „der Himmel allein, der die Erde umfaßt, sei Gott und Herr des Ganzen." Hekataios v. Abdera, *Aigyptiaka*, apud Diodor, *Bibl. Hist.* XL, 3.

[67] *Pyr.* § 782.

SZ.I, Spruch 4:

rḏj.n mw.t=k Nw.t ꜥ.wj=s ḥr=k	Deine Mutter legte ihre beiden Arme auf dich
jmn.n=s ṯw r nṯr.w ꜥꜣ.w ḫnt.j P Dp	und sie hat dich vor den großen Göttern verborgen, die sich vor Pe und Dep befinden.[68]

In den Totentexten bildet das Motiv der Umarmung nur eines unter vielen Gesten und Motiven, in denen die Vereinigung des Toten mit der Muttergottheit beschrieben wird und die letztlich um die Idee einer Rückkehr in den Mutterleib kreisen. Sehr typisch ist auch das Motiv, daß sich Nut über den Toten breitet, ihm die Hand gibt, ihn in sich hinein gibt, ihn in Schwangerschaft trägt, ihn gebiert, aber auch gerade nicht gebiert.[69]

Das Motiv der Umarmung des Toten durch Nut ist der Ort, an dem sich Sonnenglauben und Totenglauben am engsten berühren. Die entsprechenden Wendungen in Sonnenhymnen sind von Totentexten nicht zu unterscheiden. Vgl. hierzu ASSMANN, *Liturgische Lieder*, 147 mit Anm. 34.

Der Sinn dieser Vorstellung ist vollkommen eindeutig die sakramentale Ausdeutung der Sarglegung, d. h. der Konstellation, in der Sarg und Leichnam zueinander gebracht werden. Diese Konstellation wird „verklärt" als die von Embryo und Uterus: Der Tote geht in Gestalt des mumifizierten Leichnams in den Leib seiner Mutter in Gestalt des Sarges ein.[70] Einer der spätesten Nuttexte, die Beischrift zum Nutbild im I. Totenpapyrus Rhind, macht diesen Bezug zum Sarg explizit:

Totenpapyrus Rhind I, xi, 5:

nꜣ sḫꜣ.w n tꜣ rpj.t Nw.t n.tj m-ḫnw tꜣ ḏbꜣ.t	Die Schrift des Nutbildes im Innern des Sarges:
jwj tw m ḥtp r ḏbꜣ.t=k	Willkommen in Frieden in deinem Sarg.
s.t jb=k pw n ḏ.t	Der Sitz deines Herzens ist das in Ewigkeit.
ꜥ.wj pgꜣ r ḥpt ḥꜥ nṯr=k	Meine Arme sind ausgebreitet, deinen Gottesleib zu umfangen.
ḥwj=j ḏ.t=k mkj=j sꜥḥ=k	Ich schütze deinen Leib, behüte deine Mumie,
sꜥnḫ=j bꜣ=k r nḥḥ wsjr N	ich belebe deinen Ba in Ewigkeit, Osiris N!

68 Bd. III.

69 SCHOTT, *Nut*, 81–87: pLouvre 3148, XI, 9–11:

jwr tw mw.t=k m jbd 10	Deine Mutter war zehn Monate mit dir schwanger,
rrt=s tw m rnp.wt 3	sie hat dich drei Jahre gesäugt.
jwr=j jm=k r tr šw	Ich will eine unbestimmte Zeit mit dir schwanger sein
nn msj=j tw r nḥḥ	und dich niemals gebären.

Sonst ist jedoch oft davon die Rede, daß Nut den Toten (wieder-)gebärt.

70 S. hierzu HERMSEN, *Regressus ad uterum*, 361–382; ASSMANN, *Tod und Jenseits*, 220–234.

Gliederung von Spruch 4

14 Spruch 4	9 Erscheinung als Osiris	4	2 Erscheinung als Osiris
			2 Refrain (Leben, nicht Tod)
		5	2 Wende dich um
			3 Empfange deinen *sꜥḥ*
	5 Schlußtext	3 „Begib dich zu mir“	
		2 Umarmung	

Zweite Spruchgruppe (Sprüche 5–7)

Spruch 5

[45]
Barguet, *Textes des sarcophages*, 187–188
Faulkner, *AECT* I, 38–41

1	191d	*ḫr sdꜣ.w m ꜣḫ.t jꜣbt.t*	Zittern befällt das östliche Lichtland,
2	e–f	*sr wꜣ.wt m ḏsr.w*	verkündet werden die Wege im Abgeschiedenen
3	g–192a	*n wsjr N pn ḫꜥ.yw m Rꜥ.w*	für diesen Osiris N, wenn er erschienen ist als Re
4	b	*qꜣ.yw m Jtm.w*	und hochkommt als Atum,
5	c	*wrḥ.n sw Ḥw.t-Ḥr.w*	nachdem Hathor ihn gesalbt hat,
6	d	*ḏj.n=s n=f ꜥnḫ m jmnt.t*	um ihm Leben zu geben im Westen
7		*mj Rꜥ.w rꜥ.w nb*	wie Re Tag für Tag.
8	192e	*hꜣ wsjr N pn*	O Osiris N hier,
9	f	*nn nṯr nb šnj.tj=fj jḫ.t jm=k*	es gibt keinen Gott, der dir etwas vorzuwerfen hat,
10	g	*nn nṯr.t nb.t šnj.tj=sj jḫ.t jm=k*	und keine Göttin, die dir etwas vorzuwerfen hat
11	h	*hrw ḥsb.t qd.w m-bꜣḥ ꜥꜣ nb jmnt.t*	am Tag des Berechnens des Charakters vor dem Großen, dem Herrn des Westens.
12	i–193a	*wnm=k t ḥr ḫꜣw.t Rꜥ.w*	Mögest du Brot essen vom Tisch des Re
13		*ḥnꜥ wr.w jmj.w sbḫ.t*	mit den Großen im Tor.

14	193b	*jnk grt wpj.w wꜣ.t=k*	Ich aber bin es, der dir deinen Weg öffnet,
15		*sẖr.w n=k ḫft .jw=k*	dir deinen Feind niederwirft
16	c	*bḥn.w n=k smꜣ.wt=f*	und dir seine Bande bestraft,
17	d	*jyj.w jr=k r šb.w=k r sꜥḥ.w=k jpn*	die gegen dich, deine Speisen, deine Würde[71] antreten,
18	e–f	*ḏꜣ.n=j ꜥ=j ḥr=s m hrw pn*	über die ich meinen Arm ausstrecke an diesem Tage,
19		*ḥtp.n kꜣ=k jm=f ḥnꜥ bꜣ=k*	an dem dein Ka sich daran befriedigt hat zusammen mit deinem Ba.
20	194a–b	*jnk Wpj-wꜣ.wt*	Ich bin Upuaut,
21		*jwꜥ sn.wj sꜣ Wsjr*	der Erbe der beiden Brüder, der Sohn des Osiris.
22	194c	*N pn mꜣꜥ-ḫrw*	N hier, gerechtfertigt:
23		*jw rḏj.n=j Ḥkꜣ m sꜣ=k*	Ich habe Heka zu deinem Schutz bestellt[72]
24	d	*ꜣḫ.w ꜣs.t m nḫtw=k*	und die Ach-Kraft (Var. die Verklärungen[73]) der Isis zu deiner Stärkung.
25	e	*m=k ṯw jr=k ꜣḫ.tj bꜣ.tj*	Siehe, du bist *ꜣḫ*-kräftig und *bꜣ*-mächtig
26		*r nṯr.w rsj.w mḥ.tjw*	mehr als die südlichen und nördlichen Götter.

1. Strophe (Verse 1–7): Theophanie des Toten als Re

§ 18 Einleitende Zustandsschilderung (Theophanie-Schema)

Die Stilform der einleitenden Zustandsschilderung, die besonders in den *PT* sehr häufig an Spruchanfängen vorkommt, hat FIRCHOW eingehend behandelt.[74] In *Liturgische Lieder*, 257–260 mit Anm. 51 habe ich die Funktion dieser Stilform im

[71] B10C^{b} ins. „und diese deine Gottesopfer".

[72] So nach B10C^{c}, und B1Y. B10C^{b} hat *N pn mꜣꜥ-ḫrw=k m zꜣ=k*. B12C liest möglicherweise *jw rḏj.n=j ꜥ.wj=j m zꜣ=k* „ich habe meine Arme zu deinem Schutz um dich gelegt".

[73] So B12C.

[74] FIRCHOW, *Stilistik*, 38f., 182f. vgl. SETHE, *ÜK* II, 143; KEES, *HdO* I.2, 64. FAULKNERS Auffassung der einleitenden Verbformen als Imperative („fall and tremble", „apparently imperatives addressed to the denizens of the Beyond by the officiating priest") verkennt die Stilgesetze der Gattung.

Rahmen von Theophanie-Schilderungen untersucht und festgestellt, daß sich hier ein festes Schema identifizieren läßt. Zuerst wird die Auswirkung eines Ereignisses geschildert und dann dieses Ereignis selbst verkündet. Dabei handelt es sich in den Pyramidentexten typischerweise um die Erscheinung des verstorbenen und zum Himmel aufsteigenden Königs in der Götterwelt. Die Form kommt in unserer Liturgie mehrfach vor, vgl. die Anfänge von Spruch *CT* [49] und [50]:

215a	*ḫr sdꜣ.w m ꜣḫ.t jꜣbt.t*	Zittern befällt das östliche Lichtland
	ḫr ḫr.w jꜣkb m wry.t	auf das Klagegeschrei aus der *wry.t* hin.
223a	*ḏsr p.t ḥꜥꜥ ꜣḫ.tjw*	Der Himmel ist geheiligt, die Lichtlandbewohner jubeln:
b	*ḫꜥj Rꜥ.w m sbꜣ.tj*	Re erscheint im Doppeltor.

Ähnlich beginnt Spruch *CT* [1029] = VII.252a–b:

ḫr sdꜣ.w m ꜣḫ.t jꜣbt.t n.t p.t	Zittern befällt das östliche Lichtland
ḫr ḫrw Nw.t ḏsr=s wꜣ.wt n Rꜥ.w	vor der Stimme der Nut, wenn sie die Wege heiligt für Re.

Im Zusammenhang solcher Zustandsschilderungen kommt auch das Verb *sr* „verkünden“ öfter vor, freilich so gut wie immer in Verbindung mit *ḥn.t* „Pelikan“[75], vgl. z.B. *Pyr.* §278b *sr ḥn.t prj psḏ.t ꜥḥꜥ wr* „der Pelikan verkündet, die Neunheit kommt heraus, der Große erhebt sich“. Zur Wendung „die Wege verkünden“ vgl. *CT* [47] = I.211a sowie Totenpapyrus Rhind II V, 1–2:

Jnp.w m wtj nb dꜣ.t ḏsr.t	Anubis als Balsamierer und Herr der heiligen Unterwelt,
sr=f wꜣ.t r ḥꜣ.t=ṯ r ḥbs bꜣg.j	er möge den Weg verkünden vor dir her zur (Pforte) „Verhüller des Ermatteten.“

Mit diesen Versen haben wir erstmals in dieser Totenliturgie einen klassischen Spruchanfang vor uns. Vielleicht ist hierin der ursprüngliche Anfang der Liturgie zu erblicken, die beim Übertragen von einer Papyrusvorlage auf die Särge etwas durcheinandergekommen ist? Dafür spricht auch, daß die vorhergehenden Anrufungen des Toten dessen Rechtfertigung im Totengericht bereits voraussetzen, während sie hier im folgenden (Strophe 2) direkt angesprochen wird. Ein weiteres Argument könnte man darin erblicken, daß die Zweite Sequenz fast genau so beginnt:

Anfang Sequenz II Spruch 1:

215a	*ḫr sdꜣ m ꜣḫ.t jꜣbt.t*	Zittern befällt das östliche Lichtland
	ḫr ḫr.w jꜣkb m wry.t	auf das Klagegeschrei aus der *wr.yt* hin.

[75] Vgl. dazu Otto, *Pelikan-Motiv*, 215–222.

Anfang Sequenz I Spruch 5:	
191d *ḫr sḏꜣ m ꜣḫ.t jꜣbt.t*	Zittern befällt das östliche Lichtland,
e–f *sr wꜣ.wt m ḏsr.w*	verkündet werden die Wege im Abgeschiedenen.

§ 19 Erscheinung als Re

Die Erscheinung des Toten als Sonnengott ist für diese Liturgie kennzeichnend. Auch in *CT* [51] = I.236d heißt es *ḫꜥj.tj m Rꜥ.w nb ꜣḫ.t* „du bist erschienen als Re, der Herr des Lichtlands" und in *CT* [61] = I.261a–b:

twt wbn=k mj wbn Rꜥ.w	Vollkommen ist dein Aufgang wie der Aufgang des Re,
psḏ=k mj psḏ Ḥw.t-Ḥr.w	dein Glänzen wie das Glänzen der Hathor.

In [46] erscheint der Tote als Harendotes, in [47] als Horus *Jwꜣ.w* und in [44] und [47] als *nb jmnt.t* (Osiris). Ich möchte diese auffallend häufigen Bezugnahmen auf die „Erscheinung" des Toten auf die Mumifizierung beziehen, die ihm die Erscheinungsform oder „Zielgestalt" eines Gottes vermittelt. Hier ist dieser Bezug explizit gemacht durch die Erwähnung der Salbung durch Hathor. In *CT* [44] = I.190f war davon die Rede, daß Hathor den Toten mit seinem Mumienleib/Würdenornat (*sꜥḥ*) „bekleidet" habe. Wie der Ausdruck „bekleiden" auf das Umwickeln mit Mumienbinden, so bezieht sich „salben" auf die Einbalsamierung; beides sind Aspekte desselben Vorgangs, wie Kleiden und Salben ja auch sonst zusammengehören.

2. Strophe (Verse 8–13): Rechtfertigung

§ 20 Gericht und Versorgung

Wie in *CT* [44] = I.181c–e wird das Totengericht als „Berechnung des Charakters" bezeichnet. Die Rechtfertigung erfolgt, wenn kein Ankläger auftritt, der hier nicht unter den irdischen „Feinden", sondern auf Seiten der Götterwelt erwartet wird. Wie im Totenbuch bedeutet auch hier die Rechtfertigung im Gericht die Aufnahme in eine götterweltliche Versorgungsgemeinschaft. Dort wird er in die Tischgemeinschaft mit Osiris aufgenommen („Gib, daß ihm Brot und Bier gegeben werden vom Tisch des Osiris, daß er wie das Horusgefolge sei ewig"), hier in die des Sonnengottes.[76] Das „Tor" ist der Ort des Gerichts[77], die „Großen" bilden das Richterkollegium. Sie entsprechen dem „Horusgefolge" des Totenbuchs.

[76] Zur typischen Verbindung von Gericht und Versorgung vgl. ASSMANN, *Liturgische Lieder*, 145 mit Anm. 30.

[77] Vgl. ASSMANN, *a.a.O.*, 82; 95 mit Anm. 9.

Schlußtext

1. Strophe (Verse 14–21):

§21 Die Beistandshandlungen des Priesters

Schlußtexte erklären, was mit der vorangegangenen Rezitation für den Angeredeten erreicht werden soll (bzw. erreicht worden ist):

1. Öffnung der Wege, d.h. ungehinderte Bewegungsfreiheit im Jenseits
2. Niederwerfen des Feindes und seines Anhangs

Zum typischen Zusammenhang von Weg-Öffnung und Rechtfertigung vgl. Liturgie I Spruch [10], Komm. §19. Dort treten Seschat und Upuaut als Weg-Öffner auf. Das „Öffnen der Wege" besteht im Niederwerfen der Feinde; Upuaut ist der Gott, der als Standarte vor dem König in den Krieg auszieht, und auch bei der großen Osiris-Prozession in Abydos kämpft Upuaut gegen die Feinde, die sich dem Zug in den Weg stellen.

Wichtig ist, daß hier vom Feind im Singular die Rede ist. Das kann sich nur auf Seth beziehen, für den ja auch die Wendung *smȝ.wt=f* „sein Anhang" charakteristisch ist.[78]

Zu dem Gestus *d̲ȝj ʿ ḥr* „den Arm ausstrecken über" vgl. *CT* [63] = I.272d. Vielleicht handelt es sich um einen Bann-Gestus, der die Feinde vom Totenopfer aussperren soll?

2. Strophe (Verse 22–26):

§22 Mumifizierung als magische Ausstattung

Die Einbalsamierung und Mumifizierung des Toten wird als eine Ausstattung mit Zauberkraft verstanden. So ist z.B. in der Liturgie *CT* [30]–[37] passim davon die Rede, daß der Tote seinen Leib „mit *ḥkȝ* gefüllt" habe.[79] Dabei bezieht sich *ḥkȝ* mehr auf die praktische, *ȝḫ.w* auf die sprachliche Seite des Zaubers. Ritner schlägt daher geradezu vor, *ȝḫ.w* mit „spells" zu übersetzen.[80] Die sprachliche Seite der Einbalsamierung wird durch die Rezitationen der Totenliturgien („Verklärungen") realisiert, die die Mumifizierung begleiten. Die *ȝḫ*-Kraft der Sprache wird typischerweise mit Isis verbunden.[81]

[78] Vgl. *Urk.* VI, 5 und passim.

[79] *CT* I.90b; 118a; 137d; 149b.

[80] Ritner, *Magical Practice*, 30–35.

[81] Zu Isis als Sprach-Zauberin s. Hornung, *Amduat* I, 123, 1–2; *Livre du jour* ed. Piankoff, 13,16 u.ö., s. Assmann, *a.a.O.*, 210 Nr. 35 Beispiele 4–6; 275 Anm. 63; 365.

Der Schluß entspricht weitgehend *PT* [222] = *Pyr.* §204c:

m ṯw jr=k bꜣ.tj sḫm.tj	Siehe, du bist *bꜣ* und *sḫm*
r nṯr.w šmꜥ.w ꜣḫ.w=sn jsṯ	mehr als die Götter des Südens und ihre Achs.

Vgl. auch *CT* [54] = I.244d:

bꜣ.tj spd.tj sḫm.tj r nṯr.w nb.w	Du bist *bꜣ*, gerüstet und mächtiger als alle Götter.

Gliederung von Spruch 5

			2 Reaktion
		7 Theophanie	2 Erscheinung als Re
			3 Salbung durch Hathor
	13 Verklärung		
			4 Rechtfertigung
		6 Totengericht	
			2 Speisung
26 Spruch 1			
			3 Öffnung der Wege
		8 Wegöffnung	3 Feinde
			2 Selbstvorstellung als Upuaut
	13 Schlußtext		
			3 *ḥkꜣ* und *ꜣḫ.w*
		5 Magische Ausstattung	
			2 Machtzustand des N

Spruch 6

1	194f	*ḫꜥj wr.w jmj.w ꜣḫ.t*	Die Großen im Lichtland erscheinen,
2	g	*ḥꜥꜥ šms.w n nb tm*	das Gefolge des Allherrn jubelt,
3	h–195a	*ršw js.t mr.t wjꜣ*	die Mannschaften und das Gesinde der Barke freuen sich,
4	b	*nḏm jb n jmj.w ꜣḫ.t*	herzensfroh sind die Lichtlandbewohner,

5	d	*mꜣꜣ=sn ṯw m sꜥḥ=k pn*	wenn sie dich sehen[82] in dieser deiner Würde,
6	e	*jrj.n n=k jtj=k Gb*	die dir dein Vater Geb bereitet hat.
7	f	*dꜣr.n=f n=k ḫftj.w=k*	Er hat dir deine Feinde vertrieben[83],
8		*sbj.w ḥr=k m-ẖnw pr-nfr*	die sich gegen dich empört haben im Balsamierungshaus.
9	g–196e	*snḏm Jnp.w sṯj=k*	Anubis möge deinen Geruch angenehm machen
10		*ḫnt s.t=k m sḥ-nṯr*	vor deiner Stätte in der Gotteshalle.
11	b	*ḏj=f n=k snṯr r tr nb*	Er möge dir Weihrauch spenden zu jeder Festzeit,
12	c	*n ḥb jm n psḏn.tjw*	ohne daß am Neumondsfest etwas davon abgezogen wird.
13	d–e	*nḥm=f ṯw m-ꜥ mꜣs.tjw*	Möge er[84] dich erretten vor den *mꜣs.tjw*,
14		*wpw.tjw n.w nm.t štꜣ.t*	den Boten[85] der geheimen Schlachtbank.
15	196f	*jw=k ḫꜥj.tj m ḥꜣ.t wjꜣ*	Du bist erschienen am Bug der Barke
16	g	*ḫrp=k ḥr jm.j wr.t*	und lenkst (sie) zum Westen.
17	h	*n sḫm.tw m bꜣ=k n jṯj.tw jb=k*	Man hat keine Gewalt über deinen Ba, dein Herz wird nicht weggenommen,
18	i–197a	*n rḏj.tw hꜣj=k r-ẖnw šꜣꜥ.t wr.t*	man schickt dich nicht herab in die große Leere[86]
19	b	*m-m jrj.w šnn.t nṯr sḏ.w ꜥꜣ.w n ḥr jrj.w sw*	inmitten derer, die den Gott gelästert haben, der den Raub zerbricht (?) vor dem, der ihn begangen hat.
20	c	*n jṯj=k n jm.jw ḫb*	Du wirst nicht fortgeschleppt zu denen in der Richtstätte.[87]
21	197f	*ntk nsw.t sꜣ jrj-pꜥ.t*	Du bist König, Sohn des Erbfürsten (d.h. Geb).

[82] B10C^{c} und B1Y ins. *jyj.tj* „wie du gekommen bist".

[83] B10C^{b} liest *rḏj* anstatt *dꜣr*. FAULKNER zieht diese Lesung vor und übersetzt „Geb hat deine Feinde … ins Balsamierungshaus gesetzt", was dem gemeinten Sinn wohl strikt entgegengesetzt ist.

[84] *=f* haben B10C^{c}, B13C und B16C. B10C^{b} und B1Y haben *=sn*, wohl bezogen auf alle vorstehend genannten göttlichen Wesen. B17C liest *=s*, was keinen Sinn ergibt.

[85] *wpw.tjw* nach B10C^{b}, B10C^{c} und B1Y. Die anderen *ꜥm*.

[86] ? So mit FAULKNER nach GUNN, *Studies*, 101 Anm. 5.

[87] B10C^{c} fügt hinzu: *m-m jrj.w ꜣw.t*.

22	g	*wnn wnn.t bꜣ=k wn jb=k ḥnꜥ=k*	Dein Ba wird wahrlich existieren und dein Herz wird mit dir sein.
23	h–198a	*sḫꜣ ṯw Jnp.w m Ḏdw*	Möge Anubis deiner gedenken in Busiris,
24	b	*ḥꜥꜥ bꜣ=k m ꜣbḏw*	möge dein Ba jubeln in Abydos,
25	c	*rš ẖꜣ.t=k jm.jt wꜥr.t*	möge dein Leichnam sich freuen im Wüstenfriedhof,
26	d	*ḥꜥꜥ wtj m s.t=f nb.t*	möge der Einbalsamierte jubeln an allen seinen Stätten.
27	e	*ḥw-ꜣ ṯw jp.tj sḏꜣ.tj*	O mögest du gezählt und geheilt sein
28		*m sꜥḥ=k pn ntj m-bꜣḥ=j*	in dieser deiner Würde, die vor mir ist.
29	198f	*ꜣw jb n Jnp.w m ẖr.t ꜥ.wj=f*	Weit sei das Herz des Anubis über das Werk seiner Hände,
30	g–199a	*nḏm jb n ḫnt.j sḥ-nṯr*	der Erste der Gotteshalle freue sich,
31	b	*mꜣꜣ=f nṯr pn nfr nb n ntj.w*	wenn er diesen vollendeten Gott sieht, den Herrn der Seienden
32		*ḥqꜣ n jw.tjw*	und Herrscher der Nichtseienden.

Schlußtext:

33	199c	*jnk sꜣ=k Ḥr.w*	Ich bin dein Sohn Horus.
34	d–e	*jw rḏj.n=j mꜣꜥ-ḫrw=k m ḏꜣḏꜣ.t*	Ich habe dir Rechtfertigung verschafft vor dem Tribunal.
35	f	*jw wḏ.n n=j Rꜥ.w*	Re hat mir befohlen,
36		*rḏj.t n=k tp=k*	daß dir dein Kopf gegeben werde,
37	g	*smn n=k ṯs=k*	daß dir deine Wirbelsäule befestigt werde,
38		*sḫr.t n=k ḫftj.w=k*	daß dir deine Feinde gefällt werden.
39	h–200a	*jnk sꜣ=k ms.tj=k tp tꜣ*	Ich bin dein Sohn, dein Sprößling auf Erden.
40	b–c	*sḥw grt nṯr(.w) nb(.w) tp tꜣ*	Alle Götter auf Erden haben sich versammelt,
41		*nb.w ẖr.t jyj.w r šms=k dwꜣ=sn ṯw*	die Opferbesitzer sind gekommen, dir zu folgen und dich anzubeten.[88]
42	d–e	*jnk sꜣ-mrj.w=f sḏm sḏm*	Ich bin der 'liebende Sohn', höre, höre!
43	f	*jnk sꜣ=k ḥw ṯw mꜣ.tj rꜥ.w nb*	Ich bin dein Sohn, o mögest du dich erneuern Tag für Tag!

88 So nach B10C^{b}, B10C^{c} und B1Y. Die anderen haben *ꜥm ẖrt* und lesen daher „jeder Gott und jeder Hinterbliebene (*tp.j tꜣ*) haben sich versammelt …"

1. Strophe (Verse 1–8): Theophanie

Einleitende Theophanieschilderung, in der typischen Abfolge von Reaktion – auslösendes Ereignis, vgl. § 18. Die Aufzählung freudiger Reaktionen mit abschließendem *mꜣꜣ=sn* ist besonders häufig, besonders in Sonnenhymnen, vgl. die Belegsammlung ASSMANN, *Liturgische Lieder*, 237–39. Das „Gesinde der Barke" ist seltsam; ŽABKAR, *Ba Concept*, 107 übersetzt daher „*mrw.t*-Barke", aber eine solche Barke ist sonst nicht bekannt.

§ 23 Geb und die „Mumienwürde" des Verstorbenen

Wie in *CT* [44] = I.190d–e wird die „Würde" des Verstorbenen mit Geb verbunden:

šsp n=k sꜥḥ.w=k jpn	Nimm dir deine Würdeabzeichen,
rḏj.w.n n=k jtj=k Gb	die dir dein Vater Geb gegeben hat.

FAULKNER übersetzt „when they see this dignity of yours. Your father Geb has helped you …", versteht also *jrj.n* nicht als Relativform, sondern als *sḏm.n=f*, was aber entweder emphatisch oder abhängig konstruiert werden müßte. Die Verbindung *jrj sꜥḥ* ist jedoch durchaus üblich, vgl.

wṯs ṯw šsp n=k sꜥḥ=k	Erhebe dich, nimm dir dein Würde,
jrj(.w) n=k psḏ.tj	die dir die beiden Neunheiten bereitet haben.[89]

Die Assoziation von „Vertreibung der Feinde" (also Gericht) und Balsamierungshaus ist wichtig; bestätigt sie doch den Zusammenhang von Mumifizierung und Rechtfertigung, der besonders diese Totenliturgie kennzeichnet. So erklärt sich auch die Konstellation von Geb und Anubis. Geb ist für die Rechtfertigung, Anubis für die Mumifizierung zuständig.

2. Strophe (9–14): Beistand durch Anubis

Auch in *CT* [61] = I.256g–257a tritt Anubis als Räucherer auf:

wꜥb=k m š qbḥy	Mögest du dich reinigen im See des Kühlen,
kꜣp n=k Jnp.w snṯr	möge Anubis dir Weihrauch räuchern.

§ 24 Rettung und Distanzierung: Die *mꜣs.tjw*

Die Handlungen des Balsamierers und Mumifizierers Anubis, in diesem Fall die Räucherung, haben einen rettenden Aspekt. Die Bewahrung der Leiche vor

[89] *PT* [677] = *Pyr.* § 2020a–b = SZ.1, 12(a).

Verfall und Verwesung wird ausgedeutet als Errettung vor dämonischen Wesen, die den Toten mit Vernichtung bedrohen.

Die *mꜣs.tjw* gehören zu den „apotropäischen Göttern“, deren schreckenerregende Furchtbarkeit nicht als Ausdruck des Bösen zu verstehen ist, sondern im Dienste der Abwehr des Bösen steht.[90] Sie spielen vor allem im Zweiwegebuch eine prominente Rolle. Dort bilden sie die Schutzwache des Osiris. Geb hat sie in Ra-setau zum Schutz um Osiris herum aufgestellt:

jr mꜣs<.tj>w jpw	Was diese Kauernden angeht:
jn Gb smn.w sn m Rꜣ-stꜣ.w	Geb ist es, der sie eingesetzt hat in Ra-setau
m-ḏr sꜣ=f Wsjr	im Umkreis seines Sohnes Osiris
n snḏ sn=f Stẖ jm=f bsn.w sw	aus Furcht vor seinem Bruder Seth, damit er ihn nicht verletze(?).
jr sj nb rḫ.w rn n mꜣs<.tj>w jpw	Jeder, der die Namen dieser Kauernden kennt,
wnn=f ḥnꜥ Wsjr r nḥḥ	wird ewig bei Osiris sein
n sk.n=f ḏ.t	und niemals untergehen.[91]

Der Verstorbene muß sie beschwören, um zu Osiris gelangen zu können:

grḥ n=ṯn mꜣs.tjw štꜣ.w ḥr	Ermattung euch, ihr Kauernden mit geheimen Gesichtern,
ꜥnḫ.w m ꜥmꜣ.wt=sn	die von ihren Wurfhölzern leben!
jnk wsr jb wdn ꜣ.t	Ich bin einer mit machtvollem Herzen und lastender Angriffskraft,
jrj.w wꜣ.t=f m sḏ.t	der seinen Weg mit Feuer bahnt.
jw srwḫ.n=j Wsjr	Ich habe Osiris behandelt.
jrj.w n=j wꜣ.t ḏj swꜣ=j	Schafft mir einen Weg, damit ich passiere.
jnk šdj.w Wsjr	Ich bin der Retter des Osiris.[92]

In den *mꜣs.tjw* der Sargtexte hat man wohl die Vorläufer der Schutzgötter zu erkennen, die später zunächst im königlichen, dann auch im nichtköniglichen Bereich als Schutzwache des Leichnams dargestellt werden und offensichtlich die nächtliche Schutzwache der „Stundenwachen“ in der Balsamierungshalle bilden.[93] Für sie ist in der Tat eine kauernde Haltung typisch. Die Furcht vor der „Schlachtbank“ (des Gottes, des Osiris, des Schu usw.) spielt eine große Rolle in den Sargtexten, vgl. dazu die Belegsammlung von ZANDEE.[94]

90 ALTENMÜLLER, *„Apotropäische Gottheiten“*, 639; zu den *mꜣs.tjw* vgl. ZANDEE, *Death as an Enemy*, 204.

91 *CT* VII.351b–e.

92 *CT* VII.342a–344a = 520a–g.

93 WAITKUS, *Apotropäische Götter*, 51–82; ASSMANN, *Mutirdis*, 14f., 101f.; LECLANT, *Montouemhat*, 113–132.

94 ZANDEE, *a.a.O.*, 166f. Zu den „Boten“ s. ibd., 202f.

3. Strophe (Verse 15–20): Geborgenheit im Sonnenlauf

§25 Rettung in der Sonnenbarke

Vgl. *CT* [50] = I.224g:

m=k ṯw grt r ḥꜣ.t wjꜣ	Siehe, du bist am Bug der Barke!

Die Aufnahme in die Sonnenbarke ist das Symbol der Rettung schlechthin. Hier ist der Ort der höchsten Sicherheit, denn alle Gefahren, die der Verstorbene überwinden muß, um dorthin zu gelangen, verwandeln sich von hier aus gesehen zu gütigen Schutzmächten, die das Böse von ihm abwehren. Das gleiche gilt aber auch vom „Haus des Osiris“, auch hier hat der Tote auf dem Weg dorthin die furchtbarsten Dämonen zu überwinden, die die Schutzwache des Osiris bilden. Das „Zweiwegebuch“, das als Führer durch diese Gefahren gedacht ist, nennt neben dem Opfergefilde auch die Sonnenbarke und das Osirishaus als die Ziele der Jenseitsreise.

Die Gefahren, vor denen der Tote errettet werden will, verteilen sich auf zwei Aspekte. Sie bestehen einerseits in Verkörperungen des Bösen, die ihm nachstellen und ihn vernichten wollen, z. B. Seth und seine Bande, oder seine Feinde und Feindinnen. Der Abwehr dieser Gefahren dient das Jenseitsgericht, das ihm gegenüber diesen Feinden zu seinem Recht verhelfen soll. Sie bestehen andererseits in den Maßnahmen und Instanzen der Vernichtung des Bösen, die notwendig sind, um die Welt in Gang zu halten. Eigentümlicherweise werden in Ägypten die Schlachtopfer im Tempel als Maßnahmen zur Vernichtung des Bösen ausgedeutet, indem das Opfertier als Götterfeind identifiziert wird. Dieses Schicksal will der Tote nicht erleiden. In dieser Strophe geht es hauptsächlich um Gefahren der zweiten Art, die dem Verstorbenen gewissermaßen von Seiten der „Polizei“ und nicht von Seiten seiner Feinde drohen.

Das Fortnehmen des Herzens scheint hier zu den Strafen zu gehören, die die Übeltäter im Jenseits erwarten und zwar speziell die Gotteslästerer. Es wird auch in den Sprüchen [47] und [48] erwähnt.

4. Strophe (Verse 21–28): Geborgenheit auf/in der Erde

§26 Mumienwürde und Königtum

„Du bist König“, damit ist die „Mumienwürde“ (*sꜥḥ*) bezeichnet, die dem Verstorbenen durch das Ritual der Einbalsamierung/Mumifizierung und durch die Rezitation dieser Sprüche vermittelt wird. Als König und Sohn des Geb ist er der Vergänglichkeit und Vernichtung enthoben, denen alles Sterbliche ausgeliefert ist. FAULKNERS Verständnis des Satzes verfehlt diesen Zusammenhang und ist daher abzulehnen.[95] Der Zusammenhang von Mumienwürde und Königtum wird auch

[95] FAULKNER bezieht *sꜣ* auf *nsw.t* und übersetzt: „du bist Königssohn und Erbe“.

in der nächsten Strophe noch einmal herausgestellt. Durch die Einbalsamierung wird der Tote in die „Zielgestalt“ eines Königs verwandelt.

Diese Strophe ist das positive Gegenstück zur vorhergehenden. Der negativen Versicherung „Man hat keine Gewalt über deinen Ba, dein Herz wird nicht weggenommen“ entspricht hier die positive Bestätigung „Dein Ba wird wahrlich existieren und dein Herz wird mit dir sein“, und den Schreckensbildern der Verschleppung an Orte der Vernichtung entsprechen hier die Bilder der Geborgenheit und Unversehrtheit an Orten des Heils: Busiris und Abydos.

5. Strophe (Verse 29–32)

Der Doppelsinn des Wortes *s‘ḥ*, einerseits „Königswürde“, andererseits „Mumie“, wird hier abschließend noch einmal zusammengefaßt. Wenn Anubis sich über „das Werk seiner Hände“ freuen soll, dann kann damit nur der fertig einbalsamierte und mumifizierte Leichnam des Toten gemeint sein. Dieser bzw. dessen „Zielgestalt“ wird andererseits mit dem Königstitel *nṯr nfr*, „vollendeter bzw. verkörperter Gott“, als „Herrscher über Seiende und Nichtseiende“ beschrieben. Mit der Mumifizierung wird der Tote nicht nur „haltbar“, sondern auch und vor allem zum König gemacht.

Schlußtext:

1. Strophe (Verse 33–38): Selbstvorstellung als Horus

§ 27 Rechtfertigung und Kopfanknüpfung

Die Anknüpfung des Kopfes an die Wirbelsäule ist eine typische Handlung der Wiederbelebung, die Gottheiten für den Toten vollbringen. In *PT* [13] = *Pyr.* § 9b sagt der Sprecher zum Toten: *ḏj=j n=k tp=k smn=j n=k tp=k jr qs.w* „Ich will dir deinen Kopf geben und dir deinen Kopf am Knochen befestigen“. In *PT* [16] wird Thot aufgefordert: „O Thot, setze ihm seinen Kopf auf!“. Nut „gibt dem Toten seinen Kopf und vereinigt ihm seine Glieder“ (*PT* [447] = *Pyr.* § 828a–c), Geb „gibt dir deinen Kopf und hat Thot veranlaßt, dich zusammenzufügen“ (*PT* [368] = *Pyr.* § 639b). Dem Toten wird bestätigt: „Dein Knopf ist für dich an deine Knochen geknüpft und deine Knochen sind für dich an deinen Kopf geknüpft“. (*PT* [355] = *Pyr.* § 572c). Wenn diese Kopfanknüpfung hier auf einen Befehl des Re zurückgeführt wird, dann kann es sich nur um ein günstiges Verdikt im Totengericht handeln. Hier wird also nochmals der Zusammenhang zwischen Rechtfertigung und Mumifizierung sehr deutlich ausformuliert. Die Mumifizierung ist nichts anderes als die rituelle Absicherung einer Unsterblichkeit, die dem Verstorbenen im Totengericht zugesprochen wird. Sie wäre wirkungslos ohne die begleitende Rechtfertigung. Vgl. Spruch 16 aus SZ.3:

ṯsj n=f tp=f r smn n=f nḥb=f	Er (Re) hat ihm (Osiris) seinen Kopf angeknüpft, um ihm seinen Nacken zu befestigen,
r nḥm=f m-ʿ ḫftj.w=f	um ihn zu retten vor seinen Feinden,
ꜣd.w jr=f m-ḫnw kkw	die gegen ihn wüten in der Finsternis.

CT [532] hat den Titel „Spruch, einem Mann seinen Kopf zu geben". Darin heißt es:

VI.126c–l

c	*ṯsj n=j tp=j jn Šw*	Mein Kopf wurde mir angeknüpft von Schu,
d	*smn(.w) n=j wsr.t=j jn Tfnw.t*	mein Nacken wurde mir befestigt von Tefnut,
e	*hrw pw n ṯsj(.w) tp.w nṯr.w n=sn*	an jenem Tage, an dem den Göttern die Köpfe angeknüpft werden.
f–g	*jw rḏj.w n=j jr.tj=j mꜣꜣ=j jm=sn*	Meine Augen sind mir gegeben worden, daß ich mit ihnen sehe,
h	*jw šsp.n=j jmꜣḫ=j ḫr Ptḥ-Skrj*	ich habe meine *jmꜣḫ*-Versorgtheit empfangen von Ptah-Sokar.
i–j	*jw rḏj.n n=j mw.t=j ꜣḫ.w=s sštꜣ*	Meine Mutter hat mir ihre geheimen Verklärungssprüche gegeben,
n	*dwn sꜣ=j ʿ.wj=f ḥr=j*	weil mein Sohn seine Arme über mir ausgebreitet hat,
k	*r ḏr nkn jrj.n Stš*	um die Verletzung zu entfernen, die Seth mir angetan hat,
l	*r sštꜣ jrj.t.n=f jr=j*	um zu verbergen, was er mir angetan hat.

Auch in diesen Sprüchen wird das Motiv der Kopfanknüpfung (= Mumifizierung) mit dem Schutz vor Feinden (= Rechtfertigung) verbunden.

2. Strophe (Verse 39–43): Selbstvorstellung als Sohn

Was man erwartet, wäre etwa *jw sḥwj.n=j* „ich habe versammelt ..." im Sinne einer Handlungsexplikation, allenfalls noch als prospektives *sḏm=f*: *sḥwj=j* „ich will versammeln."

nb.w ḫr.t Die versammelten „Götter auf Erden" und „Herren der Opferversorgung" bilden die „peer-group" des verklärten Toten, die gesellschaftliche Schicht, in die er durch den Vollzug der Einbalsamierungs- und Beisetzungsriten aufgenommen wird. Sie erkennen ihn nicht nur als einen der ihren an, sondern machen ihn zu ihrem Vorgesetzten.

§28 Der Totenpriester als „Liebender Sohn"

sꜣ-mrj(.w)=f ist der Priestertitel des Erben, der für den verstorbenen Vater den Totenkult vollzieht. Vgl. *CT* [60] = I.251f:

Ḥr.w m nsw.t	Horus ist König,
jrj.n=f n=f sꜣ-mrj(.w)=f	nachdem er für ihn den 'Liebenden Sohn' gespielt hat.

Einer der deutlichsten Belege für die Bedeutung des Ausdrucks als Bezeichnung des mit dem Totenkult beauftragten Erben ist die berühmte Stelle im pChester Beatty IV verso 2,5–3,11, in der es von den weisen Autoren der Vergangenheit heißt, sie hätten „die Schreibtafel zu ihrem *sꜣ-mrj(.w)=f* gemacht“:

> Sie schufen sich Bücher als Erben
> und Lehren, die sie verfaßt haben.
> Sie schufen sich die Papyrusrolle als Vorlesepriester,
> die Schreibtafel als „Liebenden Sohn“.
> Lehren sind ihre Pyramiden,
> das Schreibrohr ihr Kind,
> die Steinoberfläche ihre Frau.[96]

PT [540] = *Pyr.* § 1331a–b:

P pj sꜣ=k	P ist dein Sohn,
P pj Ḥr.w	P ist Horus.
P pj sꜣ-mrj(.w)=f jtj=f	P ist der „Liebende Sohn“ seines Vaters
m rn=f pw n sꜣ-mrj(.w)=f	in jenem seinem Namen „Liebender Sohn“.

PT [691]C = *Pyr.* § 2128b (nach J.P. Allen):

jnk sꜣ=k mrr(.w) ṯw	Ich bin dein Sohn der dich liebt.
jnk sꜣ=k Ḥr.w mrr.w ṯw	Ich bin dein Sohn Horus, der dich liebt.

Diese Stelle spricht für eine aktivische Auffassung des Elements *mrj(.w)=f* „der liebt“. Das würde sich dann auf die geforderte Pietät und „Herzensbindung“ des Sohnes beziehen, vgl. dazu Assmann, *Bild des Vaters*, 96–137, bes. 118–125. Möglich ist aber auch die passivische Auffassung „den er liebt“, d.h. bevorzugt, vgl. dazu *PT* [20] = *Pyr.* § 11b:

jnk sꜣ=k mry=k	Ich bin dein Sohn, den du liebst.

PT [369] = *Pyr.* § 644c:

jn sꜣ=k mry=k snṯj.n=f n=k jr.tj=k	Dein Sohn, den du liebst, ist es, der dir deine Augen fest gegründet hat.

Vgl. auch *CT* [604] = VI.218h:

jnk sꜣ-mrj(.w)=f	Ich bin der Sohn, den er liebt.

[96] Gardiner, *Hieratic Papyri*, 37 ff., Taf. 18 ff.; Brunner, *Die „Weisen“*, 29–35; Assmann, *Schrift, Tod und Identität*, 169–199, bes. 173 f.

Die abgekürzte Form *jmrj=f* ist ebenfalls zweideutig. Sie kann als Relativform verstanden werden „den er liebt“, aber auch als Umstandssatz „indem er liebt“. In *CT* [38] = I.162f fordert der Sohn den Vater auf, ihn zu lieben als seinen Ba auf Erden.[97]

mꜣ.tj als Totenwunsch: vgl. *CT* [47] = I.206f *nfr.tj mꜣ.tj mj Rꜥ.w* „du bist schön und neu wie Re“; *CT* [54] = I.244k *mꜣ.tj rnp.tj* „du bist neu und verjüngt“.

Die Aufforderung, zu hören, ist wohl den Aufforderungen, zu kommen, gleichzustellen, die in den Schlußtexten von Spruch [44] vorkommen.

Gliederung von Spruch 6

	8 Theophanie	4 Reaktion (Jubel)
14 Erscheinung des Mumifizierten I		4 Erscheinung als *sꜥḥ*
	6 Beistand durch Anubis	4 Anubis räuchert
		2 Anubis rettet den N
	6 Geborgenheit im Sonnenlauf	2 Erscheinung in der Sonnenbarke
18 Erscheinung des Mumifizierten II		4 Rettung vor unheilvollen Orten
	8 Geborgenheit auf/ in der Erde	2 N als König
		6 Unversehrtheit an heiligen Orten
	4 Abschließende Würdigung der Mumifizierung	
		2 Selbstvorstellung als Horus: Rechtfertigung
	6 Selbstvorstellung als Horus	4 Kopfanknüpfung
11 Schlußtext		1 Selbstvorstellung als Sohn
	5 Selbstvorstellung als Sohn	2 Handlungsexplikation
		2 Selbstvorstellung als Priester

[97] DE JONG, *Coffin Text Spell 38*, 150–157.

Spruch 7

[46]
FAULKNER, *AECT* I, 41 f.
BARGUET, *Textes des sarcophages*, 188 f.

[46] ist nur in B1Y als eigener Spruch abgetrennt und gehört vielleicht zu [45].

1	201a	*ḥꜥꜥ šms.w n nb ꜣḫ.t*	Die Gefolgsleute des Herrn des Lichtlands jubeln,
2	b	*nfr jb n jm.jw wjꜣ*	die Insassen der Barke freuen sich,
3	c	*mꜣꜣ=sn ṯw jyj.t<j> ḫꜥj.t<j>*	wenn sie dich sehen, gekommen und erschienen
4	d	*m Ḥr.w nḏ(.w) jtj=f*	als[98] Horus, der seinen Vater schützt,
5	e	*msj.tjw jtj=f Wsjr*	den Sprößling seines Vaters Osiris,
6	f	*rḏj.n=j n=f mꜣꜥ-ḫrw r ḫftj.w=f*	dem Rechtfertigung gegeben wurde[99] gegen seine Feinde an diesem schönen Tage,
7	g	*(jrj.n=j n=f m hrw pn)*	(für den ich gehandelt habe an diesem Tage.)[100]

Schlußtext:

8	201h	*jnk sḥḏ rnp.w n ḏ.t*	Ich bin es, der dem Verjüngten Licht macht für immer[101],
9	202a	*jnj<.w> n=f ṯꜣw mḥy.t*	der ihm den Hauch des Nordwinds zuführt.[102]

[98] So nach B10C^{c}, B12C, B17C und B16C. B10C^{c} und B1Y haben *jw*.

[99] So nach B10C^{b} *rḏj.w mꜣꜥ-ḫrw*, wohl Partizip „mit Rechtfertigung begabt". *rḏj.w.n=j n=f* „Ich habe ihm gegeben" lesen B12C, B13C, B17C und B16C. B10C hat *rḏjw.n<=j> n=k* „ich habe dir gegeben". B1Y hat *rḏj.w.n n=f ḫft.jw=f* „dem seine Feinde gegeben wurden".

[100] Nur B12C, [B13C], B17C, B16C, nicht B10C^{b}, B10C^{c}, B1Y.

[101] So nach B10C und B1Y. Die anderen lesen *nb ḏ.t* statt *n ḏ.t*: „den Herrn der Dauer", als Apposition zu *rnp.w*. Das Stern-Determinativ nach *sḥḏ* bei den *nb ḏ.t* lesenden Varr. legt aber auch eine Übersetzung nahe wie „Ich bin der verjüngte Stern, der Herr der Dauer". Dies ist als Selbstvorstellung des Offizianten aber sehr unwahrscheinlich, weil es keine Handlung für den Toten impliziert.

[102] Mit FAULKNER übersetze ich eine Kombination der Lesungen von B10C^{b} und B1Y als den vermutlich authentischsten Text. B10C^{b} ist korrekt bis auf die Schreibung *mḥ.t.jw* für *mḥy.t*, B1Y bis auf die 2. Ps. anstatt der 3. Ps. B12C bietet die unproblematischste Lesung: *jw{.n} jyj.n=j ḏj<=j> n=f ṯꜣw smꜣꜥ<=j> n=f mḥy.t* „Ich bin gekommen, um ihm Luft zu geben und ihm den Nordwind zuzuführen." B10C^{c} bietet die Schwierigkeit, daß *jn* und *smꜣꜥ.n=j* offenbar verschiedene Verbformen sind. Entweder emendiert man zu *jn<.n=j>* „ich habe (dir) gebracht", oder man liest *smꜣ{n=j} n=k mḥy.t* „der dir den Nordwind zuführt".

10 b	*rḏj.n=j Mꜣʿ.t m ḥꜣ.t=f mj Jtm.w*	Ich habe ihm die Maat an seiner Stirn befestigt wie Atum
11 c	*smn<.n>=j sw m nb nṯr.w*	und habe ihn etabliert als Herrn der Götter.[103]
12 d	*jw grt mdw.n=j ḥnʿ=f r-gs Ḏḥwtj*	Ich habe aber mit ihm gesprochen zu Seiten des Thot.
13 e	*ꜣw n<y> m jb=j*	Weit wird es dadurch in meinem Herzen,
14	*ḥʿʿ n<y> m jb n Rʿ.w*	Jubel entsteht dadurch im Herzen des Re,
15 f	*mꜣꜣ=f jtj=j ḥr md.t n=j*	wenn er meinen Vater zu mir sprechen sieht.

1. Strophe (Verse 1–7): Erscheinung

Der kurze Spruch von nur sechs (bzw. sieben) Versen ist parallel zu Spruch 6 konstruiert. Auch dort kommt am Anfang die Freude der Lichtlandbewohner und Barkeninsassen über den Anblick des Verklärten in seiner neuen Götterrolle, dort als von Geb gerechtfertigter und von Anubis balsamierter Mumienleib (*sʿḥ*), hier als triumphierender Horus.

Schlußtext (Verse 8–15)

Die Selbstvorstellung des Ritualisten als „Erleuchter“ ist eigenartig. Die folgenden Handlungsexplikationen umschreiben sein Wirken für den Verstorbenen als Vermittlung von Atemluft, Rechtfertigung und Status:

1. Versorgung:	Licht
	Luft
2. Rechtfertigung:	Maat
	Einsetzung als Gott bzw. Götterherr

Zu Maat „an der Stirn“ des Siegers vgl. oben § 11 und *CT* [44] = I.187b–c:

ʿḥʿ mꜣꜣ=k Mꜣʿ.t	Steh auf, um die Ma'at zu schauen,
m=k sj m ḥꜣ.t=k mj wbn Rʿ.w	siehe, sie ist an deiner Stirn, wie wenn Re aufgeht.

[103] B10C^{b} fällt bei diesem Vers in die 2. Ps., B10Cc und B1Y schon bei dem vorhergehenden Versen *nb nṯr.w* nach B10Cb, B10C^{c} und B1Y, die im Ganzen als die zuverlässigeren Zeugen gelten dürfen. B12C, B13C, B17C lesen *m-m nṯr.w* „unter den Göttern“, was aber vielleicht besser ist.

Zum Status des Toten als „Götterherr“ vgl. *CT* [47] = I.205b:

jw=k ḫꜥj.tj m nb jmnt.t ḥr-tp nṯr.w nb.w	Du bist erschienen als Herr des Westens und Oberhaupt aller Götter.

CT [44] = I.189f–g:

jw=k ḫꜥj.tj m nb jmnt.t *ḥqꜣ.n=k km.t tp.jw-tꜣ*	Du bist erschienen als Herr des Westens, nachdem du Ägypten und die auf Erden beherrscht hast.

CT [45] = I.199b:

mꜣꜣ=f nṯr pn nfr nb n ntj.w	Wenn er diesen vollendeten Gott sieht, den Herrn der Seienden
ḥqꜣ n jw.tjw	und Herrscher der Nichtseienden.

§ 29 Die Sprechsituation

Das Folgende bezieht sich auf die Sprechsituation von Sprecher und Angeredetem, Totenpriester und Verstorbenem, Vater und Sohn. Der Priester spricht in der Funktion des *sꜣ-mr=f* (des „Liebenden Sohnes“) bzw. *Sm*-Priesters, der die mythische Rolle des Horus (bzw. Upuaut) entspricht. Daher wird sich die Konstellation mit Thot auf die Assistenz des *ẖrj-ḥꜣb* oder Vorlese-Priesters beziehen, dessen Funktion traditionellerweise mit der mythischen Rolle des Thot, des Gottes der Schrift, verbunden wird und der als Sprecher der II. Sequenz [49]–[50] auftreten wird.

Der Satz 202e ist kaum verständlich. Die Varianten gehen hier auch stark auseinander.

B12C, B17C, B16C:	*ꜣw n m jb=j ḥꜥꜥ n m jb n Rꜥ.w*
B10C^{c}	*ꜣw jn jb=k ḥꜥꜥ jn m jb n Rꜥ.w*
B1Y	*ꜣw n [m] jb=k ḥꜥꜥ jb n Rꜥ.w*

An die 2. Ps. bei B10C^{c} und B1Y vermag ich nicht recht zu glauben, weil im Kontext vom Toten in der 3. Ps. gesprochen wird („mein Vater“). Das eigentlich zu erwartende (und von FAULKNER auch emendierte) Suffix der 3. Ps. *=f* wird von keiner einzigen Variante vertreten. Das Hauptproblem stellt aber wohl die Verbindung *n-m* bzw. *jn-m* dar. Die einfachste Lösung ist eine Emendation im Sinne von *sḏm.jn=f*-Formen:

ꜣw.jn jb=j (oder *jb=f*) *ḥꜥꜥ.jn jb n Rꜥ.w*	Da weitet sich mein (sein) Herz, da jubelt das Herz des Re.

B10C^{c} kommt dieser Lesung am nächsten:

ꜣw.jn jb={k}<j> ḥꜥꜥ.jn {m} jb Rꜥ.w

B1Y:

ꜣw.<j>n {m} jb={k}<j> ḥꜥꜥ jb n Rꜥ.w

Da aber die Verbindung *m-jb* so konstant vorkommt, muß man versuchen, ihr einen Sinn abzugewinnen. Das erfordert eine Konstruktion der Verbformen als subjektlose *sḏm=f*-Formen: „weit ist es ... im Herzen“, „es jubelt ... im Herzen“, und die Ergänzung des *n* entweder zu *n<-y>* „deswegen“ oder zu *n<=j>* „um meinetwillen“.

Zur Konstruktion *mꜣꜣ* S O *ḥr*+Inf. „S sieht O beim xy-tun“, „S sieht O, wie er xy tut“, „S sieht, daß O xy tut“ vgl. GARDINER, *EG*, §304.1; LEFEBVRE, *Grammaire*, §390.

Re freut sich über das Gelingen der Kommunikation von Vater und Sohn über die Todesgrenze hinweg. Damit ist die entscheidende Wirkung des Todes, nämlich das Zerreißen des sozialen Netzes und die Isolation des aus der menschlichen Kommunikation herausgefallenen Toten in der Vorstellung der Ägypter mit den Mitteln der Sprache rückgängig gemacht und gewissermaßen geheilt worden. Das Ritual der Verklärung hat ein doppeltes Ziel: Es soll einerseits den aus der Menschenwelt fortgegangenen Toten in der Götterwelt sozialisieren (*smn* „festmachen, verankern, etablieren“) und andererseits eine dauerhafte kommunikative Verbindung mit der Menschenwelt herstellen. Der Schlußtext stellt fest, daß dieses doppelte Ziel verwirklicht wurde.

Gliederung von Spruch 7

- 14 (15) Spruch 7
  - 6 (7) Erscheinung
    - 2 Freude
    - 4 (5) Erscheinung als triumphierender Horus
  - 8 Schlußtext
    - 4 Handlungen des Sprechers
      - 2 Versorgung mit Licht und Luft
      - 2 Rechtfertigung
    - 4 Kommunikation
      - 1 Sprechen zum Toten
      - 3 Freude

Mit Spruch 7 kommt die zweite Spruchgruppe (5–7) an ihr Ende, das auch in allen Hss. durch Spruchtrenner hervorgehoben ist (so gern man sonst den Anfang von Spruch 8 dazu nehmen würde, weil er den Schlußtext fortzusetzen scheint und Spruchanfänge in der 1. Ps. ganz ungewöhnlich sind).

Die Spruchgruppe 2 ist dadurch gekennzeichnet, daß alle drei Sprüche mit einer Schilderung der Erscheinung (*ḫꜥj*, in Spruch 5 *prj* „ausziehen“) in der Form der Vorgangsverkündigung beginnen. Weiterhin kennzeichnet diese Spruchgruppe die Überlänge der Schlußtexte: 13 Verse bei Spruch 5, 11 Verse bei Spruch 6 und 8 Verse bei Spruch 7 (wenn der Anfang von Spruch 8 wirklich hierzu gehören würde, wären es sogar 15 Verse, was den sehr kurzen Spruch 7 auf normale Länge brächte).

Thema der zweiten Spruchgruppe ist die Erscheinung des Toten in der Zielgestalt, die ihm durch die Einbalsamierung und Rechtfertigung zuteil wurde.

Dritte Spruchgruppe (Sprüche 8–10)

Spruch 8

[47]

BARGUET, *Textes des sarcophages*, 189 f.
FAULKNER, *AECT* I, 42–44

1	204a	*nfr w<j> šsp jtj=j t m-ꜥ=j*	Wie schön ist es, daß mein Vater[104] Brot[105] aus meiner Hand empfängt,
2	b	*nn rqy=f m-m nṯr.w*	ohne daß sich ihm jemand widersetzt unter den Göttern.
3	204c–e	*hꜣ wsjr N pn*	O[106] Osiris N hier,
4		*jw rḏj.n=j n=k nn ḥtp.w*	ich habe dir diese Opfer dargebracht,[107]
5		*rḏj.t.n n=k Ḥw.t-Ḥr.w nb.t Pwn.t*	die dir Hathor, die Herrin von Punt gegeben hat.
6	f	*ḏj=s n=k ꜥn.tjw m ḥw.t ꜥꜣ.t*	Möge sie dir Myrrhen geben im Großen Haus
7	205a	*m prj.w m wjꜣ n ḥꜥ.w*	unter denen, die in der Barke des Leibes aufsteigen.
8	205b	*jw=k ḫꜥj.t<j> m nb jmnt.t ḥr tp nṯr.w nb.w*	Du bist erschienen als Herr des Westens und Oberhaupt aller Götter.
9	c	*ḏj.tw n=k ꜥꜣb.t mj Rꜥ.w*	Möge dir ein Opfer dargebracht werden wie Re,

104 B10C^{c} ins. „Osiris Graf N hier“.
105 B12C und B17C lesen „dieses mein Brot“, B10C^{b} hat „Brot und Bier“.
106 B10C^{b+c} haben *hꜣ*, die anderen *jꜣ*.
107 Nur B10C^{b} hat *jw rḏj.n=j*, alle anderen haben *rḏj.n=j*.

10	d	*wꜥb ṯw ḫnt.j sḥ-nṯr*	möge der Erste des Gotteszelts dich reinigen[108].
11	205e	*prj=k r p.t hrw ssn.t*	Mögest du zum Himmel aufsteigen am Fest des sechsten Tages,
12	f	*sdꜣ n=k ꜣḫ.t mj Rꜥ.w*	möge das Lichtland vor dir zittern wie vor Re.
13	g	*ḥsj.w qd=k m-ẖnw wsḫ.t*	Möge dein Charakter gelobt werden in der Halle
		m-bꜣḥ sḫm-jrj=f	vor dem[109] *sḫm-jrj=f*.
14	206a	*jry n=k nṯr.w hn.w*	Mögen die Götter dir Ovationen bereiten,
15		*ḫft spr=k r smꜣ-tꜣ*	wenn du ankommst am Begräbnis,
16	b	*mdw n=k jmntj.w m rḏj.t jꜣ.w*	mögen die Westlichen zu dir sprechen in Preisungen,
17	c	*mj mꜣꜣ=sn nṯr pn qmd st*	wie wenn sie diesen Gott sehen, um den sie sich Sorgen machen.
18	d	*ḥꜥꜥ ꜣs.t mꜣꜣ=s ṯw*	Möge Isis jubeln, wenn sie dich erblickt,
19	e	*nḏm jb=s mꜣꜣ=s ḫꜥw=k*	möge sie sich freuen, wenn sie deine Erscheinung sieht,
20	f	*nfr.tj mꜣw.tj mj Rꜥ.w*	wie du schön und erneuert bist wie Re,
21	207a	*ḫꜥj.tj m Ḥr.w jwꜣ.w*	erschienen als Horus der Fernen(?).[110]

Refrain

22	207b	*ꜥḥꜥ tsj ṯw n ꜥnḫ n mwt=k*	Steh auf, erhebe dich zum Leben, du bist nicht gestorben!

Schlußtext

23	207c–d	*hꜣ wsjr N pn ṯwt jtj=j jnk sꜣ=k*	O Osiris N hier, du bist mein Vater, ich bin dein Sohn!
24	207e	*jr nṯr nb ꜣḫ nb mwt nb*	Was einen jeden Gott, Verklärten oder Toten angeht,
25		*ḏꜣ.tj=snj st m sꜥḥ.w=k jpn*	der sich dieser deiner Würde widersetzen sollte,

108 B10C^{b+c}: *sḥ*, vielleicht „einhüllen".

109 B10C^{b} hat *r-gs* „zur Seite des …".

110 B10C^{b+c}: *jwꜣ*; die anderen haben den Plural *jwꜣ.w*.

26	f–208a	*jw=sn r jmj.w smꜣ.yt ṯw n.t Nḥꜣ-ḥr*	sie werden jener[111] Bande des Neha-her zugerechnet.[112]
27	syb	*Ḏḥwtj ḏj ꜥ=k r=sn ds=k jm=sn*	Thot, strecke deine Hand gegen sie aus und stich dein Messer in sie,
28	c	*šnꜥ=k sn ḥr wꜣ.wt ꜥft.t*	sperre sie aus auf den Wegen des Jenseits
		m-m nb.w ꜣw.w	von den Herren der Opferdarreichungen,
29	d	*jw=sn n ḫtm.t jm.t dꜣ.t*	denn sie sind für die Vernichtung in der Dat bestimmt
		m-m jrj.w ḏw.t[113]	unter den Übeltätern.

1. Strophe

Erste Versgruppe (Verse 1–2): Opfer-Empfang ohne Widersacher

Zur Form: Der auf sich in 1. Ps. Bezug nehmende Sprecher spricht über den Toten in der 3. Ps., genau wie im Schlußtext von [46], der hier scheinbar fortgesetzt wird. Spruch [47] wird aber in allen Hss. außer B16C durch eindeutige Spruchtrenner von [46] abgetrennt.

Inhaltlich geht es um den Zusammenhang von Versorgung und Feindlosigkeit, d.h. Rechtfertigung, der in dieser Liturgie ständig betont wird (vgl. §20).

Zweite Versgruppe (Verse 3–7): Opfergaben der Hathor

Der Text behandelt weiter in der Form einer Handlungsexplikation, wie ein Schlußtext, was der Sprecher für den Toten getan hat. Thema ist jedoch nicht die Handlung des Sprechers, sondern die der Hathor. Zur ganz besonderen Rolle der Hathor in dieser Liturgie vgl. oben §7. Oben brachte sie dem Toten Kleidung und Salbe. Als Herrin von Punt hat sie für Myrrhen eine besondere Zuständigkeit. Die *ḥw.t ꜥꜣ.t* genannte Örtlichkeit ist der Tempel von Heliopolis.

Zum Namen der Sonnenbarke *wjꜣ n ḥꜥ.w* vgl. *CT* [313] = IV.88p *jw mr.wt=k m wjꜣ n ḥꜥ.w* „die Liebe zu dir herrscht in der Barke des Leibes"; *CT* [313] = IV.93n *jw mw.t=j m wjꜣ n ḥꜥ.w* „meine Mutter ist in der Barke des Leibes"; *CT* [817] = VII.16c *jnk jꜥr.t tw ꜥnḫ.t ḫnt.t wjꜣ n ḥꜥ.w m wp.t nb.t=s* „Ich bin jene lebendige

111 *ṯw* „jene" haben B10C^{b+c}, B1Y.

112 Wohl *jw=sn r jm.jw*; B10C^{b} kommt dem am nächsten. B12C, B13C und B16C lesen *rꜣ-m*, dem ich keinen Sinn abgewinnen kann.

113 B10C^{b+c} und B1Y lesen *sḫtm st jm.jw dꜣ.t* „die Bewohner der Dat sollen sie vernichten".

Uräusschlange an der Spitze der Barke des Leibes am Scheitel ihrer Herrin". Mit *ḫ'.w* scheint der nächtliche Aspekt des Sonnengottes gemeint zu sein, den die Unterweltsbücher *jwf* „Fleisch" nennen.[114]

prj.w m kann auch „herauskommen (in diesem Fall: aussteigen) aus" der Barke bedeuten, aber „aufsteigen mit" ist wohl wahrscheinlicher. Die Zugehörigkeit des Toten zur Mannschaft der Sonnenbarke(n) gehört ja zu den Leitmotiven dieser Liturgie (vgl. [44] §3, 8; [45] Strophe 3).

2. Strophe: Erscheinung als Osiris und Re

Erste Teilstrophe (Verse 8–10): Erscheinung

Vgl. *CT* [44] = I.189f–g:

jw=k ḫ'j.tj m nb jmnt.t	Du bist erschienen als Herr des Westens,
ḥqꜣ.n=k km.t tp.jw tꜣ	nachdem du Ägypten und die auf Erden beherrscht hast.

Die Erscheinung des Toten als Osiris und Oberhaupt der Götter bildet ebenfalls ein Leitmotiv der Liturgie. Zum Motiv der „Erscheinung" vgl. *CT* [44] = I.182a, §3; *CT* I.183g; *CT* I.189f ; *CT* [45] = I.192a. Zu den „*'ꜣb.t*-Opfern wie Re" vgl. den oben in *CT* I.192i erwähnten „Opfertisch des Re".

Zweite Teilstrophe (Verse 11–14): Himmelsaufstieg

§30 Himmelsaufstieg und Totengericht

Das Motiv des Himmelsaufstiegs paßt zu der Räucherung mit Myrrhen und das Fest des sechsten Tages zu der oben genannten Lokalität der Räucherung: dem Tempel von Heliopolis. Die Rede ist offenbar von der Teilnahme des Toten am heliopolitanischen Festzyklus. Vorbedingung dieser Teilnahme ist die Entlastung des Toten im Jenseitsgericht, das „Loben seines Charakters". *ḥsj qd* „den Charakter loben" bezeichnet offenbar das positive Resultat von *ḥsb qd* „den Charakter berechnen", was in *CT* [48] = I.212a als Bezeichnung des Totengerichts begegnet. *wsḫ.t* „Halle" ist die übliche Bezeichnung des Gerichtsorts. *sḫm-jrj=f* („der mächtig ist in bezug auf sein Handeln" oder ähnlich) ist eine Bezeichnung des Totenrichters, der auch hier wie überall sonst nicht mit Namen genannt wird.

[114] HORNUNG, *Amduat* II, 21, 56f., 123.

3. Strophe (Verse 15–22): Empfang

Die „Ankunft" des Verstorbenen wird mit der Wendung *smꜣ tꜣ* als „Bestattung" bezeichnet, also im „Klartext", ohne sakramentale Transposition. Diese Bestattung, die zum Zeitpunkt der Rezitation (der Nacht vor der Beisetzung) unmittelbar bevorsteht, wird als Ankunft in der Unterwelt verstanden, die die Unterweltlichen mit Ovationen beantworten sollen. Zu *qmd* „sich Sorgen machen um jmd" s. Wb V, 40,6. Gemeint ist natürlich Osiris. Der sonst nicht bekannte Horusname *Ḥr.w Jwꜣ.w* kommt auch in Spruch *CT* [54] = I.244m vor. Zu *nfr.tj mꜣ.tj* s. oben zu *mꜣ.tj* *CT* [45] = I.200f.

Refrain (Vers 23)

Der abschließende Refrain, s. *CT* [44] = I.190 a/b, *CT* [47B] = I.211c; *CT* [48] = I.213f; *CT* [54] = I.244j, vgl. auch *CT* [51] = I.233e, 237c; *CT* [53] = I.240d.

Schlußtext (Verse 24–32)

ṯwt jtj=j jnk sꜣ=k Derartige Vergewisserungen der Sprechsituation sind für diese Totenliturgie typisch, s. *CT* I.183c; 189d; 191b; 199c; 199h–200a; 200d–f; 214h; 229g–230a; 231a–b, e.

§ 31 Drohformeln gegen potentielle Widersacher

Die Fortsetzung des Schlußtexts wird durch einen Fluch oder Bannspruch gebildet, der in der dafür typischen *sḏm.tj=fj*-Form Verfügungen über potentiell feindliche Götter trifft, die die (dem Toten durch die Mumifizierung vermittelte) „Würde" anfechten sollten.[115] Durch eine solche Handlungsweise erfüllen diese Götter den Tatbestand der Seth-Beihilfe, werden also der Bande des „Wildgesichtigen", d.h. Seth, zugerechnet und teilen deren Schicksal.

Wie in *PT* [23] = *Pyr.* § 16a–d wird Thot angerufen, sich dieser feindlichen (aber immerhin göttlichen) Wesen anzunehmen.[116] Die Funktion der Verfluchung besteht ja darin, überirdische Instanzen zu mobilisieren gegen Übeltäter, die der Arm irdischer Rechtsinstanzen nicht erreichen kann.[117] Das ist im vorliegenden Fall natürlich gegeben; wie anders will sich der Tote gegen Übergriffe von göttlicher Seite schützen als durch eine göttliche Exekutive. *ḏꜣ* „sich widersetzen", hier wohl im Sinne von „anfechten, streitig machen".

[115] Zu solchen Drohformeln vgl. MORSCHAUSER, *Threat Formulae*, 9–11, 52f. sowie ROEDER, *Auge*, Kap. 3, 7 u. 10.

[116] Vgl. dazu ASSMANN, *Spruch 23 der Pyramidentexte.*

[117] Vgl. hierzu ASSMANN, *When Justice fails*, 149–162.

Gliederung von Spruch 8

			2 Opferempfang ohne Widersacher
	7 Einleitung: Opfertext (oder als 2. Strophe zum Schlußtext von Spruch 7?)		5 Opfergaben der Hathor
29			3 als Osiris
		6 Erscheinung	
	15 Spruch		3 als Re, Rechtfertigung
		8 Empfang	
		1 Refrain	
	7 Schlußtext mit Drohformel		

Spruch 9

BARGUET, *Textes des sarcophages*, 190
FAULKNER, *AECT* I, 43

1	208e	*rs nṯr pn jm.j ꜣḫ.t*	Es erwacht dieser Gott, der im Lichtland ist,
2	f	*rḏj.w n=f ḥꜥꜥ.w m jtr.tj*	Jubel wird ihm gespendet in den Reichsheiligtümern.
3	g–209a	*ḫꜥj šms.w m-ḫnw wjꜣ*	Die Gefolgsleute in der Barke erscheinen,
4	b	*jtḥ.n jmn.tjw wꜣ.wt=sn*	nachdem die Westlichen ihre Taue gezogen haben.
5	209c	*wsḫ s.t=k m-ḫnw jtn*	Weit sei dein Sitz in der Sonnenscheibe!
6	d	*fꜣj=k mḫꜣ.t mj Ḏḥwtj*	Du sollst die Waage führen wie Thot.
7	e	*sjꜣ qd=k jn jm.j jtn=f*	Dein Charakter soll erkannt werden durch den in seiner Sonnenscheibe
8		*mj nṯr ntj r gs=f*	wie der des Gottes neben ihm.
9	209f	*wnm=k t m-ḫnw wsḫ.t*	Mögest du Brot essen im Altarhof,
10	g	*ḏj.tw n=k šb.w mj Rꜥ.w*	mögen dir Speisen gegeben werden wie Re
11	210a	*jn ḥrj.w s.wt n.wt Jwn.w*	seitens derer, die auf den Stätten von Heliopolis sind.
12	b	*jw n=k jb=k nn ꜥwꜣ=f jn jrj.w wꜣ.wt*	Dein Herz gehöre dir, es soll nicht geraubt werden von denen, die an den Wegen sind.
13	c	*šsp n=k ꜥꜣb.t m Ḏd.w*	Empfange für dich ein Opfer in Busiris,
14	d	*wḫꜣ=k ḏw.t=k m Nn-nsw.t*	reinige dich von deinem Übel in Herakleopolis.

15	e	*sꜥḥ ṯw Ḏḥwtj m nfr=f*	Möge Thot dich ausstatten mit seiner Schönheit,
16	f	*smn n=k wnw.t tp=k*	möge die *wnwt*-Schlange dir deinen Kopf befestigen.
17	g	*šsp=k sḫm m Msk.t*	Mögest du das Szepter empfangen in der *Msktt*-Barke,
18	211a	*sr=k wꜣ.wt n Nb tm*	mögest du dem Allherrn die Wege verkünden.[118]

Refrain

19	211b–c	*hꜣ wsjr N pn*	O Osiris N hier,
20		*wṯs ṯw n ꜥnḫ ḏ.t*	erhebe dich zum Leben, ewiglich.

1. Strophe: Der Tote in der Sonnenscheibe

Erste Teilstrophe (Verse 1–4)

Vorgangsverkündigung als Spruchanfang, wie sie in dieser Liturgie als Spruchanfang häufig ist (Sprüche 5, 6 und 7 und öfter). Gemeint ist der Sonnenaufgang, da die Erwähnungen der „Westlichen“ und der von ihnen gezogenen Taue sich deutlich auf die zurückliegende Nachtfahrt der Sonne durch die Unterwelt bezieht, in der sie getreidelt wird. Es bleibt offen, ob der Sonnengott oder der mit ihm gleichgesetzte Tote gemeint ist. In Spruch 5 *CT*[45] = I.191d–192b „erscheint“ der Tote explizit „als Re“ und „steigt auf als Atum“.

Zweite Teilstrophe (Verse 5–8)

§32 Rechtfertigung in der Sonnenscheibe

Hier erscheint der Tote nicht nur im Sonnenlauf, sondern geradezu im Inneren der Sonnenscheibe; und er ist nicht nur gerechtfertigt, was die Vorbedingung seines Einstiegs in den Sonnenlauf ist, sondern übt selbst das Totengericht aus. Als „Träger der Waage“ wird er zu einem der Wesen, von denen es in I.181d heißt, daß sie diese Tätigkeit ausüben.

Hier ist offenbar an eine Gemeinschaft von Re und Thot in der Sonnenscheibe gedacht, die darin das Gericht gemeinsam ausüben. Der Tote will in dieser Konstellation die Stelle des Thot einnehmen. *Jmj jtn=f* „Der in seiner

[118] So nach B10C^{b+c}, B1Y. Die anderen lesen *sr n=k wꜣ.t nb tm* „mögen dir die Wege (der Weg) des Allherrn verkündet werden“.

Scheibe“ ist die übliche Bezeichnung des Sonnengottes in seiner Nachtgestalt.[119] Aber die Vorstellung, daß in der Sonnenscheibe *zwei* Götter, Re *und* Thot bzw. der mit ihm gleichgesetzte Tote Platz haben, ist mir sonst nicht bekannt. Ob hier prägnant an das Totengericht gedacht ist, ist nicht sicher. Es könnte auch die allgemeinere Vorstellung vom „Sonnengott in der Barke als Richter“[120] gemeint sein. Die Stelle erinnert an das letzte Gedicht im „Lebensmüden“ (pBerlin 3024), in dem es um das selige Geschick eines, „der dort ist“, geht:

> Wahrlich, wer dort ist, wird ein lebendiger Gott sein,
> der die Sünde bestraft an dem, der sie begeht.
> Wahrlich, wer dort ist, wird in der Barke stehen
> und erlesene Fleischstücke daraus verteilen lassen an die Tempel.
> Wahrlich, wer dort ist, wird ein Weiser sein;
> er wird nicht abgewiesen werden, wenn er sich an Re wendet, während dieser (Recht) spricht.[121]

Auch hier erscheint der Verstorbene als ein Partner des Sonnengottes in dessen Barkengericht.

Vgl. auch *CT* [61] = I.258g: *wsḫ ns.t=k m-ḫnw wjꜣ* „ weit sei dein Sitz in der Barke“.

2. Strophe (9–18): Segnungen der Rechtfertigung

In diesen Strophen geht es um die Segnungen oder Heilsgüter, die dem gerechtfertigten, in die Gemeinschaft mit dem Sonnengott aufgenommenen Toten zuteil werden.

§33 Speisung von der Tafel des Re

Das Totengericht erscheint hier, wie auch in der späteren kanonischen Form des Totenbuchs, als Aufnahme in eine Versorgungsgemeinschaft. Während aber in der späteren Form der Gerechtfertigte in die Versorgungsgemeinschaft des Osiris aufgenommen wird und Brot und Bier von der Tafel dieses Gottes erhält[122], gewinnt er hier Anteil an den Opfergaben des Sonnengottes, der als Richter fungiert. Heliopolis erscheint auch in den „Nahrungssprüchen“ der *CT*, die vor allem im III. Band der Edition von DE BUCK zusammengestellt sind, als der paradigmatische Ort der Versorgung des Toten, die ihm durch die Sonnenbarken zugestellt werden soll; vgl. insbesondere Sprüche *CT* [177] = III.63a, *CT* [178] =

[119] Vgl. ASSMANN, *Liturgische Lieder*, 39–40.
[120] Vgl. hierzu SPIEGEL, *Sonnengott*, 201–206.
[121] pBerlin 3024, 142–147.
[122] *Tb* 30 nach pBM 10470, Kol. 3–4, ed. BUDGE, *Coming Forth*, 15f. Vgl. zu den Beischriften der Wägeszene SEEBER, *Totengericht*, 113ff.

III.65a, *CT* [179] = III.179f und *CT* [183] = III.78a, bei denen es schon im Titel um Speisung in Heliopolis geht. Vom „Brot im *wsḫ.t*-Hof"[123] ist auch in Spruch *CT* [67] = I.283h die Rede:

t=k m wsḫ.t	Dein Brot ist im Altarhof.

Zum Herz-Motiv vgl. *CT* [45] = I.196h–197b und *CT* [48] = I.212d–e, wo es ebenfalls um den Raub des Herzens geht. Der Satz „Dein Herz gehört dir" versichert dem Toten, daß die gefürchtete Strafe der Wegnahme des Herzens an ihm nicht vollzogen werden wird.

Das Großopfer (*ʿ3b.t*) in Busiris und die Reinigung in Herakleopolis werden in diesem Zusammenhang erwähnt, um die Bewegungsfreiheit anzudeuten, die dem Verstorbenen mit der Rechtfertigung durch den Sonnengott und Thot zukommt. *sʿḥ* erscheint hier wieder in seinem Doppelsinn als „mumifizieren" und „auszeichnen". Die Auszeichnung durch Thot besteht in der Krönung mit der Schlangengöttin von Hermupolis als Uräusschlange, vgl. zu dieser *Liturgische Lieder,* 306f. (wo bereits die vorliegende Stelle als Parallele angeführt ist). Da sie mit Thot über Hermupolis verbunden ist, wird sie als „seine Schönheit", d. h. der für ihn kennzeichnende Kopfschmuck, bezeichnet. Mit der hermupolitanischen Schlangengöttin geschmückt wird der Tote selbst zu Thot und übt sein Amt in der Sonnenbarke aus, die „Wege dem Allherrn anzukündigen". Zur Wendung „die Wege ankündigen" vgl. *CT* [45] = I.191e–f; *CT* [75] = I.404c–405a; *CT* [584] = VI.200b; *CT* [642] = VI.263c.

Refrain (Verse 19–20)

Der abschließende Refrain, in der Form *wts ṯw n ʿnḫ n mwt=k* s. *CT* [44] = I.190 a–b; *CT* [48] = I.213f; *CT* [54] = I.244j, vgl. auch *CT* [51] = I.233e = 237c, *CT* [53] = I.240d: *rs n ʿnḫ n mwt=k* „erwache zum Leben, du bist nicht gestorben".

Gliederung von Spruch 9

	8	Der Tote in der Sonnenscheibe
20 Spruch 9	10	Segnungen der Rechtfertigung Speisen, Person, Bewegung Auszeichnung als Thot
	2	Refrain

[123] Zu *wsḫ.t* als „Altar- bzw. Opferhof" s. die Heidelberger Dissertation ERNST, *Altäre,* 88–103.

Spruch 10

[48]
Barguet, *Textes des sarcophages*, 190f.
Faulkner, *AECT* I, 44f.

1	211d	*jnḏ-ḥr=k wsjr N pn*	Sei gegrüßt, Osiris N hier,
2	e	*m ḏd ꜣs.t nb.t smj.wt*	mit dem, was Isis, die Herrin der Westwüsten, sagt.
3	f	*ḫnt.j s.t=k m sḥ-nṯr*	Vorn sei dein Sitz im Gotteszelt.
4	g	*ḏd=s rn=k nfr m-ẖnw wjꜣ*	Möge sie deinen schönen Namen aussprechen in der Barke
5	212a	*hrw ḥsb qdd.w*	am Tag der Berechnung der Charaktere.
6	212b	*ḏꜣj=k ḥr.t m ḥr.j-ns.t=f*	Mögest du den Himmel überqueren als Der-auf-seinem Thron,
7	c	*šꜣs=k ḥꜣ.tj n ḫm.w ṯw*	mögest du auf das *ḥꜣtj*-Herz dessen treten, der dich aussperren will.
8	d–e	*jw n=k jb=k n jṯj.tw=f*	Dein *jb*-Herz gehöre dir, es werde nicht weggenommen
9		*jn wn.w m ḥꜥꜣ.yt*	von denen[124], die in Aufruhr[125] sind.
10	f	*hꜣy=k wꜥb=k m-ẖnw sšn.t*	Wenn du hinabsteigst, um dich zu reinigen im Lotusteich,
11	g	*wṯs ṯw ḥḥ.w m ꜥ.wj=sn*	dann heben dich die *ḥḥ*-Götter auf ihren Armen empor.
12	213a	*nr.w n=k jḫm.w-sk*	Die Unvergänglichen sollen vor dir erschrecken,
13	b	*jwj.t n=k jmj.w ns.t=sn*	die in ihren Stätten sollen zu dir kommen,
14	c	*dwꜣ ṯw Rꜥ.w wbn=f*	Re soll dich anbeten, wenn er aufgeht,[126]
15	d	*ḏj.t<w> n=k hny m sbꜣ.tj*	Ovationen sollen dir bereitet werden im Doppeltor
16		*jn jmj.w Rꜣ-stꜣw*	seitens der Bewohner von Ra-setau.

Refrain

17	213e	*hꜣ wsjr N pn*	O Osiris N hier,
18	f	*wṯs ṯw n ꜥnḫ n mwt=k*	erhebe dich zum Leben, du bist nicht gestorben!

124 *jn* lesen B12C und B1Y; die anderen Varr. haben *m-m* „unter, inmitten".

125 Anstelle von *ḥꜣꜥ.yt* „Aufruhr" liest B12C *ḥꜥḏꜣ.wt* „Räuberei".

126 B12C und B17C haben „wenn er aufgeht im Lichtland", was vier Hebungen bzw. die Aufteilung auf zwei Verse erfordern würde.

19	213g–214a	*jr ḏꜣ.tj=fj sw*	Was den anbetrifft, der sich widersetzen sollte
20		*m dbḥ.t-ḥtp n Ḥw.t-Ḥr.w*	dem Opferbedarf der Hathor,
21	b	*ḏꜣ.tj=fj sw m nn wꜣḥ=j*	und der sich widersetzen sollte diesem, was ich niedergelegt habe
22		*n wsjr N pn m hrw pn*	für diesen Osiris N hier an diesem Tage:
23	c	*ḥtp ḏj Gb n sꜣ=f*	Ein Opfer, das Geb seinem Sohn gibt.
24	d–e	*wsjr N pn šsp n=k*	Osiris N hier, nimm (es) dir,
25	f	*jw wʿb ḫr nsw.t*	(es) ist rein von seiten des Königs.[127]
26	h	*jnk sꜣ=k jwʿ=k*	Ich bin[128] dein Sohn, dein Erbe.

1. Strophe (1–5): Rechtfertigung durch Isis

§34 *jnḏ-ḥr=k* als Anrede des Toten

Die Anrede *jnḏ-ḥr=k* „Sei gegrüßt" ist in Totenliturgien und Verklärungssprüchen ganz unüblich, vgl. die Anrede des Osiris in der Einleitung zu *CT* [62] = I.265a. Sie kennzeichnet hymnische Rede, also die Anrede an einen Gott. Hier haben wir es zudem mit dem Motiv des Lobpreisens mit Götter-Rede bzw. in Götter-Rolle zu tun, das vor allem für die Sonnenhymnik kennzeichnend ist. Es handelt sich um eine „Unio Liturgica", bei der sich der Offiziant mit götterweltlichen Adoranten vereint.[129]

Möglich ist allerdings auch, *jnḏ-ḥr=k* nicht als Anrede, sondern als Wunschsatz zu verstehen: „mögest du begrüßt werden, Osiris N hier …", denn das Folgende läßt sich nicht als zitierte Rede der Isis verstehen.

„Gotteszelt" bezieht sich auf die Balsamierungshalle als Aufführungsort der Totenliturgie.

Wieder werden Totengericht und Barkenfahrt verbunden: Das Totengericht findet in der Barke des Sonnengottes statt und fungiert als eine Art Aufnahmeprüfung in die Barkenmannschaft. Dieser Aspekt der Sonnenbarke als Aufenthaltsort der gerechtfertigten Toten kommt in ihrem Namen „Barke der Millionen" zum Ausdruck.

Zum „Tag der Berechnung der Eigenschaften" als Bezeichnung des Totengerichts vgl. oben [44] §2.

[127] B12C fügt nochmals an: *jw wʿb.*
[128] B12C hat statt *jnk*: *N pw* „N ist dein Sohn …".
[129] S. dazu ASSMANN, *Unio liturgica*, 37–60.

2. Strophe (Verse 6–16): Segnungen der Rechtfertigung

Wie in dem vorhergehenden Spruch werden auch hier wieder im Anschluß an das Totengericht ganz entsprechende Heilswirkungen aufgeführt, die dem Toten durch die Rechtfertigung zuteil werden: Herz, Reinigung, Bewegungsfreiheit und Empfang durch götterweltliche Wesen.

Das Epitheton *ḥr.j-ns.t=f* bezieht sich auf den Sitz in der Sonnenbarke, der ihm durch die Rechtfertigung im Totengericht zugesprochen wurde.

Wieder geht es darum, daß der gerechtfertigte Tote in der Sonnenbarke davor sicher ist, daß ihm sein Herz weggenommen wird. Wahrscheinlich ist der Lesung *m-m wn.w m ḥꜤꜣ.yt* „inmitten derer, die in Aufruhr sind" der Vorzug zu geben. Die Rede ist nicht von denen, die ihm sein Herz wegnehmen, sondern von Delinquenten, denen diese Strafe zukommt und zu denen der Tote nicht gehören soll.

Zur Reinigung im Lotusteich vgl. [44] mit §13. Die Heh-Götter stehen als Himmelsstützen an den Enden der Welt und fungieren als Mittler zwischen Himmel und Erde. Sie werden in den Sprüchen [76]–[80] angerufen und spielen auch im Buch von der Himmelskuh eine Rolle. Das zugehörige Bild stellt sie in ihrer Funktion als Himmelsstützen dar.[130] Vom Sonnengott heißt es in dem kulttheologischen Traktat zum Sonnenaufgang („Der König als Sonnenpriester"):

wṯs sw jtj=f Wsjr	Sein Vater Osiris hebt ihn empor,
šsp sw Ꜥ.wj Ḥw Ḥḥw.t	die Arme von Huh und Hauhet empfangen ihn.

Hier scheinen Huh und Hauhet nicht von unten nach oben, sondern von oben nach unten mitzuwirken beim Himmelsaufstieg des Sonnengottes.

Die abschließenden vier Verse schildern den Empfang des Toten im Himmel durch Re und Wesen seiner Umgebung wie die „Unvergänglichen Sterne" und „die auf ihren Sitzen" (vermutlich die Inhaber von Sitzen in der Sonnenbarke, zu denen auch der Tote gehören will). Zum Doppeltor als Ort des Sonnenaufgangs s. *CT* [44] = I.185f und *CT* [50] = I.223b.

Schlußtext (Verse 19–26)

Schlußtext in der Form einer Verfluchung, vgl. oben §31 zu Spruch 8 [47]. Während es dort um potentielle Anfechter der „Mumienwürde" des Verstorbenen ging, richtet sich dieser Fluch gegen potentielle Anfechter seiner Opfer-

[130] Vgl. HORNUNG, *Mythos von der Himmelskuh*, Index S. 128 s.v. „Heh-Götter".

festsetzungen. Diese werden nicht wie oben als Mitglieder der Götterwelt spezifiziert, es ist hier also an Wesen aller Art gedacht, auch Lebende.[131]

Allerdings scheint der Nachsatz zu fehlen, so daß nicht gesagt wird, was mit dem, der das Opfer anficht, geschehen soll. KEES, *Totenglauben*, 268, umgeht dieses Problem und übersetzt den Fluch folgendermaßen: „Wer aber bei dem, was ich an diesem Tag dem Osiris N darbringe, stören sollte, der ist auch einer, der beim Opfergebet der Hathor stört!" Diese Übersetzung beruht auf erheblichen Eingriffen in den überlieferten Text.

Zu der in dieser Liturgie immer wiederkehrenden Formel „Ich bin dein Sohn" vgl. *CT* [44] = I.183d, 189d, 191b; *CT* [45] = I.199c; 199h, 200f; *CT* [47] = I.207d.

Gliederung von Spruch 10

24 Spruch 10	18 Spruch	5 Rechtfertigung durch Isis	
		11 Segnungen der Rechtfertigung	Himmelsüberquerung, Herz, Reinigung, Empfang
		2 Refrain	
	6 Schlußtext mit Drohformel		

Die dritte Spruchgruppe der Ersten Sequenz hat das Totenopfer zum Thema. Sie wird gekennzeichnet durch den Refrain, mit dem jeder Spruch schließt, und die beiden Schlußtexte mit Drohformeln, die Spruch 8 und 10 beschließen.

Zusammenfassende Bemerkungen zur Ersten Sequenz

Die erste Sequenz von CT.2 zerfällt deutlich in drei Spruchgruppen: (1) Sprüche 1-4 = *CT* [44], (2) Sprüche 5-7 = *CT* [45]-[46] und (3) Sprüche 8-10 = *CT* [47]-[48]. Da die Liturgie unmöglich mit (1) angefangen haben kann, weil dieser Anfang weder eine Anrede noch eine Vorgangsverkündigung enthält, sondern einen vorhergehenden Text fortzusetzen scheint, müssen wir davon ausgehen, daß die

[131] In den Drohformeln der Grabinschriften geht es tatsächlich oft um Flüche gegen mögliche Anfechtung oder Vernachlässigung des Totenkults. R. MÜLLER-WOLLERMANN führt in ihrer unveröffentlichten Heidelberger Habilitationsschrift *Vergehen und Strafen. Zur Sanktionierung abweichenden Verhaltens im Alten Ägypten* vier Fälle an: das Dekret Koptos R zum Schutz der Totenstiftung des *Jdj*, die Restaurationsstele des *Sꜣ-rnp.wt* I. im Heiligtum des *ḥqꜣ-jb* auf Elephantine, die Statue des Oberdomänenverwalters Amenophis im Tempel Amenophis' III. in Memphis (Urk IV, 1799 f.) und das Dekret Amenophis', Sohn des Hapu.

Särge die ursprüngliche Anordnung der Spruchgruppen nicht richtig wiedergeben. Den Anfang bildete vermutlich Spruchgruppe 2. Dafür spricht, daß sie genau so anfängt wie Spruch 11 aus Sequenz II. Die beiden Sequenzen hätten dann einen ganz analog formulierten Anfang. Zweitens erhalten wir auf diese Weise eine sinnvollere Abfolge der Themen Rechtfertigung, Opferspeisung und Erscheinung. Die Themen Rechtfertigung und Versorgung gehören eng zusammen, und die Erscheinung des Toten könnte sich auf die Aufstellung des Toten und das Totenopfer am Grabe beziehen. Drittens ergibt sich so ein sinnvoller Zusammenhang zwischen den Hinweisen auf den Ort des Geschehens. Die Sequenz würde im Balsamierungshaus (*pr nfr*) beginnen und am Grab (*js*) enden.

Charakteristisch für die Erste Sequenz sind die zahlreichen Schlußtexte, die sich ständig des Kontakts zwischen Sprecher und Hörer vergewissern:

CT.I	Plazierung	Incipit	Stichworte	Spruch-Thema
182h–183e	Ende Spruch 1	*ms tw jr=j*	Nähe, Kontakt im Grab	Öffnung
189c–g	Ende Spruch 3	*ꜥḥꜣ=j ḥr=k*	Kämpfen für den Toten	Speisung, Gemeinschaft mit dem Sonnengott
190g–191c	Ende Spruch 4	*ms tw jr=j*	Nähe, Kontakt im Grab, Umarmung durch Nut	Erscheinung, Erweckung
193b–194e	Ende Spruch 5	*jnk grt wp.w wꜣ.t=k*	Wegöffnung, Rechtfertigung	Rechtfertigung
199c–200g	Ende Spruch 6	*jnk sꜣ=k Ḥr.w*	Rechtfertigung	Rechtfertigung im „Balsamierungshaus“ (*pr nfr*)
201h–202f	Ende Spruch 7	*jnk sḥḏ rnp.w*	Rechtfertigung	Freude über Rechtfertigung
204a–205a	Anf. Spruch 8	*nfr.wj šsp jtj=j*	Opferempfang	Erscheinung, Rechtfertigung, Opfer
207c–208d	Ende Spruch 8	*wt jtj=j jnk sꜣ=k*	Bann gegen Feinde	"
213g–214h	Ende Spruch 10	*jr ḏꜣ.tj=fj sw*	Bannspruch	Teilhabe am Sonnenlauf

Im folgenden sind Schlußtexte weit seltener: 229g–232a ist ein großer Schlußtext, der die Zweite Sequenz insgesamt beschließt. 238a–c ist ein kurzer Schlußtext zum langen Spruch 1 [51] der Klagelieder. Er ist vor allem deshalb interessant, weil er eine Formel von Schlußtexten der I. Sequenz wiederaufgreift (182h–183b; 190h–191b) und dadurch die Kohärenz der Gesamtliturgie bestätigt.

Thema dieser Sequenz ist also völlig eindeutig die Rechtfertigung des Toten, vgl. Spruch 1, Strophe 1 §2; Spruch 2, Strophe 1 §6; Spruch 5, Strophe 2; Spruch 6, Schlußtext §27; Spruch 7 Strophe 1; Spruch 7 Schlußtext; Spruch 8, Strophe 2; Spruch 9 Strophe 1 §32; Spruch 10, Strophe 1. Ich möchte daher die Rechtfertigung des Toten, d.h. den rituellen Vollzug des Totengerichts, als das Hauptthema der I. Sequenz ansehen, auch wenn das Thema nicht so konzentriert im Vordergrund steht wie in der Liturgie *ḫbs tꜣ*, wo es in ähnlicher Weise dramatisch inszeniert wird wie hier die Stundenwache (in der II. Sequenz). Die Rechtfertigung gehört zu der „Mumienwürde" des Toten (*sꜥḥ*), die das Endziel des Balsamierungsrituals darstellt.

Ein negatives Charakteristikum der I. Sequenz ist das fast völlige Fehlen von Hinweisen auf die Balsamierungshalle als den Ort des Rituals. Nur in Spruch 6 werden *sḥ-nṯr* und *pr nfr* erwähnt. Solche Hinweise sind nun wiederum für die anderen Sequenzen typisch. Von den 18 Sargtext-Belegen für *wry.t* „Balsamierungshalle" finden sich 11 in den Sprüchen [49]–[60]. Ähnlich ist die Verteilung des in den Sargtexten 21mal belegten Lexems *sḥ-nṯr* „Gotteszelt". Davon kommen 14 in den Sprüchen [45]–[60] vor.

Der Gesamtumfang der ersten Sequenz ist 250 Verse (88–89–73).

Zweite Sequenz: Stundenwache

Sprüche 11–12 *CT* [49] + [50]
Spruch 11

[49]
BARGUET, *Textes des sarcophages*, 191 f.
FAULKNER, *AECT* I, 45–47
KEES, *Totenglauben*, 270 (vollständige Übersetzung)
MÜNSTER, *Isis*, 35 f. (vollständige Übersetzung, weitgehend nach KEES)

1	215a	*ẖr sdꜣ m ꜣḫ.t jꜣbt.t*	Zittern befällt das östliche Lichtland
2		*ḥr ḫr.w jꜣkb m wry.t*	auf das Klagegeschrei aus der *wry.t* hin.
3	b	*jw ꜣs.t ḥr jm ꜥꜣ*	Isis ist in großer Wehklage,
4	c	*Nb.t-Ḥw.t ḥr rmy.t*	Nephthys beweint
5	d	*ḥr nṯr pn sms.w nb nṯr.w*	um diesen[132] ältesten[133] Gott, den Herrn der Götter[134].
6	e	*wꜣ m mꜣ n=f m wry.t*	Ein Anschlag wird geplant, ihn zu erblicken in der Balsamierungshalle (*wry.t*)
7		*jn jrj.w jḫ.t jr=f*	seitens dessen, der ihm etwas angetan hat,
8	f	*jrj.n=f ḫpr.w jr=f m py*	nachdem er gegen ihn die Gestalt eines Flohs angenommen hat,
9	216a	*nfꜣfꜣ=f ẖr ḏr.wj=f*	um unter seine Flanken zu kriechen.

[132] B10C^{c}, B17C hat *pn*, B12C hat *pw*.
[133] B10C^{b} om. *sms.w*. B10C^{c} liest *ḥw<jw>*, offenbar Lesefehler („Mann mit Stab" = *sms.w* oder *wr*, für „Schlagender Mann mit Stock" = *ḥwj*).
[134] B17C om. *nb nṯr.w*.

10	216b	*rsj.w ḥr=ṯn jmj.w wꜥb.t*	Seid wachsam, ihr in der Reinigungshalle,
11		*sꜣw ṯn jmj.w wry.t*	paßt auf, ihr in der Balsamierungshalle,
12	c–d	*m=ṯn nṯr hꜥ.w=f snḏ.w*	seht, der Gott, sein Leib[135] ist in Furcht
13		*n nbḏ.w jrj.n ḫpr.w*	vor den Feinden, die sich verwandelt haben!
14	e	*sḥḏ.w tkꜣ.w jrj.w ꜥ.t*	Zündet die Fackeln an, ihr Hüter der Kammer,
15	f	*nṯr.w jmj.w snkw*	ihr Götter in der Finsternis![136]
16	h	*ḏy sꜣ=ṯn ḥr nb=ṯn*	Gebt euren Schutz für euren Herrn,
17	217a	*psš wnw.t ḥr nb ḥḏ.t*	teilt die Stunden ein für den Herrn der weißen Krone,
18	b	*r jyj.t Ḥr.w m Jwnw*	bis Horus[137] kommt aus Heliopolis,
19		*rḏj.w n=f ꜣtf.w ꜥꜣ.w*	dem die großen Atef-Kronen gegeben wurden!
20	217c	*ẖꜥj sẖm n Jm.j-w.t*	Es erscheint die Macht des *Jm.j-w.t*,
21	d	*ꜣw jb n jrj.w ꜥ.t*	es freuen sich die Hüter der Kammer,
22	e	*šsp.n sms.w bꜣ.w=sn*	die Ältesten haben ihre Pantherfelle empfangen,
23	f	*ꜥḥꜥ mdw.w m tp wry.t*	und die Stäbe werden aufgerichtet vor der Balsamierungshalle
24		*n Jnp.w jyj.w m ḥtp*	für[138] Anubis, der in Frieden gekommen ist,
25	218a	*ẖꜥy m ṯꜣ.tj*	erschienen als Wesir.
26	218b	*ḏd=f ẖwy=ṯn jrj=ṯn ꜥqn.w ḥr.w*	Er sagt: „Ihr sollt Schutz ausüben, ihr mit aufmerksamen Gesichtern,[139]
27	c–219a	*nwꜣ.w wꜥb.t jyj.w m šms.w Nbḏ*	die, die die Reinigungshalle beobachten und die, die im Gefolge des Nebedj kommen,

135 *mṯn nṯr hꜥ.w=f* mit B12C, B10C^{c}, B16C. B10C^{b} und B17C lesen *ḥꜥ.w nṯr* „Gottesleib“.

136 *snk.t*, Wb IV, 176,4–10, dort erst ab NR belegt. Interessant ist das „Raum“-Determinativ in B10C^{c,} das dem Gottesnamen im *Tb* (*Urk.* V, 76) entspricht (Wb IV, 176,12). Vielleicht ist hier, wie schon das Wb vermutet, „der dunkle Ort“ gemeint, als Bezeichnung der Balsamierungskammer.

137 So nach B10C^{b+c}, B13C. B12C, B17C und B16C haben *wr* „der Große“.

138 So mit B10C^{c}, B 13C und B16C. B10C^{b} hat *jn Jnp.w* „durch Anubis“. B12C hat nur *Jnp.w*: „Anubis ist in Frieden gekommen“.

139 217c–218b in der Fassung von B16C:
Es erscheinen die Hüter der Kammer,
die Ältesten haben ihre Pantherfelle empfangen,
die Balsamierer …, die Balsamierungshalle freut sich
über Anubis, der in Frieden gekommen ist,
erschienen als Wesir.
Er spricht: So schützt doch, ihr mit aufmerksamem Gesicht.

28	b	*ꜥq.w m sṯp.w qmꜣ.w nfw.t=sn*	die eintreten ins Erlesenste, die ihre[140] Atemluft erschaffen,
29	c	*jrj.w jmn.t n.t nṯr pn ꜥꜣ nb nṯr.w*	die das tägliche Opfer dieses großen Gottes, des Herrn der Götter bereiten,
30	d	*nhs.w ꜥꜣ.w ḥr nb=sn*	die die Türen[141] bewachen für ihren Herrn!
31	e	*jsj nḏr m-ḫnw ꜥḥ*	Eilt und packt an im Palast!
32	f–220a	*bꜣg ꜥꜣ m-ḫnw sṯ.t*	Große Mattigkeit herrscht in der *sṯ.t*[142]
33		*ḥr nṯr pn ntj m-bꜣḥ=j*	wegen dieses Gottes, der hier vor mir[143] ist,
34		*ssnḏ=f m-ḫnw ꜥḥ=f*	in Furcht versetzt in seinem Palast!“
35	b	*jn Jnp.w*	So spricht Anubis.
36	c	*nn nfr ḥr jb n jmj.w bꜣḥ*	Es ist nicht gut in der Meinung derer, die gegenwärtig sind,
37	d	*ḏd.t m ḥr.j-jb=sn*	was in ihrer Mitte gesagt wurde:
38	e	*wḏ.t nkn=f m ꜥḥ=f*	‘Ihm (Osiris) wird ein Schaden zugefügt in seinem Palast[144]
39		*jn jrj.w jḫ.t jr=f*	seitens dessen, der ihm (schon einmal) etwas angetan hatte!’
40	f	*nḏr nbḏ jm.j kkw*	(Vielmehr:) Gepackt ist der Dämon, der in der Finsternis ist,
41	g	*jrj(.w) nkn n zmꜣ.wt=f*	Schaden wurde seiner Bande zugefügt.
42	h	*ꜣw jb n ḫnt.j sḥ-nṯr*	Der Erste der Gotteshalle freut sich,
43	221a	*mꜣꜣ=f ḥꜥꜥ.w m wry.t*	wenn er den Jubel in der Balsamierungshalle sieht
44		*m-ꜥ ꜣs.t nb.t smj.wt*	seitens der Isis, der Herrin der Westwüste.
45	b	*ḏd.jn Jnp.w n Wsjr*	Da sagte Anubis zu Osiris:
46	d	*rs n ꜥnḫ mꜣꜣ=k ḫꜥ.w=k*	Erwache zum Leben, auf daß du deine Erscheinung siehst,
47	e	*wḏ(.w) nkn n jrj.w jr=k*	Schaden wurde zugefügt dem, der gegen dich gehandelt hat.

140 „Ihre“ wirkt überflüssig und fehlt in B10C[c].

141 So mit B10C[b], B10C[c]. B12C hat *nhz.w nꜥw.w* „die die Schlangen bewachen“.

142 Die jüngere Fassung (B12C, B13C, B17C und B16C) hat *dj bgw ꜥꜣ m ṯw.tj sṯ.t* „große Mattigkeit ist gegeben …“. *sṯ.t* muß ein Name der Balsamierungskammer sein.

143 *=j* nur bei B12C und B16C. B10C om., die anderen sind hier zerstört.

144 So nach B12C, B13C, B17C, B16C. B10C[b+c] und wohl auch B1Y lesen *wd.t nkn nwꜣ ꜥḥ* „daß dem Wächter (*nwꜣ* „bewachen?“ Wb II, 221,20) eine Verletzung zugefügt worden sei“.

1. Strophe (Verse 1–9): Einleitung

Diese Sequenz beginnt wie die zweite Gruppe der ersten Sequenz mit dem Satz

ḫr sdꜣ m ꜣḫ.t jꜣbt.t	Zittern befällt das östliche Lichtland.

im Sinne einer einleitenden Situationsschilderung, vgl. *CT* [45] = I.191d. Ich möchte darin einen Hinweis darauf erkennen, daß in der ursprünglichen Fassung beide Sequenzen mit dieser Formel begannen.

Zur Verbindung von *sdꜣ* „Zittern" und *ḫr* „fallen" vgl. Sinuhe B3 *sdꜣ ḫr.w m ꜥ.wt=j nb.t* „Zittern fiel in alle meine Glieder".[145]

wry.t bezeichnet die Balsamierungshalle[146] und gibt damit einen eindeutigen Hinweis auf den Ort des Geschehens.

Die Erwähnung der Totenklage durch Isis und Nephthys stellt klar, daß hier ein Ritualzusammenhang beginnt, der sich in Sprüchen [51]-[59] fortsetzt. In der Sequenz [44]-[48] ist von Totenklage nicht die Rede. Die Konstruktionen mit *ḥr*+Inf. machen deutlich, daß es sich hier nicht um Wunschsätze handelt, sondern um die Schilderung einer aktuellen Situation.

§35 Der Anschlag des Seth

wꜣ „Komplott", mit FAULKNER. Offenbar: „es wird ein Komplott geschmiedet", „es besteht ein Komplott". Vermutlich Infinitiv, dessen Subjekt dann mit *jn* „seitens" nachgetragen wird. KEES: „Als man ihn erblickte in der Leichenhalle, wurde Böses geplant durch den, der (schon einmal) etwas gegen ihn getan hatte". MÜNSTER: „Es wurde Böses geplant, als er gesehen wurde". Vgl. *CT* [50]:

227f	*m=k Stḫ jj.w m ḫpr.w=f*	Siehe, Seth ist gekommen in seinen Verwandlungen.
g	*ḏd.n=f ssnḏ ḥꜥ.w-nṯr*	Er hat geplant, den Gottesleib in Furcht zu versetzen.

und

229a	*ḫnr n=f ḏd.w ssnḏ=f*	Ausgesperrt sind für ihn, die geplant hatten, ihn in Furcht zu versetzen.[147]

Zu *jrj ḫpr.w r* „sich verwandeln gegen" s. *CT* [52] = I.239h:

jrj.n=f ḫpr.w r nṯr pn	Er hat 'sich verwandelt gegen' diesen Gott.

Zu *mꜣ n=f*: Da sich das Suffix aus logischen Gründen auf den Toten als Objekt des Sehens beziehen muß, kommt nur eine Konstruktion als Infinitiv + *n=f* in

[145] Daher sicher nicht mit FAULKNER als „fall and tremble" zu übersetzen.

[146] Vgl. SETTGAST, *Bestattungsdarstellungen*, 76-80; CLÈRE, *Antef*, 425-447 (*wry.t* als Ort des Totengerichts).

[147] B12C, B13C, B17C, B16C haben *ḫnr.n=j* „ich habe ausgesperrt".

Frage: „Ein Anschlag in Gestalt des Blickens auf ihn". Die Fassung ohne *n*, die B17C vertritt, ergibt denselben Sinn: „ein Anschlag in Gestalt des ihn Erblickens". *mꜣn=f* kann nur als Subjunktiv „damit er sieht" oder als Relativform „den er gesehen hat" heißen, was beides hier keinen Sinn ergibt. Der Anschlag hat zum Ziel, Osiris zu erblicken. Genau dies ist es, was die Wächter in der Balsamierungsstätte mit allen Mitteln verhindern sollen. So sagt z. B. Osiris zu Horus in *CT* [312] = IV. 69g–70b: „Verbreite doch Ehrfurcht vor mir, schaffe mir Respekt, so daß die Götter der Unterwelt mich fürchten, so daß sie für mich ihre Tore verteidigen,

jm tkn wj jrj.w nkn=j	damit nicht der mir nahe, der mich verletzt hat,
mꜣn=f wj m pr kkw	wenn er mich im Hause der Finsternis erblickt
kfꜣ=f bꜣg.w=j jmn jr=f	und meine Schwäche aufdeckt, die ihm (jetzt) verborgen ist.

In Spruch 11 der Liturgie SZ.1 heißt es, daß Re die Wächter des Osiris eingesetzt habe, weil er „es haßte, daß Seth ihn erblicke":

hj hj ms.w ms.w=f pwy nn	O, o, ihr Kinder seiner Kinder seid es,
jrj.t n Rꜥ.w m gs=f dp.t	die Re gemacht hat in seiner Seite des Schiffes (?),
m msḏ mꜣ.n sw Stẖ	weil er nicht wollte (es haßte), daß Seth ihn sehen könnte.[148]
stp=ṯn sꜣ=ṯn ḥr jtj=ṯn Wsjr	Ihr sollt euren Schutz ausüben für euren Vater Osiris!

Ähnlich auf ptolemäischen Särgen:

ḏd mdw hꜣ nṯr.w jp.w	Zu rezitieren: O jene Götter
mds.w jr.tj jmj.w-ḫt Wsjr	mit schneidenden Augen im Gefolge des Osiris
rḏj.t.n Rꜥ.w m zꜣ.w Wsjr	die Re zum Schutz des Osiris eingesetzt hat,
m msḏ mꜣꜣ sw Swtẖ/t.	weil er es haßt, daß Seth ihn erblickt
rs=ṯn jmj.w wn.wt=sn,	Wacht auf, ihr die in ihren Stunden sind,
sꜣw=ṯn jmj.w wšꜣw	paßt auf, ihr die in der Dunkelheit sind,
jḫ jr=ṯn rs ꜥḥꜥ	Ach, mögt ihr doch die Wache ausführen an der *ꜥḥꜥ*-Schlange!
ḥm nṯr pn mꜣꜥ-ḫrw	Dieser gerechtfertigte Priester,
mk ntf wꜥ jm=ṯn	seht, er ist einer von Euch![149]

Die Wendung *jrj.w jḫ.t jr=f* „der ihm etwas angetan hat" bezieht sich auf Seth. Die Auseinandersetzung des Verstorbenen mit seinem Feind bzw. seinen Feinden ist hier ganz auf die mythische Ebene transponiert. Seth läßt es nicht mit dem Mord an Osiris bewenden. Er versucht auch noch, die Restitution und rituelle Wiederbelebung des von Isis geretteten Leichnams zu stören, indem er

[148] Dieselbe Aussage auch in Spruch 16, Vers 25.

[149] S. v. BERGMANN, *Panehemisis*, 5–7, ähnlich *Edfou* I, 189; CAUVILLE, *Théologie*, 24.

in Gestalt eines Flohs in die Balsamierungshalle einzudringen droht. Dies zu verhindern ist die Aufgabe der Stundenwache, die hier inszeniert wird.

nfꜣfꜣ: nur hier belegt. Nach dem Wortbildungsschema *n*+reduplizierter Stamm muß es sich um eine diminutiv-iterative Tätigkeit handeln. Ob eine Verbindung mit *nftft* vorliegt (Sinuhe B 3–4)?

py Floh“ mit Wb I, 502,2. Vgl. ASSMANN, *Mutirdis*, 98f, Text 105:

ḏd mdw.w	Zu rezitieren:
y nṯr.w jr.yw rs	O ihr Götter, die ihr Wache haltet
ḥr wsjr N	über Osiris N:
nsw.t=ṯn pw [...]=ṯn pw	Euer König ist er, euer [...] ist er!
stp=ṯn sꜣ=ṯn ḥr=f	Mögt ihr eure Schutzwache ausüben über ihm!
n tkn s<j> ʿpš nb ḥfꜣ.w nb	Kein Käfer(?)[150] und kein Wurm soll sich ihm nähern,
rꜣ nb psḥ	kein Mund, der beißt.
n tkn=f r bw ẖr=f	Er soll sich nicht dem Ort nähern, an dem er ist.

2. Strophe (Verse 10–19): Rede an die Stundenwächter

wʿb.t „die Reine“ und *wry.t* „die Große“ sind beides Bezeichnungen der Balsamierungshalle, die hier vollkommen eindeutig den Ort des Geschehens bildet. Möglicherweise bezieht sich auch *snk.t* auf diesen Ort (s. die vorige Anmerkung).

Nbḏ.w im Plural muß sich auf Seth und sein Gefolge beziehen. KEES, *Mondsagen*, 1–15, deutet den Namen *Nbḏ* als „Dämon der Finsternis“; hier handelt es sich aber eindeutig um eine Bezeichnung des Seth, des mythischen Feindes des Osiris. Die Götter werden zu höchster Wachsamkeit angespornt, diesen Anschlag zu verhindern.

jrj.n ḫpr.w ist subjektlose *sḏm.n=f*-Form mit relativischem Anschluß, oder *sḏm.n<=y>* „sie haben sich verwandelt“.[151]

Die „große Atefkrone“ wird auch im Stundenwachentext der Mutirdis erwähnt:

šsp n=k wp.t=k ꜣtf ʿꜣ	Empfange dir deinen Kopfschmuck, die große Atef-Krone,
ḫʿj ṯw ḥr s.t jtj=k pn	indem du erschienen bist auf dem Thron deines Vaters.[152]

Die Form der Strophe ist „dramatisch“, d. h. es wird nicht der Tote angesprochen, sondern Aktanten des Ritus in ihren Rollen als göttliche Schutzmächte. Vgl. zur Form und Funktion den oben zitierten Spruch aus dem Grab der Mutirdis sowie den Anfang von SZ.3, Spruch 14:

150 *ʿpš* : Wb I, 181,18 „Art Käfer (als ein dem Toten feindliches Tier)“ mit Verweis auf *Tb* 36.

151 EDEL, *Personalsuffix*, 30.

152 ASSMANN, *Mutirdis*, 100 Z. 32-33.

rs=ṯn m ḥtp	Erwacht in Frieden,
nṯr.w jpw bꜣ.w mnḫ.w	ihr Götter und trefflichen Bas,
ḏꜣḏꜣ.t ḥꜣ.t Wsjr	ihr Kollegium, die ihr Osiris umgebt!
h sp[153] *ms.w-Ḥr.w nb.w ꜥnḫ m ꜣḫ.t*	O, o, ihr Horussöhne, ihr Herren des Lebens im Lichtland,
rḏj.n Rꜥ.w m sꜣ Wsjr	die Re eingesetzt hat zum Schutz des Osiris,
ss=sn bꜣ.w ḫftj.w=f	damit sie die Bas seiner Feinde verbrennen:
ḏj=tn sḫm Wsjr Ḫntj-jmn.tjw ḫr nṯr.w	Mögt ihr bewirken, daß Osiris Chontamenti Macht gewinne bei den Göttern
šꜥ.t=f m jr.tj sbj	und das Entsetzen vor ihm in den Augen des Rebellen sei.

Die Handlungen, zu denen der anonyme Sprecher, d.h. der als Ritualleiter agierende Vorlesepriester auffordert, sind

1. Fackeln anzünden
2. Schutz geben
3. Stunden einteilen.

§36 Fackeln

Das Licht der Fackeln soll den Feind abwehren. Diese apotropäische Funktion der Fackeln liegt dem Spruch *Tb* 137 zugrunde, der den vier in den Ecken der Sargkammer deponierten „magischen Ziegeln" gewidmet ist. Diese Ziegel symbolisieren die während der Stundenwache angezündeten Fackeln und ihre als übelabwehrender „Blick des Horusauge" gedeutete Flamme.[154] MÜNSTER schließt aus der Tatsache, daß „das Anzünden der Fackel immer wieder in Zusammenhang der Balsamierung genannt" wird[155] darauf, daß die Balsamierung bei Nacht stattfand. Die Stellen beziehen sich aber nicht auf die Mumifizierung im allgemeinen, sondern auf die Stundenwache als ihren nächtlichen Abschluß. Zum Motiv der Fackel s. auch Bd. II zu NR.3 §13.

§37 Stundenwachen

„Schutz geben" und „Stunden einteilen" gehören zusammen: Es handelt sich um eine in stündlich abwechselnden Schichten organisierte Nachtwache. Wir haben hier den ältesten Beleg für ein Ritual, das uns im Osiriskult der griechisch-römischen Tempel (Dendera, Edfu und Philae) bezeugt ist, die „Stundenwachen".[156] Man darf wohl davon ausgehen – und die vorliegende Liturgie ist die deutlichste Bestätigung dieser Annahme – daß es die Nacht vor der eigentlichen Beisetzung

[153] Ob *h<ꜣ> sp <snw>* „O, o"?

[154] Vgl. ASSMANN, *Liturgische Lieder*, 143 mit Anm. 18–21, sowie GUTBUB, *Hymne à Hathor*, 41ff. und KÁKOSY, *Magical bricks*, 60–72. KEES, *Totenglauben*, 255; GOYON, *Glorification d'Osiris*, 112 (31); JUNKER, *Stundenwachen*, 65, Nr. 3.

[155] MÜNSTER, *Isis*, 36 mit Verweis auf *CT* I.262c; 250c, d (also andere Sprüche unserer Totenliturgie) und *CT* III.305d.

war, die als Stundenwache organisiert und begangen wurde. Sie beschließt die idealiter 70 Tage langen Vorgänge der Einbalsamierung und Mumifizierung. Am folgenden Morgen beginnt dann die Prozession vom Balsamierungshaus zum Grab. Dieser Zeitrahmen wird in dem abschließenden Satz „bis Horus kommt …" angedeutet. Die Ankunft des Horus aus Heliopolis scheint mit dem Sonnenaufgang zusammenzufallen. Auf diese Nacht vor der Beisetzung bezieht sich wohl auch die Wendung *grḥ n qs.t* „die Nacht der Mumifizierung" bzw. „Sarglegung" im pBM 10507.[157]

Die Stundeneinteilung der Nacht ist ab der 1. Zwischenzeit belegt und hat sich möglicherweise im Zusammenhang dieses Rituals entwickelt.[158] Sie muß vor Erfindung der Wasseruhr (18. Dyn.) durch astronomische Beobachtung vorgenommen worden sein. Dem entsprechen die Sternuhren auf Särgen des MR.[159] Der Terminus „die Nacht einteilen" (*wḏꜥ ḫꜣwj*) für die Stundenwache kommt auch im Sinuhe vor.[160]

Für das Personal der Stundenwachen ist ein Text auf dem Sarkophag der Anchnesneferibre aufschlußreich:[161]

jw nṯr nb m sꜣ ꜥ.wt=s	Ein jeder Gott schützt ihre Glieder,
jw nṯr.t nb.t m sꜣ ḥꜣ=s	jede Göttin ist zum Schutz hinter ihr.
jw Jnp.w ḥr snb mn=s nb	Anubis heilt alle ihre Leiden,
jw ꜣs.t ḥnꜥ sn.t=s Nb.t-Ḥw.t	Isis mit ihrer Schwester Nephthys,
Nj.t Srq.t Tfnw.t	Neith, Selkis, Tefnut,
Nw.t msj.t nṯr.w Mw.t	Nut, die die Götter geboren hat, Mut,
Sḫm.t Bꜣst.t	Sachmet, Bastet,
Wꜣḏ.t Sꜣt.t	Wadjet, Satet,
Ḥr.w sms.w Ḏḥwtj sꜣ Rꜥ.w	Horus der Älteste, Thot, der Sohn des Re
ḥr stp sꜣ ḥr=s	bilden für sie die Schutzwache.
nṯr nb ḥr dhn n=s tꜣ	Jeder Gott berührt die Erde für sie,
s nb jm=sn ḥr jrj.t wnw.t=f	ein jeder von ihnen macht seinen Stundendienst
n ḥm.t-nṯr ꜥnḫ-n=s-nfr-jb-Rꜥ.w mꜣꜥ-ḫrw	für die Gottesgemahlin Anchnesneferibre, gerechtfertigt,
m wḏ.t n Rꜥ.w Jtm.w jtj nṯr.w	auf Geheiß des Re-Atum, des Vaters der Götter.

Vgl. auch DARESSY, *Tombeau Ptolémaïque*, 171 ff.

[156] Vgl. hierzu meinen Artikel *„Stundenwachen"*, 104–6, sowie SOUKIASSIAN, *Veillées horaires*, 333–340. Vgl. auch KEES, *Totenglauben*, 270: „Zweifellos hat es bereits damals (im MR) ein ausgearbeitetes Ritual für die Stundenwache an der Bahre des Osiris, wie es uns aus Tempeln der Ptolemäerzeit erhalten ist, gegeben." Siehe auch SMITH, *Pap. BM 10507*, 24–28.

[157] IV, 1–2, s. SMITH, *a.a.O.*, 27 f.

[158] OSING, *„Stundeneinteilung, -beobachter"*, 100 f.

[159] POGO, *Calendars*, 6–24; NEUGEBAUER/PARKER, *Astronomical Texts* I, 1–32.

[160] B 191. Vgl. ASSMANN, *Rubren*, 29 Anm. 24.

[161] SANDER-HANSEN, *Anchnesneferibre*, 67 f.

3. Strophe (Verse 20–25): Auftritt des Anubis

Die Strophe schildert in Form einer Vorgangsverkündigung den Auftritt des Anubis. „Die Macht des Imi-ut" mit KEES; FAULKNER übersetzt: „The sceptre of him who is in the place of embalming appears". Die „Ältesten" sind offenbar die Offizianten der Stundenwache. Sie tragen das Pantherfell (des Sem-Priesters) als Priestertracht.[162] Die Aufrichtung der „Stäbe" vor der Balsamierungshalle hat vermutlich apotropäischen Sinn. Wenn man an die später bezeugte Funktion von Götterstäben bei Prozessionen denken darf, dann könnte die Aufstellung der Stäbe auf die Begräbnisprozession vorausdeuten, die im Anschluß an die nächtliche Stundenwache am Morgen beginnen wird.[163] WESTENDORF (bei MÜNSTER, *Isis*, 35 mit Anm. 452) denkt bei den Stäben an *Jm.j-w.t*-Fetische (mit Verweis auf WESTENDORF, *Darstellungen des Sonnenlaufs*, 3f.).

Die Bezeichnung des Anubis als Wesir ist mir sonst nicht bekannt; sie bezieht sich wohl auf seine Funktion als Leiter der Veranstaltung. KEES folgt der Lesart *jn Jnp.w* und übersetzt: „'Die Stäbe sollen vorn in der Leichenhalle stehen', sprach Anubis, „willkommen in Frieden, du, der als Wesir erschienen ist (Thot)!'"

4. Strophe (Verse 26–35): Rede des Anubis

Zu *ʿqn.w-ḥr*: In dem leider sehr zerstörten Spruch *CT* [852] = VII.56b heißt es: *mꜢꜢ sw ʿqn.w-ḥr* „es beobachten ihn die mit wachsamen Gesicht". In einer Variante von Spruch *CT* [335] = IV.268d (M4C) erscheint *ʿqn-ḥr jm.j wn.wt=f* „Der mit wachsamen Gesicht in seiner Stunde" als einer der „sieben Ach-Geister im Gefolge des Herrn der Gaue, denen Anubis Sitze bereitet hat an jenem Tag des 'Komm her'"[164]. Beide Stellen scheinen sich auf die Stundenwache zu beziehen. „Aqen" ist der Name des Fährmanns. Von ihm heißt es öfter, daß er „wachsam" ist oder über den Toten wacht (z.B. *CT* [343] = IV.360a; [344] = IV.367f).

Unklar ist die Verbindung von Partizipien und Imperativen. Ich habe mich mit FAULKNER und KEES für eine lange Anrufung in Partizipialkonstruktionen entschieden, die in zwei eindeutigen Imperativen endet. Viele der Partizipien könnten aber auch als Imperative wiedergegeben werden. Am Sinn würde sich dadurch allerdings nicht viel ändern.

Auffallend ist das Verfahren, den Ort des Geschehens (die *wry.t*) in immer neuen Wendungen zu umschreiben: *wʿb.t* „die reine Stätte", *stp.t* „die erlesene Stätte", *ʿḥ* „Palast", *sṯ.t* (Bedeutung unbekannt).

[162] S. zum Pantherfell als Umhang speziell des Sem-Priesters STAEHELIN, *Tracht*, 64ff.

[163] Vgl. KEES, *Totenglauben*, 270 Anm. 62. Er versteht *md.wt* „Stäbe" als „Götterbilder". Zu den Götterstäben, die bei Prozessionen mitgetragen werden, s. PEET, *Ship's Log*, 483; GARDINER, *Taxation and Transport of Corn*, 61, Anm. 8; CHADEFAUD, *Statues Porte-Enseignes*, 156f.

[164] S. SZ.3, Spruch 16, §3.

ssnḏ=f kann wohl aus Sinngründen kaum „that he may make fear" (FAULKNER) bedeuten. Entweder faßt man die Form als Relativform auf, rückbezüglich auf *Nbḏ* „den er in Furcht versetzt hat", oder man gibt der auch sonst überlegenen Fassung von B12C den Vorzug, die *ssnḏ* liest, offenbar Pseudopartizip oder Partizip passiv „der in Furcht versetzt wurde". Übrigens ist *ssnḏ* ein Stichwort dieser Spruchsequenz. Es kommt in den *CT* nur hier vor ([49] = I.220a; [50] = I.227g, 229a, 232b–c; [52] = I.240a).

5. Strophe: Reaktion

Erste Teilstrophe (Verse 36–41): Reaktion der Wächter

Die Strophe beschreibt die Reaktion der Zuhörer auf die Rede des Anubis. Daher ist *nn nfr* präsentisch zu übersetzen. Eine mythologische Erzählung, wie KEES sie annimmt („Es war aber nicht richtig in der Meinung der Früheren ...") hat im Spruchkontext keinen Platz. Die Konstruktion ist vermutlich als *nn sḏm<=f>* aufzufassen, mit *ḏd.t* als nachgetragenem Subjekt. Der Zeitbezug dieser Form ist normalerweise prospektiv „Es soll/wird nicht gut sein". Semantisch entspricht *nn nfr ḥr jb* der Wendung *ḏw ḥr jb* „es ist schlecht in der Meinung des ...". Zu *ḥr jb* „in der Meinung" vgl. ASSMANN, *Liturgische Lieder*, 31 f. Die Wendung bezieht sich vorzugsweise auf die Wirkung von Worten auf einen Hörer. *Jmj.w-bꜣḥ* „die davor sind", kann hier schlecht „die Vorfahren" bedeuten, sondern muß sich auf die beziehen, die sich „vor", d.h. in der Gegenwart des zu schützenden Leichnams befinden, die Offizianten der Stundenwache. Die Umschreibung für Seth *jrj.w jḫ.t jr=f* „der ihm (schon einmal) etwas angetan hatte" greift *CT* [49] = I.215e wieder auf.

Mit der Übersetzung von 220e folge ich diesmal der *lectio facilior* der jüngeren Fassung, weil ich die ältere und vermutlich authentische Fassung nicht ganz verstehe:

wd.t nkn n nwꜣ.w ꜥḥ	Schaden wurde zugefügt dem Bewacher des Palastes(?)

nḏr und *jry* sind möglicherweise Imperative oder *sḏm=f*- Formen. Dann sind die beiden letzten Verse als direkte Rede der *jmj.w-bꜣḥ* zu verstehen: „Packt den *Nbḏ*, der in der Finsternis ist, fügt seiner Bande Schaden zu!" bzw. „gepackt werde ..., Schaden soll zugefügt werden ..." Die oben gegebene Übersetzung geht von Partizipien aus. Zustandssätze im Pseudopartizip würden eine andere Wortstellung erfordern: **Nbḏ nḏr.w* „Der Nebedj ist gepackt". Zur „Bande des Nebedj" s. BLACKMAN/FAIRMAN, *Group of Texts*, 421 f., Nr. 106; HERBIN, *Livre de parcourir l'éternité*, 161, zu pLeiden T 32, III, 19.

Zweite Teilstrophe (Verse 42–47): Reaktion des Anubis

Die Strophe korrespondiert genau der vorhergehenden: dort die Bedenken der *jmj.w-bꜣḥ* angesichts der Gefahr und die Aufforderung zu deren Abwendung, hier die Freude des Anubis angesichts des Jubels der Isis und die Aufforderung an Osiris, zu erwachen:

Reaktion der *jmj.w-bꜣḥ*:	Reaktion des Anubis:
nn nfr ḥr jb (Bedenken)	*ꜣw-jb* (Herzensweite)
wegen: Gefahr für Osiris	wegen: Jubel der Isis
(Rede der *jmj.w bꜣḥ*)	Rede des Anubis zu Osiris:
Packt den *Nbḏ*	Erwache zum Leben
jry nkn (fügt Schaden zu)	*wdj nkn* (Schaden wurde zugefügt)

„Erwache zum Leben" ist die typische Aufforderung im Kontext der Stundenwachen; vgl. den Refrain „Erhebe dich zum Leben" in der Sequenz [44]-[48].

Gliederung von Spruch 11

47 Verse Spruch 11	9 Einleitung	5 Klage
		4 Gefahr
	10 Rede an die Stundenwächter	4 Seid wachsam
		6 Fackeln, Schutz
	6 Auftritt Anubis	
	10 Rede des Anubis	5 Prädikate der Wächter
		5 Aufforderung an die Wächter
	12 Reaktion	6 Reaktion der Wächter
		6 Reaktion des Anubis

Zu beachten ist der Wechsel beschreibender und zitierender Partien. Die letzte Strophe verbindet beides.

Spruch 12

[50]
BARGUET, *Textes des sarcophages*, 192–194
FAULKNER, *AECT* I, 47–50
KEES, *Totenglauben*, 267 (vollständige Übersetzung)
MÜNSTER, *Isis*, 37 f. (vollständige Übersetzung)

1	223a	*ḏsr p.t ḥꜥꜥ ꜣḫ.tjw*	Geheiligt ist der Himmel, die Lichtlandbewohner jubeln,
2	b	*ḫꜥj Rꜥ.w m sbꜣ.tj*	Re[165] erscheint im Doppeltor.
3	c	*ḏj.n šms.w ꜥ.wj n ḥḥ.w*	Die Gefolgsleute haben den Heh-Göttern die Arme gereicht.
4	d	*ꜣw jb n Ḥr.w nḏ-ḥr jtj=f*	Horus frohlockt, der Helfer[166] seines Vaters:
5	e	*ḏsr wꜣ.wt n.t ꜥrr.wt*	Geheiligt sind die Wege der Torhallen[167].
6	f	*Jnp.w m ẖnw ꜥḥ=f*	Anubis ist in seinem Palast
7		*m wnw.t=f n.t sḥ-nṯr*	in seiner Stunde des Gotteszeltes[168],
8	g	*ḏj=f ꜥ.wj=f ḥr nb nṯr.w*	um seine Arme auf den Herrn der Götter zu geben.
9	224a	*ḥꜥꜥ Km.t ns.wt Gb*	Ägypten und die Stätten des Geb[169] jubeln,
10	b	*rdj.w jꜣw m-ẖnw Ḏdw*	Lobpreis wird gespendet in Busiris,
11	c–d	*rš Ḥr.w ḫnt.j ḫm n Wsjr Wnn-nfr*	Horus von Letopolis freut sich über Osiris Wannafre,
12		*jyj.w m ḥtp.w r jmnt.t*	der in Frieden zum Westen gekommen ist,
13	e	*nṯr.w nb.w m šms.w=f*	indem alle Götter in seinem Gefolge sind.

[165] B10C hat irrtümlich *šms.w* anstatt Re.
[166] B12C hat *nḏ-ḥr*, die anderen nur *nḏ*.
[167] B16C om. *ꜥrr.wt*.
[168] B12C hat irrtümlich *ẖr.t-nṯr* „Nekropole“.
[169] *ḫꜥw* bzw. *ḫꜥy* haben die Vertreter der älteren Fassung, B10C^{b} und B10C^{c}. Die jüngeren haben statt dessen *Km.t* „Ägypten“. Diesmal möchte man der jüngeren Fassung folgen. Bei der älteren handelt es sich vermutlich um eine Verlesung des Hieratischen. „Ägypten“ gibt als Oberbegriff zu den im folgenden aufgezählten Orten einen guten Sinn, außerdem ist die Gegenüberstellung von Himmel und Erde eindrucksvoll.

14	f–g	*<jꜣ Wsjr N pn> m=k ṯw grt r ḥꜣ.t wjꜣ*	<O Osiris N>[170], siehe du bist[171] am Bug der Barke,
15	h	*rḏj.w n=k ns.t m kꜣr*	dir[172] ist ein Sitz[173] angewiesen in der Kajüte.
16	225a	*mk ṯw grt nsw.t n p.t*	Siehe, du bist[174] doch der König des Himmels.[175]
17	b–c	*jwj.t n=k jmj.w ns.wt=sn ntk ḥqꜣ=sn*	Die auf ihren Sitzen Befindlichen sollen zu dir kommen, denn du bist ihr Herrscher.
18	d	*jw n=k grt ḥḥ.w m ḥḥ.w*	Dir gehören doch Millionen über Millionen
19	e	*n kꜣ.w=k šps.w m Nn-nsw.t*	deiner erlauchten Kas in Herakleopolis.
20	f	*smn.t bꜣ=k m Ḏd.t*	Dein Ba ist fest etabliert in Mendes/Busiris[176],
21	g	*ṯsj ḥkꜣ zꜣ.w ḥꜣ=k m-ẖnw sḥ-nṯr*	Zauber und Schutz sind um dich geknüpft im Gotteszelt[177],
22	226a	*sꜥḥ=k m pr bꜣ.wj*	deine Würde ist im Haus der beiden Bas (Mendes).
23	b–c	*ḫꜥy=k wḫꜣ n=k hny*	Mögest du erscheinen[178], mögen dir Ovationen ausgeschüttet werden[179]
24		*m ẖr.t-nṯr jn wn.w m sḫ.t ḥtp*	in der Nekropole seitens derer, die im Opfergefilde sind.
25	d	*jm=k šm=k ḥr wꜣ.wt mds.w*	Du sollst nicht auf den Wegen der Messerträger gehen,
26	e	*khꜣ.w ḫrw dd.w sḏb.w*	die Gebrüll ausstoßen und Geschrei erheben.

170 Die ältere Fassung (B10C^{b+c}) om. Anrede.

171 Die Vertreter der jüngeren Fassung (B12C, B17C, B16C) haben „dein Sohn ist …"

172 B12C und B16C haben entsprechend zu ihrer Lesung von 224g „ihm" (mit Bezug auf „dein Sohn").

173 B17C hat „dein Sitz".

174 B16C: *jw=f grt m nsw.t* … „Er ist doch der König …".

175 B12C, B13C, B17C, B16C lesen: „des unteren Himmels". B10C^{c} hat „dieses Himmels".

176 So B10C^{b+c}. B12C, B13C, B17C, B16C haben „Busiris". Zur Verwechslung von Busiris und Mendes vgl. Meeks, *Poisson de Mendes*, 212 Anm. 3. Zur Beziehung der beiden Orte vgl. Zandee, *Crossword Puzzle*, 29; Berlandini, *Pilier-djed memphite*, 28 f.

177 So B10C^{b+c}. B12C, B13C, B17C, B16C haben 2 Verse:
Große Zauber sind um dich geknüpft,
und Schutzamulette wurden in das Gotteszelt gegeben.

178 B12C, B17C, B16C haben *wḥm ḫꜥy=k* „Wiederhole dein Erscheinen".

179 *wḫꜣ* „ausleeren, ausschütten"? In dieser Verbindung ungewöhnlich. B12C, B13C, B17C, B16C haben eine verständlichere Fassung:

wḥm ḫꜥw=k wḫꜣ ḏw.t=k	Wiederhole dein Erscheinen, schüttle das Üble an dir ab;
ḏj.t n=k hnw m ẖr.t-nṯr	dir werden Ovationen gegeben im Totenreich.

27	f	*jꜥnw n=k jm.j jtn=f*	Achtung, du in seiner[180] Sonnenscheibe,
28	227a	*jrj.w sẖr.w m nṯr.w*	der Plänemacher unter den Göttern:
29	b	*jn rr wnn=j ꜥꜣ wꜥ.kwj*	Soll ich hier etwa allein sein?[181]
30	c	*jn-jw tr jtj=j ꜥꜣ ḥnꜥ=j*	Ist (nicht) mein Vater hier bei mir?[182]
31	d–e	*jn-jw wn jṯy sn=f m-ḫt mny ꜥꜣ*	Gibt es etwa einen, den sein Bruder geraubt hat nach dem großen Anlanden?[183]
32	f	*m=k Stẖ jyj.w m ḫpr.w=f*	Siehe, Seth ist gekommen in seinen Verwandlungen.
33	g	*ḏd.n=f ssnḏ ḥꜥ.w nṯr*	Er hat geplant, den Gottesleib in Furcht zu versetzen.
34	h–228a	*ḏy ḥm nkn=f jrj.w šꜥ.t=f jn Jtm.w*	„So werde ihm Schaden zugefügt und sein Gemetzel veranstaltet“, sprach Atum.
35	228b	*rs Jnp.w nb rꜣ qrr.t*	Es wache Anubis, der Herr der Schachtmündung,
36		*ḥr nṯr pn sꜣ nb nṯr.w*	über diesen Gott, den Sohn des Götterherrn.[184]
37	c	*ḏj.n ꜣs.t ꜥ.wj=s ḥꜣ=k*	Isis hat ihre Arme um dich gelegt,
38		*mj jrj.t.n=s ḥr Nb-r-ḏr*	wie sie es getan hat für den Allherrn.
39	d	*rs wꜣ.wt nhp ꜥrr.wt*	Es sollen erwachen die Wege, es sollen früh aufstehen die Tore:
40	e	*ḫꜥj nṯr mꜣꜣ=f pꜥ.t*	Der Gott erscheint, um die Menschheit zu schauen.
41	f	*rdj.w jꜣ.w m sḥ-nṯr*	Lobpreis werde gespendet im Gotteszelt,
42		*mꜣn nṯr dr sbj.w*	damit der Gott sehe, daß der Rebell vertrieben ist
43	229a	*ḫnr n=f ḏd.w ssnḏ=f*	und daß ausgesperrt sind für ihn, die geplant hatten, ihn in Furcht zu versetzen.[185]
44	b	*jw šms.w m-ḫnw wjꜣ*	Die Gefolgsleute in der Barke,
45		*Mskt.t m ršrš*	der Mesektet-Barke, sind in Freude,

180 *=f* haben B10C^{b+c}. B12C, [B13C], B17C und B16C haben *jm.j jtn.*

181 Nur B10C^{b+c}.

182 Diesen Vers hat nur B10C^{b}.

183 Om. B10C^{c}. Statt *jṯy* lesen B12C, B13C, B17C und B16C *ḏy n.*

184 So nach B10C^{c}. B10C^{b} fügt *ḏj=f ꜥ.wj=f* ein: „Er gebe seine Arme auf diesen Gott, den Sohn des Götterherrn“. B12C, B13C, B17C, B16C lassen „diesen“ aus.

185 B12C, B13C, B17C, B16C haben *ḫnr.n=j* „ich habe ausgesperrt“.

46	c	*Ḥr.w sms.w m ꜣw.t-jb*	der älteste Horus ist in Herzensweite.
47	d	*sr(.w) ḫꜥ.w m P Dp*	Verkündet werden die Erscheinungen in Buto,
48	e	*jyj nṯr.w jmj.w ꜣḫ.t*	die Götter kommen, die im Lichtland wohnen,
49	f	*dr=sn jrj.w ẖnn.w*	auf daß sie den vertreiben, der Streit verursacht hat[186]
50		*jrj.w ḏw r nṯr pn*	und Böses angetan hat diesem Gott.

Schlußtext

51	229g–230a	*jnk sꜣ sꜣ=k mt.wt mt.wt=k*	Ich bin dein Enkel, Same deines Samens,
52	b	*nṯr wpj.w sn.wj*	der Gott[187], der die beiden Brüder trennte.
53		*rḏj n=j ḥr qꜣqꜣ qꜣ jn nb psḏ.t*	Ich wurde gegeben (?)[188] auf die hohe Anhöhe vom Herrn der Neunheit,
54	c	*sbꜣ.n=f wj m-ẖnw jtn*	nachdem er mich unterwiesen hatte im Innern der Sonnenscheibe,
55	d	*n mrw.t swꜣšy=j ṯw sḫry=j n=k ḫftj.w=k*	damit ich dich preise und dir deine Feinde fälle.
56	e–f	*hꜣ wsjr N pn ꜥḥꜥ*	O Osiris N hier, steh auf,
57		*wṯs ṯw ḏj=k mꜣꜣ=j ṯw*	erhebe dich, zeige dich mir![189]
58	231a–b	*jnk Ḏḥwtj sꜣ sꜣ=k*	Ich bin Thot, dein Enkel,
59	c	*nṯr wpj.w sn.wj*	der Gott, der die Brüder trennte.
60	d	*jm=k jn ṯw jr=j*	Wende dich nicht ab von mir!
61	e	*jnk Ḏḥwtj sꜣ sꜣ=k*	Ich bin Thot, dein Enkel[190],
62	f	*mt.wt n.t mt.wt=k*	Same deines Samens.
63	g	*sbꜣ.n.tw=j m-ẖnw jtn*	Ich wurde unterrichtet im Innern der Sonnenscheibe,

[186] So mit B10C[b+c]. B12C, [B13C], B17C, B16C haben *dr=sn ẖnn.w jrj.w ḏw.t r nṯr pn* „sie vertreiben die Störung dessen (oder: und den,) der diesem Gott Böses angetan hatte".

[187] Nur in der jüngeren Fassung. In der älteren (B10C[b]) fehlt *nṯr*.

[188] Alle Hss. haben *rḏj.n=j* „Ich habe gegeben" oder „den ich gegeben habe" oder „der mir gegeben wurde", was aber keinen Sinn ergibt. Das abschließende *jn nb psḏ.t* „vom Herrn der Neunheit" erfordert eine passivische Konstruktion. FAULKNERS Übersetzung „'whom I have placed upon this great height' says the Lord of the Ennead" wirkt semantisch unbefriedigend.

[189] Lies *jm* oder *ḏj=k mꜣꜣ=j ṯw*. B10C[b] ist wohl in diesem Sinne zu ergänzen: *[ḏj]=k mꜣꜣ<=j> Tw*. B10C[c], B12C und B13C lesen *ḏj=j mꜣꜣ=j ṯw* „damit ich gebe, daß ich dich sehe".

[190] So nach B10C[c]. B12C, B13C, B17C, B16C om. 231a–d. B10Cb om. *zꜣ zꜣ=k*.

64 h	*n mr.wt s3ḫy=j ṯw sḫr=j n=k ḫftj.w=k*	damit ich dich verkläre und dir deine Feinde niederwerfe,
65 232a	*rḏj.w m ḫb.t m Ḫmn.w*	indem sie auf die Richtstätte in Hermupolis gegeben werden.

1. Strophe (Verse 1–13): Einleitung

Zu *ḏsr p.t* vgl. HOFFMEIER, *'Sacred'*, 65–67. HOFFMEIER versteht *ḏsr* als „cleared", mit Verweis auf *CT* [469] = V.388h–i, wo *ḏsr* in Parallelismus mit *ḫsr* steht.

Zum „Doppeltor" als Ort des Sonnenaufgangs: s. *CT* [44] = I.185f; [48] = I.213d.

Zu den Heh-Göttern: vgl. *CT* [48] = I.212g *wṯs ṯw ḥḥ.w m-ʿ.wj=sn* „dann heben dich die Heh-Götter auf ihren Armen empor". Hier ist gemeint, daß die „Gefolgsleute" mit Hilfe der Heh-Götter den Himmelsaufstieg bei Sonnenaufgang bewältigt haben.

Zu den Armen des Anubis: *CT* [24] = I.74h: *jw ʿ.wj Jnp.w ḥr=k m s3=k* „Die beiden Arme des Anubis sind auf dir zu deinem Schutz". Vgl. dort zur Stelle §35 Nr. 6.[191]

2. Strophe (14–26): Rede an den Toten

Erscheinung des Toten am Bug der Sonnenbarke: Vgl. *CT* [45] = I.196f–g:

jw=k ḫʿj.tj m-ḥ3t wj3	Du bist erschienen am Bug der Barke
ḫrp=k ḥr jm.j-wr.t	und lenkst (sie) zum Westen.

Das Motiv bezieht sich auf eine der zahlreichen als Sonnenlauf verklärten Barkenfahrten im Zusammenhang der Beisetzung.

213b *jwj.t n=k jmj.w ns.wt=sn*	Die in ihren Stätten sollen zu dir kommen.

Vermutlich ist das „Gefolge" des Sonnengottes gemeint, die Gemeinschaft derer, die bereits einen „Sitz" (*ns.t*) in der „Barke der Millionen" besitzen.

Die „Millionen Kas in Herakleopolis" sind eine sonst nicht belegte Vorstellung. Sonst ist nur von den „Millionen Kas" des Schöpfergottes die Rede.[192]

Zum Ba in Busiris oder Mendes: die ältere Fassung (B10C) hat Mendes; dieser Lesung gebührt wohl der Vorzug. Dafür spricht auch der Name *pr b3.wj* vgl. *ḥw.t*

[191] Vgl. zu dem Motiv MÜNSTER, *Isis*, 26.

[192] *CT* I.376/77c; *CT* III.383e; *CT* VI.270g. In *Tb* 175 ist von den Millionen und Hunderttausenden von Opfergaben die Rede, die dem als Harsaphes in Herakleopolis inthronisierten Osiris zukommen. In diesem Zusammenhang heißt es: „Sein Ka ist vor ihm. Seine Zeugungskraft führt ihm alle Opfergaben herbei" (HORNUNG, *Totenbuch*, 369–70).

bꜣ.wj, Name des Haupttempels von Mendes, s. HERBIN, *Livre de parcourir l'éternité*, 122.

§ 38 Warnung vor dem falschen Weg

Zu diesem Motiv s. KEES, *Totenglauben*, 60, 195, der auf folgende Stellen verweist:[193]

PT [697] = *Pyr.* § 2175:

jm=k šm ḥr šm.w jp.w jmn.tjw	Mögest du nicht auf jenen westlichen Bahnen wandeln,
jšm.w jm n jwj=sn	denn die auf ihnen wandeln, kommen nicht wieder.
jšm=j jr=k N pw ḥr šm.w jp.w jꜣb.tjw m-m šms.w Rꜥ.w	Wandle lieber, o N, auf jenen östlichen Bahnen unter den Gefolgsleuten des Re.

Sonst werden eher die westlichen gegenüber den östlichen Bahnen bevorzugt:

PT [578] = *Pyr.* § 1531:

jm=k sby m tꜣ.w jp.w jꜣb.tjw	Mögest du dich nicht in jene östlichen Länder begeben,
sby jr=k m tꜣ.w jp.w jmn.tjw m wꜣ.t šms.w Rꜥ.w	begib dich vielmehr in jene westlichen Länder auf dem Weg der Gefolgsleute des Re.

CT [129] = II.150g–i:

hꜣꜣ=k ḥr wꜣ.t jmnt.t	Mögest du auf dem westlichen Weg hinabsteigen,
ḏr ntt ꜥꜣ nḏm=s	denn der ist groß und angenehm,
qsn jꜣbt.t šr.t=s	aber der östliche ist unangenehm, denn er ist klein.[194]

3. Strophe (Verse 27–34): Appell an den Sonnengott

jꜥnw n=k „Gib acht", vgl. zu dieser sehr dringlichen Anredeform den Totenbrief aus Naga' ed-Deir, ed. SIMPSON, *Letter to the Dead*, 39–52, bes. 42 f.[195] Die Anrede kommt auch in anderen Totenbriefen vor.[196]

193 Vgl. auch POSENER, *Points cardinaux*, 73.

194 Vgl. KEES, *Totenglauben*, 60.

195 Mit Verweis auf JAMES, *Hekanakhte Papers*, 109 und BAER, *Farmer's Letters*, 2–3. Zum Totenbrief vgl. auch FECHT, *Totenbrief*, 105–128.

196 GARDINER/SETHE, *Letters to the Dead*, 5 Taf. IV.

Jm.j jtn=f als Bezeichnung der Nachtsonne[197]: s. *CT* [47]:

209e	*sjꜣ qd=k jn jm.j-jtn=f*	Dein Charakter soll erkannt werden durch den in seiner Sonnenscheibe.

§39 *jrj sḫr.w*

Zu diesem vor allem als Epitheton des Gottes Chons bekannten Ausdruck s. Posener, *Khonsou.* Posener verweist auf die koptische Form *erschischi* „potestatem habere". Diesen Sinn nimmt die Wendung aber erst ab der 21. Dyn. an. Vorher bedeutet sie „Entscheidungen treffen", „disponieren", „Maßnahmen ergreifen". Wichtig sind die Gebete an Re-Harachte (pAnastasi II, 10.1–11.2) und Thot (pAnastasi V, 9.2–10.2), die an die Entscheidung und Intervention des angerufenen Gottes appellieren: „L'insistance sur le pouvoir du dieu, qui décide du sort des hommes, montre que l'expression revient à dire qu'il arrête ce qui doit se faire et se fera. Dans cette perspective, l'épithète de notre dieu indiquerait que les croyants lui attribuaient une aptitude particulière à fixer le destin humain".[198]

Das Amduat und andere Unterweltsbücher verwenden *jrj sḫr.w* für die herrscherlich-richterliche Aktivität des Sonnengottes in der Unterwelt, der Recht spricht, Entscheidungen trifft und Versorgung zuteilt. *jrj sḫr.w* steht hier meist in Parallele zu *wḏ mdw.w* „Weisungen geben", wohinter man das Paar *Ḥw* und *Sjꜣ* erkennen kann.[199] Auch im vorliegenden Text geht es um einen Appell an den Sonnengott in seiner richterlich-herrscherlichen Tätigkeit. Er soll intervenieren, um ein Verbrechen zu verhindern.

In der Frage an den Sonnengott weichen die Varr. stark voneinander ab.

Die späte Fassung B12C usw. bietet eine Kurzfassung:

227d	*jn-jw rrw wn ḏy.w n sn=f*	Gibt es etwa einen, der seinem Bruder ausgeliefert wurde
e	*m-ḫt mnj ꜥꜣ*	nach dem großen Anlanden?

B10C^{b} hat den längsten Text, dem die obige Übersetzung folgt. In B10C^{c} fehlen zwei Verse:

227b	*jn rr wnn=j ꜥꜣ wꜥ.kwj*	Soll ich hier etwa allein sein?
c	<*jn-jw tr jt=j ꜥꜣ ḥnꜥ=j*	<Ist nicht mein Vater hier bei mir?
d–e	*jn-jw wn jṯy sn=f m-ḫt mny ꜥꜣ*>	Gibt es etwa einen, den sein Bruder geraubt hat nach dem großen Anlanden?>

Vgl. *CT* [54] = I.244h *jn r-r wnn=j wꜥ.kwj* „soll ich etwa allein sein?" Zu der Partikel *rr* s. CT.3 §11.

[197] Vgl. Assmann, *Liturgische Lieder*, 39–40.

[198] Posener, *Khonsou* 67, 402.

[199] Vgl. Assmann, *a.a.O.*, 82f., 144f. Anm. 25.

Das „Ich“ des Sprechers bezieht sich auf den Sohn des Toten, der an den Sonnengott appelliert, sich an der Beschützung des toten Vaters zu beteiligen. Die Sorge geht dahin, daß Seth den Leichnam des Vaters rauben könne und der Sohn daher allein zurückbliebe. So ein Vorgang wäre beispiellos. Seth hat Osiris töten können; aber er konnte nicht verhindern, daß sein Leichnam wiedergefunden und seine personale Identität wiederhergestellt wurde. Sein Plan einer zweiten Attacke blieb erfolglos.

Zu der „Verwandlung“ des Seth (in einen Floh) s. Spruch 11 [49] Strophe 1. Zur Furcht des „Gottesleibes“ vgl. 216c *m=ṯn nṯr hʿ.w=f snḏ.w* „Seht, der Gottesleib fürchtet sich“.

4. Strophe (Verse 35–50): Vorgänge im Gotteszelt

§ 40 Umarmung durch Isis

Zu dieser Rolle der Isis im Sonnenlauf (beim Sonnenuntergang) s. ASSMANN, *Liturgische Lieder*, 56–60. Zur Parallelisierung bzw. „mutuellen Modellierung“ von Sonnenlauf und Totenschicksal, wie sie in dieser Stelle ganz besonders deutlich greifbar ist, vgl. ASSMANN, *Ma'at*, Kap.VI.

Wie in der Sonnenlauf-Konzeption ist auch im Totenkult die Himmels- und Muttergöttin Nut diejenige, mit der die Vorstellung der Umarmung des Toten in allererster Linie verbunden wird.[200] Aber wie im Osiris-Mythos, so tritt auch im Sonnenlauf nicht selten Isis in dieser Rolle auf. Im Sonnenlauf-Konzept gehört die Umarmung durch Nut oder Isis zum Sonnenuntergang.[201] Sie ist ein mythisches Bild für das vorgestellte Eintauchen der Sonne in die Unterwelt bzw. den Gegenhimmel. Die von Nut oder Isis ausgeführte Umarmung ist nicht nur ein Bild für den Übergang in eine andere Sphäre und die Aufnahme dort; sie ist eine Handlung, die sich speziell an den Sonnengott als Toten wendet.[202] Als Toter geht der Sonnengott in diese Umarmung ein, die ihm die Kräfte zuführt, derer er bedarf, um durch diese Phase hindurch in einen neuen Lebenszyklus einzutreten. Isis repräsentiert im besonderen den wiederbelebenden Aspekt der Umarmung. Sie hat sich auf die Suche nach den verstreuten Gliedern gemacht, hat den Leichnam wieder zusammengesetzt und führt ihm durch ihre Umarmung wieder Lebenskraft zu.

Die Umarmung des verstorbenen Osiris, Königs, Menschen oder Sonnengottes durch eine Göttin hat vor allem zwei Aspekte: den Aspekt der schützenden Verhüllung und Bergung und den Aspekt der Wiederbelebung und personalen

[200] RUSCH, *Nut*; ASSMANN, *„Muttergottheit“*.

[201] ASSMANN, *Liturgische Lieder*, 56–60 und öfter, s. Index s.v. „Umarmung“.

[202] Zum „Nacht-Ikon“ des Sonnenlauf-Konzepts, das den Sonnengott als Toten und „Jenseitsversorgten“ (*jmȝḫ.y*) darstellt, s. ASSMANN, *Re und Amun*, 83–94.

Reintegration (wie er insbesondere durch die Motive der Gliedervereinigung und des zurückgegebenen Herzens ausgedrückt wird). Der folgende Text, der beide Aspekte der Umarmung zum Ausdruck bringt, kann als Beispiel für Hunderte seinesgleichen gelten (die Westgöttin spricht):

O Amenemhet, willkommen in Frieden!
Ich vereinige mich mit dir, ich umfange dich mit meinen Armen,
ich führe deinen Gliedern Leben zu;
ich bleibe als Schutz deines Leibes,
ich schlinge meine Arme um dich in alle Ewigkeit.[203]

Nut und Isis sind beide für beides zuständig, aber bei Nut als Verkörperung eines kosmischen und mütterlichen Raumes dominiert der erste, bei Isis als mythischem Modell der Gattenliebe und heilenden Zauberkraft dominiert der zweite Aspekt.

Von den „Wegen der *ʿrr.wt*“ war oben die Rede. Hier werden Wege und *ʿrr.wt* in engen Parallelismus gesetzt. Sie sollen „erwachen“, d.h. sich rüsten für den Verstorbenen, der sie in Prozession betritt.

Der „Plan“, den Toten „in Furcht zu versetzen“, bildet ein Leitmotiv dieser Spruchfolge. Wieder wird der gefürchtete Übeltäter durch seine bereits vollbrachten Untaten charakterisiert. Der Mord an Osiris ist bereits geschehen. Was gefürchtet wird und verhindert werden soll, ist die zweite Attacke, die sich gegen den restituierten Leichnam richtet.

Die Wendung vom „Erblicken der *pʿ.t*“ kehrt refrainartig wieder in *CT* [51] = I.233f und 237d. Damit sind vermutlich die Würdenträger gemeint, die sich vor der Balsamierungshalle versammelt haben, um an der Begräbnisprozession teilzunehmen und den Sargschlittenzug zum Grab zu begleiten.

Das „Gotteszelt“ ist die Balsamierungshalle, der Ort des Geschehens. Es bezeichnet das „Innen“, dem Himmel (vertreten durch die Sonnenbarke) und Erde (vertreten durch Buto) als „Außen“ gegenüberstehen. Mit dem Anbruch des Morgens und dem Ende der nächtlichen Stundenwache wird eine „Wendung nach außen“ vollzogen.[204] Die Türen der Balsamierungshalle werden geöffnet, und der erwachte Tote erblickt die Würdenträger (*pʿ.t*), die sich draußen versammelt haben.

5. Strophe (Verse 51–65): Schlußtext

§ 41 Selbstvorstellung als „Enkel“

Schlußtexte mit elaborierten Selbstvorstellungen des Offizianten und Vergewisserungen der Sprechsituation und des immer problematischen Kontakts über

[203] DAVIES/GARDINER, *Amenemhet*, Taf. X.
[204] Vgl. hierzu ASSMANN, *Liturgische Lieder*, 111, 252.

die Todesgrenze hinweg sind für die ganze Totenliturgie CT.2 [44]–[61] charakteristisch. In der Ersten Sequenz [44]–[48] tritt ständig der Sohn als Sprecher hervor. Diese Rolle wird im Ritual vom Sem-Priester gespielt. Die Zweite Sequenz [49]–[50], die mit diesem Schlußtext beendet wird, ist offenbar Thot als dem Sohn des Horus in den Mund gelegt. Diese Genealogie ist sonst nicht bekannt; es handelt sich nicht um eine mythische, sondern eine kultische Rolle, die sonst und ganz besonders im Rahmen der Stundenwachen von den „Horussöhnen" wahrgenommen wird. Thot tritt hier als ein solcher Horussohn auf. Die Rolle des Thot wird im Ritual üblicherweise vom Cheri-heb-Priester gespielt.

§ 42 Der Totenpriester als Thot

Thot tritt als Sprecher von Verklärungen z. B. im Schlußtext von *PT* [468] = *Pyr.* § 905a auf. Seit der Zweiten Zwischenzeit gehört Thot ikonographisch zum festen Bestand der Sargdekoration. Das heißt, daß er auch einen festen Platz im Ritual der Stundenwachen hat, denn die Sargdekoration ist eine Verstetigung und Verewigung dieses Rituals, die dem Toten auf Dauer die Heilswirkung seiner einmaligen Aufführung sicherstellen möchte.[205] Auf den Särgen erscheint Thot mit einer Art Standarte und einem magischen Spruch: „Es lebe Re, es sterbe die Schildkröte; heil sei der im Sarge!"[206] Dieser Spruch beruht ebenfalls auf dem Parallelismus von Sonnenlauf und Totenschicksal. Etwas ausführlicher kommt Thot auf einem der Särge des Tutanchamun zu Wort. Auch dort gilt seine Rede eher dem Sonnenlauf als dem Toten:

> Es lebe Re, seine Feinde sind gefallen;
> möge er seine Aufgabe vollbringen Tag für Tag.
> Möge er seinen Sitz einnehmen in der *Mskt.t*-Barke,
> indem sein Herz weit ist in der *Mʿnḏ.t*-Barke
> und die Mannschaft des Re in Jubel ist.
> König Tutanchamun lebt zusammen mit Re im Himmel
> und nimmt die Gestalten des Re (die Sonnenphasen) an.
> König Tutanchamun lebt zusammen mit seinem Vater Re
> im Himmel ewiglich
> und nimmt alle Gestalten an, die er annehmen möchte,
> wie einer dieser Götter der Unterwelt.[207]

Die Kraft, die der Sonnenfahrt freie Fahrt verschafft gegen die Widerstände der Chaosmächte, ist dieselbe, die auch den Toten im Sarge heil sein läßt. Es ist eine magische Kraft, für die Thot als der oberste Ritualist und schriftkundige Magier zuständig ist.

[205] Vgl. Willems, *Chests of life*, 239.
[206] Vgl. hierzu van de Walle, *Tortue*, 178–180.
[207] Piankoff, *Chapelles de Tout-Ankh-Amon*, Taf. XVI.

§ 43 Unterrichtung in der Sonnenscheibe

Thot hat das Wissen, das ihn zur Ausübung magischer Wirkungen befähigt, vom Sonnengott selbst.[208] Dahinter steht die Vorstellung, daß magisches Wissen „Sonnenenergie“ ist. Sie kommt vor allem in dem Ausdruck *bꜣ.w Rꜥ.w* „die Macht(erweise) des Re“ zum Ausdruck, die in der Spätzeit als Bezeichnung für heilige Texte üblich ist.[209] In der kultischen Rezitation solcher Texte wird eine Energie freigesetzt, die welt-inganghaltende Kraft hat und die sich am eindrücklichsten in der jeden Tag aufs neue sich gegen die Mächte der Finsternis und der Erstarrung durchsetzenden Strahlung und Bewegung der Sonne manifestiert. Diese Energie macht sich auch der Totenpriester zunutze. Daher betont er, daß er seine Ausbildung „in der Sonnenscheibe“ empfangen habe, also im innersten Zentrum des kosmischen Lebensprozesses.

§ 44 Verklären und Niederwerfen: Doppelintention

Gewisse Sonnenhymnen haben einen ausgeprägt aggressiven Charakter. Sie richten sich mindestens ebensosehr gegen den Feind, den sie „niederwerfen“, wie an den Gott, den sie preisen. Diese „Doppelintention“ der liturgischen Sonnenhymnik hängt mit ihrer Funktion der Weltinganghaltung zusammen und mit der Vorstellung, daß die kultische Rezitation magische Energien auszuüben vermag.[210] Das Prinzip, das dieser Doppelintention der Sonnenhymnik zugrundeliegt, bringt Amenemope auf eine prägnante Formel: „Man jubelt der Uräus-Schlange zu und speit auf Apopis“ (Amenemope, x, 19–20). Ganz besonders deutlich wird dieser Doppelbezug in dem Thot-Spruch der NR-Särge „Es lebe Re, es sterbe die Schildkröte“, auf den wir bereits hingewiesen haben.

Auffallend an diesem Schlußtext sind die vielen Wiederholungen:

229g–230a	231a–d	232e–h
Ich bin Thot,	Ich bin Thot	Ich bin Thot
Ich bin dein Enkel,	Same deines Samens	Same deines Samens
der Gott, der die Brüder trennte	der Gott, der die Brüder trennte	
Ich wurde auf die Anhöhe gesetzt vom Herrn der Neunheit		
	wende dich nicht ab von mir	

208 MÜNSTER, *Isis*, verweist S. 38 Anm. 490 auf *CT* VII.222h, wo zu Re-Atum gesagt wird: „Ich bin Sia, der inmitten deines Auges ist“. Wenn das Auge, d.h. die Sonnenscheibe, der Sitz des Gottes der Erkenntnis ist, dann ist sie der rechte Ort für die Unterweisung.

209 Zu den *bꜣ.w Rꜥ.w* vgl. GARDINER, *House of Life*, 157–179, spez. 166, 168; BLACKMAN/FAIRMAN, *Myth of Horus* II, 2–36, spez. 22, Anm. 7; ASSMANN, *a.a.O.*, 222 Anm. 171; STRICKER, *Brief van Aristeas*, 52–53; REDFORD, *King-Lists*, 92, 215 f. Anm. 52.

210 ASSMANN, *a.a.O.*, 182 Anm. 71 und Index s.v. „Doppelintention“.

Er lehrte mich in der Sonnenscheibe, dich zu preisen und dir deine Feinde niederzuwerfen	Er lehrte mich in der Sonnenscheibe, dich zu verklären und dir deine Feinde niederzuwerfen

Gliederung von Spruch 12

		3 Re erscheint im Doppeltor
	8	2 Horus: Freie Bahn im Jenseits
		3 Anubis agiert im Gotteszelt
14 (13) Einleitung (beschreibend)	6	6 Vorgänge auf Erden (Busiris, Letopolis, Westen)
		3 Der Tote in der Sonnenbarke
	9	3 Herakleopolis, Busiris
		3 Mendes
14 (15) Rede an N		
		3 Totenreich
	5	2 Warnung vor falschem Weg
		2 Anruf
8 (6) Appell an den Sonnengott		3 Notlage
		3 Gefahr
		4 Anubis und Isis
15 Vorgänge		5 Erscheinung des Toten
in *sḥ-nṯr* und außen		6 Freude in der Barke und in Buto
14 (12) Schlußtext (Fassungen schwanken im Umfang)		

Angestrebt war vermutlich ein Aufbau 28 (14+14) – 8 – 28 (14+14).

Die zweite Sequenz ist formal vollkommen anders aufgebaut als die erste. Sie besteht nur aus zwei Sprüchen und hat mit ca. 108 Versen weniger als den halben Umfang der ersten mit ihren zehn Sprüchen und 250 Versen. Diese Sprüche sind in ihrer interpersonellen Form „dramatisch“ und entsprechen darin formal den Sprüchen 7–9 der Liturgie CT.1. So wie dort diese Sprüche das Totengericht dramatisch inszenieren, so wird hier die Stundenwache inszeniert. Charakteristisch für diese Sequenz sind die feierlichen Spruchеinleitungen.

Dritte Sequenz: Totenklage
Sprüche 13–24 *CT* [51]–[59]: Klagelieder der Isis und Nephthys

§ 45 Einleitendes zu den Klageliedern von Isis und Nephthys

Bei den neun, teilweise nur in B13C und sehr schlecht erhaltenen Sprüchen [51]-[59] handelt es sich um eine Sammlung von Klageliedern der Isis und Nephthys, also um eine andere Gattung als die Verklärungssprüche im engeren Sinne. Auch in den ptolemäischen Tempelfassungen der Stundenwachen gehören sie zum Ritual der Stundenwachen, daher ist ihr Auftreten im Rahmen dieser Totenliturgie zur Stundenwache eine willkommene Bestätigung dieses Zusammenhangs. Im Rahmen der Totenliturgie [63]-[74] umfaßt der lange Spruch [74] eine entsprechende Sammlung von Klageliedern. Im Totenbuch ist es Kapitel 172, das solche Lieder zusammenfaßt. Ich gebe im folgenden eine Übersicht über die bisher bekannten Sammlungen von Klageliedern der Isis und Nephthys:

1.-3. *CT* [51]-[59]; *CT* [74]; *Tb* 172.
4. pBerlin 3008: ed. FAULKNER, *Lamentations*, 337–348.
5. pBM 10188: ed. FAULKNER, *Papyrus Bremner-Rhind*; DERS., *Bremner-Rhind Papyrus* I.
5a. Paralleltext: ed. BURKARD, *Papyrusfunde*, 44, Taf. 42b, Papyrus des Nesbanebdjed I. (?).
5b. Paralleltext: pBM 10332.
6. pLouvre 3079, 110–112: ed. GOYON, *Glorification d'Osiris*, 89–138.
6a. pNew York MMA 35.9.21 (Harkness): GOYON, *Papyrus d'Imouthès*, 49–62, Tf. XVII-XXIV.
6b. pBM 10208 ed. HAIKAL, *Funerary Papyri of Nesmin*.
7. JUNKER, *Stundenwachen*.

Erste Spruchgruppe

Die Klagelieder zerfallen überlieferungsgeschichtlich in drei Spruchgruppen. Die erste umfaßt die Sprüche 13–16, die durch fünf Textzeugen überliefert werden (R = Refrain):

CT.I	Trenner	B10C^{b}	B10C^{c}	B12C^{a}	B12C^{b}	B13C	B17C	B16C
[51] 233a–238d	R, #	|	|	bis 237b	|	|	bis 235c	|
[52] 238e–240c	#	|	|		|	|		|
[53a] 240d–241d	R	|	|		|	|		|
[53b] 241e–243d	#	|	|		|	|		bis 242f

Die zweite umfaßt die Sprüche 17–23, die nur in B13C belegt sind und möglicherweise eine individuelle Erweiterung dieser Fassung darstellen.

Die dritte schließlich umfaßt nur einen einzigen Spruch, der bei B10C unmittelbar im Anschluß an Spruch 12 vorkommt.

Spruch 13

[51] Klage der Isis
BARGUET, *Textes des sarcophages*, 194f.
FAULKNER, *AECT* I, 50

1	233a	*jm ḥr nsw.t*	Weh um den König!
2		*n wnt ky sꜣ Gb*	Es gibt keinen anderen Sohn des Geb.
3	b	*nn wḥm.wt<j> n wd nkn=f jn sn=f*	Es gibt keinen Nachfolger („Wiederholer“), denn sein Leiden wurde durch seinen Bruder zugefügt.
4	c–d	*jw=j m ꜥ=f m mꜣr ꜣw*	Ich bin[211] in seiner Hand, in dauerndem Elend!
5	233e	*rs.tj n ꜥnḫ*	Erwache zum Leben,
6		*wsjr N pn n mwt=k*	Osiris N hier, du sollst nicht sterben!
7	f	*ṯsj jb=k mꜣꜣ=k pꜥ.t*	Erhebe dein Herz, daß du die Menschheit siehst.
8	g	*ḏj n=k jꜣw m jtr.tj*	Dir soll Lobpreis gegeben werden in den beiden Landeskapellen!
9	234a	*ṯsj ṯw ḥr gs=k jꜣb.j*	Erhebe dich auf deine linke Seite,
10		*ḏj ṯw ḥr gs=k jmn.t*	wende dich auf deine rechte Seite
11	b	*sšp=k ṯꜣw n.w mry.t*	und empfange[212] die Brise des Ufers.
12	c	*wnm=k t ḥnꜥ ꜥnḫ.w*	Mögest du zusammen mit den Lebenden Brot essen!
13	234d–e	*ḫp m ḥtp r jmnt.t nfr.t*	Wandle in Frieden zum Schönen Westen.
14	f	*dwꜣ ṯw smy.t jmnt.wt*	Die (Bewohner der) westlichen Wüste sollen dich verehren,
15		*ḥꜥy m ḫsf=k*	jubelnd bei deinem Nahen,

211 So nach B10C^{c}, B12C^{b}, B13C und B16C. B10C^{c} hat *jw=f m-ꜥ=f*, B12C liest *jw N pn m-ꜥ=f*. Aber daß „dieser N in die Hand des Seth gerät“, ist ja gerade, was das Ritual verhindern will.

212 B10C^{b+c}: *šsp n=k* „ergreife dir!“

16	g	*ḏd=sn n=k jw m ḥtp*	indem sie zu dir sagen: „Willkommen,
17		*wsjr N pn ṯw r=f nb jmnt.t*	Osiris N hier, du bist ja der Herr des Westens."
18	235a	*ḫnm=j ḥr=k ꜣw jb=k*	Ich bin froh über dich, indem du froh bist![213]
19	b	*ḫꜥj Rꜥ.w m jꜣb.t p.t mꜣꜣ=f nfr.w wjꜣ=k*	Re erscheint im Osten des Himmels, indem er die Schönheit deines Bootes sieht.
20	c	*hny m ḥꜣ.t=f*	Jubel ist vor ihm,
21		*hny m pḥ.tj=f*	und Jubel ist hinter ihm,
22	d–e	*nṯr.w jmj.w=f m ḥꜥꜥ.wt*	die Götter um ihn herum sind in Jubel,
23	f	*mꜣꜣ=sn nṯr pn ꜥꜣ sꜣ Gb*	wenn sie diesen großen Gott sehen, den Sohn des Geb,
24		*msj.n mw.t=f Nw.t*	den seine Mutter Nut geboren hat.
25	235g	*jꜣ wsjr N pn*	O Osiris N!
26	236a	*mꜣs n=k ḫntj.w jtr.tj m Jwnw*	Die Ersten der beiden Landeskapellen in Heliopolis werden vor dir knien,
27	b	*jwj.t nṯr.w m ksw*	und die Götter kommen in Verneigung,
28	c	*ḥr=sn m tꜣ*	ihre Gesichter zur Erde gerichtet
29		*n snḏw=k m-ḫnw ꜥ.wj rnp.t nfr.t*	aus Furcht vor dir in den Armen der (Göttin) „Gutes-Jahr" (Sothis),[214]
30	d	*ḫꜥ.tj m Rꜥ.w nb ꜣḫ.t*	erschienen als Re, Herr-des-Horizontes.[215]
31	236h	*ꜥḥꜥ Ḥr.w sꜣ Wsjr*	Horus, der Sohn des Osiris, steht auf,
32	237a	*qmꜣ=f Jḥy m Ḥw*	indem er Ihi erschafft als/durch Hu[216].
33	b	*jw ꜥnḫ ḫr=k nb jmnt.t*	Leben ist bei dir, Herr des Westens,
34		*sꜣ Ḥr.w-ꜣḫ.tj kꜣ mw.t=f Nw.t*	Sohn des Harachte, Stier seiner Mutter Nut.
35	237c	*rs.tj n ꜥnḫ n mwt=k*	Mögest du zum Leben erwachen, nicht sollst du sterben.
36	d	*mꜣꜣ=k pꜥ.t dwꜣ sp sn.wj*	Du sollst das Volk sehen in der Morgenfrühe, zweimal.

213 Fassung A hat *ꜣw m jb=k* „Freude sei in deinem Herzen".

214 Wie das Determinativ in B10C und die Bezeichnung *m-ḫnw ꜥ.wj* nahelegen, handelt es sich hierbei um eine Gottheit.

215 B13C nimmt hier irrtümlich 237b–238a vorweg.

216 Ob hier von einem musikalisch begleiteten Rollenspiel die Rede ist? Das Wort *ḥw* ist jeweils mit dem Gottesdeterminativ gekennzeichnet, während B10C *hny*, 'Jubel', hat.

37	e	*jw=k sʿḥ.tj m ḥqꜣ ꜣḫ.t*	Du bist mumifiziert/ausgezeichnet als Herrscher des Horizontes.
38	f	*jw ʿnḫ n=k ḫr Jnp.w*	Leben wird dir zuteil von Anubis:
39	g	*jw=k sʿḥ.tj m sḥ-nṯr*	du bist mumifiziert/ausgezeichnet im Gotteszelt.

Schlußtext

40	238a	*ms ṯw r=j*	Begib dich zu mir!
41	b	*sjʿr ṯw r=j*	Nähere dich mir,
42	c	*jm.j=k ḥr r=j*	sei nicht fern von mir!

Refrain

43	238d	*Jnp.w ḫnm.w Ḫnm.w ḫnm.w m-ʿ sp sn.wj*	Anubis ist freundlich gestimmt und Chnum ist freundlich gestimmt dadurch (?), zweimal.

1. Strophe

Erste Versgruppe (Verse 1–4): Klage

jm, Wehklagen, als Verb Wb I, 77,12–13, als Ausruf 14–15. Zur Etymologie s. SMITH, *Coptic Etymologies*, 199 Anm. 6. *wḥm.wt<j>* muß sich aufgrund des Det. (sitzender Gott) auf eine (männliche) Person beziehen. Gemeint ist wohl „Nachfolger“ (FAULKNER: „successor“[217]), d. h. jemand, der an seine Stelle treten könnte. Da Osiris kinderlos starb, kommt nur ein Bruder in Betracht, das heißt Seth. Aber Seth scheidet als Geb-Sohn aus, weil er der Mörder des Osiris ist.

m-ʿ=f „in seiner Hand“ bezieht sich auf Seth. Hinsichtlich der Frage, wer sich „in seiner Hand“ befindet, gehen die Varr. auseinander. Vermutlich ist der Lesung von B10C[c], B12C[b], B13C und B16C als der bestbezeugten Lesung und zugleich der *lectio difficilior* der Vorzug zu geben. Isis beklagt sich, daß sie „in der Hand des Seth“ ist, weil dieser durch den Mord an Osiris die Herrschaft an sich gerissen hat. Zu *ꜣw* „andauernd“ s. FAULKNER, *AECT* I, 50 Anm. 5, mit Verweis auf SMITH, *Old Kingdom Letter*, 18(i).

[217] FAULKNER vergleicht mit *nn wḥm.tj* die Formel *nn whm.tj=fj* „dessengleichen es nicht geben wird“ und verweist auf CAMINOS, *Gebel es-Silsilah No. 100*, 59.

Zweite Versgruppe (Verse 5–8): Weckruf

Zu diesen refrainartig wiederkehrenden Versen vgl. *CT* [47] = I.207b:

ꜥḥꜥ ṯsj ṯw n ꜥnḫ n mwt=k	Steh auf, erhebe dich zum Leben, du bist nicht gestorben!

sowie *CT* [44] = I.190 a–b; [47] = I.211c (B1Y); [48] = I.213f; [51] = I.237c; [53] = I.240d.

Daraus geht hervor, daß es sich bei der Spruchfolge [44]–[61] um einen kohärenten Text handelt.

Zur Formel *mꜣꜣ pꜥ.t* „die Pat erblicken" s. *CT* [50]:

228e *ḫꜥj nṯr mꜣꜣ=f pꜥ.t*	Der Gott erscheint, um die Würdenträger zu schauen.

Mit *pꜥ.t* ist hier sicherlich das Trauergefolge gemeint in seiner Funktion als Würden- und Rollenträger im Beisetzungsdrama.

Vgl. demgegenüber die Aufforderung an Osiris in einem Osiris-Hymnus, wo es nicht um die Rollenträger in einem Ritual, sondern um die Menschheit geht:

ḥr=k r p.t Wnn-nfr	Dein Gesicht zum Himmel, Wannafre!
kfꜣ ḥr=k mꜣꜣ=k rḫy.t	Enthülle dein Gesicht, damit du die Menschheit (*rḫy.t*) erblickst!
kfꜣ.n=j sštꜣ.w ḥr ḥr=k nfr	Ich habe die Geheimnisse enthüllt vor deinem schönen Angesicht.[218]

In *Tb* 170 wird zum Toten gesagt: „Erhebe dich, daß du die Götter siehst".

3. Versgruppe (Verse 9–12): Weckruf

Die Aufforderung, sich von der linken auf die rechte Seite zu wenden, gehört zur Vorstellung der Auferweckung. Vgl. *CT* [44] = I.190c (Spruch 4, 1. Strophe).

Mit der „Brise des Ufers" ist vielleicht an eine ähnliche Vorstellung gedacht, wie sie im pBerlin 3024, 132–135 in dem berühmten Gedicht des „Lebensmüden" begegnet:

jw mwt m ḥr=j mjn mj stj ꜥntjw	Der Tod steht heute vor mir wie Myrrhenduft,
mj ḥmzj.t ḫr ḥtꜣ hrw ṯꜣw	wie das Sitzen unter dem Sonnensegel an einem Tag der Brise;
jw mwt m ḥr=j mjn mj stj sšnw	der Tod steht heute vor mir wie Lotusduft,
mj ḥmsj.t ḥr mry.t	wie das Sitzen am Ufer.

[218] *Tb* 182 nach pGreenfield LXVIII, 9–10.

Zu solchem festlichen Sitzen paßt das Motiv des Essens mit den Lebenden, denn das Fest verbindet Tote und Lebende zu gemeinsamer Mahlzeit.[219]

Zweite Strophe: Die Prozession zum Grab

Erste Teilstrophe (Verse 13–18)

Der erste Vers gibt einen klaren Hinweis auf den rituellen Kontext. Es handelt sich um den „Sargschlittenzug" von der Balsamierungsstätte zur Nekropole, den wichtigsten Teil der Bestattungszeremonien. Darauf beziehen sich auch die Totenwünsche wie etwa *ḫpj=f ḥr wꜣ.wt nfr.wt r jmnt.t nfr.t* „daß er wandeln möge auf den schönen Wegen zum schönen Westen" und ähnlich.[220] *smy.t jmnt.t* muß hier metonymisch für die Bewohner der Unterwelt stehen und wird *ad sensum* konstruiert, also *ḥꜥꜥ.w* (und nicht *ḥꜥꜥ.tj*) „jubelnd" und *ḏd=sn* (und nicht *ḏd=s*) „sie sagen". Osiris N, durch dessen Tod der Thron im Diesseits verwaist ist, wird von den Westlichen als „Herrscher des Westens" begrüßt. Dieser Bezug muß nicht bedeuten, daß der Spruch zum Sargschlittenzug rezitiert wird. Seine Rezitation kann durchaus noch in der Balsamierungshalle stattfinden; er würde dann auf das nächstbevorstehende Ereignis in der Form des Wunsches vorausweisen. Im folgenden wird aber dann eindeutig der Sonnenaufgang und damit der Anbruch des Morgens beschrieben, an dem der Gang von der Balsamierungskammer zum Grabe angetreten wird.

ḫnm „erfreuen" (Wb III, 292,10), s. dazu CAMINOS, *LEM*, 398 zu Lansing 8.5 (Zechgenossen) und 187 zu Anastasi IV, 12.3 (Freudenmädchen) und „sich freuen" (Wb III, 292,12–13).

Das Lexem *ḫnm* „erfreuen" kommt in diesem und den folgenden Sprüchen ständig vor und scheint der ganzen Liturgie den Namen gegeben zu haben, unter dem sie in *CT* [62] = I.268j zitiert wird.

2. Teilstrophe (Verse 19–24)

Der erste Vers stellt klar, daß die Rezitation bei Sonnenaufgang stattfindet. Die Nacht der Stundenwache ist vorüber, die Szene hat sich nach draußen verlagert, die Prozession von der Balsamierungsstätte zum Grab beginnt. Mit der „Barke" des Toten ist der Sargschlitten gemeint. Der Sargschlittenzug wird als Barkenfahrt „sakramental ausgedeutet", und zwar in Analogie zur Sonnenbewegung als Himmelsüberquerung von Osten zum Westen. Im Sinne dieser Analogie ist auch bewußt offen gelassen, ob sich der im folgenden geschilderte Jubel auf den

219 Vgl. hierzu ASSMANN, *Der schöne Tag*.
220 Vgl. dazu BARTA, *Opferformel*, Bitte 12.

Empfang des erschienenen Sonnengottes oder des Toten bezieht. „Freude ist vor ihm und hinter ihm“: damit kann Re gemeint sein, aber auch das Boot des Toten. Dann ist das *jmj.w=f* im folgenden Vers als „in ihm (dem Boot)“ zu übersetzen und nicht „um ihn (Re) herum“. Der Schluß aber stellt klar, daß es sich um den Toten als Osiris handeln muß, der hier als Sohn von Geb und Nut umschrieben wird. Damit wird auf den Spruchanfang Bezug genommen. Dort wurde beklagt, daß es keinen anderen Geb-Sohn gibt.

Dritte Strophe

Erste Teilstrophe (Verse 25–30)

mꜣs „niederknien vor jmd.“ Wb II, 32,2; vgl. *CT* [725] = VI.355b–c:

gmj ṯn ḫnt.j jtr.tj	Der Erste der beiden Landeskapellen möge dich finden,
mꜣs n=ṯ ḫntj.w-š	die *ḫntj.w-š* sollen vor dir knien.

rnp.t nfr.t „Gutes Jahr“ muß wohl Beiwort der Isis-Sothis sein.[221] Damit bezieht sich dieser Vers auf dieselbe Szene der Umarmung des Toten durch Isis, wie sie auch in *CT* [50] = I.228c beschrieben wurde, auch dort in ausdrücklicher Parallelisierung des Toten mit dem Sonnengott. All dies hat man im Rahmen der sakramentalen Ausdeutung des Sargschlittenzugs als Sonnenfahrt zum Westhorizont zu verstehen.[222]

Zweite Teilstrophe (Verse 31–34)

Die Wendung *qmꜣ=f Jḥy m Ḥw* bleibt mir dunkel. B. ALTENMÜLLER erwähnt die Stelle und versteht sie so, als sei hier von der Erschaffung des Hu als einer Form des Kindgottes Ihi durch Harsiese die Rede.[223] Sie verweist auf *CT* [705] = VI.337e, eine mindestens ebenso dunkle Stelle. Möglicherweise ist nicht der kind-

[221] Zu dieser Verbindung vgl. insbesondere MÜNSTER, *Isis*, 74, 78f., 153f. Zu Sothis als „Göttliches Jahr“ s. *CT* [689] = VI.319d–e:

msj.n sw Spd.t	Geboren hat ihn Sothis,
rnpy.t rnp.t nṯr.t	die Verjüngte, das göttliche Jahr,
m msjw.t=s tp.t rnp.t	bei ihrer Geburt am Anfang des Jahres.

Zum Sothisjahr als *rnp.t nfr.t* „vollkommenes Jahr“ s. V. BOMHARD, *Zeitmessung*.

[222] Vgl. hierzu KEES, *Totenglauben*, 259–269. KEES scheint nicht gemerkt zu haben, daß fast alle seine Beispiele für diese Gedankenverbindung der vorliegenden Totenliturgie entnommen sind.

[223] ALTENMÜLLER, *Synkretismus*, 24.

liche Gott der Musik, sondern das Verb bzw. Nomen „Musizieren", „Musik" gemeint (Wb I, 122,2-9) und die Wendung *qmꜣ jḥy* wie *jrj.t jḥy* als „Musik machen" aufzufassen. Die „Musik" des Horus bestünde dann in der besonderen Form seines Umgangs mit dem Wirklichkeit schaffenden Wort *Ḥw*. BARGUET: „Il crée Ihy au moyen de Hou".[224] FAULKNER: „He creates(?) the sistrum-player with authority(?)".[225]

Soviel ich sehe, handelt es sich hier um das älteste Vorkommen des Beiworts *kꜣ-mw.t=f* „Stier seiner Mutter".[226] Leider ist nicht klar, ob es sich auf den Toten oder auf Harachte bezieht. MÜNSTER, *Isis*, 84, bezieht die Stelle mit guten Gründen auf den Sonnengott.

Vierte Strophe

Erste Teilstrophe (Verse 35–39): Weckruf

Zum Refrain Vers 35 s. *CT* [51] = Spruch 13, I.233e; [52] = Spruch 15, I.240d.

Dem Toten ist durch die Mumifizierung die „Mumienwürde" des Sonnengottes selbst vermittelt worden, d. h. die Mumienhülle wird als Herrscher-Ornat des Sonnengottes gedeutet. Vgl. damit die Erscheinung des Initianden „*ad instar Solis*" in der Isis-Weihe des Apuleius.[227]

Zweite Teilstrophe (Verse 40–42): Schlußtext

Vgl. hierzu oben, §5.

Refrain (Vers 43)

Das Stichwort *ḫnm/ḥnm*, das in Sprüchen [51]-[59] ständig vorkommt und dieser Liturgie offenbar den Namen gegeben hat (unter dem sie in *CT* [62] = I.268j zitiert wird), spielt mit der Assonanz und Bedeutungsverwandtschaft der Lexeme *ḫnm* „erfreuen", „sich freuen", „freundlich sein" mit Derivaten wie „Wohlgeruch", „Dirne", „Amme" und *ḫnm* „sich vereinigen", „sich gesellen" mit Derivaten wie „Salböl" und „Amme". Darüber hinaus ist in einem Text aus dem ramessidischen Grab TT 106 von einer als *Ḫnm nfr.w* bezeichneten Örtlichkeit die Rede, in der

224 BARGUET, *Textes des sarcophages*, 195, mit Anm. 84: „peu clair".

225 Mit der Anmerkung, daß *qmꜣ* „create" vielleicht figurativ für „act the part of" stehen könnte.

226 Vgl. hierzu ASSMANN, *Bild des Vaters*, 134–137.

227 GRIFFITHS, *Apuleius of Madauros*, 101.

die Stundenwachen des Hakerfestes stattfinden und die mit „(Gebäude), das den Vollkommenen aufnimmt“ zu übersetzen sein sollte:

ꜣḫ=k wsr=k mꜣꜥ-ḫrw=k	Mögest du verklärt, mächtig, gerechtfertigt sein,
wsjr N	Osiris N!
sḏr=k r sbꜣ n Ḫnm-nfr.w	Mögest du am Tor von Chenem-nefer schlafen
dwꜣy.t n Sḫꜣ.t-Ḥr.w	am Morgen von Sechat-Hor.
sḏm=k ḫrw sbḥ.y.t	Mögest du die Stimme der Ruferin hören
ḥḏ-tꜣ r pḫr ꜣbḏw	am Morgen des Umkreisens von Abydos[228].

Vgl. *CT* [53] Spruch 15:

241c	*Jnp.w ḫnm.w m -ꜥ sp sn.wj*	Anubis ist freundlich gestimmt dadurch, zweimal,
d	*Ḫnm.w ḫnm.w m-ꜥ sp sn.wj*	und Chnum ist freundlich gestimmt dadurch, zweimal.

CT [54] Spruch 17:

244f	*Jnp.w ḫnm.w Ḫnm.w ḫnm.w m[-ꜥ sp sn.wj ...]*	Anubis ist zufrieden und Chnum ist zufrieden damit [zweimal].

CT [54] Spruch 19:

244q	*[...] Ḫnm.w ḫnm.w m-ꜥ sp sn.wj*	[...] Chnum ist freundlich gestimmt deswegen, zweimal.

CT [55] Spruch 20:

245g	*[Jnp.w ḫnm.w Ḫnm.w ḫnm.w] m-ꜥ sp sn.wj*	[Anubis ist freundlich gestimmt, Chnum ist freundlich gestimmt] deswegen, zweimal.

CT [56] Spruch 21:

246c	*Jnp.w ḫnm.w sp sn.wj*	Anubis ist freundlich gestimmt, zweimal,
d	*Ḫnm.w ḫnm.w sp sn.wj*	Chnum ist freundlich gestimmt, zweimal.

Dazu kommen noch Erwähnungen wie die *ḫnm.w Rꜥ.w* *CT* [52] = Spruch 14 I.239a und *ḫnm=j m zḥ* [53] = Spruch 17 I.243e.

228 S. NR.7.1.

Gliederung von Spruch 13

		4 Klage
	12	4 Weckruf
		4 Weckruf
		6 Zum Westen
	12 Fahrt zum Grabe	
		6 Re
44		
		6 Empfang in Heliopolis
	10 Empfang	4 Horus
	10	5 Weckruf
		5 Schlußtext und Refrain

Spruch 14

[52]
FAULKNER, *AECT* I, 51
BARGUET, *Textes des sarcophages*, 195

1	238e	*nṯr.w my m-m hꜣ.w=j pn*	Götter, kommt zusammen mit dieser meiner Verwandtschaft.[229]
2	f	*rs tp=ṯn ḥr nṯr pn ntj ḫm n=f sw*	Wacht über diesen Gott, der sich selbst nicht kennt.[230]
3	239a	*jrj=n n=f ḫnm.w Rꜥ.w*	Laßt uns für ihn 'die *ḫnmw* des Re' machen[231]
4	b	*dm=n rn=f tp wry.t*	und seinen Namen aussprechen in der Balsamierungshalle,
5	c	*ꜣw-jb n jmj.w šsm.w*	damit denen im Gefolge Herzensweite zuteil werde.

229 Mein Übersetzungsversuch stimmt mit FAULKNER überein. Die Schwierigkeiten sind jedoch erheblich. Kann sich singularisches *pn* auf den pluralischen Ausdruck *hꜣ.w* „Verwandtschaft" beziehen? Ähnliches gilt für *mhw.t* „Familie". BARGUET übersetzt daher: „Dieux, venez auprès de ce mien proche!"

230 Für *ḫm sw* „sich nicht kennen", „bewußtlos sein" verweist FAULKNER auf Sinuhe B253 und Schiffbr. 76.

231 Der Ausdruck *ḫnm.w Rꜥ.w* ist wohl nicht zu trennen von dem leitmotivischen Wort *ḫnm*/*ḫnm* in den Schlußtexten dieser Liturgie. Vielleicht sind „erfreuende Sprüche" gemeint.

6	d	*jhj sp jfd jn ršy jn nẖy*	„Ach, ach, ach, ach!“, sagen der Freudige und der Klagende.
7	e	*jn ḏj=j ꜥ.wj=j tp=j*	Schlage ich meine Arme an meinen Kopf
8		*ḥr nṯr pn nb nṯr.w*	wegen dieses Gottes, des Herrn der Götter?
9	f	*ḏj=j jm sbḥ=j m wry.t*	Ich stimme die Wehklage an und stoße meinen Schrei aus in der Balsamierungshalle[232]
10	g	*ḥr nbḏ pn ntj ꜥq*	wegen dieses Bösen, der eintritt.
11	h	*jrj.n=f ḫpr.w r nṯr pn*	Er hat sich verwandelt gegen diesen Gott,
12	240a	*r ssnḏ nṯr.w m wꜥb.t*	um die Götter in der Reinigungshalle in Furcht zu versetzen.
13	b	*ḥm r=k r knmy.t*	Zurück, du, in die Finsternis!
14	c	*m=k wꜥb.t sꜣ.tj*	Siehe[233], die Reinigungshalle ist bewacht.

Es handelt sich um einen Anruf der Isis an die Götter der Stundenwache. *ḏj=j ꜥ.wj=j tp=j* beschreibt offenbar den bekannten Trauergestus, der bildlich bereits seit der 6. Dyn. belegt ist.[234] *ḥr nṯr pn* und *ḥr Nbḏ* stehen offenbar in gegensätzlichem Parallelismus. Der Sinn könnte sein: „Klage ich wegen dieses Gottes? Nein: Ich klage wegen dieses Bösen!“ Der Sinn der Stundenwache ist nicht die Klage über das eingetretene Unglück, sondern die Verhinderung eines zweiten und dann endgültigen Unglücks.

Nbḏ wie oben *CT* [49] = I.216c. Auch dort (215f) findet sich die Wendung *jrj ḫpr.w r* „sich verwandeln gegen jmd.“

FAULKNER liest *CT* [53] = I.240b *ḥm jr=k jr=k nmy.t* „Weiche doch, du, Dämon!“, aber ein Wort *nmy.t* „Dämon“ ist nicht belegt.

Die Szenerie von *CT* [52] entspricht genau Spruch [49]. Dieser Spruch scheint wieder zur Nacht in der Balsamierungshalle zu gehören und nicht zum Morgen und zur Prozession zum Grabe.

232 Nur Fassung A. B läßt 239e–f aus.

233 So nur B10C^{b}; alle anderen lesen *ḫm=k* „du greifst an“, „du bringst zum Einsturz“ – vielleicht „Du willst eine bewachte Balsamierungshalle zum Einsturz bringen“, d.h. du strebst etwas Unmögliches an.

234 Vgl. WERBROUCK, *Pleureuses*, 15–18, Fig. 1–2.

Spruch 15

[53] Klage der Nephthys
FAULKNER, *AECT* I, 52
BARGUET, *Textes des sarcophages*, 196

1	240d	*rs.tj n ꜥnḫ m=k tꜣ ḥḏ*	Erwache zum Leben! Siehe, es tagt!
2	e–f	*ḥsj.n ṯw Nb.t-Ḥw.t*	Nephthys hat dich gelobt:
3	240g	*mꜣ.tj mꜣ.tj rꜥ.w nb*	Du bist neu, du bist neu, Tag für Tag,
4		*ḫꜥj.tj m tr n ḫꜣw*	indem du erschienen bist zur Nachtzeit
5	241a	*jw=k ḥnꜥ ꜥnḫ.w jḫm-wrḏ*	in der Gemeinschaft der *jḫm-wrḏ*-Sterne,
6	b	*nṯr.w jmj.w p.t*	der Götter im Himmel,
7		*ḏy m šsm.w n wjꜣ=k*	die als Gefolge in deine Barke gesetzt sind
8		*n nḥḥ ḥnꜥ ḏ.t*	für immer und ewig.
Refrain			
9	241c	*Jnp.w ḫnm.w m-ꜥ sp sn.wj*	Anubis ist freundlich gestimmt dadurch, zweimal
10	d	*Ḫnm.w ḫnm.w m-ꜥ sp sn.wj*	und Chnum ist freundlich gestimmt dadurch, zweimal.

Erste Versgruppe (Verse 1–2): Weckruf

Der Vers „Nephthys hat dich gelobt" tritt im folgenden immer wieder als eine Art Refrain auf, vgl. *CT* [53] = I.242a, 243c; [54] = I.244e; auch schon [44] = I.185c. In [44] = I.183f loben Isis und Nephthys den Toten. Zum Anfang vgl. *CT* [58] = I.247a–b: *[…] n ꜥnḫ m=k tꜣ ḥḏw*. Der Anruf *rs.tj n ꜥnḫ* nimmt *CT* [51] = I.233e und 237c auf.

Zweite Versgruppe (Verse 3–8): Erscheinung zur Nachtzeit

Die Barke des Toten ist wiederum (wie in *CT* [51] = I.235b) die Prozessionsbarke des Sargschlittenzuges. Die Zeitangabe *tr n ḫꜣw* steht in Opposition zu *tꜣ ḥḏ.w* und bezieht sich auf die vergangene Nacht, in der der mumifizierte Tote zum Abschluß der Einbalsamierung seine Zielgestalt erreicht hat und in seiner „Mumienwürde" (*sꜥḥ*) als Osiris und als Sonnengott erschienen ist. Die Prozessionsbarke des Toten wird der Sonnenbarke gleichgesetzt.

Die Heilswirkungen des zurückliegenden nächtlichen Rituals der Stundenwache sollen nun für alle Ewigkeit bestätigt und verstetigt werden. Daher die beschwörenden Ewigkeitsformeln *rꜥ.w nb* „Tag für Tag" und *r nḥḥ ḥnꜥ ḏ.t* „für immer und ewig" im ersten und letzten Vers der Teilstrophe.

Spruch 16

Festlied zur Prozession (Nephthys spricht)
BARGUET, *Textes des sarcophages*, 196
FAULKNER, *AECT* I, 52

1	241e	*p.t m mꜣ.tj*	Der Himmel ist erleuchtet[235],
2		*tꜣ m ḥꜥꜥ.wt*	die Erde ist in Jubel,
3	f	*nṯr.w nb.w m ꜣw.t-jb*	und alle Götter sind in Herzensweite.
4	g	*wsjr N pn ḫꜥy m ḥtp r jmnt.t nfr.t*	Osiris N hier ist in Frieden erschienen im Schönen Westen.
5	242a	*ḥsj.n ṯw Nb.t-Ḥw.t*	– Nephthys hat dich gelobt: –
6	b	*n fḫ=k pr=k n ꜣw.t-jb*	„Du sollst dich nicht trennen von deinem Haus der Herzensweite."
7	242c	*jhj sp jfd hꜣj=j m sn=j*	Ach, ach, ach, ach, mein Gatte, der mein Bruder ist!
8	d	*ḥqꜣ=f ẖr.t-nṯr nn wj ḥnꜥ=f*	Er herrscht[236] in der Nekropole, und ich bin nicht mit ihm zusammen!
9	e	*ḥn n=j tp.wt wry.t*	Eilt zu mir,[237] ihr Obersten (Frauen) der Balsamierungsstätte,
10		*mr.wt jb n hꜣj.w=sn*	die ihr kranken Herzens um eure Gatten seid:
11	f	*mj.w rm=n Wsjr pn ḏr ḥrt=f r=n*	'Kommt, laßt uns diesen Osiris beweinen, bevor er sich von uns entfernt!'
12	243a	*dwꜣ sp sn.wj m nhp.w*	Erhebe dich am Morgen beim Sonnenaufgang!
13	b	*jw=k m sꜥḥ=k*	Du bist in deiner Mumienwürde,
14		*jw=k ḥr.tj r pr=k*	(aber) fern[238] von deinem Haus.

235 Vgl. Wb I, 28,1–5.

236 B10C[b] liest *ḥqꜣ.n=f* „er hat die Herrschaft angetreten"; B10C[c] hat *ḥqꜣ.n=k* „du hast die Herrschaft angetreten". *ḥqꜣ=f* „er herrscht" hat B12C[b].

237 B 10C[c] liest *ḥnnj.wt* „(Ihr) *ḥnnj.wt*-Frauen". FAULKNER versteht *ḥn.n=j* „Ich habe angeordnet", aber wem wird das erzählt, und warum? Zur dramatischen Form paßt wesentlich besser ein Imperativ. *ḥn* „eilen" ist allerdings erst neuägyptisch belegt (Wb III, 193,6–21, vgl. 22–23).

238 B10C[c] liest *jm=k ḥr* „sei nicht fern", die anderen *jw=k ḥr.tj* „indem du fern bist".

15 c	*ḥsj.n ṯw Nb.t-Ḥw.t*	– Nephthys hat dich gelobt: –
16 d	*n ḥm fḫ=k pr=k n ʿnḫ sp sn.wj*	„Du sollst dich wahrhaftig nicht trennen von deinem Haus der Lebenden, zweimal."

Erste Strophe (Verse 1–6)

Zur Form des Prozessionsliedes, das regelmäßig mit der Erwähnung von Himmel und Erde anhebt, vgl. ASSMANN, *Kultlied*, 852–855, insbes. II („Lieder ohne Anrede"), Schema c+b („Jubelthema" + „Erscheinungsthema"), die typischste und verbreitetste Form des Fest- und Prozessionsliedes. An die Schilderung einer Himmel und Erde umfassenden Situation schließt sich die Erwähnung des auslösenden Ereignisses. Viele Beispiele in ASSMANN, *Liturgische Lieder*, 246–262.

Das Verspaar 5–6 tritt noch einmal 243c–d als Ende des Spruchs auf.

§46 Die Heimkehr zum Wohnhaus

In *PT* [214] = *Pyr.* §137c wird der Tote umgekehrt aufgefordert, sich von seinem Haus „zu lösen" zugunsten seines Sohnes:

jfḫ=k pr=k n sꜣ=k	Trenne dich von deinem Haus für deinen Sohn.[239]

In *PT* [219] = *Pyr.* §192b ist es Horus, der sich für den Toten von seinem Auge trennt:

jfḫ n=k sj sꜣ=k Ḥr.w ʿnḫ=k jm=s	Dein Sohn Horus hat sich für dich von ihm getrennt, damit du dadurch lebst.

In den Klageliedern der Isis und Nephthys ist es aber das Thema der Rückkehr zum Wohnhaus, das im Mittelpunkt steht.[240] Die Klagelieder des pBerlin 3008 beginnen mit dem immer wiederholten Zuruf *mj r pr=k* „Komm zu deinem Haus"[241], der auch in den Klageliedern des pBM 10188 vorkommt.[242] Zur Geschichte des Motivs der Rückkehr zum Wohnhaus s. Bd. II, NR.3 §14.

„Haus der Herzensweite" ist Bezeichnung des irdischen Wohnhauses, parallel zu „Haus des Lebens" (*CT* [53] = I.243d), im Gegensatz etwa zu „Haus der Ewigkeit".

[239] So unbedingt mit SETHE, *ÜK* I, 6 und 10 und gegen FAULKNER „may you depart and ascend to your son". SETHE verweist bereits auf I.243d.

[240] Vgl. GARNOT, *L'hommage aux dieux* („retour à la maison").

[241] FAULKNER, *Lamentations*, 337ff.; SCHOTT, *Liebeslieder*, 159 Nr. 129.

[242] Vgl. FAULKNER, *The Bremner-Rhind Papyrus* I.

2. Strophe (Verse 7–11)

Der viermal wiederholte Ausruf *jhj* gehört zur expressiven Sprechweise der Klage. „Er herrscht in der Nekropole“: die Mumienwürde des Toten als König der Unterwelt ist für die einsam zurückbleibende Witwe kein Trost. Derselbe Gedanke auch in *CT* [53] = I.243b: „du bist in deiner Mumienwürde, indem du fern bist von deinem Haus“.

Zur Form *ḏr sḏm.t=f* „bevor er hört“ s. EDEL, *Altäg. Gramm.* I, § 735b. Der Sinn ist nicht ganz befriedigend, da ja vorausgesetzt scheint, daß Osiris sich bereits entfernt hat.

Zweite Spruchgruppe
Spruch 17

[54] Klage der Nephthys
FAULKNER, *AECT* I, 53
BARGUET, *Textes des sarcophages*, 196f.

1	243e	*ḫnm=j m sḥ.w*	Mein *ḫnm*-Lied ist in den Zelten,
2	f–g	*sbḫ=j m [sḥ-nṯr]*	mein Klageschrei ist [im Gotteszelt]
3		*ḥr nṯr pn nb nṯr.w*	wegen dieses Gottes, des Herrn der Götter.
4	243h–i	*dwꜣ=k m nhp.w sp sn.wj*	Du stehst auf am frühen Morgen, zweimal.
5	j–244a	*ḫꜥj sꜥḥ jwꜥ.w tꜣ.wj*	Erscheine, mit Mumienwürde Ausgezeichneter, Erbe der Beiden Länder!
6		*rḏj.w[n=k tꜣ] mj qd=f*[243]	Gegeben [ist dir das Land] in seiner Gesamtheit.
7	b	*ns.wt Gb m [ḫfꜥ]=k*	Die Throne des Geb sind in deinem [Griff],
8		*jh[...] ḏd rꜣ*	o [...] mit dauerndem Ausspruch.
9	c	*m=k ṯw jr=k bꜣ.tj spd.tj*	Sieh’ doch! Du bist ba-hafter, gerüsteter
10	d	*sḫm.tj r nṯr.w nb.w*	und *sḫm*-mächtiger als alle Götter.
11	e	*ḥsj.n ṯw [Nb.t-Ḥwt]*	Gelobt hat dich [Nephthys].

Refrain:

12	244f	*Jnp.w ḫnm.w Ḫnm.w ḫnm.w m[-ꜥ sp sn.wj]*	Anubis ist zufrieden und Chnum ist zufrieden damit [zweimal].

[243] Von hier an bis zum Spruchende ist lediglich B13C vorhanden.

Verse 1–3:

ḫnm als Bezeichnung einer Textgattung wie in *CT* [52] = I.239a, wo von den *ḫnm.w Rʿ.w* die Rede war. FAULKNER: „I am content(?) in the booths"; BARGUET: „je me rejouis dans les pavillons". Beides gibt keinen rechten Sinn. *ḫnm* ist offensichtlich Selbstbezeichnung der vorliegenden Textsorte. Klagelieder „erfreuen" den Toten, um den geklagt wird.

Verse 4–11:

dwꜣ und *nhp.w* sind leitmotivische Stichwörter dieser Klagen[244], die einen Hinweis auf den Zeitpunkt der Rezitation geben. Die Nachtwache ist vorbei, die Klagen werden am frühen Morgen angestimmt, wenn der Zug zum Grab beginnt. Die „Erscheinung" des Toten in seiner „Mumienwürde" bedeutet eine „Wendung nach außen".[245] Das nächtliche Ritual hat sich im Innern der Balsamierungshalle vollzogen. Jetzt werden die Türen aufgemacht und der mumifizierte Tote „erscheint" der versammelten Menge. Daher muß sich das Suffix *=k* von *dwꜣ=k* und das Subjekt von *ḫʿj* auf denselben beziehen, was nur möglich ist, wenn man *ḫʿj* als Imperativ und das Folgende als Vokativ auffaßt. *CT* [54] = I.244c–d vgl. [45] = I.194e (B13C):

244c–d	*m=k ṯw jr=k bꜣ.tj sḫm.tj*	Siehe, du bist ba-hafter und mächtiger
194e	*r nṯr.w šmʿ.w mḥ.tjw*	als die Götter von Ober- und Unterägypten.

Spruch 18

1	244g	*[...] nṯr.w*	[...] ihr Götter,
2		*mꜣʿ=n jtn sbḥ=n qꜣ*	laßt uns die Sonnenscheibe lenken, indem unser Schrei laut ist:
3		*jh sp jfd*	Ach, ach, ach, ach! (?)
4	h	*jn rr wnn=j wʿ.kwj*	Soll ich etwa allein sein?
5	*n*	*wnt sn=j sꜣ=j n [...]*	Nicht gibt es meinen Bruder; mein Sohn [...]
6	i	*[...]=j Wsjr*	[...] Osiris.

Weckruf:

7	244j	*jꜣ wsjr N pn ṯsj ṯw n ʿnḫ n mwt=k*	O, Osiris N, erhebe dich zum Leben, nicht sollst du sterben.

[244] *dwꜣ*: 238d. 243a, *dwꜣ+nhp.w*.

[245] Vgl. hierzu ASSMANN, *Liturgische Lieder*, 389 Index s.v. „Wendung nach außen", insbesondere 260–262.

Der Anfang ist durch die Lücke vollkommen unsicher. Der Gedanke könnte sein, daß die Sonne durch die Lautstärke der Totenklage in ihrem Lauf beeinflußt wird. Zum viermal wiederholten „O“ s. oben zu 242c.

Zu 244h vgl. *CT* [50] = I.227b *jn rr wnn=j ꜥꜣ wꜥ.kwj* „soll ich hier etwa allein sein?“. Dort bezog sich das „Ich“ auf den Sohn des Toten.

n wnt sn=j sꜣ=j n[…] Es liegt nahe zu übersetzen „ich habe keinen Bruder und keinen Sohn“, aber mit *sꜣ=j* könnte auch ein neuer Satz beginnen.

Spruch 19

1	244k	*šsp=k ḥtp-nṯr […]*	Empfange die Gottesopfer […],
2		*mꜣ.tj*[246] *rnp.tj wr[…]*	indem du erneuert und verjüngt bist […]
3		*nb.t wn[…]*	[…]
4		*[…] nfr nrw*	[…] schön an Schrecken.
5	244l–m	*ṯsj jb=k mꜣ=k nfr=k*	Erhebe dein Herz[247], indem du deine Schönheit siehst,
6		*ḫꜥ.tj m Ḥr.w-jwꜣ*	erschienen als Horus-der-Ferne[248]
7		*[…] nb.tj P Dp*	[…] die beiden Herrinnen von Pe und Dep
8		*[…]*	[…]
9	244n	*[…]j[…] jmnt.t m ḫsf wsjr N pn*	[…] Westen beim Empfang des Osiris N hier,
10	o–p	*ḫꜥ.w m nb ḥp.t*	erschienen als der Herr des Umlaufs (bzw. des *ḥp.t*-Gerätes),
11		*nb ꜥnḫ m-ẖnw ꜣw[.t]-jb*	Herr des Lebens im Inneren der Herzensweite.
12		*nṯr.w P m šms.wt […]*	Die Götter von Pe sind im Gefolge […]
Refrain:			
13		*[…]*	[…]
14	244q	*H̱nm.w ḫnm.w m-ꜥ sp sn.wj*	Chnum ist freundlich gestimmt deswegen, zweimal.

Der „Herr des Umlaufs“ ist der Sonnengott (vgl. den Thronnamen Mentuhoteps II.), als der der Tote hier erscheint. Auch die folgenden Beiworte werden sich auf den Toten als Sonnengott beziehen.

„Die Götter von Pe“ gehören in den Zusammenhang der Bestattungsprozession.

246 *mꜣ.tj* vgl. *CT* [45] = I.200g; [47] = I.206f.

247 Zu *ṯsj jb=k* „erhebe dein Herz“ s. *CT* [51] = I.233f, 237d.

248 *ḫꜥ.tj m Ḥr.w-jwꜣ* auch *CT* [47] = I.207a.

Spruch 20

[55]
Faulkner, *AECT* I, 53
Barguet, *Textes des sarcophages*, 197

1	245a	*jꜥnw m p.t*	Alarm ist im Himmel,
2		*jm m dꜣ.t ḥr ḫr[…]*	und Wehklagen ist in der Unterwelt wegen [meiner] Stim[me].[249]
3	b	*[hꜣj]=j m Msktt.t*	Ich [steige herab] in der Nachtbarke,
4	c	*jw=j f[ꜣj ?]=j m Mꜥnḏ.t*	und ich werde hochgehoben von der Tagesbarke.
5	245d	*[…] m-ẖnw ꜥ.wj Jnp.w m wꜥb.t*	[…] im Inneren der Arme von Anubis in der Reinigungshalle.
6	e	*rḏj.n=j sbj m nwḥ[.w] nw*	Ich habe den Rebell in die Fesseln der
7	f	*sꜣ.wt[…jw…]*	Wächter gegeben […]

Refrain:

8	245g	*[Jnp.w ẖnm.w Ḫnm.w ẖnm.w] m-ꜥ sp sn.wj*	[Anubis ist freundlich gestimmt, Chnum ist freundlich gestimmt] deswegen, zweimal.

Verse 3–4: Gemeint ist das Totenschiff mit dem Sarg, das hier als Sonnenbarke verklärt wird.

Spruch 21

[56]
Faulkner, *AECT* I, 54
Barguet, *Textes des sarcophages*, 197

1	245h	*ṯsy.n sw wrḏ-jb pn*	Erhoben hat sich dieser Mattherzige hier;
2		*ḥꜥꜥy=j mꜣ[…]*	ich juble, wenn ich […] sehe
3	i	*[…j…wr]*	[…]
4	j	*[…] m dwꜣ.y*	[…] als einer, der gepriesen ist
5		*m ḥtp r jmnt.t nfr.t*	in Frieden zum Schönen Westen,
6	k	*n wnn=j ḥr mj n=j*	weil ich ausdauerte im (Rufen) ‘Komm zu mir’
7		*m[…] ꜣw[jb…]*	in […] [Herzens?]weite

249 Wegen der Kleinheit der Lücke kann eigentlich allenfalls *=j* ergänzt werden.

8	l	*[...]*	[...]
9	m	*[...] ḥnꜥ=k*	[...] zusammen mit dir,
10		*n mrt wnn=k m nb jmnt.t*	damit du währst als Herr des Westens.
11	245n	*jꜣ wsjr N pn*	O, Osiris N,
12	o	*ꜥḥꜥ n ꜥnḫ [n mw.t=k]*	steh auf zum Leben, [nicht sollst du sterben][250].
13	p	*mꜣ=k[...]*	Mögest du sehen [...]
14	246a	*nmj=k ḥr[t ḥnꜥ Rꜥ.w]*	Mögest du den Fer[nen?] durchfahren [zusammen mit Re?],[251]
15	b	*[ḏꜣj=k p.t] ḥnꜥ nṯr ḫpr ḏs=f*	und den Himmel [überqueren] zusammen mit dem Gott, der sich selbst erschaffen hat.

Refrain:

16	246c	*Jnp.w ḫnm.w sp sn.wj*	Anubis ist freundlich gestimmt, zweimal,
17	d	*Ḫnm.w ḫnm.w sp sn.wj*	Chnum ist freundlich gestimmt, zweimal.

Verse 5–10: Der Ruf *m ḥtp r jmnt.t nfr.t* „in Frieden zum schönen Westen!“ gibt einen deutlichen Hinweis auf den Sargschlittenzug zum Grab als rituellen Kontext.

nb jmnt.t: *CT* [47] = I.205b *jw=k ḫꜥj.tj m nb jmnt.t ḥr.j-tp nṯr.w nb.w* „Du bist erschienen als Herr des Westens und Oberhaupt aller Götter“; *CT* [44] = I.183e.

Die Motive der Himmelsüberfahrt erscheinen hier wieder als sakramentale Ausdeutung des Sargschlittenzuges zum Grab.

Spruch 22

[57]
BARGUET, *Textes des sarcophages*, 197
FAULKNER, *AECT* I, 54

1	246e	*[...j...jh...]*	[... o! ... O! ...]
2	f	*[m=k <w>ḏꜣ m=k] snb*	Siehe die Unversehrtheit, siehe die Gesundheit
3		*ḏd m rꜣ*	dauern in <meinem> Mund!
4	g–h	*j nb=j rm=j ṯw m jm*	O, mein Herr, ich beweine dich in Wehklage.
5		*n wn[...] ḥr sꜣ=k*	Nicht gibt es [...] hinter dir.
6	i	*m[...]*	Schau [...]
7	j	*[...] m nmj p.t*	[...] in der Passage des Himmels.

[250] Die Ergänzung folgt dem Vorschlag DE BUCKS.
[251] Die Ergänzung folgt dem Vorschlag DE BUCKS.

8	k	*jꜣ jh*	O, ach!
9	l	*ṯw jsṯ Ḥr.w nb jtm*	Du bist ja Horus, der Herr des (Sarg-) Schlittens.
10	m	*m=k <w>ḏꜣ mk snb [...j ...]*	Siehe die Unversehrtheit, siehe die Gesundheit [...]
11	n–o	*[...]*	[...]
12		*m=k <w>ḏꜣ m=k snb*	Siehe die Unversehrtheit, siehe die Gesundheit.

Die Wortfolge *m=k <w>ḏꜣ m=k snb* kommt in diesem Spruch refrainartig immer wieder vor. Die Übersetzung ist ganz unsicher. FAULKNER liest *m=k ḏꜣm=k snb* „siehe, dein *ḏꜣm* ist gesund"; die Bedeutung von *ḏꜣm* ist unbekannt. BARGUET: „vois: tu es intact; vois: tu es bien portant" - aber ein Ausdruck für „du" ist nicht sichtbar.

Zu *nmj* Passage, Korridor s. BETRÒ, *Testi solari*, 75.

Spruch 23

[58]
FAULKNER, *AECT* I, 54
BARGUET, *Textes des sarcophages*, 197

1	247a	*j nb=j m [=k rs.tj?] n ꜥnḫ*	Oh, mein Herr, sie[he, erwache?] zu Leben,
2	b	*m=k tꜣ-ḥḏ [...]*	Siehe, die Erde ist erhellt [...]
3	c	*[...]*	[...]
4	d	*m=k [...]*	Siehe, [...]
5	e	*[...]*	[...]

Spruch 24

[59]
FAULKNER, *AECT* I, 54
BARGUET, *Textes des sarcophages*, 198

1	247f	*[...] wry.t [...] m [...]*	[...] Balsamierungshalle [...] in [...]
2	g	*[...]w m ẖnm.w kkw*	[...] in der Dunkelheit,
3	h	*jn [...]*	sagen [...[252]]
4	i	*[...]*	[...]
5	j	*[...]*	[...]

[252] Wie das Gottesdeterminativ zeigt, ist von Göttern die Rede, die möglicherweise als Subjekt zu *jn* zu verstehen sind.

Die dritte Sequenz besteht aus verschiedenen Sprüchen wechselnden Umfangs, die als Klagelieder von Isis und Nephthys gedacht sind. Die Abtrennung der Sprüche ergibt sich aus dem Auftreten von Spruchtrennern („#“) und/oder der Refrain-Formel („R“). Bei Spruch 18 wurde der refrainartig wiederkehrende Ruf „Erwache zum Leben! Du bist nicht gestorben“ als Spruchgrenze aufgefaßt („W“). Keine einzige Quelle hat sämtliche Sprüche, die sich offenbar zu 12 ergänzen lassen. Die meisten hat B13C; diesen hat DE BUCK dann noch einen Spruch angefügt, der nur auf B12C, und zwar in unmittelbarem Anschluß an Spruch 12 (*CT* [50]) überliefert ist ([59]). Während die Abfolge von Spruch 13–23, also Nr. 1–11 des Klageliederzyklus, durch B13C gesichert ist, muß die Stellung von Spruch 24 = Nr. 12 als vollkommen hypothetisch gelten.

<table>
<tr><th>CT I</th><th>Trenner</th><th>B10C[b]</th><th>B10C[c]</th><th>B12C[a]</th><th>B12C[b]</th><th>B13C</th><th>B17C</th><th>B16C</th></tr>
<tr><td>[51] 233a–238d</td><td>R, #</td><td>|</td><td>|</td><td>bis 237b</td><td>|</td><td>|</td><td>bis 235c</td><td>|</td></tr>
<tr><td>[52] 238e–240c</td><td>#</td><td>|</td><td>|</td><td></td><td>|</td><td>|</td><td></td><td>|</td></tr>
<tr><td>[53a] 240d–241d</td><td>R</td><td>|</td><td>|</td><td></td><td>|</td><td>|</td><td></td><td>|</td></tr>
<tr><td>[53b] 241e–243d</td><td>#</td><td>|</td><td>|</td><td></td><td>|</td><td>|</td><td></td><td>bis 242f</td></tr>
<tr><td>[54a] 243e–244f</td><td>R</td><td></td><td></td><td></td><td></td><td>|</td><td></td><td></td></tr>
<tr><td>[54b] 244g–244j</td><td>W</td><td></td><td></td><td></td><td></td><td>|</td><td></td><td></td></tr>
<tr><td>[54c] 244k–q</td><td>R, #</td><td></td><td></td><td></td><td></td><td>|</td><td></td><td></td></tr>
<tr><td>[55] 245a–g</td><td>R, #</td><td></td><td></td><td></td><td></td><td>|</td><td></td><td></td></tr>
<tr><td>[56] 245h–246d</td><td>R, #</td><td></td><td></td><td></td><td></td><td>|</td><td></td><td></td></tr>
<tr><td>[57] 246e–o</td><td>#</td><td></td><td></td><td></td><td></td><td>|</td><td></td><td></td></tr>
<tr><td>[58] 247a–e</td><td>[#]</td><td></td><td></td><td></td><td></td><td>|</td><td></td><td></td></tr>
<tr><td>[59] 247f–j</td><td>[#]</td><td></td><td></td><td>|</td><td></td><td>|</td><td></td><td></td></tr>
</table>

Vierte Sequenz: Abschluß der Nachtwache und Ausfahrt am Morgen

Sprüche 25–26 *CT* [60] + [61]

Spruch 25

[60]
FAULKNER, *AECT* I, 54–56
BARGUET, *Textes des sarcophages*, 198–99

1	248a	*ḫꜥ nṯr m-ḫnw kꜣr=f*	Der Gott erscheint in seinem Schrein,
2	b	*sḏm=f sqr n=f m bjꜣ.tj(?)*	wenn er hört, wie für ihn die beiden Gongs geschlagen werden.

3	c	*jrj.w zꜣ.w=f m nṯr.w msj.w Ḥr.w nḏ jtj=f*	Gemacht ist seine Schutzwache unter den Göttern und den Kindern des Horus, der seinen Vater schützt.
4	248d	*jw Gb jm m sꜣ.w=k*	Geb ist da zu deinem Schutz,
5	e	*jtj=k ḏs=k msy=k n=f*	dein eigener Vater[253], für den du geboren bist.
6	f	*jw ʿ.wj Nw.t ḥꜣ=k msj.t ṯw ṯsj.t nfr.w=k*	Die Arme der Nut, die dich geboren hat, sind hinter dir, die deine Schönheit erhebt.
7	249a	*bꜣ=k ʿnẖ.w jm.j Ḏd.t*	Dein Ba lebt, der sich in Mendes befindet.
8	249b	*sꜣꜣ.w n=k ẖꜣk.w-jb*	Die Übelgesinnten werden für dich im Zaum gehalten,
9	c	*snḏ Stẖ mꜣꜣ=f ṯw*	Seth fürchtet sich, wenn er dich sieht.
10	d–e	*ptẖ=f ḥꜣʿ.wt=f r tꜣ*	Er wirft seinen Aufruhr zu Boden,
11	f	*ẖr snḏ=f m ḥʿ.w=f ḏs=f*	denn die von ihm ausgehende Furcht befällt seine eigenen Glieder.
12	249g	*Nfr-ḥr jm.j nṯr.w Ptḥ*	Der Schöngesichtige unter den Göttern, Ptah,
13		*Skr m ḥꜣ.t wjꜣ=k*	und Sokar sind am Bug deiner Barke:
14	h	*ʿ.wj=sn ḥr ẖtm nṯr*	ihre Arme sind auf dem Gottessiegel.
15	250a	*Bꜣst.t sꜣ.t Jtm.w*	Bastet, die Tochter Atums,
16		*sꜣ.t tp.t n Nb-r-ḏr*	die erstgeborene Tochter des Allherrn,
17	b	*jw=s m sꜣ.w=k r ḥḏ.t tꜣ*	sie ist dein Schutz, bis sich die Erde erhellt
18		*r hꜣ.t=k r ẖr.t-nṯr*	und bis du in das Totenreich eingehst.
19	c–d	*jr.t-Ḥr.w m sṯt n=k*	Das Horusauge ist beim Strahlen für dich
20	e	*jw=s ḥnʿ=k r ẖr.t-nṯr*	und es geht zusammen mit dir in das Totenreich.
21	f	*ʿnẖ=k m ḥꜣtj.w=sn*	Mögest du von ihren Herzen leben,
22		*jmj.w šms.w sn=k Stš*	(den Herzen derer,) die sich im Gefolge deines Bruders Seth befinden.
23	250g	*ḏd.t n jm.j kꜣr=f*	Das, was zu Dem-in-seinem-Schrein-Befindlichen gesagt wird,
24	251a	*Rʿ.w ḏs=f m Nb-r- ḏr*	(nämlich zu) Re selbst als Allherrn,

[253] So mit B10C[c]: *jtj=k ḏs=k*. B4C hat *jtj=ṯ pw msy=ṯ n=f* „dein Vater ist das, für den du geboren bist“.

25	b	*ḏj=f jwj.t nṯr.w m šms.w=f*	wenn er das Kommen der Götter veranlaßt in seinem Gefolge.
26	251c	*nꜥj wjꜣ jṯḥ.w mty*	Die Barke fährt, gezogen wird der Strick[254].
27	d–e	*hꜣj nṯr r ẖr.t-nṯr jb=f nḏm*	Der Gott geht frohen Herzens in das Totenreich ein.
28	251f	*Ḥr.w m nsw.t*	Horus ist König,
29		*jrj.n=f n=f sꜣ-mrj=f*	nachdem er für ihn den *sꜣ-mrj=f*-Priester gespielt hat:
30	g	*gr sbj mꜣꜣ=f ṯw*	der Widersacher schweigt, wenn er dich[255] sieht.
31	h	*sm ẖr.j-ḥb*	Der *sm*-Priester, der Vorlesepriester
32	252a	*wt.j wꜥ nb ḥr sẖr.t ḫftj*	und der Balsamierer: ein jeder von ihnen[256] wirft den Feind nieder.
33	252b	*ḫnm.t.t bꜣ.w Jwnw jyj.tj*	Die Amme der Seelen von Heliopolis ist gekommen,
34		*ḥr ꜥq.w n Nb-r-ḏr*	beladen mit den Einkünften des Allherrn.
35	c–d	*Jnp.w ḫnt.j sḥ-nṯr*	Anubis, der Vorderste des Gotteszelts,
36		*ḥr ꜥbꜣ dbḥ.w n ẖr.j-ḥb*	opfert den Bedarf für den Vorlesepriester
37	d–e	*r ḥḏ.t-tꜣ psḏ hrw*	(bis) zum Morgen, wenn der Tag erstrahlt,
38		*r wꜣ nṯr m wry.t*	wenn der Gott aus der Balsamierungshalle kommt.
39	253a	*wry.t=k m ḥw.wt-nṯr*	Deine Balsamierungshalle sind die Tempel
40	b	*m jrj.t n Rꜥ.w m zꜣ.w=k*	durch das, was Re zu deinem Schutz gemacht hat,
41	c	*wn=k jm=s r ḥḏ.t-tꜣ*	damit du in ihr bist bis zum Tagesanbruch.
42	d	*sbḫ.t ꜣḫ.t ḥsb=t ꜥꜣ.w*	(Deine Balsamierungshalle ist) das Portal des Horizontes, mit gezählten Zeltstangen/die Berechnerin der Differenz,[257]
43	e	*wnn.tj m sꜣ.w Wsjr*	die währt zum Schutz des Osiris.

[254] Die Barke wird von den Göttern getreidelt. Ein Wort *mty* „Strick" ist allerdings nicht belegt. Ob *mty* „Riegel" (Wb II, 167,14)? Dann würde sich die Aussage auf die Riegel der Balsamierungshalle beziehen, die aufgezogen werden.

[255] *ṯw*: B10C[b]; *ṯn*: B4C. B10C[c] und B10C[d] haben *sw* „ihn". Die anderen sind an dieser Stelle zerstört.

[256] B10C[b+c] fügen *jm=ṯn* ein und verstehen den Satz als Aufforderung an die genannten Priester: „ein jeder von euch wirft den Feind nieder".

[257] Das Totengericht.

44	f	*sꜣ ꜥꜣ.w msj.w Bdš.t*	Ihre Zeltstangen sind die Kinder der Ohnmacht,[258]
45	h	*wnn m sꜣ.w Wsjr*	indem sie währen zum Schutz des Osiris.
46	254a	*sꜣ.wt=s ꜥ.wj Nw.t*	Ihre Balken sind die Arme der Nut,
47	b	*jrj=s rsw ḥr Wsjr*	indem sie Wache hält über Osiris.
48	c	*tꜣy.t=s rḫt.t Ptḥ*	Ihre Bespannung ist das Kleid des Ptah,
49		*sḫt.t Tꜣy.t ḏs=s*	das Tait selbst gewoben hat.

Spruch 25 [60] kommt nur auf Vertretern der älteren Fassung vor. Der Sarg des Gaufürsten Amenemhet enthält ihn nicht weniger als viermal, dazu kommen die Särge B1Y und B4C, die die Klageliedersequenz [51]–[59] nicht haben.

Die Reihenfolge bei B1Y ist [60] - [61] - [44] - [45] - [46] - [47] - [48] - [49] - [50]. *CT* [60] eröffnet hier also die gesamte Sequenz.

B4C hat von der ganzen Totenliturgie nur [61] - [60] (in dieser Reihenfolge).

Riten in der Wry.t
1. Strophe

1. Teilstrophe (Verse 1–3)

Mit dem Anfang vgl. Davies, *Rekh-mi-Re*, Taf. XCII:

ḫꜥj nṯr m-ẖnw ꜥḥ=f	Der Gott erscheint in seinem Palast,
stj=f m Rꜥ.w ḏs=f	sein Duft ist der des Re selbst.

Zu den beiden Gongs s. *CT* [24] = I.74e–g:

74e	*jw ḥꜣ.n n=k ḏr.tj*	Es klagten über dich die beiden Weihen,
f	*ꜣs.t pw ḥnꜥ Nb.t-Ḥw.t*	das sind Isis und Nephthys,
g	*jw sqr n=k m bjꜣ.wj m-bꜣḥ nṯr.w*	es wurden die beiden Gongs für dich geschlagen vor den Göttern.

Vgl. Kommentar zur Stelle, mit Hinweis auf die Inschrift des Merenptah, die ebenfalls das Schlagen der Kupfergongs als Handlung von Isis und Nephthys erwähnt.

jrj sꜣ.w=f bezieht sich auf die nächtliche Stundenwache. Eigenartig, daß von den Horuskindern erst hier die Rede ist; sie sind die typischen Offizianten der Stundenwache.

[258] Neben Zeltstangen werden die *msj.w Bdš.t* auch mit Schiffsmasten, also mit in den Himmel ragenden Bauelementen, identifiziert, vgl. *CT* V.233g.
B10C[d] fügt ein:
g *jrj=s r[sw ḥr Wsjr]* indem sie Wa[che über Osiris hält].

2. Teilstrophe (Verse 4–7)

Mit dieser Strophe ändert sich der Personbezug, obwohl das Thema übergangslos weitergeführt wird. Zum Motiv der Umarmung durch Nut vgl. oben § 17 zu I.191c. Zum Ba in Mendes vgl. I.225f.

3. Teilstrophe (Verse 8–11)

Die Furcht vor Seth ist ein Leitmotiv dieser Totenliturgie. Hier schlägt sie nun auf ihn selbst zurück.

2. Strophe

Erste Teilstrophe (Verse 12–14)

Der Schöngesichtige ist hier wie auch sonst Ptah. Aus dem Suffix *=sn* in 249h geht jedoch hervor, daß an eine Mehrzahl von Göttern gedacht ist. Also treten Ptah und Sokar hier als zwei verschiedene Götter auf.

Zweite und dritte Teilstrophe (Verse 15–22)

§ 47 Bastet-Tefnut als Fackel

Bastet ist hier ein Name der Tefnut, der löwengestaltigen Göttin des Feuers. Tefnut wird in der Ägyptologie gewöhnlich mit „Feuchte" assoziiert[259]. In Wirk-

[259] Vgl. hierzu BARTA, *Neunheit*, 89–94, der S. 89 Anm. 9 die ältere Literatur zu diesem Punkt aufführt. Vgl. S.91: „Tefnut würde damit 'das Ausgespieene' bzw. 'die Feuchtigkeit' personifizieren können, die dann antagonistisch neben Schu, der Trockenheit, stünde. Für diese Deutung spräche auch die allgemeine Erwägung, daß dem kosmischen System der Neunheit, wenn ihm die als Tefnut Gestalt gewordene Feuchte nicht angehörte, das Urelement des Wassers fehlen würde, das der Ägypter im Nil, im Regen, im Tau usw. verwirklicht sah; denn Nun gehört nicht zur Neunheit, sondern bildet in Heliopolis lediglich den unpersönlichen Urstoff, der sowohl das Chaos wie die geordnete Welt umfaßt". Bartas „allgemeine Erwägung" spricht nicht für, sondern gegen die Gleichsetzung von Tefnut und Feuchte. Denn das Urelement des Wassers wird niemals mit Tefnut in Verbindung gebracht, sondern immer mit Nun. Es fehlt in der Neunheit, weil es ein Urelement ist. Es gehört zu den Besonderheiten des ägyptischen Weltbildes, daß die Fülle der Wirklichkeit nicht in der geordneten Welt aufgeht. Ursula VERHOEVEN meldet zu Recht in ihrem Artikel *„Tefnut"* vorsichtige Zweifel an der konventionellen Deutung der Tefnut als Göttin der Feuchtigkeit an, ohne allerdings eine alternative Deutung vorzutragen.

lichkeit ist sie ganz im Gegenteil eine Göttin des Feuers, der Glut, der Wüste. Sie ist die „zornflammende" Uräusschlange an der Stirn des Sonnengottes, in der sich die aggressive Glut der Sonne verkörpert. Hier, in ihrer Erscheinungsform als Bastet, verkörpert sie sich offenbar in der Fackel, mit der die Balsamierungshalle während der nächtlichen Stundenwachen erleuchtet wird, um den Bösen abzuwehren. Das „Horusauge" ist die übliche Bezeichnung der Fackel. Vgl. zu *CT* [49] = I.216e.

Der abschließende Wunsch bezieht sich auf die sakramentale Ausdeutung einer Fleischopfergabe als Herzen der Feinde des Toten.[260]

3. Strophe

Erste Versgruppe (Verse 23–25)

Offenbar ein Vermerk, der den folgenden Spruch als an Re selbst gerichtet - und damit als Teil einer Sonnenliturgie - ausgibt.

Zweite Versgruppe (Verse 26–27)

Ein Spruch in der Form der Vorgangsverkündigung, den man sich gut als Rezitation zum Beginn der Barkenprozession vorstellen könnte. Die Sonnenbarke wird in der Nacht getreidelt.

Vierte Strophe

Erste Teilstrophe (Verse 28–32)

Zum *sꜣ-mrj=f* Priester vgl. §28 zu I.199/200. Die Ausübung dieser Funktion legitimiert Horus zum Königsamt. *sm*-Priester, Vorlesepriester (*ẖr.j-ḥꜣb*) und Balsamierer *(wt.j)* entsprechen den drei Priestern, die üblicherweise im Alten Reich beim Vollzug des Opferrituals dargestellt werden und dort die Titel *wtj*, *wdp.w* und *ẖr.j-wḏb* tragen. Vermutlich bilden die hier genannten Titel die königliche und damit die im nichtköniglichen Totenkult spätere Besetzung der drei kultischen Rollen.[261] KEES versteht die Passage als Wunschsatz „jeder einzelne sei dabei, den Feind niederzuwerfen"; das vermag aber die Konstruktion *ḥr*+Inf. nicht auszudrücken.[262]

[260] Vgl. *Pyr.* § 1905b: *ꜥnḫ=k m ḥꜣtj.w rmṯ.w* „mögest du von den Herzen der Menschen leben".
[261] Vgl. ASSMANN, *„Totenkult, Totenglauben"*, 666.
[262] KEES, *Totenglauben*, 271.

Zweite Teilstrophe (Verse 33–38)

Das Thema der Speisung mit Gaben aus Heliopolis. Die *ẖnmt.t bꜣ.w Jwnw* ist die Lieferantin der Speisen[263], die sie aus Heliopolis heranbringt, damit Anubis sie für den Vorlesepriester darbringen kann. Die Nacht wird also nicht nur mit Rezitationen zugebracht, sondern auch mit dem Darbringen von Speiseopfern; oder vielmehr mit deren Anlieferung und Vorbereitung, damit sie am Morgen dargebracht werden können. Zu *wꜣ* „kommen" s. Wb I, 246,10–12.

Fünfte Strophe (Verse 39–49)

§48 Eine „verklärende" Beschreibung der Balsamierungshalle

Das Prinzip dieser Beschreibung ist die Zerlegung einer Ganzheit in verschiedene Komponenten und die Gleichsetzung dieser Einzelteile mit Elementen der Götterwelt. Es wird mit Vorliebe in Texten angewandt, die in Form eines Frage-und-Antwort-Spiels einen Neuankömmling prüfen.[264] In den Fährboot-Texten wird der Verstorbene vom Fährmann ins Verhör genommen, das ungefähr folgenden Verlauf nimmt: Zuerst wird der Tote gefragt, wer er ist, wo er hin will und was er dort vorhat, dann, wer ihm die Fähre bringen soll, die in ihre Einzelteile zerlegt in der Werft liegt und nun sprachlich zusammengesetzt werden muß.

> «Nimm ihre Steuerbordseite (sagt der Tote zum Fährmann) und setze sie an ihren Bug, nimm ihre Backbordseite und mach sie am Heck fest.»
> «Aber sie hat keine Binsen, keine Stricke, keine *hsfw*, keine Riemen!»
> «Ihre Taue sind die Locke am Schwanz des Seth,
> ihre Binsen sind die Binden am Mund des Babai,
> ihre *hsfw* ist die Haut auf den Rippen des Babai,
> ihre Steuerruderblätter (?) sind die beiden Hände des Göttinnenbildes.
> Horus ist es, der es gemacht hat.»[265]

So geht das endlos weiter, die Fähre wird Stück für Stück vorgenommen und götterweltlich identifiziert. In den Fangnetz-Sprüchen tritt allein der Tote als Sprecher auf:

> Ich kenne den Namen des Holzpflocks in ihm (dem Netz):
> das ist der große Finger des Sokar.
> Ich kenne den Spannpflock in ihm:
> das ist das Bein des Schesemu.
> Ich kenne das Gestänge in ihm:
> das ist die Hand der Isis.

[263] Vgl. zu dieser Gestalt und Funktion *CT* III.173m; 137d.
[264] Zum Verfahren vgl. Bidoli, *Sprüche der Fangnetze*, 26ff.
[265] *CT* [397] = III.85–89.

Ich kenne den Namen des Messers in ihm:
das ist das Schlachtmesser der Isis, mit dem sie die Därme des Horus zerschnitten hat.
Ich kenne den Namen des Schwimmers und des Senkgewichts in ihm:
das sind die Kniescheiben des Ruti.
Ich kenne den Namen der Stricke, die es zuschnappen lassen:
das sind die Sehnen des Atum
(usw.)[266]

Es gibt auch Sprüche, in denen die Gegenstände selbst redend auftreten und den Toten nach ihrem Namen fragen, z. B. Teile des Bootes im Binsengefildes in *CT* [404]:

„Sage meinen Namen" sagt das Vordertau. „O jene Locke der Isis, die Anubis angepflockt hat mit der Arbeit des Balsamierers". „Sage meinen Namen" sagt der Landepfahl. „Die Herrin der beiden Länder im Schrein" ist dein Name. „Sage meinen Namen" sagt der Schlegel. „Das Hinterteil des Stiers ist es". „Sage unsere Namen" sagen die Stak-Stangen. „Die Zeltstangen des Gottesgefildes sind es". „Sage meinen Namen" sagt das *ḥp.t*-Gerät. „Aker ist dein Name". „Sage meinen Namen" sagt der Mast. „Der die Große wiederbringt, nachdem sie sich entfernt hatte, ist es", usw.[267]

In unserem Spruch wird die Balsamierungshalle als ein Festzelt beschrieben: ein mit Stoffen (*tꜣy.t* „Gewebe") bespanntes Holzskelett (*sꜣ.w* „Balken"), das von hölzernen Stangen oder Säulen (*ꜥꜣ.w*) getragen wird. Ebenso wie in den zitierten und vielen vergleichbaren Sprüchen werden auch hier die einzelnen Bestandteile mit Elementen der Götterwelt gleichgesetzt.

Das – von de Buck noch zu *CT* [60] gezählte – folgende Textstück ist wohl nicht als sechste Strophe dieses Spruchs, sondern als erste Strophe des folgenden zu betrachten. Entscheidend für diese Zuordnung ist der Wechsel des Themas.

Aufbau

22 Verse	11 *kꜣr*	3 Einleitung: Erscheinung des N
		4 Schutz durch Geb und Nut
		4 Zustand des Feindes
	11 Götter in der Barke	3 Ptah und Sokar
		6 Bastet als Fackel
		2 N und sein Feind
	5 *kꜣr+wjꜣ*	5 Spruch für die Barke

266 *Tb* 153A, Übers. Hornung, *Totenbuch*, 325, 16–27; *CT* [474] = VI.18 f.
267 Faulkner, *AECT* II, 48–57; Barguet, *Textes des sarcophages*, 358–362; Hornung, *a.a.O.*, 210 ff.

49 Verse			
		11 Riten in der *wry.t*	5 Totenpriester 6 Speiseopfer aus Heliopolis
	22 Verse		
		11 *wry.t*	3 Tempel 2 Portal des Horizonts 2 Stützen = Kinder der Ohnmacht 2 Balken = Arme der Nut 2 Bespannung = Kleid des Ptah

Spruch 26: Die Ausfahrt des Toten am Morgen

[61]
FAULKNER, *AECT* I, 56f.
BARGUET, *Textes des sarcophages*, 199f.

1	254d	*wbn hrw m jꜣb.t p.t*	Der Tag[268] geht auf im Osten des Himmels.
2	e	*psḏ=f jm ḥr mnḏw.t=k*	Er scheint dort auf deine Brust.
3	f–255a	*jw n=k grḥ n ntk hrw*	Dein ist die Nacht und dir gehört der Tag,
4		*Wsjr Ḥr.w nb ʿnḫ*	Osiris, Horus, Herr des Lebens!
5	255a	*ḫdj=k ḫntj=k m ʿnḏ.tj*	Fahre flußabwärts und fahre flußaufwärts in den Anedjti-Gau,
6	b	*sjp=k sjp.w jmj.w Ḏd.w*	um eine Zählung der Einwohner von Busiris zu veranstalten.
7	c	*prj=k hꜣy=k m Rꜣ-stꜣw*	Mögest du herauskommen und eingehen in Ra-setau,
8	d	*wn=k ḥr ḥr jmj.w dꜣ.t*	um den Blick freizugeben auf die in der Unterwelt.[269]
9	e	*ḫntj=k jm=s r ꜣbḏw*	Mögest du von da ab flußaufwärts fahren nach Abydos,
10		*pꜣ.t tp.t n.t Nb-r-ḏr*	die erste Urzeit des Allherrn.
11	256a	*nṯr nb r rꜣ n š=f*	Jeder Gott an der Mündung seines Gewässers

[268] *hrw* ausgeschrieben bei B10C^{a,b,d}. B10C^{c} und B4C haben nur das Sonnenzeichen mit Ideogrammstrich, lassen also auch die Lesung *Rʿ.w* zu, die in Verbindung mit *wbn* natürlich die gewöhnlichere (und daher *lectio facilior*) ist.

[269] So nach B10C^{b,c}. B10C^{a} liest *wn=k ḥr n jmj.w dꜣ.t* „mögest du das Gesicht der Unterweltlichen öffnen".

12		*ḥr šm.t <ḥr> mw nw wjꜣ.w=k*	geht <auf dem> Wasser[270] deiner Barken,
13	b–c	*ṯsj.w sꜣḥ pḥ=k m bꜣw*	Orion hebt dein Heck hoch, das noch im Hügel(?) ist.
14	d	*ḏj n=k Nw.t ꜥ.wj=s*	Nut streckt dir ihre Arme entgegen,
15	e	*ḥmsj=k ḥr tmꜣ Wsjr*	indem du auf der Matte des Osiris sitzt.
16	256f	*sḫnt Rꜥ.w s.wt=k*	Re befördert deine Stellungen.
17	g	*wbꜥ=k m š qbḥ.w*	Mögest du dich reinigen im kühlen See,
18	h–257a	*kꜣp n=k Jnp.w snṯr*	indem Anubis für dich Weihrauch räuchert.
19	b	*wnn=k ws.w ḥr psḏ.t*	Du sollst die Fenster öffnen vor der Neunheit,
20	c	*mꜣ=k sštꜣ n nt.t jm=s*	damit du das Geheimnis siehst dessen, was in ihr ist.
21	257d	*wbn=k m šw.tj Spd.w*	Du wirst mit der Doppelfeder des Sopdu erscheinen,
22	e	*šsp.n=k ꜣtf.w Ḥr.w*	nachdem du die Kronen des Horus empfangen hast.
23	f	*smn.tj n=k ḥḏ.t ḥr ṯnṯꜣ.t*	Möge dir die weiße Krone auf der Estrade aufgesetzt werden
24	g	*mj jry.t n Ḥr.w*	genauso wie das, was für Horus gemacht wurde
25		*m ḫꜥ.w=f jn Rꜥ.w*	bei seinem Erscheinen durch Re.
26	258a	*jrj.w rn=k m Ḥr.w sšm tꜣ.wj*	Dein (Thron-)Name wird festgesetzt als „Horus, Führer der Beiden Länder“.
27	258b	*wn n=k sšd.wt Ḥr.w*	Geöffnet sind für dich die Flügelschreine des Horus,
28	c	*mdw n=k ṯꜣ.w nṯr.w*	die Jungvögel der Götter sprechen zu dir.
29	d–e	*ḏd.tw n=k jyj.w m sn.wt*	Gesagt wird dir „Willkommen im *snwt*-Palast!“
30		*jn wr.w nw Jwn.w*	seitens der Großen von Heliopolis.
31	258f	*wnḫ=k m wꜥb n Ptḥ*	Mögest du das reine Gewand des Ptah anlegen
32		*m sfḫ n Ḥw.t-Ḥr.w*	und das abgelegte Kleid der Hathor.
33	258g	*wsḫ ns.t=k m-ḫnw wjꜣ*	Weit sei dein Sitz im Inneren der Barke,
34	259a	*ḥmsj=k m dp.t-nṯr*	wenn du sitzt im Gottesschiff.

[270] B4C hat *ḥr sšm.t mw nw* „leitet das Wasser“, vielleicht in der Bedeutung „lenkt die Bahn“.

35	b	*ḫꜣꜥ=k db m š n ḫꜥ*	Mögest du du das Nilpferd im Gewundenen See erlegen,
36	c	*nṯr nb m msn.w=k*	indem jeder Gott dein Harpunierer ist.
37	259d–e	*sꜣḫ ṯw jꜣj.wt Qjs jmj.wt šms.w Ḥw.t-Ḥr.w*	Die Greisinnen von Qusae, die sich im Gefolge der Hathor befinden, sollen dich verklären.
38	f	*ms.tw n=k hn ḥsmn*	Möge für dich eine Kiste mit Natron gebracht werden
39		*jn wꜥb jm.j ꜣbd*	durch den Priester im Monatsdienst.
40	g	*Rꜥ.w m rn=f*	Re in seinem Namen,
41	260a	*Ḥr.w m jrr=f*	Horus in seiner Rolle,
42	b	*wꜣḥ ḫꜥ.w m nḫb.wt=f*	dauernd an Kronen mit seiner Namenreihe.
43	260c	*sꜣḫ ṯw Šw Tfn.t*	Es verklären dich Schu und Tefnut,
44		*nṯr.w jrj.w pꜣw.tjw*	die Götter, die die Urgötter erschaffen.
45	d	*ḥꜥ bꜣ wr m ḫsf=k*	Der Ba des Großen jubelt bei deinem Empfang,
46	e	*sšr=k Ḥr.w Šdtj*	wenn du Horus von Krokodilopolis abwischst(?).
47	260f	*ḥmsj=k ḥr psš n mfkꜣ.t*	Mögest du auf der Treibtafel von Türkis sitzen
48		*r ḥꜣ.t wjꜣ n Rꜥ.w*	am Bug der Barke des Re.
49	261a	*twt wbn=k mj wbn Rꜥ.w*	Vollständig sei dein Erscheinen wie Re erscheint,
50	b	*psḏ=k mj Ḥw.t-Ḥr.w*	indem du wie Hathor leuchtest.
51	261e	*jw Wsjr mr=f mꜣꜣ=k*	Osiris: er wünscht dich zu sehen
52		*m wbn=k n jwny.t*	bei deinen Aufgängen des *jwny.t*-Säulensaales.[271]
53	f	*sṯꜣ n=k jnr.w n.w ḥḏ*	Blöcke aus Silber sollen für dich herbeigeschleppt werden
54	262a	*ḥr npr.wt n.t mfkꜣ.wt*	zum Beckenrand aus Türkis.[272]
55	262b	*Ḥw.t-Ḥr.w nb.t Kbn*	Hathor, die Herrin von Byblos:
56		*jrj=s ḥm.w n wjꜣ.w=k*	sie führt die Steuerruder deiner Schiffe.

[271] c–d ist ein irrtümlicher Einschub in B4C:

c	*jw Wsjr mr=f mꜣꜣ=ṯ m nb.t Kbn.t*	Osiris: er wünscht dich zu sehen als Herrin von Byblos,
d	*jrj=s ḥm.w n.w wjꜣ=ṯ*	indem sie macht die Steuerruder deiner Barke.

[272] Vgl. *Urk.* IV, 1808.

57 c	*sṯj n=k gmḥ.wt tkꜣ*	Die Sterne zünden dir Fackeln an.
58 d	*sꜣḫ ṯw sꜣ.tj Nw.t*	Die beiden Töchter der Nut verklären dich.
59 e	*sꜣḫ ṯw Gb Nw.t*	Geb und Nut verklären dich,
60 f	*nṯr.w šn rḫy.t*	die Götter, die die *rḫy.t*-Leute umfassen.
61 263a	*wnm=k sn.w prj m Ḫm*	Mögest du das *sn*-Brot essen, das aus Letopolis kommt
62 b	*t wꜥb prj m Jwnw*	und das Reine Brot, das aus Heliopolis kommt.
63 c–d	*swr=k ḫꜣw n jrṯ.t*	Mögest du einen Krug voll Milch trinken,
64	*prj ḥr wḏḥw hrw snw.t*	der herauskommt vom Opfertisch am Tag des *snw.t*-Festes.
65 263e	*ḏd.t n=k jyj.w m wsḫ.t*	Möge dir „Willkommen!“ gesagt werden in der Breiten Halle
66	*jn wr.w n.w ḥw.t-nṯr*	seitens der Großen des Tempels.
67 f	*kf.tj n=k sḫn.wt n.t p.t*	Mögen für dich die Stützen des Himmels enthüllt werden,
68 g	*mꜣꜣ=ṯ štꜣ.w nt.t jm=s*	damit du die Geheimnisse erblickst, die in ihm sind.
69 264a	*dwn=k rd.wj=ṯ ḥr sḫn.wt n.t p.t*	Mögest du deine Beine vor den Himmelstützen ausstrecken.[273]
70 b	*ṯꜣw nḏm n šr.t=k*	Süßer Hauch sei an deiner Nase.
71 264c	*Sꜣḥ ḏd=f n msḫ.tjw*	Orion sagt zum Großen Bären:
72 d	*jṯj m š=k*	„Ergeife deinen See,
73 e	*jṯj m š=j*	während ich meinen See ergreife,
74 f	*jrj=n s.t n wsjr N pn*	damit wir den rechten Ort für den Osiris N bereiten.“

Nachschrift:

75 264g	*ꜥḥꜥ=k ḥr ḏꜣ sjs ḥr rmn=k*	Mögest du auf dem *ḏꜣ*-Stoff stehen, während ein *sjs*-Stoff auf deiner Schulter ist,
76 h	*ḏj=k wꜣ.t n ḏꜣ.t r p.t*	mögest du dem Kranich den Weg zum Himmel freigeben.

[273] 263g und 264a fehlen wegen Homoioteleuton irrtümlich in den drei Fassungen von B10C.

Erste Strophe

Erste Teilstrophe (Verse 1–4)

Die Gleichsetzung des Toten mit Osiris und Horus wirkt in dieser Form befremdlich. Der Tote spielt aber in der Tat beide Rollen im Ganzen der Totenliturgie. In *CT* [46] „erscheint" der Tote als Harendotes, in *CT* [47] und [54] als Horus *Jwꜣ.w* und in *CT* [44] und [47] als *Nb-jmnt.t* (Osiris). Nacht (Stundenwache) und Tag (Bestattungsprozession) sind die beiden Phasen des Rituals.

Zweite Teilstrophe (Verse 5–10)

Die Stationen der Barkenfahrt, als welche die Begräbnisprozession ausgedeutet wird. Die einzelnen Orte – Busiris, Ra-setau (Saqqara) und Abydos – werden dabei im „Heiligen Bezirk" durch Kulissen angedeutet worden sein.[274] Es ist eine Reise von Norden nach Süden, die in Abydos endet. *wn ḥr ḥr* „den Blick freigeben auf" bezieht sich auf die Öffnung der Schreintüren im Statuenkult und den Ritus *mꜣꜣ nṯr* „den Gott schauen".[275] Der Besuch des Toten in Ra-setau hat seine Einführung in die dortigen Mysterien zum Ziel. Davon ist auch sonst die Rede, vgl. z. B.

ẖnm=f jmḥ.t wbꜣ=f tpḥ.t	Möge er sich mit der Imhet vereinen und die Höhle öffnen,
wbꜣ ḥr=f m Rꜣ-stꜣw	möge sein Gesicht geöffnet werden in Ra-setau.[276]

Abydos macht im Mittleren Reich Heliopolis den Rang als Ur-Ort der Welt streitig, vgl. den Lobpreis auf Abydos der Stele BM 581:

> Diese Insel, zu der man pilgern muß,
> die Mauern, die der Allherr angeordnet hat,
> die segensreiche Stätte seit der Zeit des Osiris,
> die Horus gegründet hat für seine Väter,
> der die Sterne im Himmel zinspflichtig sind,
> die Herrin des Himmelsvolkes,
> zu der die Großen aus Busiris kommen,
> die Heliopolis gleichkommt an Segenskraft,
> über die der Allherr zufrieden ist.[277]

Die Strophe gehört zu *CT* [61], der nahtlos anschließt.

[274] Aus einem mir nicht ganz ersichtlichen Grund findet KEES diese Kombination von Orten „verstiegen": *Totenglauben*, 234.
[275] Vgl. hierzu die Dissertation von LOHWASSER, *Öffnen des Gesichts*, über *wn ḥr*.
[276] Stele des *Mnṯw* (18. Dyn.), BM 1012: BUDGE, *BM Stelae* VI, Taf. 46.
[277] BM 581, nach SETHE, *Lesestücke*, 80.

Zweite Strophe

Erste Teilstrophe (Verse 11–15)

šmt <ḥr> mw „geht auf dem Wasser“ = verhält sich loyal und hilfreich. FAULKNER: „Every god at the mouth of his lake goes on the water of your bark“; BARGUET: „Chaque dieu, à l’entrée de son lac, est sur le chemin d’eau de tes barques“. Die folgenden Verse machen das Gemeinte klar: die Götter helfen bei der Ausfahrt des Verstorbenen, wenn sie von der horizontalen Richtung einer Reise zu den religiösen Zentren Ägyptens übergeht zur vertikalen Richtung einer Himmelsreise. Orion stützt von unten und Nut zieht von oben. „Auf der Matte des Osiris sitzen“ bedeutet, nach bestandener Prüfung im Totengericht aufgenommen worden zu sein ins Kollegium der Totenrichter. Die Rechtfertigung im Totengericht ist Vorbedingung für die Himmelsreise des Toten und die Aufnahme durch die Himmelsgöttin. *bꜣw* „Hügel“(?) ist nur hier belegt (Wb I, 418,9), aber die Bedeutung ist durch das Determinativ ziemlich sicher. Vielleicht von *bꜣ* „hacken“ als „Aufschüttung“?

Zweite Teilstrophe (Verse 16–20)

sḫnt s(.w)t ist ein Terminus der Verwaltungssprache und heißt „befördern“. Re als Herrscher macht den zum Himmel reisenden Toten zum vornehmsten Mitglied seines Hofstaats. Zur Reinigung im himmlischen Reinigungsbad des Sonnengottes s. §13 zu I.187/188. Zu Anubis als Räucherer vgl. *CT* [45] = I.195g–196c:

195g	*snḏm Jnp.w sṯj=k*	Anubis möge deinen Geruch angenehm machen
g–196a	*ḫnt s.t=k m sḥ-nṯr*	vor deiner Stätte in der Gotteshalle.
b	*ḏj=f n=k snṯr r tr nb*	Er möge dir Weihrauch spenden zu jeder Festzeit,
c	*n ḥb jm n psḏn.t.jw*	ohne daß am Neumondsfest etwas davon abgezogen wird.

Der beförderte, gereinigte und beweihräucherte Tote wird schließlich, ganz im Stil einer Initiation, aufgefordert, die „Fenster“ zu öffnen und das „Geheimnis“ zu schauen.

§49 Initiation

Vgl. damit weiter unten im selben Spruch *CT* [61] = I.263f–g:

263f	*kf.tj n=k sḫn.wt n.t p.t*	Mögen für dich die Himmelsstützen enthüllt werden,
g	*mꜣꜣ=k štꜣ.w nt.t jm=s*	damit du die Geheimnisse erblickst, die in ihm (dem Himmel) sind.

CT [363] = V.23f–i = SZ.3 Nr. 5 (pBM 10081 Kol. 20):

23f	*pḥ=k Nw.t mꜣꜣ=k štꜣ.w*	Mögest du Nut erreichen und die Geheimnisse schauen,
g–h	*šd=k šw pḏ=k jr.t=k*	mögest du Schu nehmen(?) und dein Auge ausspannen (deinen Blick ausdehnen),
i	*mꜣn=s n jmj.w-ḏr.w ꜣḫ.t*	damit es auf die im Bereich des Horizonts schauen kann.

In den folgenden Stellen ist zwar nicht von „Geheimnissen" (*štꜣ.w*) die Rede, aber doch vom Anblick dessen, was im Himmel (und normalerweise verborgen) ist: *CT* [492] = VI.71l–72d (ähnlich *CT* [491] = VI.69a–c):

jj bꜣ=j ꜣḫ=j	Oh mein Ba, oh mein Ach,
ḥkꜣ=j šw.t=j	oh mein Zauber, oh mein Schatten,
wn n=k ꜥꜣ.wj p.t	die Türflügel des Himmels öffnen sich dir,
sn n=k sbꜣ.w ḥr.t	die Tore des Fernen tun sich dir auf.
smn.tw ḫkr.wt=k r=k	Deine Insignien werden an dir befestigt.
ꜥq=k ḥr Rꜥ.w m-ẖnw kꜣr=f	Du trittst ein zu Re im Innern seiner Kapelle,
mꜣ=k nṯr ꜥꜣ m jrw=f mꜣꜥ	du erblickst den Großen Gott in seiner wahren Gestalt.

CT [423] = V.262b–c:

262b	*sjꜥr wj m hnhn.w r wjꜣ Ḫprj*	Ich lasse mich in der *hnhnw*-Barke aufsteigen zur Barke des Chepre.
c	*ḏj=f ꜥq=j r mꜣꜣ ntt jm*	Möge er mich einsteigen lassen, damit ich schaue, was darin ist.

In einem Verklärungsspruch des NR heißt es:
NR.8.3.1.1 (TT 23, WbZ <1568>) § 12:

ṯsj=k r p.t mꜣꜣ=k jm.j=s	Mögest du zum Himmel aufsteigen und schauen, was in ihm ist.

Vgl. TT 157:

ꜣḫ m p.t mꜣꜣ jmj.w=s	Verklärt zu sein im Himmel und zu schauen, was in ihm ist,
tj-wj m šms.w n Wnn-nfr	während ich im Gefolge des Wannafre bin.[278]

Besonders explizit kommt der Gedanke der Initiation in den Sprüchen 7 und 8 der spätzeitlichen Liturgie SZ.1 zum Ausdruck. Dort heißt es in Spruch 8, Verse 33–38:

[278] TT 157, Fürbitte; oberer Streifen der linken Eingangswand. WbZ <1131> – <1134>; nach eigener Abschrift.

mꜣꜣ ṯw nṯr ḥꜥ nṯr n mꜣꜣ=k	Es sieht dich der Gott, der Gott jubelt über deinen Anblick.
sḫnt=f s.t=k m ḫntj-ꜣḫ.t	Er läßt deinen Platz vorn sein an der Spitze des Horizontes.
wbꜣ=f ṯw m jmn.w<.t> nb.wt	Er führt dich ein in alles Verborgene,
nḏr=f ꜥ=k r ẖnm=k jm=f	er faßt dich an deinem Arm, damit du dich zu ihm gesellst.
sšm=f ṯw r bw ms.wt=k	Er führt dich an den Ort deiner Geburt.

Dritte Strophe

Erste Teilstrophe (Verse 21–26)

Die Krönung des zum Himmel aufgestiegenen Toten. Da der Weg des Toten zur Unsterblichkeit notwendigerweise nicht nur seine Rechtfertigung, sondern auch seine Königwerdung impliziert, ist von seiner Ausstattung mit den Insignien des ägyptischen Königtums in den Sprüchen passim die Rede, so daß sich Belege erübrigen. Die „Doppelfeder des Sopdu“ ist mir jedoch in diesem Zusammenhang sonst nicht begegnet. Der gekrönte Tote erhält als König einen Thronnamen: „Horus, Führer der beiden Länder.“[279]

Zweite Teilstrophe (Verse 27–30)

Die Teilstrophe behandelt das Thema „Empfang“, das typischerweise auf das Thema „Erscheinung“, hier: die Krönung des Toten, folgt. Zum „Flügelschrein des Horus“ s. Wb IV, 302,6–7. Die Szene spielt in Heliopolis als der klassischen Krönungsstadt.

Vierte Strophe

Erste Versgruppe (Verse 31–32)

Zum Thema Kleidung vgl. oben § 14.

Besonders vergleichbar ist die Stelle aus dem Totenopferritual des Rechmire NR.1.4, Verse 38 f. (ed. Davies, *Rekh-mi-Re*, Taf. LXXVI, vorletzte Zeile):

wnḫ=k ḥbs.w n ḏd.w n=k Ptḥ	Mögest du Gewänder anlegen, die Ptah dir gibt
m sfḫ n Ḥw.t-Ḥr.w	als (?) Abgelegtes der Hathor.

[279] So faßt auch Barguet, *a.a.O.*, 199, die Stelle auf. Faulkner liest *jrr n=k* „men serve you“, offenbar eine passivisch aufgefaßte geminierte Form von *jrj n* „handeln für“.

Auf dem Sarg des Nachtanch aus Deir Rifeh kommt der erste Vers in einer Bandzeile vor:[280]

wnḫ=k m wʿb.w n Ptḥ	Mögest du das reine Gewand des Ptah anlegen.

Zweite und dritte Versgruppe (Verse 33–36)

258g bildet auf dem Sarg des Nachtanch Zeile 3.

Der Tote erhält einen Sitz in der Sonnenbarke und nimmt an den Aktivitäten des Sonnengottes teil. Die Erlegung des Nilpferds im Gewundenen Kanal ist ein Akt weltinganghaltender Feindvernichtung, aber zugleich auch eine Lustbarkeit, wie sie in den Gräbern dargestellt wird.[281] Die Erwähnung der Nilpferdjagd paßt vollkommen zur Schilderung von Fisch- und Vogelfang in Spruch [62] und ergänzt die dort explizit als „Lustbarkeit“ (*šms-jb*) gekennzeichneten und in der Gemeinschaft des Sonnengottes durchgeführten Jagd-Handlungen.

Fünfte Strophe (Verse 37–42)

Hier werden Riten für den Toten aufgezählt, die nicht ganz in den Kontext der Barkenfahrt zu passen scheinen. Zugleich damit wird aber auch das Thema „Heilige Orte“ weitergeführt: Mendes, Ra-setau, Abydos, Heliopolis. In diese Reihe gehört Qusae. Dort soll der Tote von den „Greisinnen im Gefolge der Hathor“ verklärt werden, wozu der diensthabende Priester räuchert. Das Vorkommen von Qusae in diesem Zusammenhang erklärt sich aus der Tatsache, daß die Liturgie CT.2 auf El-Berscheh beschränkt ist. Die zweite Versgruppe scheint sich auf den Toten und den Inhalt der Verklärung zu beziehen; ganz entsprechend zur Krönung in Heliopolis wird er als Sonnengott und gekrönter Horus gepriesen.

Sechste Strophe

Erste Teilstrophe (Verse 43–46)

Mit Schu und Tefnut sind wir wieder in Heliopolis, wohin wohl auch der „Ba des Großen“ bzw. „der große Ba“ gehört. Die Reihe der den Toten „verklärenden“ Gottheiten wird später durch „die Töchter der Nut“ (Isis und Nephthys) und Geb und Nut weitergeführt, womit alle Generationen der heliopolitanischen Neunheit

[280] PETRIE, *Gizeh and Rifeh*, Taf. X A, XIII F, Zeile 12.

[281] Vgl. dazu SÄVE-SÖDERBERGH, *Hippopotamus Hunting*; ALTENMÜLLER, *Nilpferd und Papyrusdickicht*, 9ff.; dagegen BEHRMANN, *Darstellung von Nilpferden*, 15–18.

genannt sind. Die Erwähnung des Horus von Krokodilopolis bleibt mir unklar. *sšr* heißt streicheln, streichen, mit einem Belag überziehen, abwischen, melken. Nichts will hier so recht passen.[282] Außerdem ist der Vers als Einheber metrisch nicht in Ordnung.

Zweite Teilstrophe (Verse 47–50)

Auf dem Sarg des Nachtanch aus Deir Rifeh (12. Dyn.), der aus dem Material von Spruch [61] einige „Leitsätze" herausgehoben und zur Beschriftung der Frieszeilen seines Sarges verwendet hat[283], kommt auch 260f zusammen mit 256g–257a vor:

ḥmsj=k ḥr psẖ n mfkꜣ.t	Mögest du sitzen auf der Treibtafel von Türkis
r-ḥꜣ.t wjꜣ n Rꜥ.w	am Bug der Barke des Re;
wꜥb=k m š qbḥy	mögest du dich reinigen im See des Kühlen,
kꜣp n=k Jnp.w nṯr	möge Anubis dir Weihrauch räuchern.

Die Verse stehen auf dem Deckel, also dem symbolischen Himmel des Sarges.

Die „Treibtafel aus Türkis" erscheint oft in Darstellungen der Sonnenbarke. Insbesondere scheint sie die *Mskt.t*-Barke zu kennzeichnen. Oft sitzt eine Schwalbe oder ein Kind auf ihr; diese Rolle möchte der Tote spielen. DONDELINGER hat die Matte der Sonnenbarke mit der von Herodot erwähnten Treibtafel zusammengebracht.[284]

Siebte Strophe

Erste Teilstrophe (Verse 51–54)

Die „Blöcke aus Silber" und der „Beckenrand aus Türkis" beziehen sich auf einen Reinigungsritus, der in dem verbreiteten Verklärungsspruch NR.2, Verse 16–17 erwähnt wird:

jꜥ=k rd.wj=kj ḥr jnr.w n.w ḥḏ	Mögest du deine Füße waschen auf Blöcken von Silber
ḥr npr.t[285] *ḏr mfkꜣ.t*	auf dem Beckenrand von Türkis.[286]

[282] FAULKNER verweist auf *Urk.* IV, 294, 8, wo ich allerdings nichts Einschlägiges finden kann. Im Zusammenhang mit der Abwehr von Dämonen kommt dieses Verb in *CT* III.366a vor, vgl. BOMMAS, *Mythisierung der Zeit*, 35.

[283] PETRIE, *a.a.O.*, Taf. X A, XIII F, auf dem Deckel.

[284] DONDELINGER, *Treibtafel.* Vgl. auch ASSMANN, *Re und Amun*, 72.

[285] ENGELBACH/GUNN, *Harageh*, Taf. LXXIX, Zeile 7: *zpy.t* „Lippe, Rand".

[286] ENGELBACH/GUNN, *a.a.O.*, Taf. LXXIX; *Urk.* IV, 1808; s. Bd. II, NR.2 §6.

Zweite Teilstrophe (Verse 55–60)

Hathor von Byblos ist für das Zedernholz zuständig, aus dem die Steuerruder für die Barken des Toten gemacht werden. Zum Motiv des Fackelanzündens vgl. oben, §36 und Bd. II zu NR.3 §13.

Mit dem „Töchterpaar der Nut" sind wohl Isis und Nephthys gemeint. Mit ihnen und den im folgenden Vers genannten Geb und Nut haben wir im Akt des „Verklärens" um den Toten versammelt:

Schu und Tefnut
Isis und Nephthys
Geb und Nut

Dazu „verklären" ihn die Greisinnen von Qusae. Die Gottheiten sind feste Mitglieder der Sargdekoration und damit auch der Stundenwachen.

Die Charakterisierung von Geb und Nut als Gottheiten, die die Menschheit umfassen, ist sinnvoll, da es sich bei ihnen ja um Erde und Himmel handelt.

Achte Strophe

Erste Teilstrophe (Verse 61–64)

Vers 61 = 263a erscheint wieder als Frieszeile auf dem Sarg des Nachtanch (Zeile 7).

Brote für den Toten kommen aus Letopolis und Heliopolis. Es handelt sich um geweihte Nahrung, die den Toten nicht nur ernährt, sondern auch in die Versorgungsgemeinschaft der Götter einbindet. Dasselbe gilt für den Krug mit Milch: er kommt vom Altar (des Re?) am Fest des sechsten Tages.

Zweite Teilstrophe (Verse 65–70)

Das Thema „Empfang" wird wie oben (257b–c) mit Motiven der Initiation verbunden.

Dritte Teilstrophe (Verse 71–74)

Orion und der Große Bär stehen für Südhimmel und Nordhimmel. Sie treten auch in CT [399] zusammen als Helfer des Toten auf:

grg sꜣḥ ḥnʿ Msḫ.tjw m wnw.t	Gerüstet sind Orion und der Große Bär zur Stunde …[287]

[287] *CT* V.166d, leider etwas zerstört und daher unsicher.

Nachschrift (Verse 75–76)

Diese Verse richten sich vermutlich an den Ritualisten. Das Ritual endet damit, daß ein Kranich freigelassen wird, vielleicht als symbolischer Vollzug des Himmelsaufstiegs des Toten.

Aufbau

	10 Reise des Toten zu den hl. Stätten	4 Tag und Nacht
		2 Busiris
		2 Ra-setau
		2 Abydos
30 Verse		
	10 Himmelsaufstieg	5 Orion und Nut
		5 Re und Anubis
	10 Krönung	6 Krönung
		4 Empfang
	6 Fahrt in der	2 Gewand
20 Verse	Sonnenbarke	2 Sitz
		2 Nilpferdjagd
	14 Verklärung	6 Qusae
		4 Schu und Tefnut
		4 Sonnenbarke
	10 Götterbeistand	4 Osiris
		6 Hathor, Sterne Isis, Nephthys, Geb, Nut
26 Verse		
	14 Riten für den Toten	4 Speisung
		4 Empfang
		4 Orion und Großer Bär
	2 Schlußvermerk	

Zusammenfassende Bemerkungen

Die vierte Sequenz besteht genau wie die zweite nur aus zwei großen Sprüchen, die hier zusammen 126 Verse enthalten. Die Situation ist sehr eindeutig der Morgenanbruch als Abschluß der Stundenwachen, die Erscheinung des Toten außerhalb der Balsamierungskammer und der Beginn der Prozession zum Grabe.

Diese Situation klang auch bereits in Spruchgruppe 2 der Klagelieder an, die aber nur in B13C vorkommt, wo die vierte Sequenz wiederum fehlt

Die Sequenz kommt zuerst auf dem Sarg B4C der *nb.t pr* Sat-hedjhotep vor, der Frau des Gaufürsten Nehri II und Mutter der Gaufürsten Djehutinacht IV und Amenemhet.[288] Sie tritt hier aber isoliert auf, ohne auch nur Spuren der Sequenzen I-III. Daher spricht vieles dafür, daß diese Sprüche ursprünglich unabhängig waren und erst von ihrem Sohn Amenemhet, dem Inhaber von B10C, mit der Totenliturgie CT.2 kombiniert wurden. Da die Vertreter der jüngeren Fassung die Sequenz IV nicht kennen, ist es sehr wahrscheinlich, daß sie gar nicht zu CT.2 gehört, sondern eine individuelle Erweiterung von B10C darstellt. Hier noch einmal eine Übersicht über die komplexe Situation:

			Thema	B10C^b [839]	B10C^c [62]	B4C	B12C [51]	B13C	B16C	B1Y [60]-[61]	B17C
		1		|	|		|	|		|	
	Erste	2	Erscheinung	|	|		|	|		|	
	Spruch-		des Toten								
	gruppe	3	nach dem Gericht	|	|		|	|		|	
		4		|	|		|	|		|	
I. Se-	Zweite	5		|	|		|	|	|	|	|
quenz	Spruch-	6	Totengericht	|	|		|	|	| (3)	|	|
	gruppe	7		|	|		|	|	|	|	|
	Dritte	8		|							
	Spruch-	9	Opferdarbringung	|	|		|	|	|	|	|
	gruppe	10		|	|		|	|	|	|	|
II. Se-		11	Stunden-	|	|		|	|	| (2)		|
quenz		12	wachen	|	|		|	|	|		|
		13		|	|		|	|	|		
	Erste	14	Klagelieder I	|	|		|	|	| (1)		
	Spruch-	15		|	|		|	|	|		
	gruppe	16		|	|		|	|	|		
III. Se-		17						|			
quenz	18							|			
	Zweite	19	Klagelieder II					|			
	Spruch-	20						|			
	gruppe	21						|			
		22						|			
		23						|			
	3. Spruch- gruppe	24	Klagelied				|				
IV. Se-		25	Erscheinung	|	|	| (2)					
quenz		26	am Morgen	|	|	| (1)					

[288] WILLEMS, *Chests of Life*, 74.

Die Liturgie CT.2 kommt also auf keinem einzigen Textzeugen in der hier dargestellten Form vor und ist als solche ein theoretisches Konstrukt. Dazu kommt die Tatsache, daß die Spruchgruppe 1 der I. Sequenz unmöglich den Anfang gebildet haben kann. Aus der Aufstellung ergibt sich aber auch, daß nur in B13C dieser Spruch den Anfang bildet. In B10C[b] folgt Spruch 1 unmittelbar auf *CT* [839], den letzten Spruch (25) von CT.3, in B10C[c] folgt er auf Spruch [62], in B1Y auf [60]–[61] und in B12C geht [51] voran. B16C und B17C fangen mit Spruch 5 an; diesen Anfang würde man für den sinnvollsten halten.

Spr.	Ritualbezug	Stichworte Totengericht	Stichworte Totenklage	Stichworte Opfer	Stichworte Balsamierung	Gottheiten
1	183e: *qrs*	*dr jww sjn* *ḫbn.t* *hrw ḥsb qd.w*			*wḏꜣ n ꜥ.wt=k* *Bꜣ, ẖꜣ.t*	Hathor
2	Krone	*dr sḏb*			*Bꜣ, jwf, ẖꜣ.t*	Isis & Nephthys, Hathor, Aqes & Hephep
3	„kämpfen“	*Mꜣꜥ.t m ḥꜣ.t*		*ꜥḥꜣ ḥmzj* *ḫꜣ=k m tꜣ*		Maat, Re, Tait, Orion, Sothis, Morgenstern, Nut
4					*sꜥḥ.w=k*	Geb, Hathor, Nut
5		*hrw ḥsb.t* *qd.w, wp wꜣ.t* *sḫr ḫftj.w=k*		*wnm tꜣ ḥr* *ḫꜣw.t Rꜥ.w*		Hathor, Re; Upuaut
6		*dꜣr ḫftj.w=k*			*sꜥḥ.w=k,* *snḏm sṯj=k,* *sḥ-nṯr Bꜣ, jb,* *ẖꜣ.t wtj*	Geb, Anubis (3x)
7		*rḏj mꜣꜥ-ḫrw,* *Mꜣꜥ.t m ḥꜣ.t=f*				Horus, Osiris, Maat, Thot, Re
8	*spr r smꜣ-tꜣ*			*šsp tꜣ;* *ḥtp.w; ꜥꜣb.t*	*ḫntj zḥ-nṯr*	Hathor, Isis, Thot
9		*fꜣj mḫꜣ.t, sjꜣ qd*		*wnm tꜣ šb.ẃ* *ꜥꜣb.t*		*jtr.tj, jmntj.w,* Thot, *wnw.t, nb tm*
10		*hrw ḥsb qd.w*		*dbḥ.t-ḥtp,* *ḥtp ḏj Gb*		Isis, Re, Hathor
11	*sḥḏ tkꜣ, ḏj sꜣ,* *pzš wnw.t ꜥḥꜥ* *mdw.w*		*ḫr.w jꜣkb,* *jm, rmj*		*wꜥb.t, wry.t*	Isis & Nephthys; Anubis (3x), Nebedj
12					*wnw.t=f n.t sḥ* *nṯr, ḏj ꜥ.wj ḥr*	Horus, Anubis, *jmj-jtn=f*, Seth, Atum, Isis, *Ḥr.w wr*, Thot
13			*jm*		*sꜥḥ.tj m sḥ-nṯr*	Re, Sothis, Anubis, Chnum
14			*jrj ḫnm.w* *jhj sp jfdw* *ḏj ꜥ.wj tp,* *sbḥ*		*wry.t, wꜥb.t*	Nebedj

15	*ḫʿ.tj m ḫꜣ.w*	*ḫnm*			Nephthys Anubis, Chnum
16	*ḫʿj m ḥtp r jmnt.t nfr.t*	*jhj sp jfdw, rmj*		*jw=k m sʿḥ=k*	Nephthys
17	*ḫʿj*	*ḫnm=j, sbḥ=j*		*sʿḥ*	Nephthys
18		*jhj sp jfd*			
19	*ḫʿj m nb ḥp.t*	*ḫnm*	*šsp=k ḥtp nṯr*		Götter von P [Anubis], Chnum
20		*jʿnw. jm, ḫnm*		*wʿb.t*	Anubis, Chnum
21		*wnn=j ḥr mj n=j. ḫnm*			Anubis, Chnum
22		*rmj. jm*			
23					
24				*wry.t*	
25	*ḫʿj nṯr m kꜣr=f sqr bjꜣ.tj. jrj sꜣ,* Fackel; *hꜣj nṯr r ḫr.t nṯr; sꜣ-mrj=f,* Sem, Cheriheb		*ʿq.w, ʿbꜣ dbḥ.w*	*wry.t*	Horuskinder, Geb, Nut, Seth, Ptah, Sokar, Bastet; Horus als Sameref, *ḫnmt.t bꜣ.w Jwnw,* Anubis, Re
26	*ʿḥʿ ḥr dꜣ dj.t wꜣ.t n dꜣ.t r p.t*		*wnm=k sn.w, t wʿb, swr ḫꜣw n jrṯ.t*		Orion, Nut, Osiris, Re, Anubis, Sopdu, Horus, Ptah, Hathor, *jꜣj.wt Qjs,* Schu, Tefnut, Osiris, Geb und Nut

Ein Zentralthema dieser Liturgie ist die Erscheinung des Toten in der „Zielgestalt“ des Balsamierungsrituals und seine Aufnahme in die Götterwelt.

	Götterweltliche Kollektive	Erscheinung des Toten
1	*ntj.w m wjꜣ , jmj.w šms.w*	*jw=k ḫʿj.tj m sbꜣ wʿ.tj*
2	*sms.w jmj.w ꜣḫ.t, wr.w*	*ḫʿj.tj m wr.t-ḥkꜣ.w*
3		
4		*ḫʿj.tj m nb jmnt.t*
5		*ḫʿj m Rʿ.w qꜣj m Jtm.w*
6	*wr.w jmj.w ꜣḫ.t, šms.w n nb jtmw; mr.t wjꜣ, jmj.w ꜣḫ.t*	*jw=k ḫʿj.tj m ḥꜣ.t wjꜣ*
7	*šms.w n nb ꜣḫ.t, jmj.w wjꜣ*	*jw=k ḫʿj.tj m Ḥr.w*
8	*nṯr.w jmntj.w*	*ḫʿj.tj m nb jmnt.t ; ḫʿj.tj m Ḥr.w jwꜣ.w*
9	*šms.w m-ḫnw wjꜣ, jmn.tjw*	Aufnahme in die Sonnenscheibe
10	*ḥḥ.w, jḫm.w-sk, jmj.w-ns.t=sn, jmj.w Rꜣ-sṯꜣ.w*	

11	*jmj.w-wꜥb.t, jmj.w wry.t, jrj.w ꜥ.t, sms.w, ꜥqn.w-ḥr*	*rs n ꜥnḫ mꜣꜣ=k ḫꜥw=k*
12	*jmj.w ns.t=sn, wn.w m sḫ.t ḥtp*	*ḫꜥy=k wḫꜣ n=k hny; ḫꜥj nṯr mꜣꜣ=f pꜥ.t*
	ꜣḫtj.w, sms.w, ḫḫ.w, jmj.w-ns.t=sn, šms.w m-ḫnw wjꜣ	*rs n ꜥnḫ mꜣꜣ=k ḫꜥw=k*
13	*smj.t jmnt.t, ḫn.tjw jtr.tj m Jwn.w, nṯr.w*	*ḫꜥj.tj m Rꜥ.w nb ꜣḫ.t*
14	*nṯr.w*	
15	*ꜥnḫ.w jḫm.w-wrḏ, nṯr.w jmj.w p.t, m sšm n wjꜣ=k*	*ḫꜥ=tj m tr n ḫꜣw*
16	*nṯr.w nb.w*	*ḫꜥj m ḥtp, ṯz m nhp*
17		*dwꜣ m nhpw ḫꜥj sꜥḥ jꜥ.w tꜣ.wj*
18–24	19: *nṯr.w Pj*	19: *ḫꜥ.tj m Ḥr.w-jwꜥ, ḫꜥ.w m nb ḥp.t*
	(zu zerstört)	(zu zerstört)
25	*nṯr.w msj.w Ḥr.w*	*ḫꜥj nṯr m kꜣr=f*
26	*nṯr nb m rꜣ n š=f ḥr šm.t m-ḫnw wjꜣ=k*	*wbn=k m šw.tj Spd.w šsp.n=k ꜣtf.w Ḥr.w*
	ḏd n=k jj-wj m snw.t jn wr.w n.w Jwn.w	
	ḏd n=k jj-wj m wsḫ.t jn wr.w n.w sḥ-nṯr	*smn.tj n=k ḥḏ.t ḥr tntꜣ.t mj jry.t n Ḥr.w m ḫꜥ.w=f jn Rꜥ.w*

Dieser Befund ist umso auffallender, als in CT.1 und CT.3 kein einziges Mal von der „Erscheinung“ des Toten die Rede ist. Diese Liturgie begleitet daher offensichtlich den Akt der „Erscheinung“ des Toten, der nach siebzigtägiger Abgeschlossenheit in der Balsamierungskammer endlich wieder in seiner Zielgestalt eines Verklärten ans Tageslicht hervortritt, um seinen Gang zum Grab anzutreten. Der letzte Spruch in CT.1 (I.53d–54j) schlägt dieses Thema der Erscheinung und Begrüßung an:

hꜣ wsjr N pn	O Osiris N hier,
ḏꜣj=k p.t nmj=k bjꜣ	mögest du über den Himmel fahren und den Ehernen durchwandern,
dwꜣ ṯw jmj.w mr nḫꜣ	mögen dich die Bewohner des Gewundenen Kanals anbeten,
mꜣꜣ=sn ṯw wbn=k m ꜣḫ.t jꜣbt.t	wenn sie dich sehen, wie du aufgehst im östlichen Lichtland.
jmj.w dꜣ.t ḥr rḏj.t ḫꜥ.w=k nfr	Die Unterweltlichen stimmen „schön ist dein Aufgang“ an,
prj=k m Mskt.t	wenn du herauskommst aus der Mesektet-Barke
hꜣj=k m Mꜥnḏ.t	und einsteigst in die Mandjet-Barke,
wḏ n=k Ḥr.w ḏs=f nb pꜥ.t	wie es dir Horus, der Herr der Pat, selbst befohlen hat.
hꜣ wsjr N pn prr=k	O Osiris N hier, daß du aufsteigst, ist
ḥr jm.j-wr.t ꜥꜣ.t n.t p.t	über der großen Steuerbordseite des Himmels,
hꜣꜣ=k ḥr tꜣ-wr ꜥꜣ n tꜣ	daß du absteigst, ist über der großen Backbordseite der Erde
m-m n.w n nṯr.w jmj.w šms.w Wsjr	unter jenen Göttern im Gefolge des Osiris.
m ḥtp m ḥtp ḫr Rꜥ.w jm.j p.t	Willkommen, willkommen bei Re, dem Himmelsbewohner.

Dieses Thema der Erscheinung und Bewillkommnung wird in der Liturgie CT.2 in aller Breite entfaltet.

VIERTES KAPITEL

Die Liturgie *Jj-Ṯhb-wr*

Zu Textbestand und Überlieferungsgeschichte s. Kap. 1.

Die dritte Liturgie der Sargtexte *Jj Ṯhb-wr* ist auf fünf Särgen des MR und im Grab des Senenmut TT 353 aus der Zeit der Hatschepsut belegt[1]. Dabei stammen drei Särge aus Theben und je einer aus El-Berscheh und Saqqara. Die Liturgie war also in ganz Ägypten verbreitet, mit einem Schwerpunkt in Theben.

I. Abschnitt: Opferhandlungen in der *wry.t*

Spruch 1: Spruch zum *sꜣṯ* -Ritus

[63]
Barguet, *Textes des sarcophages*, 112
Faulkner, *AECT* I, 59 f.

1	272a	*jj Ṯhb-wr*	Es kommt *Ṯhb-wr*:
2	b	*sꜣṯ sꜣṯ.w*	Ausgegossen wird der Wasserguß.
3	c	*hꜣ Rwrwtj*	Es steigt herab *Rwrwtj*:
4	d	*ḏꜣm ꜥ.wj*	Die Arme beugen sich.
5	272e	*jꜥb jꜥb jꜥb.y*	Sammle dich, sammle dich, Vereinigter(?).[2]
6	f	*sfẖẖ=k ꜥ.wt=k*	Mögest du doch deine Glieder lösen,[3]
7		*sfẖẖ=k qꜣs.w=k*	Mögest du doch deine Binden lösen,
8	g	*mj Stẖ jm.j Ḥnbt*	wie die des Seth in Henbet![4]

[1] Vgl. Kap. 5 in diesem Band.

[2] Möglich scheint auch ein onomatopoetisches Wort für „klatschen".

[3] *sfẖẖ=k* hat nur T2L. T1C liest *snfẖfẖ* „bewirkt wird, daß sich lösen"; *snfẖfẖ* ist Kausativ einer *n*-Bildung des reduplizierten Stamms *fẖ* „lösen". Das *n*-Präfix hat reflexive Bedeutung („sich lösen"), das gesamte Schema hat iterative Bedeutung („sich nach und nach lockern"). Sq3C und B10C lesen *sfẖẖ* „gelöst werden". Zu *snfẖfẖ* vgl. *CT* II.112c; VI. 102b; *Pyr.* §852e.

[4] Henbet nach T2C. Die anderen lesen Henet.

Vermerk: *sꜣṯ*

9	272h	*njs.n n=k ꜣs.t*	Isis hat dir zugerufen,
10		*ḏsw.n n=k Nb-t-ḥw.t*	Nephthys hat um dich geklagt.[5]
11	273a	*rḏj n=k jr=f ꜣḫ.w*	Gegeben sind dir doch die Verklärten,
12	b	*jwj=sn n=k ks.yw*	indem sie zu dir in Verneigung kommen.
13	c	*js r=k r snj.w ḥw.t bꜣ pf*	Eile dich, um vorbeizukommen am Haus jenes Ba:
14	d	*jr gmj=k nṯr.w ḥʿb=sn*	Wenn du die Götter beim Brettspiel vorfindest,
15	e	*ḥmsj.kꜣ=k r=k jm.jtw=sn*	so sollst du in ihrer Mitte sitzen.
16	f	*jr gmj=k nṯr.w ḥmsj.w*	Wenn du die Götter sitzend vorfindest,
17	g	*ḥmsj.kꜣ=k r=k ḥnʿ=sn*	so sollst du zusammen mit ihnen sitzen.
18	h–274a	*šsp.kꜣ=k ʿbꜣ=k pw jr rd.wj pẖr.tj*	Dann sollst du jenes dein *ʿbꜣ*-Szepter in Empfang nehmen[6], das vor dem 'Umlaufenden'[7] ist,
19	b	*jꜣꜣ.t=k jr.t rd.wj nṯr dwꜣ.w*	und dein *jꜣꜣ.t*-Szepter, das vor dem Morgengott ist,
20	c	*prj.kꜣ=k r=k r p.t*	dann sollst du aufsteigen zum Himmel
21		*m-m sbꜣ.w jḫm.w-sk*	in Gemeinschaft der nicht untergehenden Sterne.
22	e	*ḥwj=k m ʿbꜣ*	Du sollst mit dem *ʿbꜣ*-Szepter schlagen
23	f	*ẖrp=k m jꜣꜣ.t*	und du sollst mit dem *jꜣꜣ.t*-Szepter leiten.

1. Einleitung: Vorgangsverkündigung (Verse 1–4)

§ 1 Der Ritus *sꜣṯ*

Mit dem Anfangsvers wird die Liturgie in *CT* [62] = I.268j zitiert:

> *jrj.y ḥꜣwj m Jj Ṯhb-wr* Aufgeführt wird ein Nachtritual in Form des *Jj Ṯhb-wr.*

Ṯhb-wr muß Bezeichnung eines der beiden Priester sein, die normalerweise den *sꜣṯ*-Ritus ausüben, bei dem ein stehender Priester Wasser aus einem Krug auf eine Opferplatte gießt, über die ein vor ihm kniender zweiter Priester seine Hände

5 Die bemerkenswert detaillierte Wiedergabe des Determinativs in T9C findet eine ähnlich elaborierte Entsprechung in I.286i.

6 *šsp=kꜣ=k* bei T1C, T9C, Sq3C und B10C. T2C hat die konventionelle Form *šsp n=k* „nimm dir".

7 T2C hat *Rʿ.w* „Re", was wiederum *lectio facilior* ist.

hält.[8] Dieser Andere wird hier *Rwrwtj* oder *wrtw* var. *Jwrwtw* genannt. Der Ausdruck *ḏ3m ʿ.wj* „die Arme beugen“[9] wird sich auf ihn beziehen. Die Einleitung ist also folgendermaßen zu verstehen:

1. Auftritt des Ersten Priesters, genannt *Ṯhb-wr*: Ausführen des Wassergusses.
2. Auftritt des zweiten Priesters, genannt *Rwrwtj* oder ähnlich: Beugen der Arme (über der Opferplatte).

(1) und (2) werden natürlich gleichzeitig ausgeführt.

Möglicherweise ist im Hinblick auf CT.1 Spruch 1 statt *Rwrwtj* auch „*Rw* (und) *Rwtj*“ zu lesen. Dort erscheinen diese beiden Namen auch im Zusammenhang eines Wassergusses. Bei *Rwtj* denkt man auch an das Verbum *rwj* „sich bewegen“, das oft im Zusammenhang ritueller Gesten vorkommt, meist in bezug auf die Beine oder Füße, wo es dann als „tanzen“ übersetzt wird.[10]

Der Ritualbezug ist durch das Stichwort *s3ṯ* eindeutig gegeben, auch ohne Spruchtitel und/oder Schlußvermerk. Dem ist zu entnehmen, daß auch andere Sprüche dieser Liturgie, die weder Titel noch Schlußvermerke aufweisen, gleichwohl zur Ausführung einer bestimmten Ritualhandlung gedacht worden sein können.

Erste Strophe: Spruch an den Toten

Erste Versgruppe: Lösung (Verse 5–8)

sfḫḫ kommt auch in *PT* [23] = *Pyr.* § 16c–d vor, ebenfalls ein Spruch zum *s3ṯ*-Ritus:

16c	*ḏj n=k sw m ḏr.t=k*	Gib (Thot ist angeredet) ihn (den Feind) dir in deine Hand!
	ḏd mdw.w sp 4	Viermal zu sprechen:
	m sfḫḫ(.w)=k jm=f	Laß nicht ab von ihm!
16d	*s3 <j>m=k sfḫḫ.w jm=f*	Hüte dich, daß du nicht von ihm ablassest!

Vermerk: *s3ṯ*

[8] JUNKER, *Giza* III, 103 f.; VANDIER, *Manuel* IV, 107 Nr. 4; SPIEGEL, *Entwicklung der Opferszenen*, 190 ff.; ASSMANN, *Spruch 23 der Pyramidentexte*, 45–60; ALTENMÜLLER, *Reinigungsriten*, 20–25; OTTO, *Mundöffnungsritual* II, 154.
BLACKMAN, *House of the Morning*, 160, deutet *s3ṯ* und *sntr* als Eröffnungszeremonien eines Festmahls. Zu *s3ṯ* „libieren“ s. GRIMM, *Spruchtitel*, 1983, 189. *z3ṯ* „Opfertisch“ s. CLÈRE, *Table d'offrandes*, 246ff.

[9] Vgl. *Pyr.* § 743d: *3bḫḫ n=k ʿ.wj rww n=k rd.wj ḏ3m n=k ḏr.wt* „Die Arme werden für dich verschränkt, die Füße tanzen für dich, die Hände rühren sich für dich“. *Pyr.* § 1366b: *sq n=k rd.wj ḏ3m n=k ʿ.wj* „die Füße stampfen für dich, die Arme beugen sich für dich“; *Pyr.* § 2014a *rwj n=k ʿwj ḏ3m n=k rd.wj* „die Arme tanzen für dich, die Beine beugen sich für dich“. Die Übersetzung ist im einzelnen unsicher, aber der allgemeine Bezug auf rituelle Gestik ist deutlich.

[10] Wb II, 406,2.

§ 2 Das Lösen der Fesseln

Die sakramentale Ausdeutung ist hier vollkommen anders, aber sie läuft auch hier über das Stichwort *sfḫḫ*, das offenbar obligatorisch zum Ritus *sꜣṯ* gehört. In den *PT* soll Thot seinen Griff nicht lösen, in dem er den Feind gepackt hält; in den *CT* sollen sich die Glieder und Mumienbinden des Toten lösen. Das Thema „Lösung" ist in Sprüchen zur Wassergabe verbreitet, s. dazu ROEDER, *Auge*, 114f. Dabei wird auch das Verb *wḥꜥ* „lösen" verwendet. ROEDER verweist auf *PT* [553] = *Pyr.* § 1363a–b:

ts ṯw wḫꜣ n=k ḫmw=k	Erhebe dich, schüttle dir deinen Staub ab!
j.dr n=k nṯn.t jr.t ḥr=k	Beseitige dir deinen Schweiß an deinem Gesicht,
wḥꜥ n=k qꜣs.w=k	löse dir deine Fesseln!

In diesem Spruch ist weiter unten von der Reinigung mit vier Nemset-Krügen die Rede.[11]
Vgl. ferner *PT* [536] = *Pyr.* §§ 1292b–1293b:

ts ṯw wḥꜥ n=k qꜣs.w=k	Erhebe dich, löse dir deine Fesseln,
wḫꜣ n=k ḫmw=k	schüttle dir deinen Staub ab!
ḥmsj r=k ḥr ḫndw=k pw bjꜣj	Setze dich auf jenen deinen ehernen Thron,
wꜥb.tj m fd.t=k nms.wt	indem du gereinigt bist mit deinen vier *nms.t-*
fd.t=k ꜥꜣb.wt	und deinen vier *ꜥꜣb.t*-Krügen.

Zu Seth in Hen(b)et s. *Pyr.* § 1921. Beide Formen des Ortes sind belegt; Henbet: *Pyr.* § 1904. In *CT* [67] = I.289a liest auch T2C *Ḥnb.tj*. Vgl. auch *CT* [725] = VI.355l sowie Spruch 24 = *CT* [838] = VII.40n und besonders Spruch 25 = *CT* [839] = VII.44b, wo es heißt: *wḥꜥ jnt.t=k Stš js jm.j Ḥnb.t* „deine Fesseln werden gelöst wie die des Seth in Henbet".

Zweite Versgruppe: Totenklage und Herrschaft (Verse 9–12)

§ 3 Totenklagen der Isis und Nepthys

Die Handlungen von Isis und Nephthys als Klagefrauen[12] werden in den *PT* oft in gleicher Weise beschrieben, vgl. *Pyr.* § 872a, *Pyr.* § 898a, *Pyr.* § 1750c: *sbḥ n=k ꜣs.t ḏsw n=k Nb.t-ḥw.t.* Im Jenseits tritt der Verstorbene die Herrschaft über die Verklärten (*jꜣḫ.w*) an; auch dies ist eine geläufige Vorstellung der Pyramidentexte. So heißt es etwa, daß der Verstorbene „aufsteht an der Spitze der Achu" (*Pyr.* § 57d: *ꜥḥꜥ=f ḫnt ꜣḫ.w*), daß er „verklärt ist an der Spitze der Verklärten und mächtig an

[11] *Pyr.* § 1365a *wꜥb=k m fd.t=k nms.wt jp.tw* „Mögest du gereinigt werden mit jenen deinen vier Nemset-Krügen".

[12] Vgl. hierzu BLEEKER, *Isis and Nephthys*, 1ff.

der Spitze der Mächtigen“ (*Pyr.* §899c: *jꜣḫ=k N pn ḫn.t ꜣḫ.w sḫm=k ḫn.t sḫm.w*, ähnl. *Pyr.* §903b), daß Geb ihn „an die Spitze der Verklärten, der Unvergänglichen Sterne gestellt habe“ (*Pyr.* §656c: *wd=f ṯw ḫn.t ꜣḫ.w jḫm.w-sk*) usw. Ganz besonders aufschlußreich ist eine Passage im Spruch *PT* [422] = *Pyr.* §759a–760c, wo die Herrschaft auf Vater und Sohn verteilt wird. Der Vater herrscht über die Verklärten, und der Sohn herrscht über die Lebenden. Dieser Spruch enthält auch sonst Anklänge an unseren Text:

§ 755a–b:

mdw n=k ꜣs.t	Isis spricht zu dir,
ḏsw n=k Nb.t-ìw.t	Nephthys ruft dir zu.
jwj n=k ꜣḫ.w m ks.w	Die Verklärten kommen zu dir in Verneigung
sn=sn tꜣ r rd.wj=k	und küssen den Boden zu deinen Füßen.

§759–760:

ʿḥʿ=k N pn nḏ.tj ḥtm.tj m nṯr	Mögest du aufstehen, N hier, geschützt und vollständig als Gott,
ʿpr.tj m jr.w Wsjr ḥr ns.t ḫntj jmn.tjw	ausgerüstet mit dem Ornat des Osiris auf dem Thron des Ersten der Westlichen,
jrj=k wn.t=f jrj=f m-m ꜣḫ.w jḫm.w-sk	indem du tust, was er (vordem) getan hat unter den Verklärten, den unvergänglichen Sternen.
ʿḥʿ sꜣ=k ḥr ns.t=k ʿpr m jr.w=k	Möge dein Sohn Horus aufstehen auf deinem Platz, ausgerüstet mit deinem Ornat,
jrj=f wn.t=k jrj=k m bꜣḥ ḫntj ʿnḫ.w	indem er tut, was du vordem getan hast an der Spitze der Lebenden
m wḏ.t Rʿ.w nṯr ʿꜣ	auf Geheiß des Re, des Großen Gottes.

Vgl. zum Motiv der Aufteilung der Herrschaft zwischen Vater und Sohn auch Bd. III, SZ.2 §13.

Zweite Strophe: Bewegung und Distanzierung

Erste Teilstrophe: Warnung vor dem falschen Weg (dem „Haus jenes Ba“) (Verse 13–17)

BARGUET übersetzt: „Va vers les portes du château de ce bélier Ba!“, versteht also *sn/sš* als „Öffnung, Tor“ (ähnlich ZANDEE: „Türschwelle“[13]) von *sn* „öffnen“; dieses

[13] ZANDEE, *Spruch 75*, 152.

Wort, im *Wb* nicht belegt, könnte auch in *CT* I.358b, II.72d und III.139f vorliegen. An der letztgenannten Stelle ist von den vier Himmelsecken die Rede, so daß möglicherweise auch an die vier Ecken des „Hauses jenes Ba" gedacht werden könnte. FAULKNER übersetzt: „Go to open the mansion of yon soul". Die Schwierigkeit dieser Interpretation liegt darin, daß das *pr bꜣ pf* an allen anderen Stellen, darunter in dieser Liturgie selbst ([67] = I.284i) als ein unerwünschter und unter allen Umständen zu vermeidender Ort erscheint. Es ist daher ganz unvorstellbar, daß hier der Tote aufgefordert wird, sich an einen Ort zu begeben, vor den ihn andere Sprüche dringend warnen. Daher ist zu erwägen, ob nicht eigentlich das Verb *snj* „vorbeigehen an" vorliegt, das freilich in keiner der fünf Varr. mit dem erforderlichen Beinpaar geschrieben und daher offenbar von allen mißverstanden worden ist.

§4 *pr bꜣ pf* und Warnung vor dem falschen Weg

pr bꜣ pf heißt entweder „das Haus jenes Ba" oder „jenes Ba-Haus". In Anbetracht der von ZANDEE in *Death as an Enemy*, 209, angeführten Stellen für die Gottheit *Bꜣ pf* ist die erstgenannte Lesung vorzuziehen. SETHE, *ÜK* II, 17 f. hält die Lesung für eine sekundäre Ausdeutung eines älteren Ausdrucks, der so etwas wie „Haus seiner Behinderung", „sein Hindernis", „seine Gefahrstelle" o.ä. bedeuten soll. Vgl. zu *Bꜣ pf* ferner HORNUNG, *Amduat* II, 66–67; DOLL, *Napatan Sarcophagi*, 99–100. Daß es sich bei *Bꜣ pf* tatsächlich um eine Gottheit handelt, belegt der in der 4. Dyn. wiederholt vorkommende[14] Priestertitel *ḥm-nṯr Bꜣ pf*, dessen bekanntestes Beispiel sich im Grab der Königin Meryesanch III. an der Westwand des Hauptraums erhalten hat[15]. Dieser religiöse Titel ist bislang nur für Königinnen bezeugt. Alle Trägerinnen dieses Titels tragen zudem weitere religiöse Titel, die mit folgenden Göttern in Verbindung stehen[16]:

Hetepheres II.:	Thot, Ta-sepef
Cha-merer-nebti I.:	Thot
Meryesanch III.:	Hathor
Cha-merer-nebti II.:	Thot

In *PT* [262] wird *pr bꜣ pf* erwähnt als ein Ort, an dem der Tote vorbeigeht: *Pyr.* §334a *swꜣ.n N ḥr pr bꜣ pf nhy.n=f ꜣ.t š wr* „N ist vorbeigegangen am Haus jenes Ba; er ist der Angriffswut des Großen Sees entkommen". Auch in [666B] erscheint der Ausdruck im Kontext von Gefahr und Vermeidung. Auch dort geht es um die Vermeidung des „Großen Sees". Dieser Spruch steht dem vorliegenden in vielen Punkten nahe:

[14] KUCHMAN, *Titles of Queenship*, 10ff. und Taf. 2 nennt vier Belege.

[15] S. DUNHAM/SIMPSON, *Mersyankh III*, 15 und Abb. 7, davor bereits bei FAIRMAN, *Alphabetic Signs*, 309 erwähnt.

[16] Nach KUCHMAN, *a.a.O.*

Pyr. § 1930c–1933b nach FAULKNER sowie ALLEN, *Inflection of the Verb,* 691 f.:

hꜣ N pw [sꜣ ṯ]w š wr pw jr ꜣḫ.w	O N, hüte dich vor dem Großen See, der zu den Verklärten führt,
ḫns pw jr mwt.w	jenem Wasserlauf, der zu den Toten führt.
sꜣ ṯw rmṯ jptf n.t pr bꜣ pf	Hüte dich vor jenen Leuten vom Haus jenes Ba,
ḥr.t ḏꜣ.t m rn=s(n) pw n ḏꜣt.t	die schreckenerregend und feindlich sind in jenem ihrem Namen „Widersacherin".
jmj=sn nḏr.w ꜥ=k jr pr bꜣ pf	Laß sie nicht deine Hand packen zum Haus jenes Bar.
sw sw mr sw	Es ist gefährlich, es ist schmerzhaft.
nh sw jꜣb sw	Entkomme ihm, vermeide es(?).
nh=k sw nhj.t jꜣb=k sw jꜣb.t	Du sollst ihm entkommend entkommen, du sollst es vermeidend vermeiden (?).[17]
jsi r=k ḫr wḏꜣ-jb	Eile vielmehr zur Herzensfreude,
sn Skr mry=f	Bruder des Sokar, den er liebt!
ḏj=f n=k wꜣ.t jr ꜣḫ.t	Möge er dir den Weg weisen zum Horizont
ḥr s.wt Rꜥ.w wꜥb.t	auf den Stätten des Re, der 'Reinen'.
gmj=k psḏ.tj jḥmsj.tj	Wenn du die Neunheit sitzend findest,
ḥmsj r=k ḥnꜥ=sn jm=s	dann setze dich zu ihnen darin,
wnm=k ḥnꜥ=sn jm=s	damit du mit ihnen speisest darin.

Hier steht das *Haus jenes Ba* vollkommen eindeutig in Opposition zu einem erwünschten Ort, an den der Tote sich begeben soll und an dem er unter den Göttern Platz nehmen und speisen soll. Dem *PT*-Spruch sehr nahe steht ein Abschnitt aus *CT* [67] = I.284e–285a:

jꜣ N pn sꜣ ṯw š wr	O N hier, hüte dich vor dem Großen See!
jr mw.t nh=k sw jꜣb=k wꜣ.t jr=f	Was den Tod angeht, sollst du ihm entgehen. Mögest du den Weg zu ihm vermeiden.
jm=sn jṯj ṯw r pr bꜣ pf	Sie sollen dich nicht packen zum Haus jenes Ba;
jm=sn jrj ḏꜣy.t jr=k	sie sollen keinen Widerstand gegen dich ausüben
m rn=sn n ḏꜣ.tjw	in ihrem Namen „Widersetzliche".

Hier ist also, im Rahmen derselben Liturgie, zu der auch unser Spruch gehört, vom Haus jenes Ba ganz im Sinne der *PT* als eines zu vermeidenden Ortes die Rede.

Zweite Teilstrophe: Herrschaft und Himmelsaufstieg (Verse 18–23)

Der 'Umlaufende' und der 'Morgengott' werden auch in *Pyr.* § 1372 nebeneinander genannt. *jr rd.wj* „zu den Füßen", „vor" s. EDEL, *Altäg. Gramm.* I, § 787.

[17] Anders übersetzt bei FAULKNER, *AEPT,* 279. Zu *jꜣb* „vermeiden" s. *CT* I.284h, ebenfalls in Parallele zu *nh.*

Zum Himmelsaufstieg mit den Sternen vgl. *PT* [474] = *Pyr.* §940:

prj=f jr=f r p.t	wenn er aufsteigt zum Himmel
m-m sbꜣ.w jḫm.w-sk	in Gemeinschaft der unvergänglichen Sterne.

§5 *ꜥbꜣ*- und *jꜣꜣ.t*-Szepter

Zum „Schlagen mit dem *ꜥbꜣ*- und Lenken mit dem *jꜣꜣ.t*-Szepter" vgl. *Pyr.* §866b; *Pyr.* §1159c; *Pyr.* §1204a; *Pyr.* §1741a; *CT* [72] = I.302b; *CT* [274] = IV.14c; *CT* [327] = IV.164b, *CT* [328] = IV.164h–i; *CT* [103] = II.110 f. S. auch *CT* [409] = V.227e–f, 228d, 229c–d, 230b, 230k, 231h, 232c. TT 353 (Liturgie 7) §17. Zu *ḫrp m jꜣꜣ.t* vgl. *CT* VII.166h.

Der Ritus *sꜣṯ* hat zwei Funktionen: er ist ein Reinigungsritus, und er ist ein Eröffnungsritus[18]. Sowohl im Speiseritual der Pyramidentexte wie in dem der Mundöffnung (Sz. 69B) eröffnet er eine Sequenz von Opfersprüchen. Die gleichen Funktionen erfüllt auch Spruch [63]. Die sakramentale Ausdeutung der Handlung geht hier über das Stichwort *sfḫ* „lösen". Damit wird das Lösen der Mumienbinden assoziiert, an welches Thema sich dann zwanglos die Themenfolge „Erweckung" - „Bewegung" anschließt. Die Bewegung des Toten impliziert die Warnung vor dem falschen Weg. Er muß an dem „Haus jenes Ba" vorbeikommen, um zum Himmel aufsteigen und die Herrschaft antreten zu können.

Aufbau:

4		4 Einleitung
	8 Erweckung	4 Lösung
		4 Totenklage
19		
	11 Bewegung	5 Warnung
		6 Himmelsaufstieg, Herrschaft

[18] Vgl. ASSMANN, *Spruch 23 der Pyramidentexte*, 45.

Spruch 2

[64]
BARGUET, *Textes des sarcophages*, 112
FAULKNER, *AECT* I, 60

1	275a	*rḏj.t mw n ꜣḫ*	Dem Verklärten Wasser zu geben.[19]
2	b	*qbḥ=k jpn jtj=j*	Dieses dein kühles Wasser, mein Vater,
3	c	*qbḥ=k jpn Wsjr*	dieses dein kühles Wasser, Osiris,
4	d	*jyj.w n=k ḫr sꜣ=k*	ist zu dir gekommen von deinem Sohn,
5	e	*jyj.w n=k ḫr Ḥr.w*	ist zu dir gekommen von Horus!
6	f	*m=k jnj.n=j n=k s<w>*	Siehe, ich habe es dir gebracht,
7	g	*snḏm=k jb=k jm=s*	damit du dein Herz erfrischst mit ihm.
8	h	*jnj.n=j n=k jr.t-Ḥr.w*	Ich habe dir das Horusauge gebracht,
9	i	*snḏm=k jb=k jm=s*	damit du dein Herz erfrischst mit ihm.
10	j	*ḥw.t=k js ḫr ṯb.tj=k*	Das ist, worauf du mit deinen Sohlen trittst.
11	276a	*wnn=j ḥm n=k m ꜥꜣ=k*	Ich werde gewißlich für dich dein Dolmetscher sein.
12	b	*ḏj<=j> n=k mw*	Ich werde dir das Wasser geben
		m wꜣg Ḏḥwtj	am Wag-Fest und am Fest des Thot.
13	c	vgl. I.275a	

§ 6 Libation

Eine Variante des klassischen Libationsspruchs *PT* [32]:

qbḥ=k jpn Wsjr	Dieses dein kühles Wasser, Osiris,
qbḥ=k jpn hꜣ N	dieses dein kühles Wasser, o N,
prj.w ḫr sꜣ=k	ist hervorgegangen von deinem Sohn,
prj.w ḫr Ḥr.w	ist hervorgegangen von Horus.
jwj.n<=j> jn<=j> n=k Jr.t-Ḥr.w	Ich bin gekommen und habe dir das Horusauge gebracht,
qbb jb=k ḫr=s	damit dein Herz davon kühl werde.
jn<=j> n=k sj ḫr ṯbw.tj=k	Ich habe es unter deine Sohlen gebracht.
mn n=k rḏw prj jm=k	Nimm dir den Ausfluß, der aus dir herauskam.
n wrḏ jb=k ḫr=s	Dein Herz soll davon nicht ermatten.

[19] Nur in B10C. In Sq3C als Rubrum am Spruchende (276c). SCHOTT, *Bücher und Bibliotheken*, 185 Nr. 629a.

Eine weitere Variante ist *CT* [895] = VII.104k–105g mit dem Titel „Spruch, nicht kopfunter zu gehen“:

qbḥ.w=k pw nn wsjr N pn	Dein kühles Wasser ist dies, Osiris N hier,
prj.w ḫr jtj=k	hervorgegangen von deinem Vater,
prj.w ḫr Gbb	hervorgegangen von Geb,
prj.w ḫr Ḥr.w	hervorgegangen von Horus,
prj.w ḫr Wsjr	hervorgegangen von Osiris.
qbḥ jb=k ẖr=s	Möge dein Herz davon kühl werden.
jwj.n=j jnn=j n=k jr.t-Ḥr.w	Ich bin gekommen, dir das Horusauge zu bringen,
qbḥ jb=k ẖr=s snbb=s jm=s	damit dein Herz davon kühl werde und sich daran erfrische.
mn=k rḏw pr jm=k	Nimm dir den Ausfluß, der aus dir hervorging,
n wrḏ jb=k ẖr=s	dein Herz soll davon nicht müde werden.
mꜣ.tj mꜣ.tj rnp.tj rnp.tj	Du bist neu, du bist neu, du bist verjüngt, du bist verjüngt
m rn=k pw n jm.j qbḥ	in jenem deinem Namen ‘Der in der Libation’.
sḫr.n Ḥr.w ḫftj.w=k m-bꜣḥ=k	Horus hat deine Feinde niedergeworfen vor dir.
mj prj.tw n=k ḫrw	Komm, man bringt dir ein Totenopfer dar
n jmꜣḫ.y N jqr	für den trefflichen Versorgten N.

Zur sakramentalen Ausdeutung des Libationswassers als Leichensekret des Osiris s. Bd. II, NR.1 §9.

Das Wasser ist ein Medium der Kontaktaufnahme zwischen dem Totenpriester und dem Verstorbenen. Daher stellt sich ihm dieser vor als Sohn, Horus und „Dolmetscher“, d.h. wohl Verbindungsmann für den Toten zwischen der Welt der Lebenden und der Welt der Toten.

Aus dem Vergleich mit den Varianten ergibt sich die Abfolge der Themen:

1. Übergabe des Wassers mit Angabe seiner Herkunft
2. Zweck des Wassers: Erfrischung des Herzens
3. Das dritte Thema, das Niederwerfen der Feinde, wird nur in *CT* [895] ausgeführt; in *PT* [32] und *CT* [64] wird es mit der Konstellation „unter den Sohlen“ nur angedeutet. In diesem Zusammenhang ist auch 275j zu verstehen[20].

„Dolmetscher“ (FAULKNER übersetzt „guide“, was zu blaß ist) des Toten ist eine uns sonst nicht bekannte Rolle des Offizianten.

Aufbau

	1 Titel	
	4 Spruch	4 Übergabe
13		
		5 Handlung des Sohnes
	8 Schlußtext	3 Rolle des Sohnes („Dolmetscher“)

[20] Anders GABOLDE, *L'inondation sous les pieds d'Amon*, 235–258, bes. 239 Anm. 21.

Spruch 3

[65]
BARGUET, *Textes des sarcophages,* 112
FAULKNER, *AECT I,* 60f

1	276d	*rḏj.t mw t n ꜣḫ mꜣꜥ.w*	Einem wirklich Verklärten Wasser und Brot zu geben.[21]
2	276 e	*jn ṯw jtj=j*	Wende dich um, mein Vater,
3	f	*jnn ṯw jtj=j*	wende dich um, mein Vater.
4	g–277a	*js.tj r=k r jꜣ.wt Pj*	Geh zu den Hügeln von Pe!
5	b	*ḫns=k jꜣ.wt Nḫn*	Du sollst die Stätten von Nechen durchziehen.
6	c	*jtj=j sš=k pw Ḥr.w*	Mein Vater: dein Schreiber ist Horus,
7	d	*jꜥw.tj=k pw Stẖ*	dein Bezirksverwalter ist Seth.
8	e	*ꜥ.wj=k r jḫ.t=k*	<Gib> deine beiden Arme an deine Opfergabe!
9	f–g	*prj=k r=k r p.t jmj=k rḏj n=sn*	Wenn du zum Himmel aufsteigst, gib ihnen nichts!
10	h	*šm=k šmwt=k iptn*	Du sollst dieses dein Gehen gehen,
11	i	*šm Ḥr.w m sḫn jtj=f Wsjr*	wie Horus geht beim Suchen seinen Vater Osiris.
12	278a	*hj Wsjr pn*	He, Osiris hier!
13	b	*sj jn.w=k bṯ sjn.w=k jmj.w tꜣ*	Deine Träger gehen und die Eilboten eilen, die sich auf Erden befinden.
14	c	*ḏd=sn n Rꜥ.w*	Sie sagen zu Re,
15		*ḏsr rmn m jꜣb.t*	der den Arm schwingt im Osten:
16	d	*prj.n=k js m nṯr*	„Du bist hervorgekommen als Gott,
17	e	*sj.n=k js m nṯr*	du bist geeilt als Gott,
18	f	*hꜣj.n=k js m nṯr*	du bist hinabgestiegen als Gott.“
19	g	*str.tj m rn=k pw n Spdw*	Mögest du umhüllt werden in diesem deinem Namen Sopdu,
20	h	*Jnpw Wpj-wꜣwt*	Anubis, Upuaut.
21	i–279a	*Mḫntj-jrtj wḏꜣ.w jb=k r=f wr.t*	Mechenti-irti, dein Herz ist sehr glücklich über ihn.

[21] So nach Sq3C 279i. Am Spruchanfang nur in B10C: *dj.t mw t m [...]=k mꜣꜥ*. SCHOTT, *Bücher und Bibliotheken*, 185 Nr. 629b.

22	279b	*ḏj.n=k sw ḥnʿ nw=k n bḥs.w*	Du hast ihn zu diesen deinen Kälbern gegeben:
23	c	*swt sꜣꜣ n=k sn tp tꜣ*	Er ist es, der sie für dich auf Erden hütet.
24	d	*ḫpš=k m Tꜣ-wr*	Dein Vorderschenkel ist im Thinitischen Gau
25	e	*wʿr.t=k m Tꜣ-stj*	und dein Hinterlauf ist in Nubien.
26	f	*bꜣ=k m-ḫt=k*	Dein Ba ist hinter dir
27		*wꜣš=k tp ʿ.wj=k*	und deine *wꜣš*-Macht ist vor dir[22],
28	g	*ḏj.w ḥr tp=k*	auf deinen Kopf gegeben.
29	h	*jnk jʿ.w=k jnk tp=k tꜣ*	Ich bin dein Erbe und ich bin dein Hinterbliebener.“

Erste Strophe

Erste Versgruppe: Anruf (Verse 2–3)

§ 7 *jnj ṯw*

Zum Anruf *jnn ṯw* s. *CT* [74] = I.306a, *Pyr.* § 1596a.
Vgl. ferner folgende Stellen aus den *PT*:

Pyr. § 214a: *wḥ j.nn jh jh*	Erwache (?), wende dich um, oho, oho!
Pyr. § 218c: *wḥ kw/ṯw N j.nn kw/ṯw N*	Erwache (?), wende dich um, N!
Pyr. § 222a: *wḥ ṯ(w) N pn j.nn ṯw N*	Erwache, N hier, wende dich um, N!
Pyr. § 679c: *j.nn=k N j.nn=f ṯw*	Du wendest N um, er wendet dich um (?)
Pyr. § 705b: *j.nnt j.nnt rnp.wt ḥr N*	(Jenes Auge), das die Jahre umwendet, (ein Umwenden) über N
Pyr. § 1491a *j.nn N/ṯw j.nn N/ṯw jhj jhj*	Wende dich um, wende dich um, oho! oho!
Pyr. § *1884a *wḥ kw N j.nn kw N jnk jst*	Erwache, N, wende dich um, N: Ich bin Isis!
Pyr. §§ 2060–2061: *sṯs N kꜣ=f j.nn N wḥwḥw N*	N erhebt seinen Ka, N wendet sich um, N erwacht.
(...) jrj nfr sṯs kꜣ j.nn wḥwḥw	(...), o guter Gefährte, erhebe meinen Ka, wende, erwecke!

[22] Ob *m-ḫt* „Gefolge“, *tp-ʿwj* „Vorhut“?

Es muß sich um einen erweckenden Anruf handeln. FAULKNERS „I fetch you“ ergibt wenig Sinn (BARGUET: „Je viens te chercher“).

Zweite Versgruppe: Königsreise (Verse 4–7)

Der Vater soll sich auf eine Inspektionsreise durch sein Königtum begeben. Zum Motiv der „Königsreise“ vgl. ASSMANN, *Re und Amun*, 71-73 und vor allem ROEDER, *Auge*, 120 f. So wie die Übergabe von Wasser als Lösung der Fesseln, Reinigung von Staub, Sammlung und Vereinigung der Glieder ausgedeutet wird, gibt die Übergabe von Nahrung Anlaß zur Ausdeutung als Antritt und Ausübung von Herrschaft.

Dritte Versgruppe: Opferempfang (Verse 8–9)

§ 8 Opferempfang und Distanzierung

Die eigentliche Aufforderung zur Entgegennahme des Dargebrachten. Vgl. *Pyr.* § 1641c *j.rs ṯs ṯw ʿ.wj=k ḥr jš.t=k* „Wach auf, erhebe dich: deine Arme auf deine Opfergabe!“ *Pyr.* § 1881b: *nb pr ʿ=k ḥr jš.wt=k* „Herr des Hauses, deinen Arm auf deine Opfergaben!“.

Die Warnung „Gib ihnen nichts“ gehört wieder in den Zusammenhang der Warnung vor dem falschen Weg. Vgl. *PT* [667] = § 1941a–b: *hꜣ N pw wnm n=k /wnm=k nw wʿ.tj jm=k rḏj n rmṯ jpw ntj.w jr gs=k* „O Osiris N, iß, iß dies allein, gib nichts jenen Menschen, die neben dir sind!“

Zweite Strophe

Erste Versgruppe: Gehen (Verse 10–11)

Vgl. hierzu die unten im Zusammenhang wiedergegebene Variante in *PT* [659] und [474].

Zweite Versgruppe: Boten (Verse 12–15)

§ 9 *Ḏsr rmn m jꜣbt.t*

Zum Namen des Sonnengottes vgl. HOFFMEIER, *'Sacred'*, 40–44.
Der Name kommt fast immer, wie hier, im Zusammenhang des Botenthemas vor:

Pyr. § 253c	*sj jnw=f bṯ sjn=f*	Seine Träger eilen, seine Eilboten laufen,
253d	*ḥww=sn n ḏsr rmn ḥr jꜣbt.t*	um zu verkünden dem, der den Arm schwingt im Osten.

1532a	*sj jnw=k sjn sjn.w=k*	Deine Träger laufen, deine Eilboten eilen,
1532b	*nt3 tp.w 3wj=k*	die vor dir stehen, sputen sich,
1532c	*sjw=sn ṯw n Rˁ.w m ḏsr rmn j3b*	daß sie dich dem Re verkünden, der den linken Arm schwingt.

Nur einmal begegnet er im Zusammenhang der Warnung vor dem falschen Weg:

Pyr. §2175a	*jm=k šm ḥr šm.w jp.w jmn.tjw*	Geh nicht auf jenen westlichen Bahnen,
2175b	*j.šmw jm nj jw=sn*	die auf ihnen gehen, kommen nicht wieder.
2175c	*j.šm=k r=k N pw ḥr šm.w jp.w j3btj.w*	Geh vielmehr, N, auf jenen östlichen Bahnen
2175d	*m-m šmsw.w Rˁ.w ḏsr rmn m j3b.t*	unter den Gefolgsleuten des Re, der den Arm schwingt im Osten.

Dritte Versgruppe: Anmeldung bei Re (Verse 16–18)

Zu der Variante *PT* [659] s. unten.

Die drei Sätze mit *js* geben den Inhalt der Botschaft an. Zu *js* in indirekter Rede s. *CT* I.300 d.

Dritte Strophe

Die Strophe gliedert sich in vier Versgruppen:

1. Verse 19–20: Zielgestalten des N: Sopdu, Anubis und Upuaut
2. Verse 21–23: Mechenti-irti als Kälberhirt
3. Verse 24–25: Vorderschenkel und Hinterlauf
4. Verse 26–28: *B3* und *w3š*

Schlußtext (Vers 29)

Der Spruch ist eine freie Variante von *PT* [659], der deshalb in extenso hier angeführt sei:

Gehen

Pyr. §1860a	*jwsw šm.t=k tn*	Wahrlich[23], dieses dein Gehen,
1860b	*jwsw šmj.wt=k jp.tn*	wahrlich, diese deine Gänge
1860c	*šmj.wt Ḥr.w m sḫn jtj=f Wsjr*	sind die Gänge des Horus auf der Suche nach seinem Vater Osiris!

[23] Oder mit HEERMA VAN VOSS, *Pyramidentexte Spruch 659*, 218 „beklagenswert ist er, dieser dein Gang", von *jw* „kläglich, beklagenswert", mit Verweis auf *CT* II.250d (S1P) „Kläglich sind sie (deine Widersacher)" und *CT* VII.146h. Nach HEERMA VAN VOSS ist *jwsw* ein Ausruf des Mitleids.

Boten und Anmeldung bei Re

1861a	*sj jn.w=f bṯ sjn.w=f*	Seine Träger eilen, seine Eilboten laufen,
1861b	*ntꜣj ḥw.tjw=f*	seine Herolde sputen sich.
1862a	*j.sjj ḫr Rʿ.w*	Eilt zu Re,
	ḏd=ṯn ḫr Rʿ.w	um Re zu sagen,
	ḏsr rmn m jꜣb	der den Arm schwingt im Osten,
1862b	*wn.t=f j m nṯr*	daß er gekommen ist als Gott.
	ʿḥʿ N r=f/k m jtr.tj ꜣḫ.t	Steh auf, N, in den Kapellen des Horizonts,
1863a	*sḏm=k mdw Rʿ.w*	damit du das Wort des Re hörst
	nṯr js Ḥrw js m Ms.t	als Gott, als Horus in Meset.
1863b	*jnk sn=k Spdw js*	Ich bin dein Bruder, nämlich Sopdu.

Mechenti-irti als Kälberhirt

1864a	*m sw jj.j m sw jj.j*	Sieh, er ist gekommen, sieh, er ist gekommen,
1864b	*m sn=k jj.j m (M)ḫntj-jr.tj jj.j*	sieh, dein Bruder ist gekommen, sieh, Mechenti-irti ist gekommen.
1865a	*jr j.ḫm=k sw sḏr=k r=k m ẖnw ʿ.wj=f*	Wenn du ihn nicht kennst, lege dich in seine Arme,
1865b	*jr ḏrw rḏw=k*	bis zur Grenze deines Ausflusses (?)
1865c	*bḥs=k js mnj.w=k js pj*	als dein Kalb: er ist dein Hirte.
1866a	*šsp n=k jbḥw=k jpw ḥḏ.w m mḥnw*	Empfange dir deine weißen Zähne als die des Mehenspiels,[24]
1866b	*pšr.w ḥꜣ=sn m šsr*	die herumgehen als Pfeil
	m rn=sn pw n šsr	in ihrem Namen „Pfeil".
1867a	*ḫpš=k m tꜣ-wr*	Dein Schenkel ist in This,
	wʿr.t=f m tꜣ-s.t	sein (= dein?) Bein ist in Ta-Seti.[25]
1867b	*hꜣ.n=k zꜣb šmʿ.w js*	Du bist herabgestiegen als oberägyptischer Schakal,
	Jnp.w js ḥr mnj.w	das ist Anubis auf dem Baldachin.
1868a	*ʿḥʿ=k r=k jr rd-wr*	Stehe doch auf an der Großen Treppe
1868b	*Gb js ḫn.tj psḏ.t=f*	als Geb, der Erste seiner Neunheit.
1869a	*jb=k n=k kꜣ=k n=j*	Dein Herz gehört dir, dein Ka gehört (dir),
1869b	*ḥnj=j pr=k srwḏ=j ʿrr.wt=k*	ich ordne dein Haus und befestige deine Torwege.[26]

24 So nach HEERMA VAN VOSS, *a.a.O.*, 219, mit Verweis auf *Tb* 172, 16/7: „Deine Zähne sind die Giftzähne der Mehenschlange, womit die beiden Herren gespielt haben".

25 Zur Assoziation von „Bein" und *tꜣ stj* s. BEINLICH, *»Osirisreliquien«*, 209–213.

26 Für den Parallelismus von *ʿrrw.t* und *pr* verweist HEERMA VAN VOSS, *a.a.O.*, 220 auf *Pyr.* §292c–d; *CT* I.154f; 162a, i–j und, in Verbindung mit *srwḏ*: *CT* I.163g, 176b, 177d.

Dieser Text bietet seine eigenen Probleme, auf die wir hier nicht näher eingehen wollen.[27] Er ist hier nur wichtig, weil er dieselbe Themenabfolge bietet wie der Sargtext:

1. „Gehen“:	1860a–c vgl. 277h–i
2. „Eilboten“:	1861a–b vgl. 278b
3. „Meldung an Re“:	1862a–b vgl. 278c–f
4. „Sopdu“:	1863b vgl. 278g
5. „Mechenti-irti als Kälberhirt“:	1864a–1865c vgl. 278i–279c[28]
6. „Weiße Zähne“:	1866 - keine Entsprechung in *CT* [65]
7. „Schenkel“:	1867a = 279d–e

Die Themen 1–3 und 5 finden sich auch in *PT* [424]:

Gehen	
768a *hꜣ N pw šm=k pw šmj.wt=k jptw*	O Osiris N, dieses dein Gehen, diese deine Gänge
768b *šm pw pw n Ḥr.w*	sind jenes Gehen des Horus
m šm=f pw m šmj.wt=f jp.tw	in jenem seinem Gehen, in jenen seinen Gängen,
Boten, Anmeldung bei Re	
769a *bṯ sjn.w=f ntꜣ ḥww.tj=f*	als seine Läufer eilten und seine Herolde sich sputeten,
769b *sjw=sn sw n ḏsr m jꜣb.j*	um ihn anzumelden bei dem, der den Arm schwingt im Osten.
…	
Mechenti-irti als Kälberhirt	
771a *hꜣ N pw sꜣ(w) ṯw Mḫntj-jr.tj*	O Osiris N, es behütet dich Mechenti-irti,
771b *mnj.w=k ḥꜣ bḥs.w=k*	dein Hirte, der hinter deinen Kälbern ist.

Dieselbe Motivkombination findet sich auch in *PT* [578], dort ist noch eine Warnung vor dem falschen Weg vorgeschaltet.

§ 10 „Gehen“ und „Boten“

Es handelt sich hier offenbar um feste Formeln im Opferkult der Pyramiden, die wie Versatzstücke eingesetzt werden, wo die sakramentale Ausdeutung bestimmter Opfergaben solche Assoziationen nahelegt.

Das Motiv des „Gehens“ gibt dem „Fortgehen“ = Sterben[29] eine prägnante Deutung. Der Tote ist fortgegangen, wie Horus fortging auf der Suche nach seinem Vater Osiris. Das bedeutet, daß der Fortgang des Toten einer Absicht entsprang und ein Ziel hat. In seinem Fall bedeutet der Tod nicht ein passivisches Weggeholtwerden, sondern einen aktiven Aufbruch.

[27] Vgl. HEERMA VAN VOSS, *a.a.O.*, 217–220.

[28] Zu diesem Thema vgl. JUNKER, *Der sehende und der blinde Gott*, 82ff., speziell 84. Das Thema kommt nur in diesem Zusammenhang vor (*PT*-Sprüche [424], [578], [579]).

[29] Vgl. hierzu SCHOTT, *Mythe und Mythebildung*, 129.

Dieser Aspekt wird noch verstärkt durch das Botenmotiv, das sehr oft mit dem Thema „Gehen“ zusammen auftritt. Dem Toten eilen seine Boten und Träger voran, die ihn beim Sonnengott anmelden.

Die Episoden mit Sopdu und Mechentiirti kann ich nicht aufklären; sie müssen sich als sakramentale Ausdeutung aus der Art der Opferspeisen ergeben, die dem Toten dargebracht werden. Sowohl *PT* [424] als auch [659] sind Opfersprüche zur Speisendarreichung.

Aufbau

			2 Anruf
	8		4 Königsreise
			2 Opferempfang
			2 ‘Gehen’
28	9		4 Boten
			3 Anmeldung bei Re
		5	2 N als Sopdu, Anubis, Upuaut
	10		3 Mechentiirti als Kälberhirt
		5	2 *ḫpš* und *wꜥr.t*
			3 *Bꜣ* und *wꜣš*
	1		1 Schlußtext

Spruch 4

[66]
Barguet, *Textes des sarcophages*, 113
Faulkner, *AECT* I, 61 f.

	280a	*mꜣꜥ.w sꜣḫ.w*	Darbringen von Verklärungen.[30]
1	280b	*jꜣ N pn*	O N,
2	c	*wr.tj rr ꜥꜣ.tj rr*	du bist wahrlich groß, du bist wahrlich gewaltig,
3	d	*šm=k r rd-wr*	wenn du zur Großen Treppe gehst,
4	e	*šꜣs=k r njw.t wr.t*	wenn du zur Großen Stadt eilst.

30 So nach B10C. In den anderen Varr. ohne Titel. In Sq3C steht das Rubrum *mꜣꜥ sꜣḫ.w* am Ende von [68], bezieht sich also vermutlich auf Sprüche 4–8. S. Schott, *Bücher und Bibliotheken*, 175 Nr. 550.

5	f	*nn ḏr ṯw ꜣkr.w*	Die Erdgötter sollen dich nicht packen.
6	g	*jnb.w Šw jṯj=ṯn m-ḏr=f*	Ihr Mauern des Schu sollt ihn gänzlich umgreifen!
7	h	*štw.t Ḥr.w jꜣq.tj*	Das Tonnengewölbe des Horus (sagt:) „Du bist aufgestiegen!“ [31]
8	i	*nš n=k tꜣ*	Entfernt ist die Erde von dir
9		*m ḥr Jḫt-wt.t prj.tj m Jwnw*	vor der Ichet-Utet-Schlange, die aus Heliopolis hervorkommt.
10	j–281a	*jn ꜣs.t snq=s ṯw*	Isis ist es, die dich säugen wird,
11	b	*Nb.t-ḥw.t ḏj=s n=k mnḏ=s sḫdḫd.w*	Nephthys wird dir ihre herabhängende Brust geben;
12	c	*ḏj n=k nb.tj ḏp smꜣ.w=sn*	die Beiden Herrinnen werden dir ihre Locken geben.
13	d–e	*jw.tj n=k mw.tj=k jmj.tj Nḫb*	Mögen die Beiden Mütter zu dir kommen, die in El-Kab sind.
14	f	*ḏꜣj=sn mnḏ=sn tp rꜣ=k*	Mögen sie ihre Brust an deinen Mund führen.
15	h–i	*fꜣj=sn ṯw sḏn=sn ṯw*	Sie sollen dich hochheben, sie sollen dich tragen.
16	g	*ḏd mdw sp 4*	Viermal zu rezitieren.[32]

Strophe 1

Erste Versgruppe: Aufbruch (Verse 1–4)

§11 *rr*

rr als enklitische Partikel mit emphatischer Bedeutung („wirklich“) ist typisch für die Sprache der *PT*, vgl. SETHE, *ÜK* I, 230 f.; IV, 118. Vgl. auch CT.2, Spruch 12, 3. Strophe.

Pyr. §248b	*j=k rr ʿꜣ j=k rr jm j ḥm ṯf*	„Bist du denn wirklich hier, bist du denn wirklich dort?“
424a	*jkj=j rr ʿnt<=j> tn jr=k jꜣb.t*	„Ich zücke fürwahr diesen meinen Daumen gegen dich, den linken“

[31] Anscheinend sollen hier bestimmte Komponenten des Himmels dem Toten den Himmelsaufstieg ermöglichen. Die Rede des „Gewölbes des Horus“ signalisiert dem Aufsteigenden freie Bahn.

[32] Der Schlußvermerk ist bei T9C, Sq3C und B10C vor dem letzten Vers eingeschoben.

428b	*j=k rr m nn*	„Bist du denn wirklich in diesem?“
855a+c	*rḫ sw rr rꜣ pn n Rʿ.w*	„Wer ihn wirklich kennt, diesen Spruch von Re,
	...wnn.f rr m rḫj n Rʿ.w	...der wird wirklich ein Bekannter des Re sein“.

Zum Reiseziel des Toten s. *CT* [4] = I.12a–b, vgl. CT.1 §5.

Zweite Versgruppe: Aufbruch aus der Erde (Verse 5–9)

§ 12 Die Verklärung der Grabanlage

Die „Mauern des Schu“ und das „Tonnengewölbe des Horus“ sind offenbar „verklärende“ Übersetzungen des Grabes oder der Sargkammer, die Wände und Decke mit Luftraum und Himmel gleichsetzen. Die Erde kann den Toten bei seinem Himmelsaufstieg nicht festhalten, und sein Grab wandelt sich zum kosmischen Raum, der ihm beim Aufstieg behilflich ist. Der Grund für diese umgekehrte Gravitation, die den Toten mit unwiderstehlicher Gewalt nach oben reißt, ist die Kronengöttin aus Heliopolis, die ihn schmückt (indem sie, was hier vorausgesetzt wird, zu seiner ihm durch die Mumifizierung zuteil gewordenen „Mumienwürde“ gehört). Der typische Themenkomplex „Krönung und Himmelsaufstieg“ wird im folgenden weiter ausgeführt.

Zweite Strophe: Himmelsaufstieg mit Kronenmüttern (Verse 10–16)

§ 13 Kronengöttinnen und Himmelsaufstieg

Die Themen „Säugung durch Kronengöttinnen“ und „Himmelsaufstieg“ bilden eine typische Verbindung in den *PT*, vgl. besonders die folgenden Sprüche:
PT [412] = *Pyr.* §§728–729:
(vorher ist von der Öffnung der Himmelstore die Rede)

rḏj.n n=k ḥwn.t wr.t ḥrj.t-jb Jwnw ʿ.wj=s jr=k	Das große Mädchen in Heliopolis hat dir ihre Arme entgegen gestreckt,
n jw.t mw.t=k m rmṯ ms.t{=s} ṯw	weil du keine Mutter hast unter den Menschen, die dich gebar,
n jw.t jtj=k m rmṯ msj ṯw	weil du keinen Vater hast unter den Menschen, der dich zeugte;
mw.t=k smꜣn.t/sꜣm.t wr.t ḥrj.t-jb Nḫb ḥḏ.t ʿfn.t	sondern deine Mutter ist die große Wildkuh in Necheb mit weißem Kopftuch,
ꜣw.t šw.tj nḫꜣḫꜣ.t mnḏ.wj	mit langen Federn und strotzenden Brüsten;
snq=s ṯw nj wḏḥ=s ṯw	sie wird dich säugen und wird dich nicht entwöhnen.

PT [548] = *Pyr.* §§ 1343a–1345a (Säugung durch Nut und Himmelsaufstieg):

wpj rꜣ n tꜣ n wsjr N pn	Der Mund der Erde öffnet sich für diesen N hier,
mdw.n n=f Gb	Geb hat zu ihm gesprochen.
wr N pn mr nsw.t	Dieser N ist groß als König
swtj.j mr Rꜥ.w	und stattlich wie Re.
sḏꜣ m ḥtp jr N pn psḏ.tj	„Willkommen" sagen die Neunheiten zu N.
wn n=f ꜥꜣ jꜣb.tj n p.t n Jmn-kꜣw	Das östliche Tor des Himmels wird ihm aufgetan durch *Jmn-kꜣw*.
ḏj Nw.t wr.t ꜥ.wj=s r=f	Nut, die Große, streckt ihm ihre Arme entgegen,
ꜣw.t ꜥb nḫꜣḫꜣ.t mnḏ	sie mit langen Hörnern und strotzenden Brüsten;
snq=s N pn nj wḏḥ=s sw	sie wird diesen N säugen und ihn nicht entwöhnen.
šd=s n=s sw r p.t	Sie nimmt ihn zu sich zum Himmel
nj ptḫ=s sw jr tꜣ	und läßt ihn nicht auf die Erde fallen.

PT [508] = *Pyr.* §§ 1108a–1109c, 1118b–1119b:

sq.n<=j> n=j jꜣḫ.w=k pw	Ich habe mir diese deine Strahlen gelegt
m rdw ẖr rd.wj=j	als Treppe unter meine Füße,
prj=j ḥr=s ẖr mw.t=j	damit ich darauf aufsteige zu meiner Mutter,
jꜥr.t ꜥnḫ.t tp.t Rꜥ.w	der lebenden Uräusschlange am Haupte des Re.
mr jb=s n=j ḏj=s n=j mnḏ=s snq=j sw	Sie wird sich meiner erbarmen und wird mir ihre Brust reichen, daß ich daran sauge.
sꜣ=j j=t m-n=k mnḏ=j pn	„Mein Sohn", sagt sie, „nimm dir diese meine Brust,
snq=k sw j=t	mögest du daran saugen" sagt sie.
...	
jw.n=j ẖr mw.tj=j jpt.wt nr.tj	Ich bin zu diesen beiden Müttern von mir gekommen, den beiden Geierweibchen
ꜣw.tj šnw dḥdḥ.tj mnḏ.w	mit langen Haaren und strotzenden Brüsten,
tp.tj ḏw sḥsḥ	die auf dem Berg Sehseh sind,
ḏꜣj=sn mnḏ=sn tp rꜣ=j	daß sie mir ihre Brust an meinen Mund reichen.
nj ḥm wḏḥj=sn wj ḏ.t	Sie werden mich wahrhaftig nicht entwöhnen in Ewigkeit.

Dieser Spruch ist besonders aufschlußreich, weil er in seinem (hier ausgelassenen) Mittelteil deutliche Hinweise auf einen Ritualbezug enthält: die Libation mit vier *ꜥꜣb.wt*-Krügen. Das Wasser wird sakramental ausgedeutet als Milch der Kronengöttinnen, und diese wird wiederum mit dem Himmelsaufstieg verbunden.

PT [703] = *Pyr.* §§ 2201–2205:

hꜣ N pw ꜥnḫ nj mwt=k	O N hier lebe, du bist nicht tot!
j n=k Ḥr.w wḏꜥ=f sꜣr.w=k ḫꜣꜥ=f mḏ.wt=k	Horus kommt zu dir, deine Stricke zu zerschneiden und deine Binden wegzuwerfen.

dr.n Ḥr.w jm rd=k	Horus hat dein Hindernis entfernt.
n ndr.w ṯw ꜣkr.w	Die Erdgötter können dich nicht festhalten.
hꜣ N pw sḫm kꜣ=k	O N, dein Ka ist mächtig.
n jtj=k m rmṯ	Du hast keinen Vater unter den Menschen
nj mw.t=k m rmṯ	und keine Mutter unter den Menschen.
mw.t=k tw ḥwr.t wr.t	Deine Mutter ist die große *ḥwr.t*-Schlange
ḥḏ.t ꜥfn.t ḥr.t-jb Nḫb	mit weißem Kopftuch in Necheb,
wbꜣ.t šw.t nḫꜣḫꜣ.t mnḏ.wj	mit geöffneten Flügeln und strotzenden Brüsten.
n nḏrw.t N jn [...]	N wird nicht gepackt werden von [...]

Zur Rolle von Isis und Nephthys beim Himmelsaufstieg vgl. *PT* [480] = *Pyr.* §§996c–997a:[33]

pr N ḥr mn.tj ꜣs.t	N steigt auf auf den Schenkeln der Isis,
ḥfd N ḥr mn.tj Nb.t-ḥw.t	N schwebt empor auf den Schenkeln der Nephthys.
nḏr.n=f jtj n N tm ꜥ n N	Sein Vater Atum ergreift die Hand des N.

Spruch 4 hat als Titel nur *mꜣꜥ.w sꜣḫ.w*, vielleicht „Verklärungen darbringen" (B10C), paßt aber in seiner Thematik auch zu Libationen.

Aufbau

8	3 Aufbruch 5 Befreiung aus der Erde
6	6 Himmelsaufstieg mit Isis, Nephthys, Kronenmüttern

Spruch 5

[67]A
Barguet, *Textes des sarcophages*, 114
Faulkner, *AECT* I, 62–64
Münster, *Isis*, 34

1	282a	*rs rs N pn*	Erwache, erwache, N hier!
2	b	*rs Wsjr rs Jnp.w tp mnj=f*	Erwache, Osiris, erwache, ‘Anubis auf seinem Baldachin’!
3	c	*ḏrw.t=k ꜣs.t ḥnꜥ Nbt-ḥw.t*	Deine Klageweiber sind Isis und Nephthys;

[33] Dies entspricht der Mundöffnung Sz. 64k–l. Spruch zur Räucherung, vgl. Otto, *Mundöffnungsritual*, 145.

4	d–e	*qbḥw=k jpn prj.w m ꜣbw*	dieses dein kühles Wasser ist hervorgegangen aus Elephantine;
5	f	*t-ḥḏ=k Jnp.w*	dein Weißbrot, Anubis,
6	g	*ḫnf.w=k Wsjr*	deine *ḫnf*-Kuchen, Osiris,
7	h	*ḥbnn.t=k Nw.t<=k>-Nw*	dein *ḥbnn.t*-Brot ist Nutek-Nu.
8	i	*jꜣ N pn*	O N!
9	283a	*rs r t=k pn srf jrj.n=j n=k*	Erwache zu diesem deinem warmen Brot, das ich für dich gemacht habe,
10	b	*ḫꜣ=k m t*	deinem Tausend an Broten,
11		*ḫꜣ=k m ḥnq.t*	deinem Tausend an Bier,
12	c	*ḫꜣ=k m kꜣ.w*	deinem Tausend an Rindern,
13		*ḫꜣ=k m ꜣpd.w*	deinem Tausend an Geflügel,
14	d	*ḫꜣ=k m dꜣb*	deinem Tausend an Feigen,
15	e	*ḫꜣ=k m wꜥḥ.w*	deinem Tausend an *wꜥḥ*-Früchten,
16		*ḫꜣ=k m jꜣrr.wt*	deinem Tausend an Weintrauben,
17	f	*ḫꜣ=k m sš*	deinem Tausend an Alabaster,
18		*ḫꜣ=k m mnḫ.t*	deinem Tausend an Linnen
19	g	*šbt.w=k ḥr nm.t=k*	sowie deinen Fleischstücken auf deiner Schlachtbank
20	h	*t=k m jmj.wt wsḫ.t*	und deinem Brot, das sich in der Breiten Halle befindet.
21	284a	*jꜣ N pn*	O N,
22	b	*mḥ.n=j šnꜥ.w=k ḫsf.n=j ḫntj=k*	Ich habe deine Kornspeicher gefüllt und habe deine Krugständer kontrolliert (?).[34]
23	c	*rḏj n=k t=k ḫm ḫsḏḏ*	Ich habe dir dein Brot gegeben, das nicht schimmeln kann,
24	d	*ḥnq.t=k ḫm.t ꜥmꜣ*	und dein Bier, das nicht sauer werden kann.

Strophe 1: Opferempfang (Verse 1–7)

Das Beiwort *tp.j mnj=f* ist mir sonst nicht bekannt, aber in den *PT* kommt *mnjw.j* „der zum *mnj* Gehörige" als Beiwort des Anubis vor (Wb II, 75,17: *Pyr.* §§793a; 1380b *ṯs sw Jnp.w mnjw.j*).
Vgl. *CT* [72] = I.299d–f:

[34] Wb IV, 262,2 „vom Kollationieren einer Handschrift".

jtj=j ṯs ṯw	Mein Vater, erhebe dich!
Wsjr ṯs ṯw	Osiris, erhebe dich!
Jnp.w ṯs ṯw	Anubis, erhebe dich!
ḏr.wt=k ꜣs.t ḥnꜥ Nb.t-ḥw.t	Deine Klageweiber sind Isis und Nephthys.
ḫnf=k snṯr=k	Dein *ḫnf*-Brot, dein Weihrauch.

Anstatt des letzten Verses folgt bei T2C eine genaue Parallele unseres Spruchs:

ḏr.wt=k ꜣs.t ḥnꜥ Nb.t-ḥw.t
qbḥ=k jpn jtj=j
prj.w m ꜣbw
ḥḏ=k Jnp.w
ḫnf=k Wsjr
ḥbnn.t=k Nwt=k-Nw

(Übersetzung wie oben).

§ 14 *Nw.t=k-Nw*

Zu *Nw.t=k-Nw* s. SETHE, *ÜK* IV, 109–11. In *Pyr.* § 1639c übergibt der Offiziant dem Toten *Nw.t=k-Nw*. In *Pyr.* § 1904c versichert er, ihn nicht an *Nw.t=k-Nw* auszuliefern: *nḥm.n<=j> ṯw m ꜥ ḫr.t ꜥnḫ=f m ḥꜣ.tjw rmṯ/njj rḏj.n.<=j> ṯw n Nw.t=k-Nw* „Ich habe dich errettet aus der Hand des Cherti, der von den Herzen der Menschen lebt; ich werde dich nicht an *Nw.t=k-Nw* ausliefern".

Es handelt sich also um ein dem Toten feindliches Wesen, das dem Toten in Gestalt des Opferkuchens *ḥbnn.t* in die Hand gegeben werden soll. Daraus ergibt sich, daß die anderen Opfergaben nicht gut mit Anubis und Osiris gleichgesetzt werden können. Diese Götter und *Nw.t=k-Nw* stehen auf zwei gegensätzlichen Seiten. Außerdem wird der Tote als Anubis und Osiris angeredet. Also liegt es näher, auch hier die beiden Götternamen vokativisch aufzufassen. Zu *Nw.t=k-Nw* s. ferner *CT* [28] = I.80k = CT.1, Anhang 2; CT.4, § 7 und NR.1.1 Text B4.

Strophe 2: 'Tausender'-Opfer (Verse 8–20)

Vers 9, „Warmes Brot":
Diese Opfergabe wird in den *PT* mehrfach erwähnt, z. B. *Pyr.* § 870b:

šsp n=k t=k pn srf	Empfange dir dieses dein warmes Brot und
ḥnq.t jp.tn srf.t	dieses dein warmes Bier.

§ 1003c:

jr t=k pn srf jr.n<=j> n=k	(Erhebe dich) zu diesem deinem warmen Brot, das ich dir bereitet habe.

§*1939c:

t=k ḫnt jmn.tjw	Dein Brot ist an der Spitze der Westlichen,
t=k srf N pw ḫnt nṯr.w	dein warmes Brot, N, ist an der Spitze der Götter.

§ 15 „Tausend"

Feigen, *wʿḥ*-Früchte und Weintrauben geben dieser Aufzählung etwas Besonderes. „Feigen" und „Wein" (*jrp*) kommen *Pyr.* § 1882b in einer solchen Tausender-Liste vor. Sonst fehlt die Kategorie „Obst" oder kommt nur pauschal vor (z.B. als *jḫ.t nb.t bnr.t* „alle süßen Dinge").

In den Opferlisten der Gräber des AR sind aber alle Produkte gut belegt. S. die zahlreichen Belege bei Barta, *Opferliste*, Index, für *dꜣb* (S. 175, 22 Erwähnungen), *jꜣrr.t* (169, 15 Erwähnungen) und *wʿḥ* (170, 17 Erwähnungen).

§ 16 „Brot in der Breiten Halle"

In den *PT* wird die *wsḫ.t*, die Breite Halle, der *nm.t*, dem Schlachthof, gegenübergestellt[35]. Dies zeigen die Sprüche *PT* [223] = *Pyr.* §214c, [437] = §807b–c, [459] = 865c–866a, [460] = §869c, [701] = §2149c. Aus diesen Belegen geht hervor, daß Fleischstücke generell[36] der *nm.t* entnommen werden, während Getreideprodukte wie Brot, Bier und Kuchen im allgemeinen der *wsḫ.t* zugehören:

§214c	*ꜣšr.t šb.tjw=k m pr-ns*	Bratenstücke und deine Rippenstücke aus dem Schlachthaus,
	t-jtḥ m wsḫ.t	*jtḥ*-Brot aus der Breiten Halle.
§807b	*ḫꜣ=k m t-wr prj m wsḫ.t*	Dein Tausend an *t-wr*-Brot, das aus der Breiten Halle kommt,
	ḫꜣ=k m ḫ.t nb bn.t	und dein Tausend an allen Süßigkeiten.
§866a	*t=k m t nṯr jm.t wsḫ.t*	Dein Brot ist das Gottesbrot, das sich in der Breiten Halle befindet.
§869c	*psn.wj=k m wsḫ.t*	Dein *psn*-Brot ist in der Breiten Halle
	šb.tj=k ḥr nm.t nṯr	und deine Rippenstücke sind auf dem Schlachtblock des Gottes.
§2194c	*ꜣšr.t šb.tj m nm.t nṯr*	Bratenstück und Rippenstück[37] sind vom Schlachtblock des Gottes,
	t-wr t-jtḥ m wsḫ.t	das *jtḥ*-Brot aus der Breiten Halle.

Weitere Belege für Brot, das aus der *wsḫ.t* stammt, sind *PT* [177]–[179] = § 103a–c, [468] = §905a–b, [667] = §1946b,

§1949e	*t=k m t-wr t=k m wsḫ.t*	Dein Brot ist das *t-wr*-Brot und dein Brot ist in der Breiten Halle.

35 S. H. Ernst Die Altüre in den Opferhöfen der Tempel [unpubl. Diss.], Heidelberg 1998.

36 Eine Ausnahme ist *Pyr.* § 1069a.g.

37 Faulkner, *AEPT*, 306 übersetzt einen direkten Genitiv.

Eine Ausnahme dagegen bildet *PT* [498] = § 1068d–1069a. Diesem Beleg zufolge stammen sowohl Fleisch als auch Brot aus der *wsẖ.t*.

Der archäologische Befund läßt allerdings darauf schließen, daß die *wsẖ.t* nicht nur für Brotopfer und ähnliches, sondern auch für Fleischopfer in Betracht kam[38]. Zwar fehlen meist die architektonischen Voraussetzungen dafür, Opfertiere vom Tempel in die *wsẖ.t* zu treiben.[39] Darüberhinaus befand sich nach Aussage der Abusirpapyri die *nm.t* des Neferirkare-Tempels in unmittelbarer Nähe zur *wsẖ.t*.[40] Zwei Befunde verbinden jedoch *wsẖ.t* und Schlachtung. Im Verehrungshof des Totentempels der Königin Neith ist ein Granitblock mit einem ausgearbeiteten Becken in das Hofpflaster eingelassen. Dieses Arrangement wurde, wie auch der Block in der *wsẖ.t* der Königin Iput, von JÉQUIER als Schlachtblock gedeutet[41]. Folgt man der Deutung JÉQUIERS, so ist mit *Pyr.* § 1068d–1069a (*PT* [498]) nicht ganz auszuschließen, daß in – vermutlich geringerem Umfang – in der *wsẖ.t* eine Vorrichtung zur Schlachtung vorhanden sein konnte und auch genutzt wurde.

Schlußtext (Verse 21–24)

§ 17 Das „nicht-schimmelnde Brot"

Pyr. § 655a	*šsp n=k t=k j.ḫm ḫsḏ*	Nimm dir dein Brot, das nicht schimmeln kann,
	ḥnq.t=k j.ḫm.t ꜥmꜣ	und dein Bier, das nicht sauer werden kann.
859a	*ṯs ṯw r t=k pn j.ḫm ḫsḏ*	Erhebe dich zu diesem deinem Brot, das nicht schimmeln kann.
1226a	*jn n=k t=k pw j.ḫm.t ḫsḏ*	Es wird dir dieses dein Brot gebracht, das nicht schimmeln kann.

Zur Form s. EDEL, *Altäg. Gramm.* I, § 1128.
sowie:

CT [751] = VII.380m[42]:	
rḏj=j n=k t=k n ḥwꜣ=sn	Ich gebe dir deine Brote – nicht werden sie faul,
ḥnq.wt=k n ḫsḏḏ=sn	und deine Biere – nicht werden sie schimmelig.
CT [327] = IV.163g–h:	
t.w=f pw j.ḫm ḫsḏḏ.w	Sein Brot ist das, das nicht schimmeln kann,
ḥnq.t=f pw j.ḫm.t ꜥwꜣ	sein Bier ist das, das nicht faulig werden kann.

[38] S. ERNST, *a.a.O.*

[39] EGGEBRECHT, *Schlachtungsbräuche*, 126.

[40] Zur Gesamtrekonstruktion der Topographie des Tempels des Neferirkare s. POSENER-KRIÉGER, *L'ensemble funéraire de Neferirkare Kakai*, 112ff.

[41] JÉQUIER, *Pyramides des Reines Neit et Apouit*, 8, Taf. 2–3 sowie 44, Taf. 36–37.

[42] Eine Parallele dieses Spruches findet sich im Grab des Senenmut, TT 353, S27, s. DORMAN, *Tombs of Senenmut*, 106, Taf. 62f.

Die Haltbarkeit von Brot (und Bier) wird in *Pyr.* § 1177b auch positiv ausgedrückt:

m t=k pw n ḏ.t ḥnq.t=k n.t nḥḥ	Nimm dieses dein Brot von Ewigkeit und dein Bier von immerwährender Dauer.

Der Schlußtext soll die materielle Versorgung des Toten im Jenseits garantieren, die in der Verfügbarkeit von – *pars pro toto* – Brot und Bier greifbar wird.

Genauso wie dem Brot soll es dem Verstorbenen selbst ergehen. Auch er soll nicht von Verwesung befallen werden, wie dies *CT* [519] verdeutlicht:

VI.180d	*hꜣ wsjr ḥꜣ.tj-ꜥ N pn*	O Osiris, *ḥꜣ.tj-ꜥ*, N hier!
e	*ṯs ṯw ḥr qsn.w bjꜣy*	Erhebe dich auf deine Knochen aus *bjꜣ*[43],
f	*jwf.w=k [nb].w*[44]	dein Fleisch aus [Go]ld,
	[…[45]].w=f pw n sw nṯr	(denn?) diese seine[46] […] gehören zu ihm, dem Gott (?).
g	*n ḫsḏ.n=f*	Nicht verschimmelt er,
h	*n ḥwꜣ.n=f*	nicht verwest er,
i	*n ḥtm.n=f*	nicht wird er vernichtet.

Sowohl das Brot als auch der Verstorbene selbst sollen von dem Schicksal der Verwesung bewahrt bleiben. Diese Gemeinsamkeit wird durch das beinahe einheitlich verwendete Verbum *ḫsḏ* ausgedrückt. Zur Unverweslichkeit des Toten s. auch § 34.

Aufbau

		7 Weckruf
	20 Spruch	
24		13 „Tausend“
	4 Schlußtext	4 Handlungen des Sohnes

[43] Offensichtlich soll der mineralische Leib vor Vergänglichkeit bewahren. Die Nennung von Gold in 108f läßt u. U. an eine Statue denken.

[44] Ergänzung nach *Pyr.* § 2244a.

[45] Eine Ergänzung nach *Pyr.* § 2244b ließe an *ḥꜥ=k* denken.

[46] Vermutlich eine Verschreibung der 2. Ps., vgl. *Pyr.* § 2244b.

Spruch 6

[67]B

1	e	*jꜣ N pn*	O N!
2	f	*sꜣ ṯw r š wr jr mwt.w*	Hüte dich vor dem Großen See, der zu den Toten gehört:
3	g	*nh=k sw ꜣb=k wꜣ.t r=f*	du sollst ihm entkommen und den Weg zu ihm meiden.
4	i	*jm=sn jṯj ṯw r pr bꜣ pf*	Sie sollen dich nicht zum Haus jenes Ba führen.
5	j	*jm=sn jr ḏꜣy.t r=k*	Sie sollen sich dir nicht widersetzen
6	285a	*m rn=sn n ḏꜣtj.w*	in ihrem Namen 'Widersetzliche'.
7	b	*jꜣ N pn jꜥb n=k wr.w*	O N, die Großen versammeln sich für dich,
8	c	*hꜣj n=k ꜥ.wj*	die Arme senken sich vor dir.[47]
9	d	*rw n=k rw.tjw*	Es tanzen für dich die Tänzer
10	e	*nw Ḥr.w nḏ-jtj=f*	des Horus, der für seinen Vater eintritt.
11	f	*jꜣwjj sṯ wr r=k*	O wahrlich(??[48]): Der Duft eines Großen ist an dir.
12	g	*jꜣ jmj šr.t sṯ Jẖ.t-wt.t*	O was in der Nase ist, ist der Duft der Ichet-Utet-Schlange.
13	h	*jꜣ N pn*	O N!
14	286a	*ḥwj.n=j n=k jt ꜣsẖ.n=j n=k bd.t*	Ich habe für dich Gerste geschlagen, ich habe für dich Emmer gemäht.
15	b	*jrj.n=j rnp.wt=k jm*	Ich habe damit deine Jahresfeste ausgerichtet,
16	c	*jrj.n=j ꜣbd.w=k jm*	ich habe damit deine Monatsfeste ausgerichtet,
17	d	*jrj.n=j smd.wt=k jm*	und ich habe damit deine Halbmonatsfeste ausgerichtet.[49]

47 In Verehrung.

48 Das Det. des „alten Mannes" steht nur bei T2C. Die Anrede *jꜣw* „Alter" wirkt jedoch im Kontext unwahrscheinlich. Näher liegt eine Ableitung von *jꜣw* „Lobpreis": „Gepriesener"?

49 Vgl. *CT* I.300g–i.

Erste Strophe: Warnung vor dem falschen Weg (Verse 1–6)

§ 18 Warnung vor dem falschen Weg

Der „Große See" gehört in den Motivkreis der Warnung vor dem falschen Weg.[50] Zu *Pyr.* § 334 s. oben (zu *Bꜣ pf*, § 4). In *Pyr.* § 872d heißt es (in SETHES Übersetzung) „Nun-Mann, Nun-Mann, hüte dich vor dem Großen See" (*nw nw sꜣ ṯw š wr*), in *Pyr.* § 885 „O N, rudere und erreiche, aber hüte dich vor dem Großen See" (*hꜣ N pw ḫn j.pḥ sꜣ ṯw š wr*); ähnlich *Pyr.* § 1752c (*jhj sꜣ ṯw š wr*). Besonders nahe kommt unserer Stelle *PT* [666B] = *Pyr.* § 1933a:

hꜣ N pw sꜣ ṯw š wr pw jr ꜣḫj.w	O Osiris N hier, hüte dich vor jenem Großen See, der zu den Verklärten gehört,
ḫns pw jr mwt.w	und jenem *ḫns*-Wasserlauf, der zu den Toten gehört.

Wir haben die Passage, die auch vom „Haus jenes Ba" handelt, oben zu Spruch 1 in extenso zitiert. Das Suffix *=sn* „sie" in unserem Text, das sich auf kein Nomen beziehen läßt, muß auf die „Menschen" verweisen, von denen in *PT* [666B] im Zusammenhang des *pr Bꜣ pf* die Rede ist.

Eine ganz besonders wichtige Rolle spielt das Thema in Spruch 25 (= *CT* [839]), dem letzten Spruch dieser Liturgie, der in B10C nur fragmentarisch erhalten ist, aber nach den späten Varr. in pBerlin 3057, pBM 10081 und pBM 10319 ergänzt werden kann.

jw=[ṯn] nṯr.w	Möget [ihr] kommen, Götter,
[sꜣw rḏ.w jtm nn] ḥwꜣ[w=f]	[bewacht den Ausfluß, daß er nicht] verwese![51]
dr bw.t nṯr.w jmj [š wr]	Vertreibt den Gottesabscheu im [Großen See]!
sꜣw ṯw r š wr	Hüte dich vor dem Großen See,
sꜣw ṯw r [bw.t jr mwt]	hüte dich vor dem [Abscheu bei den Toten],
[sꜣw ṯw r rḫs r] ꜣḫ.w	[hüte dich vor dem Gemetzel bei den] Verklärten,
sꜣw ṯw r rmṯ jpf	hüte dich vor jenen Menschen
ḥrj.w [ḏꜣḏꜣ.t pfj nt Bꜣ pwjj jꜣbt.t]	in [jenem Kollegium jenes östlichen Ba[52]],
[ḏw=sn jr=sn nn] nḏm=sn[53]	[- sie sind böse und nicht] angenehm -
nh=k sn[54] *[...]*	Mögest du ihnen entkommen, [...][55]
[s]ḫm=k r=sn m Rꜥ.w	Mögest du mächtig sein gegen sie als Re.
ꜣ[.t=]k [r=sn m Šw Tfnw].t	Möge deine Angriffswut [gegen sie sein als Schu und Tefnu]t.

[50] Vgl. SCHOTT, *Mythe und Mythenbildung*, 129 m. Anm. 2 und Komm. zu [50]. Ohne den Zusatz „Groß" wird vor dem See gewarnt in *Pyr.* § 136a *hꜣ N sꜣ k(w) š ḏd-mdw.w sp 4.*

[51] Lies wohl *sꜣw rdw tm=f ḥwꜣꜣ.*

[52] So nach pBM 10255, 10081. In pBerlin3057,xxiv.1 ist eine Lücke. In der *CT*-Fassung stand vermutlich *Bꜣ pf.*

[53] Vgl. DE BUCK notes *7–*8.

[54] Die Papyri lesen *nn nhp=k sn.*

[55] Längere Lücke, die sich mit der Papyrusfassung nicht in Einklang bringen läßt.

h3j=k r=k ḥr npr.t nt wj3 [w3ḏ]	Mögest du aber einsteigen auf dem Rand der [Grünen] Barke,
ẖnnw Rʿ.w jm=f jr 3ḫ.wt=f	mit der Re zu seinen Horizonten fährt.
wsjr N pn	Osiris N hier,
[ḫntj]=k jr=k r ḥ3.t wj3 pw n Rʿ.w	mögest du doch [stromauf fahren] am Bug jener Barke des Re,
h3jj=k jm=f Rʿ.w jsṯ	mögest du einsteigen in sie wie Re,
ḥmsj=k jm=f Rʿ.w jsṯ	mögest du sitzen in ihr wie Re,
šsp=k t=k jm Rʿ.w jsṯ	mögest du dein Brot darin empfangen wie Re,
ḥmsj=k jr=k ḥr ḫnd.w pw n Rʿ.w.	mögest du sitzen auf jenem Thron des Re.

Dem falschen Weg, vor dem hier gewarnt wird, und der mit den Stichwörtern „Großer See", bösen „Menschen" im „Kollegium" jenes „Ba" bzw. „östlichen Ba" charakterisiert wird, stellt dieser Spruch als den richtigen Weg den Einstieg in die Sonnenbarke und das Empfangen des Opferbrotes gegenüber. Der richtige Weg führt also sowohl in die Gemeinschaft des Sonnengottes als auch zum Empfang der Opfergabe.

Man fragt sich, bei welcher Reise dem Toten die Gefahr des falschen Weges droht: bei der Reise ins Jenseits oder umgekehrt bei der Reise aus dem Jenseits zurück zum Grab zur Entgegennahme der Opfergaben. Für die erste Möglichkeit scheint die Erwähnung der Sonnenbarke zu sprechen, womit man die in den Pyramidentexten häufig in diesem Zusammenhang vorkommenden Motive der Boten und der Anmeldung bei Re vergleichen kann, sowie die Szene der sitzenden und Brettspiel spielenden Götter in Spruch 1. Für die zweite Möglichkeit dagegen spricht die häufige Erwähnung von Opfer-Entgegennahme. Da nun die Opfer-Entgegennahme ihrerseits so oft als Himmelsaufstieg und Gemeinschaft mit dem Sonnengott ausgedeutet wird, möchte ich der zweiten Möglichkeit den Vorzug geben. Das heißt, der Verstorbene wird bereits im Jenseits vorgestellt, und der Weg, den er zurücklegen und bei dem er die ihm beim „Großen See" drohenden Gefahren vermeiden soll, ist der Weg aus dem Jenseits zur Opferstelle. Nur so ist der typische Zusammenhang dieses Motivkreises mit den Motiven des Opferempfangs zu verstehen.

Zweite Strophe

Erste Versgruppe: Gesten für N (Verse 7–10)

§ 19 Gesten

Vgl. *PT* [373] = *Pyr.* §656e:

jʿb n=k wr.w	Die Großen versammeln sich für dich,
ʿḥʿ n=k wrš.w	es stehen auf vor dir die Wächter.

Zum gleichen Spruch ergeben sich weiter unten noch mehr Parallelen.

*1916c–d:

šsp=k ꜥ j.ḫmw-sk	Du ergreifst die Hand der Unvergänglichen,
jꜥb n=k wr.w	die Großen versammeln sich für dich,
ꜥḥꜥ n=k wrš.w	die Wächter stehen auf vor dir
Ḥr.w js nḏ jtj=f	wie vor Horus, der für seinen Vater eintritt.

Den Ausdruck „die Arme gehen herab vor dir“ kann ich sonst nicht belegen. Vielleicht handelt es sich um den bekannten Ehrfurchtsgestus, bei dem die Hände flach ausgestreckt vorn auf den Schurz gelegt werden.[56] SZ.1 Spruch 8, Vers 12 beschreibt diesen Gestus so:

ḏj.t n=k jrj.w-ꜥꜣ.w ꜥ.wj=sn tp rd.wj=sn	Es legen für dich die Türhüter ihre Arme auf ihre Beine.

Tanz ist im Zusammenhang von Empfang und Huldigung öfter belegt. Vgl. *Pyr.* §*863b, 884a *rḏj n=k ꜥ.wj hꜣ n=k rw.t* „Hände werden dir gereicht, Tanz steigt zu dir herab“; *CT* [516] = V.106c *rw n=k rdwj ḏꜣ n=k ꜥ.wj* „Die Füße tanzen für dich, die Arme strecken sich nach dir aus(?)“. Vgl. auch Spruch 21.

Zweite Versgruppe: Wohlgeruch (Verse 11–12)

§20 Der Duft der Ichet-Utet

Die Verse erinnern an zwei leider auch nicht ganz klare Stellen:

1) *Pyr.* §1915g/1915h (ed. Faulkner) = *Pyr.* §1917d–e (ed. Allen):

jꜣ wr jr=k sṯ wr jr=k	O, Großes ist an dir (??), der Duft eines Großen ist an dir,
jꜣm n šr.t=(k) sṯ Jḫ.t-wt.t[57]	angenehm für (deine) Nase ist der Duft der Ichet-Utet.

2) *Pyr.* §1729–b:

jꜣjw jr=k ꜣ wr jr=k	Lobpreis ist an dir, …[58], Großes ist an dir.
jꜣ.tj šr.t=k ḥr sṯ Jḫ.t-wt.t	Du bist gepriesen, deine Nase ist über dem Duft der Ichet-Utet.

In diesen Stellen kehren die Stichworte *jꜣ*, *wr*, *šr.t* und *Jḫ.t-wt.t* wieder; es handelt sich vermutlich um Varianten derselben Formel.

[56] S. dazu Dominicus, *Gesten und Gebärden*, 21–25. Vgl. die Abb. 2–7.

[57] *Pyr.* §791a hat *jꜣm n šr.t=k ḥr sṯ Jḫ.t-wt.t.*

[58] Faulkner: „the Great Vulture is on you“.

Vom „Duft der Ichet-Utet“ ist die Rede in *Pyr.* § 1503a *ṯs tp=f jn Rꜥ.w sṯ=f m Jḫ.t-wt.t* „sein Kopf wird erhoben durch Re, sein Duft ist Ichet-Utet“.

Dieses Motiv des Wohlgeruchs kehrt in *CT* [69] = I.294b–e wieder.

In *PT* [221] = § 198b–c[59] ist es die *Jḫ.t-Wt.t* als Krone zusammen mit *Jḫ.t-Wr.t*, die den König schmückt (*sẖkr*) und gebiert (*msj*).

Pyr. § 2068a	*sṯ (J)ḫ.t-wt.t jr N pn*	Der Duft der Ichet-Utet ist an diesem N.
Pyr. § 2110a–b	*n šnj N pn jn tꜣ*	Nicht soll N durch die Erde verflucht werden
	n šnj (J)ḫ.t-wt.t jn tꜣ	und nicht soll Ichet-Utet durch die Erde verflucht werden.

Wie Sethe, *ÜK* I, 113f zeigen konnte, besteht der Name der *Jḫ.t-wt.t* aus den Bestandteilen *jḫ.t*, Sache und *wt.t*, Schlange[60]. Bildungen dieser Art sind ebenfalls in den Namen der Göttinnen *Rnn-wt.t*, *Sṯj-wt.t* sowie *Ḥḏ.t-wt.t* vertreten, woraus geschlossen werden kann, daß das charakterbildende Element jeweils im ersten Namensbestandteil wiedergegeben ist[61].

Es fällt anhand der zitierten Belege auf, daß *Jḫ.t-wt.t* ausschließlich in unmittelbarem Zusammenhang mit dem König bzw. dem Verstorbenen vorkommt. Dabei ist das gemeinsame Thema die Wiedergeburt des Toten, die mit dem (Wohl-)Geruch der *Jḫ.t-wt.t* einhergeht. Möglicherweise liegt hier das bereits seit der Frühzeit[62] belegte Bedürfnis zugrunde, sich zu Lebzeiten mit Wohlgerüchen zu umgeben. Damit dieser Zustand nach dem Tode anhält, ist *Jḫ.t-wt.t* bei der Wiederbelebung maßgeblich beteiligt, indem sie dem Wiedererstandenen ihren Schmuck angedeihen läßt (*Pyr.* § 198b–c).

Schlußtext (Verse 13–17)

§ 21 Anbauen, Dreschen und Mähen

Der Schlußtext entspricht weitgehend dem Schlußtext von *PT* [373], in dem schon 285b „Für dich versammeln sich die Großen“ eine Parallele hatte. Vgl. § 657a–c:

ḥwj<=j> n=k jt	<Ich> dresche für dich Gerste,
ꜣsḫ<=j> n=k bd.t	<ich> mähe für dich Emmer.
jrj.n<=j> tpj.w ꜣbdw=k jm	<Ich> habe deine deine Monatsfeste damit ausgerichtet,
jrj.n<=j> tpj.w smd.wt=k jm	<ich> habe deine Halbmonatsfeste damit ausgerichtet.

59 Die Verklärungstexte *PT* [220]–[221] haben eine Parallele im Grab des Senenmut, s. CT.4 Spruch 7 (n., Kap. 5); Dorman, *a.a.O.*, 103f, Taf. 62f, S3 (Mitte).

60 Wb I, 378,4. Zur These, *wt.t* sei ein Synonym zu *Wr.t* s. Sethe, *ÜK* I, 114.

61 Zu einer Umdeutung von *Wt.t* „Schlange“ in *wt.t*, „gebären“ (Wb I, 381,10), s. Sethe, *a.a.O.*

62 Kaplony, *Inschriften* I, 311ff.

Bei den ersten beiden Versen handelt es sich um die von SETHE „Breviloquenz“ genannte Stilform[63], bei der zwei Verben und zwei Objekte so miteinander verbunden sind, daß jedes Verb beide Objekte regiert, aber nur jeweils eines genannt wird: *ḥwj n=k jt ꜣsḫ n=k bd.t* (*ꜣsḫ n=k bd.t ḥwj n=k jt*). Die Formel kommt sowohl mit *ḥwj* und *zḫ*, als auch mit *skꜣ* („anbauen“) und *ꜣsḫ* vor.[64] SETHE und FAULKNER übersetzen die Formen passivisch („gedroschen wird für dich …“), aber zur Form des Schlußtexts gehört die 1. Ps. des Sprechers.

PT [461] = *Pyr.* §873c–874b:

wn n=k ꜥꜣ.wj p.t	Die Türflügel des Himmels öffnen sich für dich,
jsn n=k ꜥꜣ.wj qbḥ.w	Die Türflügel des Kühlen tun sich auf vor dir,
jṯj=k ḥp.t r sḫ.t jꜣr.w	auf daß du ergreifst das Ruder zum Binsengefilde,
skꜣ=k jt ꜣsḫ=k bd.t	damit du Gerste anbaust und Emmer erntest,
jrj=k rnp.wt=k jm mr Ḥr.w sꜣ Jtm.w	damit du deinen Unterhalt damit bestreitest wie Horus, der Sohn des Atum.

Vgl. ferner die folgenden Stellen aus den Pyramidentexten:

§1748b	*skꜣ nj jt ꜣsḫ nj bd.t*	Ich habe Gerste angebaut, ich habe Emmer geerntet,
§1748c	*jrj.n=j n ḥꜣb.w=k jm*	ich habe damit für deinen Festbedarf gehandelt,
	jrjw.n n=k Ḫntj jmn.tjw	den dir Chontamenti bereitet hat.
§*1939a	*ꜣsḫ.n<=j> jtj n wꜣg=k*	Ich habe Gerste geerntet für dein Wag-Fest und Emmer
	bd.t n rnp.wt=k	für deine Jahresfeste.
§*1953a	*ḥ.n<=j> jtj ꜣsḫ.n<=j> bd.t*	Ich habe Gerste gedroschen, ich habe Emmer geerntet,
	jrj.n<=j> rnp.wt=k jm	ich habe deine Jahresfeste damit ausgerichtet.
§*2131a	*skꜣ.n<=j> jt ꜣsḫ.n<=j> bd.t*	Ich habe Gerste angebaut, ich habe Emmer geerntet,
	jrj.t n<=j> n rnp.wt=k	was ich gemacht habe für deine Jahresfeste.

Vgl. auch CT.4 Spruch 17.

[63] Vgl. SETHE, *ÜK* IV, 139f.
[64] Belege bei SETHE, *ÜK* III, 206 und IV, 139f.

Aufbau

		6	6 Hüte dich (Distanzierung)
	12 Spruch		
			4 Riten für die Toten
17		6	2 Wohlgeruch
	5 Schlußtext		Handlungen des Sohnes

Spruch 7

[67]C

1	286e	*jꜣ N pn*	O N!
2	f	*šm=k pw ꜣḫ.tj sḫm.tj*	Dein (Fort-)Gehen ist, indem du verklärt und *sḫm*-mächtig bist,
3	g–h	*Ḫntj-jmn.tjw js Wsjr js*	als Vorderster der Westlichen, als Osiris,
4	i	*stj Mnw js*	als Stellvertreter des Min.
5	j	*hꜣ wsjr N pn*	He, Osiris N!
6	287a	*n mwt.n=k js mwt.tj*	Nicht indem du tot bist, bist du gestorben,[65]
7	c	*wrš.n=k wrš.tj*	du hast den Tag vollbracht, indem du gewacht hast,
8	d	*wr wrš ꜥꜣ sḏr*	Großer an Wachsamkeit, Gewaltiger an Schlaf,
9	e	*bꜣn.n=k m rn=k pw Bꜣ*[66]	du schlummertest in deinem Namen: 'Ba'.
10	f	*n rḏj bꜣn=k m rn=k Bnw*	Ich werde nicht zulassen, daß du schläfst in deinem Namen Phönix.
11	g	*ṯs ṯw m rn=k m ṯs.w*	Erhebe dich in deinem Namen 'Sich-Erheber',
12	h	*ꜥḥꜥ r=k m rn=k m ꜥḥꜥw*	steh auf in deinem Namen 'Stehender'!
13	i	*šsp n=k tp=k*	Empfange dir deinen Kopf,
14	288a	*wꜣḏ-jb n=k*	Freude werde dir zuteil.

[65] Nur Sq3C fügt hinzu:
b *n rḏj=j mwt=ṯ mwtt* „und nicht werde ich veranlassen, daß du den Tod stirbst."

[66] Nur T9C und B10C haben die zweifellos richtige Lesung *bꜣn* „schlummern". Das sind auch die einzigen Varr., die *Bꜣ* als Namen angeben. Die anderen haben *bn* „erzeugen", „aufquellen" o. ä., und als Namen *Bnw* „Phönix".

15	b	*wꜥb=k m fd.wt jpt.w nms.wt*[67]	Reinige dich mit diesen vier Wasserkrügen,
16	c	*wꜥb.t.n Ḥr.wj jm=sn*	mit denen sich die beiden Horusse gereinigt haben,
17	d–e	*sḫt=sn ḏr=sn r nṯr.w*	als sie ihre Grenze flochten gegen die Götter,
18	f	*sḫt=sn ḏr=sn r ꜥnḫ.w*	als sie ihre Grenze flochten gegen die Lebenden,
19	g	*sḫt=sn ḏr=sn r mwt.w*	und als sie ihre Grenze flochten gegen die Toten.
20	h	*wḏꜥ sꜣr.w=k Ḥr.w jmj pr=f js*	Trenne ab deine Binden wie Horus-der-in-seinem-Haus-ist!
21	289a	*sḫn mḏ.wt=k Stẖ Ḥn.t js*	Löse (?)[68] deine Fesseln wie Seth von *Ḥn(b)t*!
22	b	*sn qd=k r sꜣb*	Deine Art gleicht der eines Schakals.
23	c	*tp rmn.wj=f mjꜣs.w Ḏḥwtj*	Was auf seinen Schultern ist, sind die *mjꜣsw*-Federn[69] des Thot.
24		*mjs.t=f snb.t tp ḥw.t*[70]	seine Leber(?[71]) ist die Wehrmauer[72] auf dem Haus.

Erste Strophe

Erste Versgruppe: Gehen (Verse 1–4)

Zum Thema „Gehen“, s. oben § 10 zu Spruch 3, *CT* [65]. Mit den Worten *šm=k pw* wird sonst immer eine Gleichsetzung eingeleitet, vgl. z. B. *PT* [424] = § 768ab *hꜣ N pw šm=k pw šmj.wt=k jpt.w šm pw pw n Ḥr.w m šm=f pw m šmj.wt=f jpt.w* „O

[67] T2C: *ꜥꜣb.wt*; T1C: *nms.wt ꜥꜣb.wt*; T9C, Sq3C, B10C: *nms.wt*.

[68] Vielleicht *sḫn* „zerstören“ (von Bauwerken)? *sšn* „weben“ hat den gegenteiligen Sinn des hier offenbar Gemeinten.

[69] Die Bedeutung von *mjꜣsw* ist nicht eindeutig rekonstruierbar. Nach Angabe von *Pyr.* § 1560 wird dieses Wort synonym für ‘Federn’ verwendet, die sich jeweils auf den Schultern des Horus (*Pyr.* § 1560c) bzw. des Thot befinden (*Pyr.* § 1999c). Wb II, 42,11.

[70] Wb II, 418,8 spricht von der Schulter als der Stelle, an der die Krone sitzt.

[71] T2C: *šsjjt*. T1C liest *mrs.t*, T9C, Sq3C und B10C *mjs.t*, vgl. Wb II, 44,11–14: „Leber(?)“. Hierzu will allerdings das Tierdeterminativ (Gazellen?) in T9C, Sq3C und B10C nicht passen. Lt. Wb III, 400,3 handelt es sich bei *ẖsy.t* neben Öl und Weihrauch um einen aus Punt stammenden Importartikel. In der Spätzeit ist *ẖs.tj* als Beiname des Osiris belegt (Wb III., 399,2, 400,14). Zur Lautverschiebung von *š* zu *ẖ* s. EDEL, *Altäg. Gramm.*, § 120.

[72] Vgl. dazu *Pyr.* § 1953b–1955b.

N hier, jenes dein Gehen, jene deine Gänge sind jenes Gehen des Horus bei jenem seinem Gehen, in jenen seinen Gängen ...". Hier scheint die beabsichtigte Gleichsetzung - die „Zielgestalt" des Toten - in den Formeln „Göttername + *js*" zum Ausdruck zu kommen.

Der Verstorbene wird in diesen Sprüchen als ein Abwesender vorgestellt, den es herbeizurufen gilt. Seine Abwesenheit muß begründet werden, um rituell bearbeitet, d.h. zum Zwecke des Opferempfangs rückgängig gemacht werden zu können. Der Verstorbene ist nicht einfach auf Nimmerwiedersehen verschwunden. Sondern er ist fortgegangen, um in einen Status überzugehen, der es ihm erlaubt, mit den Lebenden kultischen Kontakt aufzunehmen.

Zweite Versgruppe: Schlafen und Wachen (Verse 5–10)

§22 Lebendiger Tod

Der erste Vers ist eine Variante des vielzitierten Anfangs von Spruch *PT* [213]:

h3 N nj šm.n=k js mwt.tj	O Osiris N, nicht indem du tot bist, bist du gegangen,
šm.n=k ʿnḫ.tj	sondern indem du lebst, bist du gegangen.

Vgl. auch *CT* [821] = VII.22:

i	*h3 [N] šm.n=k ʿnḫ=k*	O, [N]! Gegangen bist du indem/damit du lebst,
j	*n šm[.n]=k [js mw]t=k*	du bist nicht davongegangen, indem/damit du [tot bist][73].

CT [833] = VII.34:

l	*wsjr N pn šm=k ʿnḫ=k*	Osiris, N! Du sollst gehen, indem/damit du lebst,
m	*n šm=k js mwt=k*	nicht sollst du gehen, indem/damit du stirbst.

Aber während es sinnvoll ist, zu sagen „Nicht indem du tot bist, bist du gegangen", ist die Aussage „nicht indem du tot bist, bist du gestorben" paradox. Man kann zwar zugeben, daß der Tote gegangen ist, aber man bestreitet, daß er als Toter ging. Man kann schlecht zugeben, daß er gestorben ist, und gleichzeitig bestreiten, daß er als Toter starb. Wer stirbt, ist tot. Die Paradoxie ist zweifellos beabsichtigt und ist dahingehend aufzulösen, daß *mwt* jeweils eine andere Sinn-Nuance besitzt: „Du bist zwar gestorben (d.h., aus dem diesseitigen Leben geschieden), aber nicht, indem du (endgültig) tot bist".

Der unserem Spruch in vieler Hinsicht nahestehende *PT*-Spruch [373] schließt mit dem Satz:

ṯs ṯw N pw nj mjjt=k/mt=k	Erhebe dich, N: Du bist nicht tot!

[73] *mw.t=k* ist circumstantiell, wörtl. vielleicht: „Nicht (ist es der Fall), und zwar, indem du tot fortgegangen bist". Vgl. *CT* I.187e/B12C.

Vgl. damit auch den refrainartigen „Weckruf“ in CT.2 (*CT* [44] = I.190a; *CT* [47B] = I.211c; *CT* [48] = I.213f; *CT* [54] = I.244j; vgl. auch *CT* [51] = I.233e, 237c; *CT* [53] = I.240d).

§ 23 Schlaf

Das Thema „Schlaf“ gehört ebenfalls in den Zusammenhang der Maßnahmen, den leblosen Zustand des Verstorbenen so zu beschreiben, daß er einer kultischen Kontaktaufnahme zugänglich wird. In aller Regel knüpft sich, wie in unserem Spruch, an die Beschreibung des Schlafenden die Aufforderung, aufzuwachen oder aufzustehen. Eine fast wörtliche Parallele zu 287d findet sich in *CT* [764] = VI.393q–394a:

wṯs ṯw wr r wrš	Erhebe dich, der du zu groß bist, um den Tag zu verbringen,
ꜥꜣ r sḏr	und zu gewaltig, um die Nacht zu verbringen.

Das Wort *jbꜣn* (Wb I, 62), wohl als *bꜣn*+Vorschlags-*j* zu verstehen, kommt überhaupt nur im Zusammenhang dieses Themas und in formelhaft erstarrten Wendungen (fast immer mit *r=f*) vor. Als Determinativ kommt ein Kreis vor, den FAULKNER, *AECT* II, 147 als geschlossene Pupille deutet. Von daher scheint eine etymologische Beziehung zu *bn* „Kugel, Pupille“ nahezuliegen.

Vgl. auch Spruch 24.

PT [413] ist ein Libationsspruch, der mit der Aufforderung: „Steh auf! Du hast dein Wasser etc.“ beginnt und in § 735a–b fortfährt:

sḏr r=f wr pn j.bꜣn r=f	Dieser Große verbringt die Nacht schlummernd.
j.rs N ṯs ṯw šsp n=k tp=k	Wach auf, N, erhebe dich, empfange dir deinen Kopf etc.

PT [468] beginnt mit dem Thema (*Pyr.* §§ 894–5):

wrš wr pn ẖr kꜣ=f	Dieser Große verbringt den Tag mit seinem Ka,
j.bꜣn r=f wr pn ẖr kꜣ=f	indem dieser Große schlummert mit seinem Ka.
wrš N pn ẖr kꜣ=f	N hier verbringt den Tag mit seinem Ka,
j.bꜣn r=f N pn ẖr kꜣ=f	indem N hier schlummert mit seinem Ka.
rs wr pn rs N pn	Dieser Große soll erwachen, N hier soll erwachen,
rs nṯr.w nḥs sḫm.w	die Götter sollen erwachen und die Mächte sollen sich ermuntern.
hꜣ N pn ṯs ṯw ꜥḥꜥ	O N hier, erhebe dich, steh auf!

FAULKNER charakterisiert diesen Spruch etwas ratlos als „a collection of short spells“. Davon kann keine Rede sein. Der Spruch beginnt mit dem oben zitierten Weckruf an den Schlafenden und endet folgerichtig mit einem Schlußtext, in dem sich der Sprecher als Thot vorstellt und das Totenopfer (*ḥtp-ḏj-nsw.t*) überreicht.

Auch *PT* [665] beginnt mit Weckrufen an den schlafenden N, darunter §1901a–e[74]:

hꜣ N pw jꜥw qdd ḥr w bꜣn	O N hier, steige auf, du Schläfer! Sei bereit, du Schlummernder!
ꜥḥꜥ n=k wr.w ḥmsj n=k wrš.w	Die Großen stehen auf vor dir, die Wächter setzen sich nieder vor dir
Ḥr.w js nḏ jtj=f	als Horus, der für seinen Vater eintritt.
sṯ ḫt jmꜣ n ṯw šr.t	Der Duft der Ichet-Utet ist angenehm für die Nase,
sṯ ḫt N pw jmꜣ n ṯw šr.t	Der Duft dieses N (?) ist angenehm für die Nase.

PT [665]C = *Pyr.* §§1915f–h Var. *PT* [716] = *Pyr.* §§2224b–e:

jꜥb n=k wr.w	Die Großen versammeln sich bei dir,
ꜥḥꜥ n=k wrš.w	die Wächter erheben sich vor dir.
hꜣ N pw wr.w qdd ꜥꜣ.w sḏr	O N, groß an Müdigkeit, gewaltig an Schlaf!
sḏr r=f wr pn j.bꜣn r=f	Es verbringt aber dieser Große die Nacht, indem er schlummert.
j.rs ṯs ṯw	Wach auf, erhebe dich!
jꜣj wr jr=k sṯ wr jr=k	O, Großes ist an dir, der Duft eines Großen ist an dir,
jꜣm n šr.t=k sṯ n Jḫ.t-wt.t	angenehm für deine Nase ist der Duft der Ichet-Utet!

CT [516] = VI.103b–e:

wrš j.bꜣn r=f	Er verbringt den Tag, indem er schlummert,
wrš N pn j.bꜣn r=f	es verbringt dieser N den Tag, indem er schlummert
ḥr gs=f jꜣb j.bꜣn r=f	auf seiner linken Seite, indem er schlummert.
hꜣ N pw ṯs ṯw r wr.w jr=k	O jener N, erhebe dich gegenüber denen, die größer sind als du!

Zweite Strophe

Erste Versgruppe: Weckruf (Verse 11–14)

Die Aufforderung, sich zu erheben, gehört zur vorhergehenden Charakteristik als Schlafender, ebenso die Aufforderung, den Kopf zu empfangen, die in den Motivkreis der Gliedervereinigung gehört. In *PT* [413] und [665]D folgt auf das Schlafmotiv die Aufforderung zur Gliedervereinigung. In *PT* [468] folgt auf die Schlafbeschreibung und die Weckrufe die Aufforderung „nimm dir dein Gesicht eines Schakals“ (vgl. *CT* VI.103g, ebenfalls nach Schlaf und Weckruf).

[74] Nach ALLEN, *Inflection of the Verb*, 687.

§24 Der Ritus „Reinigung mit den vier *nms.t*-Krügen"

PT [510] = *Pyr.* §1140a hat *wꜥb=j m fd.t=j jpt.w nms.wt* „ich reinige mich mit jenen meinen vier Nemset-Krügen", im Kontext der Themen Öffnung, Teilnahme am Sonnenlauf, Himmelsaufstieg.[75]

PT [515] = *Pyr.* §1180c nennt *ẖsf.t jm=f ḥnꜥ fd.t=s jpt.w nms.wt* (die *Qbḥw*-Schlange, die Tochter des Anubis), „die ihm begegnete mit jenen ihren vier Nemset-Krügen", im Kontext der Themen Überfahrt, Gemeinschaft mit Re, und Nahrung.

Zum Motiv der Begrüßung mit vier *nms.t* vgl. auch *PT* [508] = *Pyr.* §1116b (Satis hat mich gereinigt) *m fd.t=s ꜥꜣb.wt m ꜣbw* „mit ihren vier *ꜥꜣb.wt*-Krügen aus Elephantine", im Kontext des Themas Himmelsaufstieg und Begrüßung durch Geb.

PT [536] = *Pyr.* §1293b *wꜥb.tj m fd.t=k nms.wt fd.t=k ꜥꜣb.wt* „du bist gereinigt mit jenen deinen vier Nemset-Krügen und vier *ꜥꜣb.t*-Krügen", im Kontext eines eindeutigen Libationsspruchs (*mw=k n=k bꜥḥ=k n=k*) mit den Themen Öffnung, Thron, Herrschaft, Gemeinschaft mit Geb. In Spruch *PT* [676], einer Variante von *PT* [536], ist sogar von acht Krügen die Rede:

PT [676] = *Pyr.* §2012c *wꜥb.t=k m ḫmn.t=k nms.wt ḫmn.t ꜥꜣb.wt prj.t m ꜥḥ-nṯr* (Anubis hat befohlen), „daß du gereinigt werdest mit jenen deinen acht *nms.t*-Krügen und acht *ꜥꜣb.t*-Krügen, die aus dem Gottespalast kommen". Derselbe thematische Kontext wie *PT* [536].

PT [553] = *Pyr.* §1365a *wꜥb=k m fd.t=k nms.wt jpt.w* „mögest du dich reinigen mit jenen deinen vier *nms.t*-Krügen", im Kontext sehr ähnlicher Themen wie *PT* [536] (Öffnung, eherner Thron, Geb).

PT [665] = *Pyr.* §*1902b *šsp n=k fd.t=k jpt.w nms.wt ꜥḥb.t n=k m mr-nṯr* „empfange für dich jene deine vier *nms.t*-Krüge, die für dich gefüllt wurden aus dem Gotteskanal", im Kontext der Themen Schlafen und Erwachen, Duft der Ichet-Utet-Schlange, Königsreise, Lösung der Fesseln usw., wie sie auch in der vorliegenden Liturgie vorkommen.

Vier *ꜥꜣb.t*-Krüge:

PT [666] = *Pyr.* §*1919b *šsp n=k ꜥbw=k pw fd.t=k jpt.w ꜥꜣb.wt ꜥḥb.t m mr-nṯr.w* „Empfange für dich diese deine Reinigung, jene deine vier *ꜥꜣb.t*-Krüge, gefüllt aus dem Gotteskanal", im Kontext der Themen Gliedervereinigung, Krönung, Erscheinung als Sonnenauge und Einzelstern.

PT [512] = *Pyr.* §1164b *šsp n=k fd.t=k jpt.w nms.wt ꜥꜣb.wt* „Empfange für dich jene deine vier *nms.t*-Krüge und *ꜥꜣb.t*-Krüge", im Kontext der Themen Begrüßung durch Anubis, Reinigung im Schakalsee, Himmelsüberfahrt zum Binsengefilde, eherner Thron und Herrschaft.

[75] Spruch [510] wird von Faulkner als ein „miscellany of spells" bezeichnet.

Zur Darstellung von *nms.t*-Krügen in Gerätefriesen s. SETTGAST, *Bestattungsdarstellungen*, 10, 13 Abb. 3. Im Grab des Mereruka werden *nms.t*-Krüge als Inventar des Reinigungszelts (*jbw*) dargestellt.[76]

Im Mundöffnungsritual kommen zwei verschiedene Riten mit dem *nms.t*-Krug vor. Szene 2 ist eine „Reinigung aus den *nms.t*-Krügen“[77] und Szene 62 ist eine „Huldigung mit dem *nms.t*-Krug“.[78] Letztere Szene ist seit dem NR auch im Tempelkult sehr oft belegt. Obwohl dieser Ritus „Huldigung mit dem Nemset-Krug“ mit NELSON[79] sorgfältig zu unterscheiden ist vom Ritus „Reinigung mit den vier Nemset-Krügen“ im Totenkult, ist es doch sicher kein Zufall, daß auch er genau wie Spruch 2 im Mundöffnungsritual mit den Worten beginnt: *mn n=k tp=k* „nimm dir deinen Kopf“,[80] vgl. damit die Aufforderung *šzp n=k tp=k* in unserem Text. Die Reinigung wird als Gliedervereinigung ausgedeutet. In Darstellungen des NR wird der Ritus von vier Priestern ausgeübt.[81]

Der mythische Präzedenzfall mit den beiden Horussen oder Falken wird, soweit ich sehen kann, sonst nicht erwähnt.

Das „Flechten der Grenze“ gehört offenbar in den Kontext des Themas „Distanzierung“, das sonst vor allem in „Warnungen vor dem falschen Weg“ begegnet.

Dritte Versgruppe: Lösung (Verse 20–21)

Vgl. *PT* [665] = *Pyr.* §* 1904a–b:

wḥꜥ n=k sꜣr.w=k Ḥr.w js jm pr=f	Löse dir deine Binden wie Horus in seinem Hause,
sšm n=k md̲.wt=k Stš/nt̲r js jm Ḥnt	wirf ab(?) deine Fesseln wie Seth in *Ḥnt*.

In diesem mehrfach zitierten *PT*-Spruch geht ebenfalls die Entgegennahme von vier *nms.t*-Krügen voraus, vgl. auch oben, Spruch 1 §2 zur sakramentalen Ausdeutung der Wassergabe als Lösung von Fesseln, sowie Spruch 25.

Vierte Versgruppe: Zielgestalt (Verse 22–24)

§ 25 Mischgestalten mit Schakalskopf

Der Spruch schließt mit einer Gestaltbeschreibung des Toten als Schakal. In den Pyramidentexten gilt die Schakalsgestalt oder die schakalsköpfige Menschen-

[76] Vgl. DUELL, *Mereruka* II, Taf. 130c.
[77] Vgl. OTTO, *Mundöffnungsritual* II, 37–39.
[78] Vgl. OTTO, *a.a.O.*, 139–143.
[79] Vgl. NELSON, *Ritual of Amenophis I.*, 216.
[80] Vgl. OTTO, *a.a.O.*, 139.
[81] Vgl. TT 41 ed. ASSMANN, *Amenemope*, Sz. 11, S. 32 f. Taf. 18; TT 51 ed. DAVIES, *Two Ramesside Tombs*, Taf. 9. Vgl. zum Ritus ALTENMÜLLER, *Reinigungsriten*, 75 ff.; SCHOTT, *Reinigung Pharaos*, 84–88.

gestalt als die Form, in der der Tote das Opfer entgegennehmen soll. Man hat den Eindruck, daß es sich um eine sakramentale Ausdeutung der Statue oder vielleicht auch allgemeiner der Kultstelle handelt, der der Tote für den Vorgang der Opferung einwohnen soll.

Hier ist offenbar an eine Mischgestalt aus Schakal und Vogel gedacht, wie in *PT* [666]A, wo der Tote als *wpjw*-Schakal aus den geöffneten Himmelstoren hervortritt, vgl. *Pyr.* §*1919b–c:

prj=k jm=sn m Wpjw	Daß du aus ihnen hervortretest als *Wpjw*,
mjs.wt tp.t rmn.wj=k m Ḏḥwtj	indem die *mjswt*[82] auf deinen Schultern Thot ist,
mds prj(.w) m Stš	das Messer, das aus Seth hervorging.[83]

und *PT* [721] = *Pyr.* §2241c = *CT* [516] = VI.103g–h:

ḥr=k m sꜣb	Dein Gesicht ist das eines Schakals
Jnpw js št jm	wie Anubis; sei bedeckt damit.
mjꜣs.w ꜥn.wt tp.t ḏbꜥ.w=k	Die Spitzen der Nägel an deinen Fingern
m mjꜣs.w tpj.w ḏbꜥ.w Ḏḥwtj	sind die Spitzen an den Fingern des Thot.[84]

Eine Mischgestalt aus Schakal und Falke soll der Tote annehmen in *PT* [459] = *Pyr.* §865b:

ḥꜣ.t=k m sꜣb pḥ=k m bjk	Dein Vorderteil ist ein Schakal, dein Hinterteil ist ein Falke (Herrschaftsgestalt auf dem ehernen Thron).

PT [524] = *Pyr.* §1235a–b:

ḥr n N pn m sꜣb	Das Gesicht dieses N ist das eines Schakals,
ꜥ.wjj N pn m bjk	die Arme dieses N sind die eines Falken,
tp.t ḏnḥ.wj N pn m Ḏḥwtj	die Flügelfedern sind die des Thot.

Das bezieht sich auf die Gestalt, in der der Tote zum Himmel aufsteigt.
Zu den *mjꜣsw* des Thot vgl. *Pyr.* §1560c:

šw.t tp.t rmn.wj=f m mjꜣs.w	Die Federn auf seinen Schultern sind Stacheln.

Der letzte Satz ist sicher so nicht richtig. Das Suffix *=f* bezieht sich weiterhin auf *sꜣb* „Schakal", der Inhalt muß eine Gleichsetzung parallel zur vorhergehenden sein:

sein *tp-rmn* = *mjꜣs.w* des Thot
sein *mjs.t* = *snb.t tp ḥw.t.*

82 Geschrieben wie die *msz.wt*-Krone; gemeint sind aber sicher dieselben *mjꜣs.w*-Stacheln wie in unserem Text.

83 Vgl. hierzu *Pyr.* §1906.

84 Vgl. hierzu *PT* [674] Ende = *Pyr.* §1999.

Aufbau

24	14 Aufbruch	4 Gehen 6 Erweckung 4 Erhebe dich
	10 Reinigung	5 Reinigung und Distanzierung 2 Lösung 3 Zielgestalt

Spruch 8

[68]
BARGUET, *Textes des sarcophages,* 115
FAULKNER, *AECT* I, 65

1	289d	*jꜣ N pn*	O N hier!
2	e–f	*ꜥḥꜥ=k r=k r ꜥꜣ.wj ḫsf.wj rḫy.t*	Tritt vor die beiden Türflügel hin, die das Volk abwehren.
3	g–290a	*prj.n=k jrj ḥw.tj Ḫntj-mnj.t=f*	Möge zu dir herauskommen der Wächter der beiden Häuser, Chenti-menitef,
4	b	*sbꜣ pw wꜥ nn sn.wj=f*	du einzelner Stern ohne seinesgleichen.
5	c	*jꜣ N pn*	O N!
6	d	*ꜥḥꜥ=k r=k r jtr.tj*	Mögest du (als Herrscher) aufstehen vor den beiden *jtr.t*-Kapellen,
7	e	*ḏbꜣ ṯw mw.t=k Šsꜣ.t*	deine Mutter Schesat wird dich bekleiden,
8	f	*mdw n=k mnj.t wr.t*	der 'Große Landepflock' (Isis) wird zu dir sprechen.
9	g	*sqr n=k rd m wꜣḏ-wr*	Eine Treppe werde dir 'geschlagen' im 'Großen Grünen',
10	h–291a	*ḫr n=k ḫꜣ.tjw ḥr ḥr=sn*	die *ḫꜣ.tjw* sollen vor dir auf ihr Gesicht fallen
11	b	*ksj n=k jḫm-sk*	und die Zirkumpolarsterne sollen sich vor dir verneigen.
12	c	*jꜣ N pn*	O N hier!
13	d	*ꜥḥꜥ=k r=k r=sn mks=k ḥr rmn=k*	Tritt vor sie hin, dein *mks*-Szepter geschultert,
14	e	*ḥwj ꜥ=k r=sn*	schlage deinen Arm gegen sie,

15	f	*ḫr=sn n=k m š-wr*	und sie werden wegen dir in den Großen See fallen!
16	291 g	*t=k bꜥḥ ḥnq.t=k bꜥḥ*	Dein Brot ist die Überschwemmung und dein Bier ist die Überschwemmung,
17	h	*rḏw prj m Wsjr*	der Ausfluß, der aus Osiris kommt.
18	i	*N pn ṯs ṯw ꜥḥꜥ r=k*	N, erhebe dich und tritt vor!
19	j	<u>*mꜣꜥ ꜣḫ*</u>	<u>Den Verklärten geleiten.</u>[85]

Erste Strophe: Auftritt am Himmelstor (Vers 1–4)

§ 26 Das Himmelstor, das „die *rḫy.t* abwehrt“

Der Spruchanfang ist eine Variante von *PT* [373] = *Pyr.* § 655b–c:

ꜥḥꜥ=k jr ꜥꜣ.w ḫsf rḫw.t	Mögest du vor die Türflügel treten, die die *rḫjj.t* abwehren.
prj n=k Ḫn.tj-mnw.t=f nḏr.w=f ꜥ=k	Möge Chenti-menitef zu dir herauskommen und deine Hand ergreifen.

Sethe hat in seinem Kommentar z.St. *ÜK* III, 204 alle Belege für diese Bezeichnung des Himmelstors aus den *PT* zusammengetragen. Wir wollen sie etwas näher anschauen.

PT [463] = *Pyr.* § 876a–b:

wn n=k ꜥꜣ.wj p.t	Die Himmelstüren öffnen sich für dich,
jsn n=k ꜥꜣ.wj qbḥw jp.w ḫsf.w rḫ.wt	jene Tore des *Qbḥw* tun sich vor dir auf, die die *rḫy.t* abwehren.

Im folgenden wird der Tote „diesem einzelnen Stern“ gleichgesetzt, der sich niemals dem „Horus der Unterwelt“ ausliefern wird.

PT [611] = *Pyr.* § 1726a–b:

wnj n=k s m sr.wj ḫsf.w rḫw.t	Der Riegel ist für dich geöffnet im Doppel-Widdertor, das die *rḫy.t* abwehrt.

Vorher gehen Aufforderungen zur Belebung, zur Erscheinung als Schakal und zur Herrschaftsausübung.

[85] Nur in Sq3C. Nachgestellter Titel zu Sprüchen 4-8 ([66–68]), vgl. Schott, *Bücher und Bibliotheken*, 175 Nr. 550.

PT [667] = *Pyr.* §§*1936a–c:

hꜣ N pw šsp n=k tp=k	O N hier, nimm dir deinen Kopf,
jbḥw=k n=k šnj=k n=k	deine weißen Zähne gehören dir, dein Haar gehört dir.
wn=k ꜥꜣw ḫsf.w rḫw.t	Mögest du die Türflügel öffnen, die die *rḫy.t* abwehren,
ḏd.tj n ḏ.t ḏ.t	indem du in Ewigkeit dauerst.

Vorher geht das Motiv der Herrschaft auf dem ehernen Thron. Im Kontext folgen Aufforderungen zum Himmelsaufstieg.

PT [721] = *CT* [516] = V.104b–c:

wn n=k ꜥꜣ.wj ḫn.tjw jmn.t ḫsf.w rḫw.t	Es öffnen sich für dich die Türflügel im Westen, die die *rḫy.t* abwehren.
j n=k jmj.w spꜣ.wt	Die in den Gauen kommen zu dir.

PT [724] = *Pyr.* §2246:

wꜥb.n N m ꜥbw	Es reinigt sich N mit der Reinheit,
n wꜥb jr.n Ḥr.w n jr.t=f	der Reinigung, die Horus wegen seines Auges machte.
[…]	[…]
N pw Ḏḥwtj nḏ sj nj N js Stš jṯ sj	N ist Thot, der es schützt. N ist nicht Seth, der es raubt.
[…]	[…]
[…] N ꜥꜣ.wj qbḥw ḫsf.w rḫw.t	[Geöffnet sind für] N die Tore, die die *rḫy.t* abwehren.

Das Tor „Das die *rḫy.t* abwehrt" führt in einen jenseitigen Bereich, der dem gemeinen Volk verschlossen ist. Diese Türflügel gehören in den Zusammenhang des Themas „Distanzierung": Das himmlische Jenseitsschicksal des Königs hat nichts zu schaffen mit der irdischen Fortdauer der gewöhnlichen Toten, die dieses Tor nicht durchschreiten dürfen.[86]

Ḫntj-mnj.t=f der göttliche Türhüter[87], s. *PT* [655].

[86] In *PT* [463] = *Pyr.* §§876a–b handelt es sich dabei klärlich um das Himmelstor:
Die Türflügel des Himmels tun sich auf für dich,
die Türflügel des „Kühlen", die die Untertanen abwehren, öffnen sich dir.

[87] In *PT* [254] läßt *Ḫn.tj-mnjt=f* den Toten zum Binsengefilde passieren (*Pyr.* §285a). In *PT* [610] = *Pyr.* §1719 setzt Horus *Ḫn.tj-mnj.t=f* den Toten als Morgenstern ins Binsengefilde. *PT* [666A] = *Pyr.* §1928: *wn n=k rw.t Ḫn.tj-mn.wt=f* „möge das Tor des *Ḫntj-mnjt=f* sich dir auftun".

§ 27 „Einzelstern“ (*sbꜣ wꜥ.tj*) und Distanzierung

In Verbindung mit dem Himmelstor und in deutlichem Zusammenhang mit dem Distanzierungsmotiv erscheint der Tote als *sbꜣ wꜥ.tj* auch in *PT* [667A] = *Pyr.* § 1945:

dbḥ.n<=j> sw m ꜥ ẖr.t	Ich habe ihn aus der Hand des Cherti gefordert
nj rḏj.n<=j> sw n Wsjr	und werde ihn niemals Osiris übergeben.
wn=f / wn n=f rw.t ḫsf.t	Ich will ihm das Tor öffnen, das (die *rḫy.t*) abwehrt.
jrj.n<=j> n=f jrj.t m sbꜣ wꜥ.tj	Ich habe ihm getan, was (ihm) als Einzelstern getan werden soll,
jw.t snn.w=f m ꜥb=sn nṯr.w	der seinesgleichen nicht hat unter ihnen, den Göttern.

sbꜣ wꜥ.tj als Erscheinungsform des Toten beim Himmelsaufstieg auch *PT* [463] = *Pyr.* § 877c–d:

ṯwt sbꜣ pw wꜥ.tj prr m gs jꜣb.tj n p.t	Du bist jener Einzelne Stern, der im Osten des Himmels aufgeht
jw.tj rḏj.n=f ḏ.t=f n Ḥr.w dꜣ.tj	und der sich niemals dem Horus der Unterwelt ausliefern wird.

Ebenso klar ist das Motiv der Distanzierung mit der Gestalt des Toten als Einzelstern verbunden in *PT* [245], wo die Himmelsgöttin Nut den Toten als *sbꜣ wꜥ.tj* begrüßt und ihn einlädt, sich im Himmel niederzulassen, vgl. *Pyr.* § 251a–d:

wpj=k s.t=k m p.t m ꜥb sbꜣ.w n.w p.t	Mögest du dir einen Sitz aufschlagen unter den Sternen des Himmels,
n ṯwt js sbꜣ wꜥ.tj rmn.wtj Ḥw	denn du bist ja jener Einzelne Stern, der Gefährte des Hu.
mꜣ=k ḥr tpj Wsjr	Du sollst auf Osiris herabschauen,
wḏ=f mdw n ꜣḫj.w	wenn er den Verklärten gebietet.
ṯwt ꜥḥꜥ.tj ḥr.t r=f	Du stehst fern von ihm,
nj ṯw jm=sn nj wnn=k jm=sn	du gehörst nicht zu ihnen und weilst nicht unter ihnen.

In einigen Sprüchen der Pyramidentexte steigt der Tote als Einzelstern zum Himmel auf.[88]

[88] *Pyr.* §§ 1048a–b:

hꜣ N pn rḏj n=k ks jn Ḥr.w	O N hier, freier Lauf wurde dir gegeben durch Horus,
sšd=k m sbꜣ wꜥ.t(j) ḥr-jb Nw.t	so daß du aufblitzt als Einzelstern inmitten der Nut.

Pyr. §§ 1348b–c:

sk ꜥḥꜥ r=f jtj m sbꜣ wꜥ.tj	Siehe, mein Vater steht auf als der Einzelstern
m gs pf jꜣb.j n p.t	auf der Ostseite des Himmels.
wḏ=f mdw nṯr js	Er erteilt Befehle wie ein Gott,
sḏm mdw=f mr Ḥr.w-ꜣḫ.tj	und seine Stimme wird gehört wie die des Harachte.

In *PT* [665] = *Pyr.* § 1899b–d heißt es von ihm in seiner Erscheinungsform als Einzelstern, daß er „seinen Feind aufgegessen habe“:

ḫꜥ.tj m wpjw	Du bist erschienen als Schakal,
bꜣ js ḫntj ꜥnḫ.w	als Ba an der Spitze der Lebenden,
sḫm (js) ḫntj ꜣḫj.w	als Macht an der Spitze der Verklärten,
sbꜣ js wꜥ.tj wnm.n=f ḫftj=f	als Einzelstern, der seinen Feind aufgegessen hat.

Ähnlich aggressiv wird die Gestalt des Einzelsterns in *PT* [666] = *Pyr.* § 1920 charakterisiert:

jṯ n=k wrr.t sbꜣ js wꜥ.t sk ḫftj.w	Nimm dir die *Wrr.t*-Krone als Einzelstern, der die Feinde vernichtet.

Zweite Strophe

Erste Versgruppe: Auftritt an den jtr.tj (Verse 5–8)

jtr.tj s. hierzu *CT* [69] = I.259e. Vor den beiden Landeskapellen „aufstehen“ heißt, die Rolle des „Ersten der beiden Landeskapellen“ antreten, einer der typischen Herrschaftstitel des zum Himmel aufgestiegenen Toten in den Pyramidentexten.

Zu Schesat als Mutter des Toten s. *Pyr.* § 1761d *N pw Wsjr pr m Šsꜣ.t* „N ist Osiris, der aus Schesat hervorging“; Oudjebten fr. 36:[89]

prj.n n=k mw.t=k Šsꜣ.t sbḫ=s [...]	Deine Mutter Schesat kommt zu dir heraus, sie ruft ...

Zweite Versgruppe: Huldigung und Distanzierung (Verse 9–11)

§ 28 *Wꜣḏ-wr*

Der „Große Grüne“[90] wird in den Pyramidentexten gelegentlich im Zusammenhang mit dem Himmelsaufstieg und dem See erwähnt:

PT [532] (unten, Spruch 22) = *Pyr.* § 1260b:

ḫnt jr=k jr š nm=k r wꜣḏ-wr	Fahr stromauf zum See, überquere den Großen Grünen.[91]

[89] Jéquier, *Oudjebten*, Taf. X.

[90] S. Vandersleyen, *Ouadj our*, 57 und 198.

PT [619] = *Pyr.* § 1752a–c:

ḏꜣj=k š n pr=k wꜣḏ-wr	Überquere den See zu deinem Haus, dem Großen Grünen,
j.nḏ=k ṯw m ꜥ jr nn jr=k	rette dich vor dem, der dir etwas angetan hat.
jhj sꜣ ṯw š wr	O, hüte dich vor dem Großen See!

CT [517] = VI.106a–b = SZ.2, Spruch 5:

mḥ.n=k r š[92]	Du bist zum See geschwommen,
spr.n=k wꜣḏ-wr[93]	du hast den 'Großen Grünen' erreicht.

Zu *wꜣd-wr* in Parallele zu Hapi, NR 1.7 § 24:

12 *wn n*[94]*=k rꜣ=k r Ḥꜥpj*	Öffne dir deinen Mund zu Hapi,
13 *sn n=k sw r wꜣḏ-wr*	öffne ihn dir zum Großen Grünen.
14 *ḏꜣj=k mr*[95] *nmj=k wꜣḏ-wr*	Du sollst den Kanal überfahren und den Großen Grünen durchqueren,
15 *ḫpš n kꜣ m rꜣ=k*	einen Stierschenkel in deinem Mund.

Vgl. auch Spruch 22.

§ 29 *ḫꜣ.tjw* und *jḫm.w-sk*

Die *ḫꜣ.tjw* kommen in den *PT* immer wie hier zusammen mit den *jḫm.w-sk* vor:

PT [578] = *Pyr.* § 1535b–c:

j.ḫr n=k ḫꜣ.tjw ḥr ḥr=sn	Die *ḫꜣ.tjw* sollen vor dir auf ihr Gesicht fallen
mꜣs n=k j.ḫm.w-sk	und die Zirkumpolarsterne sollen vor die niederknien.

[91] Vgl. die Wendung „als Stern, der den Großen Grüne quert":

Pyr. § 802b	*m sbꜣ ḏꜣ wꜣḏ-wr ḫr.j ḫ.t Nw.t*	„als Stern, der den Großen Grünen quert am Leibe der Nut".
Pyr. § 508c	*m rn=ṯ pw n Ḥr.w ḫnt ꜣḫj.w sbꜣ ḏꜣ wꜣḏ-wr*	„in jenem deinem Namen Horus an der Spitze der Verklärten, Stern, der den Großen Grünen quert".
Pyr. § 1720c	*m sbꜣ ḏꜣ wꜣḏ-wr ḫr Nw.t*	„Als Stern, der den Großen Grünen quert unter der Nut".

[92] *CT*: B10C[a] *mḥ=k r š*; B10C[b]: *mḥ jr=k š*. B9C: *[mḥ]=k š*. Aba: *mḥ=k r š*.

[93] Aba: *spr=k r rd wr* „Du gelangst zur Großen Treppe".

[94] *n* fehlt pBM 10819, II,11.

[95] pBM 10819, ebd., hat *jtrw*.

PT [611] = *Pyr.* § 1726c:

ṯnw=k ḫꜣ.tjw šsp=k ꜥ n j.ḫm.w-sk	Mögest du die *ḫꜣ.tjw* zählen, mögest du die Hand der Zirkumpolarsterne ergreifen.[96]

CT VI.107e–f (= SZ.2 Spruch 5):

njs=k r ḫꜣ.tjw	Mögest du den *ḫꜣ.tjw* zurufen,
ḫrp=k j.ḫm.w-sk	mögest du die Zirkumpolarsterne leiten.

Vgl. *PT* [665] = *Pyr.* § 1900c:

ṯnw=k ḫꜣ<.tj>w jṯ=k ꜥ=k jr j.ḫm.w-sk	Mögest du die *ḫꜣ.tjw* zählen,[97] mögest du deinen Arm ausstrecken gegen die Zirkumpolarsterne.

Eine verwandte Stelle ist *PT* [535] = *Pyr.* § 1288b–c, wo anstelle der *ḫꜣ.tjw* die „Toten" (*mwt.w*) erwähnt werden:

snḏ n=k ꜣḫj.w j.ḫm.w-sk jsṯ	Die Verklärten und die Unvergänglichen fürchten sich vor dir,
j.ḫr n=k mwt.w ḥr ḥr=sn	die Toten fallen vor dir auf ihr Gesicht.

CT [725] = VI.355c–d:

mꜣs n=ṯ ḫntj.w-š	Die *ḫntjw-š* knien vor dir,
ḫr n=ṯ jḫm.w-sk ḥr ḥr=sn	die Zirkumpolarsterne fallen vor dir auf ihr Angesicht.

Vgl. zu weiteren Quellen und einer ausführlichen Beschreibung der *Ḫꜣ.tjw* LEITZ, *Tagewählerei*, 244–255.

Dritte Strophe: Herrschaft und Distanzierung (Verse 12–15)

§ 30 Herrschaft und Distanzierung

Wenn die Gebärde des Toten nicht nur herrscherlich, sondern aggressiv und feindlich gemeint ist, dann kann das Objekt-Suffix „sie" die Zirkumpolarsterne nicht miteinbegreifen. Denn sie sind die Zielgruppe des Toten, zu ihnen möchte er gehören und sich auf keinen Fall von ihnen distanzieren. Es bezieht sich dann ausschließlich auf die *ḫꜣ.tjw*, oder es bezieht sich überhaupt nicht zurück, sondern

[96] Vorher geht die Öffnung des Himmelstores, das die *rḫjj.t* abwehrt.

[97] So? Text nach ALLEN, *Inflections*. Bei FAULKNER, *AEPT Supplement*, 25 steht *jnk ḫꜣ.<tj>w* „mir gehören die *ḫꜣ.tjw*".

meint mit „ihnen“ die unspezifizierte Gruppe all derer, die dem Toten zu nahe treten und ihm sein Opfer streitig machen könnten (wie oben: „du sollst ‘ihnen’ nichts geben“). Wir hätten dann ein klares Beispiel des Distanzierungsthemas, in dessen Zusammenhang der „Große See“ ja gut passen würde.

Ein ähnlicher Gebrauch von bezugslosem „sie“ im Zusammenhang von Herrschaftsausübung begegnet z. B. in *PT* [578], einem Spruch, der dem vorliegenden in vieler Hinsicht nahesteht. *PT* [578] beginnt mit den Motiven der Warnung vor dem falschen Weg und der Eilboten mit der Ankündigung des Toten bei Re. Dann folgt unvermittelt:

1533a	*nj rḫ=k sn mnḫ=k jm=sn*	Du kennst sie nicht, du bist wirkungsvoll unter ihnen,
1533b	*ḏj n=k sn m-ẖnw ʿ.wj=k mnj.w bḥs.w=k js*	du hast sie in deine Arme gegeben als Hirte deiner Kälber,
1534a	*jn ṯwt js ḫw nnw=sn m-ẖnw ʿ.wj=k*	denn du bist es ja, der verhütet, daß sie ermatten in deiner Umarmung.
1534b	*prj=k r=sn bꜣ.tj spd.t mst.t mst.t*	Du steigst auf zu ihnen, ba-mächtig und gerüstet …
1534c	*m rn=k pw n Spd.w*	in jenem deinem Namen Sopdu.
1535a	*nḫꜣḫꜣ m ʿ=k mks=k ḥꜣ ʿ=k*	Deine Geißel und dein *mks* sind in deiner Hand.
1535b	*j.ḫr n=k ḫꜣ.tjw ḥr ḥr=sn*	Die *ḫꜣ.tjw* fallen vor dir auf ihr Gesicht,
1535c	*mꜣs n=k j.ḫm.w-sk*	die *Jḫm.w-sk* knien vor dir nieder.

Hier handelt es sich um Handlungen der Herrschaftsausübung, nicht um eindeutig aggressive Aktionen der Feindvernichtung. Die Götter, unter denen der Tote als Herrscher auftreten soll, müssen eingeschüchtert und zur Anerkennung des Toten gezwungen werden. Der Tote tritt als Herrscher unter diejenigen, zu denen er gehören möchte (die „Unvergänglichen“) und distanziert sich in der gleichen Rolle als Herrscher von denen, die sich seinem Herrschaftsanspruch entgegenstellen; diese „fallen auf ihr Gesicht“ und stürzen schlimmstenfalls in den „Großen See“, der hier eindeutig als ein Ort der Gefahr und Vernichtung erscheint.

Manche dieser Motive, insbesondere aber das bezugslose „sie“, kommen in Spruch 9 (*CT* [69]) wieder vor.

Schlußtext

Der Schlußtext, der auf die Kultsituation Bezug nimmt, stellt klar, daß die Motive des Auftritts am Himmelstor, „das die *rḫy.t* abwehrt“ und die herrscherliche Erscheinung als Einzelstern, der die *ḫꜣ.tjw* und die *jḫm.w-sk* einschüchtert, nichts anderes als sakramentale Ausdeutungen des „Kommens“ sind, mit dem der Tote sich an der Opferstelle einfinden und die Opfergaben entgegennehmen soll.

Zu *mꜣꜥ* „lenken, leiten" vgl. *PT* [690] = *Pyr.* §2106a-b:

hꜣ N ꜥḥꜥ n Ḥr.w sꜣḫ=f ṯw	O N, steh auf für Horus, damit er dich verkläre,
mꜣꜥ=f ṯw prj=k r=k jr p.t	damit er dich geleite, wenn du zum Himmel aufsteigst.

Aufbau

Der Text ist durch den dreimal anaphorisch wiederholten Anruf *jꜣ N pn ꜥḥꜥ jr=k* „Oh N hier, erhebe dich" klar in drei Teile gegliedert:

4 Erscheinung am Himmelstor
7 Auftritt als Herrscher
4 Distanzierung
3 Schlußtext: Opferempfang

Spruch 9: Spruch zum Brotopfer

[69]
BARGUET, *Textes des sarcophages,* 115
FAULKNER, *AECT* I, 65 f.

1	296e	*rdjt t n ꜣḫ*	Einem Verklärten Brot geben.[98]
2	292a	*ḫr wr ḥr gs=f nmnm jmj Ndj.t*	Der Große fällt auf seine Seite, der in Nedit bewegt sich.
3	b	*jꜣ N pn*	O, N hier!
4	c	*ṯs tp=k jn Rꜥ.w*	Dein Kopf wird erhoben durch Re,
5	d	*bw.t=k qdd msḏ=k bꜣg*	deine Abscheu ist Schlaf und du haßt die Müdigkeit.
6	e	*ḥr r=sn m Ḥr.w*	Halte dich fern von ihnen als Horus:
7	f	*ꜥnḫ=k ꜥnḫ.tj*	Du sollst leben, indem du lebendig bist!
8	g	*spd r=sn m Spdw*	Sei gerüstet gegen sie als Sopdu:
9	h	*ꜥnḫ=k ꜥnḫ.tj*	Du sollst leben, indem du lebendig bist!
10	i	*bꜣ r=sn m bꜣ.tj*	Sei *bꜣ*-haft gegen sie als die beiden *Bꜣ*s:
11	293a	*ꜥnḫ=k ꜥnḫ.tj*	Du sollst leben, indem du lebendig bist!

[98] Als Rubrum am Spruchende bei Sq3C; vgl. SCHOTT, *Bücher und Bibliotheken*, 191 Nr. 669a. Der Spruch nimmt allerdings in keiner erkennbaren Weise auf die Speisung mit Brot Bezug und läßt sich viel besser als Abschluß der Serie von reinen Verklärungen (Sprüche 4–8) verstehen.

12	b	*bꜣs n=k ḥꜣtj.w=sn*	Zerstampfe für dich ihre Herzen (?):
13	c	*ꜥnḫ=k ꜥnḫ.tj*	Du sollst leben, indem du lebendig bist!
14	d	*swr n=k snf=sn*	Trinke für dich ihr Blut:
15	e	*ꜥnḫ=k ꜥnḫ.tj*	Du sollst leben, indem du lebendig bist!
16	f	*n ṯwt js wpw*	Denn du bist der Schakal[99]
17	g	*ḥr gs=f m Jwn.w*	auf seiner Seite in Heliopolis,
18	h	*ꜥnḫ m snw=f*	der von seinen Brüdern lebt.
19	293 i	*sḫt=k ḏr=k r=sn n mwt.w*	Mögest du deine Grenze gegen sie flechten, soweit sie Tote sind,
20	j	*ḏj n=k rn=k r=sn n ꜥnḫ.w*	mögest du dir deinen Namen gegen sie setzen, soweit sie Lebende sind.
21	294a	*n ṯwt js Gb ḫntj ḫ.t psḏ.t nṯr.w*	Du bist ja Geb, der Vorderste der Körperschaft der Götterneunheit.
22	b	*<jꜣ w sṯj wr r=k>*	<Wahrlich (?), der Geruch eines Großen ist an dir[100].>
23	c	*jꜣ jmj šr.t nṯr.w*	O, was in der Nase der Götter ist!
24	d	*snsn=sn sṯ Jḫ.t-wt.t*	Sie riechen den Duft der Ichet-Utet-Schlange.
25	e	*sṯj wꜥ jm=sn pw N pn*	Der Duft[101] eines von ihnen[102] ist N.
26	f	*jꜣ N pn*	O N hier!
27	g	*ꜥḥꜥ=k r=k r jr.t tw jꜣbt.t n.t pr ḥḏ*	Mögest du aufstehen an jenem linken Auge der weißen Kapelle,
28	h	*nḏ.tj nṯr.w jm=s*	in dem die Götter geschützt werden.
29	295a	*n sk=k n ḥtm=k*	Du sollst nicht untergehen, du sollst nicht getilgt werden:
30	b	*nn rḏw=k nn ḥwꜣꜣ.t=k*	Deinen Ausfluß soll es nicht geben, deine Verwesungsflüssigkeit soll es nicht geben,
31	c	*jꜣ.t=s jm=k m mḥ m Wsjr*	sie soll von dir entfernt werden als einem der voll von Osiris ist (??[103]).
32	d	*hꜣ wsjr N pn*	O Osiris N hier!

[99] T9C fügt irrtümlich I.293k ein (Dittographie):
ꜥnḫ bꜣs n=k ḥꜣwt=sn swr n=k snf=sn ntwt js wpjw

[100] < > Nur Sq6C. Vgl. 285f.

[101] T2C om. *sṯj* „Duft".

[102] T1C hat *jm=ṯn* „von euch".

[103] Faulkner vermutet „through the full power of" unter Verweis auf Bauer R 35, wo *mḥ m* aber einfach „angefüllt mit" heißt.

33	e	*ꜥḥꜥ=k ḫntj jtr.tj*	Steh auf an der Spitze der beiden Kapellen
34		*mj Ḥr.w ḫntj jtr.tj*	wie Horus an der Spitze der beiden Kapellen!
35	f	*ꜥḥꜥ=k ḫntj ꜣḫ.w*	Steh auf an der Spitze der Verklärten
36		*mj Wpj-wꜣ.wt ḫntj nṯr.w*	wie Upuaut, Vorderster-der-Götter!
37	g	*jꜣ N pn*	O N hier!
38	296a	*jnk sꜣ=k jnk Ḥr.w*	Ich bin dein Sohn, ich bin Horus,
39	b	*jj.n=j jrj.n=k sw*	ich bin gekommen um sie für dich zu machen,
40		*sꜣḫ.w pn nḫḫ=k*	diese Verklärung, auf daß du neu geboren wirst.[104]
41	c	*jr nḏ=tw rn=j m ꜥ=k*	Wenn man dich nach meinem Namen fragt,
42	d	*jm=k ḏd sw Šw ḏd=k*	so verrate ihn nicht, „Schu" sollst du antworten.

Erster Teil

Einleitung: Ausgangssituation in *Ndj.t*

§31 Ausgangssituation in *Ndj.t*

Der Anfang ist eine Variante von *PT* [412] = *Pyr.* §§721a–d (Spruchanfang):

j.ḫr wr ḥr gs=f	Der Große fällt auf seine Seite,
nmnm jmj Ndj.t	der in Nedit bewegt sich.
ṯs tpj=f jn Rꜥ.w	Sein Kopf werde erhoben durch Re,
bw.t=f qdd msḏ=f bꜣgj	sein Abscheu ist Schlaf, er haßt die Müdigkeit.

Der einzige Unterschied ist der Wechsel von der 3. zur 2. Ps. in der *CT*-Fassung. Dieser findet sich aber bereits in einer anderen *PT*-Variante, Spruch [442] = *Pyr.* §819 (Spruchanfang):

ḫr r=f tj wr pw ḥr gs=f	Jener Große fällt auf seine Seite,
ndj r=f jm Ndj.t	niedergeworfen wird der in Nedit.
šsp ꜥ=k jn Rꜥ.w	Deine Hand werde ergriffen von Re,
ṯs tpj=k jn psḏ.tj	dein Kopf werde erhoben von den Neunheiten.

[104] Zu *nḫḫ* vgl. Wb II, 313. *CT* I.81m-n parallel zu *ꜥnḫ, wꜣs, ḏd.*

CT VII.40a, 41a:

ḫr wr hr gs=f	Der Große fällt auf seine Seite,
nmnm jmj Ndj.t[105]	der in Nedit bewegt sich.

Ndj.t, von *ndj* „niederstrecken, erschlagen“, ist der mythische Ort, an dem Osiris von Seth erschlagen wurde. Das wird in einer weiteren Variante dieses Spruchanfangs explizit gesagt:

PT [576] = *Pyr.* § 1500 (Spruchanfang):

ḏj Wsjr ḥr gs=f jn sn=f Stš	Osiris wurde auf seine Seite geworfen von seinem Bruder Seth.
nmnm jmj Ndj.t ṯs tp=f jn Rꜥ.w	Der in Nedit bewegt sich, sein Kopf wird erhoben durch Re.[106]
bw.t=f qdd msḏ=f bꜣgj	Sein Abscheu ist Schlaf, er haßt Mattigkeit.

Auch *Pyr.* §957c (= *CT* VII.37) nennt Nedit als den Ort, an dem Seth Osiris erschlagen hat, und leitet den Namen des Ortes von dem Verbum *ndj* „erschlagen“ ab:

Pyr. §957a[107]	*sḫꜣ Stḫ ḏj r jb=k*	Bedenke,[108] Seth, und nimm dir zu Herzen
b	*mdw pw ḏd.n Gb*	die Rede, die Geb gesprochen hat
	fꜣw pw jrj.n[109] *nṯr.w jr=k*	sowie diese Bedrohung, die die Götter gegen dich ausgesprochen haben
c	*m ḥw.t-sr m Jwn.w*	im *ḥwt-sr* in Heliopolis,
	ḥr ndj=k Wsjr jr tꜣ	weil du Osiris zu Boden geworfen hast.[110]

„Der in *Ndj.t*“ bezieht sich daher auf den erschlagenen Osiris. Diese Bezeichnung wird auch sonst gern mit den Motiven des Schlafens und Erwachens verbunden, vgl. z.B. *PT* [247] = *Pyr.* §§259–60:

N pj N mꜣ N pj N ptr	O N, N, sieh! O N, N schau!
N pj sḏm N pj N wn jm	O N, N, höre! O N, N sei dort!

105 Zum Determinativ des Wassers für Nedit vgl. ebenfalls *CT* [839]. GRIFFITHS vermutet als Todesursache des Osiris bei Nedit Ertrinken, s. GRIFFITHS, *Origins of Osiris,* 9f, 25, vgl. dazu JUNKER, *Stundenwachen*, 84, E.XIV, 86, wo dieser Ort bei Abydos lokalisiert wird. Zu einem „Wasserritual“, das den Tod durch Ertrinken voraussetzt, s. RUSCH, *Osirisritual*, 19ff.

106 Dieselbe Aussage nochmals in *Pyr.* § 1503a *ṯs tp=f jn Rꜥ.w sṯ=f m Jḫ.t-wt.t* „Sein Kopf wird erhoben durch Re, sein Duft ist der der Ichet-Utet“.

107 Vgl. *CT* VII.37e–h.

108 Wörtl.: Erinnere (dich).

109 Für *jrj*, sprechen, s. *Pyr.* §754b.

110 Pseudoverbale Konstruktion.

N pj N ṯs ṯw ḥr gs=k jr wḏ<=j>	O N, erhebe dich auf deine Seite, tu was <ich> befehle!
msḏḏ qdd sbꜣgjj ꜥḥꜥ jm Ndj.t	Der du den Schlaf haßt, aber müde gemacht wurdest, steh auf, du in Nedit!

CT V.388d–e:

j bꜣg jmj Ndj.t tp-ꜥ.wj=j	O Müder, der sich in Nedit befindet, vor mir:
ḫꜥ.kwj m pꜣ.t wr.t	Ich bin als der große Urzeitliche erschienen.[111]

Ndj.t ist auch der Ort, wo Isis den erschlagenen Osiris auffindet, vgl. *PT* [701]A = *Pyr.* §2188 (Spruchanfang):

j.ḫr wr m Ndj.t wḥꜥ s.t jn ṯnj.w=s	Der Große fällt nieder in Nedit, der Thron ist entblößt von seinem Inhaber.
ṯs ṯw jm.t Nṯrw ṯs ṯw […]	Die in Iseum (Isis) erhebt dich, […] erhebt dich […].

Vgl. auch besonders Spruch *PT* [482] = *Pyr.* §1008:

sn.t=k wr.t sꜣq.t jwf=k qfn.t ḏr.wt=k	Deine älteste Schwester ist sie, die dein Fleisch versammelte und deine Hände schloß,
sḫn.t ṯw gm.t ṯw ḥr gs=k	die dich suchte und dich fand auf deiner Seite liegend
ḥr wḏb Ndj.t	auf dem Ufer von Nedit.

PT [532] = *Pyr.* §1256:

gmj.n=sn Wsjr	Sie (Isis und Nephthys) haben Osiris gefunden,
ndj.n sw sn=f Stš	nachdem ihn sein Bruder Seth
r tꜣ m Ndj.t	zu Boden geworfen hatte in Nedit,
m ḏd Wsjr sj=k r=j	als Osiris sagte: „Geh fort von mir!“
m ḫpr rn=f m Skr	und als sein Name „Sokar“ entstand[112].

PT [694] = *Pyr.* §2144b:

mꜣ.n=sn Wsjr ḥr gs=f m jd[b Ndj.t]	Sie sehen den Osiris auf seiner Seite (liegend) auf dem Uf[er von Nedit[113]].

Neben den Orten *Gḥs.tj*[114] und *ꜥḏꜣ*[115] gilt vor allem Nedit als der Tatort der Ermordung des Osiris.[116]

[111] S. in Folge *CT* V.388f–g.

[112] Vgl. GRAINDORGE-HEREIL, *Le dieu Sokar*, 4.

[113] Die Rekonstruktion folgt *Pyr.* §2008c.

[114] Vgl. *Pyr.* §972a–c, 1033b, 1487c sowie 1799b.

[115] Vgl. *Pyr.* §1267c in unmittelbarem Zusammenhang mit *Ndj.t.*

[116] Vgl. hierzu VERNUS, *Le Mythe d'un mythe*, 19–34.

Auch als Verklärter befindet sich der Verstorbene in Nedit, wie *PT* [422] = *Pyr.* § 754b–c zeigt:

jrj=sn jj nṯr jj nṯr	Sie sprechen: Der Gott kommt, der Gott kommt,
jj N pn ḥr ns.t Wsjr	dieser N kommt auf den Thron des Osiris
jj ꜣḫ pw jmj Ndj.t	und dieser Verklärte kommt, der sich in Nedit befindet.

Ähnlich heißt es auch in *Pyr.* § 899a:

ꜥnḫ wsjr ꜥnḫ ꜣḫ jmj Ndjt ꜥnḫ N pn	Lebe Osiris, lebe, Verklärter, der sich in Nedit befindet, lebe, dieser N!

CT [349] = IV.383g setzt den mythischen Ort Nedit in Verbindung mit Buto:

ꜥḥꜥ jmj Ndj.t ḥr ns.t=k nfr.t m P	Besteige, In-Nedit-Befindlicher, deinen schönen Thron[117] in Pe.

In dem Barkenspruch in *CT* [398] wird Nedit zweimal erwähnt:

V.127a *wḏ.wj=s m nṯr.wj smsw ḫntj Ndj.t*	Ihre beiden *wḏ*-Schiffsteile sind die beiden ältesten Götter, die sich in Nedit befinden.

und:

V.128a *sꜥꜣ.wj=s Ḥr.w ḥr qmꜣ ḥnꜥ Stḫ ḥr wꜥr.t n.t Ndj.t*	Ihre beiden Bordbretter sind Horus beim Kämpfen[118] mit Seth auf dem Bezirk von Nedit.

CT VII.26t:

n wꜥb=j m mw nw Ndj.t	Nicht habe ich mich gewaschen im Wasser von Nedit.

Zweite Teilstrophe: Distanzierung (Verse 6–15)

Im Rahmen des Distanzierungsthemas wird wieder auf das Objekt der Distanzierung mit bezugslosem Suffix „sie" verwiesen. Hier, in unmittelbarem Kontext des Motivs der Ermordung des Osiris durch Seth, das mit dem Wort *Ndj.t* angedeutet wird, sind mit „sie" die Mörder, also Seth und seine Bande gemeint. Im gleichen Zusammenhang verwendet auch *PT* [535] = *Pyr.* §§ 1286–87 vergleichbare Imperative:

[117] T3Be hat *t=k nfr*, dein gutes Brot.
[118] W.: werfen.

nḏr sn j.dr tpj.w=sn stp ḫpš.w=sn	Packe sie, entferne ihre Köpfe, schneide ihre Vorderschenkel ab,
bsk=k sn šdj=k ḥꜣ.tjw=sn	nimm sie aus, schneide ihre Herzen heraus,
bʿbʿ=k m snf=sn	trink ihr Blut,
jp jb.w=sn m rn=k pw n Jnpw jp jb.w	zähle ihre Herzen in jenem deinem Namen „Anubis Herzen-Zähler“.

Vorgänge der Opferzubereitung werden dabei sakramental ausgedeutet als Rache an den Mördern.

Das sonst nicht belegte Verb *bꜣs* muß wohl mit der Salbengöttin Bastet zusammenhängen und sich auf Vorgänge bei der Salbenherstellung beziehen.

Dritte Teilstrophe: Zielgestalt (Verse 16–18)

§32 Der Schakal als Zielgestalt des Toten

Der Schakal ist die typische „Zielgestalt“ des Toten. In *PT* [535] = *Pyr.* §1287c wird sie in diesem Zusammenhang als Upuaut und Anubis beschrieben:

n ṯwt js Wpj-wꜣ.wt js ḥr jꜣ.t=f	Denn du bist ja Upuaut auf seiner Standarte,
Jnpw ḫn.tj sḥ nṯr	Anubis, Erster des Gotteszelts.

Gerade in Verbindung mit der *Wpjw*-Gestalt kommt auch in den Pyramidentexten die Wendung „Lebe, indem du lebendig bist“ vor, z. B. *Pyr.* §1899, vgl. *Pyr.* §1724–5 und *Pyr.* §*1914a–c:

ʿnḫ ʿnḫ.tj N pw m rn=k pw ḫr ꜣḫj.w	Lebe, indem du lebendig bist in jenem deinem Namen bei den Verklärten,
ḫʿ.tj m wpjw	erschienen als Schakal,
bꜣ js ḫntj ʿnḫ.w sḫm (js) ḫntj ꜣḫj.w	als Ba vor den Lebenden und als Sechem vor den Verklärten,
sbꜣ js wʿ.tj wnm.n=f ḫftj=f	als Einzelstern, der seinen Feind aufgegessen hat.

Dritte Strophe

Erste Teilstrophe: Distanzierung (Verse 19–20)

Zum „Flechten der Grenze“ vgl. Spruch 7, 2. Strophe, 2. Versgruppe:

I.288	b–g	*wʿb=k m fd.wt jpt.w nms.wt*	Reinige dich mit diesen vier Wasserkrügen,
	c	*wʿb.t.n Ḥr.wj jm=sn*	mit denen sich die beiden Horusse gereinigt haben,
	d–e	*sḫt=sn ḏr=sn r nṯr.w*	als sie ihre Grenze flochten gegen die Götter,
	f	*sḫt=sn ḏr=sn r ʿnḫ.w*	als sie ihre Grenze flochten gegen die Lebenden,
	g	*sḫt=sn ḏr=sn r mwt.w*	und als sie ihre Grenze flochten gegen die Toten.

Zweite Teilstrophe: Zielgestalt

Erste Versgruppe: Geb (Vers 21)

§ 33 Geb als Zielgestalt des Toten

Mit Geb wird der Tote selten gleichgesetzt, weil Geb ja zumindest in den Pyramidentexten neben Re der Gott ist, der für ihn nicht als Rolle, sondern als Partner am wichtigsten ist. Der Tote will nicht Geb werden, sondern zu Geb gelangen und von ihm als Sohn empfangen werden. Auf der anderen Seite sind aber Gleichsetzungen des Toten mit Geb keineswegs außergewöhnlich. So beginnt etwa *PT* [599] mit dem Satz „N ist Geb" und Wendungen mit *Gbb js* („als" oder „wie" Geb) sind durchaus belegbar, z. B. *PT* [246] = *Pyr.* §255:

ꜥḥꜥ r ꜥꜣ.wj ꜣḫ.t jsn ꜥꜣ.wj qbḥ.w	Steh auf an den Toren des Horizonts, öffne die Tore des 'Kühlen',
ꜥḥꜥ=k ḫn.t=sn Gbb js ḫntj psḏ.t=f	damit du an ihrer Spitze stehst als/wie Geb an der Spitze seiner Neunheit.

PT [659] = *Pyr.* § 1868:

ꜥḥꜥ=k r=k jr rd-wr	Mögest du aufstehen an der Großen Treppe
Gbb js ḫntj psḏ.t=f	als/wie Geb an der Spitze seiner Neunheit.

PT [666] = *Pyr.* §*1920:

ḫꜥj=k jr=k ḫntj j.ḫm.w-sk	Mögest du erscheinen an der Spitze der Unvergänglichen,
j.wḏ=k mdw ḫnt=sn	um Recht zu sprechen an ihrer Spitze
Gbb js ḫnt ḫ.t psḏ.t Jwnw	als/wie Geb an der Spitze der Körperschaft der Neunheit von Heliopolis.

In *PT* [690] = *Pyr.* §2103 wird die Herrschaft auf drei Götter aufgeteilt: Horus an der Spitze der Lebenden, Geb an der Spitze der Götter, Osiris an der Spitze der Verklärten. Mit allen drei Göttern wird der schakalsgestaltige Tote gleichgesetzt bzw. verglichen:

ḫꜥj.tj r=sn m sꜣb	Du bist erschienen gegen sie als Schakal
Ḥr.w js ḫnt ꜥnḫ.w	als/wie Horus an der Spitze der Lebenden,
Gbb js ḫnt psḏ.t	als/wie Geb an der Spitze der Götter,
Wsjr js ḫnt ꜣḫj.w	und als/wie Osiris an der Spitze der Verklärten.

In *CT* [516] = VI.105f wird das „Gehen" des Toten mit dem des Geb verglichen:

šm=k Gbb js ḫnt psḏ.t	Du gehst als/wie Geb an der Spitze der Neunheit.

Zweite Versgruppe: Wohlgeruch (Verse 22–25):

Der „Duft eines Großen“ und der „Duft der Ichet-Utet“ gehört zu den Eigenschaften der „Zielgestalt“, die dem Toten durch die Verklärungen zugesprochen werden. Sonst ist es die Nase des N, die den Duft der Ichet-Utet riechen soll. Vgl. dazu oben, §20.

Zweiter Teil

Erste Strophe

Erste Versgruppe: Auftritt des N (Verse 26–28)

Vgl. hierzu *PT* [523] = *Pyr.* §1231:

ʿḥʿ=k r=k jr jr.t tw jꜣb.t n Ḥr.w	Mögest du aufstehen an jenem linken Auge des Horus,
sḏm.t mdw nṯr.w jm=s	an dem die Rede der Götter gehört wird.

An dieser Stelle denkt man an ein Tor, in dem der Tote Recht sprechen soll, wohl das östliche Himmelstor, das ja auch sonst als Gerichtsort vorkommt.[119] Über den Toren können Udjat-Augen angebracht sein, so auf jeden Fall an den Scheintüren, die gern auf den Ostseiten der Särge des MR aufgemalt sind. Vielleicht läßt sich über diese Verbindung die Wendung „das linke Auge“ geradezu als „das östliche Tor“ verstehen.

Zweite Versgruppe: Nichtverwesung

§34 Unverweslichkeit

Die Nichtverwesung spielt auch in *PT* [412] = *Pyr.* §722a–d eine Rolle, dem unser Text ja durchweg nahe steht. Das Thema folgt dort unmittelbar auf die Einleitungsverse, mit denen auch unser Text beginnt.

jf n N pn	Fleisch dieses N,
m ḥwꜣ m jmk(=k) m ḏw sṯ=k	verwese nicht, verfaule nicht, dein Geruch sei nicht unangenehm.
nj swꜣꜣ rd=k nj šꜣss nm.t=k	Dein Fuß soll nicht überholt und dein Schritt soll nicht überschritten werden.
nj ḫnd=k ḥr ḥwꜣ.t Wsjr	Du sollst nicht auf die Verwesung des Osiris treten.

[119] Rechtsprechung bei Sonnenaufgang; s. zu diesem Vorstellungskomplex JANOWSKI, *Rettungsgewißheit und Epiphanie des Heils.*

Ebenso folgt in *PT* [576] auf dieselbe Einleitung der Wunsch „nicht verwese N, nicht soll er verfaulen“, der dann im folgenden litaneiartig wiederholt wird. Dem Thema „nicht zu verwesen in der Nekropole“ ist *CT* [755] gewidmet.

In Libationssprüchen wird demgegenüber aber oft das Wasser der Verwesungsflüssigkeit des Osiris gleichgesetzt, z. B. *PT* [436] = *Pyr.* § 788, ähnlich *Pyr.* § 1360:

mw=k n=k bꜥḥ=k n=k	Du hast dein Wasser, du hast deine Überschwemmung,
rḏw prj(.w) m nṯr	der Ausfluß, der aus dem Gott kam,
ḥwꜣꜣ.t prj.t m Wsjr	die Verwesungsflüssigkeit, die aus Osiris kam.

Zweite Strophe: Auftritt als Horus und Upuaut (Verse 32–36)

Auch in *PT* [412] = *Pyr.* § 731c wird der Tote aufgefordert, aufzustehen an der Spitze der beiden Landeskapellen:

ꜥḥꜥ (N) m ḫnt jtr.tj	Steh auf, (N), an der Spitze der beiden Kapellen,
wḏꜥ mdw nṯr.w	spreche den Göttern Recht!

Die Variante Sq6C läßt den Schlußtext weg und schließt mit diesem Satz:

295h	*wsjr N pn ꜥḥꜥ*	Osiris N hier, steh auf,
	wḏꜥ mdw=k	auf daß du Recht sprichst
	ḫnt[j] nṯr[.w] nb.w	an der Spitze aller Götter.

Die wiederholten Aufforderungen, sich zu erheben, beziehen sich kontrastiv zurück auf den Anfang und die Schilderung des erschlagen darniederliegenden Toten.

Schlußtext (Verse 37–42)

Im Schlußtext stellt sich der Sprecher nicht nur als Horus vor, sondern er beschreibt auch den von ihm vollzogenen Ritus als „Verklärung“.[120]

§ 35 Verheimlichung des Namens

Der Schlußsatz bezieht sich auf die Identität des Sprechers magischer Texte, der seine Identität zu verhüllen wünscht. Eine ähnliche Warnung, die Identität des Sprechers preiszugeben, findet sich auch am Ende von Spruch 10, *CT* [72] = I.302d–f:

jm=k ḏd jnk js ḏd n=k nw	Sage nicht, daß ich dir dies gesagt habe.
jn Gbb ḏd.w n=k nw ḥnꜥ Wsjr	Geb ist es, der dir dies gesagt hat zusammen mit Osiris.

[120] Schott, *a.a.O.*, 337 Nr. 1526.

Vgl. *PT* [667] = *Pyr.* § 1940:

hꜣ N pw nḏ=sn rn<=j> m ꜥ=k	O N, wenn sie dich nach meinem[121] Namen fragen,
jm=k ḏd n=sn rn<=j>	dann sage ihnen meinen[122] Namen nicht.
jn m jr n=k kꜣ=sn	„Wer handelt für dich?“ werden sie sagen.
jn s.t<=j> jr n<=j> kꜣ=k	„Mein Stellvertreter ist es, der für mich handelt“ sollst du sagen.

Vgl. damit auch *PT* [510] = *Pyr.* §§ 1128a–1129b:

nj jnk js dbḥ mꜣ=f ṯw	Nicht ich bin es, der dich zu sehen verlangt
m qd=k pw ḫpr jr=k	in jener deiner Gestalt, die dir entstanden ist;
Wsjr dbḥ mꜣ=f ṯw	Osiris ist es, der dich zu sehen verlangt
m qd=k pw ḫpr jr=k	in jener deiner Gestalt, die dir entstanden ist.
jn sꜣ=k dbḥ mꜣ=f ṯw	Dein Sohn ist es, der dich zu sehen verlangt
m qd=k pw ḫpr jr=k	in jener deiner Gestalt, die dir entstanden ist.
jn Ḥr.w dbḥ mꜣ=f ṯw	Horus ist es, der dich zu sehen verlangt
m qd=k pw ḫpr jr=k	in jener deiner Gestalt, die dir entstanden ist.

Ähnlich CT.4, Spruch 10:

n jnk js dbḥ.w mꜣꜣ=f ṯw	Nicht ich bin es ja, der dich zu sehen verlangt
m qd=k wnt.n=k jm=f	in deiner Gestalt, in der du (vordem) warst,
n jnk js[123] *dbḥ.w mꜣꜣ=f ṯw*	sondern Horus ist es, der dich zu sehen verlangt
m qd=k wnt.n=k jm=f	in deiner Gestalt, in der du (vordem) warst,[124]
m prj.t=k m ꜥꜣ.wj p.t	bei deinem Heraustreten aus den Türflügeln des Himmels.[125]

In magischen Texten findet sich öfter das Verfahren, die Identität des Sprechers hinter einer Götterrolle zu verstecken: „Nicht ich bin es, der das gesagt hat, nicht ich bin es, der das wiederholt hat. Der Zauber, der für N, geboren von N, herausgekommen ist, ist es, der das gesagt hat, der das wiederholt hat.[126] „Siehe, nicht

121 So nach Nt. JP II hat *=k* „deinem Namen“, was im Kontext weniger paßt.

122 JP II: „deinen“.

123 Lies mit *CT* VI.353m: *jn Ḥr.w.*

124 Diese Verse lauten in der Fassung von B3Bo ziemlich anders:

jn N tn js dbḥ.t mꜣꜣ=s ṯn (lies *ṯw*)	Denn N ist es ja, die dich zu sehen wünscht
m qd=ṯ (lies *=k*) *pw wn=ṯ* (lies *=k*) *jm=f*	in jener deiner Gestalt, in der du vordem warst;
jn Ḥr.w dbḥ.w mꜣꜣ=f ṯw	Horus ist es, der dich zu sehen wünscht
m qd=k pw wn=k jm=f	in jener deiner Gestalt, in der du vordem warst.

So erklärt sich, was bei TT353 wie eine Dittographie aussieht. Der Schreiber von B3Bo hat erst feminine Suffixe verwendet und dann seinen Fehler korrigiert. Ich glaube aber, daß es in der Urfassung des Spruchs tatsächlich dem Priester als Sprecher darum geht, den angeredeten Toten in seiner früheren Gestalt zu schauen.

125 *CT*: *m prj.t [=k] m Mḥ.t-wr.t* „bei deinem Hervortreten aus der Methyer“.

126 pChester Beatty VIII vso. 4.1–7.5: die Formel wird ständig wiederholt, vgl. Borghouts, *AEMT* Nr. 10.

ich habe das für dich rezitiert, – *sfṯ-sfẖ* ist es, die es für dich rezitiert hat, wie sie es rezitierte für Horus ...“[127]. Zu diesem Mittel greift der Sprecher vor allem dann, wenn es gilt, mit Hilfe von Drohungen[128] bestimmte für den Offizianten günstige Ausgänge zu erzwingen. Der Gegenstand dieser Drohungen ist dabei meistenteils die Vorstellung vom Weltende, die vom Aktanten heraufbeschworen wird[129]. Bei solchen Drohungen schreckt der Offiziant in bestimmten Fällen[130] auch vor schwerem Sakrileg nicht zurück.[131] SAUNERON hat für diesen Vorgang den Begriff *la menace du sacrilège* geprägt[132]. Daß sich jedoch die Magier selbst der Bedenklichkeit dieses Mittels bewußt waren, ist aus dem Verbergen der Identität der Sprecher hinter einer Götterrolle[133] ersichtlich, mit dem sie sich der Verantwortung gegenüber dem Sakrileg entziehen wollten.

Weitere Beispiele[134]:

Pyr. § 1324a–b:

n jn js N pn ḏd nn jr=ṯn nṯr.w	Nicht ist es dieser N, der dies zu euch sagt, Götter,
jn Ḥkꜣ ḏd nn jr=ṯn nṯr.w	sondern Heka ist es, der dies zu euch sagt, Götter!

Mag. pHarris IX, 10–11 (nach BOMMAS, *Papyrus Harris*, 34):

bn jnk j.ḏd sw	Nicht ich bin es, der dies sagt,
bn jnk j.wḥm sw	nicht ich bin es, der dies wiederholt,
Mꜥgꜣjj sꜣ Stẖ j.ḏd sw	sondern Maga, der Sohn des Seth, ist es, der dies sagt,
m ntf j.wḥm sw	und er ist es, der dies wiederholt.

pTurin 136.8–9 (PLEYTE/ROSSI, *Papyrus de Turin*, Taf. 136):

nn jnk j.ḏd sw	Nicht ich bin es, der dies sagt,
nn jnk wḥm sw	nicht ich bin es, der dies wiederholt,
Srqt j.ḏd sw	sondern Selket ist es, die dies sagt,
m ntj s.t wḥm sw	und sie ist es, die dies wiederholt.

127 pChester Beatty VII, rto. 4, 4–7; BORGHOUTS, *a.a.O.*, Nr. 100.

128 SAUNERON, *Menaces*, 11–21.

129 SCHOTT, *Weltende*, 319–330.

130 Z.B. im Falle von Krankheit, wie dies in pLeiden I 348 rt. 4.3–4.5 für einen Patienten mit Kopfschmerzen belegt ist, s. BORGHOUTS, *Papyrus Leiden I 348*, 18.

131 Dies trifft auch für den in *PT* [520] belegten Fall einer Drohung gegen den Fährmann zu, falls dieser den Verstorbenen nicht ohne Verzug überzusetzen bereit ist.

132 SAUNERON, *Magicien*, 41.

133 Generell begründen in jedem Rollenspiel die Darsteller ihre Legitimation durch das Dargestellte selbst, hinter dem ihre eigene Person notwendigerweise zurücktritt.

134 Nach SAUNERON, *a.a.O.*, 60, Anm. 39.

Aufbau

	5 Eröffnungsformel		
		10 Litanei gegen die Feinde	6 Distanzierung 4 Verspeisung der Feinde
	16 Distanzierung		
38		6 Zielgestalt	3 Zielgestalt als Schakal 3 Grenze flechten, Zielgestalt als Geb
	11 Aufstehen	6 Aufstehen und Unverweslichkeit 5 Aufstehen an der Spitze	
	6 Schlußtext		

Spruch 10

[70]
BARGUET, *Textes des sarcophages* 116
FAULKNER, *AECT* I, 66

1	297c	*rḏj.t t ḥnq.t n ꜣḫ*	Einem Verklärten Brot und Bier geben.[135]
2	296f	*N pn*	N hier!
3	g	*mn n=k t=k pn*	Nimm dir dieses dein Brot,
4	h	*prj ḥr nḫn.w=k*	das hervorgegangen ist aus deinem Opferhof,[136]
5	i	*rḏj.n n=k Ḥr.w ḫn.tj tꜣ-šmꜥ.w*	das dir Horus, der Erste von Oberägypten, gegeben hat.
6	j	*mḥ=k jnj.n n=k*	Mögest du ergreifen, was dir gebracht wurde.
7	297a	*ḫwj mḥ=k*	Verhüte, daß du ertrinkst!
8	b	*n wrḏ jb=j r rḏj.t=f n=k*	Nicht wird mein Herz müde, es dir zu geben.

Vgl. *PT* [105] = *Pyr.* §*68e,i:

jw.n=j rtḥ<=j> ṯw	Ich bin gekommen, um dich einzufangen
ḫw<=j> mḥ=k wsjr N	und um zu verhindern, daß du ertrinkst, Osiris.

[135] Als Rubrum am Spruchende in Sq3C. SCHOTT, *Bücher und Bibliotheken*, 191 Nr. 669b.
[136] *nḫn*, Wb II, 310,4-7 „Art Gebäude"; 312,8-9: „Art Brote".

wrḏ jb: In dem verbreiteten Libationsspruch *PT* [32] = *Pyr.* §23a auf das Herz des Empfängers bezogen:

m-n=k rḏw prj(.w) jm=k	Nimm dir den Ausfluß, der aus dir hervorging;
nj wrḏ jb=k ḫr=s	dein Herz soll nicht müde werden dadurch.

Wie (vermutlich) hier auf das Herz des Offizianten bezogen in *PT* [690] = *Pyr.* §2118a:

nj smḫw<=j> ṯw nj wrḏ jb<=j>	Ich werde dich nicht vergessen und mein Herz wird nicht müde werden,
r prj.t n=k ḫrw rꜥ.w nb	dir das Totenopfer darzubringen Tag für Tag.

Ein kurzer Übergabe-Spruch ohne elaborierte sakramentale Ausdeutung. In dem wiederholten *mḥ* muß ein Wortspiel stecken; vielleicht mit *mḥw* „Unterägypten" in Ergänzung des Horustitels *ḫn.tj tꜣ-šmꜥ*, Erster von Oberägypten?

Spruch 11

[71]
BARGUET, *Textes des sarcophages,* 117
FAULKNER, *AECT* I, 67

1	297d	*rḏjt t n ꜣḫ*	Einem Verklärten Brot zu geben.[137]
2	e	*mn n=k Jrt-Ḥr.w nšbšb.t.n=k ḥr=s*	Nimm dir das Horusauge, mit dem du dich erfrischt hast[138].

= *PT* [94], Spruch zur Übergabe eines *šns*-Laibes.

Spruch 12

[72]
BARGUET, *Textes des sarcophages*, 117
FAULKNER, *AECT* I, 67 f.
MÜNSTER, *Isis*, 35

1	298a	*jꜣ N pn*	O, N hier!
2	b	*mw=k n=k*	Du hast dein Wasser,
3		*bꜥḥ=k n=k bꜥḥ*	du hast deine Überschwemmung im Überfluß.
4	c	*ṯs ṯw*	Erhebe dich.

137 SCHOTT, *a.a.O.*, 191 Nr. 669c. Nur B10C.

138 Vgl. *wšb*, „sich ernähren" (Wb I, 371,3–4). Bei der Reduplikation ist das anlautende *w* zugunsten des Reduplikationsanzeigers *n* ausgefallen, s. EDEL, *Altäg. Gramm.* I, §427.

5	d	*šsp n=k fd.t jp.t ꜥꜣb.wt ꜥbḥ.wt*	Nimm' dir diese vier vollgeschöpften Wasserkrüge[139].
6	e	*sk n=j sp sn.wj*	Fegt ab für mich, fegt ab für mich,
7	f	*sꜣṯ n=j sp sn.wj*	gießt aus für mich, gießt aus für mich,
8	g	*gr n=j sp sn.wj*	schweigt für mich, schweigt für mich,
9	h	*sḏm n=j sp sn.wj*	hört auf mich, hört auf mich!
10	i	*sḏm sw mdw pw ꜥꜣ*	Hört das große Wort,
11	j	*jrj.n Ḥr.w n jtj=f Wsjr*	das Horus für seinen Vater Osiris ausgeführt hat,
12	299a	*ꜣḫ=f jm ꜥꜣ=f jm*	damit er dadurch verklärt sei, damit er dadurch groß sei,
13	b	*wꜣš=f jm spd=f jm*	damit er dadurch mächtig sei, damit er dadurch 'scharf' sei,
14		*ḫpr=f jm m ḫntj jmn.tjw*	damit er dadurch zu Chontamenti werde,
15	c	*ḥmsj=f jm r rmn.wj psḏ.t*	damit er dadurch auf den Schultern der Götterneunheit sitze.
16	d	*jtj=j ṯs ṯw*	Mein Vater, erhebe dich,
17		*Wsjr ṯs ṯw*	Osiris, erhebe dich!
18	e	*Jnp.w ṯs ṯw*	Anubis, erhebe dich!
19	f	*ḏrw.t=k ꜣs.t*	Dein Klageweib ist Isis,
20		*ḫnf.wt=k Nbt-ḥw.t*	deine *ḫnf.t* ist Nephthys.[140]
21	g	*ḫnf.w=k nṯr=k*	Deine *ḫnf*-Kuchen, dein Natron.[141]

Einschub T2C:

h	*qbḥ=k jpn jtj=j prj.w m ꜣbw*	Dieses dein kühles Wasser, mein Vater, ist hervorgegangen aus Elephantine.
i–j	*t=k jpn ḫnf.w=k Wsjr*	Dieses dein Brot und deine *ḫnf*-Kuchen, Osiris.
k	*bḥnn.t=k Nw.t<=k>-Nw*	Deine *ḥbnn.t*-Brote sind Nutek-Nu.
l	*jꜣ N pn jꜣ N pn*	O N hier! O N hier!
m	*rs r t=k pn srf jrj.n=j n=k*	Erwache zu diesem deinem warmen Brot, das ich für dich bereitet habe,
n	*ḫꜣ=k m t ḫꜣ=k m ḥnq.t*	deinem Tausend an Brot, deinem Tausend an Bier,
o	*ḫꜣ=k m dꜣb*	deinem Tausend an Feigen,[142]

139 T1C hat *nms.wt ꜥꜣb.wt*, die anderen nur *ꜥꜣb.wt*.

140 T2C hat *ḏr.wt=k ꜣs.t ḥnꜥ Nb.t-ḥwt* „deine Klageweiber sind Isis und Nephthys".

141 So nur T1C und Sq3C. Für die Gleichsetzung der *ḫnf*-Kuchen mit Osiris vgl. I.282g und I.299j.

142 Die Verse I.299f–o stellen eine Kurzfassung von *CT* [67] = I.282c–283d dar.

	301h	*ḫꜣ=k m wꜥḥ.w*	deinem Tausend an Erdmandeln,[143]
		ḫꜣ=k m sš	deinem Tausend an Alabaster,
		ḫꜣ=k m mnḫ.t	deinem Tausend an Linnen
		šbt.w=k ḥr nm.t=k m jmj.t wsḫt	sowie deinen Fleischstücken auf deiner Schlachtbank, als etwas, das sich in der Breiten Halle befindet.

Fortsetzung Hauptfassung:

22	300a	*sḥtp=k m-ꜥ Rꜥ.w*	Mögest du von Re zufrieden gestellt werden.
23	b	*ḏꜣj=k r=k r sḫ.t-ḥtp.w*	Mögest du doch zu den Opfergefilden übersetzen
24	c	*m-m sn.w=k jmj.t=sn*	zusammen mit deinen Brüdern, in ihrer Mitte.
25	d	*rmṯ jpf jḏd.w*	Jene Menschen, die behaupten,
26		*mwt.n=k js mwt.t*	daß du den Tod gestorben bist –
27	e	*n rḏj=j mwt=k mwt.t*	ich habe verhindert, daß du den Tod stirbst.
28	f	*n mwt wr qdd ꜥꜣ bꜣg*	Nicht wird der an Schlaf Große und der an Müdigkeit Große sterben.
29	g	*skꜣ n=k jt*	Für dich wurde Gerste angepflanzt
30		*ꜣsḫ n=k bd.t*	für dich wurde Emmer gemäht:
31	h	*jrj.n=j rnp.wt=k jm*	damit habe ich deine Jahresfeste[144] ausgerichtet,
32	i	*jrj.n=j ꜣbd.w=k jm*	damit habe ich deine Monatsfeste ausgerichtet,
33		*jrj.n=j smd.wt*[145]*=k jm*	damit habe ich deine Halbmonatsfeste ausgerichtet.
34	301b	*ḫꜣ=k m dꜣb.w*	[146]Dein Tausend an Feigen,
35		*ḫꜣ=k m nq.t*	dein Tausend an Sykomorenfrüchten[147],

[143] Vgl. EDEL, *Qubbet el-Hawa* II./1, 22.

[144] Wb II, 432,4.

[145] Lesung unsicher, vgl. Wb III, 147,1.

[146] Sq3C fügt ein: 301a *jꜣ N pn* O, N hier!

[147] T9C fügt nach *nq{n}t* ein:

ḫꜣ m wsḫ.t	Tausend in der Breiten Halle,
ḫꜣ m kꜣ.w	Tausend an Rindern.

T1C hat eine ganz andere Liste:

ḫꜣ=k m [...]	dein Tausend an [...]
[...]	[...]
[ḫꜣ=k] m t	[dein Tausend] an Brot,
ḫꜣ=k m šs	dein Tausend an Alabaster.

Dann folgen die Gänse.

36		*ḫꜣ=k m […]*	dein Tausend an […][148],
37	c	*ḫꜣ m rꜣ*	Tausend an Graugänsen,
38		*ḫꜣ m ṯrp*	Tausend an Bläßgänsen
39	d	*ḥr wdḥ.w n ḫntj-jmn.tjw*	auf den Opfertisch des Chontamenti.
40	e	*jj n=k nṯr.w m ks.w*	Die Götter kommen in Verneigung zu dir,
41	f	*ḥꜥ n=k nṯr dwꜣ.w*	der Morgenstern jubelt dir zu.
42	g–302a	*jnj.n=f n=k jm.w Nw*	Er bringt dir die sich im Urwasser befinden.
43	b	*ḥwj=k m ꜥbꜣ*	Du sollst mit dem *ꜥbꜣ*-Szepter schlagen
44		*ḫrp=k m jꜣꜣ.t*	und du sollst leiten mit dem *jꜣꜣ.t*-Szepter.
45	c	*ḏꜣj=k š nmj=k sj.wj*	Du sollst den See überqueren und du sollst den Zwei-Schafe-See überfahren.
46	d–e	*jm=k ḏd jnk js ḏd n=k nw*	Sage nicht, daß ich es bin, der dir dies gesagt hat,
47	f	*jn Gb ḏd n=k nw ḥnꜥ Wsjr*	sondern Geb war es, der dir dies zusammen mit Osiris gesagt hat.

Strophe 1

Erste Teilstrophe (Verse 1–3)

§36 Übergabeformel zur Wasserspende

Beispiele aus den Pyramidentexten:

Pyr. §734a:

ṯs ṯw jtj mw=k n=k bꜥḥ=k n=k	Erhebe dich, (mein) Vater, dir gehört dein Wasser, dir gehört deine Überschwemmung.

Pyr. §774a:

hꜣ N pw mw=k n=k bꜥḫ=k n=k	O N hier, dir gehört dein Wasser, dir gehört deine Überschwemmung.

Pyr. §788a:

mw=k n=k bꜥḫ=k n=k	Dir gehört dein Wasser, dir gehört deine Überschwemmung.

[148] In B10C zerstört.

Pyr. §1291a:

mw=k n=k	Dir gehört dein Wasser,
bꜥḥ=k n=k	dir gehört deine Überschwemmung,
rdw=k n=k pr<j.w> m Wsjr	dir gehört dein Ausfluß, der aus Osiris hervorkommt.

Pyr. §1360a:

ṯs ṯw ꜣḫj p N pn	Erhebe dich, dieser Verklärter, dieser N!
mw=k n=k	Dein Wasser gehört dir,
bꜥḥ=k n=k	deine Überschwemmung gehört dir.

Pyr. §*1883b:

jh n=k jtj N	Freude sei dir, (mein) Vater, König N,
mw=k n=k bꜥḥ=k n=k	dein Wasser gehört dir, deine Überschwemmung gehört dir.

Pyr. §2007a:

mw=k n=k	Dein Wasser gehört dir,
bꜥḥ=k n=k	deine Überschwemmung gehört dir,
rdw=k n=k	dein Ausfluß gehört dir.

Pyr. §2031a:

mw=k n=k	Dein Wasser gehört dir,
rdw=k n=k	dein Ausfluß gehört dir,
bꜥḥ=k n=k	deine Überschwemmung gehört dir.

Pyr. §868a:

mw=k bꜥḥ=k prj <j>m=k	Dein Wasser ist die Überschwemmung, die aus dir hervorkommt.

Vgl. auch *Pyr.* §1748a:

jꜥj n=k ꜥ.wj=k m mw jpn rnp pw	Wasch dir deine Arme mit diesem frischen Wasser,
rdj.n n=k jtj=k Wsjr	das dir dein Vater Osiris gegeben hat.

Zur sakramentalen Ausdeutung der Wasserspende als Ausfluß des Osiris s. Bd. II, NR 1.2 §9.[149] Zum Begriff „Ausfluß“ s. ferner:

CT III.301c:

šꜣs=ṯn nmt.t r ḏꜣḏꜣ.t	Ihr schreitet den Schritt zur Gerichtsstätte,
r bw nt nṯr.w jm	zu dem Ort, an dem die Götter weilen,
rdj=sn rwḏ prj jm=k	indem sie den Ausfluß geben, der aus dir hervorkommt.

[149] S. ferner ASSMANN, *Tod und Jenseits*, 462–71.

CT V.10j:

wṯs.t rwḏ Wsjr jw n Sꜣw.t	Der Träger des Ausflusses des Osiris ist die Insel von Siut[150].

CT V.19c–d, vgl. 22e:

jw ḥtm.n=j jb.t=j	Ich habe meinen Durst gelöscht
m rwḏ pw wr n jtj=j Wsjr	mit diesem großen Ausfluß meines Vaters Osiris.

Zweite Teilstrophe (Verse 4–5)

Zur Reinigung mit den vier *nms.t*- bzw. *ꜥb.t*-Krügen s. oben, §24.

Zweite Strophe

§37 Aufforderung zum Schweigen, Hören des „Großen Worts"

Die Übersetzung der ersten vier Ausrufe ist reine Vermutung. Es handelt sich um eine Variante von *PT* [734] = *Pyr.* §2263 (*PT* N22 (A/E 61-64 = N 1055+74-77):

sṯ sṯ	Gießt aus, gießt aus!
rw.t rw.t	Tanzt, tanzt![151]
j.gr j.gr	Schweigt, schweigt!
sḏm sḏm	Hört, hört:
mdw pw ḏd.n Ḥr.w n jtj=f Wsjr	Dieses große Wort, das Horus seinem Vater Osiris gesagt hat,
j.ꜣḫ=k jm ꜥꜣ=k jm	damit du dadurch verklärt seist, damit du dadurch groß seiest,
ḥmsj=k r=k ḥr ḫnd [...]	damit du sitzt auf dem Thron [...]

Dieser Spruch endet mit der Aufforderung, sich zum „Tausender-Mahl" niederzusetzen. Vergleichbare Aufforderungen, zu schweigen und das Wort des Horus zu hören, kommen auch in einem Spruch vor, der in den *CT* als „Begrüßung eines Verklärten" (MC105) überschrieben ist und in T9C und MC105 in Verbindung mit Liturgie 1 vorkommt (= DE BUCK *CT* [28] und *CT* [29]).
Vgl. *CT* I.81a–e [29]:

150 FAULKNER, *AECT* II, 2 übersetzt durch „The efflux of Osiris is lifted up <to> the Island of Asyut". Ein Hochheben des Leichensekrets auf die Insel macht im Hinblick auf den Mythos des halb im Wasser liegenden Osiris (vgl. dazu die Beschreibung des Todes im *Lebensmüden*) keinen Sinn.

151 Zum Verbum *rw.t* vgl. die Bemerkungen zu *Rwrwtj*, Spruch 1, §1.

j.gr j.gr rmṯ	Schweigt, schweigt, ihr Menschen!
sḏm sḏm rmṯ	Hört, hört, ihr Menschen!
sḏm=ṯn sw mdw pn ꜥꜣ	Hört es, dieses große Wort,
jrj.n Ḥr.w n jtj=f Wsjr	das Horus gemacht hat für seinen Vater Osiris,
ꜥnḫ=f jm bꜣ=f jm wꜣš=f jm	damit er dadurch lebe, damit er dadurch ba-mächtig sei, damit er dadurch ehrenmächtig sei.

Der gleiche Spruch trägt in TT 100, ed. Davies, *Rekh-mi-Re*, Taf. 76, den Titel „Spruch, einem Verklärten sein Herz zurückzubringen".[152] Dort heißt es:

gr.w nṯr.w	Schweigt, ihr Götter!
sḏm.w rmṯ.w	Hört zu, ihr Menschen!
sḏm.w wḏ pn jrj.n Ḥr.w n jtj=f Wsjr	Hört diesen Befehl, den Horus erlassen hat zugunsten seines Vaters Osiris,
ꜥꜣ n=f jm ꜣḫ n=f jm wsr n=f jm	damit er dadurch groß, verklärt und mächtig sei,
ḫpr=f jm m ḫn.tj-jmn.tjw	damit er dadurch zum Ersten der Westlichen werde.

Kürzer, und ebenfalls im Zusammenhang einer Libation, kommt das Motiv auch in *PT* [460] = *Pyr.* § 868 vor:

hꜣ N pn mw=k bꜥḥ	O N hier: Dein Wasser ist die Überschwemmung,
qbḥ=k bꜥḥ wr prj jm=k	dein kühles Wasser ist die große Überschwemmung, die aus dir hervorgegangen ist.
j.gr m sḏm=ṯn sw mdw pn j.ḏd.w N pn	Schweigt, damit ihr es hört, dieses Wort, das N hier gesagt hat,
ꜣḫ=f ḫntj ꜣḫj.w sḫm=f ḫntj ꜥnḫ.w	damit er verklärt sei vor den Verklärten und mächtig vor den Lebenden,
ḥmsj=f r smꜣ ḫntj-jmn.tjw	damit er sitzt neben dem Ersten der Westlichen.

Eine Variante hierzu liegt wohl in dem fragmentarischen Spruch *PT* [618] = *Pyr.* § 1746a–b vor:

j.gr m rmṯ sḏm[...]	Schweigt, ihr Menschen, hört [...]
[...] ḫr ḫntj-jmn.tjw	[...] bei dem Ersten der Westlichen.

Vgl. zu diesen Stellen noch den Anfang von *PT* [582] = *Pyr.* § 1558:

jj.n N ḫr=k Ḥr.w	N ist zu dir gekommen, Horus,
jrj=k n=f sw / j.ḏd=k n=f	damit er es dir macht,

[152] Der Spruch kommt auch im Ritual für Amenophis I. vor (pTurin xvii, 10–11+pChester Beatty IX,iv,1 ff.).

mdw pw ꜥꜣ nfr	dieses große, schöne Wort,
rḏj.n=k n Wsjr	das du Osiris gegeben hast,
ꜥꜣ N jm=f wrr=f jm=f	damit er dadurch groß werde, damit er dadurch gewaltig werde.

Mit dem „großen schönen Wort“, das Horus dem Osiris gegeben hat, ist die Verklärung gemeint, die sich in dieser Wendung selbst abbildet.[153] Die Aufforderung, zu schweigen und zuzuhören, paßt ausgezeichnet in den Kontext eines Reinigungsritus, der eine Serie weiterer Sprüche und Riten eröffnet, wie es die Funktion des Ritus *zꜣṯ* ist. Daher möchte man annehmen, daß auch im Rahmen unserer Liturgie mit Spruch [72] eine neue Sequenz beginnt. Dabei kann es sich nur um die Totenklagen der Isis und Nephthys handeln, die das Thema von [73] und [74] bilden. Von diesen Totenklagen ist auch gleich im folgenden die Rede.

Dritte Strophe

Zum Einschub in T2C vgl. Spruch 5:

282a	*rs rs N pn*	Erwache, erwache, N hier!
b	*rs Wsjr rs Jnpw tp mnj=f*	Erwache, Osiris, erwache, ‘Anubis auf seinem Meni’!
c	*ḏrw.t=k ꜣs.t ḥnꜥ Nb.t-ḥw.t*	Deine Klageweiber sind Isis und Nephthys;
d–e	*qbḥ.w=k jpn prj.w m ꜣbw*	dieses dein kühles Wasser ist hervorgegangen aus Elephantine;
f	*t-ḥḏ=k Jnpw*	dein Weißbrot, Anubis,
g	*ḫnf.w=k Wsjr*	deine *ḫnf*-Kuchen, Osiris,
h	*ḥbnn.t=k Nw.t<=k>-Nw*	dein *ḥbnnt*-Brot ist Nutek-Nu.
i	*jꜣ N pn*	O N hier!
283a	*rs r t=k pn srf jrj.n=j n=k*	Erwache zu diesem deinem warmen Brot, das ich für dich gemacht habe,
b	*ḫꜣ=k m t*	deinem Tausend an Broten,
	ḫꜣ=k m ḥnq.t	deinem Tausend an Bier,
c	*ḫꜣ=k m kꜣ.w*	deinem Tausend an Rindern,
	ḫꜣ=k m ꜣpd.w	deinem Tausend an Geflügel,
d	*ḫꜣ=k m dꜣb*	deinem Tausend an Feigen,
e	*ḫꜣ=k m wꜥḥ.w*	deinem Tausend an Erdmandeln,
	ḫꜣ=k m jꜣrr.wt	deinem Tausend an Weintrauben,
f	*ḫꜣ=k m šs*	deinem Tausend an Alabaster,
	ḫꜣ=k m mnḫ.t	deinem Tausend an Linnen
g	*šbt.w=k ḥr nm.t=k*	sowie deinen Fleischstücken auf deiner Schlachtbank
h	*t=k m jmj.wt wsḫ.t*	und deinem Brot, das sich in der Breiten Halle befindet.

[153] Belege in SCHOTT, *Bücher und Bibliotheken*, 88 Nr. 156.

Vierte Strophe: Schlußtext

Erste Versgruppe: Warnung vor übler Nachrede (Verse 25–28)

Zu *js* als Markierung indirekter Rede vgl. oben.

§ 38 *sꜣṯ* als Reinigung von übler Nachrede

Der Satz wird nicht weitergeführt. Gemeint ist offenbar: „Was die Behauptung jener Menschen betrifft, du seist gestorben, so lügen sie; ich versichere, daß ich verhindert habe, daß du gestorben bist.“ *tm rḏj* „nicht veranlassen“ heißt „verhindern“. Die Aussage gehört in den Kontext des Themas „Distanzierung“. Die Behauptung, daß N gestorben sei, erfüllt den Tatbestand übler Nachrede. Damit fallen „jene Menschen“ unter die Gruppe derer, die in der *PT*-Fassung des *sꜣṯ*-Ritus von Thot und Osiris gepackt werden sollen:

Wsjr jṯj n=k msḏḏ.w W nb.w	Osiris, ergreife dir[154] alle, die Unas hassen
mdw.w m rn=f ḏw	und die über seinen Namen schlecht reden!
Ḏḥwtj jsj jṯj sw n Wsjr	Thot, eile und ergreife ihn für Osiris!
jnj mdw.w m rn W ḏw	Bring den, der schlecht über den Namen des Unas redet!
wd n=k sw m ḏr.t=k	Gib ihn dir in deine Hand![155]

Vielleicht ist mit diesem „schlecht über den Namen des Unas reden“ auch nichts anderes als die Behauptung gemeint, daß Unas gestorben ist. Jedenfalls ist das Thema der Distanzierung des Toten von Wesen, die ihm übel wollen, insbesondere mit den Riten *sꜣṯ* und „Zerbrechen der roten Töpfe“ verbunden, die das Mahl eröffnend und beschließend einrahmen.[156]

Zweite Versgruppe (Verse 29–33)

Eine Variante des Schlußtexts von Spruch 6, s. dort.

Fünfte Strophe: ‘Tausend’ (Verse 34–39)

Der „Tausender“-Spruch, entweder in der Form „Tausend an …“ oder, wie hier „dein Tausend an …“, ist eine liturgische Formel, die eine Opferspende beglei-

[154] ALTENMÜLLER, *Begräbnisritual*, 66 übersetzt:
Osiris, (ich) ergreife dir alle, die den König hassen und den, der schlecht über seinen Namen redet.
Ich ziehe die traditionelle Übersetzung (*jṯj* als Imperativ mit Dativus ethicus) vor wegen der Parallele zur Anrufung an Thot und wegen des besseren Sinns, der in der Mobilisierung der Götter gegen anderweitig eben gerade *nicht* „greifbare“ Feinde besteht.

[155] Vgl. *PT* [23] = *Pyr.* § 16a–c; MÖR Sz. 69B (*zꜣṯ*).

[156] Vgl. hierzu ASSMANN, *Spruch 23 der Pyramidentexte*, 45–60.

tet, wobei offen bleiben muß, was hier tatsächlich gespendet wird. Die Zahl „Tausend“ ist nur eine Bezeichnung der Fülle, für die die tatsächlich dargebrachte Spende ein Symbol ist. Der Spruch vermag das kultweltliche Symbol in götter- oder totenweltliche Fülle zu transformieren. Auch wenn es sich hier um eine liturgische Formel handelt, läßt sich jedoch in der Aufzählung der Gaben eine große Variabilität beobachten. Die hier getroffene Auswahl von Speisen, die sich auf Früchte und Geflügel beschränkt, ist ganz ungewöhnlich. Zu der Fruchtbezeichnung *nqꜥ.wt* (Wb II, 343) s. ALTENMÜLLER, *Neferherenptah*, 12 Anm. 30; KOENIG, *Nouveaux textes* [I], 128. Die Gänse kommen auch in der Tausenderliste von *PT* [734] = *Pyr.* § 2264 vor, aus dem wir bereits den Spruch zum *sꜣṯ*-Ritus zitiert haben:[157]

jꜣ N ḫꜣ=k m t ḫꜣ=k m ḥnq.t	O N, dein Tausend an Brot, Bier,
ḫꜣ=k m r ḫꜣ=k m sr ḫꜣ=k m ṯrp	*rꜣ*-Gänsen, *sr*-Gänsen, *ṯrp*-Gänsen
ḫꜣ=k [...]	[...]

Sechste Strophe: Herrschaft (Verse 40–45)

Der „Morgengott“ (= Morgenstern) kommt sehr oft in den Pyramidentexten vor als eine „Zielgestalt“ des Toten, insbesondere im Zusammenhang mit dem Binsengefilde[158] oder dem Himmelsaufstieg als Stern.[159] Oft wird auch der Morgenstern als „Sproß“ (*msṯw*) des Toten bezeichnet.[160]

[157] Vgl. auch den Text im Schrein des Sarenput I. im Heqaib-Heiligtum, FRANKE, *Heqaib*, 216 Text 1f:
... *rꜣ*-Gänse, *ṯrp*-Gänse, *sꜣt*-Enten, *sr*-Gänse und Geflügel, Rinder, Gazellen und Antilopen ...

[158] *Pyr.* §§ 805a, 1719f:

ḏj=f ṯw m nṯr dwꜣ ḥr.j-jb sḫ.t-jꜣr.w	Möge er dich als Morgenstern ins Binsengefilde setzen!

[159]

Pyr. § 1206f *šm N jm jr ꜣḫ.t ḫ.r Rꜥ.w*	N geht damit zum Lichtland des Re,
Pyr. § 1207a *nṯr dwꜣ Ḥr.w dꜣ.t(j) bjk nṯr wꜣḏꜣḏ*	(als) Morgenstern, als Unterweltlicher Horus, göttlicher Falke, *wꜣḏꜣḏ*-Vogel.
Pyr. § 1295a *wḏ.n Jnpw ḫntj sḥ-nṯr*	Anubis, der Herr des Gotteszeltes, hat befohlen,
hꜣjj=k m sbꜣ m nṯr dwꜣ	daß du herabsteigst als Stern, als Morgenstern.
Pyr. § 1366c *prj=k jr p.t m sbꜣ m nṯr dwꜣ*	Mögest du zum Himmel aufsteigen als Stern, als Morgenstern.
Pyr. § 2014b *prj=k nn m sbꜣ m nṯr dwꜣ*	Mögest du nach hier aufsteigen als Stern, als Morgenstern.

[160] *Pyr.* § 357a: *sn.t N pw Spd.t msṯ.w N pn nṯr dwꜣ* “die Schwester dieses N ist Sothis, der Sproß dieses N ist der Morgenstern“. Ähnlich *Pyr.* §§ 929b und 1707a; ferner 1001b (*sn pw n N jꜥḥ msṯw N pw nṯr dwꜣ* „der Bruder des N ist der Mond, sein Sproß ist der Morgenstern“); *Pyr.* § 1104b *msṯw=j nṯr dwꜣ* „mein Sproß ist der Morgenstern“.

Zu den beiden Szeptern s. *CT* I.274e–f und Kommentar §5 sowie CT.4, Spruch 12, Verse 17ff.

§39 Die *jmj.w Nw*

Die *jmj.w Nw* werden in den Pyramidentexten neben anderen jenseitigen Untertanen des Toten erwähnt, vgl. *Pyr.* §§871–2:

prj=k m sbꜣ dwꜣ	Mögest du aufsteigen als Morgenstern,
ẖnt=k/ẖn=k m ḫntj/ḫtrtj	mögest du rudern als *ḫntj*.
snḏ n=k jmj.w Nw	Die im Nun sollen sich vor dir fürchten.
wḏ=k mdw.w n ꜣḫj.w	Mögest du den Verklärten Befehle erteilen.
sbḥ n=k ꜣst ḏs.w n=k Nb.t-ḥw.t	Möge Isis um dich wehklagen und Nephthys um dich jammern.

Pyr. §§1165c–1166:

ḥms jr ḥr ḫnd=k pw bjꜣ	Setz dich doch auf jenen deinen Thron von Erz,
šsp n=k ḥḏ=k ꜣms=k	nimm dir deine *ḥḏ*-Keule und deine *ꜣms*-Keule,
sšm=k jmj.w Nw j.wḏ=k mdw n nṯr.w	damit du die im Nun leitest und den Göttern Befehle erteilst.

Pyr. §1678:

j.n jtj=j ḥqꜣ=f njw.wt sšm=f grg.wt	Mein Vater ist gekommen, um die Städte zu beherrschen und die Siedlungen zu leiten,
wḏ=f mdw n jmj.w Nw	um denen im Nun Befehle zu erteilen.

Pyr. §2147a:

j n=k jmj.w Nw nmnm n=k ḥnmm.t	Die im Nun kommen zu dir, das Himmelsvolk bewegt sich zu dir hin.

Der „See" und „Zwei-Schafe-See", den der Tote hier „überqueren" soll, ist zweifellos derselbe Ort der Gefahr und Vernichtung, vor dem er in anderen Sprüchen gewarnt wird.

Schlußtext: Verheimlichung (Verse 46–47)

Zum Motiv der Verheimlichung des Namens vgl. oben, §35.
js dient zur Markierung indirekter Rede.

Aufbau

		4 Libationsspruch	
	14	10 *s3ṯ*-Spruch	
		9 Erhebe dich-Spruch	
46	18	9 Schlußtext	4 Distanzierung
			5 Getreide
		6 „Tausend“	
	14	8 Herrschaft	3 Huldigung
			3 Ausübung
			2 Verheimlichung

II. Abschnitt

Totenklagen der Isis und Nephthys

Spruch 13: Auftritt von Isis und Nephthys

PT [532A] = *Pyr.* §§ 1255–58 var.
[73]
Barguet, *Textes des sarcophages*, 118
Faulkner, *AECT I*, 68f.

1	303a	*s3ḫ*	Verklärung[161]
2	b	*wḥꜥ Ḏd mꜥnḏ.t n nb=s*	Gelöst wird der *Ḏd*-Pfeiler der Morgenbarke für ihren Herrn,
3	c	*wḥꜥ Ḏd mꜥnḏ.t n ḥ3=s*	gelöst wird der *Ḏd*-Pfeiler der Morgenbarke für ihren Beschützer (w. “den, der sich hinter ihr befindet“).
4	d	*jj 3s.t jj Nb.t-ḥw.t*	Isis kommt, Nephthys kommt;
5	e	*wꜥ.t=snj m jmnt.t*	eine von ihnen zur Rechten/im Westen,
6	f	*wꜥ.t=snj m j3b.t*	eine von ihnen zur Linken/im Osten,

[161] Spruchtitel in B10C. Schott, *Bücher und Bibliotheken*, S. 341 Nr. 1533a. Nach Schott bezieht sich dieser Titel in B10C auf die Spruchfolge 73–74+832.

7	g	*wꜥ.t=snj m ḏrw.t*	eine von ihnen ein *ḏrw-t*-Trauervogel[162],
8		*wꜥ.t=snj m ḥꜣw.t*	eine von ihnen ein *ḥꜣw-t*-Trauervogel.[163]
9	h–304a	*ḫwj=sn rpw=k*	[164]Sie verhüten, daß du verrottest
10		*m rn=k pw n Jnpw*	in jenem deinem Namen „Anubis",
11	b	*ḫwj=sn zꜣb ḥwꜣw.t=k r tꜣ*	und sie verhüten, daß deine Verwesungsflüssigkeit in den Boden sickere[165]
12		*m rn=k pw n Sꜣb šmꜥj*	in jenem deinem Namen „oberägyptischer Schakal".
13	c	*ḫwj=sn ḏw s.ṯ ẖꜣ.t=k {r tꜣ}*[166]	Sie verhüten, daß schlecht werde der Geruch deines Leichnams
14	d	*m rn=k pw n Ḥr.w H̱ꜣ.tj*	in jenem deinem Namen „Horus von *H̱ꜣt*".
15	e	*ḫwj=sn ḥwꜣ Ḥr.w jꜣb.tj*	Sie verhüten, daß der östliche Horus verfaule,
16	f	*ḫwj=sn ḥwꜣ Ḥr.w dwꜣ.tj*	sie verhüten daß, der unterweltliche Horus verfaule.
17	305a	*ḫwj=sn ḥwꜣ Ḥr.w nb pꜥ.t*	Sie verhüten, daß der Horus, Herr der Menschen verfaule,
18	b	*ḫwj=sn ḥwꜣ Ḥr.w nb tꜣ.wj*	sie verhüten, daß der Horus, Herr der Beiden Länder verfaule.
19	c	*sḏm mdw.w=k jn Gb*	Deine Worte werden von Geb gehört,
20	d–e	*ḥwj n=k sḏb jn Jtm*	entfernt wird von dir die Belastung durch Atum.
21	f	*smꜣꜥ-ḫrw=k jn psḏ.t*	Mögest du von der Götterneunheit gerechtfertigt werden.
22	g	*n ḥm rḏj=sn šw Stẖ m wṯs=k*	Nicht aber veranlassen sie, daß Seth befreit ist, dich zu tragen,
23		*wsjr N pn ḏ.t*	Osiris N hier, ewiglich.

162 Der Begriff *ḏr.wt* ist gewöhnlich für Isis und Nephthys gleichermaßen gebraucht, vgl. Wb III, 7,8 sowie *CT* I.282c, das Wb V, 596 übersetzt durch 'Klagefrau'. Für die Anwendung auf Nephthys s. *Pyr.* § 308e.

163 Vgl. Wb III, 7,8 sowie *Pyr.* § 1280a–b. In Anlehnung an Plutarch, *De Iside et Osiride*, 16 denkt SETHE bei dem *ḥꜣw.t*-Trauervogel an eine Schwalbe (SETHE, *ÜK* V, 160). In *Pyr.* § 1255d ist die Reihenfolge vertauscht: *wꜥ.t=sn m ḥꜣ.t wꜥ.t=sn m ḏr.t* Eine von ihnen als *ḥꜣ.t*-Trauervogel, die andere als *ḏr.t*-Trauervogel.

164 Die Verse *Pyr.* § 1256a–c sind in der *CT*-Version weggelassen:

gmj.n=sn Wsjr ndj.n sw sn=f Stš	Sie fanden Osiris, nachdem ihn sein Bruder Seth
r tꜣ m Ndjt	zu Boden geworfen hatte in Nedit,
m ḏd Wsjr s=k r=j	als Osiris sagte: Geh fort von mir!
m ḫpr rn=f m Skr	und als sein Name 'Sokar' entstand.

165 Wb III, 420,3–4; SETHE, *ÜK* V, 161. S. Spruch 14, I.307c.

166 Ein Zusatz der *CT*-Fassung, der wenig sinnvoll erscheint (Wiederholung aus 304b).

Einleitung: Auftritt von Isis und Nephthys (Verse 2–8)

Die einleitende Schilderung von Vorgängen in der 3. Ps., ohne Anrede, ist ungewöhnlich lang und noch gegenüber der *PT*-Fassung um vier Verse gekürzt. Was in der *CT*-Version weggefallen ist, ist die *Ndj.t*-Episode, die von der Auffindung des erschlagenen Osiris durch Isis und Nephthys handelt.[167] Hauptthema ist der Auftritt der beiden Klageweiber in der Rolle von Isis und Nephthys. Der Sinn von *wḥ* *Ḏd* ist unklar.[168]

Zweite Strophe: Einbalsamierung (Nichtverwesung)

Erste Teilstrophe (Verse 9–14)

S. die von SCHOTT sogenannte Form des „Hymnus mit der Namensformel" s. SCHOTT, *Mythe und Mythenbildung*, 52 (zu diesem Spruch), vgl. auch Bd. III, SZ.2 §20. Zu Isis und Nephthys als Balsamiererinnen und Verhüterinnen der Verwesung s. MÜNSTER, *Isis*, 22–71 („Isis und Nephthys im Bestattungsritual"); speziell zu diesem Spruch: S. 54–55.

Zweite Teilstrophe (Verse 15–18)

Die vier Horusnamen verteilen sich, wie schon SETHE in seinem Kommentar z.St.[169] bemerkt hat, auf Himmel und Erde bzw. Sonnengott und König. In den Pyramidentexten ist die Abfolge Himmel - Erde - Himmel - Erde, in den Sargtexten Himmel - Himmel - Erde - Erde.

Dritte Strophe: Rechtfertigung (Verse 19–23)

§40 *ḫwj sḏb*

Diese Verse, die die einzige Anspielung auf die Rechtfertigung darstellen, die sich bisher in dieser Liturgie finden, stellen eine *CT*-Erweiterung gegenüber der *PT*-Fassung dar. Spruch 19 nimmt das Thema *ḫwj sḏb* wieder auf im Zusammenhang der Reinigung.

[167] S. dazu oben, §31.
[168] Vgl. SETHE, *ÜK* V, 159 f.
[169] SETHE, *ÜK* V, 162.

ḥwj sḏb n N heißt „die Belastung entfernen für jemanden“, vgl. *PT* [665]D = *Pyr.* §*1929d:

ḥ n=k Ḏḥwtj sḏb m jrj.t=f n=k	Möge Thoth dir die Belastung entfernen durch das, was er für dich tut.[170]

Auch in *CT* V.273c heißt *ḥwj sḏb* „die Belastung entfernen“: Hathor „entlastet“ den Toten und setzt ihn zu Re. Ebenso Pyr. §1299:

rḏj=k rꜣ=k n Rꜥ.w	Du richtest deinen Spruch an Re,
j.ḥ=f n=k sḏb jr j.ḏd.t=k (n=f)	damit er von dir die Belastung entferne, die gegen das, was du (ihm) sagst, (vorgebracht wird)
ḥs=f / rḏj.n=f sḏb n mdw=k	und damit er deine Rede begünstige.

Pyr. §2145d:

ḥ.n<=j> sḏb [...]	[...]

In anderen Stellen scheint die Wendung *ḥwj sḏb* jedoch den umgekehrten Sinn zu haben:

CT VI.2c:

ḥwj sḏb n N	jmdn. eine Last aufbürden (Uschebtispruch)

CT VI.254c:

ḥwj sḏb r N	eine Belastung vorbringen gegen jmdn.

CT VII.456a, 459c:

nḥm N m-ꜥ ḥwj sḏb nb ḏw	jmdn. erretten vor jedem, der eine böse Belastung vorbringt.

Der letzte Vers entspricht wieder der *PT*-Fassung *Pyr.* §1258c:

nj ḥm šw.(n) Stš m wṯs=k ḏ.t wsjr N pn	Wahrlich, nie soll Seth davon befreit sein, dich zu tragen, Osiris N hier.

170 Den Begriff *ḥwj sḏb* übersetzt KEES, *ḥwj sḏb*, 136f. durch „verdammen = Strafe auferlegen“ (So schon DERS., *Kleinigkeiten*, 75), entgegen GUNN, *Stela of Apries*, 227, der den Ausdruck mit „to implant an obstacle“ übersetzt. Dabei schließt KEES die Bedeutung „eine Belastung aussprechen“ nicht grundsätzlich aus und sieht hierin den Anfang.

Vgl. damit *Pyr.* § 1699c:

nj ḥm rḏj.n šwjj Stš m wṯs=k ḏ.t jtj wsjr N	Wahrlich, nie werde (ich) veranlassen, daß Seth davon befreit wird, dich zu tragen, (mein) Vater, Osiris N!

Pyr. § 1993d:

nj ḥm šw.n Stš m wṯs wdn.w=k	Wahrlich, nicht wird Seth davon befreit sein, deine Last zu tragen.

§ 41 Seth trägt Osiris

PT [366] = *Pyr.* § 626a–627b:

hꜣ wsjr N ꜥḥꜥ ṯs ṯw	O Osiris N, steh' auf und erhebe dich!
msj.n ṯw mw.t=k Nw.t	Deine Mutter Nut hat dich geboren,
sk.n n=k Gbb rꜣ=k	Geb hat dir deinen Mund ausgefegt.
j.nḏ ṯw psḏ.t ꜥꜣ.t	Die Große Neunheit beschützt dich,
(r)ḏj.n=sn n=k ḫftj.w=k ẖr=k	sie haben dir deinen Feind unter dich gelegt.
fꜣ n=k wr jr=k	„Trage du einen, der größer ist als du",
jn=sn jr=f m rn=k n jtfꜣ wr	sagen sie zu ihm „in deinem Namen *Jtfꜣ-Wr*[171]."
ṯn wr jr=k jn=sn m rn=k n Tꜣ-wr	„Trage denjenigen, der größer ist als du", sagen sie „in deinem Namen *Tꜣ-wr.*"

PT [369] = *Pyr.* § 642a–b:

ḏj.n n=k Ḥr.w ḫftj=k ẖr=k	Horus hat dir deinen Feind unter dich gegeben,
wṯs=f ṯw m sfḫḫ=k jm=f	damit er dich trage. Trenne dich nicht von ihm!

PT [371] = *Pyr.* § 650a:

pḏ.n n=k Ḥr.w ḫftj=k ẖr=k	Horus hat dir deinen Feind unter dir ausgestreckt,
wt.t jr=f prj.n=k m bꜣḥ=f	denn du bist älter als er, da du (zeitlich) vor ihm hervorgekommen bist.

PT [356] = *Pyr.* § 581a–b:

nḏr.n Ḥr.w Stš dj.n=f n=k sw ẖr=k	Horus hat Seth gepackt und er hat ihn dir unter dich gegeben,
wṯs=f ṯw nwr=f ẖr=k m nwr tꜣ	damit er dich erhebt, indem er bebt unter dir als Erdbeben.

171 Vgl. zur Lokalisation von *Jtfꜣ-wr* GRIFFITHS, *Origins of Osiris*, 128, Anm. 161. Zum Wort- bzw. Namensspiel von *fꜣj* und *jtfꜣ* s. RUSCH, *Osirisritual*, 24.

PT [357] = *Pyr.* § 588a:

nbj=f hr=k wts=f wr jr=f jm=k	Er schwimmt unter dir und er erhebt einen, der größer ist als er, in dir.

PT [372] = *Pyr.* § 651a–652a:

hꜣ wsjr N j.rs jr=k	Heda, Osiris N! Wache auf!
(r)dj.n Ḥr.w jnj.t n=k Ḏḥwtj ḫftj=k	Horus hat veranlaßt, daß Thot dir deinen Feind bringe.
dj.n=f kw ḥr sꜣ=f jm=f šꜣw kw	Er hat dich auf seinen Rücken gesetzt, damit er dir keinen Widerstand leistet[172].
jr s.t=k ḥr=f	Nimm auf ihm Platz,
pr ḥms ḥr=f m nhp=f m ꜥ=k	komm heraus und sitze auf ihm, laß ihn dir nicht entwischen.

S. auch unten, Spruch 16 sowie CT.4, §9 und SZ.2 §21. Das Tragen des Osiris durch Seth[173] ist die sakramentale Ausdeutung einer Handlung, in der der Sarg auf einen Untersatz, z. B. einen Ziehschlitten, oder in ein Boot gesetzt wird. So heißt es im Dramatischen Ramesseumspapyrus im Zusammenhang mit der Ausrüstung eines Schiffes, das mit Seth gleichgesetzt wird: „Osiris ist das, der auf den Rücken des Seth gesetzt ist, des unterlegenen Angreifers".[174] Auch in *Pyr.* § 588a wird die Szenerie in das Wasser verlegt. Mythologisch wird dieses Tragen auch als die vom Tribunal von Heliopolis über Seth verhängte Strafe dargestellt.[175] RUSCH wollte hierin einen Teil eines „Wasserrituals" erkennen[176], das in den Pyramiden von Teti, Pepi, Merenre und Neferkare greifbar sei. Nach RUSCH ist allerdings der „Sitz im Leben" dieser Texte nicht im Ritual für den verstorbenen König zu suchen, sondern im Osiriskult[177]. H. ROEDER hat in seiner Dissertation eine große Menge einschlägiger Textstellen zum „Kulthorizont 'Tragen'" zusammengestellt.[178] Er versteht das Motiv nicht als ein Element der sakramentalen Ausdeutung („Sinnhorizont"), sondern als kultische Handlung („Kulthorizont"). Allerdings beschränkt er sich dabei auf Fälle, wo Horus oder die Horuskinder Osiris tragen (s. dazu SZ.1 §25); das Tragen durch Seth wird nur in anderem Zusammenhang kurz erwähnt.[179] Das Tragen durch den Feind spielt aber eine mindestens gleich bedeutende Rolle. Auch hier wird man davon ausgehen dürfen, daß eine kultische Handlung oder Konstellation zugrundeliegt, die als „Tragen" aus-

172 So SETHE, *ÜK* III.
173 Vgl. hierzu ausführlich GRIFFITHS, *a.a.O.*, 74ff.
174 Zitiert nach SETHE, *Dramatische Texte*, 124. Die Parallelen zu den Pyramidentexten sind bereits von SETHE, *a.a.O.*, 126 dargelegt worden.
175 Vgl. *Pyr.* § 1956a–1959a.
176 S. RUSCH, *a.a.O.*, 19ff.
177 RUSCH, *a.a.O.*, 16, vgl. GRIFFITHS, *a.a.O.*, 75.
178 ROEDER, *Auge*, 154ff.
179 ROEDER, *a.a.O.*, 54f. Text 7 (*PT* [606] = *Pyr.* § 1699–1700) und 7b (*CT* [73] = I.305c–g).

gedeutet werden kann. Dieses Tragen wird im Falle des Seth als Strafe ausgedeutet. Die mythische Bedeutung dieses Tragens hat man als Demütigung zu verstehen. Seth hat Osiris ermordet und ihm damit Schimpf und Schande angetan. Durch die Demütigung des Seth wird die Ehre des Osiris wiederhergestellt.[180]

Freilich scheint Seth seine Niederlage nicht so ohne weiteres zu akzeptieren. Wie *Pyr.* §581a–b verdeutlicht, bebt er unter Osiris „wie ein Erdbeben“. Vermutlich ist dies die einzige Art, wie er weiterhin seinen Widerstand gegen die verhängte Strafe zum Ausdruck bringen kann. Auch sonst wird Seth für zahlreiche auffällige Naturphänomene, insbesondere klimatische Erscheinungen verantwortlich gemacht, s. ROCCATI, *Lessico meteorologico*, 347 f.

Aufbau

	7	Einleitung: Auftritt Isis und Nephthys
22	10	Isis und Nephthys verhindern Verwesung
	5	Rechtfertigung

Die Fortsetzung von *PT* [532] folgt weiter unten als Spruch 22.

Sprüche 14–19: Ein Zyklus von sechs Klageliedern der Isis und Nephthys

[74]
BARGUET, *Textes des sarcophages*, 119
FAULKNER, *AECT* I, 69–72
MÜNSTER, *Isis,* 42f.

Spruch 14: Einbalsamierung

I

1	306a	*jnn jnn sḏr*	Wende dich um, wende dich um, Schläfer[181],
2	a–b	*jnn m s.t tn ḫm.t=k rḫ=j sj*	wende dich um von dieser Stelle, von der du nicht wußtest, daß ich sie kenne.

[180] S. dazu ASSMANN, *Tod und Jenseits*, 59ff.

[181] T2C hat statt *sḏr* ein anderes Wort (*jtj*?) und fügt dann irrtümlich noch einmal die Verse 305c–f an:

g	*sḏm mdw.w=k jn Gb*	Mögen deine Worte von Geb gehört werden
h	*ḥwj n=k sḏb jn Jtm.w*	und die Belastung von dir entfernt werden durch Atum.
i	*smꜣꜥ-ḫrw=k jn Rꜥ.w*	Mögest du durch Re (sic) gerechtfertigt werden.

3	c	*mk rk gm.n=j ṯw ḥr gs=k wrḏ wr*	Sieh doch! Ich habe dich auf deiner Seite (liegend) gefunden, großer Ermatteter!
4	d	*sn.t=j jt.jn ꜣs.t r Nb.t-ḥw.t*	„Meine Schwester“, sagt Isis zu Nephthys,
5	e	*sn=n pw nw*	„dies ist unser Bruder!
6	f	*mj ṯs=n tp=f*	Komm, laß uns seinen Kopf hochheben,
7		*mj jnq=n qs.w=f*	komm, laß uns seine Knochen zusammenfügen,
8		*mj ḥn=n ꜥ.wt=f*	komm, laß uns seine Glieder ordnen.
9	307a	*mj jrj=n ḏnj.t m ḏr=f*	Komm, laß uns einen Damm errichten als seine Grenze,
10	b	*jm nw nnw m-ꜥ=n*	nicht soll dieser träge sein durch uns[182],
11	c	*sꜣb rḏw.w prj m ꜣḫ pn*	(denn schon) sickert der Ausfluß herab[183], der aus diesem Verklärten kommt,
12	d	*mḥ n=k mr.w*[184]	so daß dir die Uferdämme angefüllt sind,
13	e	*jrj.w n=k rn n jtr.w*	und dir geschaffen sind die Namen der Flüsse.

Refrain

14	f	*ꜥnḫ jr=k Wsjr*	[185]Lebe doch! Osiris!
15		*ꜥḥꜥ rf wrḏ wr ḥr gs=f*	Der große Schlafende auf seiner Seite soll aufstehen!“
16	g	*jnk ꜣs.t jnk Nb.t-ḥw.t*	„Ich bin Isis!“, „Ich bin Nephthys!“

Erste Strophe: Weckruf (Verse 1–3)

Zum Anruf *jnn* s. Spruch 3, §7. MÜNSTER denkt an eine Form von *nnj* „müde sein“ und übersetzt „Müder, Müder, der daliegt“.

ḫm.t=k rḫ=j sj eine andere Übersetzung wäre: „die du nicht kennst; ich aber kenne sie“. Auf jeden Fall bezieht sich die Wendung auf die Geheimheit des Ortes, an dem Isis auf ihrer Suche nach dem erschlagenen Gemahl endlich auf den Leichnam gestoßen ist.[186]

[182] Konstruktion: *m N sḏm<=f>* „damit N nicht hört“, „N soll nicht hören“. Die Position ‘N’ ist durch das Demonstrativpronomen *nw* besetzt, mit dem auch in 306e auf den Toten verwiesen wurde. Ebenso MÜNSTER, mit Verweis auf EDEL, *Altäg. Gramm.*, §744 vgl. § 1108.

[183] Zu *sꜣb* „sickern“ s. oben, Spruch 13, 2. Strophe.

[184] So T1C, die anderen Varianten haben *š.w*, ‘Gewässer’. Die Verschreibung in Sq3C dürfte auf eine Verschreibung aus der hieratischen Vorlage zurückzuführen sein.

[185] T2C, T9C und B10C fügen vor *ꜥnḫ* noch *Wsjr* ein.

[186] Hierzu MÜNSTER, *Isis*, 43, mit Verweis auf *CT* III.294g; 323e; VI.265a.

gmj die Auffindung des Erschlagenen durch Isis (und Nephthys) wird in jenem Abschnitt aus *PT* [532] erzählt, der in Spruch 12 ausgelassen wurde:

gmj.n=sn Wsjr nd.n sw sn=f Stš r tꜣ m Ndj.t	Sie fanden Osiris, nachdem ihn sein Bruder Seth zu Boden geworfen hatte in *Ndj.t.*

Zweite Strophe: Einbalsamierung (Verse 4–13)

§42 Isis und Nephthys als Balsamiererinnen

MÜNSTER hat mit Recht aus diesen Angaben auf die Balsamierungsstätte als Ort der Handlung geschlossen und die einzelnen in diesem Abschnitt geschilderten Handlungen mit der Einbalsamierung in Verbindung gebracht. Dazu gehören:

ṯsj tp: Das Erheben des Kopfes

Vgl. hierzu die Rede von Isis und Nephthys, die mit ausgebreiteten Flügeln an der Tür eines Schreines Tutanchamuns stehen:

ʿwj=j ḥr=k m ʿnḫ ḥr ṯs tp=k	Meine Arme sind auf dir in Leben und heben deinen Kopf hoch.[187]

jnq qsw: Das Zusammenfügen der Knochen
Vgl. die Beischrift zu Isis auf dem Sarg CG 29030:

jj.n=j ṯs=j tp=ṯ jnq=j qsw=ṯ	Ich bin gekommen, daß ich deinen Kopf hochhebe und deine Knochen zusammenfüge.[188]

ḫn ʿ.wt: Das Ordnen der Glieder
Hierzu kenne ich keine Parallelen.

jrj ḏnj.t: Das Bilden eines Dammes gegen die Verwesungsflüssigkeit

Die Sprüche *CT* [229] und [236], die am Kopf- und Fußende des Sarges stehen und die jeweiligen Sargbretter mit Isis und Nephthys gleichsetzen und anreden, schildern diese Handlungen als Tätigkeiten der Schwestern in der Balsamierung. Insbesondere werden die Schwestern darin als „Damm" angerufen:

„Die um ihn klagt in der Balsamierungsstätte, in diesem deinen Namen *ḏnj.t*, die unter dem Kopf ist."[189] „Die die Müdigkeit des Herzensmüden eindämmt, auf die Osiris getreten ist".[190]

[187] Vgl. PIANKOFF, *Chapelles de Tout-Ankh-Amon*, Taf. 20 sowie MÜNSTER, *Isis*, 26 f.
[188] Vgl. LACAU, *Sarcophages* I, 79; MÜNSTER, *Isis*, 24.
[189] *CT* III.229i; MÜNSTER, *a.a.O.*, 30.
[190] *CT* III.303ab; MÜNSTER, *a.a.O.*, 31.

§ 43 Verwesung und Überschwemmung

Die abschließenden Verse setzen die austretende Verwesungsflüssigkeit mit der Nil-Überschwemmung gleich, die die Kanäle füllt. Dieses Motiv erscheint am Anfang einiger Libationssprüche, vgl.:

PT [455] = *Pyr.* § 848:

mḥ mr.w jꜣḫ.w jtr.w	Gefüllt sind die Kanäle, überschwemmt sind die Flüsse
m r=f ꜥb.w prj.w m Wsjr	durch die Reinigung, die aus Osiris kam.

PT [457] = *Pyr.* § 857:

ḥtp šꜣw jꜣḫ.j mrn.wt	Die Felder gedeihen, die Kanäle sind überflutet
n N pw m hrw pn	für diesen N heute.

CT IV.163b–f:

mḥt šꜣ.w jtm jn.wt	Gefüllt sind die Felder, vollständig die Wadis,
wrḏ.tj Wsjr jꜥw.w jm	du bist müde, Osiris, der darin Badende.

Refrain (Verse 14–16)

Die letzten drei Verse bilden einen Refrain, der in den Sprüchen 14–19 regelmäßig am Schluß wiederkehrt. Solche poetischen Stilmittel sind für die Gattung der Klagen von Isis und Nephthys (im Gegensatz zu normalen Verklärungssprüchen) kennzeichnend.

Aufbau

3 Anruf an den Toten
10 Rede von Isis an Nephthys

Spruch 15: Rechtfertigung II

Spruchtitel in Sq3C:

	307i	*[…w Wsjr …]*	[… Osiris …]
1	j	<u>*sꜣḫ.w mꜣꜥ.w*</u>	<u>Wirkliche Verklärungen.</u>
2	h	*wn mdw n ṯw Ḥr.w*	Horus hat dich angesprochen,

3	308a	*wn nḏ n ṯw Ḏḥwtj*	Thot ist für dich eingetreten,
4	b	*sꜣ.wj=k nb.wj wrr.t*	deine beiden Söhne, die Herren der *wrr.t*-Krone.
5	c	*wn jrj.w n=k r jrj.w jr=k Wsjr*	Es wurde für dich gehandelt gegen den, der gegen dich gehandelt hat, Osiris.
6	d	*wn mꜣꜣ.n Gb wn sḏm.n psḏ.t*	Geb hat gesehen und die Neunheit hat gehört:
7	e	*bꜣ.w=k r p.t*	Deine *bꜣ.w*-Macht reicht zum Himmel
8		*šꜥ.wt=k m-m nṯr.w*	und der Schrecken vor dir herrscht unter den Göttern.
9	f	*jṯj.n sꜣ=k Ḥr.w wrr.t*	Dein Sohn Horus hat die *wrr.t*-Krone ergriffen,
10		*nḥm.t m-ꜥ pf jrj.w jr=k*	die gerettet wurde aus der Hand jenes, der gegen dich gehandelt hat.
11	g	*jn jtj=tn Jtm.w mtjwnj*	So spricht euer Vater[191] Atum …[192](?).
12	h	*ꜥnḫ jr=k Wsjr*	Lebe doch, Osiris!
13		*ꜥḥꜥ rf wrḏ wr ḥr gs=f*	Möge doch der große Schlafende auf seiner Seite (liegend) aufstehen!

Refrain

14 i	*jnk ꜣs.t jnk Nb.t-ḥw.t*	„Ich bin Isis“, „Ich bin Nephthys.“

Der Spruchtitel scheint sich auf die Sprüche 11 ff. (*CT* [71]–[74]) zu beziehen.[193]

Horus und Thot sind die götterweltlichen Rollen von *sm*- und *ẖrj-ḥꜣb*-Priester, den Offizianten des in den Sprüchen [63]–[73] aufgezeichneten Opfer- und Verklärungsrituals. Auf die Verklärung durch Horus wird mit dem Stichwort *mdw* verwiesen, s. dazu oben, Spruch 12 [72].[194] Dieser Spruch hebt die Rechtfertigungsfunktion der Verklärung hervor. Horus und Thot erreichen, daß Seth bestraft und Osiris in seiner Macht und Herrschaft rehabilitiert wird. Geb und die Neunheit sind Zeugen seiner wiederhergestellten Macht und Ehre. Seth muß die Herrschaft, die er an sich gerissen hatte, an Horus abtreten.

191 *jtj* in T9C mit dem Det. der sitzenden Frau.

192 Die Zeichen sehen aus wie *m* mit der Endung der 2. Ps. Pl. des Pseudopartizips: „indem ihr … seid“.

193 SCHOTT, *a.a.O.*, 341 Nr. 1533a.

194 So auch MÜNSTER, *a.a.O.,* 44 und 35 Anm. 441 mit Verweis auf SCHOTT, *Mythe und Mythenbildung*, 128.

Spruch 16: Seth muß Osiris tragen

III

1	j	*ṯs ṯw sn=j ꜥnḫ jb=k*	Erhebe dich, mein Bruder[195], dein Herz möge sich beleben!
2	309a	*jm nḥn Stḫ jm=k ḫr ṯwꜣ=k pw*	Seth soll nicht triumphieren[196] über dich unter jener deiner Last[197],
3	b	*wn=k ḏj.tj n=f ḥr sꜣ=f*	nachdem du ihm auf seinen[198] Rücken gelegt worden bist,
4		*bṯ.n=f ẖr=k rdwj=k*	er aber sich davongemacht hat unter dir, deinen Füßen.[199]
5	c	*js<ṯ> twꜣ.n=f ṯw*[200] *ḥr rmn=k*	Er hatte dich aber auf seine[201] Schultern gehoben,
6	d–e	*jw js jrjw.n n=k jtj=k Gb*	als etwas, das dein Vater Geb für dich gemacht hat.

Refrain

7	f	*ꜥnḫ jr=k Wsjr*	Lebe doch, Osiris!
8		*ꜥḥꜥ rf wrḏ wr ḥr gs=f*	Möge doch der große Schlafende auf seiner Seite (liegend) aufstehen!
9	g	*jnk ꜣs.t jnk Nb.t-ḥw.t*	„Ich bin Isis“, „Ich bin Nephthys.“
10	h	*tpj jrj jnk ꜣs.t*	Die erste von ihnen (sagt): „Ich bin Isis!“
11	i	*ḫsf=f ḫrw jnk Nb.t-ḥw.t*	Die antwortende Stimme (sagt): „Ich bin Nephthys!“

Zum Thema s. oben, Spruch 13. Die Szene des Tragens des Osiris durch Seth folgt hier logisch auf die Szene der Rechtfertigung. Sie stellt das Urteil dar, das dem Seth gesprochen wird.

Der Vermerk legt die Reihenfolge der abschließenden Zurufe fest, in denen die beiden Klagefrauen ihre Rollenidentität klarstellen. Er ist in den bisherigen Übersetzungen immer als Bestandteil der Rezitation mißverstanden worden. Es handelt sich offenbar um eine Regieanweisung.

[195] So: T9C. B10C hat *jtj=j* „mein Vater“.

[196] So mit B10C. Zu *nḥn* „triumphieren“ (Wb II, 297) s. I.154g; 161k; 163a; 169e; IV.86k. T9C hat *nḥ* „bitten“, was hier keinen Sinn ergibt.

[197] Von *twꜣ* „tragen“?

[198] So mit B10C und 311b (T2C, T1C); T9C hat *ḥr sꜣ=k* „auf deinen Rücken“.

[199] Vgl. zur Lesung *CT* I.311b, T1C. *rd.wj=k* ist Badal-Apposition zu *ẖr=k.*

[200] T9C hat das altertümliche *kw.*

[201] Beide Hss. lesen „deine“, was aber wenig Sinn ergibt.

Aufbau

6 Spruch
5 Refrain

Spruch 17: Libation und Speisung IV

1	j	*nhs rs*	Erwache, wach auf,
2		*ḏsr ṯw ḥr gs=k pw wrḏ wr*	bewege dich[202] auf jener deiner Seite, Großer Schlafender!
3	k	*špj=k mw ḏꜣj=k bꜥḥ*	Mögest du das Wasser 'kauen'(?), mögest du dieÜberschwemmung zum Munde führen.[203]
4	l	*ḫwj=k jḫ.wt=k m-ꜥ nṯr.w pf*	Schütze deinen Besitz vor jenen Göttern,
5	m	*ntj.w ḫr n=k ḥr ḥr=sn*	die wegen dir auf ihr Gesicht fallen sollen.
6	n	*ḏr ḥm nw ꜥḥꜥ Wsjr*	(...) Steh' auf, Osiris!
Refrain			
7	o	*ꜥnḫ jr=k Wsjr*	Lebe doch, Osiris!
8		*ꜥḥꜥ rf wrḏ wr ḥr gs=f*	Möge doch der große Schlafende auf seiner Seite (liegend) aufstehen!
9	310a	*jnk ꜣs.t jnk Nb.t-ḥw.t*	„Ich bin Isis", „Ich bin Nephthys".

Die Themen des Opferempfangs (Libation) und der Distanzierung wie in Spruch 7 und 8 (dort auch mit der Wendung „auf ihr Gesicht fallen"). MÜNSTER verweist auf *CT* [45] = I.193c–f, wo von „Feinden" die Rede ist, die dem Toten seine Speisen (*šbw*) und „Mumienwürde" (*sꜥḥ*) wegnehmen wollen. Daher wird man hier nicht nur an Libation, sondern an das gesamte Ritual der Totenspeisung denken, wie es den Sprüchen 1–11 [63]–[71] zugrundeliegt. An die Einbalsamierung schließt sich offenbar noch in der Balsamierungsstätte ein Opferritual an.

Aufbau

6 Spruch
3 Refrain

[202] So mit HOFFMEIER, *'Sacred'*, 61–65; aber auch „erhebe dich" würde sinnvoll sein.
[203] So mit MÜNSTER *a.a.O.*, 44.

Spruch 18: Reise nach Buto

V

1	b	*jj Ḥr.w ḥr jw=k Wsjr*	Horus kommt, um dich zu betrauern, Osiris,
2	c	*wn=k ḏj.tj n=f ḥr rmn.wj=f*	denn du wurdest ihm auf seine Schultern gegeben,
3		*n wn mn=f jm ḫr ꜣ.t=k*	damit er[204] dort bleibe unter deiner Gewalt.
4	d	*Ḥr.w dꜣ.tj*	Horus-der-Unterweltliche,
5	e	*mḥ.n=k r P*	du bist nach Pe geschwommen,
6		*mḥ nṯr.w m-ḫt=k*	und die Götter schwammen hinter dir her,
7		*rḏj.n=k jn Jtm.w*	die dir von Atum zur Verfügung gestellt wurden
8	f	*ṯꜣw jmj.w šms.n ṯw*	Die männlichen unter ihnen folgten dir
9	g	*ḥm.wt jmj.wt sḫn=sn bdš.t jm=k*[205]	und die weiblichen unter ihnen brachten die Ohnmacht in dir in Ordnung,
10	h	*m mt.wt=k Wsjr*	als dein Same, Osiris,
11		*Spd.t jmj.t P*	der bereit steht in Pe.

Refrain

12	i	*ꜥnḫ jr=k Wsjr*	Lebe doch, Osiris!
13		*ꜥḥꜥ rf wrḏ wr ḥr gs=f*	Möge doch der große Schlafende auf seiner Seite (liegend) aufstehen!
14	j	*jnk ꜣs.t jnk Nb.t-ḥw.t*	„Ich bin Isis", „Ich bin Nephthys!"[206]

Erste Strophe: Horus trägt den Toten (Verse 1–3)

Jetzt übernimmt Horus die Aufgabe, Osiris zu tragen. MÜNSTER verweist zu Recht auf *PT* [364] = *Pyr.* §619a–620c:

(r)ḏj.n n=k Ḥr.w msj.w=f wṯs=sn ṯw	Horus hat dir seine Kinder gegeben, damit sie dich tragen.
(r)ḏj.n=f n=k nṯr.w nb	Er hat dir alle Götter gegeben,
šms=sn ṯw sḫm=k jm=sn	damit sie dir folgen und damit du über sie verfügst.

204 So mit T9C, B10C. T1C hat *wn=k mn=k* „damit du dort bleibst".

205 Der Text ist an dieser Stelle durch die Wiederholung *ḫn=sn bdš.t jm ḫn=sn bdš.t m* etc. erweitert.

206 311a–f enthält die Variantenfassung von T2C und T1C.

fꜣj.n ṯw Ḥr.w m rn=f n ḥnw	Horus hat dich getragen in seinem Namen *ḥnw*-Barke.
wṯs=f kw m rn=k n Skr	Er hat dich hochgehoben in deinem Namen Sokar.

Horus ist die Prozessionsbarke, auf die der Sargschlitten gestellt wird.[207] Vgl. SZ.1 §25 („Tragen durch die Horussöhne“).

Zweite Strophe: Reise nach P (Verse 4–11)

Die mythische Episode der nach Buto schwimmenden Götter ist mir sonst nicht bekannt. Wenn man aber an dem Gedanken festhalten will, daß die Strophen in ihrer Abfolge den zeitlichen Ablauf des Rituals abbilden, dann ließe sich die Szene als Teil des „butischen Begräbnisses“, d. h. als Riten im „Heiligen Bezirk“ erklären. Der Tote ist einbalsamiert (Spruch 14) und verklärt/gerechtfertigt (Spruch 15) worden. Er wird auf den Sargschlitten (= Seth) gelegt, der ihn tragen muß (Spruch 16). Nach einer Libation (Spruch 17) setzt sich die Prozession in Bewegung und führt nach „Buto“ (Spruch 18).

Aufbau

3 Horus kommt
8 Reise nach Buto
3 Refrain

Spruch 19: Lustration

VI

1	g	*nfr w<j> ṯw ꜥḥꜥ.tj mjn*	Wie schön du bist, da du heute aufgestanden bist!
2	h	*Ḥr.w dꜣ.tj ꜥḥꜥ.tj mjn*	Horus-der-Unterweltliche, du bist heute aufgestanden,
3		*pr.tj m mḥ wr.wt*	du bist heute herausgekommen aus der Großen Flut.
4	i	*wꜥb n=k m fd.t jp.tn nms.t*	Wasche dich mit diesen vier *nms.t*-Krügen

[207] Vgl. zur Gleichsetzung von Horus und *ḥnw*-Barke *Pyr.* §138c. Viele Stellen bei ROEDER, *Auge*, 154ff.

5		*ꜥꜣb.wt wꜥb.tj n psḏ.t jm=sn*	und *ꜥꜣb.t*-Krügen, mit denen sich die Götterneunheit reinigt.
6	312a	*mdw.n<=j> r=k ḏd.n Gb*	Ich habe zu dir gesprochen, was Geb gesagt hat,
7	b	*ḥwj.n sḏb sḏm.n Nw.t*	ich habe die Belastung entfernt, die Nut gehört hat.
8	c	*mw.t=k ṯw ḥr.t tp=k*	Deine Mutter ist sie, die dir zu Häupten steht.
9	d	*wꜥb.n ṯw Ḥr.w*[208]	Horus hat dich gereinigt,
10	e	*sꜣḫ.n ṯw Ḏḥwtj*	Thot hat dich verklärt,
11	f	*sꜣ.wj*[209] *nb.wj wrr.t*	deine beiden Söhne, die Herren der *wrr.t*-Krone.
12	g	*sfḫ sfꜣ ḫw ḏw jr jwf=k*	Abgelöst wird die Beleidigung, verhütet wird das Böse an deinem Fleisch.
13	h	*ꜥḥꜥ=k r=k ḥr rd.wj tm.wj*	Mögest du doch aufstehen auf deinen beiden vollständigen Beinen.
14	i	*wpj=k wꜣ.wt n nṯr.w*	Mögest du den Göttern die Wege öffnen,
15		*wn=k n=sn m Wpj-wꜣ.wt*	mögest du ihnen zugehören als Upuaut.
16	313a	*jrj n=k bꜣ.w=k r ḫftj.w=k*	Schaff dir deine *bꜣ*-Macht gegen deine Feinde,
17		*ḥtm.n<=j> rmj.t*	vertilge mir die Tränen!

Refrain

18	b	*ꜥnḫ jr=k Wsjr*	Lebe doch, Osiris!
19		*ꜥḥꜥ rf wrḏ wr ḥr-gs=f*	Möge doch der große Schlafende auf seiner Seite (liegend) aufstehen!
20	c	*jnk ꜣs.t jnk Nb.t-ḥw.t*	„Ich bin Isis", „Ich bin Nephthys!".

Der „unterweltliche Horus" ist eine Bezeichnung der Nachtsonne als Gegenstück zum „östlichen Horus" als Bezeichnung der Morgensonne. Die aus der Urflut aufsteigende Nachtsonne bildet eine der „Zielgestalten" des Toten. Die Urflut *mḥt-wr.t* (Methyer) ist eine sakramentale Ausdeutung des Reinigungswassers. Damit wird die Reinigung als Erneuerung, Sonnenaufgang und Wiedergeburt interpretiert.

Mit der abschließenden Reinigung mit den vier *nms.t*-Krügen (s. dazu oben §24) wird nochmals das Motiv der Rechtfertigung verbunden. Das Wasser soll auch die Beleidigung und Belastung abwaschen, die Seth Osiris angetan hat. Zu *ḥwj sḏb* s. oben §40.

Upuaut verkörpert eine andere „Zielgestalt" des Toten, die hier wie sonst schakalsförmig vorgestellt wird.

208 So T9C und B10C.

209 T9C hat *bꜣ.w=k*.

Aufbau

3 Anruf an den Toten als *Ḥr.w dꜣtj*
2 Vier *nms.t*, vier *ꜥꜣb.t*
5 Reinigung
3 Rechtfertigung
14 Reinigung
20
4 Horus und Thot, Reinigung und Rechtfertigung
9 Rechtfertigung
5 Aufbruch
3 Refrain

III. Abschnitt

Spruch 20: Himmelsaufstieg

[832][210]
Faulkner, *AECT* III, 21f.
Var. *PT* [306], [474]

1	VII32a	*nfr.wj ꜣ mꜣꜣ*	„Wie schön, wahrlich, ist es, zu sehen,
2		*ḥtp.wj*[211] *ꜣ sḏm*	wie befriedigend, wahrlich, ist es, zu hören“,
3	b	*j.t jn ꜣs.t nṯr.j.t*[212]	so spricht Isis, die Göttliche.
4	c	*prj jr=f*[213] *nṯr pn r p.t*	Es kommt dieser Gott hervor in den Himmel,
5	d	*bꜣ=f r tp=f*	sein *bꜣ* auf seinem Kopf,
6	e	*šꜥ.t=f jr rꜣ=f*[214]	sein Gemetzel auf seinem Mund[215]
7	f	*ḥkꜣ.w=f tp ꜥ.wj=f*[216]	und seine Zauberkraft ist auf seinen Armen[217].

[210] Auf den Textzeugen T1C, T9C, B10C und T2C enthalten.
[211] T1C hat in beiden Versen anstatt der Interjektion *ꜣ* die Präposition *n*.
[212] Fehlt in T1C.
[213] So nach B10C. T1C: *prr=f*, T9C: *prj=f*.
[214] Fehlt T1C.
[215] T1C läßt diesen Vers aus; B10C ist hier zerstört. Terminologie des magischen Diskurses: s. zu den Pfeilen der Boten der Sachmet, die aus dem Mund geschossen werden als Metapher für die Exhalation des Unwägbaren und Bösen pLeiden I 346 1,7. *Pyr.* §477a hat *šꜥ.t=f r gs.wj=f*.
[216] T1C om. *=f*.
[217] *Pyr.* §477b hat anstelle von *ꜥ.wj*, Arme, *rd.wj*, Beine.

8	g	*jrj(.w) n=f jn Jtm.w*	Für ihn wird durch Atum getan,
9		*mj qd jrj.n=f n=f jm*	alles[218] was er für ihn dort getan hat.
10	h	*jn(j).n=f n=f nṯr.w bꜣ.w P*	Er hat ihm die Götter, die Seelen von Pe, gebracht,
11		*jn(j).n=f n=f nṯr.w bꜣ.w Nḫn*[219]	er hat ihm die Götter, die Seelen von Nechen, gebracht.
12	i	*jn(j).n=f n=f*[220] *nṯr.w bꜣ.w Jwn.w*	Er hat ihm die Götter, die Seelen von Heliopolis, gebracht.
13	j	*jnq n=f n=f nṯr.w*	Er hat für ihn die Götter umfaßt,
14		*jr.w p.t jr.w tꜣ*	die zum Himmel gehören, und die, die zur Erde gehören,
15	k	*jrj.n=sn n=f*[221] *wṯs ḥr ꜥ.wj=sn*	und sie haben ihm eine Hochhebung gemacht auf ihren Armen[222].
16	33a	*jꜣq=f*[223] *ḥr=s m rn=ṯ pw n mꜣq.t*	Möge er emporklimmen auf ihr, in diesem deinem[224] Namen: Leiter.[225]
17	b	*ḏd.t n=ṯn nṯr.w*	Das, was ihr gesagt habt, Götter:
18	c	*rḏj n=k njw.wt*	„Die Städte wurden dir gegeben
19		*pẖr.n=k spꜣ.wt jn Jtm.w*	und du hast die Gaue durchwandert“, so spricht Atum.
20	d	*mdw ḥr=s pw Gb*	Der darüber gesprochen hat, ist Geb.
21	e	*rḏj n=k p.t ḥnꜥ tꜣ*	Dir sind Himmel und Erde gegeben,
22		*rḏj n=k jꜣ.t Ḥr.w*	dir sind die Hügel des Horus gegeben,
23	f	*pẖr.n=k jꜣ.wt Stẖ*	du hast die Hügel des Seth umrundet,
24	g	*dwꜣ=sn ṯw m rn=k n Dwꜣ.w*[226]	so daß sie dich verehren in deinem Namen: Duau.
25	h	*ꜣḥs Ddwn ḫntj-tꜣ-stj*	*ꜣḥs* und Dedwen an der Spitze Nubiens
26		*Spdw js ẖr ksb.wt=f*	und Sopdu, der unter seinen *ksb.t*-Bäumen ist.
27	34a	*jn jw smꜣ.n=f ṯw*	Hat er dich getötet
28	b	*ḏd.n jb=f mwt=k*	oder hat sein Herz gesagt, daß du sterben sollst?

218 Wb V, 77,5.
219 Fehlt in T1C.
220 So nur B10C.
221 So nach T1C und T9C. B10C, T2C haben *jrj=sn n=k* „damit sie für dich machen …“.
222 FAULKNER, *AECT* III, 21 übersetzt durch „they make supports for him with their arms“.
223 *Pyr.* §479a hat zuvor *prj=k r=k N jr p.t*, „Mögest du in den Himmel hervorkommen.“
224 *=T*, an die Leiter gerichtet. Nur T2C hat *m rn=f* „in seinem Namen“.
225 Wortspiel, *(j)ꜣq*, emporsteigen, und *mꜣq.t*, Leiter.
226 Eine unterägyptische Gottheit, s. KEES, Schlangensteine, 127 Anm.1.

29	c	*n rḏj mwt=k n mwt*	Nicht wird gestattet, daß du stirbst![227]
30	d	*n mwt=k*	Du sollst nicht sterben!
31	e	*mk ṯw jrj=f ḫpr.tj r=f*[228]	Siehe, du aber hast dich ihm gegenüber verwandelt
32		*m mn.w nw smꜣ*	in den Sieger[229] der Wildstiere.
33	f	*jmn jmn smꜣ*[230]	Dauere, dauere, Wildstier,
34		*m ḫnt nṯr.w m tꜣ pf ḏ.t*	an der Spitze der Götter in jenem[231] Land ewiglich.

Erster Abschnitt: Himmelsaufstieg (18 Verse)

Erste Strophe: Ein Prozessionslied zum Himmelsaufstieg (Verse 1–7)

§44 „Wie schön zu schauen"

Die ersten beiden Verse bilden eine typische Sprucheröffnungsformel, die - wenn sie am Spruchanfang steht - regelmäßig eine Beschreibung des Himmelsaufstiegs einleitet.

Vgl. *PT* [474] = *Pyr.* §939a–940a (eine Variante von *PT* [306]):

nfr wj ꜣ mꜣꜣ j.t jn ꜣs.t	„Wie schön, wahrlich, ist es, zu sehen", sagt Isis,
ḥtp wj ꜣ ptr j.t jn Nb.t-ḥw.t	„Wie befriedigend, wahrlich, ist es, zu schauen", sagt Nephthys,
n jtj n wsjr N pn	„für (meinen) Vater, für Osiris N hier,
prj=f r=f jr p.t	wenn er zum Himmel aufsteigt
m-m sbꜣ.w m-m j.ḫm.w-sk	unter den Sternen, unter den Unvergänglichen."

PT [480] = *Pyr.* §992a–b:

nfr wj ꜣ mꜣw j.qꜣ wj ꜣ mꜣw	Wie schön, wahrlich, ist es, zu sehen, wie erhebend, wahrlich, ist es, zu sehen,
prj.t nṯr pn jr p.t	wenn dieser Gott zum Himmel aufsteigt,
mr prj.t jtj jtmw jr p.t	wie (mein) Vater Atum zum Himmel aufsteigt.

227 Wörtl.: „Nicht wird zugelassen, daß du stirbst zu Tode."

228 Die Lesung folgt T9C, vgl. *Pyr.* §480b.

229 Eigentlich: „den (auf dem Kampfplatz) Überbleibenden."

230 Vgl. *Pyr.* §480c.

231 T9C hat *tꜣ pn* „diesem Land".

PT [572] = *Pyr.* § 1472a–b:

nfr wj ꜣ mꜣw	„Wie schön, warhlich, ist es, zu sehen,
ḥtp wj ꜣ ptr j.t jn ꜣs.t	wie befriedigend, wahrlich, ist es, zu schauen“, sagt Isis,
prr nṯr pn jr p.t	„wenn dieser Gott zum Himmel aufsteigt.“

Für andere Kontexte vgl. CT.4 § 2.

In der Fassung von *PT* [306] lautet diese Strophe:

nfr wj ꜣ mꜣw	„Wie schön, wahrlich, ist es, zu schauen,
ḥtp wj ꜣ ptr	wie befriedigend, wahrlich, ist es, zu erblicken“,
jn=sn jn nṯr.w	sagen sie, sagen die Götter,
prj.t r=f nṯr pn jr p.t	wenn dieser Gott zum Himmel aufsteigt,
prj.t r=f N jr p.t	wenn N[232] zum Himmel aufsteigt,
bꜣ.w=f tp=f	seine *bꜣ.w* auf ihm,
šꜥ.t=f jr gs.wj=f	seinen Schrecken zu beiden Seiten,
ḥkꜣ.w=f tp rd.wj=f	seinen Zauber ihm voraus.

Der Sargtext verändert das Wortpaar *mꜣ* - *ptr* „sehen - erblicken“ in *mꜣ* - *sḏm* „sehen - hören“, ersetzt „die Götter“ durch „Isis die Göttliche“, verzichtet bei der Himmelsaufstiegsformel auf die Wiederholung mit dem Namen des N (wodurch die Verszahl auf 7 verkürzt wird), plaziert den von N ausgehenden „Schrecken“ (*šꜥ.t*) auf dem „Mund“ anstatt „zu beiden Seiten“ des Aufsteigenden und ersetzt die altertümliche Präposition *tp rd.wj* „vor“ durch das gebräuchlichere *tp ꜥ.wj*.

PT [474] = *Pyr.* §§ 939a–940c:

nfr wj ꜣ mꜣꜣ j.t jn ꜣs.t	„Wie schön, wahrlich, ist es, zu sehen“, sagt Isis,
ḥtp wj ꜣ ptr j.t jn Nb.t-ḥw.t	„wie befriedigend, wahrlich, ist es, zu erblicken“, sagt Nephthys
n jtj n wsjr N pn	zu (meinem) Vater, zu Osiris N hier,
prj=f r=f jr p.t	wenn er aufsteigt zum Himmel,
m-m sbꜣ.w m-m j.ḫm.w-sk	unter den Sternen, unter den Unvergänglichen,
ꜣ.t=f tp=f	seine Angriffskraft auf ihm,
šꜥ.t=f jr gs.wj=f	sein Schrecken zu beiden Seiten,
ḥkꜣ.w=f jr rd.wj=f	sein Zauber ihm voraus.

[232] M, N ins. *jtj<=j>* „mein Vater“.

Zweite Strophe: Atum versammelt dem Toten die Götter (Verse 8–16)

Diese Strophe lautet in der Fassung von *PT* [306]:

jrj.n n=f Gbb	Geb hat für ihn getan
mr qd jr.jj n=f jm	alles, was für ihn getan werden soll.
jj n=f nṯr.w bꜣ.w P	Die Götter, die Bas von Buto, kommen zu ihm,
nṯr.w bꜣ.w Nẖn.w	die Götter, die Bas von Hierakonpolis,
nṯr.w jrj.w p.t	die Götter, die zum Himmel gehören,
nṯr.w jrj.w tꜣ	und die Götter, die zur Erde gehören,
jr=sn wṯs.w n N ḥr ꜥ.wj=sn	damit sie eine Hochhebung machen für N mit ihren Armen.
prj=k r=k N jr p.t	So sollst du denn, N, zum Himmel aufsteigen:
j.ꜣq ḥr=s m rn=s pw n mꜣq.t	Klettere empor auf ihr[233] in jenem ihrem Namen 'Leiter'.

Der Sargtext ersetzt Geb durch Atum; während in der *PT*-Fassung die Götter zum Toten „kommen", werden sie hier von Atum „gebracht"; die himmlischen und irdischen Götter werden im Sargtext von Atum „versammelt, zusammengefaßt, umfaßt" (*jnq*).

Die vom Gott beigebrachten und um den Toten vereinigten 'Bas' von Buto und Hierakonpolis werden um die Bas von Heliopolis erweitert. Durch Weglassen des vorletzten Verses der *PT*-Strophe ist im letzten Vers der Bezug des Suffix *=s* auf *p.t* „Himmel" verloren gegangen. Die Bas der heiligen Stätten spielen beim Sed-Fest die Rolle der königlichen Sänftenträger.

Vgl. *PT* [530] = *Pyr.* § 1253:

j.nḏ ḥr=ṯ mꜣq.t=ṯ	Sei gegrüßt, Leiter,
wṯs.t nb.wt bꜣ.w P bꜣ.w Nẖn	die die Bas von Buto und Hierakonpolis aufgerichtet und vergoldet haben!

Zweiter Abschnitt: Thronfolgeprozeß (18 Verse)

3. Strophe: Dem Toten wird die Weltherrschaft zugesprochen (Verse 17–26)

Thema dieser Strophe ist der Zuspruch des Weltkönigtums an den Toten durch Atum und Geb. Dieser Zuspruch hat den Charakter eines rechtskräftigen Urteils im mythischen Thronfolgeprozeß. Auffallend ist, daß hier nochmals Sopdu genannt wird (vgl. Spruch 3 und Spruch 9), vermutlich als eine weitere Zielgestalt des Toten neben *Dwꜣ.w*, *ꜣḥs* und *Ddwn*. Zum Motiv der Königsreise vgl. Spruch 3.

[233] D.h. dem Himmel, im Äg. weiblich.

Vierte Strophe: Dem Toten wird gegen seinen Feind Recht gegeben (Verse 27–34)

PT [306] = *Pyr.* §479b–481d:

rḏj p.t n N	„Der Himmel ist dem N gegeben,
rḏj n=f tꜣ jn Jtm.w	ihm ist die Erde gegeben“, sagt Atum.
mdw ḥr=s pw Gbb	Der darüber gesprochen hat, ist Geb.
jꜣ.wt jꜣ.t[234] *jꜣ(.w)t Ḥr.w jꜣ(.w)t Stš*	Die Stätten (meines) Reichs[235], die Stätten des Horus und die Stätten des Seth
sḫ.wt-jꜣr.w dwꜣ=sn ṯw	sowie das Binsengefilde, sie beten dich an
m rn=k pw n dwꜣ	in jenem deinem Namen ‘Morgenstern’
Spd js ẖr.j ksb.wt=f	als Sopdu unter seinen *ksb.t*-Bäumen.
jn smꜣ.n=f ṯw	Hat er dich getötet?
ḏd.n jb=f mwt=k n=f	Hat sein Herz gesagt, daß du um seinetwillen sterben sollst?
mk jrj=k ṯw ḫpr.tj r=k r=f	Siehe, du hast dich vielmehr verwandelt gegen ihn
m jmn.w n smꜣ	in den (auf dem Kampfplatz) überbleibenden Stier der Wildstiere.
jmn jmn jmn.w	Dauere, dauere, Überbleibender Stier!
wn=k N mn.tj ḫn.tj=sn	Mögest du dauernd bleiben, N, an ihrer Spitze,
ḫntj ꜣḫj.w ḏ.t	an der Spitze der Verklärten ewig.

In *PT* [474], einer Variante von *PT* [306], lauten die letzten drei Strophen (*Pyr.* §§941–45):

j.šm N jm ḫr mw.t=f Nw.t	N geht damit zu seiner Mutter Nut,
j.ꜣq=k/N ḥr=s	er klettert empor auf ihr
m rn=s pw n mꜣq.t	in jenem ihrem Namen ‘Leiter’.
jn=s(n) n=k nṯr.w jr.w p.t	Sie bringen dir die Götter, die zum Himmel gehören,
dmḏ=sn n=k nṯr.w jr.w tꜣ	sie versammeln dir die Götter, die zur Erde gehören,
wn=k ḥnꜥ=sn j.šm=k ḥr ꜥ.wj=sn	damit du mit ihnen zusammen bist und auf ihren Armen gehst.
jnj=j n=k bꜣ.w P	Ich bringe dir die Bas von Buto,
dmḏ<=j> n=k bꜣ.w Nḫn	ich versammle dir die Bas von Hierakonpolis,
n=k/N tm	alle gehören dir.
jn Gbb mdw ḥr=s	Geb ist es, der darüber gesprochen hat
ḥnꜥ Jtm.w jrj.t.n=f pw	mit Atum: das ist, was er getan hat.
sḫ.wt-jꜣr.w jꜣ.wt Ḥrj.t jꜣ.wt Stš.t	Das Binsengefilde, die horischen und die sethischen Stätten,
n=k/N tm	alles gehört dir.

234 Fehlt in N.

235 So nach SETHE, vgl. *ÜK* II, 301.

jn Gbb mdw ḥr=s	Geb ist es, der darüber gesprochen hat
ḥnꜥ Jtm.w jrj.t.n=f pw	mit Atum: das ist, was er getan hat.
j.n=f jr=f ḏd.n=f smꜣ=f ṯw/sw	Er ist gekommen und hat gesagt, daß er dich töten will.
nj smꜣ=f ṯw ṯwt/jn N smꜣ=f/k ḫft=f/sw	Er wird dich nicht töten; du bist es, der ihn tötet,
smn=k ṯw /smn sw N m jmn.w n smꜣ	du wirst dich befestigen (gegen ihn) als der überbleibende der Wildstiere.
ḏd mdw.w sp 4 mn.tj	Viermal zu rezitieren: Du dauerst,
j.mn=k/j.k mn.tj	du mögest dauern, indem du dauerst.

Der Spruch zerfällt klar in zwei Teile, von denen der erste dem Motiv des Himmelsaufstiegs, der zweite dem mythischen Thronfolgeprozeß zwischen Osiris bzw. Horus und Seth gewidmet ist. In der *CT*-Fassung haben die beiden Teile 16 bzw. 18 Verse (*PT*: 17 und 14?). Mit dem zweiten Teil wird das Thema der Rechtfertigung wiederaufgenommen, das in Spruch 13 und 15 bereits in genau derselben Form des mythischen Thronfolgeprozesses angeklungen war. Mit Spruch 20 sind die Totenklagen (Sprüche 14–19) beendet. Ein neuer Abschnitt der Liturgie beginnt, deutlich markiert durch die feierliche Proklamation des Himmelsaufstiegs.

Gliederung

16 Himmelsaufstieg	7 Himmelsaufstieg
	9 Götterbeistand beim Himmelsaufstieg
18 Thronfolgeprozeß	10 Zuspruch der Weltherrschaft durch Geb und Atum
	8 Rechtfertigung gegen Seth

Spruch 21

Dieser Spruch kann hier nur in der *PT*-Fassung wiedergegeben werden, da DE BUCK die weitgehend unveränderten Pyramidentexte nicht in seine Sargtextedition aufgenommen hat. Es ist anzunehmen, daß sich die Varianten in zu vernachlässigenden Grenzen halten. Er weist weitgehende Entsprechungen auf zu Spruch 6 der Liturgie SZ.1, die wir im 3. Band behandeln, sowie zu *PT* [482]. Einige Abschnitte haben auch Parallelen in *CT* [754]. In der Spätzeitliturgie SZ.3 kommt *PT* [670] als Spruch 2 vor. Bei *PT* [670] handelt es sich um einen Spruch der entwickeltsten Szenenstruktur. Hier werden die einzelnen Szenen nicht in knapper Aufzählung aneinandergereiht, wie z. B. in den Sprüchen *PT* [356]–[372], und auch nicht durch Wiederholung der Anrede *hꜣ Wsjr N* voneinander abgesetzt, wie z. B. in *PT* [690], sondern breit entfaltet und zu einem kohärenten Spruch verbunden. Trotzdem lassen sich die einzelnen Szenen noch klar erkennen. Eine Szene bestimmt sich sowohl durch die Einheit der durchgeführten Handlung, z. B. Reinigung, als auch durch die dabei beteiligten Personen, z. B. Isis und Nephthys. Jeder Auftritt einer Person initiiert eine neue Szene. In der Szenenstruktur dieser Sprüche spiegeln sich die einzelnen Episoden eines Rituals.

PT [670][236]

1	1972	*wn ꜥꜣ.wj p.t*	Die Türflügel des Himmels werden geöffnet,
2		*jsn ꜥꜣ.wj pḏ.wt*	die Türflügel des Firmaments werden aufgetan.
3	1973a	*mẖꜣ nṯr.w jm.w P*	Die Götter in Pe sind in Sorge,
4		*jw=sn n wsjr N*	sie kommen zu Osiris N
5	1973b	*ḥr ḫrw rmm ꜣs.t ḥr sbḥ Nb.t-ḥw.t*	auf den Laut des Weinens der Isis, auf den Klageschrei der Nephthys,
6	1973c	*ḥr jw.w ꜣḫ.tj jp.twt*	auf die Klage dieser beiden Ach-Geister
7	1973d	*n wr pn prj m dꜣ.t*	für diesen Großen, der aus der Unterwelt herauskommt.
8	1974a	*rwjj n=k bꜣ.w Pj*	Die Ba's von Pe tanzen für dich (mit Stöcken)[237],
9	1974b	*ḥwj=sn n=k jwf=sn*	sie schlagen für dich <ihr> Fleisch,
10		*sq=sn n=k ꜥ.wj=sn*	sie klatschen für dich in ihre Hände,
11	1974c	*<n>wn=sn n=k m smꜣw=sn*	sie schütteln für dich ihre Locken,
12	1974d	*sḫ=sn n=k mn.wt=sn*	sie schlagen für dich ihre Schenkel.
13	1975a	*j.ḏd=sn jr=k wsjr N*	Sie sagen aber zu dir, Osiris N:
14		*j.šm=k jw.t=k*	„Du bist gegangen, um zurückzukommen,
15	1975b	*sḏr=k j.rs=k*	du schläfst, um aufzuwachen,
16		*mjn=k ꜥnḫ=k*	du stirbst, um zu leben!“
17	1976a	*ꜥḥꜥ mꜣ=k*	Steh auf und sieh,
18		*jrj.t.n n=k sꜣ=k*	was dein Sohn für dich getan hat,
19	1976b	*j.rs sḏm=k*	wach auf und höre,
20		*jrj.t.n n=k Ḥr.w*	was Horus für dich getan hat:
21	1977a	*ḥ.n=f n=k ḥ ṯw m jḥ*	Er hat dir erschlagen den, der dich erschlug als Rind,

[236] Auch auf T1L 239–48. In T1C 100–106 nur bis *Pyr.* § 1977.

[237] So nach dem Determinativ.

22	1977b	*smꜣ.n=f n=k smꜣ ṯw m smꜣ*	er hat dir getötet den, der dich tötete als Wildstier,
23	1977c	*qꜣs.n=f n=k qꜣs ṯw*	er hat dir gefesselt den, der dich fesselte
24	1977d	*ḏj.n=f sw ẖr sꜣ.t=k wr.t jm.t Qdm*	und hat ihn gesetzt unter deine älteste Tochter in *Qdm*,
25	1978a	*tm jꜣkb ḥr jtr.tj nṯr.w*	auf daß die Klage aufhöre in den beiden Götter-Kapellen.
26	1978b	*mdw Wsjr n Ḥr.w*	Osiris spricht zu Horus,
27	1978c	*fd.n=f ḏw.t jr N m fdn.w=f hrw*	nachdem er das Übel beseitigt hat an N an seinem vierten Tag,
28	1978d	*ḫm.n=f jrj.t jr=f m ḫmnn.w=f hrw*	nachdem er vergessen hat, was ihm angetan worden war an seinem achten Tag.
29	1979a	*prj.n=k m š n ꜥnḫ*	Du bist herausgekommen aus dem See des Lebens,
30		*wꜥb.tj m š n qbḥw*	indem du gereinigt bist im See des ‘Kühlen Wassers’
31	1979b	*ḫpr.tj m Wpj-wꜣ.wt*	und geworden bist zu Upuaut.
32		*sšm ṯw sꜣ=k Ḥr.w*	Dein Sohn Horus geleitet dich,
33	1979c	*rḏj.n=f n=k nṯr.w ḫftj.w=k*	er hat dir die Götter, die deine Feinde sind, ausgeliefert,
34		*jnj.n n=k sn Ḏḥwtj*	Thot hat sie dir gebracht.
35	1980a	*nfr wj ꜣ mꜣw*	Wie schön sind die daran, die sehen,
36		*ḥtp wj ꜣ ptr*	wie befriedigend sind die daran, die schauen,
37	1980b	*mꜣw Ḥr.w ḏj=f ꜥnḫ n jtj=f*	die Horus sehen, wie er seinem Vater das Lebenszeichen reicht
38		*ꜣw=f wꜣs n Wsjr*	und dem Osiris das Was-Szepter hinstreckt
39	1980c	*m ḫnt nṯr.w jmn.tjw*	an der Spitze der Westlichen Götter.
40	1981a	*sꜣṯ sꜣṯ=k jn ꜣs.t*	Ausgegossen wird dein Wasserguß von Isis;
41		*wꜥb.n ṯw Nb.t-ḥw.t*	Nephthys hat dich gereinigt,
42	1981b	*sn.tj=k wr.tj ꜥꜣ.tj*	deine beiden großen und gewaltigen Schwestern,
43		*sꜣq.tj jwf=k ṯs.tj ꜥ.wt=k*	die dein Fleisch zusammengesucht und deine Glieder aufgerichtet haben,

44	1981c	*j.sḫꜥ.tj jr.tj=k m tpj=k*	die deine Augen erscheinen ließen in deinem Kopf,
45	1982a	*Mskt.t Mꜥnḏ.t*	(nämlich) die Nachtbarke und die Tagbarke,
46	1982b	*rḏj.n n=k Jtm.w*	die Atum dir gegeben hat
47		*jrj.n n=k psḏ.tj*	und die die beiden Neunheiten für dich geschaffen haben.

48	1983a	*ṯs.n ṯw msj.w msj.w=k twt*	Die Kinder deiner Kinder haben dich gemeinsam aufgerichtet,
49	1983b	*Ḥp Jmstj*	Hapi, Amset,
50		*Dwꜣ-mw.t=f Qbḥ-sn.w=f*	Duamutef und Qebehsenuef,
51	1983c	*jrj.w n=k rn.w=sn m twt*	deren Namen du gemacht hast insgesamt,
52	1983d	*jꜥ.w ḥr=k jꜣḫ.w rm.t=k*	die dein Gesicht waschen, deine Tränen abwischen
53	1983e	*wpj.w rꜣ=k m ḏbꜥ.w=sn bjꜣ.w*	und deinen Mund öffnen mit ihren ehernen Fingern.

54	1984a	*pr r=k prj=k r wsḫ.t*	So tritt hervor, daß du aufsteigst zum Opferhof,
55	1984b	*šm=k jr sḫ.t-jꜣr.w*	daß zu zum Binsengefilde gehst
56	1984c	*ḫns=k s.wt nṯr ꜥꜣ*	und die Sitze des Großen Gottes durchstreifst.
57	1985a	*rḏj n=k p.t*	Dir ist der Himmel gegeben,
58		*rḏj n=k tꜣ*	dir ist die Erde gegeben,
59		*rḏj n=k sḫ.t-jꜣr.w*	dir ist das Binsengefilde gegeben.
60	1985b	*jn nṯr.wj ꜥꜣ.w ḫnn ṯw*	Die beiden großen Götter sind es, die dich rudern,
61	1985c	*Šw ḥnꜥ Tfn.t*	Schu und Tefnut,
62		*nṯr.wj ꜥꜣ.w m Jwnw*	die großen Götter von Heliopolis.

63	1986a	*rs nṯr ꜥḥꜥ nṯr*	Der Gott erwacht, der Gott steht auf,
64	1986b	*n ꜣḫj pn prj m dꜣ.t*	wegen dieses Ach-Geistes, der aus der Unterwelt kam,
65		*wsjr N prj(.w) m Gbb*	Osiris N, der hervorging aus Geb.

Erster Abschnitt

Erste Strophe: Totenklage

Erste Szene, Abschnitt a: Öffnung der Himmelstore, Ankunft der Götter (Verse 1–7)

Die Öffnung der Himmelstüren schließt an das Thema „Himmelsaufstieg" von Spruch 20 an. Das Motiv der Klage von Isis und Nephthys greift auf Sprüche 14–19 zurück. Sie werden hier als *ꜣḫ.tj* bezeichnet.

Erste Szene, Abschnitt b: Klageriten für den Toten (Verse 8–16)

Eine Variantenfassung dieses Spruchs bietet *PT* [482] = *Pyr.* §§ 1004b–1006:

wn n=k ꜥꜣ.wj p.t	Die Türflügel des Himmels werden dir geöffnet,
jsn.jj n=k ꜥꜣ.wj pḏ.wt	die Türflügel des Firmaments werden dir aufgetan.
mšꜣ.w nṯr.w P	Die Götter von Pe sind voll Sorge,
jw.n=sn n Wsjr	sie kommen zu Osiris
ḥr ḫrw sbḥ n ꜣs.t ḥnꜥ Nb.t-ḥw.t	auf den Laut des Klageschreis von Isis und Nephthys.
rwj n=k bꜣ.w P	Die Bas von Pe tanzen für dich,
ḥwj=sn n=k jwf=sn	sie schlagen für dich ihr Fleisch,
sḫ=sn n=k ꜥ.wj=sn	sie klatschen für dich in ihre Hände,
nwn=sn n=k m smꜣ.w=sn	sie schütteln für dich ihre Locken.
j.ḏd=sn n Wsjr	Sie sagen aber zu Osiris:
šm.n=k jw.n=k	„Du bist gegangen, um zurückzukommen,
rs.n=k sḏr.n=k	du schläfst, um aufzuwachen,
mn.tj m ꜥnḫ	du stirbst, um zu leben!"

Vgl. SZ.1, Spruch 6, vierte Szene, Abschnitt a und b:

wn n=k ꜥꜣ.wj p.t m ptr	Geöffnet sind dir die Türflügel des Himmels im *ptr*,
sš n=k ꜥꜣ.wj Qbḥ.w	aufgetan sind dir die Türflügel des *Qbḥ.w*-Himmels.
jw n=k nṯr.w m jꜣw	Die Götter kommen zu dir in Lobpreis
ẖnm=sn ṯw m ḥtp	und sie vereinigen sich mit dir in Frieden.
sḏm=sn nw rmj n nṯr	Sie hören dies, die Beweinung des Gottes,
Wsjr Ḫntj jmn.tjw ḥr ḫrw rmj n ꜣs.t	des Osiris Chontamenti, die Stimme des Weinens der Isis,
jꜣkb n Nb.t-ḥw.t	die Klage der Nephthys.
ḥwj n=k bꜣ.w P jwf=sn	Es schlagen die Seelen von Pe für dich ihr Fleisch,
sꜣḫ ṯw bꜣ.w Nḫn	es verklären dich die Seelen von Hierakonpolis.

sq=sn n=k ꜥ.wj=sn	Sie schlagen für dich ihre Arme,
nnj=sn n=k m smꜣ.w=sn	sie schütteln für dich ihre Locken,
ḏd=sn jr=k Wsjr Ḫntj-jmntjw	sie sagen zu dir: „Osiris Chontamenti,
mnj=k ꜥnḫ.tj	du bist gestorben, um zu leben,
šm=k jw=k	du bist fortgegangen, um wiederzukommen,
sḏr=k rs=k	du schläfst, um aufzuwachen!“

Vgl. ferner Spruch *CT* [785][238] = VI.414j–k:

wsjr N mꜣꜥ-ḫrw	Osiris N, gerechtfertigt,
tm.n=k ḫpr n=k	nicht hast du dich verwandelt[239]
m rn=k n jtj nṯr.w	in deinem Namen Vater-der-Götter[240].
šm.n=k jw.t=k	Du bist gegangen[241], um wiederzukommen[242],
sḏr=k rs.n=k[243]	du schläfst, nachdem du erwacht bist.

Zu den Gesten vgl. oben § 19.

Zweite Strophe: Reinigung und Rechtfertigung I

Zweite Szene: Handlungen des Horus für Osiris (Verse 17–25)

Die Variantenfassung *PT* [482] hat einen weitgehend entsprechenden Text:

ꜥḥꜥ mꜣ=k nn	Steh auf, daß du dies siehst,
ꜥḥꜥ sḏm=k nn	steh auf, daß du dies hörst,
jrj.n n=k sꜣ=k	was dein Sohn für dich getan hat,
jrj.n n=k Ḥr.w	was Horus für dich getan hat:
j.ḥ=f/ḥ.n=f ḥ ṯw	Er hat den erschlagen, der dich erschlug,
qꜣs=f/qꜣs.n=f n=k qꜣs ṯw	er hat dir den gefesselt, der dich fesselte,
ḏ=f sw ẖr sꜣ.t=f/k wr.t jm.t Qdm	er hat ihn unter deine/seine älteste Tochter gesetzt, die in Qedem ist,
sn.t=k wr.t sꜣq.t jf=k qfn.t ḏr.wt=k	deine große Schwester, die dein Fleisch zusammenfaßt und deine Hände geschlossen(?) hat,
sḫn.t ṯw gm.t ṯw	die dich suchte und dich fand
ḥr gs=k ḥr wḏb Ndj.t	auf deiner Seite am Ufer von Nedit,
j.tm jꜣkb ḥr jtr.tj	damit die Klage aufhöre in den Landeskapellen.

[238] Auf T6C und T10C enthalten.

[239] T10C hat *tm ḫpr.*

[240] Zu einer wörtl. Übersetzung des emphatischen *tm.n=k* vgl. GILULA, *A tm.n.f sḏm sentence?*, 249. Vgl. *jtj nṯr Pyr.* § 195c; 960b.

[241] Emph. *sḏm.n=f.*

[242] Subjunktiv, anders FAULKNER, *AECT* II, 307.

[243] Anders T6C: *šm.n=ṯ jw.t=ṯ r sḏr n=ṯ rs n=ṯ.*

In SZ.1 Spruch 6 entspricht dem Szene 2:

9 *wṯs mꜣꜣ=k*	Richte dich auf, um zu sehen,
10 *rs=k sḏm=k*	erwache, um zu hören,
11 *ʿnḫ.tj ḫm.n=k sk*	du bist lebendig und kannst nicht untergehen.
12 *mꜣꜣ=k nn jrj n=k sꜣ=k*	Sieh das, was dein Sohn für dich tut,
13 *sḏm=k nn jr n=k Ḥr.w*	höre das, was Horus für dich tut.
14 *dr.n=f ḏw=k pgꜣ.n=f nspw=k*	Er vertreibt dir dein Übel und er bespeit deine Wunde,
15 *sšm=f ṯw m wꜣ.wt ꜣḫ.t*	Er führt dich auf den Wegen des Lichtlandes
16 *rdj.n=f wnn=k m nṯr*	und er bewirkt, daß du existierst als ein Gott,
17 *ḫftj.w=k ḫr.w ḫr=k*	indem deine Feinde gefällt unter dir liegen.

Dritte Szene: Gespräch zwischen Osiris und Horus (Verse 26–28)

In SZ.1 Spruch 6 erscheint diese Szene in ganz anderem Zusammenhang, am Schluß des Spruches (dort Szene 7):

83 *nhm jr=f jmj.w p.t*	Da jubeln die Himmelsbewohner,
84 *nm.tj jr=f jmj ḫr.t-nṯr*	da tanzen die Nekropolenbewohner.
85 *tm jꜣkb ḥr jtr.tj nṯr.w*	Beendet ist die Trauer in den beiden Landeskapellen der Götter,
86 *mꜣꜣ=sn mdw Wsjr Ḫntj-jmn.tjw*	wenn sie sehen, wie Osiris Chontamenti spricht
87 *n sꜣ=f Ḥr.w*	zu seinem Sohn Horus,
88 *dr.n=f ḏw=f sfḫ.n=f rḏ.w=f*	nachdem er (= Horus) seine Übel entfernt hatte und seine Ausflüsse abgelöst hatte.

Vierte Szene: Reinigung in den Seen (Verse 29–34)

Die Variantenfassung von *PT* [482] weicht hier stark ab und bietet folgenden Text:

nṯr.w mdw ḫft=f jn n=ṯn sw	Ihr Götter, sprecht zu ihm, bringt ihn (euch)!
prr=k/prj=k jr=k jr p.t	Du sollst zum Himmel aufsteigen,
ḫpr=k m Wpj-wꜣ.wt	indem du dich in Upuaut verwandelst.
sšm ṯw sꜣ=k Ḥr.w m wꜣ.wt p.t	Dein Sohn soll dich geleiten auf den Wegen des Himmels.

Hier fehlt die Bezugnahme auf einen Reinigungsritus, die in *PT* [670] gegeben ist durch die Erwähnung der beiden Seen in *Pyr.* § 1979 und auch durch das Motiv der von Thot gefangenen Feinde, vgl. hierzu *PT* [23] zum Ritus *sꜣṯ* (vgl. § 38):

Wsjr jṯj n=k msḏḏ.w W nb.w	Osiris, ergreife dir alle, die Unas hassen
mdw.w m rn=f ḏw	und die über seinen Namen schlecht reden!
Ḏḥwtj jsj jṯj sw n Wsjr	Thot, eile und ergreife ihn für Osiris!

jnj mdw.w m rn W ḏw	Bring den, der schlecht über den Namen des Unas redet!
wd n=k sw m ḏr.t=k	Gib ihn dir in deine Hand!

Daher ist vorstellbar, daß auch *PT* [670] einen Spruch zur Reinigung darstellt. In *PT* [482] steht anstelle der Reinigung der Himmelsaufstieg.

Vgl. SZ.1, Spruch 6, Szene 5a:

40 *prj=k m š n ꜥnḫ*	Du trittst hervor aus dem See des Lebens
41 *wꜥb=k m š qbḥ*	und du reinigst dich im See des kühlen Wassers.
42 *jꜣw sp sn.wj*	Preis, Preis!
43 *sꜣḫ.w jptn n wr pn prj m dꜣ.t*	Jene Verklärungen des Großen, der aus der Unterwelt emporsteigt
44 *ꜥḥꜥ r ꜥꜣ.wj Qbḥ.w*	und der an die Türflügel des Kühlen tritt:
45 *ꜥḥꜥ=k ḫnt=sn mꜣꜣ=sn ṯw*	Du stehst auf an ihrer Spitze, sie sehen dich,
46 *nṯr js ḫntj jtr.tj*	und zwar (als) Gott an der Spitze der beiden Landeskapellen.
47 *wꜥb ṯw ꜣs.t*	Es reinigt dich Isis,
48 *sṯj ṯw Nb.t-ḥw.t*	es spendet dir Nephthys Wasser,
49 *snsn ṯw m ḥtp*	sie gesellen sich zu dir in Frieden,
50 *sn.tj wr.w ꜥꜣ.w*	die beiden sehr großen Schwestern.
51 *sšm tw sꜣ=k Ḥr.w*	Dein Sohn Horus geleitet dich.
52 *ḫpr.tj m Wpj-wꜣ.wt*	Du bist zu Upuaut geworden.

Zweiter Abschnitt

Dritte Strophe: Reinigung und Rechtfertigung II

Fünfte Szene: Horus reicht Osiris Lebenszeichen und Was-Szepter (Verse 35–39)

Eine Darstellung dieser Szene findet sich in königlichen Grabanlagen des Neuen Reichs und im Spätzeitgrab der Mutirdis. Osiris liegt in einem Schrein auf der Bahre auf dem Bauch, den Kopf aufgerichtet; über ihm die Hieroglyphe *rs* „erwachen". Vor dem Schrein steht Horus und reicht eine Kombination aus *wꜣs*-Szepter und *ꜥnḫ*-Zeichen in den Schrein zu Osiris hinein.[244] Diese Szene fehlt in SZ.1, Spruch 6.

[244] Vgl. ASSMANN, *Mutirdis*, 91 Abb. 41, 92f.

Sechste Szene: Eine sꜣṯ-Wasserspende durch Isis und Nephthys (Verse 40–47)

Zur Szenenfolge 3–6 vgl. *CT* [754]:

rꜣ n wn s jmj.t-pr=f	Spruch, wenn jemand sein Testament öffnet.

(3. Szene:)

mdw Wsjr n sꜣ=f Ḥr.w	Osiris spricht zu seinem Sohn Horus,
ẖm.n=f jrjj.t jr=f m hrw ẖmn.w=f	nachdem er vergessen hatte, was ihm angetan worden war an seinem achten Tag,
fd.n=f fdw.t jrw.t jwf=f m hrw fdn.w=f	nachdem er den Schweiß abgewischt hatte, der an seinem Fleisch war, an seinem vierten Tag.[245]

(4. Szene:)

jj.n=k jjw.t m š pn	Du bist ein Kommen gekommen aus diesem See,[246]
ꜥnḫ.tj wꜥb.tj m š qbḥjj	indem du lebst und gereinigt bist im See der Kühlung.
sšm ṯw sꜣ=k Ḥr.w	Dein Sohn Horus geleitet dich.

(5. Szene:)

nfr wj mꜣꜣ	Wie schön ist es, zu sehen,
ḥtp wj ꜣ sḏm	wie befriedigend ist es, zu hören,
mꜣꜣ Ḥr.w ḥr ꜣw.t wꜣs n jtj=f Wsjr	wenn Horus geschaut wird, wie er seinem Vater Osiris das Was-Szepter hinstreckt.

245 Diese Verse gehen auch in *PT* [670] der Reinigungsszene voraus:
§ 1978c *fd.n=f ḏw.t jr N m fdnw=f hrw*
§ 1978d *ẖm.n=f jrj.t jr=f m ẖmnnw=f hrw*
Sie beziehen sich in der Form von Wortspielen auf die Heilung des Osiris von der ihm angetanen tödlichen Verwundung während einer Achttages-Periode. Am vierten Tag ist das Böse (*CT*: der Schweiß) von Osiris abgewischt, am achten Tag hat dieser das ihm angetane Leid vergessen. In der *CT*-Fassung wird die Reihenfolge umgestellt. SZ.2 Spruch 6 läßt diese Verse aus; Vers 84 bringt jedoch einen Anklang:

83 *nṯr.w mꜣꜣ=sn mdw Wsjr Ḫntj-jmn.tjw n sꜣ=f Ḥr.w*	Die Götter, sie sehen, wie Osiris Chontamenti zu seinem Sohn Horus spricht,
84 *dr=f ḏw=f sfḫ.n=f rḏ.w=f*	damit er (= Horus) seine Übel entferne und er seine Ausflüsse ablöse.

Dafür erwähnt SZ.2 Spruch 6 die Feste des 1., 6. und 15. Monatstages im Zusammenhang der Bekleidung (Verse 55–56).

246 Anstelle des Determinativs „Landstück" steht das Zeichen „Fremdland". MRSICH, *jmjt-pr-Rubrum der Sargtexte*, liest *š ḫꜣs.t pn* „dieser See der Wüste", was *š pn nj ḫꜣs.t* heißen müßte. Es handelt sich wohl eher um eine simple Verschreibung.

(6. Szene:)

j.sṯw sꜣ.ṯ=k jn ꜣs.t	Dein Wasserguß[247] wird ausgegossen durch Isis,
wꜥb ṯw Nb.t-ḥw.t	Nephthys reinigt dich,
sn.tj=k wr.tj ḥkꜣ.w	deine beiden zauberreichen Schwestern,
ṯs.tj n=k qs.w=k	die dir deine Knochen zusammenknüpfen
jnq.tj n=k ꜥw.t=k	und dir deine Glieder vereinigen.
rdj n=k jr.tj=k m ḥnt=k	Deine beiden Augen werden dir in dein Gesicht gegeben:
Mskt.t Mꜥnḏ.t	Die Nachtbarke und die Tagbarke.

§ 45 Der vierte und der achte Tag

In *PT* [670] und *CT* [754] geht es um eine Rede, die Horus an Osiris richtet am Ende einer Periode von acht Tagen, während welcher der von Seth erschlagene und von Isis und Nephtys beweinte Gott soweit hergestellt ist, daß er die Rede seines Sohnes hören kann. Diese Periode der Wiederherstellung wird in einen „vierten" und einen „achten" Tag gegliedert und die Ereignisse dieser Tage im Wortspiel mit den jeweiligen Zahlwörtern formuliert. Am vierten Tag (*jfdw*) wurde das Übel „abgewischt" (*fd*), am achten Tag (*ḫmnw*) „vergaß" (*ḫm.n*) Osiris das ihm angetane Leid. In *CT* [345] ist von diesem „vierten" und „achten Tag" als von Festen die Rede:

hꜣ wsjr N pn	O Osiris N hier,
jwt n=k jj.w n Ḥr.w	zu dir mögen kommen, die zu Horus kamen,
ḥrj jb pr=f wsjr N pn	(zu ihm,) der in seinem Haus des Osiris (N hier[248]) wohnt,
hrw pw n ḥbs nṯr.w	an jenem Tage, an dem die Götter verhüllt werden,
dmḏ.w r qrs Wsjr	die sich versammelt haben, um Osiris zu begraben
hrw pw n wd.t m tꜣ	an jenem Tage des in-die-Erde-Legens.
hꜣ wsjr N pn	O Osiris N hier,
rm ṯw rmj.w Wsjr	die, die Osiris beweinten, sollen dich beweinen
hrw pw n fd.nt	an jenem Fest des vierten Tages.
ḥꜣ ṯw ḥꜣ.w Wsjr	Die, die Osiris beklagten, sollen dich beklagen
hrw pw n ḫmn.t	an jenem Fest des achten Tages,
ḫm.n nṯr.w jwf=sn jm=f	an dem die Götter ohnmächtig wurden.
hꜣ wsjr N pn	O Osiris N hier,
wꜥb ṯw Ḥr.w m š pw n Qbḥjj	möge Horus dich reinigen in jenem See der Kühlung!

[247] Geschrieben *sꜣ.t=k* „deine Tochter"; gemeint ist aber sicherlich *sꜣṯ* „Wasserguß".
[248] Individueller und vermutlich fehlerhafter Zusatz von B1P.

hꜣ wsjr N pn	O Osiris N hier,
ḥbs ṯw Jnpw wtj	möge Anubis, der Balsamierer, dich verhüllen
m ḥbs.w ꜥ.wj Tꜣy.t	mit den Stoffen der Tait.
hꜣ wsjr N pn	O Osiris N hier,
sꜥḥ.n ṯw Jnpw wtj m wt=f tpj	Anubis, der Mumifizierer hat dich mumifiziert mit seinen erstklassigen Mumienbinden.
jw Ḏḥwtj swꜥb=f n=k wꜣ.wt nfr.wt n.wt jmnt.t ḫr Wsjr	Thot, er reinigt dir die schönen Wege des Westens bei Osiris.
hꜣ wsjr N pn	O Osiris N hier,
jrj Ddwn sṯj=f m jmj.t=k	möge Dedwen seinen Duft machen, mit dem, was in dir ist,
wpj n=k Wp-wꜣ.wt wꜣ.wt=k nfr.wt n.wt mꜣꜥ-ḫrw	möge Upuaut deine schönen Wege der Rechtfertigung öffnen
m hrw pn r ḫftj.w=k	an diesem Tage gegen deine Feinde
m p.t m tꜣ m ḫr.t-nṯr	im Himmel, im Lande und in der Unterwelt.
sšm=sn ṯw r šj pw ꜥꜣ n mj n jj.w	Mögen sie dich zu jenem großen See (namens) „Komm zu den Gekommenen!“ führen.
njs.kꜣ nṯr pw jr=k	Dann soll jener Gott dir zurufen,
ḫꜥꜥ.w bꜣ=f m hrw	dessen Ba am Tage erscheint
Ḏḥwtj m grḥ	und Thot in der Nacht.
ḥtp=f ḥr=k mj ḥtp Ḏḥwtj ḥr mꜣꜥ.t=f	Möge er mit dir zufrieden sein, wie Thot über seine Maat zufrieden ist,
sr nṯr.w m Jwnw	der Fürst der Götter in Heliopolis.

Auch hier wird mit dem Zahlwort „acht“ und dem Wort *ḫmj* „nicht wissen, vergessen“ ein Wortspiel gebildet; die Götter „vergessen ihr Fleisch“, d.h. verlieren das Bewußtsein. In diesem Text wird deutlich, daß es während der acht Tage um die Beweinung, Einbalsamierung und Bestattung des Osiris geht. Damit ist auch klar, daß es sich um die Festperiode vom 18. Choiak bis zum 25. Choiak handeln muß, die acht Tage, in denen der „Kornosiris“ angesetzt und schließlich beigesetzt wird, vgl. NR.6.2.4.7:

ꜣbd 4 ꜣḫ.t hrw 18	4. Monat der Überschwemmungszeit, Tag 18:
hrw n jwḥ bšꜣ.w sš ḥnkjj.t	Tag des Befeuchtens der Gerstenkörner und des Ausbreitens der Bahre[249]

[249] Die Schreibung kann *zn* „öffnen“ (Wb III, 454,1–13), *snj* „vorbeigehen“ (454,14–456,13) – was vom Sinn her ausscheidet – und *sš* „ausbreiten“ (482,16–29) wiedergeben; die Schreibung *ḥnky* kann sich auf *ḥnky.t* „Bett, Totenbahre“ (Wb III, 119,14–120,1) und *ḥnk.t* „Schlafgemach“ (119,8–11) beziehen. SCHOTT, *Festdaten,* 89 übersetzt „Das Schlafgemach des Osiris N. öffnen“, ähnlich GABALLA/KITCHEN, *Festival of Sokar*, 38. SEEBER, *„Kornosiris“*, 745 übersetzt „Ausbreiten des Bettes für den Osiris N.“ in Anschluß an DAVIES/GARDINER, *Amenemhet,* 115: „Spreading a bed for the Osiris N“. Vgl. den Titel von *Tb* 169 „Spruch zum Aufstellen der *ḥnkjj.t“*, wo *ḥnkjj.t* eindeutig „Totenbett“ bedeutet. Im Zusammenhang des Kornmumienrituals bezeichnet *ḥnkjj.t* wahrscheinlich das Bett, auf dem die Kornmumie angesetzt wurde, in Anlehnung an das ebenfalls *ḥnkjj.t* genannte Balsamierungsbett, vgl. auch RAVEN, *Corn-Mummies*, 14–15.

n wsjr N	für Osiris N
šꜣ-ʿ m hrw pn nfrjj.t r 4 ꜣbd ꜣḫ.t hrw 25 jrj.n hrw 8	von diesem Tage bis zum 25. Khoiak, macht 8 Tage.

Dabei fungieren die auch in *PT* [670] erwähnten Götter Upuaut, Horus und Thot als Reinigungsgötter, zu denen hier als vierter Dedwen tritt.

Szene 3 (Rede des Horus an Osiris nach dem vierten und achten Tag): In diesem Spruch kommen die Götter am Ende der Periode, um zusammen mit Horus Osiris zu begraben.

Szene 4 (Reinigung im See (des Lebens) und im See der Kühlung)

Hier ist es Horus, der Osiris im See der Kühlung reinigt, worauf sich unmittelbar die Einbalsamierung und Mumifizierung durch Anubis (mit Mumienbinden) und Dedwen (mit Duft, d.h. Balsam) anschließt. Dabei reinigt Thot die schönen Wege und Upuaut rechtfertigt Osiris gegen seine Feinde, wir haben also die typische Verbindung von Einbalsamierung und Rechtfertigung vor uns. Anschließend führen die Götter, also wohl Anubis, Horus, Thot, Dedwen und Upuaut den einbalsamierten Osiris zu einem weiteren See, der hier den Namen „Komm zu den Gekommenen" trägt. Die „Gekommenen" sind zweifellos die Götter, die sich am achten Tag zum Begräbnis des Osiris versammelt haben. Der Zuruf „jenes" Gottes bildet den Abschluß des Rituals. Dabei kann es sich eigentlich nur um den Sonnengott handeln, als dessen Ba die Sonne am Tag erscheint und als dessen Stellvertreter der Mondgott Thot in der Nacht leuchtet. Szenen 5 (Horus streckt Osiris Leben und Was-Szepter hin) und 6 (Isis und Nephthys reinigen und balsamieren Osiris) kommen in dieser Fassung nicht explizit vor.

Vierte Strophe: Osiris wird von den Horussöhnen getragen

Siebte Szene: Tragen (Verse 48–53)

Vgl. hiermit SZ.1, Spruch 6, Szene 5b:

53 *jw n=k ms.w-Ḥr.w ḫr=k*	Es kommen zu dir die Horuskinder,
54 *wṯs=sn ṯw m jtj=sn*	sie tragen dich als ihren Vater.
55 *jʿ=sn ḥr=k jʿḥ=sn n=k rmj.t=k*	Sie waschen dein Gesicht und sie wischen dir deine Tränen ab.
56 *wnḫ=k m ꜣbd*[250]	Sie bekleiden dich am Fest des ersten Monatstages,
57 *sfḫ=k m smd*[251] *ssn.t*	du legst dein Gewand ab am Fest des 15. und des 6. Tages.

[250] Die Determinative sind die Sonnenscheibe, der vertikale „eins"-Strich sowie das Fest-Zeichen.

[251] Das Halbmonatsfest.

Zu den Horuskindern als Träger des Osiris vgl. *PT* [364] = *Pyr.* §619b:

(r)ḏj.n n=k Ḥr.w msj.w=f wṯs=sn ṯw	Horus hat dir seine Kinder gegeben, damit sie dich tragen.

PT [648] = *Pyr.* §§*1828–1829:

hꜣ wsjr N (ṯwt nṯr sḫm wꜥ.t)	O Osiris N!
rḏj.n n=k Ḥr.w msj.w=f	Horus hat dir seine Kinder gegeben,
wṯs=sn kw sḫm(=k) jm=sn	daß sie dich tragen und du über sie verfügen kannst.
(msj.w Ḥr.w j.ms ṯn r wsjr N	(Horuskinder, begebt euch zu Osiris N,
fꜣj=ṯn sw m ḥm.wt=f jm=ṯn)	hebt ihn empor, daß keiner von euch entweicht!)
j.ms sn r=k	Sie sollen sich zu dir begeben,
(fꜣj=sn kw) nj ḥm.wt=f jm=sn	(Sie sollen dich emporheben,) keiner unter ihnen soll entweichen.

S. Bd. III, SZ.1, Spruch 6 §25. Zu den beiden Augen als Sonnenbarken vgl. *CT* [531] = VI.124a; *CT* [607] = VI.220q.

Achte Szene: Weltherrschaft (Verse 54–65)

PT [482] hat folgenden, sehr viel kürzeren Text:

ḏj n=k p.t	Dir werde der Himmel gegeben,
ḏj n=k tꜣ	dir werde die Erde gegeben,
ḏj n=k sḫ.t-jꜣr.w	dir werde das Binsengefilde gegeben
ḥnꜥ nṯr.wj jpw ꜥꜣ.w pr.wj/prr.w m Jwnw	zusammen mit jenen beiden großen Göttern, die aus Heliopolis gekommen sind.[252]

Spruch 21 = *PT* [670] ist eine Langfassung von *PT* [482]. Die Erweiterungen betreffen insbesondere den Bezug auf einen Reinigungsritus, der in *PT* [482] fehlt.

PT [482] gehört zu jenen Verklärungen, die mit einem Ich-Du-Text beginnen, wie er eigentlich die Form des Schlußtextes kennzeichnet. In diesem Eröffnungstext (in der Form eines Schlußtexts) nimmt der Sprecher auf die Ritualhandlung Bezug. An dieser Stelle ist auch in *PT* [482] explizit von einer Wasserspende die Rede:

jꜣ jtj=j wsjr N pn	O mein Vater, Osiris N hier,
wṯz ṯw ḥr gs=k jꜣb.j	erhebe dich von deiner linken Seite,
ḏj ṯw ḥr gs=k jmn.j	gib dich auf deine rechte Seite
jr mw jpn rnp.w rḏj.n<=j> n=k	zu diesem frischen Wasser, das ich dir gegeben habe!
jꜣ jtj=j wsjr N pn	O mein Vater, Osiris N hier,

[252] Schu und Tefnut, s. *Pyr.* §1985c.

ṯs ṯw ḥr gs=k jꜣb.tj	erhebe dich von deiner linken Seite,
ḏj ṯw ḥr gs=k jmn.j	gib dich auf deine rechte Seite
jr t pn srf jr.n<=j> n=k	zu diesem warmen Brot, das ich dir bereitet habe!

Diese Strophe fehlt in *PT* [670].

Konkordanz von *PT* [670], *PT* [482] und SZ.I, Spruch 6:

	PT [482] Spruch 6
	Szene 1: Opferaufruf, Umwendung
fehlt in *PT* [670]	1002a *jꜣ jtj* N
	1002b *ṯs ṯw ḥr gs=k jꜣbj ḏj ṯw ḥr gs=k wnmj*
	1002c *jr mw jpn rnpw rḏjw.n<=j> n=k*
	1003a *jꜣ jtj N*
	1003b *ṯs ṯw ḥr gs=k jꜣbj ḏj ṯw ḥr gs=k wnm,*
	1003c *jr t=k pn srf jr.n<=j> n=k*

Szene 1: Himmelsöffnung und Totenklage (Spruch 6, Szene 4)

1972	*wn ꜥꜣ.wj p.t jsn ꜥꜣ.wj pḏwt*	1004b	26
1973a	*mẖꜣ nṯr.w jmj.w P jw=sn n wsjr N*	1004d	27
1973b	*ḥr ḫrw rmm jst ḥr sbḥ Nb.t-ḥw.t*	1004d	30
1973c	*ḥr jww ꜣḫtj jptwt*		42
1973d	*n wr pn prj m dꜣ.t*		43
1974a	*rwjj n=k bꜣ.w P*	1005a	32
1974b	*ḥ=sn n=k jf<=sn> sq=sn n=k ꜥ.wj=sn*	1005a–b	32,34
1974c	*wn=sn n=k m smꜣw=sn*	1005c	35
1974d	*sḫ=sn n=k mnwt=sn*		
1975a	*j.ḏd=sn jr=k wsjr N j.šm=k jw.t=k*	1005d	36–37
1975b	*sḏr=k j.rs=k mjn=k ꜥnḫ=k*	1006	37–38

Szene 2: Riten des Sohnes (Spruch 6, Szene 2)

1976a	*ꜥḥꜥ mꜣ=k jrj.t.n n=k sꜣ=k*	1007a–b	9–10, 12
1976b	*j.rs sḏm=k jrj.t.n n=k Ḥr.w*	1007a–b	9–10, 13
1977a	*ḥ.n=f n=k ḥ ṯw m jḥ*		
1977b	*smꜣ.n=f n=k smꜣ ṯw m smꜣ*		
1977c	*qꜣs.n=f n=k qꜣs ṯw*		
1977d	*ḏj.n=f sw ẖr sꜣ.t=k wr.t jmj.t qdm*		
1978a	*tm jꜣkb ḥr jtr.tj nṯr.w*	1009a	82

Szene 3: Gespräch zwischen Horus und Osiris

1978b	*mdw Wsjr n Ḥr.w*		84
1978c	*fd.n=f ḏw.t jr N m fdnw=f hrw*		cf. 84
1978d	*ḫm.n=f jrj.t jr=f m ḫmnnw=f hrw*		

Szene 4: Reinigung in den Seen			(Szene 5)
1979a	*prj.n=k m š n ꜥnḫ wꜥb.tj m š n qbḥw*		33–34
1979b	*ḫpr.tj m Wpj-wꜣwt j.sšm ṯw sꜣ=k Ḥr.w*	1009–10	52–51
1979c	*rḏj.n=f n=k nṯr.w ḫftjw=k jnj.n n=k sn Ḏḥwtj*		

Szene 5: Horus überreicht Osiris Anch und Was

1980a	*nfr w ꜣ mꜣw ḥtp w ꜣ ptr mꜣw Ḥr.w*		
1980b	*ḏj=f ꜥnḫ n jtj=f ꜣw=f wꜣs n Wsjr*		
1980c	*m ḫnt nṯr.w jmn.tjw*		

Szene 6: *sꜣṯ* durch Isis und Nephthys

1981a	*sṯ sṯ=k jn jst wꜥb.n ṯw Nb.t-ḥw.t*		47–48
1981b	*sn.tj=k wr.t ꜥꜣ.t sꜣq.tj jf=k*		50
1981c	*ṯs.tj ꜥwt=k j.sḫꜥ.tj jr.tj=k m tpj=k*		
1982a	*Msktt.t Mꜥnḏ.t*		
1982b	*rḏj n=k tm jr.n n=k psḏ.tj*		

Szene 7: Tragen durch die Horuskinder

1983a	*ṯs.n ṯw msj.w msw=k twt*		cf 53–54
1983b	*Ḥp Jmstj Dwꜣ-mw.t=f Qbḥ-sn.w=f*		
1983c	*jrj.w n=k rn.w=sn m twt*		
1983d	*jꜥw ḥr=k jꜣḫw rmt=k*		55
1983e	*wpj.w r=k m ḏbꜥ.w=sn bjꜣ.w*		

Szene 8: Bewegung (Machtergreifungsreise)

1984a	*pr r=k prj=k r wsḫ.t*		
1984b	*šm=k jr sḫ.t-jꜣr.w*		18
1984c	*ḫns=k s.wt nṯr ꜥꜣ*		
1985a	*rḏj n=k p.t rḏj n=k tꜣ rḏj n=k sḫ.t-jꜣr.w*	1010b	
1985b	*jn nṯr.wj ꜥꜣ.w ḫnn ṯw*		
1985c	*Šw ḥnꜥ Tfn.t nṯr.wj ꜥꜣ.w m Jwnw*	vgl. 1010c	
1986a	*rs nṯr ꜥḥꜥ nṯr*		
1986b	*n ꜣḫj pn prj m dꜣ.t wsjr N prj m Gbb*		63

Die Gliederung des Spruchs ist nicht leicht durchschaubar. Vermutlich liegt eine Vierteilung vor:

	[670]	[482]	SZ.1
	fehlt	Szene 1: Erweckung	Szene 1 wie [482]
Erster Teil	34	26	
1. Erste Szene: Trauerriten für den Toten	16	= Szene 2 (13)	Szene 4

2. Rechtfertigung und Reinigung I.	18	12	
2. Szene: Handlungen des Horus	9	Szene 3 (7)	Szene 3 wie [482]
3. Szene: Gespräch zw. Horus und Osiris	3	fehlt	Szene 7
4. Szene: Reinigung in den Seen	6	fehlt	Szene 5 (a)
Zweiter Teil	31	11	
3. Rechtfertigung und Reinigung II	13	fehlt	fehlt
5. Szene: Horus überreicht Anch und Was	5	fehlt	fehlt
6. Szene: *sꜣṯ* durch Isis und Nephthys	8	fehlt	Verse 47–48, 50
4. Triumph	18	11	
7. Szene: Tragen durch die Horuskinder	6	fehlt	Szene 5 (b)
8. Szene: Aufstieg und Weltherrschaft	12	11	vgl. Szene 7

Spruch 22

PT [532B] (Fortsetzung von Spruch 13)[253]:

1	1259a	*rs n Ḥr.w*	Erwache für Horus,
2		*ꜥḥꜥ jr Stš*	steh auf gegen Seth!
3	1259b	*ṯs ṯw jr=k wsjr N pn*	Erhebe dich, Osiris N hier,
4		*sꜣ Gbb tp=f*	Erstgeborener des Geb,[254]
5	1259c	*sdꜣ.w n=f psḏ.tj*	vor dem die beiden Neunheiten zittern![255]
6	1260a	*ꜥḥꜥ n=k mjn.w*	Der Hirte soll dir aufwarten,[256]
7		*jrj.w n=k psḏn.tjw*	das Neumondsfest[257] soll dir gefeiert werden,
8		*ḫꜥw=k n ꜣbd*	und du sollst erscheinen am Monatsfest.
9	1260b	*ḫnt jr=k jr š*	So fahre südwärts zum See,
10		*nm=k r wꜣḏ-wr*	überquere den ‘Großen Grünen’,
11	1261a	*n ṯwt js ꜥḥꜥ nj wrḏ.n=f ḥrj-jb ꜣbḏw*	denn du bist ja der, der steht ohne zu ermüden inmitten von Abydos;
12	1261b	*ꜣḫ.tj m ꜣḫ.t*	du bist verklärt im Lichtland,
13		*ḏd.tj m Ḏd.t*	dauernd in Busiris.
14	1261c	*šsp ꜥ=k jn bꜣ.w Jwnw*	Deine Hand wird ergriffen von den Bas von Heliopolis,
15		*nḏr ꜥ=k jn Rꜥ.w*	deine Hand wird ergriffen von Re.

253 Vgl. ALLEN, *Occurrences*, 91 oben.

254 Fehlt in TT 353, vgl. DORMAN, *Tombs of Senenmut*, 112 [Liturgy 3, §31 (N17-N18)].

255 Fehlt in TT 353, vgl. DORMAN, *a.a.O.*

256 Fehlt in TT 353, vgl. DORMAN, *a.a.O.*

257 *psḏn.tjw* fehlt in TT 353. Dort heißt es: *jrj.w n=k ḫꜥw=k n ꜣbd*, vgl. DORMAN, *a.a.O.*, Taf. 79.

Mit dem Anfang ist der erste Abschnitt eines *PT*-Spruchs zu vergleichen, der in drei verschiedenen Fassungen vorliegt:

1) *PT* [437] = *Pyr.* §§793–94:

j.rs n Ḥr.w	Erwache für Horus,
ꜥḥꜥ jr Stš	steh auf gegen Seth!
ṯs ṯw m Wsjr ꜣḫ.j	Erhebe dich als Osiris, als Ach-Geist,
sꜣ Gbb tpj=f	der Sohn des Geb, sein Erstgeborener!
ꜥḥꜥ=k m sꜣb ḥr mjn.w	Mögest du aufstehen als Schakal auf dem Baldachin,
sdꜣ.w n=k psḏ.t	(du,) vor dem die Neunheit erzittert!
jrj.w n=k tp 3	Das Dreitagesfest soll dir gefeiert werden,
wꜥb=k n psḏn.tjw	du wirst dich reinigen für das Neumondsfest,
ḫꜥj.w=k n tp ꜣbd	du wirst erscheinen zum Monatsfest.
ḏs.w n=k mnj.t wr.t	Der Große Landepflock wird um dich schreien
mr ꜥḥꜥ nj wrḏ.n=f ḥr jb ꜣbḏw	wie um den, der steht ohne zu ermüden in Abydos.

2) *PT* [610] = *Pyr.* §§1710–11:

j.rs n Ḥr.w	Erwache für Horus,
ꜥḥꜥ n Stš	steh auf für Seth!
ṯs ṯw sꜣ Gbb tpj=f	Erhebe dich, Sohn des Geb, sein Erstgeborener,
sdꜣ.w n=f psḏ.tj	vor dem die Neunheiten zittern,
ꜥḥꜥ n=f mnj.w	dem der Hirte aufwartet.
jrj.w n=k tp 3	Dir soll das Dreitagesfest gefeiert werden,
ḫꜥjw=k n ꜣbd	du sollst erscheinen zum Monatsfest
wꜥb=k n psḏn.tjw	und dich reinigen zum Neumondsfest;
ḏs.w n=k mnj.t wr.t	der Große Landepflock soll um dich schreien,
n ṯwt js ꜥḥꜥ nj wrḏ.n=f ḥrj-jb ꜣbḏw	denn du bist ja, der steht ohne zu ermüden in Abydos.

3) *PT* P9A (F/Se 89–92) m–q:

j.rs n Ḥr.w	Erwache für Horus,
[...] n Stš	[steh auf] für Seth,
[...] js ꜣḫj js	[erhebe dich] als [Osiris], als Ach-Geist,
sꜣ Gbb sdꜣw n=f [...]	Sohn des Geb, vor dem [die Neunheiten] zittern.
	(...)
[...] n=f mnj.t wr.t	um den der Große Landepflock [schreit]
mr ꜥḥꜥ nj wrḏ.n=f ḥr[...]	wie um den, der steht ohne zu ermüden in [Abydos].

Vgl. auch *PT* [483] = *Pyr.* §1012:

ṯs ṯw wsjr (N)	Erhebe dich Osiris,
sꜣ Gbb tpj=f	Sohn des Geb, sein Erstgeborener,
sdꜣ n=f psḏ.t wr.t	vor dem die Große Neunheit zittert!
wꜥb=k n ꜣbd	Du sollst dich reinigen zum Monatsfest
j.ḫꜥ=k n psḏn.tjw	und erscheinen zum Neumondsfest.

jrj.t n=k tp 3	Das Dreitagesfest soll für dich gefeiert werden,
ḏs.w n=k mnj.t wr.t	der Große Landepflock soll um dich schreien
mr ꜥḥꜥ nj wrḏ.n=f ḥrj-jb ꜣbḏw	wie um den, der steht ohne zu ermüden in Abydos.

Spruch 22 nimmt *PT* [532] genau an der Stelle wieder auf, wo Spruch 13 aufgehört hatte. So nehmen sich Sprüche 14–21 wie ein großer individueller Einschub in *PT* [532] aus. Dieser Schein trügt jedoch. Wie die angeführten Varianten aus anderen *PT*-Sprüchen zeigen, führt dieser Abschnitt eine Art Eigenleben, unabhängig von seinem Auftreten in *PT* [532]. Wir tun daher besser daran, ihn als einen unabhängigen Spruch zu verstehen, den *PT* [532] aus bestimmten Gründen an die Schilderung der Handlungen von Isis und Nephthys angehängt hat, den aber die vorliegende Liturgie erst im Anschluß an die Totenklagen bringt und zwar im Zusammenhang von Reinigung und Rechtfertigung wie Sprüche 20 und 21. Auf das Rechtfertigungsthema bezieht sich die erste Strophe, insbesondere die einleitenden Anrufe. Die zweite Strophe nimmt mit der Erwähnung einer Wasserfahrt auf die Reinigung Bezug.

Aufbau

		2 Erwache
	8 Erweckung	3 Erhebe dich
		3 Huldigung
15		
		2 Überfahrt
	7 Aufbruch	3 Osiris-Gestalt
		2 Empfang durch Re

Spruch 23: Rechtfertigung

CT [837][258]
Vgl. *PT* [477]
Literatur: ZEIDLER, *Spätentstehung des Mythos*, 85–109, bes. 101–104

1	37a	*wn ꜥꜣ.wj p.t*	Geöffnet werden die Türflügel des Himmels,
2		*sn ꜥꜣ.wj qbḥ.w*	aufgetan werden die beiden Türflügel des *qbḥ.w*-Himmels.[259]

[258] Auf den Textzeugen T9C und B10C erhalten. Der Spruch ist zu weiten Teilen mit *PT* [477] identisch.

[259] So beginnt *PT* [479]. *PT* [477] beginnt:
ꜥḏ p.t nwr tꜣ „Der Himmel ist aufgewühlt, die Erde bebt“.

3	b	*ḫꜥj Ḥr.w jj Ḏḥwtj*	Horus erscheint, Thot kommt,[260]
4	c	*jw=sn n Wsjr*[261]	sie kommen zu Osiris.
5	d	*ḏj=sn prj=f*[262] *m ḫnt psḏ.t*	Sie veranlassen, daß er herauskomme an die Spitze der Götterneunheit.
6	e	*sḫꜣ Stḫ*	Denk daran, Seth,
7	f	*ḏj r jb=k*	gib in dein Herz
8	g	*mdw pw ḏd.n Gb r=k*[263]	diese Worte, die Geb gegen dich ausgesprochen hat
9		*fꜣw pw jrj.n nṯr.w r=k*	und diese Drohung, die die Götter dir gegenüber vollzogen haben
10		*m ḥw.t sr jmj.t Jwnw*	im Fürstenhaus, befindlich in Heliopolis,
11	h	*m ndj.n=k*[264] *Wsjr r tꜣ* {*m ndj.n=k*}	weil du den Osiris zu Boden geworfen hast,[265]
12	i	*m ḏd=k Stḫ n jrj=j js*[266]	als du sagtest, Seth: „Ich habe es nicht getan“,
13	j	*sḫm=k jm=f m nḥm=k n Ḥr.w*	um dich seiner zu bemächtigen, indem du geschützt bist vor(?) Horus[267],
14	k	*m ḏd=k Stḫ*	als du sagtest, Seth:
15	l	*jw wnn.t jk.n=f w<j>*	„Er ist es, der mich herausgefordert hat“,
16	m	*m ḫpr rn=k*[268] *jk.w tꜣ*	als dein (des Osiris) Name „*jkw-tꜣ*“ enstand,
17	n	*m ḏd=k Stḫ*	als du sagtest, Seth:
18	o	*jw wnn.t sꜣḥ.n=f w<j>*	„Er ist es, der mir (zu) nahe gekommen ist“,
19		*m ḫpr rn=k*[269] *Wsjr m Sꜣḥ*	als dein Name, Osiris, als „Orion“ entstand,

[260] In *PT* [477] umgekehrt: *jj Ḥr.w ḫꜥj Ḏḥwtj.*

[261] *PT*: *ṯs=sn Wsjr ḥr gs=f* „um Osiris aufzurichten auf seiner Seite“.

[262] *PT*: *ꜥḥꜥ=f* „daß er aufstehe“.

[263] *jr=k* fehlt in den *PT*.

[264] *Pyr.* §957c hat *ḥr ndj=k.*

[265] FAULKNER, *AECT* III, 23 übersetzt durch „when you felled Osiris to the earth in Nedit“.

[266] *Pyr.* §958a: *nj jrj.n=j js nw jr=f* „Es ist nicht gegen ihn, daß ich dies getan habe“.

[267] Die Stelle wird nur mit Hilfe der Vorlage in *Pyr.* §958b deutlich, wo es heißt: *sḫm=k jm nḥm.tj sḫm=k n Ḥr.w,* „auf daß du dadurch *sḫm*-Macht gewönnest, während deine Macht weggenommen wurde für Horus“.

[268] *Pyr.* §959b hat *rn=f pw.*

[269] *Pyr.* §959d hat *rn=f pw.*

20	p	*ꜣw rd pḏ nmt.t ḫntj tꜣ šmꜥ*	weit an Bein, ausgestreckten Schrittes an der Spitze des oberägyptischen Landes.
21	q	*ꜥḥꜥ r=k, Wsjr*	Erhebe dich, Osiris,
22		*ḥr gs=k m Gḥs.t*[270]	auf deiner Seite in *Gḥs.t*!
23	r	*ꜥ=k n(j) ꜣs.t*[271]	Dein Arm gehört der Isis,
24		*ḏr.t=k n(j) Nb.t-ḥw.t*	deine Hand gehört der Nephthys,
25	s	*šmj=k jmj.tw=sn*	und du gehst zwischen ihnen.
26	38a	*ḏj n=k*[272] *p.t ḥnꜥ tꜣ*[273]	Dir ist der Himmel mitsamt der Erde gegeben
27	b	*rḏj n=k sḫ.t-jꜣr.w*	und gegeben ist dir das *jꜣrw*-Gefilde[274]
28	c	*dbn.n=k*[275] *jꜣ.wt Ḥr.wt*	nachdem du die horischen Stätten umwandert
29		*pẖr.n=k jꜣ.wt Stẖ.wt*	und du die sethischen Stätten durchzogen[276] hast[277]
30	d	*m-bꜣḥ nṯr.wj nb.wj wḏꜥ mdw*	vor den beiden Göttern, den beiden Herren, die richten.

Schlußtext

31		[278] *ꜥnḫ jr=k Wsjr*	Lebe, Osiris!
32	e	*jnk ḏsr<.kwj> wꜥb.k(wj)*[279]	<Ich> bin heilig und ich bin rein!
33	f	*jw.n<=j> jr.y<=j> n=k pr.w*	Ich bin gekommen, um für dich das Aufstiegslied[280] aufzuführen,

270 *Pyr.* §960a hat *ṯs ṯw Wsjr ṯs.n sw Stš sḏm.n=f fꜣw nṯr.w mdw.w ḥr jtj nṯr* — Erhebe dich, Osiris, Seth hat sich erhoben, nachdem er die Drohung der Götter gehört hat, die über den Vater des Gottes gesprochen haben.

271 *Pyr.* §960c fügt den Vokativ *Wsjr* ein.

272 T9C hat *ḏj n=k {r} p.t ḥnꜥ tꜣ*.

273 *Pyr.* §961a hat *rḏj n=k p.t rḏj n=k tꜣ sḫ.t-jꜣr.w*.

274 Vgl. *Pyr.* §1010b *ḏj n=k p.t ḏj n=k tꜣ ḏj n=k sḫ.t-jꜣr.w*; *Pyr.* §1985a *rḏj n=k p.t rḏj n=k tꜣ rḏj n=k sḫ.t-jꜣr.w*; *Pyr.* §1475c–d *jꜣ.wt jꜣ.wt Ḥr.w jꜣ.wt Stš sḫ.t-jꜣr.w*.

275 T9C hat *dbn r*.

276 Vgl. *CT* [832] = VII.33e–f.

277 *Pyr.* §961b hat *jꜣ.wt Ḥr.w jꜣ.wt Stš*, ohne Verben.

278 Ab hier *PT* für einige Abschnitte abweichend.

279 Die Lesung folgt der vollständigeren Fassung von B10C.

280 Auch der pBerlin 3057, Kol. 22, 23 hat an dieser Stelle einen Einschub in *PT* [477], der eine Variante dieser Stelle darstellt:
jrjj n=k pr.t-ḫr.w jnk sꜣ=k Ḥr.w — Gemacht wird die das Totenopfer, ich bin dein Sohn Horus.
Vielleicht ist die Form *pr.w* der *CT*-Fassung auch eine abgekürzte Form von *prj.t-ḫrw* „Herauskommen der Stimme“ = Totenopfer. Näher liegt aber wohl ein Bezug zu *Pyr.* §§921d; 1245d:
jrjj=sn n P rꜣ n pr.w — Mögen sie für P den Spruch des Aufsteigens machen.
Vgl. SCHOTT, *Bücher und Bibliotheken*, 166 Nr. 496.

34	*jrj.n n=k sꜣ=k Ḥr.w*	das dein Sohn Horus für dich geschaffen hat.
35 g	*jw.n<=j> jr.y<=j> n=k ḫ.t wr.t*	Ich bin gekommen, um für dich das große Mahl auszurichten,
36	*wḏ.t.n Gb jrj.t n=k*	von dem Geb angeordnet hat, daß es für dich ausgerichtet werde.
37 h	*fꜣj ꜥ=k ẖr ꜥnḫ*	Erhebe deinen Arm mit dem Lebenszeichen,
38	*smn ꜥ=k ḥr wꜣs*	stütze deinen Arm auf das *wꜣs*-Szepter,
39 i	*wn=k m ḏd nṯr.w*	damit du der Djed-Pfeiler der Götter bist,
40 j	*šm=k jm šm.n=k m nb ꜥb*[281]	damit du gehst dadurch, wie du gegangen bist als der Herr des Hornes.
41 k	[282]*jw.n<=j> ẖr=k nb=j*[283]	Ich bin zu dir gekommen, mein Herr,
42	*jw.n=j ẖr=k nṯr=j*[284]	ich bin zu dir gekommen, mein Gott,
43	*jw.n=j ẖr=k Wsjr*	ich bin zu dir gekommen, Osiris,
44 l	*ḥbs=j ṯw m ḥbs.w=k*[285]	um dich in deine Kleider zu hüllen.[286]
45 m	*wꜥb=k n=k m Ḏdj.t*	Mögest du rein sein für dich in *Ḏdj.t*.
46 n	*jn Spd.t sꜣ.t=k msj.t n=k*	Sothis, deine Tochter, die dir geboren wurde,[287]
47	*jrj.t n=k rnp.t=k*	ist es, die dir deine Jahresfeste ausrichtet
48 39a	*m rn=s pw rnp.t šsm.t sw*[288]	in jenem ihren Namen „Jahr“, die dich führt.[289]
49 b	*jw.n=j ẖr=k nb=j*	Ich bin zu dir gekommen, mein Herr,
50	*jw.n={f}<j> ẖr=k Wsjr*	Ich bin zu dir gekommen, Osiris,
51 c	*j.sk<=j>*[290] *ḥr=k*	um dein Gesicht abzuwischen

281 S. DE BUCK, Anm. 4*.

282 Ab hier entspricht der Text wieder *PT* [477].

283 *Pyr.* §964a hat *nb p.t.*

284 Fehlt in *PT.*

285 Ab hier bis 39i nur auf T9C erhalten. PT: *j.sk N pn ḥr=k ḥbs=f ṯw m ḥbs nṯr.*

286 Ob als Metapher für die Mumienbinden des Osiris?

287 FAULKNER: „who sits for you“, was wenig Sinn ergibt. Es handelt sich um das Zeichen der gebärenden Frau. *Pyr.* §965a hat *mr.t=k* „die du liebst“.

288 Lies *šsm.t ṯw.* Die Verschreibung ist auf einen Text zurückzuführen, der wie *Pyr.* §965c das maskuline Pronomen sw schreibt.

289 *Pyr.* §965c hat *sšm.t N* „die N führt“.

290 Det., als wäre an *ksj* „sich verneigen“ gedacht.

52	d	*ḥbs<=j> ṯw m ḥbs.w nṯr*	und dich zu kleiden in die Gewänder der Götter.
53	e	*wnm<=j> ꜥ.t{=k} m jrj r=k*	Ich esse ein Glied von dem, der gegen dich gehandelt hat,
54	f	*ḥnṯ<=j> <n>=k s(y) Wsjr*	<ich> schlachte es <für> dich, Osiris,
55	g	*wd.kw(j) m ḫnt ḥnṯ mdw ꜣ=s*[291]	und ich bin an die Spitze der Zerstückler gesetzt.
56	h	*jw.n=j ḫr=k nb=j*	Ich bin zu dir gekommen, mein Herr,
57		*jw.n=j ḫr=k nṯr=j*	ich bin zu dir gekommen, mein Gott,
58		*jw.n=j ḫr=k Wsjr*	ich bin zu dir gekommen, Osiris,
59	i	*j.sk<=j>*[292] *ḥr=k*	um dein Gesicht abzuwischen
60	j	*ḥbs<=j> ṯw m ḥbs.w nṯr*	und dich zu kleiden in die Gewänder der Götter.
61	k	*wꜥbw=k [n]=k jn Ḥr.w*	Priesterdienste werden dir geleistet von Horus,
62		*sꜣ=k msj.w n=k*[293]	deinem Sohn, der dir geboren wurde.
63	l	*sḥr=f ṯw jr mwt.w*	Er entfernt dich von den Toten
64	m	*ḏj=f ṯw tp sjn.w=k jmj.w*	und setzt dich an die Spitze deiner Läufer,
65		*jmj.w ꜣḫ<.w> jm=s ꜣḫ<.w> nn jm*	(…)[294]
66	n	*t<=k> t n nṯr.w*[295]	<dein> Brot ist das Brot der Götter,
67		*<ḥnq.t=k> ḥnq.t nt nṯr.w*[296]	<dein Bier> ist das Bier der Götter,
68	o	*ꜥnḫ.t=sn jm ꜥnḫj<=k> j[m]*	wovon sie leben, davon lebst <du>,[297]
69	p	*jrj.t.n Ḥr.w n jtj=f Wsjr*	(denn) was Horus für seinen Vater Osiris gemacht hat,
70		*jrj=f n N pn mjj*[298]	das tut er für diesen N ebenso.

[291] Das Ende dieser Zeile ist mir unklar, die *PT* bieten keine Parallele.

[292] Det., als wäre an *ksj* „sich verneigen“ gedacht.

[293] Vgl. *Pyr.* §968c, woran sich offensichtlich B10C angelehnt hat.

[294] Übersetzung sehr unsicher. FAULKNER, *AECT* III, 24: „who are spirits yonder and who make spirits of those who are yonder“. *Pyr.* §969b (nach N) hat: *ḏjj.n=f N tpjj ꜣḫ.w=f nṯr.w/ mw N mw=sn t N t=sn* „Er hat N an die Spitze seiner Verklärten, der Götter, gesetzt. Das Wasser des N ist ihr Wasser, das Brot des N ist ihr Brot.“

[295] B10C schreibt *t*, Brot, zweimal. Ich halte das für eine Dittographie, was die einfachste Lösung wäre. Anders FAULKNER, dem sich BARGUET anschloß, die weitreichendere Emendation vornehmen müssen. Vor allem in 39o weicht FAULKNERS Übersetzung, die geprägt ist von der Ergänzung der 1. Ps. Sing. stark vom Text ab.

[296] Lesung nach Textzeuge T9C, der hier endet.

[297] Die vorstehenden drei Verse fehlen in *PT*.

[298] Für die Schreibung von *mj* mit *r* am Ende vgl. Wb II, 38,13. *mjj* fehlt in *PT*.

Erste Strophe: Auftritt Horus und Thot (Verse 1–5)

An die Stelle einer typischen sprucheröffnenden „Naturschilderung“[299], wie sie den Pyramidenspruch einleitet, setzt die Sargtextfassung eine kultische Eröffnungsformel: die Öffnung der Himmelstüren. In den Pyramidentexten haben die „einleitenden Naturschilderungen“ (FIRCHOW)[300] nach SCHOTT die Funktion, „die Jenseitigkeit des Themas“ hervorzuheben.[301] Im Kontext geht es meistens um Theophanieschilderungen, die den Himmelsaufstieg des toten Königs als himmlische Theophanie darstellen, auf die Himmel und Erde mit Entsetzen und Entzücken reagieren.[302] Im Fall unseres Spruches könnte die „Naturschilderung“ auf die Erscheinung von Horus und Thot bezogen werden. Näher liegt aber wohl die Beziehung auf die nur implizierte Ausgangssituation des erschlagen, auf seiner Seite liegenden Osiris, dessen Ermordung durch Seth bzw. dessen Notlage Himmel und Erde in Aufruhr versetzt.[303] In der Sargtextfassung ist dieser mythische Bezug auf Osiris verloren gegangen und durch den kultischen Bezug auf die Himmelstüren ersetzt worden. Deren Öffnung bezieht sich nicht auf eine Episode des Mythos, sondern auf eine solche des Kults. Man könnte an die Öffnung der Tür denken, durch die die von Priestern gespielten Götter Horus und Thot (Sem-Priester und Vorlesepriester) den Schauplatz, vermutlich die Balsamierungshalle, betreten. Möglich wäre aber auch die Öffnung eines Statuenschreins (*kꜣr*) mit einem Bild des Verstorbenen, wie es offenbar in CT.2 [60] vorausgesetzt wird.

Zweite Strophe: Rede an Seth (Verse 6–20)

Sinn dieser Schilderung der mythischen Gerichtsverhandlung ist es, Seth die Ergebnislosigkeit seiner Argumentation gegen Osiris in Erinnerung zu rufen. Alles, was er gegen Osiris vorbrachte, wendete sich gegen ihn selbst. Als er log, um über Osiris *sḫm*-Macht zu gewinnen, wurde ihm diese weggenommen und dem Horus gegeben. Als er behauptete, Osiris habe ihn herausgefordert, verhalf er damit nur Osiris zu seinem Ehrennamen *jkw-tꜣ*. Als er sich schließlich zu der Behauptung verstieg, Osiris sei ihm „zu nahe getreten“, entstand dadurch das Sternbild Orion als mächtigste astrale Erscheinungsform des Osiris. In der *CT*-Fassung ist diese thematische Kohärenz nicht mehr ganz klar.

299 Vgl. SETHE, *ÜK* II, 143; KEES, *HdO* I.2, 64; ASSMANN, *Liturgische Lieder*, 257f.

300 Vgl. FIRCHOW, *Stilistik*, 182f.

301 Vgl. SCHOTT, *Mythe und Mythenbildung*, 47–49.

302 Vgl. hierzu ASSMANN, *a.a.O.*, 257-260.

303 So versteht ZEIDLER, *Spätentstehung des Mythos*, 102 die Eröffnungsformel der *PT*-Fassung. Er setzt sich allerdings mit dem formelhaften Charakter dieser Verse nicht weiter auseinander.

Dritte Strophe: Rede an Osiris (Verse 21–30)

Der Zuspruch der Weltherrschaft, genau wie in Spruch 20, 3. Strophe und Spruch 21, 4. Strophe, zweite Teilstrophe. Zum Motiv der Königsreise vgl. Spruch 3, 1. Strophe, zweite Versgruppe und Spruch 20.

Vgl. *Pyr.* §1735c:

dbn=k jꜣ.wt Ḥr.wt dbn=k jꜣ.wt Stš.t	Mögest du die horischen Stätten umkreisen, mögest du die sethischen Stätten umkreisen.

Pyr. §*1930c:

dbn=k jꜣ.wt=k Ḥr.wt dbn=k jꜣ.wt=k Stš.t	Mögest du deine horischen Stätten umkreisen, mögest du deine sethischen Stätten umkreisen.

Pyr. §2099a:

dbn=k jꜣ.wt Ḥr.wt dndn=k jꜣ.wt stšt	Mögest du die horischen Stätten umkreisen, mögest du die sethischen Stätten durchwandern.

Die „beiden Herren, die richten“ können wohl kaum Horus und Seth, die typischen „beiden Herren“ sein, die im Thronfolgeprozeß die streitenden Parteien darstellen. Als Richter im Thronfolgeprozeß kämen am ehesten Atum und Geb in Betracht.

Schlußtext:

Erste Strophe (Verse 31–40)

Der Anruf *ꜥnḫ jr=k* bildete sechsmal den Refrain der Klagelieder von Sprüchen 14–19. An diesem Detail zeigt sich nochmals die Kohärenz dieser Spruchfolge. Die folgenden Verse beziehen sich auf die Opfersituation. Wenn Geb, der im Prozeß das Urteil sprach, das Mahl angeordnet hat, dann wird es sich um die Zuweisung der Versorgung im Anschluß an die Rechtfertigung handeln. Zur typischen Verbindung von Totengericht und Versorgung s. ASSMANN, *Liturgische Lieder*, 145.

Zu *ꜥnḫ* und *wꜣs* s. oben Spruch 21, 3. Strophe, 1.Teilstrophe.

Zweite Strophe (Verse 41–70)

Die ersten drei Teilstrophen der zweiten Strophe des Schlußtexts fangen identisch an und nehmen auf die Übergabe von Kleidern oder Stoffen Bezug. Die letzte Strophe läßt nochmals das Motiv der Distanzierung des Angeredeten von den „Toten“ anklingen, das im ersten Teil der Liturgie eine so auffallende Rolle gespielt hatte.

Ob in der vierten Teilstrophe wirklich ursprünglich die erste Person gemeint war, wie FAULKNER annimmt („who has removed *me* from the head of the dead“), möchte man bezweifeln. Die zweite Ps. wäre hier sinnvoller. Der Text der *PT*-Fassung ist hier ganz eindeutig:

mw=sn mw nw P pn	Ihr Wasser ist das Wasser dieses Pepi,
t=sn t n P pn	ihr Brot ist das Brot dieses Pepi,
wʿb=sn wʿb.w P pn	ihre Reinigung ist die Reinigung dieses Pepi.
jrj.t.n Ḥr.w n Wsjr	Was Horus getan hat für Osiris,
[jrj=f n P pn]	das wird er diesem Pepi tun.[304]

Das Thema von Spruch 23 bzw. von Spruch [477] der Pyramidentexte ist die Rechtfertigung des Toten, und zwar in jener ältesten Form, die sich nach dem Modell des mythischen Thronfolgeprozesses zwischen Osiris/Horus und Seth richtete. Dieser Prozeß fand im Fürstenhaus von Heliopolis statt, unter dem Vorsitz von Atum und Geb. Der Spruch bezieht sich auf eine Situation, in der Prozeß und Urteil bereits zurückliegen und Seth daran gehindert werden soll, sich über den Schiedsspruch hinwegzusetzen und den gerechtfertigten Osiris erneut anzugreifen. Es ist genau die Situation zwischen „erstem“ und „zweitem“ Tod, wie sie im Stundenritual der Nachtwache vor der Beisetzung vorausgesetzt wird. Die Nachtwache hat die Funktion, diese kritische Phase zu begleiten und durch die rituelle Inszenierung der Rechtfertigung den zweiten Tod abzuwenden. In der abschließenden Anrede an Osiris wird dem Toten die Rechtfertigung als Weltherrschaft zugesprochen.

Spruch [477] der Pyramidentexte gilt als Beweis für das Alter des Osirismythos.[305] In diesem Text sei die Handlungssequenz von der Ermordung des Gottes durch seinen Bruder Seth über die Auffindung und Wiederbelebung der Leiche durch Horus und Thot und die Gerichtsverhandlung vor Geb bis zur der endgültigen „Liquidierung des Unglücks“ durch die Gottheitenpaare Horus und Thot sowie Isis und Nephthys und bis zur Thronbesteigung des Osiris dargestellt. Entscheidend für das Verständnis des Spruchs ist jedoch nicht sein mythischer, sondern sein liturgischer Sinn. Es geht in erster Linie um die sprachliche Inszenierung der Rechtfertigung des Toten in der mythischen Form des Prozesses

[304] In der Fassung von *N* ist die Wortfolge umgestellt:
mw N mw=sn „das Wasser des N ist ihr Wasser“ usw.

[305] Vgl. hierzu ZEIDLER, *a.a.O.* mit Hinweis auf die umfangreiche Diskussion.

zwischen Osiris und Seth. Nicht der Mythos wird erzählt, sondern diese entscheidende Episode wird sprachlich gestaltet, und zwar in dramatischer Form, d. h. in wechselnder Sprechkonstellation. Der zunächst anonym im Hintergrund bleibende Sprecher schildert zunächst Vorgänge in der 3. Ps. (0:3), redet dann Seth an als den Feind und Prozeßgegner des mit Osiris identifizierten Toten (0:2) und wendet sich schließlich mit dem Zuspruch der Weltherrschaft an Osiris (0:2).

Der ganz ungewöhnlich lange Schlußtext (40 Verse) erläutert die Handlungen des Offizianten. Die erste Strophe von 10 Versen fehlt in der *PT*-Fassung. Diese hat statt dessen eine Anrufung an Thot mit der Bitte um Beistand gegen Feinde.

Aufbau:

		5 Eröffnung	
	30 Spruch	15 Rede an Seth	6 Erinnere dich 9 Worte und Ursprünge
		10 Erhebe dich	2 Erhebe dich 3 Zwischen Isis und Nephthys 2 Herrschaft 3 Königsreise
70			
	40 Schlußtext	10 Handlungen	Aufstiegslied Das große Mahl Anch und Was
		8 Kleidung	
		7 Gesicht abwischen, Kleiden	
		7 Gesicht abwischen, Kleiden	
		8 Distanzierung, Götternahrung	

Spruch 24

[838][306]
BARGUET, *Textes des sarcophages*, 148f.
FAULKNER, *AECT*, 26f.
Parallelen in SZ.2 Spruch 25:
pBerlin 3057, 23, 33ff.
pBM 10081, VII, 4ff.
pBM 10319, XXV, 37 ff.

1	40a	*ḫr wr ḥr gs=f*	Der Große fällt auf seine Seite,
2		*nmnm jmj Ndj.t*	der, der sich in Nedit befindet, bewegt sich.
3	b	*ṯs tp=k jn Rꜥ.w*	Dein Kopf wird erhoben von Re,
4	c	*bw[.t]=k qdd ms[ḏd]=k bꜣg[j]*	dein Abscheu ist Schlaf und du haßt die Ermüdung.[307]
5	d	*[fꜣj wr jn Šw]*[308]	[Emporgehoben wird der Große durch Schu,]
6	e	*[wṯs.n sw m]*[309]*w.t=f Nw.t*	[getragen hat ihn] seine [M]utter Nut.
7	f–g	*snq.n sw Ḫmy n wḏḥ.n sw*	*Ḫmy*[310] hat ihn gestillt, nicht haben <sie>[311] ihn entwöhnt.
8		*[jtj]*[312] *ḫr=ṯn nṯr.w*	[<Mein> Vater ist] bei euch, Götter!
9	h	*Wsjr nw jj ḫr=ṯn nṯr.w*	Osiris ist es, der zu euch kommt, Götter,

[306] Auf den Textzeugen T9C und B10C enthalten.

[307] Vgl. *Pyr.* §1500b–c:

nmnm jm Ndjt ṯs tp=f jn Rꜥ.w	Der in Nedit bewegt sich, sein Kopf wird erhoben von Re,
bw.t=f qdd msḏ=f bꜣgj	sein Abscheu ist der Schlaf, er haßt die Mattigkeit.

Pyr. §721a–d:

j.ḫr wr ḥr gs.f	Ein Großer fällt auf seine Seite,
nmnm jm Ndjt	der in Nedit bewegt sich.
ṯs tp=f jn Rꜥ.w	Sein Kopf wird erhoben durch Re,
bw.t=f qdd msḏ=f bꜣgj	sein Abscheu ist der Schlaf, er haßt die Mattigkeit.

S. auch den Beginn von *CT* [839] = VII.41a. Zum Determinativ des Wassers für Nedit vgl. ebenfalls [839].

[308] So nach pBerlin 3057 („Schmitt"), 23, 34. Diese Ergänzung allerdings dem Zeichen *ḫpr* nicht Rechnung, das DE BUCK in der Lücke lesen zu können glaubte.

[309] Ergänzt nach pBerlin 3057, 23, 25.

[310] pBerlin 3057 hat hier die Wendung *m jḥtnw sw Ḫsmjj*.

[311] Das Subjekt fehlt auch in pBerlin 3057. Ob *wḏḥ.n<y>*?

[312] pBerlin 3057: *jtj=f*, lies vermutlich *jtj=j*.

10 i	*šwy.w m jwf=f*	seines Fleisches entledigt[313].
11 j	*sḫm.n*[314] *n=s ꜣs.t jwf=f rḏw=f r tꜣ*	Isis hat für sich sein Fleisch und seinen Ausfluß zu Boden weichen lassen.[315]
12 k	*mḥ=k ḥr=sn n m rn=k pw n Mḥ.tj*	Du sorgst für sie[316] in deinem Namen: Nördlicher.
13 l	*gꜣjw n=k nṯr.w*	Die Götter staunen[317] über dich,
14	*gꜣjw n=k nṯr.w*	die Götter staunen über dich
15	*m rn=k pw n wꜣs*[318]	in deinem Namen: *wꜣs*-Szepter.
16 m	*ꜥḥꜥ=k m ḫnt jtr.t šmꜥ.t Ḥr.w js*[319]	Du stehst auf[320] vor der Oberägyptischen Kapelle wie Horus,
17 n	*jw n=k psḏ.t m ksw*	indem die Neunheit zu dir in der Verbeugung kommt
18	*Mnw*[321] *js jmj pr=f*	wie Min, der in seinem Haus ist,
19	*Stḫ Ḥn.t js*	wie Seth von Henet.
20 o	*ḥwj.n=k sw m rn=f*[322] *n jḥ p.t*	Du hast ihn geschlagen[323] in seinem (= deinem?) Namen Stier-des-Himmels,

313 Wörtl.: einer, der leer ist von seinem Fleisch. Anders FAULKNER, *AECT* III, 26 Anm. 4, der in dem Strich zu Beginn von T9C ein Substitut für den Namen Osiris erkennen und in *ms* die enklitische Partikel sehen will. B10C scheint jedoch die zuverlässigere Textvorlage zu sein, das Partizip *šwy.w* ist auf Osiris zu beziehen.

314 FAULKNER, *AECT* III, 26 hält sich an die Schreibung des Verbums nach T9C (*snḥm*) und übersetzt „Isis has stopped for herself his flesh and his efflux (from falling) to the ground", was jedoch trotz Emendation wenig schlüssig ist. Warum sollte das Fleisch des Osiris zu Boden „fallen"? Hat Isis offensichtlich nicht vielmehr dafür gesorgt, daß die vergänglichen Teile des Leichnams Osiris' von der Erde vergehen?

315 Statt dieses Satzes hat pBerlin 3057 nur *rḏw=f jrj* „und seiner Ausflüsse daran".

316 Ob richtig? Sind *jwf und rwḏ* gemeint? pBerlin 3057 hat *mḥjj=k r=sn* „du schwimmst zu ihnen".

317 S. Wb V, 151,2 (staunend blicken). pBerlin 3057 hat *qmꜣ n=k nṯrw*, mit dem Vermerk „zweimal".

318 So B10C, an gleicher Stelle hat T9C wie in 40i einen Schrägstrich als Platzhalter; FAULKNER, *AECT* III, 26 Anm. 8 hält diesen Strich für einen Schlagstock. Soll damit ein verborgener Name unaussprechlich bleiben?

319 FAULKNER, *AECT* III, 26 übersetzt das Partikel *js* durch „as", was jedoch vermutlich mit dem *m* der Identifikation zum Ausdruck gebracht worden wäre. Stattdessen folgt auf das Partikel *js* ein Umstandsatz mit *sḏm.n=f*. Die Nennungen von Horus, der Neunheit, Min und Seth sind möglicherweise als Aufzählung zu deuten.

320 *ꜥḥꜥ=k* fehlt in pBerlin 3057.

321 So B10C. T9C hat wiederum den Platzhalter wie in 40i und 40l.

322 Aus inhaltlichen Gründen wohl in *rn=k* zu emendieren.

323 FAULKNER, *AECT* III, 26 übersetzt durch einen Imperativ mit reflexivem Dativ.

21 p	*sꜣḥ.n=k sw m rn=k n Sꜣḥ*	du hast ihn berührt in deinem Namen Orion.
22 q	*n ḥm ḥr Stẖ r wṯsw*	Nicht kann Seth sich von dem Tragsessel entfernen.[324]

Erster Teil: Auferstehung und Himmelsaufstieg (Verse 1–11)

Die Einleitung hat in *PT* [721] und [576] Parallelen.

Diese vier Verse bilden auch den Anfang von Spruch 9. Es scheint sich um einen typischen Anfang zu handeln, denn er begegnet z. B. auch am Beginn von *PT* [412].

Schlaf als Abscheu des Toten: vgl. auch *CT* IV.383e–f.

Die Verbindung von Himmelsaufstieg und Säugung ist typisch. Merkwürdig ist jedoch die Aussage, daß der zum Himmel aufsteigende Osiris „seines Fleisches ledig" ist. Anders ist die Wendung *šwy.w m jwf=f* kaum aufzufassen. An eine Anspielung auf die Skelettierung des Leichnams als Frühform der Einbalsamierung wird man kaum denken dürfen; nichts spricht für einen besonders frühen Text. Für die Rolle der Isis bei der Einbalsamierung vgl. MÜNSTER, *Isis*, insbes. 22–71 sowie oben, § 42.

Zweiter Teil: Herrschaft, Rechtfertigung (Verse 12–22)

Der Spruch zerfällt in zwei Teile von je 11 Versen. Der erste Teil hat die Form 0:3, d. h. ein ungenannter Sprecher spricht über den Toten zu ungenannten Hörern. Der zweite Teil ist an den Toten gerichtet (0:2). Nochmals begegnet der Vergleich mit Seth von Henet oder Henbet, der auch am Beginn der Liturgie vorkommt. Zum Thema „Seth trägt Osiris" s. § 41.

Aufbau

11 Auferstehung und Himmelsaufstieg	4 Erweckung, Aufrichtung 3 Aufhebung durch Schu 4 Ankunft bei den Göttern
11 Herrschaft und Rechtfertigung	4 Nördliche Götterherrschaft 4 Südliche Götterherrschaft 3 Sieg über Seth

[324] Lies mit T9C *n(j) ḥm ḥrj Stš r wṯsw*. B10C ist hier teilzerstört, hat aber offenbar denselben Text, und fügt noch an: *[...]=k ẖr wꜣꜥ=k pw*. pBerlin 3057 liest *n ḥm.n Ḥr.w wṯs.n=k ẖr=j twꜣ=k pw*.

Spruch 25

[839][325]
BARGUET, *Textes des sarcophages*, 149f.
FAULKNER, *AECT*, 29ff.

Parallelen in SZ.2 Spruch 25 wie Spruch 24 [838]

1	41a	*ḫr wr ḥr gs=f*	Der Große fällt auf seine Seite,
2		*nmnm jmj Ndj.t*[326]	der in Nedit bewegt sich.
3	b	*ṯs ꜥ=k jn Rꜥ.w*	Erhoben wird dein Arm durch Re,
4		*šsp ꜥ=k jn psḏ.tj=f*[327]	ergriffen wird dein Arm durch seine Beiden Neunheiten.
5	c	*jtj=j pw nw Wsjr pw nw*	Mein Vater ist dies, Osiris ist dies[328],
6	d	*jw [ḫr=ṯn] nṯr.w*	der [zu euch] kommt, Götter:
7		*[sꜣw rḏw=f t]m ḥwꜣ[ꜣ.wt=f]*[329]	[Verhütet seinen Ausfluß und be]endet seine Verwesung,
8	e	*dr bw.t nṯr jmj [š wr]*	entfernt den Abscheu des Gottes, der sich in [dem großen See] befindet.
9	f	*[hꜣ] Wsjr N*	O Osiris N,
10	g	*sꜣ ṯw r š wr*	hüte dich vor dem großen See[330].
11		*sꜣ ṯw r [bw.t jr mwt.w]*	Hüte dich vor [dem Abscheu bei den Toten].
12	h	*sꜣ ṯw r [rḫs jr*[331]*] ꜣḫ.w*	Hüte dich vor [dem Gemetzel bei] den *ꜣḫ.w*.
13	i	*sꜣ ṯw r rmṯ jpf*	Hüte dich vor jenen Menschen
14		*ḥrj.w [ḏꜣḏꜣ.t*[332] *pfj nt Bꜣ pwjj jꜣbt.t]*	in [jenem Kollegium jenes östlichen Ba],

[325] Auf den Textzeugen B10C und T9C enthalten.
[326] Vgl. *CT* [838] = VII.40a.
[327] Die Lesung *psḏ.tj* beruht auf der Schreibung der beiden Götterdeterminative. Vermutlich ist von der großen und der kleinen Götterneunheit auszugehen.
[328] FAULKNER, *AECT* III, 27 übersetzt „O my father, see, this is Osiris", was jedoch dem Sinn des vorliegenden Textes diametral entgegenläuft, denn es ist wenig schlüssig, daß der Vater des Horus, also Osiris, aufgefordert wird, Osiris zu sehen. Die Rede ist vielmehr von Horus, der für seinen Vater das Ritual vollzieht und dessen Verklärungen die Teilnahme des Osiris an der Göttergemeinschaft garantieren sollen.
[329] Ergänzt nach pBerlin 3057. Dort fehlt allerdings das Suffix *=f* bei *rḏw*.
[330] Vgl. *Pyr.* §§ 136a, 872d, 885, 1752c.
[331] Vgl. DE BUCK Anm. 5. pBM 10081, 7 hat: *sꜣw {n} ṯw rḫs jr ꜣḫ.w* , s. Bd. III.
[332] Nach pBM 10081, 7, 15.

15	j	*[ḏw=sn r=sn nn nḏm]=sn*	– sie [sind böse und nicht angenehm] –
16	k	*nh=k*[333] *sn*	mögest du ihnen entkommen.
17		*[...]*	[...][334]
18	l	*[s]ḫm=k [r=sn*[335]*] m Rʿ.w*	Mögest du Macht gewinnen gegen sie als Re,
19	m	*ꜣ[.t]=k [r=sn m Šw Tfn*[336]*].t*	möge deine Angriffswut gegen sie (gerichtet) sein als Schu und Tefnut.
20	n	*hꜣ=k r=k ḥr npr.t n.t wjꜣ [wꜣḏjj*[337]*]*	Steige doch ein über den Rand[338] der [Grünen] Barke,
21		*ḫnn.w Rʿ.w jm=f jr ꜣḫ.wt=f*[339]	mit der Re zu seinen Horizonten rudert.
22	o	*wsjr N pn [ḫntj*[340]*]=k r=k*	Osiris hier, [fahre] du doch südwärts
23		*[r ḥꜣ.t] wjꜣ pw n Rʿ.w*	an der Spitze jener Barke des Re!
24	p	*hꜣj=k jm=f Rʿ.w jsṯ*	Du steigst in sie ein wie Re,
25	q	*ḥmsj=k jm=f Rʿ.w jsṯ*	du nimmst Platz in ihr wie Re,
26	r	*šsp=k [t*[341]*]=k jm[=f] Rʿ.w js[ṯ]*	du empfängst dein [Brot] in [ihr] wie Re.
28	42a	*ḥmsj=k r=k ḥr ḫ[n]dw pw n Rʿ.w*[342]	Du nimmst auf diesem T[h]ron des Re Platz:
29	b	*[Nnw*[343]*] m gs=k rsj*	[Nun] befindet sich auf deiner südlichen Seite,

333 pBM 10081 hat *nn nhp=k sn.*

334 Längere Lücke, die sich mit der Papyrusfassung nicht in Einklang bringen läßt. pBerlin 3057 hat *ʿp.n=k sn gmjj [...]=k sn.*

335 Nach pBM 10081, 7.

336 Nach pBM 10081, 7.

337 Nach pBM 10081, 7 und pBerlin 3057; vgl. *Pyr.* § 1687a.

338 Gemeint ist möglicherweise der obere Abschluß des Schiffsrumpfes, über den hinweg man in das Schiff einsteigt. FAULKNER, *AECT* III, 27 denkt an das Deck des Schiffes.

339 pBM 10081 sowie *Pyr.* § 1687b haben *ꜣḫ.t=f.*

340 Erg. nach pBerlin 3057.

341 Nach pBM 10081. Diese Rekonstruktion würde die *lacuna* gut füllen. Den Spuren zufolge, die DE BUCK, Anm. 13* gibt, handelt es sich möglicherweise um die Schreibung mit der elaborierten Bildgruppe, die sich aus Brotlaib und Brot in der keramischen Brotform zusammensetzt.

342 Vgl. *Pyr.* § 1688a.

343 Vgl. *Pyr.* § 1691b.

30		*[Nw.t*[344] *m*[345]*] gs=k mḥ[.tj]*	[Nut befindet sich an] deiner nördlichen Seite,
31	c	*Šw m gs=k jꜣb.tj*	Schu befindet sich an deiner östlichen Seite,
32	d	*Tfn.t m gs=k jmn.tj*	und Tefnut ist an deiner westlichen Seite[346].
33	e	*[stp=sn sꜣ]=sn [ḥꜣ] Rꜥ.w*	[Sie knüpfen] ihren [Schutz um] Re.
34	f	*[dj]=sn jṯj=k wr<r>.t m ḫnt psḏ.t*	Sie [bewirken], daß du die *wrr.t*-Krone ergreifst an der Spitze der Götterneunheit,
35	g	*mj rdj.t=sn jṯj Rꜥ.w wrr.t m ḫnt [psḏ.t]*	wie sie veranlaßt haben, daß Re die *wrr.t*-Krone ergreift an der Spitze der [Neunheit].
36	h	*sšm=sn [ṯ]w r s.wt Rꜥ.w [nfr wꜥb]*[347]	Sie führen dich zu den (Thron)-Stätten des Re, [schön und rein],
37	i	*šsp=sn [jny.w]=k [jtj=j Wsjr]*[348]	und sie nehmen deine [Gaben?] in Empfang, [mein Vater, Osiris],
38	j	*[prj=k] m ꜣḫ.t*	[wenn du hervortrittst] aus dem Horizont,
39		*[mj] šsp=sn [jny.w nfr.w] nt sḫm*[349]	[wie] sie [die schönen Gaben] jenes Mächtigen in Empfang nehmen,
40	k	*pr[j=f m ꜣḫ.t*[350]*]*	[wenn er] hervortritt [aus dem Lichtland].

344 *Pyr.* § 1691b hat *Nn.t.*

345 Nach pBM 10081. Allerdings füllt diese Rekonstruktion den im vorliegenden Text zur Verfügung stehenden Platz nicht vollständig aus.

346 Zu den Schutzgöttern des Sarges s. Assmann, *Neith*, 127ff. Vgl. zu dieser Konstellation *Pyr.* § 1691a–b:

ḏj.n=sn n=k Šw m gs=k jꜣb	Sie haben dir Schu an deine östliche Seite gestellt
Tfn.t m gs=k jmnt	und Tefnut an deine westliche Seite,
Nw m gs=k rsw	Nun an deine südliche Seite
Nn.t m gs=k mḥt	und Naunet an deine nördliche Seite.

347 pBM 10081 hat den Zusatz *nfr wꜥb*, so auch *Pyr.* § 1692a. pBerlin 3057 liest *sšm.n tw jrj.w s.wt Rꜥ.w* „Die Hüter der Thronstätten des Re geleiten dich".

348 So pBerlin 3057, pBM 10081.

349 pBM 10081 und pBerlin 3057 haben *mj šsp=sn jnjj.w nfr n.t sḫm pn.* Der von de Buck als *=k* gelesene Zeichenrest paßt nicht zu dieser Ergänzung.

350 pBM 10081 ist wesentlich elaborierter und deshalb nicht geeignet, die *lacuna* sicher zu füllen.

Schlußtext

41	l	*[m]k <wj> jj=k<wj>*[351] *jtj=j Wsjr*[352]	[Siehe,] ich bin gekommen, mein Vater Osiris,
42	m–n	*jnk sꜣ=k*[353] *jnk Ḥr.w*	ich bin dein Sohn, ich bin Horus.
43	o	*jj.n[=j jnj=j n=k ḫftj.w*[354]*]=k pw*	[Ich] bin gekommen, [damit ich dir] diese deine [Feinde bringe,]
44	p	*rḏj[.n n*[355]*]=k psḏ.t ẖr=k*	die dir die Neunheit unter dich gegeben [hat].
45	q	*[smn.t*[356]*]w=k m [rn=k] pw n smn [...]*	Du [wirst befestigt] in diesem deinem Namen: *smn*[...]
– lange Lücke[357] –			
46	s	*[ḥwj].n n=k [s]w [Jtm.w]*[358]	[Atum] hat [ih]n für dich [erschlagen]
47		*m [rn=f pw n jḥ]*	[in jenem seinem Namen ‘Rind’.][359]
48	t	*[ngꜣ n=k sw Jtm.w*[360]	[Atum hat ihn für dich zerbrochen]
49		*m rn=f pw n] ngꜣ.w*	[in jenem seinem Namen] Langhornrind.
50	43a	*[pḏ n]=k [sw Jtm.w*[361]*]*	[Atum hat ihn für] dich [ausgespannt]
51		*m rn=k pw n [pḏw]*	in jenem deinem[362] Namen [Ausgespannter].
52	b	*ḏj.n n=k sw Jtm.w m [ḏw*[363]*]w*	Atum hat ihn dir ausgeliefert als einen Schlechten.[364]
53	c	*šsrw=f ḥnmm.t jm=f*	Er ...(?) das Sonnenvolk mit ihm[365]

[351] Nach Maßgabe des pBM 10081 verkürzte Schreibung des Stativ der 1. Ps. Sing.

[352] pBM 10081 hat *mk wj jj.kwj jtj=j Wsjr.*

[353] pBM 10081 hat *jnk ꜣs.t jnk sꜣ=k Ḥr.w.* Von Isis als zweitem Aktanten ist im vorliegenden Text nicht die Rede.

[354] Ergänzung nach pBM 10081.

[355] S. de Buck, Anm. 8*. pBM 10081 hat anstelle von *rḏj* das Verbum *wd.*

[356] pBM 10081 Kol. 30,6 hat *hwj n=k sw ...*

[357] pBerlin 3057, BM 10081, 30, 8.:
jḥ=k pw pn nmj=k š ḥr sꜣ=f nmtj=k ḥr=f

[358] Gottesdeterminativ erhalten.

[359] So nach pBerlin 3057.

[360] Gottesdeterminativ erhalten.

[361] Gottesdeterminativ erhalten.

[362] pBM 10081, 30, 11: „seinem“.

[363] Rekonstruktion nach T9C, der ab hier einsetzt und an 40q = *CT* [838] anschließt.

[364] Dieser Satz fehlt in den späten Papyri.

[365] Faulkner, *AECT* III, 27 übersetzt „He will be bound, the sun-folk being with him“.

54		*m rn=f pw šsr*[366]	in diesem seinem Namen Schlachtrind[367].
55	d–e	*jnj.n<=j> n=k sw m jḥ*	Ich habe ihn dir gebracht als Rind[368]
56		*mtw m ḫḫ=f*[369]	mit einem Strick[370] um seinen Hals.
57	e	*wnm sw jdp=k*[371] *tp=f*	Iß es, verzehre seinen Kopf,
58		*n jš.t=k*[372] *nb.t n(j)=k*	denn alle deine Sachen gehören dir.[373]
59	f	*jwꜥ=f*[374] *n(j)=j jnk jwꜥ=k ḥr ns.t=k*	Sein Knochenstück(?) gehört mir, denn ich bin dein Erbe auf deinem Thron,
60	g	*sk swrḏ=k ḫn.tj=k jm tp tꜣ*	seit[375] du dein Haus befestigt hast, das sich auf Erden befindet.

Abschließende Anrufungen des Toten:

61	h	*mdw=k ḫr nṯr.w wr.w ꜥꜣ.w*	Mögest du zu den mächtigen und großen Göttern sprechen,
62		*jmj.w ḥmsj ḫntj Jwnw*	die bei der Thronsitzung sind an der Spitze der Bas[376] von Heliopolis.
63	i	*wr bꜣ.w=k r nṯr.w jmn.tjw*	Deine *bꜣ*-Kraft ist wirkungsvoller als die der westlichen Götter
64		*ꜥꜣ snḏ=k r nṯr.w knm.tjw*[377]	und die Furcht vor dir ist größer als vor den Göttern der Finsternis.
65	j	*sbj jgr.t tn Wsjr*	?[378]
66	k	*snḏ=k r=sn šfšf.t=k r jb.w=sn*	Die Furcht vor dir ist auf sie gerichtet, der Respekt vor dir ist auf ihre Herzen gerichtet.

[366] Lesung nach T9C, pBM 10081 Kol. 30 lautet identisch.

[367] Die Stelle spielt möglicherweise auf ein Schlachtopferritual an, wie es in *PT* [580] bezeugt ist. Dort wird mit dem Rind Seth gleichgesetzt, das von Horus geopfert wird. Vgl. auch SETHE, *Dramatische Texte*, 109f.

[368] Die Papyri haben *sꜣḥ mtnw jmj ḫḫ=f.*

[369] pBM 10081 Kol. 30 hat *jnj.n=k sw m sꜥḥ ḫtmw jmj ḫḫ=f.*

[370] Vgl. Wb II, 169,13.

[371] Der Text liest *jdp=f.* Wie jedoch in *jš.t=f* ist auch hier die 3. Ps. Sing. in die 2. Ps. Sing. zu korrigieren.

[372] S. DE BUCK, Anm. 4*.

[373] Die Textparallelen haben anders: *wnm=f dp=f tp n jš.wt=k nb.t.*

[374] DE BUCK umschreibt *jꜥrw*, gibt aber in n. 5* an, daß das *r* auch als Oval gelesen werden kann. Die Pap. haben *jwꜥ* „Knochenstück" bzw. „Erbe". So T9C und pBerlin 3057.

[375] *sk* fehlt in den Papyri.

[376] Der Schrägstrich in T9C könnte eine Abkürzung für *bꜣ.w* sein. Die Pap. haben *mdw=k ḫr nṯr.w wr.w ꜥꜣ.w jmj/ ḥmsj=k ḫntj bꜣ.w Jwnw.*

[377] T9C schreibt *kn.tjw*, B10C *km.tjw*. Die Pap. haben *nṯr.w ẖr.t-nṯr* „die Götter des Totenreichs".

[378] So T9C. Die Papyri haben hier nur *jtj=j Wsjr* „mein Vater Osiris".

67	44a	*wḏꜥ sꜣr.w=k Ḥr.w js jmj pr=f*[379]	Deine Bande werden gelöst wie die des Horus-in-seinem-Haus,
68	b	*wḥꜥ jnt.t=k*[380]*r Stẖ Ḥn.t js*	deine Fesseln werden gelöst wie die des Seth von *Ḥn.t*[381].
69	c	*jtj=j Wsjr ꜣḫ n=k*[382] *rs n=k*	Mein Vater, Osiris, du bist verklärt, du bist wach,
70		*ꜥw n=k spd{.t} <n>=k*	du bist …?[383] und du bist gerüstet.
71	d	*šmj n=k tꜣ hrw*	Durchziehe für dich die Erde am Tage
72		*m-ẖnw n nm.t=k*	im ‘Inneren deines Schrittes’[384].
73	e	*šꜣs=k hrw wbꜣ=k <m>ṯn*[385]	Du reist am Tage und du öffnest den Weg.
74		*sḏr=k ḥr ḏnj.t*[386] *tw n.t Rꜥ.w*	Du verbringst die Nacht auf jenem Ufer[387] des Re,
75	f	*wpp.t mꜥnḏ.t r mskt.t*	das die Tagesbarke von der Nachtbarke trennt,
76	g	*ẖnn.t Rꜥ.w jm=s wẖ.t*	in der Re rudert des Nachts.
77		*nṯr.wj sḏr=sn ḥr=s*	Die beiden Götter schlafen auf ihm,
78		*ḥḥ.t nṯr.wj sḏr.t r=s*	denn das, was die beiden Götter suchen, ist ein Nachtlager auf ihm[388].
79	h	*hꜣj=k r=k m mꜥnḏ.t*	Steige du doch ein in die Tagesbarke!
80	i	*Rꜥ.w ꜣḫ.tj nb ꜣḫ.t*	Re, der Horizontische, der Herr des Horizontes[389],

379 Vgl. *CT* [67] = I.288h. Das Zeichen des Schweines in T9C kehrt wieder in *CT* I.288h/T9C und scheint auf diesen Sarg beschränkt zu sein.

380 *k* ist in *r* verschrieben.

381 Zu Seth von *Ḥn.t* in vergleichbarem Zusammenhang s. *CT* I.289a.

382 Imperativ mit reflexivem Dativ.

383 Das Zeichen entspricht in de Bucks Umschrift dem Zeichen *ꜣꜥ.w* in dem Wort „Dolmetscher“. Ein Eigenschaftsverbum *ꜣꜥ.w* ist dem Wb nicht bekannt. Ob möglicherweise eine Verschreibung aus *ꜥpr*?

384 Auch den Pap. blieb diese Stelle unverständlich. Sie emendieren zu *ḥm n=k tꜣ m-ẖnw=k / nmtj=k šꜣs=k ẖꜣ.w=k.*

385 Ergänzung nach Faulkner, *AECT* III, 28, Anm. 22.

386 Der Text hat irrig *ḏdj.t*.

387 Das Ufer, an dem man nach der Tages- bzw. Nachtfahrt der Sonne mit Stricken anlandet.

388 Gemeint ist wiederum das Ufer aus 44e (*ḏnj.t*). Faulkner, *AECT* III, 28 übersetzt mit Hilfe von Emendationen durch „the darkness of the two gods in which they go to rest is what the two gods seek when <they(?)> go to rest(?)“.

389 Faulkner, *AECT* III, 28 übersetzt „on the day when the lord of the horizon ist spiritualized (?)“

81		*ẖn=f ṯw m mskt.t*[390] *ḥnʿ mʿnḏ.t*	er wird dich in der Nachtbarke und (in) der Tagesbarke rudern
82	45e	*mj Rʿ.w rʿ.w nb*	wie Re Tag für Tag.
83	f	*ʿḥʿ jr=k Wsjr*	Steh auf, Osiris,
84	g	*j<w>=k ʿnḫ.tj r nḥḥ ḥnʿ ḏ.t*[391]	damit du für immer und ewig lebst!

Erste Strophe (Verse 1–8)

Der erste Teil der Spruchs ist streng parallel zu Spruch 24 aufgebaut. Vermutlich handelt es sich auch hier wie in SZ.2 um einen einzigen Spruch, dessen erste Groß-Strophe Spruch 24 bildet. Die ersten vier Verse sind völlig identisch, im folgenden entsprechen sich der Anruf an die Götter und die Bezugnahme auf Balsamierungsthemen („Ausfluß“; in Spruch 24 „Fleisch“, hier „Verwesung“). Sehr wichtig ist die Erwähnung des „Großen Sees“ in diesem Zusammenhang. Sind damit die bei der Balsamierung austretenden und in einem Gefäß aufgefangenen Leichensekrete gemeint? Vgl. §§34, 42, 43.

Zweite Strophe: Warnung vor dem falschen Weg und Distanzierung (Verse 9–19)

Zu dieser Thematik vgl. §18.

Dritte Strophe: Geborgenheit in der Sonnenbarke

Erste Teilstrophe: Einstieg in die Sonnenbarke (Verse 20–26)

Vgl. hiermit *PT* [606] = *Pyr.* §§1687f.:

§1687a	*hꜣ=k r=k m wjꜣ pw n Rʿ.w*	Mögest du doch einsteigen in jene Barke des Re,
	mrr.w nṯr.w jʿ n=f	zu der die Götter aufsteigen wollen,
§1687b	*mrr.w nṯr.w hꜣ.t jm=f*	in die die Götter einsteigen wollen,
	ẖnnw Rʿ.w jm=f jr ꜣḫ.t	in der Re zum Horizont rudert!
§1687c	*hꜣw N jm=f Rʿ.w js*	N, steige in sie ein wie Re.

390 B10C und die Papyrusfassung enden an dieser Stelle (pBerlin 3057 mit dem Vermerk *jw=f pw*); in B10C folgt Spruch [44]. T9C schiebt in 44j–45d eine Wiederholung von 43c–d ein und nimmt in 45d den Text von 44i wieder auf.

391 Der Text schließt mit dem teilweise zerstörten Zusatz *r rnp.t […].*

§1688a *ḥmsw=k r=k ḥr ḫndw pw n Rʿ.w*	Mögest du doch auf jenem Thron des Re sitzen,
wḏ=k mdw n nṯr.w	auf daß du den Göttern Befehle erteilest;
§1688b *n ṯwt js Rʿ.w prj m Nw.t*	denn du bist Re, der aus Nut heraus kommt,
mss.t Rʿ.w rʿ.w nb	die Re gebiert Tag für Tag.

Zweite Teilstrophe: Thronen in Gemeinschaft der Götter (Verse 28–33)

Zu derartigen Beschreibungen von Konstellationen, die den Toten schützend umgeben, s. ASSMANN, *Neith*, 128–132. Diese Stelle wird dort S. 132 Anm. 68 besprochen.

Dritte Teilstrophe: Krönung und Einführung (Verse 34–40)

Vgl. die ähnliche Themenabfolge in *PT* [666B]-[667]:

1. Warnung vor dem „Großen See" und Distanzierung (Übersetzung oben, §4)
2. Einstieg in die „Grüne Barke":

ḫn=k m wjꜣ wꜣḏ ḥnʿ=sn jm=s	Mögest du mit ihnen in der Grünen Barke rudern darin.
nwr n=k p.t sdꜣ n=k tꜣ	Der Himmel bebt vor dir, die Erde zittert vor dir,
jw n=k j.ḫm.w-sk m ks.w	die Unvergänglichen kommen zu dir in Verneigung.
nḏr n=f Nḥb-kꜣ.w ʿ=k jr šꜣrw	Nehebkau ergreift sich deine Hand zu *šꜣrw* hin,

3. Sitzen auf dem Thron:

ḥmsj(=k) ḥr ḫndw=k (pw) bjꜣ	Du sitzt auf jenem Thron von Erz
wḏʿ=k mdw ḥnʿ psḏ.tj	und sprichst Recht zusammen mit den Neunheiten.

„Schlußtext": Schlachtung der Feinde (Verse 41–60)

Dieser „Schlußtext" kommt im pBM 10081 Kol. 30 auch als unabhängige Verklärung im Zusammenhang des Verklärungsbuchs SZ.3 als Spruch 15 vor:

sꜣḫ ḏd mdw.w jn ḫrj-ḥꜣb.t	Verklärung. Zu sprechen vom Vorlesepriester.
jnḏ-ḥr=k jtj<=j> Wsjr jn Ḥr.w	Sei gegrüßt, mein Vater!, sagt Horus;
mk wj jj.kwj jn n=k sꜣ=k Ḥr.w	Siehe ich bin gekommen!, sagt dir dein Sohn Horus.
jn<=j> n=k ḫftj.w=k jpw	Ich bringe dir diese deine Feinde,
rdj.w n=k psḏ.t ẖr=k	die die Neunheit unter dich gegeben hat.

ḥwj<=j> n=k sw <m> jḥ	Ich schlage ihn dir als Rind
m rn=f pw n jḥ	in jenem seinem Namen ‘Rind’.
smn jr=f m rn=f pw n smn	Sei fest gegen ihn in jenem seinem Namen ‘Gans’.
jḥ=k pw nmtj=k š ḥr sꜣ=f nmj=k ḥr=f	Dein Ochse ist er, auf dessen Rücken du den See querst, wenn du auf ihm fährst.
ḥwj<=j> n=k sw m rn=f pw n jḥ	Ich schlage ihn dir in jenem seinem Namen ‘Rind’.
ngꜣ n=k sw Jtm.w	Atum zerbricht ihn dir
m rn=f pw n ngꜣ	in jenem seinem Namen ‘Langhornrind’.
pḏ n=k sw Jtm.w	Atum spannt ihn für dich aus
m rn=f pw n pḏ	in jenem seinem Namen ‘Ausgespannter’.
šsr n=k sw Jtm.w m mdw=f	Atum … ihn für dich mit seinem Stab,
šsr=f ḥnmm.t jm=f	mit dem er das Himmelsvolk …
m rn=f pw n šsr	in jenem seinem Namen ‘Schlachtrind’.
jn<=j> n=k sw m sʿḥ	Ich bringe ihn dir als *sʿḥ*
mtnw=f m ẖẖ=f	mit einem Siegel um seinen Hals,
wnm=f dp=f tp n jš.t=f nb.t	er ißt und er kostet das Beste aller seiner Sachen,
n=k jwʿ=f jn=j	‘Dir gehört sein Erbe/Fleischstück’ sage ich,
jn{n}k jwʿ=k ḥr ns.t=k	ich bin dein Erbe auf deinem Thron.

Fortsetzung abweichend.

Es handelt sich um eine sakramentale Ausdeutung der Schlachtung als Abrechnung mit dem Feind. Im Zusammenhang der Stundenwachenriten erfüllt sie die doppelte Funktion der Totenspeisung und der Rechtfertigung.

Abschließende Anrufung des Toten

Erster Abschnitt (Verse 61–68)

Zu 44a–b vgl. Spruch 1, 1. Strophe; Spruch 7, 2.Strophe, 3. Versgruppe; Spruch 24 (*CT* VII.40n).

Dieser Abschnitt setzt nochmals die Situation der Rechtfertigung in Form des mythischen Thronfolgeprozesses voraus.

Zweiter Abschnitt: Auferstehung im Sonnenlauf (Verse 69–84)

Die Liturgie schließt mit der Schilderung der Gemeinschaft mit dem Sonnengott, in die der Tote nach der Rechtfertigung gegen den Feind eingeht. In diesem Spruch wird Re, der in den sonstigen Abschnitten der Litanei nur ganz sporadisch auftritt, ständig erwähnt. Die Teilhabe des Toten am Sonnenlauf und seine Gemeinschaft mit dem Sonnengott bildet das Ziel der Verklärung.

Aufbau:

		8	Osiris in Nedit (0:3)
19	Aufbruch	11	Warnung vor dem Großen See, Distanzierung
		7	Einstieg in die Sonnenbarke
20	Geborgenheit in der Sonnenbarke	6	Thronen mit Schu, Tefnut etc.
		7	Krönung
		6	Selbstdarstellung als Horus und Sohn
20	Schlußtext Schlachtung der Feinde (1:2)	8	als Schlächter des Feindes
		6	Verzehr des Schlachtopfers
		8	Siegreiches (?) Plädoyer in der Gerichtssitzung
24	Anrufung	16	der Tote im Sonnenlauf

Die Liturgie CT.3: Zusammenfassende Bemerkungen

1. Aufbau und Gliederung

Sprüche	Spruchtitel	Ritualbezüge	Schlußtext	Verse	Thema
1 *CT* [63]	*sꜣṯ*	*sꜣṯ* (Wasserguß)		19	Distanzierung
2 *CT* [64]	*rḏj.t mw n ꜣḫ*	Libation	8 Verse	12	Wasser
3 *CT* [65]	*rḏj.t t mw*	Brot und Wasser	1 Vers (SV)	28	Gehen, Boten
4 *CT* [66]	*mꜣꜥw sꜣḫ.w*			14	Gehen, Himmelsaufstieg
5 *CT* [67A]	"	Wasser, Brot	4 Verse (Handlungen)	24	„Tausend“
6 *CT* [67B]	"		5 Verse (Handlungen)	17	Warnung vor dem falschen Weg
7 *CT* [67C]	"	4 Nemset-Krüge (Libation)		19	Gehen
8 *CT* [68]	"	Brot, Bier, Wasser	3 Verse Übergabe	18	Himmelstor, Distanzierung
9 *CT* [69]	*rḏj.t t n ꜣḫ*	Brot geben	6 Verse (SV)	39	Erweckung in Nedit
10 *CT* [70]	*rḏj.t t ḥnq.t*	Brot		7	Übergabeformel
11 *CT* [71]	*rḏj.t t n ꜣḫ*	Horusauge		2	Übergabeformel
12 *CT* [72]		Wasser	9 Verse (Handlungen)	46	Übergabe, das „Große Wort“

13 *CT* [73] (*PT* [532A])	*s3ḫ*[392]			22	Auftritt von Isis und Nephthys
14 *CT* [74A]	"		Refrain	16	Einbalsamierung
15 *CT* [74B]	" *s3ḫ.w m3ʿ.w*[393]		Refrain	13	Rechtfertigung
16 *CT* [74C]	"		Refrain	11	Tragen (Seth)
17 *CT* [74D]	"	Libation	Refrain	9	
18 *CT* [74E]	"		Refrain	14	Tragen (Horus)
19 *CT* [74F]	"	Lustration (4 Nemset)	Refrain	20	Reinigung
20 *CT* [832] (*PT* [306])	"?			36	Himmelsaufstieg, Königsreise
21 (*PT* [370])				66	Reinigung, Rechtfertigung, Schlachtung
22 (*PT* [532B])				15	Erwachen, Aufbruch
23 *CT* [837| (*PT* [477])			40 Verse Handlungen	70	Rechtfertigung gegen Seth
24 *CT* [838]				22	Erweckung, Aufstieg, Herrschaft
25 *CT* [839]		Schlachtung eines Rindes	44 Verse Handlungen	80	Aufbruch, Aufstieg, Sonnenbarke

Wie die Liturgie CT.2 besteht auch diese Liturgie aus drei Sequenzen. Die erste Sequenz ist ein Opferritual, das hauptsächlich aus Libationen und Speisedarreichungen besteht. Dieses Ritual würde man zweifellos in der Kultkammer des Grabes lokalisieren, wenn die Liturgie nicht in *CT* [62] ausdrücklich unter die drei Nachtrituale in der Balsamierungskammer gezählt würde. Die nächsten beiden Sequenzen geben dieser Lokalisierung aber voll und ganz recht. Die zweite Sequenz besteht, genau wie in der Liturgie CT.2, aus einem Zyklus von sechs Klagegesängen von Isis und Nephthys, die durch den Refrain eindeutig voneinander abgesetzt sind. Diese Sequenz wird durch Spruch 13 = *PT* [532] eingeleitet, der den Auftritt von Isis und Nephthys schildert. Diese Klagegesänge gehören nach Ausweis der Stundenwachen in den ptolemäischen Tempeln zu den Rezitationsriten in der Balsamierungskammer. Die dritte Sequenz schließlich gilt dem Thema der Rechtfertigung des Toten, das hier in engster Anlehnung an die Pyramidentexte ausgeführt wird.

Typisch für diese Liturgie sind die zahlreichen Spruchtitel, von denen sich die einen auf die Darreichung von Opfergaben (Brot und Wasser) beziehen, die anderen auf die Funktion der Verklärung. Besonders aufschlußreich sind die Spruch-

392 Spruchtitel in B10C. SCHOTT, *Bücher und Bibliotheken*, 341 Nr. 1533a. Nach SCHOTT bezieht sich dieser Titel in B10C auf die Spruchfolge 73–74+832.

393 SCHOTT, *Bücher und Bibliotheken*, 341 Nr. 1533a.

titel in Sq3C, die jeweils am Ende der zugehörigen Sprüche bzw. Spruchfolgen stehen. Hier werden Sprüche 4–8 als *mꜣʿ ꜣḫ*, „den Verklärten geleiten" bezeichnet, was aber wohl aus *sꜣḫ.w mꜣʿ.w* „wahre Verklärungen" verlesen ist. Unter diesem Titel werden Sprüche 11–19 in Sq3C zusammengefaßt. Spruch 9 bezeichnet sich im Schlußtext selbst als Verklärung. In B10C ist Spruch 13 als „Verklärung" überschrieben, was sich vermutlich auf die ganze zweite Sequenz bezieht. Wir stehen also mit dieser Liturgie, was ihre Einstufung als *sꜣḫ.w* angeht, auf besonders sicherem Boden.

2. Götter in der Liturgie CT.3

Sprüche	Spruchtext	Götterrollen des NN	Schlußtext	Feindbezug	Rede-Form
1	*Rwrwtj*; Isis, Nephthys, Götter			*bꜣ pf*	0:2
2			Horus		0:2
3	Horus und Seth. Re. Mechentiirti	Sopdu, Anubis, Upuaut			0:2 1:2
4	*ꜣkrw*, Isis, Nephthys, 2 Mütter Ichet-Utet				0:2
5	(Anubis), Isis, Nephthys,			Nuteknu	0:2 1:2
6	Tänzer des Horus; Ichet-Utet			*Bꜣ pf*	0:2, 1:2
7	2 Horusse,	Osiris, Min. Horus, Seth. Schakal, Thot			0:2, 1:2
8	Chenti-menitf; Schesat; *mnj.t-wr.t* (Isis) *jḫm.w-sk*			*ḫꜣ.tjw*	0:2
9	Re; Ichet-Utet;	Sopdu, Horus, wpw; Geb, Upuaut	Horus		0:3; 0:2; 1:2
10	Horus				0:2
11					0:2
12	Horus, Osiris, Isis, Nephthys, Re, Götter, Morgenstern	Osiris, Anubis	Nuteknu		0:2 1:2
13	Isis, Nephthys, Geb, Atum	(Anubis), (Horus)		Seth	0:3, 0:2
14	Isis, Nephthys		Isis, Nephthys		1:2
15	Horus, Thot, Geb, Neunheit, Atum		Isis, Nephthys		1:2
16	Geb		Isis, Nephthys	Seth	1:2
17			Isis, Nephthys		1:2
18	Horus, Götter, Atum	*Ḥr.w dꜣ.tj*	Isis, Nephthys		1:2
19	Geb, Nut. Horus, Thot, Götter	*Ḥr.w dꜣ.tj*, Upuaut	Isis, Nephthys	Feinde	1:2

20	Isis, Atum, *bꜣw P*, *Nḫn*, *Jwnw*, Geb	Duau, Dedwen, *ꜣḥs*, Sopdu		Feind	0:3, 0:2
21	Götter von P; Isis, Nephthys, *bꜣw P*, Osiris, Horus, Thot, Sonnenbarken, Atum, Schu, Tefnut, Horussöhne	Upuaut		Feinde	0:3, 0:2
22	Horus, Seth, Geb, Hirte, *bꜣw Jwnw*, Re				0:2
23	Horus, Thot, Geb, Isis Nephthys, Sothis	Orion		Seth	dram., 0:2, 1:2
24	Re, Isis, Schu, Nut, Götter	Horus, Min, Seth, Orion		Seth	0:2
25	Re, Nut, Nun, Schu, Tefnut, Atum, *bꜣw Jwnw*	Re	Horus	Feinde	0:2, 1:2

FÜNFTES KAPITEL

Eine Liturgie zum Opferkult im Grabe

Anmerkungen zur Überlieferungsgeschichte

Die Variante von CT.3 im verborgenen Grab des Senenmut (TT 353) wird zweimal unterbrochen von Sprüchen, die der Liturgie CT.3 in Form und Inhalt entsprechen, aber keine Parallele in einer auf den Särgen des MR belegten Spruchfolge haben. Jochem KAHL konnte jedoch nachweisen, daß §§10–17 = Sprüche 5–12 der Liturgie im Grab des Djefaihapi in Assiut (S1S) aus der Zeit Sesostris' I. in einer schwer lesbaren und äußerst schlecht erhaltenen Fassung vorhanden sind.[1] Es handelt sich also um eine den Liturgien CT. 1–3 zeitgenössische Liturgie, die daher in diesem Rahmen und nicht in dem des NR behandelt werden muß. Ich gebe hier noch einmal die Liste der Sprüche, wie ich sie in der Fs. Lichtheim und für Peter DORMANS Edition der Senenmut-Texte zusammengestellt hatte:[2]

TT 353: CT.3-Sprüche	TT 353: Sprüche aus CT.4	Zeilen in TT 353	Parallelen in CT, Siut I und PT	Incipit
§1=Spruch 1		SE 2-5	*CT* [63]	*jyj ṯhb wr*
§2=Spruch 2		SE 6-7	*CT* [64]	*qbḥ=k jpn*
§3=Spruch 3		SE 7-11	*CT* [65]	*jnj ṯw jtj=j*
§4=Spruch 4		SE 12-13	*CT* [66]	*jꜣ N pn wr.tj rr ꜥꜣ.tj ꜥꜣ.tj rr*
§5=Spruch 5		SE 13-15	*CT* [67A]	*jrs jrs N pn*
	§ 6=Spruch 1	SE 16-17		*hꜣ N jw.n=j sḫꜥ=j ṯw*
	§ 7=Spruch 2	SE 17-18		*ṯs kw Gbb mr.n=f kw*
	§ 8=Spruch 3	SE 18-20		*nfr.wj ṯw ḥs.wj ṯw*
	§ 9=Spruch 4	SE 20-21		*nfr.wj ṯw ḥs.wj ṯw*
	§10=Spruch 5	SE 21-S2	*Siut* I N 383-388	*jw n=k Šw*
	§11=Spruch 6	S 2-3	*Siut* I N 389-390	*hꜣ wsjr N hꜣ.n=k m tꜣ*
	§12=Spruch 7	S 3-6	*PT* [220]-[221], *Siut* I 391-396	*wn ꜥꜣ.wj ꜣḫ.t*
	§13=Spruch 8	S 7-22	*PT* [222], *Siut* I 396-406	*ꜥḥꜥ=k ḥr=f tꜣ pn*
	§14=Spruch 8	S 22	*PT* [94-95], *Siut* I 407	*hꜣ wsjr N mn n=k jr.t Ḥrw*

[1] KAHL, *Textidentifizierung.*

[2] Vgl. ASSMANN, *Mortuary Liturgies* 43, Abb. 13 und DORMAN, *Tombs of Senenmut*, 100.

	§15=Spruch 10	S 22–27	*CT* [723][3], *Siut* I 407–413	*fqꜣw pw nn n Rꜥ.w*
	§16=Spruch 11	S 27–28	*CT* [751][4], *Siut* I 414–416	*Jmst Ḥpj Dwꜣ-mwt=f Qbḥ-snw=f*
	§17=Spruch 12	S 29–31	*Siut* I 416–419	*hꜣ wsjr N mꜣꜣ=k m jr.tj=kj*
	§18=Spruch 13	S 31–32	*PT Pyr.* §2028	*wꜥb ṯw Rꜥ.w ꜥḥꜥ.tj ḥnꜥ mw.t=k*
	§19=Spruch 14	S33–36	*PT* [364A]	*hꜣ wsjr N jj Ḥr.w jp=f ṯw*
	§20=Spruch 15	S 33–36	*PT Pyr.* §638	*hꜣ wsjr N psš sj mw.t=k ḥr=k*
	§21=Spruch 16	S 36–37		*rḏj.n sꜣ=k Ḥr.w ḫftj.w=k ẖr=k*
§22=Spr. 6–7		NE 1–9	*CT* [67B]	*sꜣ kw jrj š wr*
§23=Spr. 8		NE 9–12	*CT* [68]	*jꜣ N pn ꜥḥꜥ=k r ꜥꜣ.wj*
§24=Spr. 9		NE 12–15	*CT* [69]	*ḫr wr ḥr gs=f*
§25=Spr. 10		NE 16–19	*CT* [72]	*hꜣ wsjr N pn mn n=k*
§26=Spr. 11		NE 19–22	*CT* [73][5]	*wḥꜥ ḏd m Mꜥnḏ.t n nb=s*
§27=Spr. 12		NE22-N3	*CT* [74A]	*jnn jnn sḏr*
	§28=Spr. 17	N3–4		*hꜣ wsjr ḫꜣ=k m t*
	§29A=Spr. 18	N 5–9	*CT* [834][6]	*jn.jw=k m p.t*
	§29B=Spr. 19	N 9–10		*hꜣ N pn gmj=k wꜥb=k*
	§30=Spr. 20	N 10–16	*PT* [364]	*hꜣ N ꜥḥꜥ jr=k jj Ḥr.w jp=f ṯw*
§31=Spr. 22		N 17–18	*PT Pyr.* §1259–61	*hꜣ N ṯs.n Ḥr.w*
§32=Spr. 23		N 18	*CT* [837]	*wn ꜥꜣ.wj p.t sn ꜥꜣ.wj qbḥ.w*
§33=Spr. 24		N 18–21	*CT* [832]	*nfr.wj mꜣꜣ ḥtp.wj sḏm*
§34=Spr. 15-19		N 21–26	*CT* [74B]	

Wie aus diesem Befund hervorgeht, hat Senenmut zwei Totenliturgien kombiniert, wovon die eine in den Sargtexten als CT.3 belegt ist und die andere, wie Jochem Kahl zeigen konnte, für die Sprüche 5–12 eine Parallele im Grab des Djefaihapi in Siut besitzt. Allerdings ist nicht damit zu rechnen, daß Senenmut diese zweite Liturgie vollständig und in der ursprünglichen Reihenfolge der Sprüche wiedergibt. Das geht schon daraus hervor, daß die Reihe der von Senenmut aus CT.4 übernommenen und in CT.3 nicht vorkommenden Sprüche, wie gleich gezeigt wird, mit einem Text beginnt, der als „Schlußtext" einzustufen ist. Wir geben diese Sprüche hier trotzdem in der Reihenfolge wieder, wie sie in TT 353 erscheinen. Die plausibelste Erklärung ist wohl, daß sie aus einer Liturgie stammen, deren Anfangssprüche weggelassen sind, um sie besser der Liturgie CT.3 einfügen zu können.

[3] Dazu: pBM 10819.

[4] Dazu: pBM 10819.

[5] = *PT* [532].

[6] Dazu zahlreiche weitere Parallelen, s. zu NR.1.1 (TT 100).

Spruch 1

Dorman §6
SE 16–17

1	*hꜣ wsjr N pn*	O Osiris N hier,
2	*jw.n<=j> sḫꜥ=j ṯw{t} m nṯr ꜥꜣ*	ich bin gekommen[7], um dich erscheinen zu lassen als Großen Gott,
3	*rḏj.n<=j> n=k Šw m gs=k jmnj*	nachdem ich dir Schu an deine rechte Seite gestellt habe
4	*Tfn.t r gs=k jꜣbj*	und Tefnut an deine linke Seite,
5	*rḏj.n<=j> n=k tp tꜣ*	nachdem ich dir einen Hinterbliebenen gegeben habe,
6	*jr{t}<.w> n=k ḥnk.t*	der dir eine Gabe darbringt
7	*m t ḥnqt*	an Brot und Bier,
8	*m kꜣ.w ꜣpdw*	Rind und Vogel,
9	*m jḫ.t nb.t ḥnk<.t>=k jm*	an allen guten Dingen mit denen du beschenkt wirst.
10	*n wsjr N sḫm=f jm*	Für den Osiris N, auf daß er dadurch *sḫm*-Macht gewinne[8];
11	*ḏj=f*[9] *spj=j n=f n jmj.w-ḫt=f*	er möge mich am Leben lassen[10] für ihn (selbst) und für seine Nachkommen,
12	*jw.w m-sꜣ=f*	die nach ihm kommen werden
13	*mrr.w sḏm.t=sn ḥr rn=f tp tꜣ*	und die hören wollen werden, was auf seinen Namen (rezitiert wird) auf Erden.

Es handelt sich um einen Schlußtext, mit dem diese Liturgie ursprünglich wohl kaum begonnen haben wird. Der Sprecher erklärt seine Handlungen für den Toten. Der erste Teil des Spruches ist an den Toten gerichtet, der zweite spricht von ihm in der 3. Ps. „Erscheinen lassen" bezieht sich gern auf eine Prozession. Damit könnte die Beisetzungsprozession gemeint sein, die sich am Morgen an die nächtliche Stundenwache anschließt. Der Tote wird sie in der Mitte zwischen Schu und Tefnut antreten. Schu und Tefnut erscheinen hier vermutlich *pars pro toto* für die Vierheit von Geb, Nut, Schu und Tefnut, die in der Sargdekoration des Mittleren Reichs am weitaus häufigsten in den senkrechten Kolumnen der Außenseite erwähnt werden und die die permanente Schutzwache des Toten bil-

[7] Dorman: „it is that I might cause you". Ich verstehe *jw* als *jw* „kommen" und ergänze *<=j>*.
[8] Oder: „damit er darüber verfüge".
[9] Geschrieben *ꜥ=f*. Ich verstehe das Zeichen des Armes mit Dorman als Schreibung von *ḏj* „geben".
[10] *rḏj spj* „jmdn. am Leben lassen", Wb III, 439,10.

den sollen.[11] Der Sprecher beteuert, erstens für die jenseitige Versorgung des Toten in Form dieser Einbettung in eine götterweltliche Konstellation gesorgt zu haben, und zweitens für seine diesseitige Versorgung in der Form des Totenkults, der in die Hände eines *tp<j> tꜣ* „Hinterbliebenen“ gelegt ist.[12]

Ich ziehe *ḥnk<.t>=k jm* zu Vers 9 „mit denen du beschenkt wirst“; möglich ist freilich auch DORMANS Interpretation, der mit *ḥnk=k jm* einen neuen, an den oder die Totenpriester des N gerichteten Abschnitt beginnen läßt. Allerdings empfinde ich diese unvermittelte Anrede an einen zweiten, ungenannten Adressaten wenig plausibel. Um die Annahme eines Wechsels der Sprechkonstellation kommt man freilich nicht herum; ich fasse sie auf als Wechsel von 1:2 zu 1:3 (ein „Ich“ spricht zum Toten - ein „Ich“ spricht über den Toten).

§ 1 Die Verschonung des Hinterbliebenen

Wenn man die Wendung *rḏj spj* wirklich als „am Leben lassen“ verstehen darf[13], dann handelt es sich hier um ein Gebet des Sprechers an den Toten mit der Bitte, ihn zu verschonen, damit sowohl er als auch seine Nachkommen in den Genuß des Totenkults kommen, den der Sprecher „auf seinen Namen“ vollzieht. Der Sprecher wäre dann selbst jener *tpj tꜣ*, den er im ersten Teil dem Toten „gegeben“ haben will. Damit steht das Thema dieses Abschnitts den Sprüchen CT [38]–[40] nahe, in denen es darum geht, den Verstorbenen davon abzubringen, seinen Sohn und Hinterbliebenen zu sich ins Jenseits nachzuholen, mit dem Argument, daß dieser im Diesseits viel wirkungsvoller für ihn eintreten kann.[14]

Spruch 2

DORMAN §7
SE 17-SE 18

1	*hꜣ wsjr N pn*	O Osiris N hier,
2	*wṯs.n ṯw Gb mr.n=f kw*	Geb hat dich aufgerichtet, er hat dich geliebt.
3	*ḏj=f <...>*	Er möge geben, <...>
4	*<rḏj.w> n=sn jꜣw m-m nṯr.w*	denen Lobpreis <gegeben wird> unter den Göttern.

11 WILLEMS, *Chests of Life*, 143–144.

12 DORMAN faßt *tp tꜣ* als adverbialen Ausdruck auf: „I have given to you upon earth“, und schließt *ḥnk<.t> n=k* als Objekt an: „what has been prepared for you“. Dieses Verständnis würde wohl die Wortfolge *rḏj.n=j n=k ḥnk.t n=k tp tꜣ* erfordern.

13 DORMAN versteht *sp=j* als „my portion“: „that he might give my portion on his (own) behalf to those of later times“.

14 S. zu diesen Sprüchen FAULKNER, *Spells 38–40*; GRIESHAMMER, *Formgeschichte*, sowie DE JONG, *Coffin Text Spell 38.*

5	*ḫꜥj=k m nṯr m-m šsp.w ḫꜥ.w*	Mögest du als Gott erscheinen unter den Kronen Empfangenden,
6	*wdꜣ n=sn jꜣw m-m nṯr.w*	denen Lobpreis gespendet wird unter den Göttern.
7	*ḏj.t jꜣw n wsjr N pn*	Dem Osiris N Lobpreis geben.

Der Spruch wirkt wie ein verkürzter oder sonstwie verballhornter Ausschnitt aus einem Pyramidentext, hat allerdings, soweit ich sehe, in diesem Corpus keine direkte Parallele. In *PT* [368] ist davon die Rede, daß Geb den Toten „geliebt“ hat (§639a *ḥtp n=k Gbb (j).mrj.n=f ṯw ḫwj.n=f ṯw* „Geb ist dir gnädig; er hat dich geliebt und hat dich geschützt“) und in *PT* [486], daß er ihn „aufrichtet“ (*Pyr.* §1045 *wṯs sw Gbb rmn sw psḏ.tj* „Geb richtet ihn auf, die Neunheit trägt ihn“). Zwischen *ḏj=f* und *n=sn* muß Text ausgefallen sein, der das Beziehungswort zum Suffix *sn* enthielt. Vor *n=sn* muß ein Verb – vermutlich *rḏj* – gestanden haben, das im Parallelismus mit *wdj* in Vers 6 steht.

Der Spruch preist die göttliche Erscheinung des Toten. Insofern nimmt er das Motiv von Spruch 1 auf, der in Vers 2 auf die Erscheinung des Toten als „Großer Gott“ Bezug nimmt.

In der Deutung von Vers 7 folge ich Dorman, der darin einen ans Spruchende gesetzten Spruchtitel erblickt.

Spruch 3

Dorman §8
SE 18-SE 20

1	*hꜣ wsjr N pn*	O Osiris N hier,
2	*nfr.wj ṯw ḥs.wj ṯw*	wie schön bist du, wie gesegnet bist du,
3	*mr.wj ṯw m hrw pn ḫr nṯr.w nb.w*	wie geliebt bist du heute bei allen Göttern!
4	*wnn=k mn.tj rwḏ.tj tp tꜣ*	Du existierst, indem du dauerst und fest bist auf Erden.
5	*nfr.wj mꜣꜣ ḥtp.wj sḏm*	Wie schön ist es, zu sehen, wie zufriedenstellend ist es, zu hören
6	*wsjr N pn wḏ-mdw=f n wr.w jr=f*	diesen Osiris N, wie er Befehle erteilt denen, die größer sind als er,
7	*sḫm=f m ꜥ=f*	indem sein *sḫm*-Szepter in seiner Hand ist
8	*jꜣꜣ.t=f m ḏr.t=f*	und sein *jꜣꜣt*-Szepter in seiner Hand.
9	*jw=f prj=f ḥr jmj-wr.t*	Er ist es, der aufgeht im Westen
10	*hꜣj=f ḥr tꜣ wr*	und untergeht im Osten.
11	*jj.n n=f ꜣs.t ḥnꜥ Nb.t-ḥw.t*	Isis und Nephthys sind zu ihm gekommen,
12	*ḏd=sn n=f jw.n=n dwꜣ=n ṯw*	um ihm zu sagen: ‘Wir sind gekommen, um dich anzubeten,
13	*sqꜣ.wt ḏw.w*	(wir,) die die Berge emporheben“.

Die ersten vier Verse kehren am Anfang von Spruch 4 wieder.

Zwischen dem ersten Teil (Verse 1–4) und dem zweiten (5–13) findet wieder ein Wechsel der Sprechkonstellation statt, von 0:2 zu 0:3. Der erste Teil bestätigt dem Toten seine soziale Einbezogenheit in die Götterwelt und seine unvergängliche Etabliertheit auf Erden, d.h. im Grabe.

§2 „Wie schön ist es, zu schauen"

Der zweite Teil beginnt mit einer formelhaften Wendung, die in den Pyramidentexten regelmäßig als Spruchanfang die Himmelfahrt des Verstorbenen einleitet, z.B.

Spruch [306]:

476a	*nfr w ꜣ mꜣw ḥtp w ꜣ ptr*	Wie schön ist es, wahrlich, zu schauen, wie befriedigend ist es, wahrlich, zu hören!
	jn=sn jn nṯr.w	So sagen sie, sagen die Götter,
476b	*prj r=f nṯr pn jr p.t*	wenn dieser Gott zum Himmel aufsteigt,
	prj r=f jtj N jr p.t	wenn (mein) Vater N zum Himmel aufsteigt.

Vgl. weitere ähnliche Stellen aus den *PT* in zu CT.3 Spruch 20 §45.

Ohne Bezugnahme auf den Himmelsaufstieg erscheint die Formel am Anfang von Spruch *PT* [667A]:

1946a	*nfr w n mꜣw*	Wie schön ist es für die, die sehen,
	ḥtp w n sḏm	wie befriedigend ist es für die, die hören,
1946b	*ꜥḥꜥ.(t) Wsjr mr n nṯr.w*	wie Osiris, der Vorsteher der Götter aufsteht.

Nicht am Spruchanfang:

1980a	*nfr w ꜣ mꜣw ḥtp w ꜣ ptr*	Wie schön ist es, zu sehen, wie befriedigend ist es, zu schauen,
1980b	*mꜣw Ḥr.w ḏj.f ꜥnḫ n jtj=f*	(so sagen) die, die Horus erblicken, wie er seinem Vater das Leben gibt
	ꜣw=f wꜣs n Wsjr	und Osiris das Szepter der Herrschaft darreicht
1980c	*m ḫnt nṯr.w jmntj.w*	an der Spitze der westlichen Götter.

In unserem Spruch schließt sich an die Einleitungsformel die herrscherliche Tätigkeit des N an, der den Göttern, die „größer", d.h. älter sind als er, Befehle erteilt, das *sḫm*- und das *jꜣꜣ.t*-Szepter als Insignien seiner Herrschaft in der Hand. Normalerweise bilden *ꜥbꜣ*- und *jꜣꜣ.t*-Szepter ein Paar.[15]

Verse 9–10 beziehen sich auf das Thema der Teilhabe am Sonnenlauf, bemerkenswerterweise in der Gegenrichtung. Isis und Nephthys erscheinen in ihrer

[15] S. hierzu *CT* I.274ab, ef; I.302b; vgl. 4. Kapitel, § 5.

typischen Rolle als Ammen der Sonnengeburt, Helferinnen beim Himmelsaufstieg und Göttinnen des Horizonts.[16] Vielleicht bezieht sich auch die merkwürdige Wendung *sqꜣ.wt ḏw.w* „die die Berge erhoben haben" auf diese Rolle am Horizontberg. DORMAN übersetzt „the ones who have exalted the mountains".

Spruch 4

DORMAN §9
SE 20–21

1	*hꜣ wsjr N pn*	O Osiris N hier,
2	*nfr.wj ṯw ḥs.wj ṯw*	wie schön bist du, wie gesegnet bist du,
3	*mr.wj ṯw m hrw pn ḫr nṯr.w nb.w*	wie geliebt bist du heute bei allen Göttern!
4	*wnn=k mn.tj rwḏ.tj tp tꜣ*	Du existierst, indem du dauerst und fest bist auf Erden.
5	*hꜣ wsjr N*	O Osiris N hier,
6	*ḫꜣ=k m t ḥnq.t*	dein Tausend an Brot und Bier,
7	*ḫꜣ=k m kꜣ ꜣpd*	dein Tausend an Rind und Vogel,
8	*ḫꜣ=k m gḥs mꜣḥḏ*	dein Tausend an Antilopen und Gazellen,
9	*ḫꜣ=k m šs mnḫ.t*	dein Tausend an Alabaster und Leinen,
10	*ḫꜣ=k m jḫ.t nb.t bnr.t*	dein Tausend an allen süßen Dingen,
11	*ḫꜣ=k m jḫ.t nb.t nfr.t wꜥb.t*	dein Tausend an allen guten und reinen Dingen,
12	*hrw pn*	heute!

Die ersten vier Verse = Spruch 3, 1–4. Das folgende ist ein typischer Spruch zum Speiseopfer, bemerkenswert durch seine Erweiterung des üblichen Programms durch „Antilopen und Gazellen".

Spruch 5: An den Opferstein

DORMAN §10
SE 21–25, S1–2
MONTET, *Siut* I, 382–388

1	*hꜣ wsjr N*	O Osiris N,
2	*jj n=k Šw m gs=k jmnj*	Schu kommt zu dir an deine rechte Seite,
3	*Tfn.t m gs=k jꜣbj m sḫn=k*	Tefnut an deine linke Seite, indem sie dich umarmen,

[16] Vgl. ASSMANN, *Liturgische Lieder*, 197f. Anm. 15; 202f., Anm. 28.

4	*mj {mr} sẖn=sn jtj=sn Jtmw*	wie sie ihren Vater Atum umarmt haben
5	*m rn=sn n sẖn jtj=sn*	in ihrem Namen „Umarmer ihres Vaters“.
6	*ꜥbꜣ=sn n=k m rn=k n ꜥbꜣ*	Sie opfern dir in deinem Namen „Opferstein“.
7	*ḥnk=sn n=k m rn=k n ḥnkw*	Sie bringen dir eine Gabe dar in deinem Namen „Beschenkter“.
8	*gmḥ=sn n=k jmnj=k*	Sie blicken für dich auf deine rechte Seite
9	*m rn=k <n> gmḥ.w*	in deinem Namen „Erblickter“.
10	*sꜥḥꜥ=sn ṯw m rn=k n ꜥḥꜥw*	Sie richten dich auf in deinem Namen „Aufgestandener“.
11	*srwḏ=sn ṯw m rn=k n rwḏ*	Sie machen dich fest in deinem Namen „Treppe“.[17]
12	*ṯs n=k jmjw=k rwd=k*	Die, welche um dich sind, knüpfen dir eine Treppe
13	*m rn=k n jmjw-rwd=f*	in deinem Namen „Der in seiner Treppe“.
14	*jm=sn rḏj pr ḫftj.w nw wsjr N jr=k*	Sie verhindern, daß die Feinde des Osiris N gegen dich herausgelassen werden
15	*m rn=k n jmj-pr=f*	in deinem Namen „Der in seinem Haus“.
16	*jrj=sn n=k spꜣ.wt/ḥsp.wt=k ṯn*	Sie bereiten dir diese[18] deine Gaue/Beete
17	*m rn=k n tkn m spꜣ.wt/ḥsp.wt=f*	in deinem Namen „Der seinen Gauen/Beeten nahe ist“.
18	*wꜣḥ jb=k jr=f jm n ḏ.t*	Mögest du aber dadurch aufmerksam sein für immer
19	*m rn=k jmj-ꜥḥꜥ.w*	in deinem Namen „Der am Standort (im Dienst)“.
20	*wꜣḥ jb=k wḏꜣ=sn n=k*	Mögest du aufmerksam sein, damit sie für dich gedeihen
21	*m rn=k n Wḏꜣ.w jmj=sn*	in deinem Namen „Der Gedeihende unter ihnen“.
22	*ꜥꜣ=sn n=k m rn=k n ꜥꜣ jm=sn*	Mögen sie groß werden für dich in deinem Namen „Der Große unter ihnen“.
23	*mn=sn n=k m rn=k <n> mnwr*	Mögen sie dauern für dich in deinem Namen „Räucherwerk“.
24	*smn=sn n=k ḏfꜣ.w=k*	Mögen sie dir deine Speisen dauern lassen
25	*m rn=k <n> mn ḏfꜣ.w*	in deinem Namen „Dauernd an Speisen“.
26	*ꜥꜣ=sn n=k ḥtp.w=k*	Mögen sie für dich deine Opfer groß sein lassen
27	*m rn=k n ꜥꜣ ḥtp.w*	in deinem Namen „Groß an Opfergaben“.

[17] Oder „Grabschacht“; oder auch „Fester“.

[18] Lies *jptn* „diese“, oder *spꜣ.t* (Sg.).

28	*sšd=sn n=k r ḫftj.w=k ḫt tꜣ=k*	Mögen sie für dich aufblitzen gegen deine Feinde durch jedes[19] Land hin
29	*jm=sn jr jw jr=k*	und kein Kommen gegen dich zulassen
30	*m rn=k n wr sšd*	in deinem Namen „mit großer Binde[20]".
31	*sqꜣ=sn ṯw m rn=k n qꜣ wr*	Sie erhöhen dich in deinem Namen „Großer Hoher".
32	*swꜣḏ=sn ṯw m rn=k*	Sie lassen dich gedeihen in deinem Namen
33	*n wꜣḏ jmj nṯr.w*	„Gedeihender unter den Göttern".
34	*snfr=sn n jmj.w-ḫt jmj.t=k*	Sie lassen für die Nachkommen gut sein, was in dir ist,
35	*wnn=k <m> ḫntj.w-ꜥnḫ.w ḏ.t*	indem du währst als Erster der Lebenden für immer.
36	*fꜣj=sn n=k jḫ.t nb.t nfr.t*	Sie tragen dir alle guten Dinge auf,
37	*ḏj=sn n=k ḥnk.t nb.t jmj.t-ꜥ.wj=sn*	sie geben dir jegliche Gabe in ihren Händen,
38	*jm rḏjw jm n ḫftj.w nw wsjr N*	so daß nichts davon den Feinden des Osiris N gegeben wird,
39	*jmj.w rsj mḥ.t*	die im Süden oder Norden,
40	*jmnt.t jꜣb.t*	Westen oder Osten,
41	*m ḥrjw-jb tꜣ m bw nb*	inmitten der Erde oder an jedem (anderen) Ort sind.
42	*ḏd=k jm n wsjr N,*	Du sollst davon dem Osiris N geben
43	*wꜥjj swt jr.tw*	und zwar das Eine, gib acht,[21]
44	*fꜣj=k jm n wsjr N*	daß du davon dem Osiris N aufträgst;
45	*wꜥjj swt jnj.tw*	das Andere aber, wende dich um,
46	*ꜥbꜣ n=k m rn=k n ꜥbꜣ*	daß es dir geopfert werde in deinem Namen „Opferstein".

§ 3 Schu und Tefnut

Der ganze Spruch widmet sich der Konstellation des Toten zwischen Schu und Tefnut, wie sie Spruch 1 der Liturgie beschrieben hat. *m sḫn=k* kann „auf der Suche nach dir" und „im dich Umarmen, in deiner Umarmung" bedeuten. Der folgende Vergleich mit Atum macht klar, daß hier nicht an Suche gedacht ist. *CT* [80] = II.32b–33a malt diese Konstellation des von seinem Kinderpaar umgebenen und umfangenen Urgottes Atum aus.

[19] Ich vermute eine Verschreibung von *k* für *nb*; „dein Land" klingt merkwürdig in bezug auf den Toten. Allerdings war oben von seinen „Gauen" die Rede.

[20] Bzw. „Groß an Blitz".

[21] Wb I, 108,4.

ḏd.jn Jtmw	Da sagte Atum:
sꜣ.t=j pw ꜥnḫ.t Tfnw.t	Meine lebendige Tochter ist Tefnut.
wnn=s ḥnꜥ sn=s Šw	Sie ist zusammen mit ihrem Bruder Schu.
ꜥnḫ rn=f	„Leben“ ist sein Name,
Mꜣꜥ.t rn=s	„Wahrheit“ ist ihr Name.
ꜥnḫ=j ḥnꜥ sꜣ.tj=j	Ich lebe zusamme mit meinem Kinderpaar,
ꜥnḫ=j ḥnꜥ ṯꜣw.tj=j	ich lebe zusammen mit meinem Zwillingspaar.
jsk wj ḥnꜥ m ḥrj-jb=snj	Siehe, ich bin dabei, indem ich in ihrer Mitte bin,
wꜥ.t=snj r ẖ.t=j	eines von ihnen an meinem Bauch,
wꜥ.t=snj m sꜣ=j	eines von ihnen in meinem Rücken.
sḏr ꜥnḫ ḥnꜥ sꜣ.t=j Mꜣꜥ.t	„Leben“ schläft mit meiner Tochter „Wahrheit“,
wꜥ.t m-ẖnw=j	eines in meinem Innern,
wꜥ.t m ḥꜣ=j	eines um mich herum.
ꜥḥꜥ.n=j ḥr=snj ꜥ.wj=snj ḥꜣ=j	Daß ich mich aufgerichtet habe auf ihnen war, indem ihre Arme um mich waren.

Das ist die Umarmung, auf die hier mit dem Wort *sḫn* Bezug genommen wird. Im weiteren Verlauf des Spruchs sagt Atum zu Nun (*CT* II.34j–35a):

jn sꜣ=j ꜥnḫ wṯs jb=j sꜥnḫ=f ḥꜣ.tj=j	Mein Sohn „Leben“ ist es, der mein *jb*-Herz erhebt, der mein *ḥꜣtj*-Herz beleben wird,
sꜣq.n=f ꜥw.t=j jptn wrḏ wr.t	nachdem er diese meine Glieder koordiniert hat, die sehr ermattet waren.

Darauf erinnert Nun ihn daran, daß er auch noch eine Tochter hat:

sn sꜣ.t=k Mꜣꜥ.t	Küsse deine Tochter „Wahrheit“,
wd n=k sj r fnḏ=k ꜥnḫ jb=k	gib sie an deine Nase, damit dein Herz lebt.
n ḥrj=sn jr=k	Sie werden sich nicht von dir entfernen.
sꜣ.t=k pw Mꜣꜥ.t ḥnꜥ sꜣ=k Šw	Deine Tochter ist „Wahrheit“ zusammen mit deinem Sohn Schu,
ꜥnḫ rn=f	„Leben“ ist sein Name.
wnm=k m sꜣ.t=k Mꜣꜥ.t	Mögest du essen von deiner Tochter „Wahrheit“.
jn sꜣ=k Šw sṯs=f ṯw	Dein Sohn Schu ist es, der dich erheben wird.

Diesen Sätzen zufolge ist Tefnut-Wahrheit „in“ Atum und Schu-Leben „um“ ihn.

Erich WINTER hat auf die große Rolle aufmerksam gemacht, die diese Konstellation des Osiris „zwischen“ Schu und Tefnut in den Tempeln der griechisch-römischen Zeit spielt. Es handelt sich um Szenen der Darbringung von *ꜥnḫ* – *ḏd* – *wꜣs*, drei Heilssymbolen, die in den begleitenden Texten ausgedeutet werden als Osiris = *ḏd* zwischen Schu = *ꜥnḫ* und Tefnut = *wꜣs*.[22]

Das Folgende ist ein sehr elaborierter „Hymnus mit der Namensformel“[23], bei dem jede Handlung, die Schu und Tefnut für den Toten verrichten, einem seiner Namen wortspielerisch korrespondiert. SCHOTT hat mit Bezug auf die

[22] WINTER, *Tempelreliefs*, 76–88.

[23] S. hierzu SCHOTT, *Mythe und Mythenbildung*.

Pyramidentexte diese Formeln als mythische Erzählung gedeutet. In diesen Hymnen wird, Schott zufolge, einem Gott „seine Mythe zum Preis erzählt“.[24] Man vermißt aber in den entsprechenden Texten jede narrative Kohärenz. Hier wird nicht ein zusammenhängender Mythos erzählt, sondern hier werden einzelne Ritualhandlungen mythisch gedeutet. Die Handlungen des Rituals geben den ersten Referenz- und Kohärenzrahmen ab.[25] In unserem Text vermißt man aber auch noch diesen Rahmen.

ꜥbꜣ „Opferstein, Stele“ kann als Name des Toten gelten, weil die Stele als Teil der „Sphäre des Seinigen“ zu ihm gehört. *n kꜣ=f n ꜥbꜣ=f* „für seinen Ka, für seine Stele …“ beginnt die bekannte Aufzählung der opferempfangenden Personaspekte im Grab des Kornzählers Amenemhet TT 82.[26]

Die folgenden „Namen“ des Toten sind *ḥnk.w* „Beschenkter“ und *gmḥ.w* „Erblickter“. Sie kommen ihm als Objekt der für ihn ausgeführten Tätigkeiten zu. Der Name *ꜥḥꜥ.w* ist vieldeutig; er kann auch „Zeit“, „Summe“, „Haufen“, „Standort“ und vieles andere bedeuten; hier wird es sich wohl am ehesten auf das „Stehen“ des aufgerichteten Toten beziehen. Von dieser Aufrichtung des Gottes mithilfe von und zwischen Schu und Tefnut ist ja auch in dem zitierten Sargtext die Rede. Möglich wäre aber auch *ꜥḥꜥ.w* „Denkstein, Grabstein“[27] in Parallele zu *ꜥbꜣ*. Ähnlich kann *rwḏ* sowohl Partizip sein von *rwḏ* „fest sein“ und so etwas wie „Fester, Gefestigter“ bedeuten, als auch eine Schreibung von *rwd* „Treppe“.[28] „Treppe“ ist aber auch eine allgemeine Bezeichnung für „Heiliger Ort“[29] und kann sich als solche (zumindest in der Spätzeit) auch auf das Grab beziehen. So wird man wohl den Namen *jmj-rwd=f* „Der in seiner Treppe = seinem Grab“ verstehen müssen, in Parallele zum folgenden Namen *jmj pr=f* „Der in seinem Haus“. Der Name *tkn m spꜣ.wt=f* „Der sich seinen Gauen nähert“ ließe sich wohl auch als *tkn m ḥsp.wt=f* „Der sich seinen Beeten nähert“ lesen und dann auf Min und seine Lattichbeete beziehen.

Das Suffix *=sn* in den folgenden zwei oder drei Aussagen möchte Dorman auf die „Gaue“ beziehen. Daher emendiert er *jm n (ḏ.t)* „dadurch für (immer)“ zu *jm=s<n>* „in ihnen“. Das gibt einen guten Sinn, eigentlich sogar bis Vers 27, aber man sieht nicht, wie der Bezugswechsel von den „Gauen“ oder „Beeten“ zu den ab 28 wieder eindeutig im Blick stehenden Schu und Tefnut vollzogen werden kann. So ist es wohl doch besser, das Suffix durchgängig auf Schu und Tefnut zu beziehen. Im Wortspiel mit *wꜣḥ jb=k* steht der „Name“ *jmj ꜥḥꜥ.w*, der wiederum dank der Vieldeutigkeit des Ausdrucks *ꜥḥꜥ.w* einigermaßen dunkel bleibt; Dorman übersetzt „he who is in attendance“, denkt also an *ꜥḥꜥ* „warten, aufwarten“. Im Gegensatz zu allen anderen „Namen“ fehlt hier ein evidenter phonetischer,

[24] Schott, *a.a.O.*, 42.

[25] Vgl. Assmann, *Verborgenheit des Mythos*.

[26] Ed. Davies/Gardiner, Amenemhet Tf. XXII.

[27] Wb I, 221,11–13.

[28] Dorman, 103 denkt an *rwḏ* „Teil des Grabes“, Wb II, 413,3.

[29] Wb II, 409,14.

semantischer und etymologischer Bezug; *wꜣḥ jb* und *jmj ꜥḥꜥ.w* haben nur das Phonem *ḥ* gemein. Dafür folgt unmittelbar darauf in Vers 20 nochmals *wꜣḥ jb=k*, wo es eher stört; der Vers sollte mit *wḏꜣ=sn* beginnen, so wie 22 mit *ꜥꜣ=sn* und 23 mit *mn=sn*. Ich nehme an, daß zwischen Vers 19 und 20 etwas nicht in Ordnung ist und *wꜣḥ jb=k* in Vers 20 noch zum Namen des Toten dazugehört. Vielleicht ist das Suffix zu streichen und *jmj ꜥḥꜥ.w wꜣḥ jb* zu lesen, „der am Standort/im Dienst befindliche Aufmerksame".

Die folgenden „Namen" des Toten bezeichnen Eigenschaften, die ihm in der Konstellation mit Schu und Tefnut zukommen, weil sie auch diesen selbst eignen: *wḏꜣ.w jm=sn* „heil unter (d. h. zwischen) ihnen", *ꜥꜣ jm=sn* „groß unter ihnen". In diesem Sinne könnte man auch *mn wr* als „großer Dauernder" auffassen (wie Dorman: „the well-established one"), Da aber die folgenden Verse sich eindeutig auf Opfergaben beziehen, liegt die Interpretation „Räucherwerk"[30] näher.

Die folgenden Opfer-Namen sind *ḏfꜣ.w* „Speisen" (25) und *ꜥꜣ ḥtp.w* „groß an Opfern" (27). Zu *sšd* „Blitz, blitzen" vgl. Faulkner, *Pregnancy of Isis*; *ders., AECT* I, 126 n. 1; Fairman, *Triumph of Horus*, 11 f.; Hornung, *Sonnenlitanei* II, 130 (310).

In der Deutung von *jm=sn jrj jw jr=k* folge ich Dorman („so that they shall not come against you"[31]) und beziehe das Suffix *=sn* auf *ḫftj.w*. Interessant ist die parallele Formulierung der beiden weit auseinanderliegenden Verse, die sich auf die Feinde des Toten beziehen:

14 *jm=sn rd j pr (...) jr=k*	Sie (= Schu und Tefnut) sollen nicht zulassen, daß (die Feinde) herausgehen gegen dich.
29 *jm=sn jr jw jr=k*	Sie (= die Feinde) sollen nicht machen ein Kommen gegen dich.

Der zugehörige Name des Toten *wr sšd* könnte auch als „Groß an Mumienbinden" übersetzt werden.

Nach zwei Namen, die nochmals Eigenschaften bezeichnen (*qꜣ wr* und *wꜣḏ jmj nṯr.w*) folgt ein Abschnitt ohne Namensformeln (Verse 34–41). Vers 34 ist so, wie ich, Dorman folgend, übersetzt habe, schon von der Wortfolge her abweichend. „Sie lassen das, was in dir ist, für die Nachkommen gut sein" müßte *snfr=sn jmj.t=k n jmj.w-ḫt* heißen. Vers 35 macht immerhin klar, daß an die fortdauernde Präsenz und Bedeutung des Toten in der Welt der Lebenden gedacht ist und bestätigt die Übersetzung „Nachkommen". Unklar bleibt allein *jmj.t=k.*

Der Schlußteil des Spruchs (36–46) ist ganz dem Thema Totenopfer gewidmet und setzt darin den Gedanken der fortdauernden irdischen Präsenz und Versorgung des Toten fort. Verse 36 und 37 stellen klar, daß Schu und Tefnut den Toten mit allem versorgen, worüber sie verfügen, und Verse 38–41 schließen aus, daß irgendetwas davon den möglichen Feinden des Toten in den vier Himmelsrichtungen der Welt inklusive der Mitte und wo auch immer zugute kommen soll.

[30] Wb II, 79,6.

[31] Dorman, a. a. O. 103 Anm. k macht mit Recht darauf aufmerksam, daß dann allerdings *jwt* (Infinitiv) dastehen müßte.

Verse 42–45 sind wohl an jemand anderen als den Toten gerichtet, so befremdlich dieser Wechsel der Sprechkonstellation auch anmutet. Sie wenden sich an jemand, der das Totenopfer darbringt, und bestimmen, daß „(jedes) Einzelne (davon)" - so muß man wohl *wꜥjj* - *wꜥjj* „das Eine, das Andere" verstehen - auch wirklich dem Toten zugute kommt, ganz im Sinne der Ausschließungsformel, mit der der vorhergehende Abschnitt schließt. Die vier Verse sind streng parallel gebaut, wobei jeweils zwei Worte verändert werden. Anstelle von *ḏḏ=k* „du sollst geben" (42) steht in Vers 44 *fꜣj=k* „du sollst auftragen" und anstelle von *jr.tw* „paß auf" (43) steht in Vers 45 *jnj.tw* „wende dich um". Alle übrigen Elemente werden identisch wiederholt. Dieser strenge Bau zwingt zu einer entsprechenden Übersetzung, auch wenn Grammatik und Wortfolge dabei etwas Gewalt angetan zu werden scheint. Vers 46 könnte darauf hinweisen, daß sich dieser Schlußteil an niemand anderen als den Opferstein oder Altar selbst wendet. Das erscheint mir nicht ausgeschlossen und hätte den Vorzug, daß die allgemeine Sprechsituation gewahrt wird. Der Sprecher würde sich dann nicht an einen Dritten wenden, sondern an den Altar selbst, der zwischen ihm und dem bis dahin angeredeten Toten steht.

Der Text wendet sich an den Toten im Grabe, nicht in der Balsamierungskammer. Sein Thema ist die fortdauernde Einbezogenheit des Verstorbenen in die Dreierkonstellation mit Schu und Tefnut, den wichtigsten Göttern der Stundenwachen (mit Geb und Nut), die auch in der Situation des Grabes bestehen bleiben soll. Der Spruch schlägt also die Brücke von der Einbalsamierung zur Beisetzung und von der Nachtwache zum ständigen Totenopfer. Man könnte sich vorstellen, daß er zur Inauguration des Totenopfers und Opferaltars rezitiert wird.

Diese Deutung wird durch eine formale Beobachtung bestätigt. Vers 6, der erste Vers des Hymnus mit der Namensformel, wird im Schlußvers fast wörtlich wiederholt:

6 *ꜥbꜣ=sn n=k m rn=k n ꜥbꜣ*	Sie opfern dir in deinem Namen „Opferstein".
46 *ꜥbꜣ n=k m rn=k n ꜥbꜣ*	Es soll dir geopfert werden in deinem Namen „Opferstein".

Wir haben es also mit einer zyklischen Komposition zu tun, die mit fast demselben Satz schließt, mit dem sie beginnt, und die dadurch diesen Satz ganz besonders hervorhebt. Obwohl der Text ausdrücklich „Osiris N" anredet, scheint er sich an den Toten in seiner Erscheinungsform als Opferstein zu richten.

Von daher erschließt sich der Sinn des Textes. Von einem Opferstein werden in erster Linie zwei Dinge erhofft: daß er dauerhaft und unbeschädigt an seinem Platz aufrecht steht, und daß er ständig mit Opfern versehen ist. Beides wird durch die Konstellation mit Schu und Tefnut gewährleistet: sie halten ihn aufrecht, indem sie ihn in ihre Mitte nehmen, und sie sorgen dafür, daß er ständig mit Opfern versorgt ist sowie, daß die Feinde ihm fernbleiben, die ihn beschädigen oder berauben könnten. Die meisten „Namen“ des Toten beziehen sich zwanglos auf den einen oder den anderen dieser beiden Aspekte:

Aufrecht am Platz stehen	Mit Opfern versorgt sein
	7 *ḥnk.w* „Beschenkter“
	9 *gmḥ.w* „Erblickter“
10 *ꜥḥꜥ.w* „Aufgerichteter“	
11 *rwḏ* „Treppe“ oder „Fester“	
13 *jmj-rwḏ=f* „Der in seiner Treppe“	
15 *jmj-pr=f* „Der in seinem Haus“	
17 *tkn m spꜣ.wt=f* „Der seinen Gauen/Beeten nahe ist“	
19 *jmj ꜥḥꜥ.w* „Der an seinem Standort“	
21 *wḏꜣ.w jmj=sn* „Der Gedeihende unter ihnen“.	
22 *ꜥꜣ jmj=sn* „Der Große unter ihnen“	
	23 *mn wr* „Räucherwerk“
	25 *mn ḏfꜣ.w* „Dauernd an Speisen“.
	27 *ꜥꜣ ḥtp.w* „Groß an Opfergaben“.
31 *qꜣ wr* „Großer Hoher“	
33 w*ꜣḏ jmj nṯr.w* „Gedeihender unter den Göttern	

Nur Vers 30 *wr ssd* „Groß an Blitz/Binde“ läßt sich einem solchen Verständnis des Textes als Hymnus auf den Opferstein des Verstorbenen nicht ganz so zwanglos einfügen. „Blitz“ scheint in diesem Zusammenhang ausgeschlossen. Das Vers *ssd* impliziert eine schnelle Bewegung, wie sie dem ortsfesten Opferstein auf keinen Fall zusteht. Werden Altäre mit Binden geschmückt? Da Binden und Bänder allgemein als Zeichen des Heiligen auftreten,[32] wäre auch dies denkbar. Vor allem aber treten Bänder bzw. Binden im Zusammenhang mit dem *ḏd*-Pfeiler auf. Der *ḏd*-Pfeiler oder das *ḏd*-Symbol wiederum werden in den von Winter behandelten ptolemäischen Tempeltexten genau in derselben Weise mit Schu und Tefnut „konstelliert“, wie unser Text das durchführt.

Spruch 6

Dorman §11
S2–3

1	*hꜣ wsjr N*	O Osiris N,
2	*ẖꜣ=k m t ḥnq.t*	dein Tausend an Brot und Bier
3	*ẖꜣ=k m r*	dein Tausend an Graugänsen,
4	*ẖꜣ=k m ṯrp*	dein Tausend an Bläßgänsen,
5	*ẖꜣ=k m s.t*	dein Tausend an Spießenten,
6	*ẖꜣ=k m mnjj.t*	dein Tausend an Schwalben (Tauben),

[32] Vgl. Hornung, *Der Eine*, 23–26.

7	*ḫꜣ=k m ꜥgw.t*	dein Tausend an Röstkorn[33],
8	*ḫꜣ=k m ḥbnn.t*	dein Tausend an Opferkuchen,
9	*ḫꜣ=k m jḫ.t nb.t nfr.t wꜥb.t*	dein Tausend an allen guten und reinen Dingen
10	*n kꜣ n N*	für den Ka des N.

Eine weitgehend auf Geflügel spezialisierte Variante des üblichen „Tausender"-Opferspruchs zur Totenspeisung. Die Liste in Spruch 13 des pBM 10819 verso, der als „Spruch zum Geflügelopfer" überschrieben ist, enthält unter anderem *rꜣ*-Gänse, *ṯrp*-Gänse, *ms.t*-Gänse und *mn.wt*-Tauben/Schwalben.[34]

Spruch 7: Anrufung der Kronen

DORMAN § 12
PT [220]–[221]

Abschnitt 1: Parallele zu *PT* [220]

1	*wn ꜥ.wj ꜣḫ.t*	Die Türflügel des Horizontes werden geöffnet
2	*snḫbḫb qꜣr.wt=s*	und seine Türriegel werden zurück geschoben.
3	*jw.n=f ḫr{t}=ṯ N.t*	Er ist zu dir gekommen, *N.t*-Krone!
4	*jw.n=f ḫr=ṯ nsr.t*	Er ist zu dir gekommen, Flammende!
5	*jw.n=f ḫr=ṯ wr.t*	Er ist zu dir gekommen, Große!
6	*<jw>*[35]*n=f ḫr=ṯ wr.t-ḥkꜣ.w*	Er ist zu dir gekommen, Zauberreiche,
7	*wꜥb(.w) n=ṯ snḏ(.w) n=ṯ*	rein[36] für dich und in Furcht vor dir.
8	*ḥtp=ṯ ḥr=f ḥtp=ṯ wꜥbw=f*	Mögest du mit ihm zufrieden sein, mögest du mit seiner Reinheit zufrieden sein,
9	*ḥtp=ṯ ḥr mdw=f ḏd.t.n=f*	mögest du mit der Rede zufrieden sein, die er gesprochen hat.
10	*nfr.w ḥr=k*[37] *ḥtp.tj*	Wie schön ist dein Gesicht, da du zufrieden bist,
11	*mꜣ.tj rnp.tj*	indem du erneuert und verjüngt bist,
12	*msj.n=ṯ sw m nṯr jtj nṯr.w*	nachdem du ihn als einen Gott und Vater der Götter geboren hast.[38]

33 Vgl. VERHOEVEN, *Grillen*, 68.

34 pBM 10819 vso., 68–69. Ein Rest des Wortes *[…mn]y.t* „Schwalben" ist in *Siut* I 389 noch zu erkennen.

35 Am Kolumnenbeginn sind die laufenden Beine weggelassen.

36 Gemeint ist der König.

37 Verschrieben für *=ṯ*.

38 *Pyr.* § 195c *msj.n ṯm nṯr jtj nṯr.w* „nachdem dich der Gott, der Vater der Götter, erzeugt hat".

13	*jw.t=f*[39] *ḫr=ṯ wrt.-ḥkꜣ.w*	Er kommt zu dir, Werethekau.
14	*Ḥr.w pw mn sꜣ jr.t=f wr.t-ḥkꜣ.w*	Horus ist es, der den Schutz seines Auges dauerhaft macht[40], Werethekau.

Abschnitt 2: Parallele zu *PT* [221]

15	*hj*[41] *N.t hj jn hj wr.t*	„Oh *N.t*-Krone! Oh *jn*-Krone! Oh Große!
16	*hj wr.t-ḥkꜣ.w hj nsr.t*	Oh Werethekau! Oh Feuerspeierin!
17	*dj=ṯ šꜥ.t n N mj šꜥ.t=ṯ*	Mögest du Schrecken[42] vor N[43] einflößen wie den Schrecken vor dir,
18	*dj=ṯ snḏ n N mj snḏ=t*	mögest du Furcht vor N einflößen wie die Furcht vor dir.
19	*dj=ṯ kw.t* <n> *N mj kw.t=ṯ*	mögest du Du Achtung <vor> N einflößen wie die Achtung vor dir,
20	*dj=ṯ mrw*<*.t*> *n N mj mrw.t=ṯ*	mögest du Liebe zu N einflößen wie die Liebe zu dir.
21	*dj=ṯ ꜥbꜣ=f ḫntj ꜥnḫ.w*	Mögest du veranlassen, daß sein *ꜥbꜣ*-Szepter an der Spitze der Lebenden ist,
22	*dj=ṯ sḫm=f ḫntj ꜣḫ.w*	mögest du veranlassen, daß sein *sḫm*-Szepter an der Spitze der Verklärten ist
23	*rdj=ṯ rwḏ ds=f r ḫftj.w=f*	und du mögest veranlassen, daß sein Messer gegen seine Feinde fest sei.
24	*hj jn prj.n=ṯ jm=f prj.n=ṯ jm*	Oh *jn*-Krone! Wie du aus ihm hervorgekommen bist, so kommt er aus dir hervor.[44]
25	*msj.n sw Ḫt.t wr.t*	Die große *ḫtt* hat ihn geboren
26	*sẖkr.n sw Ḫt.t-wt.t*	und geschmückt hat ihn[45] die Ichet-utet.
27	*msj.n sw Ḫt.t-wt.t*	Geboren hat ihn die Ichet-utet und
28	*sẖkr*<*.n*>[46] *sw Ḫ*<*t.t*> *wr.t*	geschmückt hat ihn die Große *Ḫtt*
29	*n tw=f*[47] *js Ḥr pw*	und zwar ist er dieser Horus,

[39] Prospektives *sḏm=f*, während *PT* das *sḏm.n=f* hat „er ist zu dir gekommen".

[40] *Pyr.* § 195e *šnj m sꜣ jr.t=f* „der zum Schutz seines Auges gestritten hat".

[41] Der Vokativ ist üblicherweise mit *ꜣ* statt, wie hier, mit dem Schilfblatt geschrieben.

[42] Möglicherweise paßt hier „Strahlkraft" besser.

[43] W.: der Schrecken des N.

[44] Lies mit *Pyr.* § 198a: *prj.n=ṯ jm=f prj.n=f jm=ṯ.*

[45] Gemeint ist der Verstorbene, bzw. in den *PT* der König.

[46] Kolumnenwechsel. Für die Wasserlinie ist jedoch am Ende der Kolumne ausreichend Platz vorhanden, s. DORMAN, Taf. 63.

[47] Form? DORMAN, 104 ergänzt mit *Pyr.* (*n ṯwt js*) zu *twt*, wobei die *f*-Schlange und die darauffolgende Buchrolle keine Berücksichtigung finden.

30	*mn m sꜣ jr.t=f wr.t-ḥkꜣ.w*	der den Schutz in seinem Auge dauerhaft macht, Werethekau.[48]

Zu den Kronen und ihren Strahlkräften s. CT.2 §9.

Spruch 8: Der Tote im Sonnenlauf

DORMAN §13
PT [222]

1	*ꜥḥꜥ=k ḥr=f tꜣ pn*	Mögest du aufstehen auf ihm, diesem Land,
2	*prj m Jtm.w*	das aus Atum hervorging,
3	*nšš prj m Ḫprr*	dem Auswurf, der aus Cheprer hervorging.
4	*ḫprj=k ḥr=f qꜣ=k ḥr=f*	Mögest du auf ihm entstehen, mögest du auf ihm hoch kommen,
5	*mꜣ ṯw jt=k*	so daß dein Vater dich sieht,
6	*mꜣ ṯw Rꜥ.w*[49]	so daß Re dich sieht.
7	*jw.n=f ḫr=k jtj=f*	Er ist zu dir gekommen, du sein Vater,
8	*jw.n=f ḫr=k Rꜥ.w*[50]	er ist zu dir gekommen, Re.
9	*jw.n=f ḫr=k jtj=f*	Er ist zu dir gekommen, du sein Vater,
10	*jw.n=f ḫr=k Ndj*	er ist zu dir gekommen, *Ndj*.[51]
11	*jw.n=f ḫr=k jtj=f*	Er ist zu dir gekommen, du sein Vater,
12	*jw.n=f ḫr=k Dndn*	er ist zu dir gekommen, *Dndn*.[52]
13	*jw.n=f ḫr=k jtj=f*	Er ist zu dir gekommen, du sein Vater,
14	*jw.n=f ḫr=k smꜣ wr*	er ist zu dir gekommen, Großer Wildstier.
15	*jw.n=f ḫr=k jtj=f*	Er ist zu dir gekommen, du sein Vater,

[48] In der *PT*-Fassung sind die letzten drei Verse als Anrede der Kronengöttin an den Verstorbenen formuliert:
198b *msj.n ṯw Jḫ.t wr.t sškr.n ṯw Jḫ.t-wt.t*
198c *msj.n ṯw Jḫ.t-wt.t sškr.n ṯw Jḫ.t wr.t*
198d *n ṯwt js Ḥr.w šn m zꜣ jr.t=f*

[49] Der Rest der Zeile ist mit dem Anfang von *Pyr.* §202a gefüllt, der sich in Zeile S16 fortsetzt: *ḏ=k nḏr Snnmwt pn (qbḥw=f)* „mögest du geben, daß dieser Senenmut (seinen Himmel) packt …". Der Text von *PT* [222] setzt sich in S8 fort. Zur tabellarischen Anordnung der folgenden Litanei s. DORMAN, Taf. 63.

[50] In waagerechter Zeile über die in eigenen Kompartimenten abgesetzten sieben Götternamen gesetzt und vor jedem Namen zu wiederholen.

[51] Geschrieben *Ndr.*

[52] Es fehlt *Pyr.* §200c:
jw.n=f ḫr=k Pnḏn Er ist zu dir gekommen, *Pnḏn.*
jw.n=f ḫr=k jtj=f Er ist zu dir gekommen, du sein Vater.

16	*jw.n=f ḫr=k sḫn-wr*	er ist zu dir gekommen, Großes Schilfbündelfloß.
17	*jw.n=f ḫr=k jtj=f*	Er ist zu dir gekommen, du sein Vater,
18	*jw.n=f ḫr=k spdw*	er ist zu dir gekommen, Gerüsteter.
19	*jw.n=f ḫr=k jtj=f*	Er ist zu dir gekommen, du sein Vater,
20	*jw.n=f ḫr=k spd-jbḥw*	er ist zu dir gekommen, Scharfzahniger.
21	*ḏj=k nḏr N pn qbḥw=f*[53]	Mögest du geben, daß dieser N seinen Himmel packt![54]
<22	*ḏj=k ḥqꜣ N pn psḏ pḏw.t ḥtm=f psḏ.t*	Mögest du geben, daß dieser N die Neun Bogen beherrscht und die Neunheit vervollständigt,
23	*ḏj=k ʿw.wt m ʿ N pn wꜣḥ.t nṯr*	mögest du die Hirtenstäbe diesem N in die Hand geben (als) Gottesgabe,
24	*ḏj=ṯ Mḥw ḥnʿ Šmʿw*	mögest du Unter- und Oberägypten geben.>[55]
25	*hꜣ=k ḫsf=k ʿḥʿ=k*	Mögest du deinen Gegner angreifen, mögest du aufstehen
26	*ḥr tpj wr.w mꜣ.w jr.w=k*[56]	an der Spitze der Großen der Schauenden, die zu dir gehören.
27	*ḥz.n tw Nb.t-ḥw.t šd.n=s ḫsf=k*	Nephthys hat dich gelobt, sie hat deinen Gegner gefangen genommen[57]
28	*ḥtm.n=s ṯw m Ḥr.w*[58]	und hat dich vervollkommnet als Horus.
29	*n ḥm ḫftj.w=k*[59]	Es gibt deine Feinde nicht,
30	*n ḥm jꜣb.t n=k jm*	nichts davon[60] hört dir auf.
31	*m ṯw jr=k bꜣ.tj sḫm.tj*	Siehe du bist ba-haft und *sḫm*-mächtig
32	*r nṯr.w šmʿ.w ꜣḫj.w=sn jsṯ*	mehr als die Götter von Oberägypten und ihre Ach-Geister.

[53] *Pyr.* §220a *qbḥw šzp=f ꜣḫ.t.* Es folgen in *PT* drei Verse, die TT 353 ausläßt:

ḏ=k jꜣq N pn pḏw 9 ḥtm=f psḏ.t	Mögest du geben, daß NN hier die 9 Bogen beherrscht und die Neunheit versorgt,
ḏ=k ʿw.t m ʿ N pn	mögest du den Hirtenstab in die Hand dieses NN geben,
wꜣḥ.t tpj mḥw ḥnʿ šmʿw	damit gesenkt wird das Haupt Unterägyptens und Oberägyptens.

[54] *Pyr.* §202a hat „Mögest du geben, daß dieser N den Himmel ergreift und den Horizont einnimmt".

[55] Verse 22–24 sind in TT 353 ausgefallen, während die Siut-Fassung sie enthielt, s. KAHL, Siut-Theben, 188f.

[56] *Pyr.* §203a hat *tpj wr.w m wr.w* „das große Oberhaupt in seinem großen Wasser", vgl. FAULKNER, *AEPT,* 51 Anm. 6 mit Verweis auf *Pyr.* §1728a.

[57] *Pyr.* §203b hat „Nephthys hat ihn gelobt, weil er seinen Gegner gefangen hat".

[58] *Pyr.* §204a hat *wr ḥkꜣw.*

[59] *Pyr.* §204b hat *n ḥm fḫ.tj n=k* „nichts geht dir verloren"? TT 353 verliest *fḫ.tj* zu *ḫf.tj.*

[60] jm „davon" fehlt in den *PT.*

33	*nẖnẖ.n jwr.t n ššp*[61]*.n=k grḥ*	Den die Schwangere ausgeworfen hat, du hast die Nacht empfangen,
34	*ḥtm.tj m Ḥr.w*[62]*ẖbẖb*	indem du vollendet bist als Horus, der mit Gewalt ausbrach,[63]
35	*wꜣḏjw ḥsj.n ꜣst*	der Heile, den Isis gelobt hat.
36	*ḥtm.n=s*[64] *ṯw m Ḥr.w ḥwn.tj*	Sie hat dich vollendet als Horus, indem du jung bist.
37	*nj ḥm ḫftj*[65]*n=k*	Wirklich, es gibt keinen Feind für dich,
38	*nj ḥm jꜣb.tj n=k*	nichts hört auf für dich.
39	*m ṯw jr=k bꜣ.tj sḫm.tj*	Siehe, du bist ba-haft und *sḫm*-mächtig,
40	*r nṯr.w mḥtj.w ꜣḫj.w=sn jsṯ*	mehr als die Götter von Unterägypten und ihre Ach-Geister.
41	*fḫ=k{w} ꜥbw=k n Jtm.w m Jwnw*	Mögest du deine Unreinheit ablösen für Atum in Heliopolis,
42	*hꜣ=k ḥnꜥ=f wḏꜥ=k mꜣr.w Nn.t*	mögest du hinabsteigen mit ihm und die Fesseln der Naunet lösen,
43	*ḥmsj*[66]*=k ḥr s.wt <nw>j*	mögest du auf den Thronen von Nui sitzen.
44	*ḫprj=k ḥnꜥ Jtm.w*[67]	Mögest du entstehen mit Atum,
45	*qꜣ=k ḥnꜥ Jtm.w*[68]	mögest du hoch kommen mit Atum,
46	*wbn=k ḥnꜥ Jtm.w*[69]	mögest du aufgehen mit Atum.
47	*fḫ n=k mꜣr.w*	Mögen dir die Fesseln gelöst werden,
48	*tpj=k n rpw.t jwn.t*	möge dein Haupt der Dame von Heliopolis gehören.[70]
49	*prj=k wpj=k wꜣ.t=k <m> qs.w Šw*	Mögest du aufsteigen und deinen Weg bahnen in den Knochen des Schu,
50	*šn.(n) ṯw ẖnw ꜥ.wj mw.t=k Nw.t*	und mögen die Arme der Nut dich umfangen.
51	*wꜥb=k m ꜣḫ.t*	Mögest du dich reinigen im Lichtland,
52	*sfḫ=k ꜥbw=k m Šj.w šw*	mögest du deine Unreinheit ablösen in den Seen des Schu.

61 *Pyr.* §204b hat *spš.*

62 *Pyr.* §205a hat *Stš.*

63 Vgl. Faulkner, *AEPT,* 51 Anm. 13.

64 *Pyr.* §206a hat *n=k.*

65 *Pyr.* §206b hat *fḫ.tj.*

66 *Pyr.* §207b hat *ꜥḥꜥ.*

67 *Pyr.* §207c hat *jtj=k Jtm.w.*

68 *Pyr.* §207c hat *jtj=k Jtm.w.*

69 *Pyr.* §207d hat *jtj=k Jtm.w.*

70 In den *PT* auch nicht verständlicher.

53	*prj=k hꜣ=k*	Mögest du aufsteigen und absteigen,
54	*prj*[71]*=k ḥnꜥ Rꜥ.w*	mögest du aufsteigen mit Re,
55	*sꜣq=k*[72] *ḥnꜥ Ndj*	mögest du dich versammeln[73] mit Nedi.
56	*prj=k hꜣw=k*	Mögest du aufsteigen und absteigen,
57	*prj=k ḥnꜥ Rꜥ.w*	mögest du aufsteigen mit Re,
58	*wbn=k ḥnꜥ zḫn-wr*	mögest du aufgehen mit dem Großen Schilfbündelfloß.
59	*prj=k hꜣ=k*	Mögest du aufsteigen und absteigen,
60	*prj*[74]*=k ḥnꜥ Nb.t-ḥw.t*	mögest du aufsteigen mit Nephthys,
61	*sꜣq=k*[75] *ḥnꜥ Msktt.t*	mögest du dich versammeln[76] mit der Nachtbarke.
62	*prj=k hꜣw=k*	Mögest du aufsteigen und absteigen,
63	*prj=k ḥnꜥ ꜣst*	mögest du aufsteigen mit Isis,
64	*wbn=k ḥnꜥ Mꜥnḏ.t*	mögest du aufgehen mit der Tagbarke.
65	*sḫm=k m ḏ.t=k nj jmj-rd=k*	Mögest du Macht haben über deinen Leib, nicht gibt es dein Hindernis.
66	*ms=k mj Rꜥ.w*[77]	Mögest du geboren werden wie Re
67	*jwr=k mj Ḏḥwtj*[78]	und in Schwangerschaft getragen werden wie Thot.[79]
68	*wꜥb n=k <m> jmnt*	Reinige dich für dich im Westgau,
69	*šsp n=k ꜥbw=k m ḥqꜣ-ꜥnḏ*	empfange dir deine Reinigung im heliopolitanischen Gau
70	*ḫr*[80] *Jtm.w*	bei Atum.[81]
71	*ḫpr n=k qꜣ n=k*	Entstehe für dich, komme hoch für dich,
72	*ꜣḫ n=k wꜥb*[82]*n=k*	möge es dir wohltätig sein, möge es dir rein sein
73	*m ẖnw ꜥ.wj*[83] *Jtm.w-Rꜥw*	in der Umarmung deines Vaters Re-Atum.

[71] *Pyr.* §209a hat *hꜣ(j).w.*
[72] *Pyr.* §209a hat *snkw.*
[73] *Pyr.* §209a hat „verfinstern".
[74] *Pyr.* §210a hat *hꜣw.*
[75] *Pyr.* §210a hat *snkw.*
[76] *Pyr.* §210a hat „verfinstern".
[77] *Pyr.* §211b hat *n Ḥr.w.*
[78] *Pyr.* §211b hat *n Stš.*
[79] *Pyr.* §211b hat *msj=k n Ḥr.w jwr=k n Stš.*
[80] TT 353 om. *<jtj=k ḫr>.*
[81] *Pyr.* §211c hat *wꜥb.n=k m jmn.t šsp.n=k ꜥbw=k m ḥqꜣ-ꜥnḏ ḫr jtj=k ḫr tm.*
[82] *Pyr.* §212b hat *qbb.*
[83] TT 353 om. *<jtj=k m ẖnw ꜥ.wj>.*

74	*Jtm.w*[84] *šn n=k sw*	Atum, umfange ihn dir
75	*m ẖnw ʿ.wj=k ḥnʿ kꜣ=k*[85]	in deiner Umarmung, zusammen mit deinem Ka!
76	*zꜣ=k pw n ḏ.t=k n ḏ.t*	Dein Sohn deines Leibes ist er in Ewigkeit.

Es handelt sich um eine nicht unwesentlich veränderte Fassung des Pyramidenspruchs [222]. Die einzelnen Abweichungen gegenüber der Pyramidenfassung hat bereits DORMAN angemerkt. Der Name des Gottes Seth ist durchgehend ersetzt durch andere Götternamen, in 204a und 205b durch Horus (24 und 30), in 211b durch Thot (62). Andere Ersetzungen beruhen auf Wortähnlichkeit, wie etwa die Ersetzung von *fḫ.tj* „du bist gelöst" (204b, 206b) durch *ḫftj* (25, 33). Seltene Worte wie *snk* „sich verfinstern" wurden durch bekannte wie *sꜣq* „sich versammeln" ersetzt. Die 8 Götter der Litanei wurden durch Weglassung des *Pndn* auf 7 Götter verkürzt.

§4 Der Tote im Sonnenlauf und die Aufstellung der Mumie im Grabhof

Thema des Spruchs ist die Teilhabe des Toten am Sonnenlauf. Als Ritualkontext kommt in erster Linie die Aufrichtung der Mumie im Vorhof des Grabes in Betracht, jener Ritus, der mit der Formel umschrieben wird:

sʿḥʿ.tw sʿḥ=k n Rʿ.w m wsḫ.t jz=k	„Man stellt deine Mumie auf für Re im Vorhof deines Grabes".[86]

Auf diese Aufstellung nehmen die ersten sechs Verse ganz eindeutig Bezug. Diese Verse sind an den Toten gerichtet und fordern ihn auf, sich vor Re aufzustellen. Fraglich ist nur, ob man diesen sprachlich und ikonographisch erst ab der späten 18. Dynastie belegten Ritus schon für den Pyramidenkult des Alten Reiches ansetzen darf. Aber es ist ja durchaus möglich, daß ein alter Text im Rahmen eines neugeschaffenen Ritus rezitiert wird. Dies würde das ungewöhnliche Rezeptionsschicksal von *PT* [222] bzw. der Liturgie AII ([220]–[222] erklären, die in Quellen des MR und NR außerordentlich häufig belegt ist.

Die folgende Litanei ist an den Sonnengott gerichtet, dem der Tote vorgestellt wird. Vermutlich sind alle sieben bzw. acht Götternamen als Namen des Sonnengottes aufzufassen. Deshalb ist wohl in 18 *spd.w* als „Gerüsteter" zu verstehen und nicht als „Sopdu".

Der dritte Abschnitt besteht aus zwei streng parallel gebauten Strophen zu je acht Versen. Dabei sind die ersten drei Verse variabel, die übrigen fünf Verse

84 TT 353 om. <*sjʿ n=k N pn*>.

85 Der Zusatz *ḥnʿ kꜣ=k* fehlt in *Pyr.* §213a.

86 S. Bd. II: NR.6.2.7 §3 (Belege: Turin o.Nr., zit. bei HERMANN, *Stelen*, 99 Anm. 447; TT 23 WbZ <1533>; TT 106 (1); TT 178 (12); TT 224 (1); Grabwand München Gl 298); vgl. ASSMANN, *Neith*, 126f.

festgelegt und weitgehend identisch. In der *PT*-Fassung bezieht sich die erste Strophe auf den Toten als Seth, die zweite auf ihn als Horus. Seth wird dort mit Nephthys und mit den Göttern Oberägyptens, Horus mit Isis und mit den Göttern Unterägyptens verbunden. In der Senenmut-Fassung ist Seth getilgt, so daß sich beide Strophen auf den Toten als Horus beziehen. Trotzdem kommt der parallele Strophenbau in dieser Fassung wesentlich deutlicher heraus als in der *PT*-Fassung.

Mit dem vierten Abschnitt von zwölf Versen beginnt die Darstellung des Sonnenlaufs. Dieser Abschnitt beschreibt Untergang, Nachtfahrt, Aufgang und Himmelsaufstieg des Toten. Die folgende Litanei von ebenfalls 12 Versen durchläuft viermal den Tag-Nacht-Zyklus. Die Themen Untergang mit *Ndj*, Aufgang mit *sẖn-wr*, Untergang mit *Mskt.t*, Aufgang mit *Mʿnḏ.t* werden auf vier strikt anaphorisch gebaute Strophen zu je drei Versen verteilt.

Der letzte Abschnitt umfaßt wiederum zwölf Verse, die sich in 9 + 3 gliedern. Die ersten neun Verse sind an den Toten gerichtet und fassen noch einmal die Teilhabe am Sonnenlauf zusammen. Die abschließenden drei Verse richten sich an den Sonnengott mit der Aufforderung, den Toten in seine Arme zu schließen.

Spruch 9

Dorman §14
PT [94]–[95]
Siut I, 407

PT [94] 64b	*hꜣ wsjr N*	O Osiris N,
	m-n=k jr.t Ḥrw nšbšbt.n=k ḥr=s /	nimm dir das Horusauge, an dem du dich gelabt hast.
	šns	*šns*-Kuchen
PT [95]		
64c	*ḫtm kw m ḥnq prj jm=k sp 4* /	Versorge dich mit der Flüssigkeit, die aus dir herauskommt. Viermal.
	ḥnq.t	Bier

Spruch 10: Die vier Kuchenopfer des Re

Dorman §15
S22–27
Parallelen:
CT [723]
T2C, Zeilen 209–220. Vorausgeht *CT* [842] vgl. hier Spruch 18, Dorman §29
Titel in T2C 219: *s[ꜣḫw]...*
pBM 10819 rto. Spruch 3, iii, 1–8

Siut I, 407–413
Lit.: DORMAN, 407–413 105, Taf. 62f, S22–S27
Bem.: Die Einleitung dieses Textes entspricht nahezu der Parallele in B3Bo.

fqꜣ.{w} pw nn n Rꜥ.w	Eine Kuchenspeise ist das des Re,
rḏj.n=f n N	die er dem N gegeben hat[87]
hrw pw jbd	am Tag des Monatsfestes.[88]
N pn twt wdp.w <n> Rꜥ.w	N hier, du bist der Mundschenk des Re,
jwtj sk n=f	für den es keinen Untergang[89] gibt.
fqꜣ pw nn n nṯr ꜥꜣ	Eine Kuchenspeise ist das des großen Gottes,
rḏj.n=f n N	die er dem N gegeben hat
hrw pw psḏn.tjw[90]	am Tage des Neumondfestes.
N pn twt wdp.w n Rꜥ.w	N hier, du bist der Mundschenk des Re,
jwtj mnj.t n=f	für den es kein Sterben gibt.
fqꜣ pw nn n Jnp.w	Eine Kuchenspeise ist das des Anubis,
nb qrr.t[91] *ḫntj sḥ-nṯr*	Herr der Höhle, Vorderster des Gotteszeltes,
rḏj.n=f n N pn	die er diesem N gegeben hat
hrw pw n jbd[92]	am Tage des Monatsfestes.
twt[93] *wdp.w n Rꜥ.w*	Du bist der Mundschenk des Re,
s<jꜥ>r.w n=f Mꜣꜥ.t	der die Maat zu ihm aufsteigen läßt.
fqꜣ pw n Wsjr	Eine Kuchenspeise ist das des Osiris,
ḏj.n=f n N pn	die er dem N gegeben hat[94]
hrw pw n smd.t wr	an diesem Tage des Halbmonatsfestes[95].

[87] B3Bo hat

fqꜣ pw nn	Eine Kuchenspeise ist diese,
rḏj.n nṯr sꜣ=f sms.w	die der Gott seinem ältesten Sohn gegeben hat.

Die Fassung von pBM 10819 liest

fqꜣw pwjj nn n Rꜥ.w	Eine Kuchenspeise ist das des Re,
n sꜣ=f wsjr N	für seinen Sohn Osiris N.

[88] So auch pBM 10819.

[89] Infinitiv. Diese Passage fehlt in *CT* [723].

[90] pBM 10819 wiederholt hier *jbd* „Monatsfest".

[91] Der Text schreibt *nb qrr.t*, Herr der Höhle, was möglicherweise als Verschreibung für *nb rꜣ-qrr.t* „Herr des Höhleneingangs" zu verstehen ist; so auch KAHL, *a.a.O.*, der darauf hinweist, daß *rꜣ qrr.t* der Name der Kultstätte des Anubis in Siut ist. Dieses Epitheton ist in B3Bo nicht belegt.

[92] B3Bo hat hier die Bezeichnung für Halbmonatsfest *smd.t*, s. *CT* VI.351, Zeile 353.

[93] Der Wechsel der Person ist in B3Bo nicht belegt.

[94] Die Reihenfolge weicht hier von B3Bo ab.

[95] Das Halbmonatsfest folgt in B3Bo dem Neumondfest direkt, während im vorliegenden Text die nochmalige Nennung des Monatsfestes eingeschoben ist.

N pn twt wdp.w n Rꜥ.w	N hier, du bist der Mundschenk des Re,
sꜥr(.w) n=f Mꜥꜣ.t	der die Maat zu ihm aufsteigen läßt,
ḏꜣ<ꜣ> n=f jwꜥ=f	der ihm sein Fleischstück überreicht.[96]
jfḏ.w pw nn n fqꜣ.w	Dies sind die vier[97] Kuchenopfer,
rḏj.n nṯr ꜥꜣ n sꜣ=f smsw	die der Große Gott seinem ältesten Sohn gegeben hat
hrw <pw n>[98] *mnj*	an <diesem> Tag <des> Sterbens[99],
rḏj.n<=f> n N pn m hrw pn	die <er>[100] diesem N heute gegeben hat.[101]
pꜣ<w>t<j> pꜣ<w>t<j> m ṯnn.t[102]	Urzeitlicher, Urzeitlicher[103] in der *ṯnnt*,
jw nḥr=k m ṯnn.t	dein *nḥr*-Brot ist in der *ṯnnt.*
N pn jw snw.t jw ssn.t n šb.w=k	N hier[104], das *snw.t*-Fest und das *ssn.t*-Fest sind für deine Hauptmahlzeit
ḏnj.t n msw.t=k	und das *ḏnj.t*-Fest ist für deine Abendmahlzeit.
prj jr=k r p.t ḥr Šw	Steige auf zum Himmel auf Schu!
šm=k ḥr jꜣḫw	Mögest du auf den Sonnenstrahlen gehen.
jw nḥrjw=k m ṯnn.t	Dein *nḥr*-Brot ist in der *ṯnnt.*
rḏj.n.tw n=k t m nh.t	Brot wurde dir gegeben in der Sykomore,
ḫnm.n n Rꜥ.w[105]	die den Re in sich aufnimmt.
prr n=k šb.w nfr.w	Gute Speisen[106] mögen zu dir herauskommen
m bꜣḥ sšm n ṯnn.t	aus der Gegenwart des Leiters der *ṯnnt.*[107]
n jnk js dbḥw mꜣꜣ=f tw	Nicht ich bin es ja, der dich zu sehen verlangt
m qd=k wnt.n=k jm=f	in deiner Gestalt, in der du (vordem) warst,
n jnk js[108] *dbḥw mꜣꜣ=f tw*	sondern Horus ist es, der dich zu sehen verlangt

96 pBM 10819 endet hier.

97 Gemeint sind die vier Kuchenopfer, die Re, dem *nṯr ꜥꜣ,* dem Anubis und dem Osiris zugeteilt werden, wie dies durch die Apposition verdeutlicht wird.

98 Rekonstruktion nach den vorangegangenen Stellen. Siut hat *hrw mnj* „am Tag des Sterbens".

99 Wörtl.: „des Landes".

100 *Siut* I, 410 hat *rḏj.n=j* „die ich gegeben habe". B3Bo liest *rḏjw n=f N tn* „die ihm diese N gegeben hat". T2C: *rḏj.n=f n wsjr N pn* „die er diesem N gab".

101 Die *CT*-Variante T2C endet hier.

102 *m ṯnn.t* fehlt in *CT.*

103 So mit KAHL, *a.a.O.*

104 *CT* hat *hꜣ Wsjr N tn.*

105 *CT*: *ḫnm.t Rꜥ.w jm=s* „die Re in sich aufnimmt".

106 *CT* ins. *nb.w* „alle".

107 *CT*: *m bꜣḥ smn m ṯnn.t* „vor der *smn*-Gans in der *ṯnn.t*".

108 Lies mit *CT* VI.353m: *jn Ḥr.w.*

m qd=k wnt.n=k jm=f	in deiner Gestalt, in der du (vordem) warst[109]
m prjt=k m ꜥꜣ.wj p.t	bei deinem Heraustreten aus den Türflügeln des Himmels,[110]
sn n=k ꜥꜣ.wj Qbḥw	wenn die Türflügel des „Kühlen" sich dir auftun
mj Ḥr.w hꜣj=f r wꜥb	wie (für) Horus, wenn er herabsteigt zur Reinigung.[111]

§5 Kuchenopfer, Feste und Götter

Das Wort *fqꜣ* bedeutet sowohl eine Art Kuchen als auch „Geschenk". Das Determinativ (ovales Brot) in *CT*, TT 353 und pBM 10819 weist auf die Bedeutung „Kuchen" hin. Der Spruch wird vermutlich zur Darreichung von vier *fqꜣ*-Kuchen rezitiert. Jeder wird einem anderen Gott und einem anderen Mondmonatsfest zugeordnet:

	Gott	Fest	Mundschenk-Rolle
1. *fqꜣw*:	Re	Monatsfest	der nicht untergeht
2. *fqꜣw*:	*nṯr ꜥꜣ*	Neumondsfest	der nicht stirbt[112]
3. *fqꜣw*:	Anubis	Monatsfest	der die Maat aufsteigen läßt[113]
4. *fqꜣw*:	Osiris	Halbmonatsfest	der das Fleischstück darbringt[114]

Vgl. auch *CT* [725] = VI.355p

šsp n=ṯ fqꜣ.w 4 jpw rḏj.n n=ṯ jtj[=ṯ] ...	Empfange dir jene vier Opferkuchen, die dir dein Vater ... gegeben hat.

356j ist von „jenen 2 Opferkuchen" die Rede.

Die Festliste in B3Bo umfaßt ebenfalls nur diese drei Feste. Eigentlich würde man anstelle des wiederholten „Monatsfestes" ein weiteres Mondfest, z. B. *snw.t* (6. Tag) oder *dnj.t* (7. und 23. Tag) erwarten. Im pBM 10819 ist die Verteilung *jbd - jbd - psḏn.tjw - smd.t.*

109 Diese Verse lauten in der Fassung von *CT* VI.353l–m B3Bo ziemlich anders:

n N tn js dbḥ.t mꜣꜣ=s tn (lies *ṯw*)	Denn N ist es ja, die dich zu sehen wünscht
m qd=ṯ (lies *=k*) *pw wn=ṯ* (lies *=k*) *jm=f*	in jener deiner Gestalt, in der du vordem warst;
jn Ḥr.w dbḥ.w mꜣꜣ=f ṯw	Horus ist es, der dich zu sehen wünscht
m qd=k pw wn=k jm=f	in jener deiner Gestalt, in der du vordem warst.

So erklärt sich, was bei TT 353 wie eine Dittographie aussieht. Der Schreiber von B3Bo hat erst feminine Suffixe verwendet und dann seinen Fehler korrigiert. Ich glaube aber, daß es in der Urfassung des Spruchs tatsächlich dem Priester als Sprecher darum geht, den angeredeten Toten in seiner früheren Gestalt zu schauen.

110 *CT*: *m prj.t=[k* oder *ṯ] m Mḥ.t-wr.t* „bei deinem Hervortreten aus der Methyer".

111 *CT* fährt abweichend fort, s. u.

112 In B3Bo und pBM 10819: „Der ihm die Maat aufsteigen läßt".

113 In B3Bo: *sjꜥr.w n=f šꜥ.t pꜣ.t* „der ihm *šꜥ.t*-Brot und *pꜣ.t*-Fladen aufsteigen läßt". pBM 10819: *sjꜥr.w n=f pꜣ.t šꜥjj.t.*

114 B3Bo und pBM 10819: *ḏꜣꜣw n=f jwꜥ* „Der ihm das Fleischstück darreicht".

Im zweiten Abschnitt wird die Zuordnung von Opfergaben und Mondmonatsfesten noch einmal bekräftigt. Als Ort der Speisung wird die *ṯnn.t* genannt. Interessant ist die Verbindung von Speisung und Himmelsaufstieg. Die „Sykomore“ ist die Baumgöttin. Sie spielt in den Nahrungssprüchen von CT III eine bedeutende Rolle.

§ 6 Die Verheimlichung des Namens

Im Schlußtext treffen wir auf das interessante Motiv der Dissimulation von Name und Identität des Sprechers, s. dazu CT.3 §35.

Vgl. damit *PT* [510] = *Pyr.* §§ 1128a–1129b:

nj jnk js dbḥ mꜣ=f ṯw	Nicht ich bin es, der dich zu sehen verlangt
m qd=k pw ḫpr jr=k	in jener deiner Gestalt, die dir entstanden ist.
Wsjr dbḥ mꜣ=f ṯw	Osiris ist es, der dich zu sehen verlangt
m qd=k pw ḫpr jr=k	in jener deiner Gestalt, die dir entstanden ist.
jn sꜣ=k dbḥ mꜣ=f ṯw	Dein Sohn ist es, der dich zu sehen verlangt
m qd=k pw ḫpr jr=k	in jener deiner Gestalt, die dir entstanden ist.
jn Ḥr.w dbḥ mꜣ=f ṯw	Horus ist es, der dich zu sehen verlangt
m qd=k pw ḫpr jr=k	in jener deiner Gestalt, die dir entstanden ist.

Spruch 11

DORMAN § 16
S27–28

Varianten:
CT [751]
pBM 10819 rto. viii, 8–15.
Lit.: DORMAN, 106, Taf. 62f, S27-S28

Jms.tj Ḥpj	Amset, Hapj,
Dwꜣ-mw.t=f Qbḥ-sn.w=f	Duamutef und Qebehsenuef!
sḫn ḥḥ N pn tp tꜣ	Fahndet[115] und sucht diesen N auf Erden[116]!
t=k n(j)=k qbḥ.w=k n(j)=k	Dein Brot gehört dir und dein kühles Wasser gehört dir,
ꜥnḫ=k <j>m<=sn>	damit du davon leben kannst.

115 *sḫn* fehlt in *CT* und pBM 10819. *CT*: *ḥḥ n=ṯn wsjr N pn r t=f pn* „sucht für euch diesen N hier zu diesem seinem Brot“; in pBM 10819 heißt es: *ḥḥ=ṯn n=j Wsjr N.*

116 Ob der Verstorbene im Diesseits nach seiner Versorgung im Jenseits sucht? *CT* [751] zufolge ernten auf Erden seine Kinder für ihn die Ingredienzen für Brot und Bier. Demnach wäre die Stelle umgedeutet worden: Während in *CT* die Horussöhne nach dem Verstorbenen suchen, um ihn mit der Totenspeisung zu versorgen, begibt sich in TT 353 der Tote selbst auf die Suche nach seiner Versorgung.

jnk ꜣḫ=j ṯw N	Ich bin es, der dich verklärt, N!
t=k[117] *n ḫwꜣ <sn>*[118]	Deine Brote - nicht sollen <sie> verschimmeln,
ḥnq.wt=k n ḫsḏḏ[119]*=sn*	dein Bier - nicht soll es verfaulen[120].
ḥtp.t=k n=k ḏfꜣ.w=k <n=k>	Deine Opferungen gehören dir, deine Speisen <gehören dir>
mw=k n=k bꜥḥ=k n=k	dein Wasser gehört dir, dein Überfluß gehört dir,
rḏw=k n=k prj jm=k	dein Ausfluß, der aus dir austritt, gehört dir.

CT hat:

jj Jmstj Ḥpj	O Amset, Hapi,
Dwꜣ-mwt=f Qbḥ-snw=f	Duamutef, Qebehsenuef!
ḥḥ n=ṯn wsjr N pn r t=f pn	Sucht doch diesen Osiris N (und bringt ihn) zu diesem seinem Brot,
ꜣsḫ.n jwꜥ.w=f ẖrd.w=f tpj.w tꜣ	das seine Erben und seine Kinder auf Erden für ihn geerntet haben!
jnk sꜣḫw ṯw rdjw mw n Ḏḥwtj	Ich bin es, der dich verklärt, und der dem Thot Wasser gibt,
sḥtp=f wsjr N jm	damit er Osiris N damit befriedigt.
wnm=k m t n jt ḥḏ.t	Mögest du essen von Brot von weißem Emmer,
ḥnq.t n jt dšr.t	(und trinken) von Bier von rotem Emmer!
ḏj n=k t=k n ḫwꜣꜣ=sn	Gegeben werde dir dein Brot, das nicht schimmelt
ḥnq.t=k n ḫsḏḏ=sn	und dein Bier, das nicht fault.
ḥtp m ḥtp-nsw.t sp snw	Sei zufrieden mit dem königlichen Opfer! Zweimal.

...

Die ausführlichste Fassung hat pBM 10819:

jj Jmstj Ḥpj	O Amset, Hapi,
Dwꜣ-mwt=f Qbḥ-snw=f	Duamutef, Qebehsenuef!
ḥḥ=ṯn n=j wsjr N	Sucht mir diesen Osiris N,
sḫnt=ṯn n=j wsjr N	befördert mir diesen Osiris N,
šd=ṯn n=j Wsjr N	nehmt mir diesen Osiris N
r s.t=f tn[121] *wꜥb.t*	zu diesem seinem reinen Ort,
r t=f pn wꜥb	zu diesem seinem reinen Brot,
r ḥnq.t=f tn[122] *wꜥb.t*	zu diesem seinem reinen Bier,

117 Beachte die Schreibung im Sing., während *ḥnq.t* im Plural steht, ebenso *CT* VI.380m.

118 Analog zur Parallele in [751] sind hier die Sufixe zu ergänzen, s. *CT* VI.380m.

119 Der Text schreibt irrig *ḫnḏḏ* aus einer Verwechslung der Zeichen *n* und *s*. Vor dem Suffix *=sn* hat sich noch ein *b* eingeschoben.

120 Bier wird als Flüssigkeit pluralisch konstruiert.

121 Geschrieben *pn*.

122 Geschrieben *pn*.

h3b.n n=f jrj n=f	das ihm gesandt hat der, der für ihn handelt,
3sḫ.n n=f jdj=f ẖrd.w=f tpj=f t3	das ihm sein Jüngling, seine Kinder und sein Hinterbliebener geerntet haben!
t=k n=k qbḥ=k n=k	Dein Brot gehört dir, deine Libation gehört dir!
ʿnḫ=k m ʿnḫ.wt ḫntj-mnj=f jm	Mögest du leben von dem, wovon *ḫntj-mnj.t=f* lebt.
jn wdp.w pn ḫn.tj ḥw.wt sjʿr.w n=k	Dieser Mundschenk *ḫn.tj-ḥw.wt* ist es, der (es) zu dir aufsteigen läßt.
jnk s3ḫ=j ṯw rdj.n=j mw n Ḏḥwtj	Ich bin es, der dich verklärt. Ich habe dem Thot Wasser gegeben,
sḥtp=f wsjr N	damit er Osiris N besänftigt.
jw=k m nṯr wnn=k m nṯr	Du bist ein Gott, du währst als Gott.
mn n=k t=k pn n ḥw33=sn	Nimm dir dieses dein Brot, das nicht schimmelt,
ḥnq.t=k n ḫsḏḏ[123]*=sn*	dein Bier, das nicht fault,
m ḥtp nsw.t sp snw	als kgl. Opfer, zweimal;
m ḥtp-dj-nsw.t n=k jm	als etwas, wovon dir geopfert wird.

Alle drei Varianten beginnen mit der Aufforderung an die vier Horussöhne, den Verstorbenen zu suchen und zu seinem Opfer zu bringen. Wie viele andere Sprüche setzt auch dieser Spruch voraus, daß der Tote nicht an der Opferstelle anwesend ist und erst aus unbekannter Ferne zu seinem Opfer gebracht werden muß. Diese Aufgabe sollen die vier Horussöhne für den Sprecher übernehmen.[124] Im pBM 10819 wird dieser eröffnende Anruf an die Horussöhne auf zehn Verse ausgedehnt. Das Verb *ḥḥ* „suchen" wird hier durch zwei weitere ergänzt: *sḫnt* „befördern" (ob für *sḫn* „suchen"?) und *šdj* „nehmen, herausnehmen, retten". Das Opfer wird noch in einer Weise spezifiziert, die es für den Toten ganz besonders annehmlich und für die Horussöhne besonders dringlich macht. Diese Spezifikation als Opfer der Hinterbliebenen findet sich kürzer auch in *CT*, aber nicht in TT 353.

Den zweiten Abschnitt bildet eine kurze Übergabeformel für Brot und Wasser, die sich in etwas ausführlicherer Form auch im pBM 10819 an die Anrufung der Horussöhne anschließt.

Den dritten Abschnitt leitet eine Selbstvorstellung des Sprechers ein; es handelt sich also um einen Schlußtext. Die kurze Selbstvorstellung – „Ich bin es, der dich verklärt" – erscheint in *CT* [751] und pBM 10819 in etwas erweiterter Form (Wasser für Thot, damit er N befriedigt). An diese Sätze schließt sich in allen Varianten das Motiv des nicht schimmelnden Brotes und nicht faulenden Bieres an, das aus *PT* [373] bekannt ist. Bei TT 353 schließt der Spruch mit einer erneuten Übergabeformel zu Speise und Trank, die in *CT* [751] und pBM 10819 fehlt. Diese haben statt dessen eine Schlußformel, die die Gabe als königliches Totenopfer präsentiert.

123 Geschrieben *ḫsbd.*

124 FAULKNER und DORMAN haben diesen Bezug mißverstanden, indem sie annahmen, daß Osiris N sich auf die Suche nach den Horussöhnen macht.

Spruch 12

DORMAN § 17
S 29–31

1	*hꜣ N pn mꜣn=k m jr.tj=kj*	O[125] N hier, mögest du sehen[126] mit deinen Augen,
2	*mdw=k m rꜣ=k*	sprechen mit deinem Mund
3	*sḏm=k m ʿnḫ.wj=kj*	und hören mit deinen Ohren!
4	*rs wsjr N pn*	Erwache, Osiris N hier,
5	*t=k pn srf*	<zu> diesem deinem warmen Brot,
6	*ḥnq.t=k jptn jrj.t.n n=k jwʿw=k*	und zu diesem deinem Bier, das dir dein Erbe bereitet hat.
7	*hꜣ n mwt=k n mwt=k*	Steig herab (?), du bist nicht gestorben, du bist nicht gestorben!
8	*wrš n=k wrš.t<j>*	Du hast den Tag verbracht, indem du gewacht hast,[127]
9	*bꜣn=k bꜣ.t<j>*	du schlummertest, indem du ba-mächtig warst,[128]
10	*wr qd.t ʿꜣ bꜣgj*	du Großer an Schlaf, gewaltig an Mattigkeit.
11	*n rḏj.tw=k n Ḫr.tj*	Du wirst nicht an Cherti ausgeliefert,
12	*n sjp.tw=k n Nw.t-n-Nw*	du wirst nicht an „das Jagdrevier des Jägers"[129] überschrieben,
13	*n ẖnn n=k jss*	du wirst nicht die *Jss*-Barke rudern,
14	*n pnq n=k hꜣ sjʿr.t*	du wirst nicht die *hꜣ-sjʿr.t* Barke ausschöpfen.

[125] DORMAN faßt *hꜣ* als Imperativ des Verbums *hꜣj* „herabsteigen" auf: „Descend, o N". Das ist grundsätzlich natürlich möglich und wird durch Vers 7 unterstützt, wo *hꜣ* sowohl mit *ꜣ* als auch mit dem Beinpaar geschrieben ist und sehr wahrscheinlich „steig herab" bedeutet. In Vers 15 steht eindeutig das Verb *hꜣj,* wird hier aber ohne das Beinpaar geschrieben. Andererseits fällt es schwer, am Spruchanfang in *hꜣ* etwas anderes als die übliche Anrede „O" zu erblicken.

[126] *mꜣn=k,* eigentlich „damit du siehst".

[127] Oder „du hast ein Wachen gewacht" (Komplementsinfinitiv). So faßt KAHL, a.a.O., die Stelle auf.

[128] KAHL versteht auch diesen Vers in Ahnlehnung an den vorhergehenden als *sḏm.n=f* + Komplementsinfinitv: „Du warst Ba-Seele". Vom Eigenschaftsverb *bꜣ* „Ba sein" wird aber keine *sḏm.n=f*-Form gebildet, und zum Kontext paßt semantisch das Verb *bꜣn* „schlafen" besser.

[129] In dieser Wiedergabe folge ich KAHL, *Siut – Theben*, 213 Anm. 654, der ausführt: „Das 'Jagdrevier des Jägers' bezeichnet einen 'Ort, wo einen der Tod erreicht', vermutlich die Wüste (vgl. SETHE, *ÜK* IV, 109 zu *nw.t=k nw*). Der Tod ist dabei als Jäger gedacht."

15	*hꜣ=k <r> dp.t*	Mögest du in das Boot einsteigen,
16	*ḫʿ.tj m ḫntjw-jmntjw js jmj jꜣbt.t*	indem du erschienen bist als Erster der Westlichen, der im Osten ist.
17	*ḥwj=k m ʿbꜣ=k*	Mögest du schlagen mit deinem *ʿbꜣ*-Szepter,
18	*ḫrp=k m jꜣꜣ.t=k*	mögest du lenken mit deinem *jꜣꜣ.t*-Szepter,
19	*sjp=k ms.w jtj.w=sn*	mögest du die Kinder ihrer Väter kontrollieren,
20	*N mꜣʿ-ḫrw*	o N, gerechtfertigt!

Zu Versen 7–10 vgl. CT.3, Spruch 7, 1. Strophe:

287a	*n mwt.n=k js mwt.tj*	Nicht indem du tot bist, bist du gestorben,[130]
c	*wrš.n=k wrš.tj*	du hast den Tag vollbracht, indem du gewacht hast,
d	*wr wrš ʿꜣ sḏr*	Großer an Wachsamkeit, Gewaltiger an Schlaf,
e	*bꜣn.n=k m rn=k pw Bꜣ*[131]	du schlummertest in deinem Namen: 'Ba'.
f	*n rḏj bꜣn=k m rn=k Bnw*	Ich werde nicht zulassen, daß du schläfst in deinem Namen: 'Phönix'.

Wir finden hier dieselbe Verbindung von „Nichtgestorbensein", Wachen und Schlaf, sowie das Wortspiel mit *bꜣn* „schlummern" und *bꜣ* „Ba(-haft sein)". Die folgenden Verse beziehen sich auf das Motiv der „Distanzierung", das in der Liturgie CT.3 eine so zentrale Rolle spielt.

§ 7 Rettung vor Cherti und Nute(k)nu

Ob die Wendung *Nwt-n-Nw* „das Jagdrevier des Jägers" hier für *Nwt=k-Nw* steht? Zu Cherti und *Nwt=k-Nw* vgl. Pyr. § 1904c, wo ähnlich wie hier der Sprecher versichert, den Toten nicht an *Nwt=k-nw* auszuliefern: *nḥm.n<=j> ṯw m ʿ H̱rt ʿnḫ=f m ḥꜣ.tjw rmṯ/ nj(j) rḏj.n<=j> ṯw n Nw.t=k-nw* „Ich habe dich errettet aus der Hand des Cherti, der von den Herzen der Menschen lebt; ich werde dich nicht an *Nwt=k-nw* ausliefern".

Vgl. *PT* [667A] *Pyr.* 1945:

dbḥ.n<=j> sw m ʿ H̱rt	Ich habe ihn aus der Hand des Cherti gefordert
nj rḏ.n<=j> sw n Wsjr	und werde ihn niemals Osiris übergeben.

Vgl. auch CT.3 § 14. Für das Motiv der unliebsamen Schiffe, die der Tote nicht rudern bzw. ausschöpfen will, kenne ich keine Parallele.

[130] Nur Sq3C fügt hinzu:
b *n rḏj=j mwt=ṯ mwtt* und nicht werde ich veranlassen, daß du den Tod stirbst.

[131] Nur T9C und B10C haben die zweifellos richtige Lesung *bꜣn* „schlummern". Das sind auch die einzigen Varr., die *Bꜣ* als Namen angeben. Die anderen haben *bn* „erzeugen", „aufquellen" o. ä., und als Namen *Bnw* „Phönix".

Verse 17–18, die sich auf das Motiv der Herrschaftsausübung im Jenseits beziehen, sind eine formelhafte Wendung; für Parallelen s. CT.3 Spruch 1, zu *CT* I.274ef.

§8 „Die Kinder ihrer Väter"

Zum Ausdruck *msj.w jtj.w=sn* vgl. *Pyr.* §141b und SETHE, *ÜK* I, 24f. SETHE denkt an die Bedeutung „Kinder unbekannter Leute", und zwar „Könige und Fürsten der früheren Zeit", die „unvergängliche Sterne geworden sind".

mꜣꜣ w mꜣ.n=k jrw msj.w jtj.w=sn	Sieh mich an, du hast ja auch die Gestalt der Kinder ihrer Väter angesehen,
j.rḫ.w rꜣ=sn j.ḫmw-sk	die ihren Spruch kennen, die unvergänglichen Sterne.

Er verweist aber auch auf *Pyr.* §1563a, wo der Ausdruck genau wie hier so etwas wie Untertanen des Königs bezeichnet:

ḥmsw=f ḥr ḫnd.w=f bjꜣj	Er sitzt auf seinem ehernen Thron,
ꜥbꜣ=f m ꜥ=f bjꜣj	sein ehernes *ꜥbꜣ*-Szepter in seiner Hand.
fꜣj=f ꜥ.f r msj.w jtj.w=sn	Wenn er seinen Arm erhebt gegen die Kinder ihrer Väter,
ꜥḥꜥ=sn (n N pn)	dann erheben sie sich (für diesen N).
wꜣḥ=f ꜥ=f r=sn ḥms=sn	Wenn er seinen Arm senkt, dann setzen sie sich.

Es handelt sich bei Spruch 12 um einen Übergabespruch zum Speiseopfer, ähnlich wie CT.3, Spruch 5, der dieselben Motive verwendet.

Spruch 13

DORMAN §18
S31–32
PT [677] = *Pyr.* §2028

1	*hꜣ wsjr N*	O Osiris N,
2	*wꜥb ṯw Rꜥ.w*	möge Re dich reinigen,
3	*ꜥḥꜥ.tj ḥnꜥ mw.t=k Nw.t*	indem du aufgerichtet dastehst mit deiner Mutter Nut.
4	*sšm=sn ṯw r wꜣ.wt ꜣḫ.t*	Mögen sie dich geleiten auf den Wegen des Lichtlands,
5	*[jrj=k] mn.w=k jm nfr.w*	damit du darin schön deine Monumente errichtest,
6	*ḥnꜥ kꜣ=k n ḏ.t*	zusammen mit deinem Ka ewiglich.

Die *PT*-Fassung hat:

hꜣ N wꜥb gmj ṯw Rꜥ.w	O N, sei rein, damit Re dich findet,
ꜥḥꜥ.tj ḥnꜥ mw.t=k Nw.t	indem du aufgerichtet dastehst mit deiner Mutter Nut.
sšm=s ṯw m wꜣ.wt ꜣḫ.t	Mögen sie dich geleiten auf den Wegen des Lichtlands,
jrj=k jmn=k jm nfr.w	damit du darin schön deine Wohnung aufschlägst,
ḥnꜥ kꜣ=k n ḏ.t ḏ.t	zusammen mit deinem Ka ewiglich.

Der Spruch beschließt in den *PT* Spruch [677] und schließt unmittelbar an eine Übergabeformel zur Totenspeisung mit dem „Tausender"-Schema an. Daher ist anzunehmen, daß auch hier dieser Spruch noch zum vorhergehenden dazugehört und eine „sakramentale Ausdeutung" der Totenspeisung als Himmelsaufstieg darstellt.

Spruch 14

DORMAN §19
S32
PT [364 A] *Pyr.* §§609b–610b

1	*ḏd mdw hꜣ wsjr N pn*	Zu rezitieren: O Osiris N hier,
2	*jj Ḥr.w jp=f ṯw m ʿ nṯr.w*	Horus kommt, um dich von den Göttern zu fordern.
3	*mr.n ṯw Ḥr.w*	Horus hat dich geliebt (= erwählt),
4	*ḥtm.n=f ṯw m jr.t=f*	er hat dich versehen mit seinem Auge;
5	*sdmj.n n=k Ḥr.w jr.t=f jr=k*	Horus hat sein Auge an dich gefügt;
6	*wpj.n n=k Ḥr.w jr.t=k mꜣn=k jm=s*	Horus hat dir dein Auge geöffnet, damit du damit siehst.
7	*ṯsj.n n=k nṯr.w ḥr=k*	Die Götter haben dir dein Gesicht geknüpft,
8	*N pn*	o N hier!

Der Spruch gibt eine getreue Fassung von *PT* [364] Anfang.

Mit diesem Spruch scheint innerhalb der Liturgie eine neue Sequenz zu beginnen. Darauf verweist der Vermerk *ḏd mdw.w* „zu rezitieren", der hier zum einzigen Mal bei Senenmut in der Mitte einer Zeile eingefügt wird.[132] Da ohnehin sämtliche Zeilen oben mit dem *ḏd-mdw.w*-Vermerk beginnen und dadurch der gesamte Text als Rezitation gekennzeichnet ist, kann der Vermerk hier nur gliedernde Funktion haben und einen starken Neuanfang markieren.

Spruch 15: Ein Nut-Text

DORMAN §20
S33–36
PT [368] = *Pyr.* §638; vgl. *PT* [431] §§781–82

1	*hꜣ wsjr N pn*	O Osiris N hier,
2	*pšš.n s mwt.k Nw.t ḥr=k*	deine Mutter Nut hat sich über dich gebreitet
3	*m rn=s n š.t-p.t*	in ihrem Namen ‘*š.t-p.t*’.

132 Vgl. DORMAN, 106.

4	*rḏj.n=s wn=k m nṯr nn ḫftj=k*	Sie hat veranlaßt. daß du existierst als Gott, ohne daß es einen Feind von dir gibt[133]
5	*m rn=k n nṯr*	in deinem Namen ‘Gott’.
6	*ẖnm.n=s ṯw m ʿ ẖ.t nb ḏw.t*	Sie hat dich bewahrt vor allem Übel
7	*m rn=s n ẖnm.t wr*	in ihrem Namen ‘die den Großen in sich aufnimmt’.[134]
8	*ṯwt wrj jmj msj.w=s*	Du bist der Älteste unter ihren Kindern.
9	*N pn jmꜣḫjj ḫr Nw.t*	N hier, versorgt bei Nut,
10	*N pn psš=s ḥr=k šsp=s ṯw*	N hier, sie hat sich über dich gebreitet, um dich zu empfangen,
11	*wbn=k m-ʿ sbꜣ.w jḫm.w-sk*	damit du aufgehst unter den Sternen, die nicht untergehen.
12	*rḏj.n=s wn=k m nṯr nn ḫftj.w=k*	Sie hat veranlaßt, daß du existierst als Gott, ohne daß es deine Feinde gibt,
13	*wbn=k jm=s m jꜣbt.t*	damit du in ihr aufgehst im Osten
14	*ḥtp=k jm=s m jmnt.t*	und in ihr untergehst im Westen.
15	*nmnm=k r ẖ.t=s ḥnʿ msj.w=s*	Du bewegst dich hin und her an ihrem Leib zusammen mit ihren Kindern,
16	*jp=s ṯw m rn=s n <r>pj.t Jwnw*	und sie erkennt dich in ihrem Namen ‘Dame von Heliopolis’.[135]
17	*twt sꜣ=s wr jmj msj.w=s*	Du bist der Älteste unter ihren Kindern
18	*m rn=s n ẖnm.t-wr*	in ihrem Namen ‘die den Großen in sich aufnimmt’.
19	[136]*sꜣḫ=ṯ N pn m ẖnw ʿjwj=ṯ n mw.t=f*	Mögest du diesen N in deiner Umarmung verklären, so daß er nicht stirbt,
20	*ʿꜣ.t ḫpr=ṯ m p.t*	o Große, du bist am Himmel enstanden,[137]
21	*mḥ.n=ṯ bw nb m nfr=ṯ*	und hast jeden Ort erfüllt mit deiner Schönheit,

[133] In der *PT*-Fassung *Pyr.* §638b steht statt der Negation *nn* „es gibt nicht“ (Fassung T+N) auch das Dativ-*n* „für deinen Feind (scil. Seth, Fassung P+M)“. Die Stelle ist in allen späteren Fassungen als Negativaussage verstanden worden.

[134] In der *PT*-Fassung *ẖnm.t wr.t* „Großer Brunnen“ (SETHE: ‘Sieb’) oder „Große Vereinigerin“; *ẖnm.t wr.t* auch *Pyr.* §§838a, 842d. *ẖnm.t wr.t* wird Nut genannt in *Pyr.* §§827c, 834c, 1608a. §1485a heißt sie als Sykomore *ẖnm.t nṯr* „die den Gott in sich aufnimmt“.

[135] Vgl. *Pyr.* §823d *Nwt jp n.ṯ ms=ṯ m rn=ṯ n rp.t Jwnw*.
vgl. FAULKNER, *AEPT*, 148 zu Utt. 443.

[136] Ab hier = *Pyr.* §§781b–782.

[137] Bzw. „zum Himmel geworden“. Der folgende Abschnitt aus *PT* [782] ist in TT 353 ausgefallen:
<n sḫm.n=ṯ (782b) *n jmjm.n=ṯ>*

22	*ḏj.n=ṯ N pn m jḫm-sk jmj<=ṯ>*	nachdem du diesen N als unvergänglichen Stern in <dich> gegeben hast.[138]
23	*jmꜣḫjj N pn*	Versorgt ist dieser N,
24	*jmꜣḫjj ḫr Mw.t nb.t jšr.w*	ein Versorgter bei Mut, der Herrin von Ascheru,
25	*N pn ḫwj=s mḥ=f jꜥb=s sw*	dieser N hier, möge sie verhüten, daß er ertrinkt, möge sie ihn vereinigen.
26	*twt Wsjr ḏj=s kjj n=k ḥnmm.t*	Du bist Osiris; möge sie veranlassen, daß das Himmelsvolk vor dir aufschreit.[139]
27	*twt Skr jmj ḥnw*	Du bist Sokar in der Henu-Barke.

Der Spruch ist eine Zusammenstellung aus verschiedenen Nut-Texten der Pyramidentexte. Der erste Abschnitt (1–8) ist eine wörtliche Parallele zu *Pyr.* §638. Der zweite Abschnitt (9–18) nimmt einige Sätze aus *Pyr.* §638 wieder auf und erweitert sie in Richtung auf das Thema „Weiterleben als Stern". Die ersten beiden Abschnitte wenden sich an den Toten und handeln von den Zuwendungen der Himmelsgöttin für ihn. Der dritte Abschnitt (19–22) ist eine Kurzfassung von *PT* [431] und [432]; er wechselt die Sprechkonstellation und richtet sich an die Himmelsgöttin selbst. Der Schluß (23–27) identifiziert Nut offenbar mit der thebanischen Göttin Mut, Herrin von Ascheru und betont die Versorgtheits-Beziehung, die Senenmut zu ihr unterhält. Dieser Abschnitt hat keinen Adressaten und spricht in den ersten drei Versen sowohl vom Toten als auch von der Göttin in der 3. Ps. Die letzten beiden Verse richten sich wieder an den Toten und identifizieren ihn mit Osiris und Sokar.

Spruch 16

DORMAN §21
SE36–37

1	*rḏj.n sꜣ=k Ḥr.w ḫftj.w=k ẖr=k*	Dein Sohn Horus hat deine Feinde unter dich gegeben[140].
2	*ḥnk=f ẖr=k ntk wr jr=f*	Er ist mit dir beladen, du bist größer als er.[141]
3	*fꜣj.n=f tw tp=f*	Er hat dich auf sich geladen
4	*m rn=k n jtfꜣ-wr*	in deinem Namen ‘Große Säge’.[142]

[138] Vgl. *Pyr.* §782e *ḏ.(n)=ṯ n=ṯ N pn m j.ḫm-sk jm=ṯ.*
[139] Vgl. *Pyr.* §139a *kjw n=k ḥnmmt.*
[140] Vgl. *Pyr.* §642a *ḏj.n n=k Ḥr.w ḫftj=k ẖr=k*; *Pyr.* §650a *pḏ.n n=k Ḥr.w ḫftj=k ẖr=k.*
[141] Vgl. *Pyr.* §576a *sḥm.n=f (n=k) jb n Stš ṯwt wr jr=f*; §587c *sḥm.n n=k sw Ḥr.w ṯwt wr jr=f*; §648d *pr jr ḫft=k ṯwt wr jr=f.*
[142] Vgl. *Pyr.* §627a *fꜣj n=k wr jr=k jnn=sn jr=f m rn=k n jtfꜣ wr.*

5	*jp.n tw psḏ.t m-ꜥb jtj=k Gbb*	Die Neunheit hat dich erkannt[143] in der Gemeinschaft deines Vaters Geb.
6	*ṯn wr jr=k ḫr=sn n njk pf*	'Erhebe den, der größer ist als du' sagen sie zu jenem Feind
7	*m rn=k n tꜣ-wr*	in deinem Namen 'This'.[144]
8	*sfḫt.n n=k Ḏḥwtj zmꜣ.w.t Stš*	Thot hat für dich die Bande des Seth aufgelöst
9	*ḏj=f sn m Nwt=k-Nw*	um sie dem Nuteknu auszuliefern,
10	*nꜣḫb.t.n Ḏḥwtj jm ḏ.t*	was Thot dort festgesetzt hat für immer.
11	*jmꜣḫj N pn*	O Versorgter, N hier!

Der Spruch steht den Pyramidentexten, insbesondere *PT* [366], nahe, ohne jedoch mit einem bestimmten Abschnitt identisch zu sein. Thema ist das „Tragen" des Toten; daher wird er wahrscheinlich zu einem rituellen Beladen gehören, vermutlich des Sargschlittens mit dem Sarg.

§ 9 Das Tragen des Osiris (vgl. CT.3 § 41)

Das Motiv des Tragens (*wṯs*) kommt in den Pyramidentexten vor allem in zwei Kontexten vor: beim Tragen des Sarges im Zusammenhang des Einbalsamierungs- und des Beisetzungsrituals. Im ersten Kontext wird der Träger – vermutlich ein Untersatz wie Schlitten, Barke, Sockel usw. – häufig mit Seth identifiziert, vgl. etwa:

Pyr. §§ 648c–649a:

prj jr ḫftj=k ṯwt wr jr=f	Geh vor gegen deinen Feind, du bist größer als er
m rn=k n pr wr	in deinem Namen *'pr wr'*.
(r)dj.n Ḥr.w wṯs=f ṯw	Horus hat veranlaßt, daß er dich trägt
m rn=k n wṯs wr	in deinem Namen *'wṯz wr'*.

Pyr. § 642a–b:

dj.n n=k Ḥr.w ḫftj=k ḫr=k	Horus hat dir deinen Feind unter dich gegeben,
wṯs=f ṯw m sfḫḫ=k jm.f	damit er dich trage. Trenne dich nicht von ihm!

Pyr. § 581a–c = 1855:

nḏr=n Ḥr.w Stš	Horus hat Seth gepackt
ḏ.n=f n=k sw ḫr=k	und ihn unter dich gegeben,
wṯs=f ṯw nwr=f ḫr=k m nwr tꜣ	damit er dich trage, indem er bebt unter dir als Erdbeben.[145]

143 Vgl. *Pyr.* § 895b *jp.n ṯw psḏ.t ꜥꜣ.t jm.t Jwnw jr s.t=k wr.t.*

144 Vgl. *Pyr.* § 627b *ṯn wr jr=k jnn=sn m rn=k n tꜣ-wr.*

145 *Pyr.* § 1855 fügt hinzu: *m nhp=f m ꜥ=k* „Laß ihn nicht dir entkommen".

ḏsr.tj jr=f m rn=k n tꜣ ḏsr	Du bist abgesondert gegen ihn in deinem Namen 'Abgesondertes Land'.

Pyr. §§587c–588a:

sḫm.n n=k sw Ḥr.w	Horus hat ihn (Seth) vor dir zurückweichen lassen,
ṯwt wr jr=f/ jr ḫft=k	du bist größer als er.
nbj=f ẖr=k wṯs=f wr jr=f jm=k	Er schwimmt unter dir, indem er in dir einen trägt, der größer ist als er.

Mehrfach wird betont, daß Seth niemals davon befreit sein soll, die Last des Toten zu tragen: *nj ḥm šw.(n) Stš m wṯs=k ḏ.t* „nie aber soll Seth davon befreit sein, dich zu tragen, ewiglich" (*Pyr.* §1258c, ähnl. §1699c; §1993d). In diesem Kontext hat das Tragen den Charakter der Demütigung, die für Seth eine Strafe darstellt.

Im zweiten Kontext dagegen treten Horus und die Horuskinder als Sargträger auf. Hier hat das Tragen keinen Strafcharakter.

Horus trägt Osiris:

1824a	*(wsjr N pw) fꜣj.n kw Ḥr.w m Ḥnw*	(Osiris NN,) Horus trug dich als Henu-Barke,
1824b	*wṯs=f kw m Skr*	indem er dich hochhob als Sokar.
*1824c	*sꜣ pw wṯs=f jtj.f (wsjr N m rn=k n Skr)*	Ein Sohn ist er, der seinen Vater trägt (Osiris NN in deinem Namen Sokar)
1826a	*wsjr N fꜣj.n kw Ḥr.w m ʿ.wj=f*	Osiris NN, Horus trug dich in seinen Armen,
1826b	*wṯs=f kw m rn=k n Skr*	indem er dich hochhob in deinem Namen Sokar.

Horuskinder:

*1828b	*rḏj.n n=k Ḥr.w msj.w=f*	Horus gab dir seine Kinder,
*1828c	*wṯs=sn kw sḫm=(k) jm=sn*	auf daß sie dich erhöben und du durch sie Macht gewönnest.
1829a	*(msj.w Ḥr.w j.ms ṯn r wsjr N*	Horuskinder, begebt euch zu Osiris N,
1829b	*fꜣj=ṯn sw m ḥmwt.=f jm=ṯn)*	auf daß ihr ihn tragt, laßt keinen von euch sich abwenden.

Fortsetzung: Nordwand.

Die Zeilen NE1-N3 sind gefüllt mit Texten der Liturgie CT.3. Mitten in *CT* [74] sind eine Reihe von Sprüchen eingeschoben, die nicht zu CT.3 gehören und möglicherweise die Fortsetzung dieser Liturgie darstellen.

Spruch 17

Dorman §28
N3-4
Ein „Tausender-Spruch“

1	*hꜣ wsjr N pn*	O Osiris N hier,
2	*ḫꜣ=k m t ḥnq.t*	dein Tausend an Brot und Bier,
3	*ḫꜣ=k m kꜣw ꜣpd*	dein Tausend an Rind und Gans!
4	*šb.w=k m nm.t Ḥr.w*	Deine Speisen sind von der Schlachtbank des Horus.
5	*ḥwj.n=j n=k jt mḥ*	Ich habe für dich unterägyptische Gerste gedroschen,
6	*ḥwj.n=j n=k bd.t*	ich habe für dich Emmer gedroschen,
7	*jrj.n=j jbd.w=k jm*	damit ich dir damit deine Monatsfeste bereite,
8	*jrj.n=j smd.wt=k jm*	damit ich dir damit deine Halbmonatsfeste bereite,
9	*jrj.n=j rnp.wt=k jm*	damit ich dir damit deine Jahresfeste bereite,
10	*jrj.n=j sw.w=k jm*	damit ich dir damit deine Tagesfeste bereite.
11	*t.w=k wꜣḥ ḥnq.wt=k wꜣḥ*	Dein Brot dauert, dein Bier dauert.
12	*ꜥnḫ=k m jḫ.t bnr.t*	Mögest du leben von süßen Dingen,
13	*ḫꜣ=k m dꜣb*	dein Tausend an Feigen,
14	*ḫꜣ=k m nbs*	dein Tausend an Zizyphusfrüchten,
15	*ḫꜣ=k m ḥbnn.wt*	dein Tausend an *ḥbnnt*-Kuchen,
16	*ḫꜣ=k m ꜥw.t nb.t n.t ḫꜣs.t*	dein Tausend an jeglichem Wild der Wüste,
17	*ḫꜣ=k m jḫ.t nb.t nḏm.t*	dein Tausend an allen angenehmen Dingen.

Ein Spruch zur Opferübergabe im Tausender-Schema. Statt „Schlachtbank des Horus“ heißt es sonst meist „Schlachtbank des Gottes“. Zum Motiv der Feldbestellung zum Zweck der Ausrichtung von Mondfesten vgl. *PT* [373] = *Pyr.* §657a

ḥwj.n<=j> n=k jt ꜣzḫ n=k bd.t	Ich habe für dich Gerste gedroschen und Emmer geerntet,
rj.n<=j> tpj.w ꜣbd.w=k jm	ich habe deine Monatsfeste damit bereitet,
rj.n<=j> tpjw smd.wt=k jm	ich habe deine Halbmonatsfeste damit bereitet.

Spruch 18

Dorman §29
N5-8
CT [834] usw.[146]

1	*hꜣ wsjr N pn*	O Osiris N,
2	*jn-jw=k m p.t tꜣ*	Bist du im Himmel oder in der Erde?
3	*mj mj m ꜣḫ*	Komm, komm als Ach!

146 S. zu diesem Spruch und seinen vielen verschiedenen Fassungen, darunter *CT* [902] und *CT* [842], Bd. II, NR.1.1.

4	*jnn ṯw rd.wj=kj*	Mögen deine Beine dich herbeibringen,
5	*mꜣꜣ=k prj=k pn qdw n=k Sšꜣ.t*	mögest du dieses dein Haus sehen, das dir Seschat gebaut hat
6	*ꜥḥꜥ n=k Ḏḥwtj ḥr jnb.wt=f*	und auf dessen Mauern Thot sich für dich aufgestellt hat,
7	*r t=k pn r ḥnq.t=k tn jrj.n=j n=k*	zu diesem deinem Brot, diesem deinem Bier, das ich dir bereitet habe!
8	*jn-jw=k m rsj mḥ.t*	Bist du im Süden oder Norden,
9	*jmnt.t jꜣb*	Westen oder Osten?
10	*mj nb ꜣẖ (?)*	Komm, Herr der Verklärtheit (?),
11	*jn ṯw mꜣꜣ=k pr=k pn*	Bring dich herbei, daß du dieses dein Haus sehest,
12	*qdw n=k Sšꜣ.t*	das dir Seschat erbaut hat,
13	*ꜥḥꜥ.n n=k Ḏḥwtj ḥr jnb.wt=f*	auf dessen Mauern Thot sich für dich aufgestellt hat,
14	*r t=k pn srf r ḥnq.t=k tn srf.t jr.n=j n=k*	zu diesem deinem warmen Brot und diesem deinem warmen Bier, das ich dir bereitet habe!
15	*hꜣ wsjr N pn mj*	O Osiris N hier, komm,
16	*jrj=j n=k nw*	ich tue dieses für dich,
17	*jrj.n Ḥr.w n jtj=f Wsjr*	was Horus getan hat für seinen Vater Osiris.
18	*hꜣ wsjr N pn*	O Osiris N hier,
19	*jw.n=j sẖn=j ṯw*	ich bin gekommen, dich zu suchen.
20	*<j>n<-jw>=k m p.t*	Bist du im Himmel?
21	*wn n=k mw.t=k Nw.t ꜥꜣ.wj Qbḥw*	Dann soll dir deine Mutter Nut die Türflügel des 'Kühlen' öffnen.
22	*<j>n<-jw>=k m tꜣ*	Bist du in der Erde?
23	*wn n=k jtj=k Gb ꜥꜣ.wj=f*	Dann soll dir dein Vater Geb seine Türen öffnen.
24	*<j>n<-jw>=k m jꜣ.wt rsj.wt mḥtj.wt*	Bist du in den südlichen oder nördlichen,
25	*jmntj.wt jꜣbtj.wt*	westlichen oder östlichen Stätten?
26	*jwt n=k m ḥtp*	Dann mögest du in Frieden kommen,
27	*sẖm=k m [ḏ].t=k*	mögest du Macht haben über deinen *ḏ.t*-Leib.
28	*ẖbẖb ꜥꜣ.wj ꜣẖ.t wn rw.tj ḥꜣ.t n N pn*	Die Türflügel des Lichtlands sollen sich öffnen und die Türflügel des Grabes sich auftun für diesen N hier.
29	*prj=k jm bꜣ.tj*	Mögest du daraus hervortreten, indem du Ba bist,
30	*sẖm.tj ḥtm.tj*	indem du mächtig und vollkommen bist.

Vgl. die *CT*-Fassung [834]

hꜣ wsjr N pn	O Osiris N hier,
(20) *jn-jw=k m p.t*	bist du im Himmel?
(22) *jn-jw=k m tꜣ*	Bist du in der Erde?,
(21) *sn n=k mw.t=k Nw.t ꜥꜣ.wj Qbḥw*	Dann möge dir deine Mutter Nut die Türflügel des ‘Kühlen’ öffnen,
(23) *wn n=k jtj=k Gb ꜥꜣ.wj=fj*	dann möge dein Vater Geb dir seine Türen auftun!
(24) *jn-jw=k m jꜣ.wt=k rsj.wt*	Bist du in den südlichen Stätten?
(24) *jn-jw=k m jꜣ.wt=k mḥtj.wt*	Bist du in den nördlichen Stätten?
(25) *jn-jw=k m jꜣ.wt=k jꜣbtj.wt*	Bist du in den östlichen Stätten?
(25) *jn-jw=k m jꜣ.wt=k jmntj.wt*	Bist du in den westlichen Stätten?
(26) *jwt=k m ḥtp*	Dann mögest du in Frieden kommen.
(27) *sḫm=k m ḏ.t=k*	Mögest du Macht haben über deinen *ḏt*-Leib.
(28) *ngbgb ꜥꜣ.wj wn rw.tj ḥꜣ.t*	Die Türflügel des Lichtlands sollen sich öffnen und die Türflügel des Grabes sich auftun.
hꜣ wsjr N pn	O Osiris N,
(29) *prj=k jm ꜣḫ.tj sp 2*	mögest du daraus hervortreten, indem du verklärt bist (zweimal),
(30) *sḫm.tj wꜣš.tj*	indem du mächtig und geehrt bist.

Bei diesem Spruch handelt es sich um die klassische Opfer-Evokation, d.h. eine Anrufung an den Opferempfänger, sich, von wo auch immer, zur Entgegennahme der Opfergaben an der Opferstelle einzufinden. Der Spruch kommt in vielen verschiedenen Fassungen und Zusammenhängen, nicht nur im Toten-, sondern auch im Götterkult vor und ist von den Sargtexten bis in die griechisch-römische Zeit bezeugt. Zum einzelnen s. Band II, NR1.1, wo dieser Spruch ausführlich kommentiert wird.

Spruch 19

DORMAN §29, Teil B.
N8–9

1 *hꜣ wsjr N pn*	O Osiris N hier,
2 *gmj=k wꜥb=k jb=k*	mögest du deine Reinigung finden, mögest du tanzen (?).
3 *jnk Ḏḥwtj*	Ich bin Thot.
4 *jj.n N pn ḥtm m nṯr*	Dieser N ist gekommen, ausgestattet als Gott,
5 *stj=f m jr.t-Ḥr.w wꜣḏ.t*	sein Duft ist der Duft des heilen Horusauges.
6 *wꜥbw=k n Ḥr.w*	Deine Reinigung ist für Horus,
7 *nṯrj=k n sn=f*	deine Räucherung ist für seinen Bruder.

8	*wpj.n=f rꜣ=k Jtm.w*	Er hat deinen Mund geöffnet, Atum,
9	*wpj=k rꜣ n wsjr N pn*	so öffne du den Mund dieses Osiris N,
10	*snq N pn snb bꜣ jr=j n=k*	damit dieser N sauge, damit der Ba, den ich für dich gespielt habe, gesund sei.[147]
11	*ḫntj kꜣ n N pn*	Möge der Ka dieses N an der Spitze stehen
12	*mj Gbb ḫntj psḏ.t*	wie Geb an der Spitze der Neunheit.
13	*ḥtp=k ḥr t=k pn*	Mögest du dich befriedigen an diesem deinem Brot,
14	*mj ḥtp nṯr.w ḥr tp.w=sn*	wie sich die Götter befriedigen an ihren Köpfen (?)
15	*N pn mꜣꜥ-ḫrw*	N hier, gerechtfertigt!

Der Spruch redet in den ersten und letzten Versen den Toten an, spricht aber im Mittelteil von ihm in der 3. Person. In Vers 8 wird Atum angeredet; vermutlich ist der ganze Mittelteil an ihn gerichtet. Nur die Verse 6–7 könnten sich wiederum auf den Toten beziehen. Thema sind Reinigung (=Libation) und Räucherung als vorbereitende Riten zur Opferspeisung.

Spruch 20

Dorman §30
N10–16
PT [364]

1	*hꜣ wsjr N pw*	O Osiris N,
2	*ꜥḥꜥ jr=k jj Ḥr.w*	steh auf, Horus kommt,
3	*jp=f ṯw m ꜥ nṯr.w*	um dich zu fordern von den Göttern.
4	*mr.n ṯw Ḥr.w*	Horus hat dich geliebt (erwählt)
5	*ḫtm.n=f ṯw m jr.t=f*	er hat dich ausgestattet mit seinem Auge.
6	*sdmj.n n=k Ḥr.w jr.t=f jr=k*	Horus hat sein Auge an dich geschmiegt,
7	*wpj.n n=k Ḥr.w jr.t=k mꜣꜣ=k jm=s*	Horus hat dir dein Auge geöffnet, damit du damit siehst.
8	*ṯsj.n n=k nṯr.w ḥr=k j.mr.n=sn ṯw*	Die Götter haben dir dein Gesicht geknüpft, sie haben dich geliebt.
9	*sḏꜣ.n ṯw ꜣs.t ḥnꜥ Nb.t-ḥw.t*	Isis und Nephthys haben dich heil sein lassen;
10	*nj ḥr Ḥr.w jr=k ṯwt kꜣ=f*	Horus ist nicht fern von dir, denn du bist sein Ka.
11	*ḥtp ḥr=k n=f*	Möge dein Angesicht ihm gnädig sein.
12	*wn=kw šsp n=k md.t Ḥr.w ḥtp=k ḥr=s*	Eile dich, empfange das Wort des Horus, damit du damit zufrieden bist.

[147] Unsicher. Für die seltsame Schreibung mit dem Pantherhelm verweist Dorman auf Gardiner, *EG*, 462 und Edel, *Jahreszeitenreliefs*, 244.

13	*sḏm n Ḥr.w nj sww n=k*	Höre auf Horus, es wird dir nicht unangenehm sein;
14	*rḏj.n=f šms kw nṯr.w*	er hat veranlaßt, daß die Götter dir folgen.
15	*wsjr N rs r=k*	Osiris N, erwache doch!
16	*jnj.n n=k Gbb Ḥr.w jp=f ṯw*[148]	Geb hat dir den Horus gebracht, daß er dich erkenne.
17	*sjꜥ.n n=k Ḥr.w nṯr.w*	Horus hat die Götter zu dir aufsteigen lassen,
18	*rḏj.n=f n=k sn sḥḏn=sn ḥr=k*	er hat sie dir gegeben, damit sie dein Antlitz erhellen,
19	*N pn*	N hier.

Einschub TT 353, nicht in *PT* [364]:

20	*hꜣ wsjr N pn*	O Osiris N hier,
21	*m-kw ḏd.tj ꜥ.nḫ.tj*	siehe, du bist dauerhaft und lebendig,
22	*nmnm=k rꜥ.w nb*	du bewegst dich Tag für Tag.[149]
23	*N pn n ẖnn.t jm=k*	N hier, keine Störung ist an dir.[150]
24	*wsjr N pn*	Osiris N hier,
25	*twt kꜣ n nṯr.w nb.w*[151]	du bist der Ka aller Götter.
26	*nḏ.n n=k Ḥr.w*	Horus hat für dich geschützt,
27	*ḫpr.t m kꜣ=f*	was aus deinem Ka entstanden ist.
28	*hꜣ wsjr N pn*	O Osiris N hier,
29	*n sk=k n mwt=k*	du bist nicht untergegangen, du bist nicht gestorben.[152]
30	*hꜣ wsjr N pn*	O Osiris N hier,
31	*wṯz ṯw sfḫ ḏw.t jr.t=k*	Erhebe dich, löse das Übel an dir ab[153],
32	*r nḏr.{n} Ḥr.w ḏw.t jr.t=k*	damit Horus das Übel packt, das an dir ist,
33	*N pn*	N hier!

Weiter mit 364 §613 ff.

34	*hꜣ wsjr N pn*	O Osiris N hier
35	*rḏj.n Ḥr.w wr ḥkꜣ.w=k r ḫftj.w=k*	Horus hat bewirkt, daß dein Zauber groß ist gegen deine Feinde[154].

148 TT 353 om. *gmj.n ṯw Ḥr.w ꜣḫ.n=f jm=k.*

149 Vgl. *Pyr.* §621a *ꜥnḫ.t nmnm=k rꜥ.w nb*; *Pyr.* §*1832 (*wsjr N*) *nḏ.tj ꜥnḫ.tj nmnm=k rꜥ.w nb.*

150 Verse 22–23 vgl. *Pyr.* §1610b *nmnm=k rꜥ.w nb nj ẖnn.t jm=k.*

151 Vgl. *Pyr.* §1609: *wsjr N ṯwt kꜣ n nṯr.w nb.*

152 Vgl. *Pyr.* §149d: *nj sk=k nj sk kꜣ=k ṯwt kꜣ*; *Pyr.* §256c: *nj sk=k nj tm=k*; *Pyr.* §764b: *nj sk=k nj ḥtm=k n ḏ.t ḏ.t*; *Pyr.* §878b: *nj sk=k ḏt*; *Pyr.* §1299c: *ꜥḥꜥ jr=k nj tm=k nj sk=k*; *Pyr.* § 2102b *nj sk=k nj ḥtm=k*; *PT* P9C (F/Se 93–95)*j nj sk=k nj ḥtm=k.*

153 Zu *sfḫ ḏw.t* vgl. *Pyr.* §§850–51.

154 Dieser Vers nicht in *PT*. Vgl. *1825a N *rḏ.n Ḥrw wr ḥkꜣw=k m rn=k n wr ḥkꜣw.*

36	*wṯs.n=f ṯw*[155] *m ḥꜣ.t nṯr.w*	Er hat dich erhoben an der Spitze der Götter
37	*(r)ḏj.n=f jṯ=k ṯwt*[156]	und veranlaßt, daß du das Deinige ergreifst.
38	*mr.n ṯw Ḥr.w*[157] *wpj.n=f rꜣ=k*[158]	Horus hat dich geliebt, er hat deinen Mund geöffnet,
39	*sꜥnḫ.n ṯw Ḥr.w*	Horus hat dich belebt
40	*m rn=k n ꜥnḏ.tj ḫntj spꜣ.t jꜣbt.t*[159]	in deinem Namen Anedjti, Vorsteher des östlichen Gaus.
41	*(r)ḏj.n n=k Ḥr.w jr.t=f rwḏ.t*	Horus hat dir sein 'festes Auge' gegeben.
42	*dj n=k s jmjm=k*	Er hat es dir gegeben, damit du stark (?) bist.
43	*nr n=k ḫftj.w=k nb ḏr*[160]	Es fürchten sich vor dir alle deine Feinde insgesamt.
44	*mḥ.n ṯw Ḥr.w tm.tj m jr.t=f*	Horus hat dich vollständig erfüllt mit seinem Auge
45	*m rn=s pw n wꜣḥ.t-nṯr*[161]	in jenem seinem Namen 'Gottes Darbringung'.[162]
46	*ḫmꜥ.n n=k Ḥr.w nṯr.w*	Horus hat die Götter für dich gepackt;
47	*nj bjꜣ jm=sn jr=k*[163] *ḏr bw mḥ.n=k jm*[164]	sie werden dir nicht entkommen <von dem Ort, zu dem du gegangen bist; Horus hat die Götter für dich gemustert; sie werden dir niemals entkommen> von dem Ort, an den du geschwemmt wurdest.
48	*jnq.n n=k Nb.t-ḥw.t ꜥw.t=k nb.t*	Nephthys hat dir alle deine Glieder umfaßt
49	*m rn=s pw n Sšꜣ.t nb.t j.qd.w*	in jenem ihrem Namen 'Seschat, Herrin der Bauleute'.
50	*swḏꜣ.n=s kw*[165] *(r)ḏ.tj n mjw.t=k Nw.t*	Sie hat dich heil sein lassen, indem du übergeben bist an deine Mutter Nut;
51	*nḏr=s jm=k m rn=s pw n ḏrj.t*	sie ergreift dich in ihrem Namen 'Klagefrau'[166].

155 *Pyr: ḏj.n ṯw Ḥr.w.*

156 *Pyr: ṯwt nbt.*

157 *Pyr. mr.n sw Ḥr.w jr=k* „Horus hat sich an dich geschmiegt".

158 *Pyr. nj wpj.n=f jr=k.*

159 Dieser Zusatz fehlt in *Pyr.*

160 Der Zusatz *ḏr* „gänzlich" fehlt in *Pyr.*

161 *Pyr.: wꜣḥ.t nṯr.*

162 Vgl. *Pyr.* §*1855c: *mḥ.n kw Ḥrw tm.tj m jrt=f m rn=s n wꜣḥ.t.*

163 Lies mit *Pyr.* §614b *bjꜣ.n=sn jr=k.*

164 TT 353 om. wegen Homoioteleuton die Sätze

ḏr bw šm.n=k jm	von dem Ort, zu dem du gegangen bist;
jp.n n=k Ḥr.w nṯr.w	Horus hat die Götter für dich gemustert;
nj bjꜣ.n=sn jr=k	sie werden dir niemals entkommen.

165 *Pyr.* §616c: *sḏꜣ.n n=k sn.*

166 So nach dem Determinativ. Ursprünglich gemeint ist *ḏrj.t* „Sarg" oder „Grabwand".

52 *jnq.n=s ṯw m rn=s pw n qrs.w*	Sie hat dich umfaßt in jenem ihrem Namen 'Sarg'.
53 *sjꜥr.tj n=s m rn=s pw n jꜥ*[167]	du wurdest ihr nahegebracht in ihrem Namen 'Mastaba'.
54 *sꜥḥꜥ.n ṯw Ḥr.w m Nw.t tw*[168]	Horus hat dich aufgestellt in jener Nut,
55 *jnq=s tw ẖnm=s tw*[169]	auf daß sie dich umfasse und dich in sich aufnehme.[170]
56 *jꜥb.n n=k Ḥr.w ꜥw.t=k rḏj.n=s nw=k*[171]	Horus hat dir deine Glieder vereinigt, er hat <nicht> zugelassen, daß du leidest.
57 *ḏmḏ.n=f kw n ẖnn.t jm=k*	Er hat dich versammelt, keine Störung ist in dir.
58 *jmꜣḫ ḫr wsjr N pn nb jmꜣḫ*[172]	Versorgter bei Osiris, N hier, Herr der Versorgtheit!

Zu den Einzelheiten s. die Kommentare von SETHE (*ÜK* III, 127–151) und FAULKNER (AEPT, 118f.).

[167] In *Pyr.* folgt
jꜥb.n n=k Ḥr.w ꜥw.t=k nj (r)ḏ.n=f snw=k
dmḏ.n=f kw nj ḫn n.tj jm=k
Der erste dieser Vers folgt in TT 353 weiter unten.

[168] DORMAN, 112 liest *wr.t*, aber auf Photo und Faksimile steht eindeutig *wt* bzw. *tw*.

[169] Dieser Vers fehlt in *Pyr.*

[170] Dieser Vers nur in TT 353.

[171] *Pyr.* hat *nj (r)ḏ.n=f snw=k.*

[172] In *Pyr.* §618–621a folgt:

ḥꜣ wsjr N pw	O jener Osiris N,
wṯs jb=k jr=f	erhebe doch dein Herz,
ꜥꜣ jb=k wn r=k	groß sei dein Herz, geöffnet sei dein Mund!
nḏ.n ṯw Ḥr.w	Horus hat dich geschützt
nj ḏd.n nḏ=f ṯw	und wird nicht fehlen, dich zu schützen.
ḥꜣ wsjr N pw ṯwt nṯr sḫm	O Osiris N, du bist ein mächtiger Gott,
nj nṯr mr.wt=k	kein Gott ist dir gleich.
(r)ḏj.n n=k Ḥr.w msj.w=f wṯs=sn ṯw	Horus hat dir deine Kinder gegeben, damit sie dich tragen.
(r)ḏj.n=f n=k nṯr.w nb	Er hat dir alle Götter gegeben,
šms=sn tw sḫm=k jmn=sn	damit sie dir dienen und du über sie verfügst.
fꜣj.n ṯw Ḥr.w m rn=f n Ḥnw	Horus hat dich getragen in seinem Namen 'Henu-Barke'.
wṯs=f kw m rn=k n skr	Er hat dich hochgehoben in deinem Namen Sokar.
ꜥnḫ.t nmnm=k rꜥ.w nb	Du lebst, indem du dich hin und her bewegst Tag für Tag.
ꜣḫ.tj m rn=k n ꜣḫ.t prr.t Rꜥw jm=s	Du bist ein Ach-Geist in deinem Namen 'Lichtland, aus dem Re aufsteigt';
wꜣš.tj spd.tj	du bist geehrt, gerüstet,
bꜣ.tj sḫm.tj n ḏ.t ḏ.t	ba-haft, *sḫm*-mächtig für immer und ewig.

PT [364] gehört zu einer Gruppe von Texten, denen zwei Merkmale gemeinsam sind: die häufige Verwendung der Namensformel und die dominierende Rolle des Horus sowie in zweiter Linie Geb und Nut sowie Isis und Nephthys. Diese Texte sind *PT* [356], [357], [364], [366], [367], [368], [369], [370], [371], [372], [593]. Re kommt in diesen Texten nicht vor. Ein typisches Merkmal dieser Texte ist die Passivität des Verstorbenen; er erscheint hier als das Objekt belebender und versorgender Handlungen, die ein festgelegter Kreis um ihn besorgter Gottheiten an ihm vollziehen. Diese Handlungen haben einen unverkennbar rituellen Charakter. Die Götter scheinen in Priesterrollen aufzutreten, was natürlich auf ein zugrundeliegendes Ritual verweist, in dem Priester in Götterrolle auftreten.

Schott hat sehr überzeugend dargelegt, wie diese Form aus den dramatischen Texten entstanden ist. Dabei werden die kurzen Wechselreden aus der 1. Ps. in die 3. Ps. umgesetzt und die einzelnen Kultepisoden in einen durchlaufenden Bericht integriert. Die Namensformel „in jenem deinem Namen ...“ verweist dabei auf die Kultobjekte, die mit den Reden der dramatischen Texte meist über Wortspiele verbunden sind. Im Fall von *PT* [364] verweisen im Schlußteil alle Namen so eindeutig auf Sarg und Grab, daß der Bezug auf die Grablegungszeremonie im Beisetzungsritual wohl feststeht:

49 Nephthys: Seschat, Herrin der Bauleute[173]
Vgl. hierzu auch CT[778][174]

410f	*wsjr N mꜣꜥ-ḫrw jnḏ.n ṯw Ḥr.w*	Osiris N, gerechtfertigt! Horus hat dich beschützt,
g	*rḏj.n=f jnq ṯw Nb.t-ḥw.t*	indem er veranlaßt hat, daß Nephthys dich umarme.
h	*jnq=s*[175] *ṯw qd=s ṯw*	Sie soll dich umarmen, sie soll dich bauen
i	*m rn=s n Sšꜣ.t nb.t jqd.w*	in ihrem Namen der Seschat, Herrin der Bauleute.
j	*wr.t twy nn nb.t*[176] *ꜥnḫ m Mskt.t*	Groß ist diese hier, die Herrin des Lebens in der Nachtbarke,
k	*wṯs.t Ḥr.w jnj.n=s n=k*[177]	die den Horus hochhebt[178], sie hat dir gebracht.

51 Nut: urspr. *ḏrjt* „Grabmauer“
52 Nut: *qrs.t* „Sarg“
53 Nut: *jꜥ* „Mastaba“

173 Zu Seschat als Erbauerin des Grabes vgl. Spruch 18, Vers 5.
174 Auf den Textzeugen T6C und T10C erhalten. Der Spruch befindet sich am Fußende.
175 Prospektives *sḏm=f.*
176 Hier endet T6C.
177 Ein Objekt fehlt.
178 Vgl. zu *wṯs.t Ḥr.w,* Thron des Horus, auch Wb I, 384,10.

Episoden:

1. Verse 2–7:	Horus: Augenöffnung.
Verse 7–9:	Isis, Nephthys, Götter „knüpfen das Gesicht".
2. Verse 10–14:	Das Wort des Horus.
3. Verse 15–19:	Geb veranlaßt Horus, die Götter zu bringen.
4. Verse 20–33:	Einschub TT 353.: eine Reihe kurzer Anrufungen. Reinigung des Toten durch Horus von allem Übel.
5. Verse 34–45:	Mundöffnung durch Horus. Das 'harte Auge'.
6. Verse 46–47:	Horus versammelt die Götter.
7. Verse 48–50:	Gliedervereinigung durch Nephthys (Grab).
8. Verse 51–53:	Vereinigung mit Nut (Sarg und Grab).
9. Verse 54–58:	Gliedervereinigung und Aufrichtung durch Horus.

Zusammenfassende Bemerkungen zu Liturgie CT.4

Generalthema der Liturgie ist das Ritual der Totenspeisung im Grab, das auch in der Liturgie CT.3 eine dominierende Rolle spielt. So erklärt sich leicht die Kombination der beiden Liturgien in TT 353. Die ersten drei Sprüche kreisen um das Thema der „Erscheinung" des Toten. Er muß am Ort des Opfers gegenwärtig, also „erschienen" sein, um das Opfer entgegennehmen zu können. Das ist im Tempelkult nicht anders. Bevor die eigentlichen Opferhandlungen beginnen, muß die im Kultbild nur potentiell anwesende Gottheit mit Hymnen angerufen und dadurch im Kultbild vergegenwärtigt werden. Spruch 1 bekräftigt die Absicht des Offizianten, N „erscheinen zu lassen". Solche Selbstvorstellungen und Absichtserklärungen des Offizianten erscheinen sonst immer am Ende von Verklärungssprüchen und sind daher meist als „Schlußtexte" zu erklären; hier haben wir es, wenn TT 353 die Liturgie im Gesamtbestand und in der richtigen Reihenfolge der Sprüche wiedergibt, mit einem Eröffnungsspruch als Selbstvorstellung des Offizianten zu tun. Der kurze Spruch 2 ist durch seine Nachschrift explizit als „Hymnus an N" betitelt („dem N Lobpreis geben") und behandelt ebenfalls das Thema des „Erscheinens". Spruch 3 schließlich gibt sich mit seinen einleitenden Ausrufen „wie schön zu schauen, wie befriedigend zu hören" als Reaktion auf die Erscheinung des Toten.

Die folgenden drei Sprüche begleiten die Präsentation des Speiseopfers. Spruch 4 ist ein „Tausender"-Spruch, der die Opfergaben zu Tausenden aufzählt. Spruch 5 ist eine Verklärung des Opfersteins, auf dem die Gaben dargebracht werden, und Spruch 6 ist wiederum ein Tausender-Spruch mit einer anderen Liste von Gaben. Bis hierhin entwickelt sich die Sequenz der Sprüche mit ungewöhnlicher Kohärenz.

Mit Spruch 7 beginnt anscheinend etwas Neues. Sprüche 7 und 8 enthalten die *PT*-Totenliturgie „AII" (*PT* [220]-[222]), die in den *PT* zusammen mit „AI" ([213]-[219]) auftritt. Hier wandelt sich die interpersonelle Form: nicht mehr der Tote, sondern Gottheiten werden angeredet, denen der Tote präsentiert wird. In

Spruch 7 (*PT* [220]–[221]) ist das die Kronengöttin, in Spruch 8 der Sonnengott. In diesen Sprüchen geht es um die Krönung des Verstorbenen und seinen Eintritt in den Sonnenlauf und die Gemeinschaft mit dem Sonnengott. Offenbar bildet die Krönung die Voraussetzung für die Vereinigung mit dem Sonnengott: so erklärt sich die feste Verbindung der Spruchsequenz *PT* [220]–[222] = Sprüche 7–8 zur Totenliturgie AII. Diese Vereinigung selbst aber läßt zwei Erklärungen zu, die sich vermutlich eher ergänzen als ausschließen. Erstens handelt es sich dabei um eine übliche „sakramentale Ausdeutung" der Totenspeisung, die dem Verstorbenen nicht nur Sättigung, sondern auch und vor allem Gemeinschaft mit dem Sonnengott vermitteln will. Daher wird in den Versorgungssprüchen auch immer wieder betont, daß die Opfergaben vom Altar des Re in Heliopolis stammen und dem Toten von den Sonnenbarken gebracht werden. Zweitens wäre auch denkbar, daß dieses Motiv noch dadurch gesteigert würde, daß dieses Totenopfer im Sonnenlicht, unter freiem Himmel stattfindet. Das Beisetzungsritual gipfelt in einem solchen Inauguralopfer unter freiem Himmel. In den Gräbern des Neuen Reichs wird es oft als Mundöffnung dargestellt, die an der im Vorhof des Grabes aufgestellten Mumie vollzogen wird.

Mit Spruch 9 beginnt eine neue Sequenz von Sprüchen zur Totenspeisung. Spruch 9 begleitet die Darbringung von *šns*-Brot und Bier, Spruch 10, ein auch anderweitig bekannter Opferspruch, handelt von den vier Opferkuchen des Re, Spruch 11, ebenfalls ein bekannter Spruch, fordert die Horussöhne auf, N zu suchen und zu seinem Opfer von Brot und Bier zu bringen, und Spruch 12 präsentiert dem Toten „warmes Brot" und Bier. Auch hier folgen wieder Pyramidentexte, die als sakramentale Ausdeutung von Totenriten zu verstehen sind. Zwar ist hier eingangs in Spruch 13 (= *Pyr.* §2028) ebenfalls von Re die Rede, im Zentrum steht aber jetzt eindeutig die Vereinigung mit der Himmelsgöttin Nut, der – im Anschluß an Spruch 14 = *PT* [364] Anfang – der lange Spruch 15 ausschließlich gewidmet ist. Der Spruch identifiziert abschließend den Toten als „Sokar in der Henu-Barke"; dieses Motiv wird in Spruch 16 weitergeführt, wo es um das Tragen des Osiris geht. Wir bewegen uns hier in einem eindeutig osirianischen Kontext, der im Kontrast steht zu dem ebenso eindeutig solaren Kontext von Spruch 8. Geht es dort um den Himmelsaufstieg, so geht es hier um den Eintritt in die unterweltliche, geheimnisvolle und geschützte Sphäre des Osiris.

Spruch 17 ist wiederum ein „Tausender-Spruch" zur Präsentation von Opferspeisen, wiederum verbunden mit einer Selbstvorstellung des Offizianten. Ihm folgt als Spruch 18 ein Spruch, der die Funktion hat, den Verstorbenen aus allen Weltgegenden, in die er sich entfernt haben könnte, herbeizurufen zur Opferstelle im Grab, um sein Grab in Besitz und sein Opfer in Empfang zu nehmen. Spruch 19 wird zur Libation und Räucherung rezitiert, die die Opferpräsentation begleiten. Diese Sprüche 17–19 fügen sich also zu einer dritten Opfer-Sequenz zusammen, die wiederum in Spruch 20 mit einem Pyramidentext (*PT* [364]) abgeschlossen wird. Dieser Spruch ist als eine sakramentale Ausdeutung der Totenkult-Konstellation insgesamt zu verstehen. Der Offiziant, idealiter der Erbsohn des Verstorbenen, tritt als Horus auf, der nicht nur selbst Handlungen für den Toten durchführt, sondern auch verschiedene Götter veranlaßt, auf ihre Weise dem Toten beizustehen. Horus erscheint hier also als Dirigent eines götterweltlichen Geschehens, in dem die Götter im Beistand für Osiris zusammenwirken und in dem sich die Rolle des Erbsohns als Leiter des Bestattungsrituals spiegelt. Daß es in diesem Spruch um die Beisetzung als in Besitz nehmende Vereinigung des Toten mit seinem Grab (= Nut) geht, wird deutlich herausgestellt. Um das Kommen des Toten zu seinem Grab ging es auch in Spruch 18. Die folgende Übersicht soll den Aufbau der Liturgie nochmals tabellarisch verdeutlichen:

Opfersequenzen	Themen der Einzelsprüche	Themen der Spruchgruppen
Erste Opfersequenz	1 Selbstvorstellung des Offizianten 2 „Dem N Lob spenden“ 3 „Wie schön zu schauen“	Den Toten erscheinen lassen
	4 „Tausend“ 5 Verklärung des Opfersteins 6 „Tausend“	Präsentation der Opferspeisen
	7 Anrufung der Kronengöttin 8 Vereinigung mit dem Sonnengott	Sakramentale Ausdeutung des Speiseopfers (*PT* [220]–[222])
Zweite Opfersequenz	9 *šns*-Brot und Bier 10 Vier Kuchenopfer 11 Anrufung an die Horussöhne, N zu Brot und Bier zu bringen 12 Warmes Brot und Bier	Präsentation von Brot und Bier
	13 Reinigung, Vereinigung mit Nut (*Pyr.* §2028) 14 Horus kommt (*PT* [364A]) 15 Nut-Text (*Pyr.* §638 u.a.) 16 Osiris tragen	Sakramentale Ausdeutung als Vereinigung mit der Himmelsgöttin Nut
Dritte Opfersequenz	17 „Tausend“ 18 „Komm zu deinem Grab“ 19 Libation und Räucherung	Präsentation von Speiseopfern
	20 Horus-Text (*PT* [364])	Sakramentale Ausdeutung des Totenopfer-Rituals

Anhang: Die Deckentexte in TT 353

A)

Deckentext, Mitte, östlicher und westlicher Teil der astronomischen Decke. Vier Bandzeilen gruppieren sich um eine mittlere Bandzeile mit Titulatur. Eingerahmt werden die Inschriften durch jeweils zwei Reihen Sternenfries.
Lit.: POGO, *Ceiling-Decoration*, Taf. 13f.
DORMAN, *Tombs of Senenmut*, 139, Taf. 85

Dieser Text im Grab des Senenmut ist aus den Pyramidensprüchen [424], [366] und [367] zusammengestellt, die in dieser Reihenfolge auch in der Totenliturgie B = Verklärungsbuch SZ.2 vorkommen, s. die Zusammenstellung in ASSMANN, *Mortuary Liturgies*, 35 fig. 5.

I	
hꜣ wsjr Ḫntj-jmn.tjw N pn	O Osiris Chontamenti N hier!
sꜣ.w ṯw Mḫntj-jr.tj[179]	Hüte dich vor Mechenti-irti,
sꜣ.w=k ḥꜣ bḥs.w=k	deinem Hüter hinter deinen Kälbern(?).
sꜣ.w ṯw r jd.t ḥmjr{ṯ} ꜣḫ.w[180]	Hüte dich vor … mehr als die *ꜣḫ.w*[181].
wsjr N pn	Osiris N hier!
šsp n=k ḥtp-nṯr=k pn	Nimm dir dieses Gottesopfer
ḥtp=k jm=f rʿ.w nb	mit dem du täglich zufrieden bist:
ḫꜣ m t ḥnq.t	Tausend an Brot, an Bier,
jḥ.w ꜣpdw jḫ.t nb.t bnr.t	an Rindern, Geflügel und allen süßen Dingen,
wsjr N	Osiris N.
II	
hꜣ wsjr Ḫntj-jmn.tjw N pn	O Osiris Chontamenti N hier!
ḏj n=k bʿḥ=k n(j)=k bsn=k n=k	Gegeben ist dir deine Überschemmung, dir gehört dein Natron,
jnn n=k ḫr sn=k	das, was dir durch deinen Bruder gebracht wurde.
nḫḫ wṯs tw[182]	Alter[183], erhebe dich!
msj.n ṯw mw.t=k Nw.t	Geboren hat dich deine Mutter Nut
sk.n n=k Gb rꜣ=k	und Geb hat deinen Mund für dich ausgewischt.
nḏ tw psḏ.t ʿꜣ.t	Es grüßt dich die Große Götterneunheit,
rdj=s n=k ḫftj=k ẖr=k	indem sie dir deinen Feind unter dich gibt.
fꜣj n=k wr r=k[184]	Erhebe für dich den, der größer ist als du

179 Vgl. *Pyr.* §771a.
180 Lesung unsicher. *Pyr.* §771c ebenfalls unklar.
181 Ergänzt nach *Pyr.* §771c, dort heißt es: *sꜣ.w ṯw ʿr ḥm r ꜣḫ.w*, Hüte dich vor dem *ʿr-ḥm* mehr als vor den *ꜣḫ.w*.
182 Vgl. *Pyr.* §626a.
183 DORMAN bezieht *nḫḫ* auf *sn=k*.
184 Vgl. *Pyr.* §627a.

m rn=k n jtfꜣ-wr	in deinem Namen: Große Säge,
N pn	N hier.
III	
hꜣ Wsjr Ḫntj-jmn.tjw N pn	O Osiris Chontamenti N hier!
jnj n=k Ḥr.w nḏ=f ṯw[185]	Horus wird dir gebracht, damit er dich beschütze,
jn=f n=k jb.w nṯr.w	damit er dir die Herzen der Götter bringe.
jm=k gꜣ.w jm=k ꜥš	Du sollst weder ermatten noch sollst du ächzen,
rdj.n n=k Ḥr.w jr.t=f	denn Horus hat dir sein Auge gegeben,
mꜣn=k jm=s ḫnt nṯr.w	damit du vor den Göttern damit siehst.
ꜥb.n n=k Ḥr.w ꜥ.wt=k[186]	Horus hat für dich deine Glieder zusammengesucht,
dmḏ=f ṯw n ḫnn.t jm=k	er hat dich vereinigt, damit keinerlei Unordnung in dir ist.
nḏr.n n=k Ḏḥwtj ḫftj=k	Thot hat für dich deinen Feind gepackt
ḥnꜥ jmj-ḫt=f	zusammen mit denjenigen, die in seinem Gefolge sind.
IV	
hꜣ wsjr Ḫntj-jmn.tjw N pn	O Osiris Chontamenti N hier!
ꜥ.wj=k m Wpj[187]	Deine Arme sind *Wpj*,
ḥr=k m Wpj-wꜣ.wt	dein Gesicht ist Upuaut,
wsjr ḫntj-jmn.tjw N pn	Osiris Chontamenti N.
ḥtp dj nsw.t	Ein Opfergebet,
ḥmsj=k jꜣ.wt Ḥr.t	damit du die horischen Hügel besetzst,
wnwn=k jꜣ.wt sn=f	damit du die Hügel seines Bruders begehst
ḥmsj=k ḫnd bjꜣ	und damit du den erzenen Thron[188] besteigst.
wḏꜥ=k mdw=k ḫn.t psḏ.t ꜥꜣ.t	Mögest du über deine Angelegenheiten Recht sprechen an der Spitze der Großen Neunheit,
jm.t Jwnw	die sich in Heliopolis befindet.

B)

Lit.: DORMAN, Tombs of Senenmut 106, Taf. 65

Bem.: Dieser Text entspricht, soweit erhalten, wörtlich dem Spruch *PT* [364].

ḏd mdw	Rezitation:
hꜣ wsjr N	O Osiris N!
ꜥḥꜥ jr=k jj Ḥr.w	Steh auf, denn Horus kommt
jp=f ṯw m-m [nṯr.w]	und fordert dich von den Göttern.

[185] Vgl. *Pyr.* §634a.

[186] Vgl. *Pyr.* §635a.

[187] Vgl. *Pyr.* §769d.

[188] Zum *ḫnd bjꜣ* vgl. *PT* [437] = *Pyr.* §§880a, §§1165c–1166, *PT* [666B]–[667]. In den Verklärungssprüchen des NR ist das Thema von Herrschaft und Rechtsprechung, das mit dem erzenen Thron eng zusammenhängt, mit Ausnahme der Stelle in TT 353 offenbar nicht mehr aktuell.

mr[=f] ṯw sḥtm=f ṯw m jr.t=f	[Er] liebt dich und er stattet dich mit seinem Auge aus.
smjd n=k Ḥr.w jr.t=f jr=k	Horus hat dir sein Auge angepaßt an dich,
wpj n=k Ḥr.w jr.tj=k mꜣn=k jm=sn	Horus hat dir deine beiden Augen geöffnet, damit du mit ihnen sehen wirst.
ṯs=k […]	Du knüpfst [[189]…]

[189] Weiter mit *Pyr.* §610b.

ABKÜRZUNGSVERZEICHNIS

AÄA	=	Archiv für ägyptische Archäologie, Wien
ÄAT	=	Ägypten und Altes Testament, Wiesbaden
ACF	=	Annuaire du Collège du France, Paris
ADAIK	=	Abhandlungen des Deutschen Archäologischen Instituts Kairo, Glückstadt / Hamburg / New York
ÄgAb	=	Ägyptologische Abhandlungen, Wiesbaden
ÄgFo	=	Ägyptologische Forschungen, Glückstadt / Hamburg / New York
AH	=	Aegyptiaca Helvetica, Basel / Genf
AHAW	=	Abhandlungen der Heidelberger Akademie der Wissenschaften, Heidelberg
AMAW	=	Abhandlungen der Akademie der Wissenschaften und der Literatur in Mainz, Wiesbaden
AnBi	=	Analecta Biblica, Rom
AnOr	=	Analecta Orientalia, Rom
APAW	=	Abhandlungen der Preußischen Akademie der Wissenschaften, Berlin
ASAE	=	Annales du service des aniquités d'Égypte, Kairo
AV	=	Archäologische Veröffentlichungen des Deutschen Archäologischen Instituts Kairo, Mainz
BAe	=	Bibliotheca Aegyptiaca, Brüssel
BdE	=	Bibliotheque d'Étude, Institut Francais d'archéologie orientale, Kairo
BIFAO	=	Bulletin de l'institut Francais d'archéologie orientale, Kairo
BiOr	=	Bibliotheca Orientalis, Leiden
Boreas	=	Uppsala Studies in Ancient Mediterranean and Near Eastern Civilisations, Uppsala
BS	=	British School of Archaeology in Egypt, London
BSEG	=	Bulletin de la sociéte d'Égyptologie de Genève, Genf
CAA	=	Corpus Antiquitatum Aegyptiacarum, Mainz
CG	=	Catalogue général des antiquités Égyptiennes du musée du Caire, Kairo
DAWW	=	Denkschrift der Kaiserlichen Akademie der Wissenschaften in Wien (ab 1950 DÖAW)
DE Publ.	=	Discussions in Egyptology Publications, Oxford
DÖAW	=	Denkschrift der Österreichischen Akademie der Wissenschaften, Wien
EU	=	Egyptologische Uitgaven, Leiden
GM	=	Göttinger Miszellen, Göttingen
GOF	=	Göttinger Orientforschungen, Göttingen
HÄB	=	Hildesheimer Ägyptologische Beiträge, Hildesheim
HAW	=	Schriften der Heidelberger Akademie der Wissenschaften, Heidelberg
JAOS	=	Journal of the American Oriental Society, New Haven
JARCE	=	Journal of the American Research Center in Egypt, Boston
JEA	=	Journal of Egyptian Archaeology, London
JEOL	=	Jaarbericht van het Vooraziatisch-Egyptisch Genootschap (Gezelschap) „Ex Oriente Lux", Leiden
JNES	=	Journal of Near Eastern Studies, Chicago
KEMI	=	KEMI. Revue de philologie et d'archéologie Égyptienne et Coptes, Paris

LÄ	= Lexikon der Ägyptologie, Wiesbaden
MÄS	= Münchener Ägyptologische Studien, Berlin/München
MDAIK	= Mitteilungen des Deutschen Archäologischen Instituts, Abteilung Kairo, Mainz
Mem. Miss.	= Memoires publiés par les membres de la mission archéologique Francais au Caire, Kairo
MIFAO	= Mémoires publiés par les membres de l'insitut Francais d'archéologie orientale du Caire, Kairo
MRE	= Monographies Reines Elisabeth, Brüssel
MVAeG	= Mitteilungen der Vorderasiatisch(-Ägyptisch)en Gesellschaft, Leipzig/Berlin
MVEOL	= Mededelingen en Verhandelingen van het Vooraziatisch-Egyptisch Genootschap (Gezelschap) „Ex Oriente Lux", Leiden
NAWG	= Nachrichten der Akademie der Wissenschaften, Göttingen
NISABA	= NISABA Religious Texts Translation Series, Leiden
NUMEN	= NUMEN International Review for the History of Religions, Leiden
OBO	= Orbis Biblicus et Orientalis, Fribourg/Göttingen
OIP	= Oriental Institute Publications, The University of Chicago, Chicago
OLA	= Orientalia Lovaniensia Analecta, Löwen
OLP	= Orientalia Lovaniensia Periodica, Löwen
OMRO	= Oudheidkundige Mededelingen uit het Rijksmuseum van Oudheden te Leiden, Leiden
Or	= Orientalia, Nova Series, Rom
PÄ	= Probleme der Ägyptologie, Leiden
PMMA	= Publications of the Metropolitan Museum of Art, Egyptian Expedition, New York
RdE	= Revue d'Égyptologie, Kairo/Paris
RPTMS	= Robb de Peyster Tytus Memorial Series, PMMA, New York
SAGA	= Studien zur Archäologie und Geschichte Altägyptens, Heidelberg
SAK (Beih.)	= (Beihefte zu) Studien zur Altägyptischen Kultur, Hamburg
SAOC	= Studies in Ancient Oriental Civilisation, Chicago
SERAPIS	= SERAPIS, A Student Forum on the Ancient World, Chicago
SBAW	= Sizungsberichte der Bayerischen Akademie der Wissenschaften, München
Sources Or	= Sources Orientales, Paris
SSAW	= Sitzungsberichte der Sächsischen Akademie der Wissenschaften zu Leipzig, Berlin
StudAeg.	= Studia Aegyptiaca, Budapest
THEBEN	= THEBEN, Mainz
TTS	= The Theban Tombs Series, London
TUAT	= Texte aus der Umwelt des Alten Testaments, Gütersloh
UGAÄ	= Untersuchungen zur Geschichte und Altertumskunde Ägyptens, Leipzig/Berlin
VIO	= Deutsche Akademie der Wisenschaften zu Berlin, Veröffentlichungen des Instituts für Orientforschung, Berlin
WdO	= Welt des Orients, Göttingen
WMANT	= Wissenschaftliche Monographien zum Alten und Neuen Testament, Neukirchen-Vluyn
ZÄS	= Zeitschrift für Ägyptische Sprache und Altertumskunde, Leipzig/Berlin

LITERATURVERZEICHNIS

ALLAM, *Hathorkult*
S. ALLAM, *Beiträge zum Hathorkult (bis zum Ende des Mittleren Reiches)*, *MÄS* 4, Berlin 1963

ALLAM, *Pap. CGC 58053-5*
S. ALLAM, *Trois missives d'un commandant (Pap. CGC 58053-5)*, in: *ASAE* 71, 1987

ALLEN, *Funerary Texts*
J.P. ALLEN, *The Funerary Texts of King Wahkare Akhtoy on a Middle Kingdom Coffin*, in: J.H. JOHNSON/E.F. WENTE, *Studies in Honor of George R. Hughes*, *SAOC* 39, Chicago 1976

ALLEN, *Inflection of the Verb*
J.P. ALLEN, *The Inflection of the Verb in the Pyramid Texts*, *BAe* II, Malibu 1984

ALLEN, *Book of the Dead*
T.G. ALLEN, *The Book of the Dead or Going Forth by Day*, *SAOC* 37, Chicago 1974

ALLEN, *Occurrences*
T.G. ALLEN, *Occurrences of Pyramid Texts with Cross Indexes of these and other Mortuary Texts*, *SAOC* 27, Chicago 1950

ALTENMÜLLER, *Reinigungsriten*
B. ALTENMÜLLER, *Reinigungsriten im ägyptischen Kult*, Hamburg 1968

ALTENMÜLLER, *Re und Herischef*
B. ALTENMÜLLER, *Re und Herischef als „nb dšrw"*, in: *GM* 2, 1972

ALTENMÜLLER, *Synkretismus*
B. ALTENMÜLLER, *Synkretismus in den Sargtexten*, *GOF* 7, Wiesbaden 1975

ALTENMÜLLER, *„Apotropäische Gottheiten"*
H. ALTENMÜLLER, *„Apotropäische Gottheiten"*, in: *LÄ* II, Wiesbaden 1977

ALTENMÜLLER, *Begräbnisritual*
H. ALTENMÜLLER, *Die Texte zum Begräbnisritual in den Pyramiden des Alten Reiches*, *ÄgAb* 24, 1972

ALTENMÜLLER, *„Gliedervergottung"*
H. ALTENMÜLLER, *„Gliedervergottung"*, in: *LÄ* II, Wiesbaden 1977

ALTENMÜLLER, *„Messersee"*
H. ALTENMÜLLER, *„Messersee", „gewundener Wasserlauf" und „Flammensee"*, in: *ZÄS* 92, 1966

ALTENMÜLLER, *Neferherenptah*
H. ALTENMÜLLER, *Arbeiten am Grab des Neferherenptah in Saqqara (1979-1975). Vorbericht*, in: *MDAIK* 38, 1982

ALTENMÜLLER, *Nilpferd und Papyrusdickicht*
H. ALTENMÜLLER, *Nilpferd und Papyrusdickicht in den Gräbern des Alten Reiches*, in: *BSEG* 13, 1989

ALTENMÜLLER, *Sonnenlauf*
H. ALTENMÜLLER, *Aspekte des Sonnenlaufes in den Pyramidentexten*, in: *Hommages à François Daumas*, Montpellier 1986

ASSMANN, *ÄHG*
J. ASSMANN, *Ägyptische Hymnen und Gebete*, Zürich/München 1975

ASSMANN, *Amenemope*
J. ASSMANN, *Das Grab des Amenemope (TT 41)*, *THEBEN* III, Mainz 1991

ASSMANN, *Basa*
J. ASSMANN, *Das Grab des Basa (Nr. 389) in der thebanischen Nekropole. Grabung im Asasif 1963–1970, Bd.* II, *AV 6*, Mainz 1973

ASSMANN, *Bild des Vaters*
J. ASSMANN, *Das Bild des Vaters*, in: DERS., *Stein und Zeit*, München 1991

ASSMANN, *Der schöne Tag*
J. ASSMANN, *Der schöne Tag. Sinnlichkeit und Vergänglichkeit im Altägyptischen Fest*, in: DERS., *Stein und Zeit*, München 1991

ASSMANN, *Fest des Augenblicks*
J. ASSMANN, *Fest des Augenblicks – Verheißung der Dauer. Die Kontroverse der ägyptischen Harfnerlieder*, in: J. ASSMANN/E. FEUCHT/R. GRIESHAMMER, *Fragen an die altägyptische Literatur (Gs Otto)*, Wiesbaden 1977

ASSMANN, *„Furcht"*
J. ASSMANN, *„Furcht"*, in: *LÄ* II, Wiesbaden 1977

ASSMANN, *Harfnerlied und Horussöhne*
J. ASSMANN, *Harfnerlied und Horussöhne. Zwei Blöcke aus dem verschollenen Grab des Bürgermeisters Amenemhet (Theben Nr. 163) im Britischen Museum*, in: *JEA* 65, 1979

ASSMANN, *„Himmelsaufstieg"*
J. ASSMANN, *„Himmelsaufstieg"*, in: *LÄ* II, Wiesbaden 1977

ASSMANN, *Ikonographie der Schönheit*
J. ASSMANN, *Ikonographie der Schönheit im alten Ägypten*, in: Th. STEMMLER, *Schöne Frauen – schöne Männer: Literarische Schönheitsbeschreibungen. 2. Kolloquium der Forschungsstelle für europäische Literatur des Mittelalters*, Mannheim 1988

ASSMANN, *Kanopentext*
J. ASSMANN, *Ein Wiener Kanopentext und die Stundenwachen in der Balsamierungshalle*, in: J. v. DIJK (Hg.), *Essays on Ancient Egypt in Honour of Herman te Velde*, Groningen 1997

ASSMANN, *Kultkommentare*
J. ASSMANN, *Altägyptische Kultkommentare*, in: J. ASSMANN/B. GLADIGOW (Hg.), *Text und Kommentar. Archäologie der literarischen Kommunikation* IV, München 1995

ASSMANN, *„Kultlied"*
J. ASSMANN, *„Kultlied"*, in: *LÄ* III, Wiesbaden 1980

ASSMANN, *Liturgische Lieder*
J. ASSMANN, *Liturgische Lieder an den Sonnengott*, *MÄS* 19, Berlin 1969

ASSMANN, *Ma'at*
J. ASSMANN, *Ma'at: Gerechtigkeit und Unsterblichkeit im Alten Ägypten*, München 1994

Assmann, *Merenptah*
J. Assmann, *Die Inschrift auf dem äußeren Sarkophagdeckel des Merenptah*, in: *MDAIK* 28.1, 1972

Assmann, *Mortuary Liturgies*
J. Assmann, *Egyptian Mortuary Liturgies*, in: S. Israelit-Groll (Hg.), *Studies in Egyptology Presented to Miriam Lichtheim*, Jerusalem 1990

Assmann, *Mutirdis*
J. Assmann, *Das Grab der Mutirdis, Grabung im Asasif 1963–1970, Bd.* VI, *AV* 13, Mainz 1977

Assmann, *„Muttergottheit“*
J. Assmann, *„Muttergottheit“*, in: *LÄ* IV, Wiesbaden 1982

Assmann, *Neith*
J. Assmann, *Neith spricht als Mutter und Sarg. Interpretation und metrische Analyse der Sargdeckelinschrift des Merenptah*, in: *MDAIK* 28, 1972

Assmann, *Re und Amun*
J. Assmann, *Re und Amun*, *OBO* 51, Fribourg/Göttingen 1983

Assmann, *Rubren*
J. Assmann, *Die Rubren in der Überlieferung der Sinuhe-Erzählung*, in: M. Görg (Hg.), *Fontes Atque Pontes (Fs Brunner)*, *ÄAT* 5, 1983

Assmann, *Schrift, Tod und Identität*
J. Assmann, *Schrift, Tod und Identität. Das Grab als Vorschule der Literatur*, in: ders., *Stein und Zeit*, München 1991

Assmann, *Semiosis and Interpretation*
J. Assmann, *Semiosis and Interpretation in Ancient Egyptian Ritual*, in: S. Biderman/ B.-A. Scharfstein (Hg.), *Interpretation in Religion*, Leiden 1992

Assmann, *Sonnenpriester*
J. Assmann, *Der König als Sonnenpriester*, *ADAIK* 7, Glückstadt 1970

Assmann, *Spruch 23 der Pyramidentexte*
J. Assmann, *Spruch 23 der Pyramidentexte und die Ächtung der Feinde Pharaos*, in: C. Berger/G. Clerc/N. Grimal (Hg.), *Hommages à Jean Leclant* I, *Études pharaoniques*, *BdE* 106/1, Kairo 1994

Assmann, *STG*
J. Assmann, *Sonnenhymnen in thebanischen Gräbern*, *THEBEN* I, Mainz 1983

Assmann, *„Stundenwachen“*
J. Assmann, *„Stundenwachen“*, in: *LÄ* VI, Wiesbaden 1986

Assmann, *Theologie und Frömmigkeit*
J. Assmann, *Ägypten – Theologie und Frömmigkeit einer frühen Hochkultur*, Stuttgart 1984

Assmann, *Tod und Initiation*
J. Assmann, *Tod und Initiation im altägyptischen Totenglauben*, in: H.P. Duerr (Hg.), *Sehnsucht nach dem Ursprung (Fs Eliade)*, Frankfurt 1983

Assmann, *Tod und Jenseits*
J. Assmann, *Tod und Jenseits im Alten Ägypten*, München 2001

Assmann, *„Totenkult, Totenglauben“*
J. Assmann, *„Totenkult, Totenglauben“*, *LÄ* VI, Wiesbaden 1986

ASSMANN, *Unio liturgica*
J. ASSMANN, *Unio liturgica. Die kultische Einstimmung in götterweltlichen Lobpreis als Grundmotiv „esoterischer" Überlieferung im alten Ägypten*, in: H.G. KIPPENBERG/ G. STROUMSA (Hg.), *Secrecy and Concealment. Studies in the History of Mediterranean and Near Eastern Religions*, Leiden 1995

ASSMANN, *Unschuld*
J. ASSMANN, *Die Unschuld des Kindes. Eine neue Deutung der Nachschrift von CT spell 228*, in: T. DU QUESNE (Hg.), *Hermes Aegyptiacus. Egyptological studies for B.H. Stricker, DE Publications, Special Number* 2, Oxford 1995

ASSMANN, *Verborgenheit des Mythos*
J. ASSMANN, *Die Verborgenheit des Mythos in Ägypten,* in: *GM* 25, 1977

ASSMANN, *„Verklärung"*
J. ASSMANN, *„Verklärung"*, in: *LÄ* VI, Wiesbaden 1986

ASSMANN, *When Justice fails*
J. ASSMANN, *When Justice fails: Jurisdiction and Imprecation in Ancient Egypt and the Near East*, in: *JEA* 78, 1992

ASSMANN, *Zeugung des Sohnes*
J. ASSMANN, *Die Zeugung des Sohnes. Bild, Spiel, Erzählung und das Problem des ägyptischen Mythos*, in: J. ASSMANN/W. BURKERT/F. STOLZ (Hg.), *Funktionen und Leistungen des Mythos. Drei altorientalische Beispiele, OBO* 48, Fribourg/Göttingen 1982

BACCHI, *Il rituale di Amenhotpe I*
E. BACCHI, *Il rituale di Amenhotpe I, Pubblicazioni egittologiche del R. Museo di Torino* VI, Turin 1942

BAER, *Farmer's Letters*
K. BAER, *An Eleventh Dynasty Farmer's Letters to his Family, JAOS* 83, 1963

BARGUET, *Textes des sarcophages*
P. BARGUET, *Les textes des sarcophages égyptiens du Moyen Empire*, Paris 1986

BARTA, *Gespräch*
W. BARTA, *Das Gespräch eines Mannes mit seinem Ba, MÄS* 18, Berlin 1969

BARTA, *Neunheit*
W. BARTA, *Untersuchungen zum Götterkreis der Neunheit, MÄS* 28, München/Berlin 1973

BARTA, *Opferformel*
W. BARTA, *Aufbau und Bedeutung der altägyptischen Opferformel, ÄgFo* 24, Glückstadt 1968

BARTA, *Opferliste*
W. BARTA, *Die altägyptische Opferliste, MÄS* 3, Berlin 1963

BAUD/DRIOTON, *Roy*
M. BAUD/E. DRIOTON, *Le tombeau de Roy (Tombeau No. 255), MIFAO* 57, Kairo 1932

BEHRMANN, *Darstellung von Nilpferden*
A. BEHRMANN, *Überlegungen zur Darstellung von Nilpferden im Papyrusdickicht in den Gräbern des Alten Reichs*, in: *GM* 147, 1995

BEINLICH, *„Osirisreliquien"*
H. BEINLICH, *Die „Osirisreliquien". Zum Motiv der Körperzergliederung in der altägyptischen Religion, ÄgAb* 42, Wiesbaden 1984

v. BERGMANN, *Panehemisis* I
E. v. BERGMANN, *Der Sarkophag des Panehemisis* I. *Jahrbuch der Kunsthistorischen Sammlungen des Allerhöchsten Kaiserhauses*, Wien 1883

BERLANDINI, *Pilier-djed memphite*
J. BERLANDINI, *Contribution à l'étude du pilier-djed memphite*, in: A. ZIVIE (Hg.), *Memphis et ses nécropoles au Nouvel Empire*, Paris 1988

BERLANDINI, *Varia Memphitica* VI
J. BERLANDINI, *Varia Memphitica* VI, in: *BIFAO* 85, 1985

BETRÒ, *Testi solari*
C.M. BETRÒ, *I testi solari del portale di Pascerientaisu (BN2)*, *Saqqara* III, Pisa 1990

BIDOLI, *Sprüche der Fangnetze*
D. BIDOLI, *Die Sprüche der Fangnetze in den altägyptischen Sargtexten*, *ADAIK* 9, Glückstadt 1976

BIETAK/REISER-HASLAUER, *Anch-Hor* I
M. BIETAK/E. REISER-HASLAUER, *Das Grab des Anch-Hor* I, *DÖAW* 7, Wien 1982

BLACKMAN, *House of the Morning*
A.M. BLACKMAN, *„The House of the Morning"*, in: *JEA* 5, 1918

BLACKMAN/FAIRMAN, *Group of Texts*
A.M. BLACKMAN/H.W. FAIRMAN, *A Group of Texts inscribed on the Façade of the Sanctuary in the Temple of Horus at Edfu*, *Miscellanea Gregoriana*, Rom 1941

BLACKMAN/FAIRMAN, *Myth of Horus* II
A.M. BLACKMAN/H.W. FAIRMAN, *The Myth of Horus at Edfu* II, in: *JEA* 29, 1943

BLEEKER, *Festivals*
C.J. BLEEKER, *Egyptian Festivals*, Leiden 1967

BLEEKER, *Isis and Nephthys*
B. BLEEKER, *Isis and Nephthys as Wailing Women*, in: *Numen* 5, 1958

v. BOMHARD, *Zeitmessung*
A.-S. v. BOMHARD, *Ägyptische Zeitmessung: Die Theorie des gleitenden Kalenders*, in: *ZÄS* 127, 2000

BOMMAS, *Briefe an die Toten*
M. BOMMAS, *Zur Datierung einiger Briefe an die Toten,* in: *GM* 153, 1999, 53–60

BOMMAS, *Mythisierung der Zeit*
M. BOMMAS, *Die Mythisierung der Zeit, GOF* IV/37, Wiesbaden 1999

BOMMAS, *Papyrus Harris*
M. BOMMAS, *Die Heidelberger Fragmente des magischen Papyrus Harris*, Schr. HAW 4, Heidelberg 1998

BORGHOUTS, *AEMT*
J.F. BORGHOUTS, *Ancient Egyptian Magical Texts*, *Nisaba* 9, Leiden 1978

BORGHOUTS, *Papyrus Leiden I 348*
J.F. BORGHOUTS, *The Magical Texts of Papyrus Leiden I 348*, in: *OMRO* 51, 1970

BRUNNER, *Chrestomathie*
H. BRUNNER, *Hieroglyphische Chrestomathie*, Wiesbaden 1965

BRUNNER, *Die „Weisen“*
H. BRUNNER, *Die „Weisen“, ihre „Lehren“ und „Prophezeiungen“ in altägyptischer Sicht*, in: *ZÄS* 93, 1966

BRUNNER, *Herz im ägyptischen Glauben*
H. BRUNNER, *Das Herz im ägyptischen Glauben*, in: W. RÖLLIG (Hg.), *Hellmut Brunner, Das Hörende Herz. Kleine Schriften zur Religions- und Geistesgeschichte Ägyptens, OBO* 80, Fribourg/Göttingen 1988

DE BUCK, *Godsdienstige opvatting*
A. DE BUCK, *De godsdienstige opvatting van den slaap in het Oude Egypten, MVEOL*, Leiden 1939

BUDGE, *BM Stelae* I
E.A.W. BUDGE, *Hieroglyphic Texts from Egyptian Stelae, etc., in the British Museum* I, London 1911

BUDGE, BM Stelae VI
E.A.W. BUDGE, *Hieroglyphic Texts from Egyptian Stelae, etc., in the British Museum* VI, London 1922

BUDGE, *Coming Forth*
E.A.W. BUDGE, *The Chapters of Coming Forth by Day or the Theban Recension of the Book of the Dead. Chapter I - LXIV, Books on Egypt and Chaldaea* 28, London 1910

BUHL, *Sarcophagi*
M.-L. BUHL, *The Late Egyptian Anthropoid Stone Sarcophagi*, Kopenhagen 1959

BURKARD, *Osiris-Liturgien*
G. BURKARD, *Spätzeitliche Osiris-Liturgien im Corpus der Asasif-Papyri, ÄAT* 31, Wiesbaden 1995

BURKARD, *Papyrusfunde*
G. BURKARD, *Die Papyrusfunde, Grabung im Asasif 1963–1970, Bd.* III, *AV* 22, Mainz 1986

BURKARD, *Ptahhotep*
G. BURKARD, *Die Lehre des Ptahhotep*, in: *TUAT* III.2, Gütersloh 1991

CAMINOS, *Gebel es-Silsilah No. 100*
R.A. CAMINOS, *Gebel es-Silsilah No. 100*, in: *JEA* 38, 1952

CAMINOS, *LEM*
R.A. CAMINOS, *Late Egyptian Miscellanies*, London 1954

CAMINOS, *Literary Fragments*
R.A. CAMINOS, *Literary Fragments in the Hieratic Script*, Oxford 1956

CAUVILLE, *Chapelles osiriennes*
S. CAUVILLE, *Le temple de Dendara. Les chapelles osiriennes, Dendara* X, Kairo 1997

CAUVILLE, *Chapelles osiriennes Index*
S. CAUVILLE, *Le temple de Dendara. Les chapelles osiriennes: Index, BdE* 119, Kairo 1997

CAUVILLE, *Théologie*
S. CAUVILLE, *La théologie d'Osiris à Edfou, BdE* 91, Kairo 1983

DE CENIVAL, *La forme sḏm.f*
J.L. DE CENIVAL, *Sur la forme sḏm.f à redoublement ou mrr.f*, in: *RdE* 24, 1972

CHADEFAUD, *Statues Porte-Enseignes*
C. CHADEFAUD, *Les Statues Porte-Enseignes de l'Égypte Ancienne*, Paris 1982

CHASSINAT, *Edfou* V
É. CHASSINAT, *Le temple d'Edfou* V, *Mém.Miss.* XXII, Kairo 1930

CHASSINAT, *Edfou* VII
É. CHASSINAT, *Le temple d'Edfou* VII, *Mém.Miss.* XXIV, Kairo 1932

CHASSINAT, *Seconde trouvaille*
É. CHASSINAT, *La seconde trouvaille de Deir el-Bahari*, Kairo 1891

CLÈRE, *Antef*
J.J. CLÈRE, *Un passage de la stèle du général Antef*, in: *BIFAO* 30, 1931

CLÈRE, *Table d'offrandes*
J.J. CLÈRE, *La table d'offrandes de l'échanson royal Sa-Rénénoutet surnommé Tchaouy*, in: *Supplement BIFAO* 81 (*Bulletin du Centenaire*), 1981

CLÈRE/VANDIER, *TPPI*
J.J. CLÈRE/J. VANDIER, *Textes de la Première Période Intermédiaire et de la 11ème Dyn.*, *BAe* X, Brüssel 1948

DARESSY, *Cercueils des cachettes royales*
G. DARESSY, *Cercueils des cachettes royales, CG* 50, Kairo 1909

DARESSY, *Stèle de la XIXe dynastie*
G. DARESSY, *Stèle de la XIXe dynastie avec textes du Livre des Pyramides*, in: *ASAE* 16, 1916

DARESSY, *Tombeau Ptolémaïque*
G. DARESSY, *Tombeau Ptolémaïque à Atfieh*, in: *ASAE* 3, 1902

DAVIES/GARDINER, *Amenemhet*
Ni. DE GARIS DAVIES/A.H. GARDINER, *The Tomb of Amenemhet (No. 82)*, *TTS* 1, London 1915

DAVIES, *Neferhotep*
N. DE GARIS DAVIES, *The Tomb of Neferhotep at Thebes*, *PMMA* IX, New York 1933

DAVIES, *Rekh-mi-Re*
N. DE GARIS DAVIES, *The Tomb of Rekh-mi-Re at Thebes* II, *PMMA* 11, New York 1943

DAVIES, *Tehuti*
N. DE G. DAVIES, *Tehuti: Owner of Tomb 110 at Thebes*, in: S.R.K. GLANVILLE (Hg.), *Studies presented to F.Ll. Griffith*, London 1932

DAVIES, *Two Ramesside Tombs*
N. DE GARIS DAVIES, *Two Ramesside Tombs at Thebes, RPTMS* V, New York 1927

v. DEINES/WESTENDORF, *Wörterbuch*
H. v. DEINES/W. WESTENDORF, *Wörterbuch der medizinischen Texte, Grundriß der Medizin der Alten Ägypter* VII, 1. Hälfte, Berlin 1961

DERCHAIN, *Perpetuum Mobile*
P. DERCHAIN, *Perpetuum Mobile*, in: *OLP* 6/7, 1975/76

DERCHAIN, *Perruque*
P. DERCHAIN, *La Perruque et le Cristal*, in: *SAK* 2, Hamburg 1975

DOLL, *Napatan Sarcophagi*
S. DOLL, *Texts and Decoration on the Napatan Sarcophagi of Anlamani and Aspelta*, Diss. Brandeis 1978

DOMINICUS, *Gesten und Gebärden*
B. DOMINICUS, *Gesten und Gebärden in Darstellungen des Alten und Mittleren Reiches*, *SAGA* 10, Heidelberg 1994

DONDELINGER, *Papyrus Ani*
E. DONDELINGER, *Papyrus Ani BM 10.470*, Graz 1979

DONDELINGER, *Treibtafel*
E. DONDELINGER, *Die Treibtafel des Herodot am Bug des ägyptischen Nilschiffes*, Graz 1976

DORET, *Phrase nominale*
E. DORET, *Phrase nominale, identité et substitution dans les Textes des Sarcophages [Première Partie]*, in: *RdE* 40, 1989

DORMAN, *Tombs of Senenmut*
P. DORMAN, *The Tombs of Senenmut*, *PMMA* 24, New York 1991

DRIOTON/VANDIER, *L'Égypte*
E. DRIOTON/J. VANDIER, *L'Égypte. Des origines à la conquête d'Alexandre*, Paris 1938

DUELL, *Mereruka*
P. DUELL, *The Mastaba of Mereruka* I-II, *OIP* 31 u. 39, Chicago 1938

DUNHAM/SIMPSON, *Mersyankh III*
D. DUNHAM/W.K. SIMPSON, *The Mastaba of Queen Mersyankh III (G7530–7540)*, Boston 1974

DZIOBEK, *Denkmäler*
E. DZIOBEK, *Denkmäler des Vezirs User-Amun*, *SAGA* 18, Heidelberg 1998

DZIOBEK, *Ineni*
E. DZIOBEK, *Das Grab des Ineni Theben Nr. 81*, *AV* 68, Mainz 1992

EATON-KRAUSS/GRAEFE, *Small golden shrine*
M. EATON-KRAUSS/E. GRAEFE, *The small golden shrine from the tomb of Tutankhamun*, Oxford 1985

EDEL, *Altäg. Gramm.* I
E. EDEL, *Altägyptische Grammatik* I, *AnOr* 34, Rom 1955

EDEL, *Beiträge*
E. EDEL, *Beiträge zum ägyptischen Lexikon*, in: *ZÄS* 79, 1954, 86–90

EDEL, *Hieratische Liste*
E. EDEL, *Eine hieratische Liste von Grabbeigaben aus einem Grab des späten Alten Reiches der Qubbet el-Hawa bei Assuan*, in: *NAWG* 6, 1987

EDEL, *Jahreszeitenreliefs*
E. EDEL, *Zu den Inschriften auf den Jahreszeitenreliefs der „Weltkammer" aus dem Sonnenheiligtum des Niuserre*, *NAWG* 8, Göttingen 1961

EDEL, *Personalsuffix*
E. EDEL, *Die Herkunft des neuägyptisch-koptischen Personalsuffixes der 3. Person Plural -w*, in: *ZÄS* 84, 1959

EDEL, *Qubbet el-Hawa* II./1
E. EDEL, *Die Felsengräber der Qubbet el-Hawa bei Assuan*, II. *Abt.*, 1. *Bd.*, Wiesbaden 1970

EGGEBRECHT, *Schlachtungsbräuche*
A. EGGEBRECHT, *Schlachtungsbräuche im Alten Ägypten und ihre Wiedergabe im Flachbild bis zum Ende des Mittleren Reiches*, München 1973

ENGELBACH/GUNN, *Harageh*
R. ENGELBACH/B. GUNN, *Harageh*, *BS* 28, London 1923

ENGLUND, *Akh*
G. ENGLUND, *Akh - une notion religieuse dans l'Égypte pharaonique*, *Boreas* 11, Uppsala 1978

ERMAN, *Papyrus Westcar* II
A. ERMAN, *Die Märchen des Papyrus Westcar* II. *Mittheilungen aus den orientalischen Sammlungen* VI, Berlin 1890

ERMAN, *Zaubersprüche*
A. ERMAN, *Zaubersprüche für Mutter und Kind. Aus dem Papyrus 3027 des Berliner Museums*, *APAW*, Berlin 1901

ERNST, *Altäre*
H. ERNST, *Die Altäre in den Opferhöfen der Tempel. Eine Untersuchung vom Alten Reich bis zur Ptolemäerzeit*, Diss. Heidelberg 1998

FÁBIÁN, *Heart Chapters*
Z.I. FÁBIÁN, *Heart Chapters in the Context of the Book of the Dead*, in: S. SCHOSKE, *Akten des Vierten Internationalen Ägyptologen-Kongresses München 1985*, *SAK Beihefte* 3, Hamburg 1989

FAIRMAN, *Alphabetic Signs*
H.W. FAIRMAN, *Notes on the Alphabetic Signs Employed in the Hieroglyphic Inscriptions of the temple of Edfu*, in: *ASAE* 43, 1943

FAIRMAN, *Triumph of Horus*
H.W. FAIRMAN, *The Triumph of Horus. An Ancient Egyptian Sacred Drama*, London 1974

FAULKNER, *AECT* I
R.O. FAULKNER, *The Ancient Egyptian Coffin Texts* I, Warminster 1973

FAULKNER, *AECT* II
R.O. FAULKNER, *The Ancient Egyptian Coffin Texts* II, Warminster 1977

FAULKNER, *AECT* III
R.O. FAULKNER, *The Ancient Egyptian Coffin Texts* III, Warminster 1978

FAULKNER, *AEPT*
R.O. FAULKNER, *The Ancient Egyptian Pyramid Texts, Translated into English*, Oxford 1969

FAULKNER, *AEPT Supplement*
R.O. FAULKNER, *The Ancient Egyptian Pyramid Texts, Translated into English. Supplement of Hieroglyphic Texts*, Oxford 1969

FAULKNER, *Bremner-Rhind Papyrus* I
R.O. FAULKNER, *The Bremner-Rhind Papyrus* I, in: *JEA* 22, 1936

FAULKNER, *Bremner-Rhind Papyrus* IV
R.O. FAULKNER, *The Bremner-Rhind Papyrus* IV, in: *JEA* 24, 1938

FAULKNER, *J. Gwyn Griffiths*
R.O. FAULKNER, *J. Gwyn Griffiths, The Conflict of Horus and Seth*, in: *JEA* 48, 1962

FAULKNER, *Lamentations*
R.O. FAULKNER, *The Lamentations of Isis and Nephthys*, in: *Mélanges Maspero* I.1, *MIFAO* 66[1], Kairo 1935–1938

FAULKNER, *Papyrus Bremner-Rhind*
R.O. FAULKNER, *The Papyrus Bremner-Rhind (British Museum No. 10188), BAe* III, Brüssel 1933

FAULKNER, *Pregnancy*
R.O. FAULKNER, *„The Pregnancy of Isis", a Rejoinder*, in: *JEA* 59, 1973

FAULKNER, *Spells 38–40*
R.O. FAULKNER, *Spells 38–40 of the Coffin Texts*, in: *JEA* 48, 1962

FECHT, *Form*
G. FECHT, *Die Form der altägyptischen Literatur: Metrische und stilistische Analyse (Schluß)*, in: *ZÄS* 92, 1985

FECHT, *Totenbrief*
G. FECHT, *Der Totenbrief von Nag ed-Deir*, in: *MDAIK* 24, 1969

FEUCHT, *Fishing and Fowling*
E. FEUCHT, *Fishing and Fowling with the Spear and the Throw-Stick Reconsidered*, in: U. LUFT (Hg.), *The Intellectual Heritage of Egypt, Studia Aegyptiaca* XIV *(Fs Kakosy)*, Budapest 1992

FEUCHT, *Kind*
E. FEUCHT, *Das Kind im Alten Ägypten,* Frankfurt/New York 1995

FEUCHT, *Nefersecheru*
E. FEUCHT, *Das Grab des Nefersecheru (TT 296), THEBEN* II, Mainz 1985

FIRCHOW, *Stilistik*
O. FIRCHOW, *Grundzüge der Stilistik in den altägyptischen Pyramidentexten, Untersuchungen zur ägyptischen Stilistik* II, *VIO* 21, Berlin 1953

FOX, *Entertainment Song*
M.V. FOX, *The Entertainment Song Genre in Egyptian Literature*, in: *Scripta Hierosolymitana 28. Egyptological Studies*, Jerusalem 1982

FOX, *Song of Songs*
M.V. FOX, *The Song of Songs and the Ancient Egyptian Love Songs*, Madison 1985

FRANKE, *Heqaib*
D. FRANKE, *Das Heiligtum des Heqaib auf Elephantine*, *SAGA* 9, Heidelberg 1994

FRIEDMAN, *ꜣḫ in the Amarna Period*
F. FRIEDMAN, *ꜣḫ in the Amarna Period*, in: *JARCE* 23, 1986

FRIEDMAN, *The Root Meaning of ꜣḫ*
F. FRIEDMAN, *The Root Meaning of ꜣḫ: Effectiveness or Luminosity*, in: *Serapis* 8, 1984–5

GABALLA/KITCHEN, *Festival of Sokar*
G.A. GABALLA/K.A. KITCHEN, *The Festival of Sokar*, in: *OR* 38, 1969

GABOLDE, *L'inondation sous les pieds d'Amon*
M. GABOLDE, *L'inondation sous les pieds d'Amon*, in: *BIFAO* 95, 1995

GABRA, *Conseils de fonctionnaires*
S. GABRA, *Les conseils de fonctionnaires dans l'Égypte pharaonique*, Kairo 1929

GARDINER, *EG*
A.H. GARDINER, *Egyptian Grammar*^{3}, Oxford 1957

GARDINER, *Hieratic Papyri*
A.H. GARDINER, *Hieratic Papyri in the British Museum*, 3rd *series: Chester Beatty Gift*, London 1935

GARDINER, *House of Life*
A.H. GARDINER, *The House of Life*, in: *JEA* 24, 1938

GARDINER, *Mansion of Life*
A.H. GARDINER, *The Mansion of Life and the Master of the King's Largess*, in: *JEA* 24, 1938

GARDINER, *Taxation and Transport of Corn*
A.H. GARDINER, *Ramesside Texts Relating to the Taxation and Transport of Corn*, in: *JEA* 27, 1941

GARDINER/SETHE, *Letters to the Dead*
A.H. GARDINER/K. SETHE, *Egyptian Letters to the Dead*, London 1928

GARNOT, *L'hommage aux dieux*
J. SAINTE FARE GARNOT, *L'hommage aux dieux sous l'ancien empire égyptien*, Paris 1954

GAUTHIER, *Cercueils*
H. GAUTHIER, *Cercueils anthropoïdes des prêtres de Montou*, Kairo 1913

GEORGE, *Schatten*
B. GEORGE, *Zu den altägyptischen Vorstellungen vom Schatten als Seele*, Bonn 1970

GESSLER-LÖHR, *Heilige Seen*
B. GESSLER-LÖHR, *Die heiligen Seen ägyptischer Tempel*, *HÄB* 21, Hildesheim 1983

GESTERMANN, *Überlieferung*
L. GESTERMANN, *Die Überlieferung ausgewählter altägyptischer Totenliteratur („Sargtexte") in spätzeitlichen Grabanlagen*, unv. Habil.-Schrift Tübingen 1998

GILULA, *A tm.n.f sḏm sentence?*
M. GILULA, *A tm.n.f sḏm sentence?*, in: *JEA* 60, 1974

GOEDICKE, *Coffin Text Spell 6*
H. GOEDICKE, *Coffin Text Spell 6*, in: *BSEG* 13, 1989

GOEDICKE, *Königliche Dokumente*
H. GOEDICKE, *Königliche Dokumente aus dem Alten Reich*, *ÄgAb* 14, Wiesbaden 1967

GOLENISCHEFF, *Metternichstele*
W. GOLENISCHEFF, *Die Metternichstele in der Originalgröße*, Leipzig 1877

GOYON, *Glorification d'Osiris*
J.-C. GOYON, *Le cérémonial de glorification d'Osiris du papyrus du Louvre I 3079 (colonnes 110 à 112)*, in: *BIFAO* 65, 1967

GOYON, *Louvre N. 3279*
J.-C. GOYON, *Le papyrus du Louvre N. 3279, BdE* 42, Kairo 1966

GOYON, *Papyrus d'Imouthès*
J.-C. GOYON, *Le Papyrus d'Imouthès fils de Psintaês au Metropolitan Museum of Art de New-York (Papyrus MMA 35.9.21)*, New York 1999

GOYON, *Rituels funéraires*
J.-C. GOYON, *Rituels funéraires de l'áncienne Egypte*, Paris 1972

GRAINDORGE-HÉREIL, *Le dieu Sokar*
C. GRAINDORGE-HÉREIL, *Le dieu Sokar à Thèbes au Nouvel Empire*, *GOF* 28, Wiesbaden 1994

GRAPOW, *Vogeljagd*
H. GRAPOW, *Die Vogeljagd mit dem Wurfholz*, in: *ZÄS* 47, 1910

GRIESHAMMER, *Formgeschichte*
R. GRIESHAMMER, *Zur Formgeschichte der Sprüche 38–41 der Sargtexte,* in: *OLP* 6/7, 1975/76

GRIESHAMMER, *Jenseitsgericht*
R. GRIESHAMMER, *Das Jenseitsgericht in den Sargtexten*, *ÄgAb* 28,Wiesbaden 1970

GRIFFITH, *Stories of the High Priests of Memphis*
F.Ll. GRIFFITH, *Stories of the High Priests of Memphis. The Sethon of Herodotus and The Demotic Tales of Khamuas*, Oxford 1900

GRIFFITH/NEWBERRY, *El Bersheh* II
F.Ll. GRIFFITH/P.E. NEWBERRY, *El Bersheh* II, *ASE* 4, London 1895

GRIFFITHS, *Apuleius of Madauros*
J.G. GRIFFITHS, *Apuleius of Madauros, The Isis-Book (Metamorphoses, Book XI)*, Leiden 1975

GRIFFITHS, *Conflict*
J.G. GRIFFITHS, *The Conflict of Horus and Seth*, Liverpool 1960

GRIFFITHS, *Conflict of Horus and Seth*
J.G. GRIFFITHS, *The Conflict of Horus and Seth*, in: *JEA* 48, 1962

GRIFFITHS, *Origins of Osiris*
J.G. GRIFFITHS, *The Origins of Osiris and His Cult, Studies in the History of Religions* XL, Leiden 1980

GRIMM, *Spruchtitel*
A. GRIMM, *Zur Tradition des Spruchtitels r3 nj sw3ḏ wdḥw*, in: *SAK* 10, 1983

GUGLIELMI, *„Erdaufhacken"*
W. GUGLIELMI, *„Erdaufhacken"*, in: *LÄ* I, Wiesbaden 1975

GUGLIELMI, *Wortspiel*
W. GUGLIELMI, *Zu einigen literarischen Funktionen des Wortspiels*, in: F. JUNGE (Hg.), *Studien zu Sprache und Religion Ägyptens (Fs Westendorf), 2 Bde*, Göttingen 1984

GUNN, *Stela of Apries*
B. GUNN, *The Stela of Apries at Mîtrahîna*, in: *ASAE* 27, 1927

GUNN, *Studies*
B. GUNN, *Studies in Egyptian Syntax*, Paris 1924

GUTBUB, *Hymne à Hathor*
A. GUTBUB, *Un emprunt aux textes des pyramides dans l'hymne à Hathor, dame de l'ivresse*, in: *Mélanges Maspero* I.4, *MIFAO* 66^4, Kairo 1961

HABACHI, *Heqaib*
L. HABACHI, *The Sanctuary of Heqaib*, *Elephantine* V, *AV* 33, Mainz 1985

Haikal, *Funerary Papyri of Nesmin*
F. Haikal, *Two Hieratic Funerary Papyri of Nesmin*, *BAe* XIV/XV, Brüssel 1970/1972

Hari, *Neferhotep*
R. Hari, La *tombe thébaine du père divin Neferhotep*, Genf 1985

Helck, *„Rituale"*
W. Helck, *„Rituale"*, in: *LÄ* V, Wiesbaden 1984

Herbin, *Livre de parcourir l'éternité*
F.R. Herbin, *Le Livre de parcourir l'éternité*, *OLA* 58, Löwen 1994

Heerma van Voss, *Pyramidentexte Spruch 659*
M. Heerma van Voss, *Pyramidentexte Spruch 659 = P/F/E 34–38* in: C. Berger/ G. Clerc/N. Grimal (Hg.), *Hommages à Jean Leclant* I, *Études pharaoniques*, *BdE* 106/1, Kairo 1994

Hermann, *Liebesdichtung*
A. Hermann, *Altägyptische Liebesdichtung*, Wiesbaden 1959

Hermann, *Stelen*
A. Hermann, *Die Stelen der thebanischen Felsgräber der 18. Dynastie*, *ÄgFo* 11, Glückstadt 1940

Hermann, *Zergliedern und Zusammenfügen*
A. Hermann, *Zergliedern und Zusammenfügen. Religionsgeschichtliches zur Mumifizierung*, in: *Numen* 3, 1956

Hermsen, *Regressus ad uterum*
E. Hermsen, *Regressus ad uterum: Die embryonale Jenseitssymbolik Altägyptens und die prä- und perinatale Psychologie*, in: *International Journal for Prenatal and Perinatal Medicine* 5, 1993

Hoffmeier, *Origins of the Tent of Purification*
J.K. Hoffmeier, *The possible Origins of the Tent of Purification in the Egyptian Funerary Cult*, in: *SAK* 9, 1981

Hoffmeier, *'Sacred'*
J.K. Hoffmeier, *'Sacred' in the Vocabulary of Ancient Egypt*, *OBO* 59, Fribourg/Göttingen 1985

Hornung, *Amduat* I
E. Hornung, *Das Amduat* I, *ÄgAb* 7, Wiesbaden 1963

Hornung, *Amduat* II
E. Hornung, *Das Amduat* II, *ÄgAb* 7, Wiesbaden 1963

Hornung, *Der Eine*
E. Hornung, *Der Eine und die Vielen*, Darmstadt 1971

Hornung, *Höllenvorstellungen*
E. Hornung, *Altägyptische Höllenvorstellungen*, *SSAW*, Berlin 1968

Hornung, *Mumifizierung*
E. Hornung, *Vom Sinn der Mumifizierung*, in: *WdO* 14, 1983

Hornung, *Mythos von der Himmelskuh*
E. Hornung, *Der ägyptische Mythos von der Himmelskuh*, *OBO* 46, Fribourg/Göttingen 1982

HORNUNG, *Sonnenlitanei* I
E. HORNUNG, *Das Buch der Anbetung des Re im Westen (Sonnenlitanei)* I: *Text*, *AeH* 2, Basel/Genf 1975

HORNUNG, *Sonnenlitanei* II
E. HORNUNG, *Das Buch der Anbetung des Re im Westen (Sonnenlitanei)* II: *Übersetzung und Kommentar*, *AeH* 3, Basel/Genf 1976

HORNUNG, *Totenbuch*
E. HORNUNG, *Das Totenbuch der Ägypter*, Zürich/München 1979

JAMES, *Hekanakhte Papers*
T.G.H. JAMES, *The Hekanakhte Papers and Other Early Middle Kingdom Documents*, New York 1962

JANOWSKI, *Rettungsgewißheit und Epiphanie des Heils*
B. JANOWSKI, *Rettungsgewißheit und Epiphanie des Heils. Das Motiv der Hilfe Gottes „am Morgen" im Alten Orient und im Alten Testament. Band* I: *Alter Orient*, *WMANT* 59, Tübingen 1989

JANSEN-WINKELN, *Biographien der 22. und 23. Dynastie*
K. JANSEN-WINKELN, *Ägyptische Biographien der 22. und 23. Dynastie*, *ÄAT* 8, Wiesbaden 1985

JANSEN-WINKELN, *'Horizont' und 'Verklärtheit'*
K. JANSEN-WINKELN, *'Horizont' und 'Verklärtheit': zur Bedeutung der Wurzel ꜣḫ*, in: *SAK* 23, Hamburg 1996

JELINKOVA-REYMOND, *Djed-her-le-Saveur*
E. JELINKOVA-REYMOND, *Les inscriptions de la statue guérisseuse de Djed-her-le-Saveur*, *BdE* 23, 1956

JÉQUIER, *Oudjebten*
G. JÉQUIER, *La pyramide d'Oudjebten. Fouilles Saqq.*, Kairo 1928

JÉQUIER, *Pyramides des reines Neit et Apouit*
G. JÉQUIER, *Les pyramides des reines Neit et Apouit*, *Fouilles Saqq.*, Kairo 1933

DE JONG, *Coffin Text Spell 38*
A. DE JONG, *Coffin Text Spell 38: The Case of the Father and the Son*, in: *SAK* 21, 1995

JUNKER, *Der sehende und der blinde Gott*
H. JUNKER, *Der sehende und der blinde Gott*, *SBAW* 7, München 1942

JUNKER, *Giza* III
H. JUNKER, *Giza* III, *DAWW*, Wien 1938

JUNKER, *Stundenwachen*
H. JUNKER, *Die Stundenwachen in den Osirismysterien*, *DAWW* 54, Wien 1910

JÜRGENS, *Grundlinien*
P. JÜRGENS, *Grundlinien einer Überlieferungsgeschichte der altägyptischen Sargtexte*, *GOF* 31, Wiesbaden 1995

JÜRGENS, *Textkritik der Sargtexte*
P. JÜRGENS, *Textkritik der Sargtexte, CT-Sprüche 1–27*, in: H. WILLEMS (Hg.), *The World of the Coffin Texts. Proceedings Held on the Occasion of the 100th Birthday of Adriaan de Buck, Leiden, December 17–19, 1992*, *EU* IX, Leiden 1996

KAHL, *Siut - Theben*
J. KAHL, *Siut - Theben. Eine Fallstudie zur Wertschätzung von Traditionen*, unv. Habil.-Schrift Münster 1998

KAHL, *Textidentifizierung*
J. KAHL, *S1S 380–418: Eine Textidentifizierung*, in: *GM* 139, 1994.

KÁKOSY, *Magical bricks*
L. KÁKOSY, *Magical bricks from TT 32*, in: J.H. KAMSTRA u. a. (Hg.), *Funerary Symbols and Religion (Fs Heerma van Voss)*, Kampen 1988

KAPLONY, *Inschriften*
P. KAPLONY, *Die Inschriften der ägyptischen Frühzeit, 2 Bde u. Suppl., ÄgAb* 8/9, Wiesbaden 1963, 1964

KEEL, *Blicke*
O. KEEL, *Deine Blicke sind Tauben. Zur Metaphorik des Hohen Liedes, Stuttgarter Bibelstudien* 114/115, 1984

KEES, *HdO* I.2
H. KEES, *Handbuch der Orientalistik* I.2 (Literatur), Leiden 1952

KEES, *ḥwj sḏb*
H. KEES, *Noch einmal ḥwj sḏb cc. r*, in: *ZÄS* 64, 1929

KEES, *Kleinigkeiten*
H. KEES, *Textkritische Kleinigkeiten*, in: *ZÄS* 63, 1928

KEES, *Königtum des Osiris*
H. KEES, *Göttinger Totenbuchstudien. Ein Mythos vom Königtum des Osiris in Herakleopolis aus dem Totenbuch Kap. 175*, in: *ZÄS* 65, 1930

KEES, *Mondsagen*
H. KEES, *Zu den ägyptischen Mondsagen*, in: *ZÄS* 60, 1925

KEES, *Schlangensteine*
H. KEES, *Die Schlangensteine und ihre Beziehungen zu den Reichsheiligtümern*, in: *ZÄS* 57, 1922

KEES, *Totenbuch Kapitel 69 und 70*
H. KEES, *Göttinger Totenbuchstudien. Totenbuch Kapitel 69 und 70, UGAÄ* XVII, Berlin 1954

KEES, *Totenglauben*
H. KEES, *Totenglauben und Jenseitsvorstellungen der alten Ägypter*, Berlin 1956

KESSLER, *Jagdszenen*
D. KESSLER, *Zu den Jagdszenen auf dem kleinen goldenen Tutanchamunschrein*, in: *GM* 90, 1986

KESSLER, *Szenen des täglichen Lebens* (I)
D. KESSLER, *Zur Bedeutung der Szenen des täglichen Lebens in den Privatgräbern* (I), in: *ZÄS* 114, 1987

KITCHEN, *Rio de Janeiro*
K.A. KITCHEN, *Catalogue of the Egyptian Collection in the National Museum, Rio de Janeiro*, Warminster 1990

KLASENS, *Socle Behague*
A. KLASENS, *A Magical Statue Base (Socle Behague) in the Museum of Antiquities at Leiden*, in: *OMRO* 33, 1952

KMINEK-SZEDLO, *Museo Civico di Bologna*
G. KMINEK-SZEDLO, *Museo Civico di Bologna, Catalogo di antichità egizie*, Turin 1895

KOCH, *Sinuhe*
R. KOCH, *Die Erzählung des Sinuhe, BAe* XVII, Brüssel 1990

KOENIG, *Nouveaux textes* [I]
Y. KOENIG, *Nouveaux textes hiératiques de la Vallée des Reines* [I], in: *BIFAO* 88, 1988

KRAUSS, *Astronomische Konzepte*
R. KRAUSS, *Astronomische Konzepte und Jenseitsvorstellungen in den Pyramidentexten. ÄgAb* 59, Wiesbaden 1997

KRI VI
K.A. KITCHEN, *Ramesside Inscriptions* VI, Oxford 1982

KUCHMAN, *Titles of Queenship*
L. KUCHMAN, *The Titles of Queenship: Part I, The Evidence From the Old Kingdom,* in: *The Newsletter of the The Society for the Study of Egyptian Antiquities* 7.3, 1977

LACAU, *Sarcophages* I
P. LACAU, *Sarcophages antérieurs au Nouvel Empire* I, *CG* 11.14, Kairo 1904

LACAU, *Sarcophages* II
P. LACAU, *Sarcophages antérieurs au Nouvel Empire* II, *CG* 27.33, Kairo 1906

LANGE, *Inschrift aus Hermonthis*
H.O. LANGE, *Eine neue Inschrift aus Hermonthis, SPAW* 38, Berlin 1914

LAPP, *Opferformel*
G. LAPP, *Die Opferformel des Alten Reiches, SDAIK* 21, Mainz 1986

LAPP, *Papyrusvorlagen*
G. LAPP, *Die Papyrusvorlagen der Sargtexte*, in: *SAK* 16, Hamburg 1989

LECLANT, *Montouemhat*
J. LECLANT, *Montouemhat, quatrième prophète d'Amon, prince de la ville, BdE* 35, Kairo 1961

VAN DER LEEUW, *Rudolf Otto*
G. VAN DER LEEUW, *Rudolf Otto und die Religionsgeschichte*, in: G. LANCZKOWSKI (Hg.), *Selbstverständnis und Wesen der Religionswissenschaft*, Darmstadt 1974

LEFEBVRE, *Grammaire*
G. LEFEBVRE, *Grammaire de l'Égyptien Classique*², *BdE* 12, 1955

LEFEBVRE, *Petosiris* II
G. LEFEBVRE, *Le tombeau de Petosiris* II, Kairo 1923

LEITZ, *Astronomie*
C. LEITZ, *Studien zur ägyptischen Astronomie*, *ÄgAb* 49, Wiesbaden 1989

LEITZ, *Tagewählerei*
C. LEITZ, *Tagewählerei. Das Buch ḥꜣ.t nḥḥ ph.wj ḏ.t und verwandte Texte*, *ÄgAb* 55, 1994

LESKO, *Index*
L.H. LESKO, *Index of the Spells on Egyptian Middle Kingdom Coffins and Related Documents*, Berkeley 1979

LICHTHEIM, *AEL* I
M. LICHTHEIM, *Ancient Egyptian Literature* I, Berkeley 1973

LICHTHEIM, *Autobiographies*
M. LICHTHEIM, *Ancient Egyptian Autobiographies, chiefly of the Middle Kingdom*, *OBO* 84, Fribourg/Göttingen 1988

LOHWASSER, *Öffnen des Gesichts*
A. LOHWASSER, *Die Formel „Öffnen des Gesichts"*, *Beiträge zur Ägyptologie* 11, Wien 1991

LORET, *Khâ-m-hâ*
V. LORET, *La tombe de Khâ-m-hâ*, in: *Mem.Miss.* I, Paris 1889

LORTON, *Jrj hrw nfr*
D. LORTON, *The Expression Jrj hrw nfr*, in: *JARCE* 12, 1975

LORTON, *Note*
D. LORTON, *A Note on the Expression šms-jb*, in: *JARCE* 8, 1969–70

LORTON, *šms-jb*
D. LORTON, *The Expression šms-jb*, in: *JARCE* 7, 1968

LÜSCHER, *Totenbuch Spruch 1*
B. LÜSCHER, *Totenbuch Spruch 1 und Quellen des Neuen Reiches*, *KÄT*, Wiesbaden 1986

MALAISE, *Scarabées de coeur*
M. MALAISE, *Les scarabées de coeur dans l'Égypte ancienne*, *MRE* 4, Brüssel 1978

MARIETTE, *Abydos* I
A. MARIETTE, *Abydos* I, Paris 1869

MARIETTE, *Abydos* II
A. MARIETTE, *Abydos* II, Paris 1880

MARIETTE, *Monuments divers*
A. MARIETTE, *Monuments divers recueillis en Égypte et en Nubie*, Paris 1872

MASPERO/GAUTHIER,
G. MASPERO/H. GAUTHIER, *Sarcophages des Sarcophages des époques persane et ptolémaïque époques persane et ptolémaïque, 2 Bde.*, *CG* 41.72, Kairo 1914/1939

MASSART, *Geneva Papyrus MAH 15274*
A. MASSART, *The Egyptian Geneva Papyrus MAH 15274*, in: *MDAIK* 15, 1957

MASSART, *Listes*
A. MASSART, *A propos des 'listes' dans les textes égyptiens funéraires et magiques*, in: *AnBi* 12, 1959

MEEKS, *AnLex* 2
D. MEEKS, *Année lexicographique* 2, 1978, Paris 1981

MEEKS, *Poisson de Mendes*
D. MEEKS, *Le poisson de Mendes*, in: *RdE* 25, 1974

MERKELBACH, *Diodor*
R. MERKELBACH, *Diodor über das Totengericht der Ägypter, Siegfried-Morenz-Gedächtnisvorlesung, gehalten am 11.5.1992 an der Universität Leipzig*, in: *ZÄS* 120, 1993

MOELLER, *Totenbuchpapyrus Rhind*
G. MOELLER, *Die beiden Totenbuchpapyrus Rhind des Museums zu Edinburg*, Leipzig 1913

MONTET, *Siout*
P. MONTET, *Les Tombeaux de Siout et de Deir Rifeh*, in: *Kêmi* III, 1930–1935

MORET, *Sarcophages de l'époque bubastite*
A. MORET, *Sarcophages de l'époque à l'époque saïte bubastite à l'époque saïte*, *CG* 61.70, Kairo 1913

MORSCHAUSER, *Threat Formulae*
S.N. MORSCHAUSER, *Threat Formulae in Ancient Egypt*, Diss. 1987, Ann Arbor 1992

MOUSSA/JUNGE, *Two Tombs of Craftsmen*
A.M. MOUSSA/F. JUNGE, *Two Tombs of Craftsmen*, *AV* 9, Mainz 1975

MRSICH, *jmjt-pr-Rubrum der Sargtexte*
T. MRSICH, *Ein jmjt-pr-Rubrum der Sargtexte (sp. 754) und seine Implikationen*, in: F. JUNGE (Hg.), *Studien zu Sprache und Religion Ägyptens (Fs Westendorf), 2 Bde.*, Göttingen 1984

MUELLER, *Guide*
D. MUELLER, *An Early Egyptian Guide to the Hereafter*, in: *JEA* 58, 1972

MÜNSTER, *Isis*
M. MÜNSTER, *Untersuchungen zur Göttin Isis*, *MÄS* 11, Berlin 1968

NELSON, *Ritual of Amenophis I*
H. NELSON, *Certain Reliefs at Karnak and Medinet Habu and the Ritual of Amenophis I*, in: *JNES* 8, 1949

NEUGEBAUER/PARKER, *Astronomical Texts* I
O. NEUGEBAUER/R.A. PARKER, *Egyptian Astronomical Texts* I, London 1960

OSING, *Pyramidentexte des Unas*
J. OSING, *Zur Disposition der Pyramidentexte des Unas*, in: *MDAIK* 42, 1986

OSING, *„Stundeneinteilung, -beobachter"*
J. OSING, *„Stundeneinteilung, -beobachter"*, in: *LÄ* VI, Wiesbaden 1986

OTTO, *Biogr. Inschr.*
E. OTTO, *Die biographischen Inschriften der ägyptischen Spätzeit*, *PÄ* 2, Leiden 1954

OTTO, *Gott und Mensch*
E. OTTO, *Gott und Mensch nach den Tempelinschriften der griechisch-römischen Zeit*, *AHAW*, Heidelberg 1964

OTTO, *Mundöffnungsritual*
E. OTTO, *Das ägyptische Mundöffnungsritual, 2 Bde.*, *ÄgAb* 3, Wiesbaden 1960

OTTO, *Pelikan-Motiv*
E. OTTO, *Das Pelikan-Motiv in der altägyptischen Literatur*, in: G.E. MYLONAS (Hg.), *Studies presented to David M. Robinson*, Saint Louis 1951

OTTO, *Rite und Mythus*
E. OTTO, *Das Verhältnis von Rite und Mythus im Ägyptischen*, *SBAW*, Heidelberg 1958

OTTO, *Das Heilige*
R. OTTO, *Das Heilige*, München 1936

PARKER, *Calendars*
R.A. PARKER, *The Calendars of Ancient Egypt*, Chicago 1950

PARKINSON, *Eloquent Peasant*
R.B. PARKINSON, *The Tale of the Eloquent Peasant*, Oxford 1991

PARKINSON, *Voices*
R.B. PARKINSON, *Voices from Ancient Egypt*, London 1991

PATANÈ, *Textes des Pyramides à la Basse Epoque*
M. PATANÈ, *Les variantes des Textes des Pyramides à la Basse Epoque*, Genf 1992

PEET, *Ship's Log*
T.E. PEET, *An Ancient Egyptian Ship's Log*, in: *BIFAO* 30, 1930

PETRIE, *Gizeh and Rifeh*
W.M. FLINDERS PETRIE, *Gizeh and Rifeh*, *BS* 13, London 1907

PIANKOFF, *Chapelles de Tout-Ankh-Amon*
A. PIANKOFF, *Les chapelles de Tout-Ankh-Amon*, *MIFAO* 72, Kairo 1952

PIANKOFF, *Livre du jour*
A. PIANKOFF, *Le livre du jour et de la nuit, BdE* 13, Kairo 1942

PIANKOFF/CLÈRE, *Letter to the Dead*
A. PIANKOFF/J.J. CLÈRE, *A Letter to the Dead on a Bowl in the Louvre*, in: *JEA* 20, 1934

PIEHL, *Inscriptions* I
K. PIEHL, *Inscriptions hiéroglyphiques recueillies en Europe et en Égypte* I, Stockholm-Leipzig 1886

PIEHL, *Inscriptions* II
K. PIEHL, *Inscriptions hiéroglyphiques recueillies en Europe et en Égypte* II, Leipzig 1890

PIERRET, *Recueil* II
P. PIERRET, *Recueil d'inscriptions inédit du Musée égyptien du Louvre* II, *Études Égyptologiques* 8, Paris 1878

PLEYTE, *Chapitres supplémentaires*
W. PLEYTE, *Chapitres supplémentaires du Livre des Morts*, Leiden 1881

PLEYTE/ROSSI, *Papyrus de Turin*
W. PLEYTE/F. ROSSI, *Papyrus de Turin*, Leiden 1869–1876

POGO, *Calendars*
A. POGO, *Calendars on coffin lids from Asyut*, *Isis* 50, vol. XVII(1), Januar 1932

POGO, *Ceiling-Decoration*
A. POGO, *The Astronomical Ceiling-Decoration in the Tomb of* Senmut, in: *Isis* 44, vol. XIV(2), Oktober 1930

POSENER, *Khonsou*
G. POSENER, *Recherches sur le dieu Khonsou*, in: *ACF* 66, 1966; 67, 1967; 68, 1968; 69, 1969; 70, 1970.

POSENER, *Points cardinaux*
P. POSENER, *Sur l'orientation et l'ordre des points cardinaux chez les Égyptiens*, *NAWG*, Göttingen 1964

POSENER-KRIÉGER,
P. POSENER-KRIÉGER, *Remarques sur L'ensemble funéraire de Neferirkare Kakai l'ensemble funéraire de Neferirkare Kakai à Abou Sir*, in: W. HELCK (Hg.), *Festschrift für Siegfried Schott zu seinem 70. Geburtstag*, Wiesbaden 1968

QUACK, *Merikare*
J.F. QUACK, *Studien zur Lehre für Merikare*, *GOF* 23, Wiesbaden 1992

RAVEN, *Corn-Mummies*
M.J. RAVEN, *Corn-Mummies*, in: *OMRO* 63, 1982.

RAVEN, *Wax*
M.J. RAVEN, *Wax in Egyptian Magic and Symbolism*, in: *OMRO* 64, 1983

REDFORD, *King-Lists*
D.B. REDFORD, *Pharaonic King-Lists, Annals and Day-Books,* Mississauga 1986

REISER-HASLAUER, *Kanopen* II
E. REISER-HASLAUER, *Die Kanopen* II, *CAA Kunsthistorisches Museum Wien, Lieferung* 3, Mainz 1989

RITNER, *Magical Practice*
R.K. RITNER, *The Mechanics of Ancient Egyptian Magical Practice*, *SAOC* 54, Chicago 1993

ROCCATI, *Lessico meteorologico*
A. ROCCATI, *Lessico meteorologico*, in: F. JUNGE (Hg.), *Studien zu Sprache und Religion Ägyptens (Fs Westendorf)*, *2 Bde.*, Göttingen 1984

ROCHEMONTEIX/CHASSINAT, *Edfou* I
M. DE ROCHEMONTEIX/E. CHASSINAT, *Le temple d'Edfou* I, *Mém.Miss.* X, Paris 1897

ROEDER, *Auge*
H. ROEDER, *Mit dem Auge sehen*, *SAGA* 16, Heidelberg 1996

DE ROUGÉ, *Notice*
E. DE ROUGÉ, *Notice des monuments exposés dans la galerie d'antiquités égyptiennes au Musée du Louvre*, Paris 1852

RUSCH, *Nut*
A. RUSCH, *Die Entwicklung der Himmelsgöttin Nut zu einer Totengottheit*, *MVAeG* 27, 1922

RUSCH, *Osirisritual*
A. RUSCH, *Ein Osirisritual in den Pyramidentexten,* in: *ZÄS* 60, 1925

SALEH, *Totenbuch*
M. SALEH, *Das Totenbuch in den thebanischen Beamtengräbern des Neuen Reiches*, *AV* 46, Mainz 1984

SANDER-HANSEN, *Anchnesneferibre*
C.E. SANDER-HANSEN, *Die religiösen Texte auf dem Sarg der Anchnesneferibre*, Kopenhagen 1937

SATZINGER, *Zwei Wiener Objekte*
H. SATZINGER, *Zwei Wiener Objekte mit bemerkenswerten Inschriften*, in: *Mélanges Gamal Eddin Mokhtar* II, *BdE* 97, 1985

SAUNERON, *Magicien*
S. SAUNERON, *Le monde du magicien égyptien*, in: *Sources Or* VII, Paris 1966

SAUNERON, *Menaces*
S. SAUNERON, *Aspects et sort d'un thème magique égyptien: Les menaces incluant les dieux*, in: *BSFE* 8, 1951

SÄVE-SÖDERBERGH, *Hippopotamus Hunting*
T. SÄVE-SÖDERBERGH, *On Egyptian Representations of Hippopotamus Hunting as a Religious Motive*, Uppsala 1953

SCHEIL, *Montou-m-hat*
V. SCHEIL, *Le tombeau de Montou-m-hat*, in: *Mém.Miss.* V.2, Kairo 1896

SCHENKEL, *Memphis - Herakleopolis - Theben*
W. SCHENKEL, *Memphis - Herakleopolis - Theben, ÄgAb* 12, Wiesbaden 1965

SCHENKEL, *Repères chronologiques*
W. SCHENKEL, *Repères chronologiques de l'histoire redactionelle des Coffin Texts*, in: W. WESTENDORF, (Hg.), *Göttinger Totenbuchstudien. Beiträge zum 17. Kapitel, GOF* 3, 1975

SCHOTT, *Bücher und Bibliotheken*
S. SCHOTT, *Bücher und Bibliotheken im Alten Ägypten. Verzeichnis der Buch- und Spruchtitel und der termini technici*, Wiesbaden 1990

SCHOTT, *Denkstein Sethos' I.*
S. SCHOTT, *Der Denkstein Sethos' I. für die Kapelle Ramses' I. in Abydos, NAWG* 1964/1, Göttingen 1964

SCHOTT, *Festdaten*
S. SCHOTT, *Altägyptische Festdaten, AMAW* 10, Mainz 1950

SCHOTT, *Liebeslieder*
S. SCHOTT, *Altägyptische Liebeslieder*, Zürich 1950

SCHOTT, *Mythe und Mythenbildung*
S. SCHOTT, *Mythe und Mythenbildung im alten Ägypten, UGAÄ* 15, *Nachdr. d. Ausg.* 1945, Hildesheim 1964

SCHOTT, *Nut*
S. SCHOTT, *Nut spricht als Mutter und Sarg*, in: *RdE* 17, 1965

SCHOTT, *Reinigung Pharaos*
S. SCHOTT, *Die Reinigung Pharaos in einem memphitischen Tempel, NAWG*, Göttingen 1957

SCHOTT, *Weltende*
S. SCHOTT, *Altägyptische Vorstellungen vom Weltende*, in: *AnBi* 12, 1959

SCHUMACHER, *Sopdu*
I.W. SCHUMACHER, *Der Gott Sopdu, OBO* 79, Fribourg/Göttingen 1988

SEEBER, *„Kornosiris"*
C. SEEBER, *„Kornosiris"*, in: *LÄ* III, Wiesbaden 1980

SEEBER, *Totengericht*
C. SEEBER, *Untersuchungen zur Darstellung des Totengerichts im Alten Ägypten, MÄS* 35, Berlin 1976

SEELE, *Tjanefer*
K.C. SEELE, *The Tomb of Tjanefer at Thebes, OIP* 86, Chicago 1959

SETHE, *Dramatische Texte*
K. SETHE, *Dramatische Texte in altägyptischen Mysterienspielen, UGAÄ* 10, Nachdr. d. Ausg. 1928, Hildesheim 1964

Sethe, *Lauf der Sonne*
K. Sethe, *Altägyptische Vorstellungen vom Lauf der Sonne*, Berlin 1928

Sethe, *Lesestücke*
K. Sethe, *Aegyptische Lesestücke zum Gebrauch im akademischen Unterricht*, Leipzig 1924

Sethe, *Pyramidentexte* I
K. Sethe, *Die altägyptischen Pyramidentexte, Bd.* I, Leipzig 1908

Sethe, *Totenliteratur*
K. Sethe, *Die Totenliteratur der alten Ägypter*, *SPAW*, Berlin 1931

Sethe, *ÜK* I
K. Sethe, *Übersetzung und Kommentar zu den altägyptischen Pyramidentexten* I, Glückstadt 1935

Sethe, *ÜK* II
K. Sethe, *Übersetzung und Kommentar zu den altägyptischen Pyramidentexten* II, Glückstadt 1935

Sethe, *ÜK* III
K. Sethe, *Übersetzung und Kommentar zu den altägyptischen Pyramidentexten* III, Glückstadt 1937

Sethe, *ÜK* IV
K. Sethe, *Übersetzung und Kommentar zu den altägyptischen Pyramidentexten* IV, Glückstadt 1939

Sethe, *ÜK* V
K. Sethe, *Übersetzung und Kommentar zu den altägyptischen Pyramidentexten* V, Glückstadt 1962

Settgast, *Bestattungsdarstellungen*
J. Settgast, *Untersuchungen zu altägyptischen Bestattungsdarstellungen*, *ADAIK* 3, Glückstadt 1960

Simpson, *Letter to the Dead*
W.K. Simpson, *The Letter to the Dead from the Tomb of Meru (N3737) at Naga' ed-Deir*, in: *JEA* 52, 1966

Smith, *Coptic Etymologies*
H.S. Smith, *Some Coptic Etymologies*, in: *JEA* 61, 1975

Smith, *Pap. BM 10507*
M. Smith, *The Mortuary Texts of Pap. BM 10507*, *Demotic Papyri in the British Museum* III, London 1987

Smith, *Old Kingdom Letter*
P.C. Smith, *An Old Kingdom Letter*, in: *JEA* 28, 1942

Soukiassian, *Veillées horaires*
G. Soukiassian, *Une version des veillées horaires d'Osiris*, in: *BIFAO* 82, 1982

Spiegel, *Entwicklung der Opferszenen*
J. Spiegel, *Die Entwicklung der Opferszenen in den Thebanischen* Gräbern, in: *MDAIK* 14, 1956

Spiegel, *Sonnengott*
J. Spiegel, *Der Sonnengott in der Barke als Richter*, in: *MDAIK* 8, 1939

Staehelin, *Tracht*
E. Staehelin, *Untersuchungen zur ägyptischen Tracht im Alten Reich, MÄS* 8, Berlin 1966

Steindorff, *Grabstein*
G. Steindorff, *Ein Grabstein des mittleren Reichs im Museum von Stuttgart*, in: *ZÄS* 39, 1901

Stricker, *Brief van Aristeas*
B.H. Stricker, *De brief van Aristeas. De hellenistische codificaties der praehelleense godsdiensten*, Amsterdam 1956

Suys, *Papyrus magique du Vatican*
E. Suys, *Le papyrus magique du Vatican*, in: *Or* 3, 1934

Szczudlowska, *Sekowski Papyrus*
A. Szczudlowska, *Liturgical Text Preserved on Sekowski Papyrus*, in: *ZÄS* 98, 1970

Testa, *Un 'collare' in faience*
P. Testa, *Un 'collare' in faience nel museo archaeologica di Napoli,* in: *JEA* 72, 1986

Thausing, *Aufhacken der Erde*
G. Thausing, *Das Aufhacken der Erde*, in: *AÄA* 1, 1938

Traunecker/Le Saout/Masson,
C. Traunecker/F. Le Saout/O. Masson, *La Chapelle d'Achôris à Karnak* II *chapelle d'Achôris à Karnak* II, Paris 1981

TUAT II/6
Texte aus der Umwelt des Alten Testaments II/6, Gütersloh 1991

Vandersleyen, *Ouadj our*
C. Vandersleyen, *Ouadj our. Un autre aspect de la vallée du Nil, Connaissance de l'Égypte Ancienne Étude no* 7, Bruxelles 1999

Vandier, *Manuel* IV
J. Vandier, *Manuel d'archéologie égyptienne* IV. *Bas-reliefs et peintures, scènes de la vie quotidienne*, Paris 1964

Vandier, *Mo'alla*
J. Vandier, *Mo'alla, BdE* 18, 1950

te Velde, *Seth*
H. te Velde, *Seth, God of Confusion*, Leiden 1967

Verhoeven, *Grillen*
U. Verhoeven, *Grillen, Kochen, Backen im Alltag und im Ritual Altägyptens: ein lexikographischer Beitrag, Rites égyptiens* 4, Brüssel 1984

Verhoeven, *„Tefnut"*
U. Verhoeven, *„Tefnut"*, in: *LÄ* VI, Wiesbaden 1986

Vernus, *Études (IV.)*
P. Vernus, *Études de Philologie et de Linguistique (IV.),* in: *RdE* 36, 1985

Vernus, *Le Mythe d'un mythe*
P. Vernus, *Le Mythe d'un mythe: la pretendue noyade d'Osiris. – De la derive d'un corps à la derive du sens*, in: *Studi di Egittologia e di Antichità Puniche* 9, 1991

Vittmann, *Riesen*
G. Vittmann, *Riesen und riesenhafte Wesen in der Vorstellung der Ägypter*, Wien 1995

VITTMANN, *Tathotis*
G. VITTMANN, *Die Autobiographie der Tathotis*, in: *SAK* 22, 1995

VOGELSANG, *Klagen des Bauern*
F. VOGELSANG, *Kommentar zu den Klagen des Bauern*, *UGAÄ* 6, Leipzig/Berlin 1913

WAITKUS, *Apotropäische Götter*
W. WAITKUS, *Zur Deutung einiger apotropäischer Götter in den Gräbern im Tal der Königinnen und im Grab Ramses' III*, in: *GM* 99, 1987

VAN DE WALLE, *Tortue*
B. VAN DE WALLE, *La tortue dans la religion et la magie égyptiennes*, in: *La Nouvelle Clio* 5, 1953

WARD, *Miscellanies*
A.W. WARD, *Lexicographical Miscellanies*, in: *SAK* 5, 1977

WERBROUCK, *Pleureuses*
M. WERBROUCK, *Les pleureuses dans l'Ègypte ancienne*, Brüssel 1938

WESTENDORF, *Darstellungen des Sonnenlaufs*
W. WESTENDORF, *Altägyptische Darstellungen des Sonnenlaufs auf der abschüssigen Himmelsbahn*, *MÄS* 10, Berlin 1966

WESTENDORF, *„Kammer der Wiedergeburt"*
W. WESTENDORF, *Bemerkungen zur „Kammer der Wiedergeburt" im Tutanchamungrab*, in: *ZÄS* 94, 1967

WILLEMS, *Chests of Life*
H. WILLEMS, *Chests of Life*, *MVEOL* 25, Leiden 1988

WILLEMS, *Crime*
H. WILLEMS, *Crime, Cult and Capital Punishment*, in: *JEA* 76, 1990

WILLEMS, *Deir el-Bersheh*
H. WILLEMS, *Deir el-Bersheh. A Preliminary Report*, in: *GM* 110, 1989

WINTER, *Tempelreliefs*
E. WINTER, *Untersuchungen zu ägyptischen Tempelreliefs der griechisch-römischen Zeit*, DÖAW 98, Wien 1968

DE WIT, *Spell 181*
C. DE WIT, *A New Version of Spell 181 of the Book of the Dead*, in: *BiOr* 10, 1953

DE WIT, *Temple d'Opet*
C. DE WIT, *Les inscriptions du temple d'Opet, à Karnak*, *BAe* XI, Brüssel 1958

WOHLGEMUTH, *Sokarfest*
G. WOHLGEMUTH, *Das Sokarfest*, Göttingen 1957

WRIGHT, *Egyptian Sparagmos*
G.R.H. WRIGHT, *The Egyptian Sparagmos*, in: *MDAIK* 35, 1979

YOUSSEF, *Purification Tent*
A. ABDEL-HAMID YOUSSEF, *Notes on the Purification Tent*, in: *ASAE* 64, 1981

ŽABA, *Ptahhotep*
Z. ŽABA, *Les maximes de Ptahhotep*, Prag 1956

ŽABKAR, *Ba Concept*
L.V. ŽABKAR, *A Study of the Ba Concept in Ancient Egyptian Texts*, *SAOC* 34, Chicago 1968

ZANDEE, *Crossword Puzzle*
J. ZANDEE, *An Ancient Egyptian Crossword Puzzle*, Leiden 1966

ZANDEE, *Death as an Enemy*
J. ZANDEE, *Death as an Enemy According to Ancient Egyptian Conceptions*, Leiden 1960

ZANDEE, *Papyrus Leiden I 344*
J. ZANDEE, *Der Amunhymnus des Papyrus Leiden I 344, Verso*, Leiden 1992

ZANDEE, *Papyrus Leiden I 350*
J. ZANDEE, *De Hymnen aan Amon van Papyrus Leiden I 350*, in: *OMRO* 28, 1947

ZANDEE, *Spruch 75*
J. ZANDEE, *Sargtext Spruch 75*, in: *ZÄS* 98, 1972

ZANDEE, *Rezension Vergote*
J. ZANDEE, *Rezension J. Vergote, De godsdienst van de Egyptenaren*, in: *BiOr* 30, 1973

ZEIDLER, *Spätentstehung des Mythos*
J. ZEIDLER, *Zur Frage der Spätentstehung des Mythos in Ägypten*, in: *GM* 132, 1993

AUSFÜHRLICHES INHALTSVERZEICHNIS